다담 독서 강훈련 300제

3주 완성 학습 계획표

1 계획적인 공부 〈다담 독서 강훈련 300제〉를 매일 꾸준하게 3주간 풀어 보세요. 목표 시간을 정하고 실제 시험지 형식의 문제를 풀어 보는 훈련을 통해 수능 실전 감각을 최적으로 유지할 수 있습니다.

2 학습체크 아래의 계획표를 기준으로 학습 계획을 세우되, 개인의 학습 속도나 상황에 따라 자신만의 스케줄을 세워서 공부해도 됩니다. 공부한 후에는 □에 꼭 √체크하고 공부한 날짜도 적으세요.

1일차 ▢	2일차 ▢	3일차 ▢	4일차 ▢	5일차 ▢	6일차 ▢	7일차 ▢
PART 1	PART 1	PART 1	PART 1	PART 1	PART 1	PART 1
01~04	05~08	09~12	13~16	17~20	21~24	25~28
월 일	월 일	월 일	월 일	월 일	월 일	월 일

8일차 ▢	9일차 ▢	10일차 ▢	11일차 ▢	12일차 ▢	13일차 ▢	14일차 ▢
PART 1	PART 1	PART 2	PART 2	PART 2	PART 2	PART 2
29~32	33~36	01~03	04~06	07~09	10~12	13~15
월 일	월 일	월 일	월 일	월 일	월 일	월 일

15일차 ▢	16일차 ▢	17일차 ▢	18일차 ▢	19일차 ▢	20일차 ▢	21일차 ▢
PART 2	PART 2	PART 2	PART 3	PART 3	PART 3	PART 3
16~18	19~21	22~24	01~03	04~06	07~09	10~12
월 일	월 일	월 일	월 일	월 일	월 일	월 일

수능 **1등급**을 위해
고난도 독서(비문학)로만 구성한
Hard training 문제집

다담
독서 강훈련
300제

다담
독서 강훈련
300제

다담
독서 강훈련
300제

1판 1쇄 2024년 7월 22일

지은이 설승환·김솔미·이재규
펴낸이 유인생
편집인 우정아·김명진
마케팅 박성하·심혜영
디자인 NAMIJIN DESIGN
편집·조판 Choice
펴낸곳 (주) 쏠티북스
주소 (04037) 서울시 마포구 양화로 7길 20 (서교동, 남경빌딩 2층)
대표전화 070-8615-7800
팩스 02-322-7732
홈페이지 www.saltybooks.com
이메일 saltybooks@naver.com
출판등록 제313-2009-140호

ISBN 979-11-92967-15-8

다담 독서 강훈련 300제

설승환 · 김솔미 · 이재규 지음

2025 VERSION

쏠티북스

이 책의 구성과 특징

수능국어 독해 실력을 탄탄하게!

PART 1　EBS 수능특강 연계 강훈련

- EBS 수능특강 주요 지문과 연계된 교육청, 평가원, LEET 기출문제를 엄선하여 수록하였습니다.
- EBS 연계 지문과 함께 제재 선정 이유를 밝혀 학습 내용에 대한 메타인지가 가능하도록 하였습니다.
- 실전처럼 지문 독해와 문제 풀이 시간을 안배하며 훈련할 수 있도록 목표 시간을 제시하였습니다.

(확대 예시)

01	정의에 대한 롤스, 노…		
제재	서양 철학	출처	2017 7월 고3
선정 이유	EBS 수능특강 '노직의 최소 국가론'과 연계되는 지문으로, 사회의 견해를 설명하고 있다. 세 철학자의 입장을 비교 분석하면서 독…		

1~5 | 다음 글을 읽고 물음에 답하시오.

　정의(正義)는 사회를 구성하고 유지하는 공정한 도리로 사회 구성원의 권리와 의무를 개개인에게 할당하고 이익과 부담을 분배하기 위한 기준이 된다. 그런데 정의가 무엇인가에 대한 관점은 사람마다 다양하다. 따라서 정의의 실현은 정의를 정의(定義)하는 데서부터 출발한다. 사회 정의를 말한 대표적인 … …, 노직, 왈처가 있다. 롤스는 공정으로… … 정의 완치하…

고난도 지문이 나와도 흔들림이 없도록!

PART 2, 3　고난도·초고난도 LEET 강훈련

- 최근 수능국어 기출 경향을 고려하되, 난도가 높은 지문으로만 LEET 기출문제(MEET, PEET 포함)를 엄선하여 수록하였습니다.
- 어렵고 복잡하고 추상적인 지문이 출제되어도 당황하지 않도록 '초고난도' 기출문제를 포함하였습니다.
- 영역별로 알아 두면 좋은 단어를 '어휘력 강화'를 통해 제시함으로써 실전에서 독해 시간을 단축시킬 수 있도록 하였습니다.

(확대 예시)

★ 어휘력 강화

- 추종(追從)하다
  ① 남의 뒤를 따라서 좇다.
  ② 권력이나 권세를 가진 사람이나 자신이 동의하는 학설 때… 없이 믿고 따르다.
- 관행(慣行) 오래전부터 해 오는 대로 함. 또는 관례에 따라서 …
- 투사(投射)하다
  ① 창이나 포탄 따위를 내던지거나 쏘다.
  ② [물리] 하나의 매질(媒質) 속을 지나가는 소리나 빛의 파… 의 경계면에 이르다.
  ③ [심리] 자신의 성격, 감정, 행동 따위를 스스로 … … 수 없는 욕구를 가지고 있을 경우에 그것을 … … 음을 그렇지 아니하다고 생각하다…

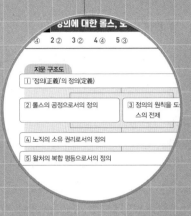

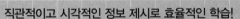

직관적이고 시각적인 정보 제시로 효율적인 학습!

정답 및 해설 지문 구조도 + 쌤 Tip + 배경지식

- 도식화한 지문 구조도를 통해 지문 전체 내용의 흐름이 한눈에 들어오도록 제시하였습니다.
- 각 선택지의 적절한 부분과 적절하지 않은 부분을 ○, ×로 표시하여, 빠르게 선택지에 대한 판단을 점검할 수 있습니다.
- 간략하게 해설하면서도, 더 알아 두어야 할 내용은 ★쌤 Tip과 ★배경지식으로 풍부하게 수록하였습니다.

차례

PART 2 영역별 고난도 LEET 강훈련

PART 3 초고난도 LEET 강훈련

<정답 및 해설>

PART 1
EBS 수능특강
연계 강훈련

01 **정의에 대한 롤스, 노직, 왈처의 견해** ★ [인문/예술]

| 제재 | 서양 철학 | 출처 | 2017 7월 고3 | 난도 | 하 | 목표 시간 | 7분 |

선정 이유 EBS 수능특강 '노직의 최소 국가론'과 연계되는 지문으로, 사회 구성원의 권리와 의무를 결정하는 기준이 되는 사회 정의에 대한 롤스, 노직, 왈처의 견해를 설명하고 있다. 세 철학자의 입장을 비교 분석하면서 독해해 보자.

1~5 | 다음 글을 읽고 물음에 답하시오.

정의(正義)는 사회를 구성하고 유지하는 공정한 도리로 사회 구성원의 권리와 의무를 개개인에게 할당하고* 이익과 부담을 분배하기 위한 기준이 된다. 그런데 정의가 무엇인가에 대한 관점은 사람마다 다양하다. 따라서 정의의 실현은 정의를 정의(定義)하는 데서부터 출발한다. 사회 정의를 말한 대표적인 철학자로는 롤스, 노직, 왈처가 있다. 롤스는 공정으로서의 정의, 노직은 소유 권리로서의 정의, 왈처는 복합 평등으로서의 정의를 ⓐ 주장했다.

롤스의 정의론은 공리주의에 대한 비판에서 출발한다. 공리주의자들은 '최대 다수의 최대 행복'을 기준으로 사회 전체의 효용성을 높이는 것이 옳다고 보았다. 그러나 롤스는 사회적 효용성을 증가시킨다는 명분 아래 개인의 자유가 무시될 수 있는 것은 정의가 아니라고 보았다. 그는 혜택을 가장 적게 받는 사람 즉, 최소 수혜자*의 이익을 보장하기 위해 실질적 평등을 중시해야 한다고 보았으며, 사회 구성원이 사회적 원칙에 합의할 때 합의의 절차가 공정하다면 절차를 통한 결과는 정의롭다는 공정으로서의 정의를 주장했다. 롤스는 이러한 정의가 실현되기 위해 두 가지 원칙이 지켜져야 한다고 보았는데, 제1원칙은 모든 사람이 언론과 사상, 종교, 신체의 자유 등 개인의 기본적 자유에 있어 평등한 권리를 가져야 한다는 평등한 자유의 원칙이다. 제2원칙은 차등의 원칙과 기회 균등의 원칙인데, 차등의 원칙은 사회적, 경제적 불평등을 허용하되 그것이 모든 사람, 그 중에서도 특히 사회의 최소 수혜자에게 그 불평등을 보상할 만한 이득을 가져오는 경우에만 정당하다는 것이고, 기회 균등의 원칙은 사회적 지위나 직책에 접근할 기회를 공평하게 부여해야 한다는 것이다. 그는 제1원칙은 항상 제2원칙에 우선해야 한다고 보았다.

한편 롤스는 정의의 원칙을 도출하기* 위한 전제로서 사회 구성원 모두가 '무지(無知)의 베일'을 쓴, 즉 베일을 둘러 마치 아무것도 모르는 상태가 되는 것처럼 자기 자신과 상대의 사회적 지위나 계층, 능력 등을 알지 못하는 ㉠ 원초적 입장에 있다는 가상적 상황을 설정했다. 그는 이러한 상황이 사회 구성원 모두가 동등한 입장에서 합리적인 판단을 할 수 있게 만든다고 봤는데, 이때 인간은 자신이 가장 불우한 계층이 될 가능성을 염두에 두기에 모든 사람 또는 가장 불리한 사람들에게 혜택을 주는 원칙에 모두 합의하게 된다고 주장했다. 롤스의 정의론은 개인의 기본적 자유를 보장하면서도 복지 정책과 같은 재분배의 중요성을 보여 줬다는 점에서 의의를 갖지만 원초적 입장이라는 설정이 비현실적이라는 비판을 받기도 한다.

노직은 롤스와 마찬가지로, 공익을 위해서 개인에게 희생을 강요하는 것은 정의롭지 못하고, 사회의 정의를 실현하기 위해서 개인의 기본적 자유를 보장하는 것이 중요하다고 여겼다. 그런데 롤스가 차등의 원칙에 따라 소득과 부에 대한 개인의 권리에 제한을 두었던 반면, 노직은 개인의 소유 권리를 최우선적으로 보장하는 것이야말로 사회 정의라고 보며 개인 소유권에 대한 제한을 두지 않았다. 노직은 소유 권리로서의 정의를 주장하고, 타인에게 피해를 주지 않고 자신의 노동력으로 정당하게 취득한 것이라면 그 소유는 정당하다고 보았다. 따라서 이런 소유물은 개인의 의지에 따라 정당한 절차를 거쳐 자유롭게 양도될 수 있다고 하였다. 그는 개인의 소유물 취득과 양도 과정에 문제가 없는 한, 국가가 개인의 소유권에 어떠한 강제도 할 수 없으며, 빈부격차가 심화되더라도 자발적 자선 행위가 아닌 국가 주도의 재분배 정책은 바람직하지 않다고 보았다. 그래서 그는 개인의 권리를 보호하는 최소한의 역할만을 하는 최소 국가를 옹호한다.

한편 왈처는 롤스와 마찬가지로 분배를 통한 사회 정의 실현이 중요하다고 봤으나, 원초적 입장이라는 가상적 상황에서 이끌어 낸 단일한 정의의 원칙을 모든 사회에 동일하게 적용하는 것은 문제가 있다며 롤스를 비판했다. 그는 사회에는 해당 공동체의 역사적, 문화적 소산*인 다양한 사회적 가치가 존재하며, 그 가치마다 그것이 속하는 고유의 영역이 있으므로 서로 다른 영역의 가치는 서로 다른 기준에 의해 분배되어야 한다는 복합 평등으로서의 정의를 주장했다. 예를 들어 의료 및 복지라는 가치는 필요에 따라, 돈과 상품은 자유 교환에 따라, 명예 또는 공직은 업적에 따라, 교육은 재능에 따라 분배되어야 한다는 것이다. 그는 어떤 영역에서 우월한 위치를 차지하는 사람이 다른 영역의 재화까지도 쉽게 소유하는 것을 반대하며 경제 영역의 고유 가치인 돈은 경제 영역에만, 정치 영역의 고유 가치인 권력은 정치 영역에만 머물러야 한다고 보았다. 즉 왈처는 현대 사회의 가장 심각한 문제는 돈이라는 사회적 가치가 다른 영역의 가치를 침범하는 것이라 여겼으며, 명예나 공직과 같은 가치가 돈이라는 가치에 의해 좌우된다면, 그러한 사회는 정의로울 수 없다고 본 것이다. 그는 사회적 가치들이 자신의 고유한 영역 안에 머무름으로써 복합 평등이 실현될 때 비로소 정의로운 사회가 될 수 있다고 보았다.

1 윗글을 바탕으로 다음 질문에 답한다고 할 때, 가장 적절한 것은?

질문: 정의를 실현하기 위해, 사회를 구성하는 '개인의 기본적 자유'를 제한할 수 있는가?

① 롤스는 '예', 노직은 '아니요'라고 답할 것이다.
② 롤스는 '아니요', 노직은 '예'라고 답할 것이다.
③ 롤스와 노직은 모두 '예'라고 답할 것이다.
④ 롤스와 노직은 모두 '아니요'라고 답할 것이다.
⑤ 롤스, 노직, 왈처는 모두 '예'라고 답할 것이다.

2 윗글에 대한 이해로 적절하지 <u>않은</u> 것은?

① 공리주의자들은 사회 전체의 효용성을 기준으로 행위의 옳고 그름을 판단하겠군.

② 실질적 평등을 중시하는 사회에서 최소 수혜자의 이익을 보장하는 것은 불가능하겠군.

③ 왈처가 생각하는 사회적 가치는 공동체의 문화적, 역사적 소산으로 분배의 대상이 되겠군.

④ 정의는 사회를 유지하는 공정한 도리로, 철학자들에 따라 정의에 대한 관점이 다를 수 있겠군.

⑤ 노직은 국가의 재분배 정책을 바람직하지 않다고 생각하므로 국가가 최소한의 역할만 해야 한다고 보겠군.

3 윗글을 바탕으로 〈보기〉의 (가)와 (나)를 이해한 내용으로 적절하지 <u>않은</u> 것은? [3점]

〈보 기〉

(가) 미국에서는 기여 입학제가 활성화되어 있다. 하버드대와 같은 미국의 명문 사립대학들은 기부금을 많이 낸 사람의 자녀를 기여 입학 대상자로 선정하여 1,600점 기준의 SAT 점수에 160점 정도의 가산점을 준다.

(나) 미국의 갑부 워런 버핏은 자신의 소득세율이 17.4%인 것에 반해, 자신의 사무실에서 일하는 직원들의 소득세율은 그 두 배 정도인 33~41%라며 연간 소득이 100만 달러 이상인 부유층의 세율을 인상하고 1천만 달러 이상인 사람에게는 초과 세율을 적용하여 세금을 걷자고 주장했다.

① (가) : 롤스의 입장에서 볼 때, 기여 입학제가 지위나 직책에 접근할 기회에 영향을 준다면 기여 입학제는 기회 균등의 원칙에 어긋나는 제도라 할 수 있겠군.

② (가) : 노직의 입장에서 볼 때, 개인의 재산 정도에 따라 입학의 기회가 결정되는 기여 입학제는 개인의 소유물을 양도하는 것에 제약을 두는 제도라 할 수 있겠군.

③ (가) : 왈처의 입장에서 볼 때, 기여 입학제는 경제 영역의 가치인 돈이 교육을 침범한 것으로 복합 평등으로서의 정의에 어긋나는 제도라 할 수 있겠군.

④ (나) : 롤스의 입장에서 볼 때, 일정 소득 이상의 부유층에게 세금을 더 걷는 것이 최소 수혜자를 위한 것이라면 차등의 원칙에 부합되는 것이라 할 수 있겠군.

⑤ (나) : 노직의 입장에서 볼 때, 일정 소득 이상의 부유층에게 초과 세율을 적용하자는 주장은 개인의 소유 권리를 제한하는 것이라 할 수 있겠군.

4 ㉠에 대한 이해로 가장 적절한 것은?

① 상호 간에 우열을 가리게 되어 경쟁적인 분위기를 조장하는 상황

② 상호 간에 다양한 가치를 공유하게 되어 서로를 신뢰하게 만드는 상황

③ 상호 간의 이익과 손해를 따지게 되어 인간적인 유대감이 파괴되는 상황

④ 상호 간의 개인적 정보를 모르게 되어 합리적 판단을 가능하게 하는 상황

⑤ 상호 간에 효율성을 중시하게 되어 최소한의 노력으로 최대한의 이익을 얻으려는 상황

5 문맥상 ⓐ와 바꾸어 쓰기에 가장 적절한 것은?

① 가늠했다　　② 분석했다
③ 내세웠다　　④ 제공했다
⑤ 살펴봤다

★ 어휘력 강화

* 할당(割當)하다 몫을 갈라 나누다.
* 수혜자(受惠者) 혜택을 받는 사람.
* 도출(導出)하다 판단이나 결론 따위를 이끌어 내다.
* 소산(所産) 어떤 행위나 상황 따위에 의한 결과로 나타나는 현상.

02 **미의 본질에 대한 플로티노스의 견해** ★ [인문/예술]

| 제재 | 미학 | 출처 | 2021 3월 고2 | 난도 | 중 | 목표 시간 | 9분 |

| 선정 이유 | EBS 수능특강 '토마스 아퀴나스의 미학'과 연계되는 지문으로, 중세 유럽의 철학자 토마스 아퀴나스에게 큰 영향을 미친 플로티노스의 서양 미학의 전통에 대한 비판과 미의 본질에 대한 이론을 설명하고 있다. 플로티노스의 주된 견해가 무엇인지에 중점을 두어 독해해 보자. |

1~5 | 다음 글을 읽고 물음에 답하시오.

미의 본질에 대한 최초의 연구는 고대 그리스 피타고라스 학파에 의해서 이루어졌는데, 이들은 미가 물질적인 대상의 형식적인 구조 속에 표현되는 객관적인 법칙이라고 생각하였다. 피타고라스는 수를 이 세상의 근원으로 보았기 때문에 아름다움은 그 대상을 구성하는 여러 요소들 간의 수적인 비례에 의한 것이라는 균제 이론을 내세웠다. 피타고라스의 철학은 그 후 플라톤, 아리스토텔레스 등 서양 철학사를 주도한 이들에게 수용되어 균제 이론은 서양 미학의 하나의 전통이 되었다.

플로티노스는 몇 가지 이유를 들어 미의 본질은 균제로 대표되는 수적 비례에 있는 것이 아니라고 주장한다. 균제 이론은 부분과 부분, 또는 부분과 전체의 관계 속에서 아름다움을 찾는 것이다. 플로티노스는 균제를 이루고 있는 대상이라 하더라도 아름답지 않은 경우가 있을 수 있으며, 균제를 이루지 않는 단순한 색이나 소리도 아름다울 수 있음을 내세운다. 또한 그는 품위 있는 행동이나 훌륭한 법률과 같은 것들도 아름다울 수 있는데, 그러한 비물질적인 특질에 어떻게 균제를 적용할 수 있는지 반문한다.

미의 본질에 대한 전통적인 견해를 부정한 플로티노스는 균제를 대체할 수 있는 미의 본질을 정신에서 찾았다. 플라톤은 이 세계를 이데아계와 현상계로 나누고, 현상계는 이데아계를 본떠서 생겨난 것이라고 생각했는데, 플로티노스도 플라톤과 마찬가지로 세상을 이데아계인 예지계와 감각 세계인 현상계로 구분했다. 그러나 두 세계가 근본적으로 단절되어 있다고 본 플라톤과는 달리 플로티노스는 '유출(流出)'과 '테오리아(theōia)'의 개념을 통해 이 둘이 연결되어 있다고 주장했다. 플로티노스에 의하면 세상의 근원인 '일자(一者)'는 가장 완전하고 충만한 원천으로 마치 광원(光源)과도 같아서 만물은 일자의 빛이 흘러넘침, 즉 유출에 의해 순차적으로 생성된다. 일자로부터 가장 먼저 나온 것은 절대적이며 초개별적인 '정신'이고, 정신으로부터 우주 영혼과 개별 영혼들이 산출된다. 일자, 정신, 영혼 이 세 가지 존재자들이 비물질적인 예지계를 구성한다. 이를 뒤이어 감각적 존재자들의 현상계가 출현하는데, 먼저 영혼으로부터 실재하는 감각 대상들의 세계인 자연이 유출되며, 다시 자연으로부터 가장 낮은 단계의 존재자들인 아무런 형상이 없는 질료*들이 유출된다.

ⓐ 일자에서 ⓑ 정신, ⓒ 영혼, ⓓ 자연, ⓔ 질료로의 유출은 존재의 완전성 정도에 따라 순차적으로 이루어지는 것으로 자기 동일성의 타자적 발현이라 할 수 있다. 따라서 유출로 연결된 존재 간에는 어떤 동일성이 유지되어 있으며, 위계질서를 가진다. 이처럼 예지계와 현상계는 분리되어 있는 것처럼 보이나 질적으로는 서로 연결되어 있다는 것이 플로티노스의 주장이다. 이런 생각에 의거하여 미(美)는 마치 빛이 그 광원에서 멀어

질수록 밝기가 약해지듯이, 일자에서 질료로 내려갈수록 점차 추(醜)에 가까워지게 된다.

미에 대한 플로티노스의 이런 생각으로 인해 그는 예술의 가치에 대해 플라톤과 다른 입장을 취했다. 플라톤은 예술이 이데아계를 모방한 현상계를 다시 모방하는 것에 불과하다고 폄하했다. 하지만 아름다움이 실질적으로 정신에서 비롯된 것으로 보고 질적이고 정신적인 미의 중요성을 높이 평가한 플로티노스에게 예술은 모방의 모방이 아니라 정신의 아름다움과 진리를 물질화하는 것이 된다. 플로티노스에게 있어 미의 형상은 본래 정신에 있는 것이지만 예술가의 영혼에도 정신의 속성인 미의 형상이 내재해 있다. 이때 영혼 안에 있는 미의 형상을 질료에 실현시키는 것이 바로 예술이다. 그러므로 예술이란 ㉠ 귀납적 표상으로 형성되는 관념상을 그리는 행위가 아니라 선험적 관념상, 즉 ㉡ 연역적 표상을 현상계의 감각적인 것으로 유출시키는 행위인 것이다. 예술가는 이렇게 질료에 미의 형상을 부여함으로써 자연이 부족하게 가지고 있는 것을 보완한다. 그런 의미에서 플로티노스는 플라톤처럼 예술을 예지계와 현상계 다음에 위치시키지 않는다. 그에게 있어 예술은 예지계와 현상계 중간에 있는 것이다.

플로티노스는 예술을 우리 영혼이 현상계에서 일자로 올라가기 위해 딛고 서야 할 디딤돌이라고 보았다. 영혼은 근원인 일자의 속성을 지니고 있지만 동일한 근원이 다른 모습으로 나타났기에 근원에서 벗어난 것이기도 하다. 그래서 우리 인간은 자신의 영혼이 일자와 동일한 것을 공유한다는 것을 잊고 물질세계의 감각적인 것에 매몰되어* 있다. 우리의 영혼이 일자와 합일해야 한다고 본 플로티노스는 영혼이 내면을 관조함으로써 자신의 근원인 일자를 상기할 수 있으며, 일자로 돌아갈 수 있다고 했다. 이렇게 일자로부터의 유출로 생성된 각 단계의 존재들이 거꾸로 예지계의 일자에게로 회귀하는 상승 운동이 '테오리아'이다. 테오리아를 위해서는 자신의 영혼에 정신의 미가 존재하고 있다는 사실부터 깨달아야 하는데, 이것을 깨닫게 해 주는 것이 바로 감각적인 미이다. 플로티노스가 예술을 중시하는 것은 예술이 미적 경험을 환기하여 테오리아를 일으키는 강력한 추동력*을 갖고 있기 때문이다.

이처럼 예술가의 내면, 나아가 그 원형인 정신세계의 아름다움을 담은 예술의 가치를 높이 평가한 플로티노스의 미 이론은 인간의 영혼과 초월적인 존재의 신성함을 표현하려 했던 중세의 비잔틴 예술을 탄생하게 했다. 또한 가시적인 외부 세계의 재현을 부정하고 현실 세계에서 벗어난 예술을 이해할 수 있는 단초를 제공하였다는 점에서 그의 미 이론은 낭만주의와 현대 추상 회화의 근본을 마련하였다는 평가를 받는다.

*질료 : 물체의 생성과 변화의 바탕이 되는 재료.

1 윗글에서 언급된 내용이 <u>아닌</u> 것은?

① 미에 대한 피타고라스 학파의 인식

② 플로티노스가 분류한 예술의 유형

③ 균제 이론에 대한 플로티노스의 시각

④ 플라톤과 플로티노스 예술관의 차이

⑤ 플로티노스의 미 이론이 지니는 의의

2 ⓐ~ⓔ에 대한 플로티노스의 생각으로 적절하지 <u>않은</u> 것은?

① ⓐ의 속성은 위계적 차등에 따라 ⓑ, ⓒ, ⓓ, ⓔ로 전해진다.

② ⓐ에 가까운 정도를 기준으로 하여 미, 추를 판단할 수 있다.

③ ⓐ~ⓔ는 동일성을 함유하면서 질적으로 서로 연결되어 있다.

④ 유출은 ⓐ에서 ⓔ로, 테오리아는 ⓔ에서 ⓐ로 향하는 방향성을 갖는다.

⑤ ⓐ, ⓑ, ⓒ의 예지계와 ⓓ, ⓔ의 현상계는 정신에 의해 상호 보완적 관계를 유지한다.

3 윗글의 '피타고라스', '플라톤', '플로티노스'가 〈보기〉에 대해 보일 수 있는 반응으로 적절하지 <u>않은</u> 것은?

─────〈보 기〉─────

기원전 1~2세기경에 만들어진 것으로 알려진 「밀로의 비너스」 석상은 양팔이 잘려 있는 모습으로 발견되었는데, 이데아계에 존재하는 비너스 여신의 모습을 키가 머리 길이의 8배를 이루는 황금 비율로 형상화하였다.

① 피타고라스는 비너스 석상이 황금 비율이라는 수적 비례를 지켰기에 미의 본질을 구현했다고 평가했겠군.

② 플라톤은 이데아계와 현상계는 단절되었기 때문에 이데아계의 여신을 비너스 석상과 동일시할 수 없다고 보았겠군.

③ 플라톤은 비너스 석상은 이데아계를 직접 모방한 것으로 인간에게 이데아계를 지향하게 하는 작품이라고 인정했겠군.

④ 플로티노스는 비너스 석상이 감상자로 하여금 일자로 회귀하는 테오리아를 일으킨다는 점에서 높게 평가했겠군.

⑤ 플로티노스는 돌을 질료로 하여 예술가 자신의 영혼에 내재된 미를 비너스 석상으로 형상화한 것으로 인식했겠군.

4 윗글의 '플로티노스'와 〈보기〉의 '칸딘스키'의 공통된 예술관으로 가장 적절한 것은?

〈보 기〉

칸딘스키의 추상은 세잔, 입체파, 몬드리안 식의 그것과는 다르다. 그의 추상은 사물의 단계적 단순화로 시작하여 종국에 그 본원적 모습을 밝히는 것이 아니라 직관적인 방법으로 정신이나 초월적인 것을 구현해 내기 위한 것이었다. 그에게 있어 예술은 형이상학적 관념을 구현하는 것으로 예술가는 그것의 발견자 내지 전달자이다.

① 정신의 아름다움과 진리를 질료를 통해 물질화할 수 없다고 본 점
② 예술이 바람직한 삶의 자세에 대한 형이상학적 깨달음을 줄 수 있다고 본 점
③ 객관적인 법칙이 형식적인 구조 속에 표현될 때 미적 가치가 구현될 수 있다고 본 점
④ 초월적인 존재의 미적 가치를 드러내기 위해서는 감각적 미를 탈피해야 한다고 본 점
⑤ 예술의 본질이 현실 세계에서 감각적으로 지각되지 않는 관념을 표현하는 데 있다고 본 점

5 다음은 윗글의 ㉠, ㉡과 관련한 독서 활동 과정이다. 과제 해결 단계의 (A), (B)에 들어갈 말로 적절한 것은? 〔3점〕

과제 설정	• 글의 맥락을 고려할 때 ㉠, ㉡의 의미는 무엇일까?
자료 조사	• 백과사전에서 '귀납', '연역', '표상'의 의미 찾기 〈귀납〉 - 개개의 현상으로부터 보편적 원리를 도출하는 것 〈연역〉 - 보편적 원리로부터 개개의 현상을 이끌어 내는 것 〈표상〉 - 마음이나 의식에 나타나는 것
의미 구성	• 조사 내용을 바탕으로 의미 구성해 보기 ㄱ. 현상계의 경험에서 도출한 보편적 미를 형상화하는 행위 ㄴ. 일자에서 비롯된 미의 형상을 발견해 질료에 담는 행위 ㄷ. 질료의 형식적 구조에서 비물질적 특성을 도출하는 행위 ㄹ. 영혼이 내면을 관조하여 자연에 존재하는 미를 발견하는 행위
과제 해결	• 구성 내용 중 적절한 것을 골라 과제 해결하기 → ㉠은 (A)이고, ㉡은 (B)이다.

	(A)	(B)
①	ㄱ	ㄴ
②	ㄱ	ㄷ
③	ㄴ	ㄷ
④	ㄴ	ㄹ
⑤	ㄷ	ㄹ

★ 어휘력 강화

* 매몰(埋沒)되다 보이지 아니하게 파묻히다.
* 추동력(推動力)
 ① 물체에 힘을 가하여 앞으로 나아가게 하는 힘.
 ② 어떤 일을 추진하기 위하여 고무하고 격려하는 힘.
* 단초(端初) 일이나 사건을 풀어 나갈 수 있는 첫머리.

| 03 | 예술의 본질과 예술 비평의 방법 | | | | ★ [인문/예술] |

제재	미학	출처	2021 9월 평가원	난도	중하	목표 시간	10분
선정 이유	EBS 수능특강 '예술 제도론'과 연계되는 지문으로, 예술 제도론을 포함하여 예술에 대한 여러 정의와 다양한 예술 비평의 입장을 설명하고 있다. 여러 견해 간의 차이점을 정리하며 독해해 보자.						

1~6 | 다음 글을 읽고 물음에 답하시오.

(가)

미학은 예술과 미적 경험에 관한 개념과 이론에 대해 논의하는 철학의 한 분야로서, 미학의 문제들 가운데 하나가 바로 예술의 정의에 대한 문제이다. 예술이 자연에 대한 모방이라는 아리스토텔레스의 말에서 비롯된 모방론은, 대상과 그 대상의 재현이 닮은꼴이어야 한다는 재현의 투명성 이론을 ⓐ 전제한다. 그러나 예술가의 독창적인 감정 표현을 중시하는 한편 외부 세계에 대한 왜곡된 표현을 허용하는 낭만주의 사조가 18세기 말에 등장하면서, 모방론은 많이 쇠퇴했다. 이제 모방을 필수조건으로 삼지 않는 낭만주의 예술가의 작품을 예술로 인정해 줄 수 있는 새로운 이론이 필요했다.

20세기 초에 **콜링우드**는 진지한 관념이나 감정과 같은 예술가의 마음을 예술의 조건으로 규정하는 표현론을 제시하여 이 문제를 해결하였다. 그에 따르면, 진정한 예술 작품은 물리적 소재를 통해 구성될 필요가 없는 정신적 대상이다. 또한 이와 비슷한 ⓑ 시기에 외부 세계나 작가의 내면보다 작품 자체의 고유 형식을 중시하는 형식론도 발전했다. 벨의 형식론은 예술 감각이 있는 비평가들만이 직관적*으로 식별할 수 있고 정의는 불가능한 어떤 성질을 일컫는 '의미 있는 형식'을 통해 그 비평가들에게 미적 정서를 유발하는 작품을 예술 작품이라고 보았다.

20세기 중반에, 뒤샹이 변기를 가져다 전시한 「샘」이라는 작품은 예술 작품으로 인정되지만 그것과 형식적인 면에서 차이가 없는 일반적인 변기는 예술 작품으로 인정되지 않는 이유를 설명하지 못하게 되자 두 가지 대응 이론이 나타났다. 하나는 우리가 흔히 예술 작품으로 분류하는 미술, 연극, 문학, 음악 등이 서로 이질적이어서 그것들을 전체를 아울러 예술이라 정의할 수 있는 공통된 요소를 갖지 않는다는 웨이츠의 예술 정의 불가론이다. 그의 이론은 예술의 정의에 대한 기존의 이론들이 겉보기에는 명제의 형태를 취하고 있으나 사실은 참과 거짓을 판정할 수 없는 사이비 명제이므로, 예술의 정의에 대한 논의 자체가 불필요하다는 견해를 대변한다.

다른 하나는 예술계라는 어떤 사회 제도에 속하는 한 사람 또는 여러 사람에 의해 감상의 후보 자격을 수여받은 인공물을 예술 작품으로 규정하는 **디키**의 제도론이다. 하나의 작품이 어떤 특정한 기준에서 훌륭하므로 예술 작품이라고 부를 수 있다는 평가적 ⓒ 이론들과 달리, 디키의 견해는 일정한 절차와 관례를 거치기만 하면 모두 예술 작품으로 볼 수 있다는 분류적 이론이다. 예술의 정의와 관련된 이 논의들은 예술로 분류할 수 있는 작품들의 공통된 본질을 찾는 시도이자 예술의 필요충분조건을 찾는 시도이다.

(나)

예술 작품을 어떻게 감상하고 비평해야* 하는지에 대해 다양한 논의들이 있다. 예술 작품의 의미와 가치에 대한 해석과 판단은 작품을 비평하는 목적과 태도에 따라 달라진다. 예술 작품에 대한 주요 비평 방법으로는 맥락주의 비평, 형식주의 비평, 인상주의 비평이 있다.

㉠ 맥락주의 비평은 주로 예술 작품이 창작된 사회적·역사적 배경에 관심을 갖는다. 비평가 **텐**은 예술 작품이 창작된 당시 예술가가 살던 시대의 환경, 정치·경제·문화적 상황, 작품이 사회에 미치는 효과 등을 예술 작품 비평의 중요한 ⓓ 근거로 삼는다. 그 이유는 예술 작품이 예술가가 속해 있는 문화의 상징과 믿음을 구체화하며, 예술가가 속한 사회의 특성들을 반영한다고 보기 때문이다. 또한 맥락주의 비평에서는 작품이 창작된 시대적 상황 외에 작가의 심리적 상태와 이념을 포함하여 가급적 많은 자료를 바탕으로 작품을 분석하고 해석한다.

그러나 객관적 자료를 중심으로 작품을 비평하려는 맥락주의는 자칫 작품 외적인 요소에 치중하여 작품의 핵심적 본질을 훼손할 우려가 있다는 비판을 받는다. 이러한 맥락주의 비평의 문제점을 극복하기 위한 방법으로는 형식주의 비평과 인상주의 비평이 있다. 형식주의 비평은 예술 작품의 외적 요인 대신 작품의 형식적 요소와 그 요소들 간 구조적 유기성의 분석을 중요하게 생각한다. **프리드**와 같은 형식주의 비평가들은 작품 속에 표현된 사물, 인간, 풍경 같은 내용보다는 선, 색, 형태 등의 조형 요소와 비례, 율동, 강조 등과 같은 조형 원리를 예술 작품의 우수성을 판단하는 기준이라고 주장한다.

㉡ 인상주의 비평은 모든 분석적 비평에 대해 회의적*인 ⓔ 시각을 가지고 있어 예술을 어떤 규칙이나 객관적 자료로 판단할 수 없다고 본다. "훌륭한 비평가는 대작들과 자기 자신의 영혼의 모험들을 관련시킨다."라는 비평가 **프랑스**의 말처럼, 인상주의 비평은 비평가가 다른 저명한 비평가의 관점과 상관없이 자신의 생각과 느낌에 대하여 자율성과 창의성을 가지고 비평하는 것이다. 즉, 인상주의 비평가는 작가의 의도나 그 밖의 외적인 요인들을 고려할 필요 없이 비평가의 자유 의지로 무한대의 상상력을 가지고 작품을 해석하고 판단한다.

1 (가)와 (나)의 공통적인 내용 전개 방식으로 가장 적절한 것은?

① 대립되는 관점들이 수렴되어 가는 역사적 과정을 밝히고 있다.

② 화제에 대한 이론들을 평가하여 종합적 결론을 도출하고 있다.

③ 화제가 사회에 미치는 영향들을 분석하여 서로 간의 차이를 밝히고 있다.

④ 화제와 관련된 관점의 문제점을 제시하고 대안적 관점을 소개하고 있다.

⑤ 화제와 관련된 하나의 사례를 중심으로 다양한 이론을 시대 순으로 나열하고 있다.

2 (가)의 형식론에 대한 이해로 가장 적절한 것은?

① 미적 정서를 유발할 수 있는 어떤 성질을 근거로 예술 작품의 여부를 판단한다.

② 모든 관람객이 직관적으로 식별할 수 있는 형식을 통해 예술 작품의 여부를 판단한다.

③ 감정을 표현하는 모든 작품은 그 작품이 정신적 대상이더라도 예술 작품이라고 주장한다.

④ 외부 세계의 형식적 요소를 작가 내면의 관념으로 표현하는 것을 예술의 조건이라고 주장한다.

⑤ 특정한 사회 제도에 속하는 모든 예술가와 비평가가 자격을 부여한 작품을 예술 작품으로 판단한다.

3 (가)에 등장하는 이론가와 예술가들이 상대의 견해나 작품을 평가할 수 있는 말로 적절하지 않은 것은?

① 모방론자가 뒤샹에게 : 당신의 작품 「샘」은 변기를 닮은 것이 아니라 변기 그 자체라는 점에서 예술 작품이 되기 위한 필요충분조건을 갖추고 있습니다.

② 낭만주의 예술가가 모방론자에게 : 대상을 재현하기만 하면 예술가의 감정을 표현하지 않은 작품도 예술 작품으로 인정하는 당신의 견해는 받아들일 수 없습니다.

③ 표현론자가 낭만주의 예술가에게 : 당신의 작품은 예술가의 마음을 표현했으니 대상을 있는 그대로 표현하지 않았더라도 예술 작품입니다.

④ 뒤샹이 제도론자에게 : 예술계에서 일정한 절차와 관례를 거치면 예술 작품이라는 당신의 주장은 저의 작품 「샘」 외에 다른 변기들도 예술 작품이 될 수 있음을 인정하는 것입니다.

⑤ 예술 정의 불가론자가 표현론자에게 : 당신이 예술가의 관념을 예술 작품의 조건으로 규정할 때 사용하는 명제는 참과 거짓을 판단할 수 없기 때문에 받아들일 수 없습니다.

4 다음은 비평문을 쓰기 위해 미술 전람회에 다녀온 학생이 (가)와 (나)를 읽은 후 작성한 메모의 일부이다. 메모의 내용이 적절하지 않은 것은? [3점]

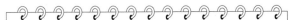

■ 작품 정보 요약
- 작품 제목 : 「그리움」
- 팸플릿의 설명
  - 화가 A가, 화가였던 자기 아버지가 생전에 신던 낡고 색이 바랜 신발을 보고 그린 작품임.
  - 화가 A의 예술 정신은 궁핍하게 살면서도 예술혼을 잃지 않고 작품 활동을 했던 아버지의 삶에서 영향을 받았음.
- 작품 전체에 따뜻한 계열의 색이 주로 사용됨.

■ 비평문 작성을 위한 착안점
○ 콜링우드의 관점을 적용하면, 화가 A가 낡은 신발을 그린 것에서 아버지에 대한 그리움을 갖고 있으리라는 점을 제시할 수 있겠군. ····· ①
○ 디키의 관점을 적용하면, 평범한 신발이 특별한 이유는 신발의 원래 주인이 화가였다는 사실에 있음을 언급하여 이 그림을 예술 작품으로 평가할 수 있겠군. ·················· ②
○ 텐의 관점을 적용하면, 이 작품에서 아버지의 낡은 신발은 화가 A가 추구하는 예술가 정신의 상징임을 팸플릿 정보를 근거로 해석할 수 있겠군. ·················· ③
○ 프리드의 관점을 적용하면, 따뜻한 계열의 색들을 유기적으로 구성한 점에서 이 그림이 우수한 작품임을 언급할 수 있겠군. ······· ④
○ 프랑스의 관점을 적용하면, 그림 속의 낡고 색이 바랜 신발을 보고, 지친 나의 삶에서 편안함과 여유를 느꼈음을 서술할 수 있겠군. ····· ⑤

5 피카소의 「게르니카」에 대해 〈보기〉의 A는 ㉠의 관점, B는 ㉡의 관점에서 비평한 내용이다. (나)를 바탕으로 A, B를 이해한 내용으로 적절하지 <u>않은</u> 것은?

〈보 기〉

피카소, 「게르니카」

A : 1937년 히틀러가 바스크 산악 마을인 '게르니카'에 30여 톤의 폭탄을 퍼부어 수많은 인명을 살상한 비극적 사건의 참상을, 울부짖는 말과 부러진 칼 등의 상징적 이미지를 사용하여 전 세계에 고발한 기념비적인 작품이다.

B : 뿔 달린 동물은 슬퍼 보이고, 아이는 양팔을 뻗어 고통을 호소하고 있다. 우울한 색과 기괴한 형태들이 나를 그 속으로 끌어들이는 듯하다. 그러나 빛이 보인다. 고통과 좌절감이 느껴지지만 희망을 갈구하는 훌륭한 작품이다.

① A에서 '1937년'에 '게르니카'에서 발생한 사건을 언급한 것은 역사적 정보를 바탕으로 작품을 해석하기 위한 것이겠군.

② A에서 비극적 참상을 '전 세계에 고발'하였다고 서술한 것은 작품이 사회에 미치는 효과를 드러내고자 한 것이겠군.

③ B에서 '슬퍼 보이고'와 '고통을 호소하고'라고 서술한 것은 작가의 심리적 상태를 표현하려는 것이겠군.

④ B에서 '우울한 색과 기괴한 형태'를 언급한 것은 비평가의 주관적 인상을 반영하기 위한 것이겠군.

⑤ B에서 '희망을 갈구하는'이라고 서술한 것은 비평가의 자유로운 상상력이 반영된 것이겠군.

6 문맥을 고려할 때, 밑줄 친 말이 ⓐ~ⓔ의 동음이의어인 것은?

① ⓐ : 모든 인간은 평등하다고 <u>전제(前提)</u>해야 한다.

② ⓑ : 가을은 오곡백과가 무르익는 <u>시기(時期)</u>이다.

③ ⓒ : 이 문제에 대해서는 <u>이론(異論)</u>의 여지가 없다.

④ ⓓ : 이 소설은 사실을 <u>근거(根據)</u>로 하여 쓰였다.

⑤ ⓔ : 청소년의 <u>시각(視角)</u>으로 이 문제를 살펴보자.

| 선정 이유 | EBS 수능특강 '코나투스'와 연계되는 지문으로, EBS 지문에서는 여러 철학자들이 정의한 코나투스에 대해 설명한 반면 이 지문에서는 코나투스를 중심으로 스피노자의 윤리학에 대해 구체적으로 설명하고 있다. |

1~3 | 다음 글을 읽고 물음에 답하시오.

　스피노자의 윤리학을 이해하기 위해서는 코나투스(Conatus)라는 개념이 필요하다. 스피노자에 따르면 실존*하는 모든 사물은 자신의 존재를 유지하기 위해 노력하는데, 이것이 바로 그 사물의 본질인 코나투스라는 것이다. 정신과 신체를 서로 다른 것이 아니라 하나로 보았던 그는 정신과 신체에 관계되는 코나투스를 충동이라 부르고, 다른 사물들과 같이 인간도 자신을 보존하고자 하는 충동을 갖고 있다고 보았다. 특히 인간은 자신의 충동을 의식할 수 있다는 점에서 동물과 차이가 있다며 인간의 충동을 욕망이라고 하였다. 즉 인간에게 코나투스란 삶을 지속하고자 하는 욕망을 의미한다.

　스피노자에 따르면 코나투스를 본질로 지닌 인간은 한번 태어난 이상 삶을 지속하기 위해 힘쓴다. 하지만 인간은 자신의 힘만으로 삶을 지속하기 어렵다. 인간은 다른 것들과의 관계 속에서만 삶을 유지할 수 있으므로 언제나 타자와 관계를 맺는다. 이때 타자로부터 받은 자극에 의해 신체적 활동 능력이 증가하거나 감소하는 변화가 일어난다. 감정을 신체의 변화에 대한 표현으로 보았던 스피노자는 신체적 활동 능력이 증가하면 기쁨의 감정을 느끼고, 신체적 활동 능력이 감소하면 슬픔의 감정을 느낀다고 생각했다. 또한 신체적 활동 능력이 감소하는 것과 슬픔의 감정을 느끼는 것은 코나투스가 감소하고 있음을 보여 주는 것, 다시 말해 삶을 지속하고자 하는 욕망이 줄어드는 것이라고 여겼다. 그래서 인간은 코나투스의 증가를 위해 자신의 신체적 활동 능력을 증가시키고 기쁨의 감정을 유지하려고 노력한다는 것이다.

　한편 스피노자는 선악의 개념도 코나투스와 연결 짓는다. 그는 사물이 다른 사물과 어떤 관계를 맺느냐에 따라 선이 되기도 하고 악이 되기도 한다고 말한다. 코나투스의 관점에서 보면 선이란 자신의 신체적 활동 능력을 증가시키는 것이며, 악은 자신의 신체적 활동 능력을 감소시키는 것이다. 이를 정서의 차원에서 설명하면 선은 자신에게 기쁨을 주는 모든 것이며, 악은 자신에게 슬픔을 주는 모든 것이다. 한마디로 인간의 선악에 대한 판단은 자신의 감정에 따라 결정된다는 것을 의미한다.

　이러한 생각을 토대로 스피노자는 코나투스인 욕망을 긍정하고 욕망에 따라 행동하라고 이야기한다. 슬픔은 거부하고 기쁨을 지향하라는 것, 그것이 곧 선의 추구라는 것이다. 그리고 코나투스는 타자와의 관계에 영향을 받으므로 인간에게는 타자와 함께 자신의 기쁨을 증가시킬 수 있는 공동체가 필요하다고 말한다. 그 안에서 자신과 타자 모두의 코나투스를 증가시킬 수 있는 기쁨의 관계를 형성하라는 것이 스피노자의 윤리학이 우리에게 하는 당부이다.

1 윗글에서 다룬 내용으로 적절하지 <u>않은</u> 것은?

① 코나투스의 의미
② 정신과 신체의 유래
③ 감정과 신체의 관계
④ 감정과 코나투스의 관계
⑤ 코나투스와 관련한 인간과 동물의 차이

2 윗글을 바탕으로 〈보기〉를 이해한 내용으로 가장 적절한 것은?

[3점]

〈보 기〉

쇼펜하우어는 욕망을 인간과 세계의 본질로 생각했다. 그의 관점에서 보면 인간을 포함한 모든 사물은 욕망을 충족하기 위해 노력하지만, 채우고 채워도 욕망은 완전히 충족될 수 없다. 그래서 그는 삶을 욕망의 결핍이 주는 고통의 시간이라고 말했고, 이러한 고통으로부터 벗어나기 위해 욕망을 부정하면서 욕망을 절제해야 한다는 금욕주의를 주장했다.

① 쇼펜하우어는 스피노자처럼, 욕망을 부정적으로 판단하고 있군.

② 쇼펜하우어는 스피노자처럼, 인간은 욕망에 따라 행동해야 한다고 보고 있군.

③ 쇼펜하우어는 스피노자처럼, 삶을 욕망의 결핍이 주는 고통의 시간이라고 여겼군.

④ 쇼펜하우어는 스피노자와 달리, 욕망을 인간의 본질로 보고 있군.

⑤ 쇼펜하우어는 스피노자와 달리, 인간이 욕망에서 벗어나야 한다고 보고 있군.

3 윗글에 나타난 선악에 대한 스피노자의 입장으로 적절하지 <u>않은 것은?</u>

① 자신에게 기쁨을 주는 것은 선이다.

② 선악은 사물 자체가 가지고 있는 성질이다.

③ 선악에 대한 판단은 타자와의 관계에 따라 달라진다.

④ 자신의 신체적 활동 능력을 감소시키는 것은 악이다.

⑤ 기쁨의 관계 형성이 가능한 공동체는 선의 추구를 위해 필요하다.

★ **어휘력 강화**

* **실존(實存)**

① 실제로 존재함. 또는 그런 존재.

② [철학] 사물의 본질이 아닌, 그 사물이 존재하는 그 자체. 스콜라 철학에서는 가능적 존재인 본질에 대하여 현실적 존재를 뜻한다.

③ [철학] 실존 철학에서, 개별자로서 자기의 존재를 자각적으로 물으면서 존재하는 인간의 주체적인 상태.

05 **주자학과 양명학의 '이'의 차이**   ★[인문/예술]

| 제재 | 동양 철학 | 출처 | 2013 4월 고3 B | 난도 | 중하 | 목표 시간 | 7분 |

| 선정 이유 | EBS 수능특강 '개화기 과학 기술에 대한 지식인들의 생각'과 연계되는 지문으로, 주자학과 양명학의 기본 입장을 다루고 있다. EBS 지문에서 당시 배경 사상이 되었던 주자학이나 박은식이 해결책으로 선택한 양명학에 대해 자세히 이해해 보자. |

1~3 | 다음 글을 읽고 물음에 답하시오.

주자학과 양명학은 사물의 궁극적*인 이치인 '이(理)'를 탐구한다. 하지만 주자학의 '이'는 '만물의 본성이 곧 이치'라는 '성즉리(性卽理)'이며, 양명학의 '이'는 '내 마음이 곧 이치'라는 '심즉리(心卽理)'이다. 그렇다면 이러한 차이가 나타나게 된 까닭은 무엇일까?

주자학의 '이'는 인간 주체와 분리되어 객관적으로 존재하는 '하늘의 이치'이다. 만물이 존재하는 근원적인 원리로서의 '이'는 하나이지만 각각의 사물에는 저마다의 '이'가 개별적으로 담겨 있다. 즉 만물에 있는 개별적인 '이'는 모두 다르지만, 근원적인 '이'는 하나인 것이다. 그런데 인간이 '하늘의 이치'인 '이'를 깨닫기 위해서는 각각의 사물에 들어 있는 '이'를 탐구한 다음, 지극한 경지에 이르러야 한다. 그러므로 주자학적 전통은 개별적인 '이'보다 하늘의 이치인 '이'에 대한 예의법도를 중시한다.

지방마다 절도사*를 두어 행정과 군 통치권을 맡겼던 당나라는 왕실의 힘이 약화되면서 절도사들의 반란이 잦아졌고 그 결과 멸망했다. 이에 송나라에서는 군주에게 의리(義理)를 지켜야 한다는 생각이 자리 잡게 되었다. 이러한 배경에서 송나라 지식인들은 강한 나라를 만들기 위해서 '이'를 '현실에서의 의리'로 보았고, 주자학적 전통을 사회 질서를 바로잡는 통치 원리로 삼았다.

양명학을 창시한 '왕수인'은 '이'가 주체와 분리된 것이 아니라 내 마음의 본체라고 주장했다. 이러한 마음의 본체는 '양지(良知)'이며, 양지는 곧 하늘의 이치라고 하였다. 그의 철학은 인간 주체에 대한 신뢰를 바탕으로 하기에 사람은 하늘의 이치인 양지를 지니고 있다고 했다. 양지는 옳고 그름을 가려낼 수 있는 타고난 도덕적 자각* 능력이다. 그래서 자신의 사사로운 생각에서 벗어나서 양지를 회복하는 과정을 강조했다. 자신의 양지를 보존하려는 마음, 자신에게 충실하고 진실하여 그 스스로 만족하기를 구하는 마음을 가지게 되면, 마음과 이치가 합일된 경지이자 인간 자신이 타고난 도덕적 자각이 완성된 상태인 '치양지(致良知)'에 이르게 된다.

명나라 중기 이후 지배 세력이 농민의 세금 부담을 늘리자 농민 봉기*가 확산되었다. 당시 농민의 구호는 '혼돈의 하늘을 열자'였다. 이는 주자학에서 말하는 정해진 하늘의 이치에 대한 부정이었으며, 주자학 대신 새로운 대안을 모색하라는 시대적 요구였다. 이러한 상황에서 왕수인은 하늘이 정한 이치가 인간 주체와 분리되는 철학으로는 백성을 제대로 다스릴 수 없다는 생각을 가지게 되었다. 양명학은 개인과 자아라는 근대적 의식이 싹트고 전통 도덕으로 개인 의지를 억압하는 것에 대한 반성이 대두되면서 나타난 것이다.

결국 주자학과 양명학은 새로운 질서의 시대적인 요청에 의해 궁극적인 앎인 '이'에 관한 차이를 보이게 된 것이다.

1 윗글을 통해 알 수 <u>없는</u> 것은?

① 주자학에서 설정하는 '이'와 '기'의 관계
② 명나라 중기 이후 농민 봉기가 확산된 이유
③ 주자학에서 제시하는 만물의 궁극적인 이치
④ 양명학에서 주장하는 '양지'가 회복된 상태
⑤ 송나라에서 '현실에서의 의리'를 강조하게 된 배경

2 〈보기〉에 대해 '왕수인'의 입장에서 제기할 수 있는 비판으로 가장 적절한 것은? [3점]

〈보 기〉

인간의 마음은 본래 백지(白紙)와 같은 것으로 어떠한 생득적 관념도 갖고 있지 않다. 인간은 사물에 대한 감각적 지각과 경험을 통해 지식과 사물의 이치를 획득한다.

① 치양지를 위해서는 경험이 아니라 각각의 사물에 들어 있는 이치를 탐구한 다음 만물의 근원적인 원리에 이르러야 하는 것이 아닌가?

② 지식을 획득하기 위해 감각적 지각을 우선시하는 것보다 먼저 주체와 분리된 '이'를 자각해야 하는 것이 아닌가?

③ 경험을 통한 지식의 획득보다 감각적 지각을 통해 사물의 이치를 획득하는 것을 우선시해야 하는 것이 아닌가?

④ 지식을 획득하기 위해 경험을 우선시하기보다 만물의 본성이 곧 이치라는 깨달음이 더 중요한 것이 아닌가?

⑤ 인간의 마음은 본래부터 비어 있는 것이 아니라 양지를 지니고 있는 것이 아닌가?

3 윗글을 바탕으로 〈보기〉의 이유에 대해 추론한 내용으로 가장 적절한 것은?

〈보 기〉

양명학은 왕수인 이후에 개인의 수양을 강조하는 흐름으로 이어졌다. 그러나 주자학은 백성을 다스리기 위한 지배 이념인 관학(官學)으로서의 지위를 잃지 않고 이어졌다.

① 양명학은 타인에 대한 신뢰를 바탕으로 한 의리를 중요하게 여겼기 때문에

② 주자학이 군주에 대한 의리를 강조하여 사회 질서 유지에 도움이 되었기 때문에

③ 양명학은 양지를 회복하기 위해 모든 사물의 본성을 탐구해야 한다고 보았기 때문에

④ 주자학은 예의법도를 중시하여 도덕적 자각 능력의 수양 측면에서 양명학보다 우월했기 때문에

⑤ 근대적 의식에 부합하는 주자학의 이념이 양명학에 비해 궁극적인 이치를 탐구하는 데 효율적이었기 때문에

★ 어휘력 강화

* 궁극적(窮極的) 더할 나위 없는 지경에 도달하는 것.
* 절도사(節度使)
  ① [역사] 고려 시대에 둔 지방 장관.
  ② [역사] 조선 시대에 둔 병마절도사와 수군절도사를 통틀어 이르는 말.
  ③ [역사] 중국 당나라 때에, 변방에 설치하여 군대를 거느리고 그 지방을 다스리던 관아. 또는 그 으뜸 벼슬.
* 자각(自覺)
  ① 현실을 판단하여 자기의 입장이나 능력 따위를 스스로 깨달음.
  ② [심리] 자기 자신을 의식하는 상태.
  ③ [철학] 자기가 품은 지식 내용의 진실성이나 자기가 진실한 것으로 생각한 언행에 대하여 그것이 참으로 진리성과 성실성이 있는가에 대하여 자기를 반성함. 또는 그런 일.
* 봉기(蜂起) 벌떼처럼 떼 지어 세차게 일어남.

06	귀신론에 대한 조선 성리학의 대응					★ [인문/예술]	
제재	동양 철학	출처	2021 LEET	난도	중상	목표 시간	10분
선정 이유	EBS 수능특강 '기정진의 이기론'과 연계되는 지문으로, 성리학의 이기론을 바탕으로 한 다양한 귀신론의 견해들을 비교, 분석하고 있다. 귀신에 대한 각각의 관점을 정리하며 독해해 보자.						

1~3 | 다음 글을 읽고 물음에 답하시오.

조선 시대를 관통하여 제례*는 왕실부터 민간에 이르기까지 폭넓게 시행되었으며, 그 중심에는 유학자들이 있었다. 그런 만큼 유학자들에게 제사의 대상이 되는 귀신은 주요 논제일 수밖에 없었고, 이들의 귀신 논의는 성리학의 자연철학적 귀신 개념에 유의하여 유학의 합리성과 윤리성의 범위 안에서 제례의 근거를 마련하는 데 비중을 두었다.

성리학의 논의가 본격화되기 전에는 대체적으로 귀신을 인간의 화복*과 관련된 신령한 존재로 여겼다. 하지만 15세기 후반 남효온은 귀신이란 리(理)와 기(氣)로 이루어진 자연의 변화 현상으로서 근원적 존재의 차원에 있지는 않지만 천지자연 속에 실재하며 스스로 변화를 일으키는 존재라고 설명하여, 성리학의 자연철학적 입장에서 귀신을 재해석하였다. 이에 따라 귀신은 본체와 현상, 유와 무 사이를 오가는 존재로 이해되었고, 이 개념은 인간의 일에 적용되어 인간의 탄생과 죽음에 결부되었다. 성리학의 일반론에 따르면, 인간의 몸은 다른 사물과 마찬가지로 기로 이루어져 있고, 생명을 다하면 그 몸을 이루고 있던 기가 흩어져 사라진다. 기의 소멸은 곧바로 이루어지지 않고 일정한 시간을 두고 진행된다. 흩어지는 과정에 있는 것이 귀신이므로 귀신의 존재는 유한할 수밖에 없었고, 이는 조상의 제사를 4대로 한정하는 근거가 되었다.

기의 유한성에 근거한 성리학의 귀신 이해는 먼 조상에 대한 제사와 관련하여 문제의 소지를 안고 있었기에 귀신의 영원성에 대한 근거 마련이 필요했다. 이와 관련하여 ㉠서경덕은 기의 항구성*을 근거로 귀신의 영원성을 주장하였다. 모든 만물은 기의 작용에 의해 생성 소멸한다고 전제한 그는 삶과 죽음 사이에는 형체를 이루는 기가 취산(聚散)하는* 차이가 있을 뿐 그 기의 순수한 본질은 유무의 구분을 넘어 영원히 존재한다고 설명하였다. 기를 취산하는 형백(形魄)과 그렇지 않은 담일청허(湛一淸虛)로 구분한 그는 기에 유무가 없는 것은 담일청허가 한결같기 때문이라 주장하였다. 나아가 담일청허와 관계하여 인간의 정신이나 지각의 영원성도 주장하였다. 이 같은 서경덕의 기 개념은 우주 자연의 보편 원리이자 도덕법칙인 불변하는 리와, 존재를 구성하는 질료이자 에너지인 가변적인 기라는 성리학의 이원적 요소를 포용한 것이었으며, 물질성과 생명성도 포괄한 것이었다.

㉡이이는 현상 세계의 모든 존재는 리와 기가 서로 의존하여 생겨난다는 입장을 분명히 하는 한편, 귀신이라는 존재가 지나치게 강조되면 불교의 윤회설로 흐를 수 있고, 귀신의 존재를 무시하면 제사의 의의를 잃을 수 있다는 점에 주목하였다. 그는 불교에서 윤회한다는 마음은 다른 존재와 마찬가지로 리와 기가 합쳐져 일신(一身)의 주재자*가 된다고 규정하였다. 마음의 작용인 지각은 몸을 이루는 기의 작용이기 때문에 그 기가 한 번 흩어지면 더 이상의 지각 작용은 있을 수 없다고 지적하여 윤회 가능성을 부정하였다. 아울러 그는 성리학의 일반론을 수용하여 가까운 조상은 그 기가 흩어졌더라도 자손들이 지극한 정성으로 제사를 받들면 일시적으로 그 기가 모이고 귀신이 감통*의 능력으로 제사를 흠향할* 수 있다고 보았다. 기가 완전히 소멸된 먼 조상에 대해서는 서로 감통할 수 있는 기는 없지만 영원한 리가 있기 때문에 자손과 감통이 있을 수 있다고 주장하였다. 하지만 감통을 일으키는 것이 리라는 그의 주장은 작위 능력이 배제된 리가 감통을 일으킨다는 논리로 이해될 수 있어 논란의 소지가 있는 것이었다.

이이의 계승자인 낙론계 유학자들은 귀신을 리와 기 어느 쪽으로 해석하는 것이 옳은가라는 문제의식으로 논의를 전개하였다. 김원행은 귀신이 리와 기 어느 것 하나로 설명될 수 없으며, 리와 기가 틈이 없이 합쳐진 묘처(妙處), 즉 양능(良能)에서 그 의미를 찾아야 한다고 주장하였다. 그는 양능이란 기의 기능 혹은 속성이지만 기 자체의 무질서한 작용이 아니라 기에 원래 자재(自在)하여* 움직이지 않는 리에 따라 발현하는 것이라 설명하여 귀신을 리나 기로 지목하더라도 상충되는 것이 아니라고 보았다. 김원행의 동문인 송명흠도 모든 존재는 리와 기가 혼융한 것이라고 전제하고, 귀신을 리이면서 기인 것, 즉 형이상*에 속하고 동시에 형이하*에 속하는 것이라고 설명하였다. 그는 사람들이 귀신을 리로 보지 않는 이유는 양능을 기로만 간주하였기 때문이라 비판하고, 제사 때 귀신이 강림할 수 있는 것은 기때문이지만 제사 주관자의 마음과 감통하는 주체는 리라고 설명하였다. 이처럼 기의 취산으로 귀신을 설명하면서도 리의 존재를 깊이 의식한 것은 조상의 귀신을 섬기는 의례* 속에서 항구적인 도덕적 가치에 대한 의식을 강화하고자 한 것이었다.

1 윗글에 대한 이해로 적절하지 <u>않은</u> 것은?

① 성리학적 귀신론은 신령으로서의 귀신 이해를 대체하는 것이었다.

② 조선 성리학자들은 먼 조상에 대한 제사가 단순한 추념이 아니라고 보았다.

③ 생성 소멸하는 기를 통해 귀신을 이해하는 것은 윤회설을 반박하는 논거였다.

④ 귀신의 기가 항구적인 감통의 능력을 가진다는 것은 제사를 지내는 근거였다.

⑤ 조선 성리학자들은 귀신이 자연 현상과 관계된 것이라는 공통적인 인식을 가졌다.

2 ㉠, ㉡에 대한 설명으로 가장 적절한 것은?

① ㉠은 형체의 존재 여부를 기의 취산으로 설명하면서 본질적인 기는 유와 무를 관통한다고 보았다.

② ㉠은 기를 형백과 담일청허로 이원화하여 삶과 죽음에 각각 대응시켜 인간과 자연을 일원적으로 구조화하였다.

③ ㉡은 생명이 다하면 기는 결국 흩어져 사라지기 때문에 제사의 주관자라 하더라도 결국에는 조상과 감통할 수 없게 된다고 보았다.

④ ㉡은 인간의 지각은 리에 근거한 기이지만 기는 소멸하더라도 리는 존재하기 때문에 지각 자체는 사라지지 않는다고 파악하였다.

⑤ ㉠과 ㉡은 모두 기의 취산을 통해 삶과 죽음의 영역을 구분하였기 때문에 귀신의 영원성에 대한 근거를 물질성을 지닌 근원적 존재에서 찾았다.

3 <u>낙론계 유학자들</u>의 입장과 부합하는 진술을 〈보기〉에서 고른 것은?

〈보 기〉

ㄱ. 귀신을 기의 유행으로 말하면 형이하에 속하고, 리가 실린 것으로 말하면 형이상에 속하는 것이다.

ㄴ. 리가 있으면 기가 있고 기가 있으면 리가 있으니 어찌 혼융하여 떨어지지 않는 지극한 것이 아니겠는가.

ㄷ. 기가 오고 가며 굽고 펼치는 것은 기가 스스로 그러한 것이니 귀신이 없음에 어찌 의심이 있을 수 있겠는가.

ㄹ. 제사 때 능히 강림할 수 있게 하는 것은 리이고, 강림하는 것은 기이니, 귀신의 강림은 기의 강림이라 할 수 있지 않겠는가.

① ㄱ, ㄴ　　② ㄱ, ㄷ
③ ㄴ, ㄷ　　④ ㄴ, ㄹ
⑤ ㄷ, ㄹ

★ **어휘력 강화**

* 제례(祭禮) 제사를 지내는 의례(儀禮).
* 화복(禍福) 재화(災禍)와 복록(福祿)을 아울러 이르는 말.
* 항구성(恒久性) 변하지 아니하고 오래가는 성질.
* 취산(聚散)하다 모이거나 흩어지다.
* 주재자(主宰者) 어떤 일을 중심이 되어 맡아 처리하는 사람.
* 감통(感通) 느낌이나 생각이 통함.
* 흠향(歆饗)하다 신명(神明)이 제물을 받아서 먹다.
* 자재(自在)하다 저절로 있다.
* 형이상(形而上) [철학] 이성적 사유 또는 직관에 의해서만 포착되는 초경험적이며 근원적인 영역.
* 형이하(形而下) [철학] 형체를 갖추어 나타나 있는 물질의 영역.
* 의례(儀禮) 행사를 치르는 일정한 법식. 또는 정하여진 방식에 따라 치르는 행사.

| 제재 | 서양 철학 | 출처 | 2015 수능 A/B | 난도 | 중 | 목표 시간 | 8분 |

선정 이유 EBS 수능특강 '칸트 철학에서 '숭고'의 문제'와 연계되는 지문으로, EBS 지문에서는 미와 숭고에 대해 설명하고 있는데 이 지문에서는 칸트가 생각하는 '미'에 대해 더 자세히 다루고 있으므로 주요 개념을 자세히 파악하며 독해해 보자.

1~4 | 다음 글을 읽고 물음에 답하시오.

근대 초기의 합리론은 이성에 의한 확실한 지식만을 중시하여 미적 감수성의 문제를 거의 논외로 하였다. 미적 감수성은 이성과는 달리 어떤 원리도 없는 자의적*인 것이어서 '세계의 신비'를 푸는 데 거의 기여하지 못한다고 ㉠여겼기 때문이다. 이러한 근대 초기의 합리론에 맞서 칸트는 미적 감수성을 '미감적 판단력'이라 부르면서, 이 또한 어떤 원리에 의거하며 결코 이성에 못지않은 위상*과 가치를 지닌다는 주장을 ㉡펼친다. 이러한 작업에서 핵심 역할을 하는 것이 그의 취미 판단 이론이다.

[A]
취미 판단이란, 대상의 미·추를 판정하는, 미감적 판단력의 행위이다. 모든 판단은 'S는 P이다.'라는 명제 형식으로 환원되는데*, 그 가운데 이성이 개념을 통해 지식이나 도덕 준칙을 구성하는 '규정적 판단'에서는 술어 P가 보편적 개념에 따라 객관적 성질로서 주어 S에 부여된다. 이와 유사하게 취미 판단에서도 P, 즉 '미' 또는 '추'가 마치 객관적 성질인 것처럼 S에 부여된다. 하지만 실제로 취미 판단에서의 P는 오로지 판단 주체의 쾌 또는 불쾌라는 주관적 감정에 의거한다. 또한 규정적 판단은 명제의 객관적이고 보편적인 타당성을 지향하므로 하나의 개별 대상뿐 아니라 여러 대상이나 모든 대상을 묶은 하나의 단위에 대해서도 이루어진다. 이와 달리, 취미 판단은 오로지 하나의 개별 대상에 대해서만 이루어진다. 즉 복수의 대상을 한 부류로 묶어 말하는 것은 이미 개념적 일반화가 되기 때문에 취미 판단이 될 수 없는 것이다. 한편 취미 판단은 오로지 대상의 형식적 국면을 관조하여 그것이 일으키는 감정에 따라 미·추를 판정하는 것 이외의 어떤 다른 목적도 배제하는 순수한 태도, 즉 미감적 태도를 전제로 한다. 취미 판단에는 대상에 대한 지식뿐 아니라, 실용적 유익성, 교훈적 내용 등 일체의 다른 맥락이 ㉢끼어들지 않아야 하는 것이다.

중요한 것은 취미 판단이 기본적으로 공동체적 차원의 것이라는 점이다. 순수한 미감적 태도를 취할 때, 취미 판단의 주체들은 미감적 공동체를 이루고 있다고 할 수 있다. 왜냐하면 그 구성원들 간에는 '공통감'이라 불리는 공통의 미적 감수성이 전제로 작용하고 있기 때문이다. 이때 공통감은 취미 판단의 미적 규범 역할을 한다. 즉 공통감으로 인해 취미 판단은 규정적 판단의 객관적 보편성과 구별되는 '주관적 보편성'을 ㉣지니는 것으로 설명된다. 따라서 어떤 주체가 내리는 취미 판단은 그가 속한 공동체의 공통감을 예시한다.

이러한 분석을 통해 칸트가 궁극적으로 지향한 것은 인간의 총체적인 자기 이해이다. 그에 따르면 '인간은 무엇인가?'라는 물음에 대한 충실한 답변을 얻고자 한다면, 이성뿐 아니라 미적 감수성에 대해서도 그 고유한 원리를 설명해야 한다. 게다가 객관적 타당성은 이성의 미덕인 동시에 한계가 되기도 한다. '세

계'는 개념으로는 낱낱이 밝힐 수 없는 무한한 것이기 때문이다. 반면 미적 감수성은 대상을 개념적으로 규정할 수는 없지만 역으로 개념으로부터의 자유를 통해 세계라는 무한의 영역에 더 가까이 다가갈 수 있다. 오늘날에는 미적 감수성을 심오한 지혜의 하나로 보는 견해가 ㉤퍼져 있는데, 많은 학자들이 그 이론적 단초*를 칸트에게서 찾는 것은 그의 이러한 논변* 때문이다.

1 윗글에 대한 이해로 가장 적절한 것은?

① 칸트는 미감적 판단력과 규정적 판단력이 동일하다고 보았다.

② 칸트는 이성에 의한 지식이 개념의 한계로 인해 객관적 타당성을 결여한다고 보았다.

③ 칸트는 미적 감수성이 비개념적 방식으로 세계에 대한 객관적 지식을 창출한다고 보았다.

④ 칸트는 미감적 판단력을 본격적으로 규명하여 근대 초기의 합리론을 선구적으로 이끌었다.

⑤ 칸트는 미적 감수성의 원리에 대한 설명이 인간의 총체적 자기 이해에 기여한다고 보았다.

3 윗글을 통해 추론한 내용으로 적절하지 않은 것은? 〔3점〕

① 개념적 규정은 예술 작품에 대한 취미 판단을 가능하게 한다.

② 공통감은 미감적 공동체에서 예술 작품의 미를 판정할 보편적 규범이 될 수 있다.

③ 특정 예술 작품에 대한 사람들의 취미 판단이 일치하는 것은 우연으로 볼 수 없다.

④ 예술 작품에 대한 나의 취미 판단은 내가 속한 미감적 공동체의 미적 감수성을 보여 준다.

⑤ 예술 작품에 대해 순수한 미감적 태도를 취하지 못하면 그 작품에 대한 취미 판단이 가능하지 않다.

2 [A]에 제시된 '취미 판단'에 대한 이해로 적절하지 않은 것은?

① '이 장미는 아름답다.'는 취미 판단에 해당한다.

② '유용하다'는 취미 판단 명제의 술어가 될 수 없다.

③ '모든 예술'은 취미 판단 명제의 주어가 될 수 없다.

④ '이 영화의 주제는 권선징악이어서 아름답다.'는 취미 판단에 해당한다.

⑤ '이 소설은 액자식 구조로 이루어져 있다.'는 취미 판단에 해당하지 않는다.

4 문맥상 ㉠~㉤과 바꾸어 쓰기에 적절하지 않은 것은?

① ㉠ : 간주했기

② ㉡ : 피력한다

③ ㉢ : 개입하지

④ ㉣ : 소지하는

⑤ ㉤ : 확산되어

★ 어휘력 강화

* 자의적(恣意的) 일정한 질서를 무시하고 제멋대로 하는 것.
* 위상(位相) 어떤 사물이 다른 사물과의 관계 속에서 가지는 위치나 상태.
* 환원(還元)되다
  ① 본디의 상태로 다시 돌아가다.
  ② [철학] 잡다한 사물이나 현상이 어떤 근본적인 것으로 바뀌다.
* 논변(論辯)
  ① 사리의 옳고 그름을 밝히어 말함. 또는 그런 말이나 의견.
  ② 어떤 의견을 논하여 진술함.

08 이타적 행동에 관한 여러 가지 이론 ★ [인문/예술]

제재	사회학	출처	2021 3월 고2	난도	중	목표 시간	8분
선정 이유	EBS 수능특강 '화이트헤드의 유기체 철학'과 연계되는 지문으로, (가)에서는 이타적 행동을 설명하는 여러 이론들을 제시하고, (나)에서는 이타적 행동을 하는 이유와 이타적 인간이 진화하는 이유를 설명하고 있어 관련 지식을 확장할 수 있다.						

1~6 | 다음 글을 읽고 물음에 답하시오.

(가)

다윈은 같은 종에 속하는 개체*들이 생존 경쟁에서 살아남아 번식하면 그 형질* 중 일부가 자손에게 전달돼 진화가 일어난다는 '자연 선택설'을 주장하였다. 그런데 개체가 다른 개체들과의 생존 경쟁에서 이기기 위해서는 이기적인 행동을 할 수밖에 없지만, 자연계에서는 동물들의 이타적 행동이 자주 ⓐ 관찰된다. 이에 진화론을 옹호하는 학자들은 동물의 이타적 행동을 설명하는 이론을 제시하였다.

해밀턴은 개체들의 이타적 행동은 자신과 같은 유전자를 공유하는 친족들의 생존과 번식에 도움을 줌으로써 자신의 유전자를 후세에 많이 전달하기 위한 행동이라는 ㉮ 혈연 선택 가설을 제시하였다. ㉠ 해밀턴의 법칙에 의하면, 'r×b-c>0'을 만족할 때 개체의 이타적 유전자가 진화한다. 이때 'r'은 유전적 근연도로 이타적 행위자와 이의 수혜자가 유전자를 공유할 확률을, 'b'는 이타적 행위의 수혜자가 얻는 이득을, 'c'는 이타적 행위자가 ⓑ 감수하는 손실을 의미한다. 부나 모가 자식과 같은 유전자를 공유할 확률은 50%이고, 형제자매 간에 같은 유전자를 공유할 확률도 50%이다. r은 2촌인 형제자매를 기준으로 1촌이 늘어날 때마다 반씩 준다. 가령, 행위자가 세 명의 형제를 구하고 죽는다면 '0.5×3-1>0'이므로 행위자의 유전자는 그의 형제들을 통해 다음 세대로 퍼지게 된다. 이러한 해밀턴의 이론은 유전자의 개념으로 동물의 이타적 행동을 설명한 것으로, 이타적 행동의 진화에 얽힌 수수께끼를 푸는 중요한 열쇠로 평가된다.

도킨스는 ㉯ 『이기적 유전자』에서 동물의 이타적인 행동은 유전자가 다른 유전자와의 생존 경쟁에서 살아남아 더 많은 자신의 복제본을 퍼뜨리기 위한 행동이라고 설명하였다. 그에 따르면 유전자란 다음 세대에 다른 DNA 서열로 대체될 수 있는 DNA 단편으로, 염색체상에서 임의의 어떤 DNA 단편은 그와 동일한 위치나 순서에 있는 다른 유전자들과 경쟁 관계에 있다. 그는 다윈과 같은 기존의 진화론자와 달리 생존 경쟁의 주체를 유전자로 보고 개체는 단지 그러한 유전자를 다음 세대로 전달하는 운반체에 불과하다고 보았다. 그러므로 이타적으로 보이는 개체의 행동은 겉보기에만 그럴 뿐, 실은 유전자가 다른 DNA와의 생존 경쟁에서 이기기 위한 이기적인 행동인 셈이다. 이러한 도킨스의 이론은 유전자의 이기성으로 동물의 여러 행동을 설명하여 과학계에 큰 반향*을 불러일으켰으나, 개체를 단순히 유전자의 생존을 돕는 수동적 존재로 보았다는 점에서 비판을 받기도 하였다.

(나)

경제학적 관점에서 이타적 행동이란 자신의 손해를 감수하면서 타인에게 이익을 주는 행동이기 때문에 이기적 사람들과 이타적 사람들이 공존할 경우 이타적 사람들은 자연히 ⓒ 도태될 수밖에 없다. 그럼에도 불구하고 우리 주변에는 여전히 이타적 행동을 하는 사람들이 존재한다. 이에 대해 최근 진화적 게임 이론에서는 '반복-상호성 가설'과 '집단 선택 가설'을 통해 사람들이 이타적 행동을 하는 이유 및 이타적 인간이 진화하는 이유에 대해 설명하고 있다.

㉰ 반복-상호성 가설에서는 자신이 이기적으로 행동할 경우 상대방도 이기적인 행동으로 보복할 수 있기 때문에 이를 피하기 위해 이타적 행동을 한다고 주장하는데, 이를 게임 이론 중 하나인 TFT 전략으로 설명한다. TFT 전략이란 상대방이 협조할지 배신할지 모르고 선택이 매회 동시에 일어나는 상황에서 처음에는 무조건 상대방에게 협조하고 그다음부터는 상대방이 바로 전에 사용한 방법을 모방하는 전략이다. 즉 상대방이 이타적으로 행동하면 자신도 이타적으로, 상대방이 이기적으로 행동하면 자신도 이기적으로 행동하는 것이다. 이러한 행동이 반복되면 점점 상대방의 배신 횟수는 줄고 협조 횟수는 늘어 서로에게 이득이 되는 결과를 얻게 된다. 반복-상호성 가설은 혈연관계가 아닌 사람들 사이의 이타적 행동을 설명하는 데 ⓓ 유용하지만 반복적이지 않은 상황에서 나타나는 이타적 행동을 설명하는 데는 한계가 있다.

㉱ 집단 선택 가설에서는 이타적 구성원이 많은 집단이 그렇지 않은 집단과의 생존 경쟁에 유리하기 때문에 이타적 인간이 진화한다고 설명한다. 개인 간의 생존 경쟁에서 우월한 개인이 생존하는 개인 선택에서는 이기적 인간이 살아남는 데 유리하지만, 집단 간의 생존 경쟁에서 우월한 집단이 생존하는 집단 선택에서는 이타적 구성원이 많은 집단일수록 식량을 구하거나 다른 집단과의 분쟁에 효과적으로 ⓔ 대응할 수 있기 때문에 생존할 확률이 높다. 따라서 집단 선택에 의해 이타적인 구성원이 많은 집단이 생존하게 되면 자연히 이를 구성하는 이타적 인간도 진화하게 된다. 실제로 인류는 혹독한 빙하기를 거쳐 살아남은 존재라는 점에서 집단 선택 가설은 설득력을 얻는다. 하지만 이타적인 구성원이 많은 집단이라 하더라도 그 안에는 이기적인 구성원도 함께 존재하기 마련이다. 그러므로 집단 선택에 의해서 이타적인 구성원이 진화하기 위해서는 ㉡ 집단 선택이 일어나는 속도가 개인 선택이 일어나는 속도를 압도해야 한다. 그러나 사회 생물학에서는 집단 선택의 속도가 현저하게 느리다는 점을 들어 집단 선택 가설은 논리적으로만 가능할 뿐이라고 비판하고 있다. 이에 대해 최근 집단 선택 가설에서는 개인 선택이 일어나는 속도를 늦추고 집단 선택의 효과를 높이는 장치로서 법과 관습과 같은 제도에 주목하면서, 집단 선택의 유효성을 높일 수 있는 방안에 대해서도 연구를 진행하고 있다.

1 (가)와 (나)의 서술상의 공통점으로 가장 적절한 것은?

① 이타적 행동을 설명하는 대립된 이론을 절충하고 있다.
② 이타적 행동을 정의한 후 구체적 유형을 분류하고 있다.
③ 이타적 행동에 관한 이론들을 통시적으로 고찰하고 있다.
④ 이타적 행동을 설명하는 이론의 발전 방향을 전망하고 있다.
⑤ 이타적 행동에 관한 이론과 그에 대한 평가를 제시하고 있다.

2 ㉠을 이해한 내용으로 적절하지 <u>않은</u> 것은?

① 유전적 근연도에 초점을 맞춰 이타적 행위를 설명하고 있다.
② 개체의 이기적 행동에 숨겨진 이타적 동기에 대해 설명하고 있다.
③ 이타적 행위자와 그의 수혜자가 삼촌 관계일 경우 r은 0.25가 된다.
④ 이타적 행위자와 수혜자가 부모 자식이나 형제자매 관계일 경우 r은 같다.
⑤ 이타적 행위자와 그의 수혜자가 혈연관계일 때, b와 c가 같으면 이타적 유전자가 진화하지 않는다.

3 (나)의 TFT 전략을 참고할 때 〈보기〉의 질문에 대한 답으로 적절한 것은?

〈보 기〉

다음은 A와 B의 협조 여부에 따른 보수(편익과 비용의 합)를 행렬로 나타낸 것이다. A와 B가 상대방의 선택을 모르고 선택이 동시에 이루어지는 상황에서 A만 'TFT 전략'을 사용한다고 가정하자. B가 첫 회에만 비협조 전략을 사용한다면, B가 두 번째 회까지 얻게 되는 보수의 합은 얼마인가?

		B	
	전략	협조	비협조
A	협조	(1, 1)	(-1, 2)
	비협조	(2, -1)	(0, 0)

〈(2, -1)은 A가 비협조 전략, B가 협조 전략을 사용할 때, A의 보수가 2, B의 보수가 -1임을 나타냄. 〉

① 0　　　② 1　　　③ 2　　　④ 3　　　⑤ 4

4 ㉡의 이유를 추론한 내용으로 가장 적절한 것은?

① 집단 선택의 속도가 개인 선택의 속도보다 느릴 경우, 이타적 구성원의 수가 천천히 증가하기 때문에
② 개인 선택으로 이타적인 구성원이 먼저 소멸한 후, 집단 선택에 의해 이기적인 구성원이 소멸하기 때문에
③ 집단 선택이 천천히 일어날 경우 집단 간의 생존 경쟁이 발생하지 않아 집단 선택이 일어나지 않기 때문에
④ 개인 선택으로 이타적인 구성원이 먼저 소멸하면, 이타적 구성원을 진화하게 하는 집단 선택이 발생할 수 없기 때문에
⑤ 개인 선택의 속도가 집단 선택의 속도보다 빠를 경우, 이타적인 구성원이 많은 집단이 개인 선택에 불리해지기 때문에

5 ㉮~㉰를 바탕으로 〈보기〉를 이해한 내용으로 적절하지 <u>않은</u> 것은? [3점]

―――――〈보 기〉―――――

ㄱ. 개미의 경우, 수정란(2n)은 암컷이 되고, 미수정란(n)은 수컷이 된다. 여왕개미가 낳은 암컷들은 부와는 1, 모와는 0.5, 자매와는 0.75의 유전적 근연도를 갖는다. 암컷 중 여왕개미가 되지 못한 일개미들은 직접 번식을 하지 않고 여왕개미가 낳은 수많은 자신의 자매들을 돌보며 목숨을 걸고 개미 군락을 지키는 역할을 한다.

ㄴ. 현재 지구상에는 390여 개의 부족이 수렵과 채취에 의존해 살아가고 있다. 이러한 부족은 대체로 몇 개의 서로 다른 친족들로 구성되어 있으며, 평등주의적 부족 질서 아래 사냥감을 서로 나누어 먹는 식량 공유 관습을 가지고 있다. 이는 개인의 사냥 성공률이 낮은 상황에서 효과적인 생존 방식이라 할 수 있다.

① ㄱ : ㉮에서는 일개미가 자식을 낳지 않고 자매들을 돌보는 것을 부보다 모의 유전자를 후세에 더 많이 전달하기 위한 전략으로 보겠군.

② ㄱ : ㉯에서는 일개미가 목숨을 걸고 개미 군락을 지키는 것을 다른 DNA와의 생존 경쟁에서 이기기 위한 유전자의 이기적인 행동으로 보겠군.

③ ㄴ : ㉯에서는 자신이 식량을 나눠 주지 않으면 사냥에 실패했을 때 자신도 얻어먹지 못할 수 있기 때문에 식량 공유 관습이 생긴 것으로 보겠군.

④ ㄴ : ㉰에서는 식량 공유 관습을 이기적인 구성원도 식량을 공유하게 함으로써 이타적 구성원이 사회에서 사라지지 않도록 하는 제도로 보겠군.

⑤ ㄴ : ㉮에서는 혈연관계가 없는 구성원과의 식량 공유를 설명할 수 없지만, ㉰에서는 협업을 통해 집단의 생존 확률을 높이는 행동으로 보겠군.

6 밑줄 친 단어가 ⓐ~ⓔ와 동음이의어인 것은?

① ⓐ : 그는 형의 모습을 유심히 <u>관찰</u>하였다.

② ⓑ : 이 사전은 여러 전문가가 <u>감수</u>하였다.

③ ⓒ : 그 기업은 경쟁사에 밀려 <u>도태</u>되었다.

④ ⓓ : 이것은 장소를 검색하는 데 <u>유용</u>하다.

⑤ ⓔ : 우리는 적극적으로 상황에 <u>대응</u>하였다.

09 서양과 동양의 천문 이론

★ [인문/예술]

제재	천문학	출처	2019 수능	난도	상	목표 시간	14분

선정 이유	EBS 수능특강 '지자기 연구와 퍼텐셜 이론'과 연계되는 지문으로, 서양과 동양의 천문 이론인 우주론의 발전에 대해 설명하고 있다. 특히 4문단의 만유인력 가설을 입증하는 과정이 EBS 지문과 유사한 측면이 있으므로 꼼꼼하게 독해해 보자.

1~6 │ 다음 글을 읽고 물음에 답하시오.

16세기 전반에 서양에서 태양 중심설을 지구 중심설의 대안으로 제시하며 시작된 천문학 분야의 개혁은 경험주의*의 확산과 수리 과학의 발전을 통해 형이상학*을 뒤바꾸는 변혁으로 이어졌다. 서양의 우주론이 전파되자 중국에서는 중국과 서양의 우주론을 회통하려는* 시도가 전개되었고, 이 과정에서 자신의 지적 유산에 대한 관심이 제고되었다.*

복잡한 문제를 단순화하여 푸는 수학적 전통을 이어받은 코페르니쿠스는 천체의 운행을 단순하게 기술할 방법을 찾고자 하였고, 그것이 ⓐ 일으킬 형이상학적 문제에는 별 관심이 없었다. 고대의 아리스토텔레스와 프톨레마이오스는 우주의 중심에 고정되어 움직이지 않는 지구의 주위를 달, 태양, 다른 행성들의 천구*들과, 항성*들이 붙어 있는 항성 천구가 회전한다는 지구 중심설을 내세웠다. 그와 달리 코페르니쿠스는 태양을 우주의 중심에 고정하고 그 주위를 지구를 비롯한 행성들이 공전하며 지구가 자전하는 우주 모형을 ⓑ 만들었다. 그러자 프톨레마이오스보다 훨씬 적은 수의 원으로 행성들의 가시적인 운동을 설명할 수 있었고 행성이 태양에서 멀수록 공전 주기가 길어진다는 점에서 단순성이 충족되었다. 그러나 아리스토텔레스의 형이상학을 고수하는 다수 지식인과 종교 지도자들은 그의 이론을 받아들이려 하지 않았다. 왜냐하면 그것은 지상계와 천상계를 대립시키는 아리스토텔레스의 이분법적 구도를 무너뜨리고, 신의 형상을 ⓒ 지닌 인간을 한갓* 행성의 거주자로 전락시키는 것으로 여겨졌기 때문이다.

16세기 후반에 브라헤는 코페르니쿠스 천문학의 장점은 인정하면서도 아리스토텔레스 형이상학과의 상충을 피하고자 우주의 중심에 지구가 고정되어 있고, 달과 태양과 항성들은 지구 주위를 공전하며, 지구 외의 행성들은 태양 주위를 공전하는 모형을 제안하였다. 그러나 케플러는 우주의 수적 질서를 신봉하는* 형이상학인 신플라톤주의에 매료되었기 때문에, 태양을 우주 중심에 배치하여 단순성을 추구한 코페르니쿠스의 천문학을 받아들였다. 하지만 그는 경험주의자였기에 브라헤의 천체 관측치를 활용하여 태양 주위를 공전하는 행성의 운동 법칙들을 수립할 수 있었다. 우주의 단순성을 새롭게 보여 주는 이 법칙들은 아리스토텔레스 형이상학을 더 이상 온존할* 수 없게 만들었다.

[A] 17세기 후반에 뉴턴은 태양 중심설을 역학적으로 정당화하였다. 그는 만유인력 가설로부터 케플러의 행성 운동 법칙들을 성공적으로 연역했다.* 이때 가정된 만유인력은 두 질점*이 서로 당기는 힘으로, 그 크기는 두 질점의 질량의 곱에 비례하고 거리의 제곱에 반비례한다. 지구를 포함하는 천체들이 밀도가 균질하거나 구 대칭*을 이루는 구라면 천체가 그 천체 밖 어떤 질점을 당기는 만유인력은, 그 천체를 잘게 나눈 부피 요소들 각각이 그 천체 밖 어떤 질점을 당기는 만유인력을 모두 더하여 구할 수 있다. 또한 여기에서 지구보다 질량이 큰 태양과 지구가 서로 당기는 만유인력이 서로 같음을 증명할 수 있다. 뉴턴은 이 원리를 적용하여 달의 공전 궤도와 사과의 낙하 운동 등에 관한 실측값을 연역함으로써 만유인력의 실재를 입증하였다.

16세기 말부터 중국에 본격 유입된 서양 과학은, 청 왕조가 1644년 중국의 역법(曆法)*을 기반으로 서양 천문학 모델과 계산법을 수용한 시헌력을 공식 채택함에 따라 그 위상이 구체화되었다. 브라헤와 케플러의 천문 이론을 차례대로 수용하여 정확도를 높인 시헌력이 생활 리듬으로 자리 잡았지만, 중국 지식인들은 서양 과학이 중국의 지적 유산에 적절히 연결되지 않으면 아무리 효율적이더라도 불온한* 요소로 ⓓ 여겼다. 이에 따라 서양 과학에 매료된 학자들도 어떤 방식으로든 ㉠ 서양 과학과 중국 전통 사이의 적절한 관계 맺음을 통해 이 문제를 해결하고자 하였다.

17세기 웅명우와 방이지 등은 중국 고대 문헌에 수록된 우주론에 대해서는 부정적 태도를 견지하면서* 성리학적 기론(氣論)에 입각하여 실증적인 서양 과학을 재해석한 독창적 이론을 제시하였다. 수성과 금성이 태양 주위를 회전한다는 그들의 태양계 학설은 브라헤의 영향이었지만, 태양의 크기에 대한 서양 천문학 이론에 의문을 제기하고 기(氣)와 빛을 결부하여 제시한 광학 이론은 그들이 창안한* 것이었다.

17세기 후반 왕석천과 매문정은 서양 과학의 영향을 받아 경험적 추론과 수학적 계산을 통해 우주의 원리를 파악하고자 하였다. 그러면서 서양 과학의 우수한 면은 모두 중국 고전에 이미 ⓔ 갖추어져 있던 것인데 웅명우 등이 이를 깨닫지 못한 채 성리학 같은 형이상학에 몰두했다고 비판했다. 매문정은 고대 문헌에 언급된, 하늘이 땅의 네 모퉁이를 가릴 수 없을 것이라는 증자의 말을 땅이 둥글다는 서양 이론과 연결하는 등 서양 과학의 중국 기원론을 뒷받침하였다.

중국 천문학을 중심으로 서양 천문학을 회통하려는 매문정의 입장은 18세기 초를 기점으로 중국의 공식 입장으로 채택되었으며, 이 입장은 중국의 역대 지식 성과물을 망라한* 총서인 『사고전서』에 그대로 반영되었다. 이 총서의 편집자들은 고대부터 당시까지 쏟아진 천문 관련 문헌들을 정리하여 수록하였다. 이와 같이 고대 문헌에 담긴 우주론을 재해석하고 확인하려는 경향은 19세기 중엽까지 주를 이루었다.

*질점 : 크기가 없고 질량이 모여 있다고 보는 이론상의 물체.

*구 대칭 : 어떤 물체가 중심으로부터 모든 방향에서 같은 거리에서 같은 특성을 갖는 상태.

1 다음은 윗글을 읽은 학생의 독서 기록 중 일부이다. 윗글을 참고할 때, '점검 결과'로 적절하지 <u>않은</u> 것은?

> ○ 읽기 계획 : 1문단을 훑어보면서 뒷부분을 예측하고 질문 만들기를 한 후, 글을 읽고 점검하기

예측 및 질문 내용	점검 결과
○ 서양의 우주론에 태양 중심설과 지구 중심설의 개념이 소개되어 있을 것이다.	예측과 같음 … ①
○ 서양의 우주론의 영향으로 변화된 중국의 우주론이 소개되어 있을 것이다.	예측과 다름 … ②
○ 서양에서 태양 중심설을 제기한 사람은 누구일까?	질문의 답이 제시됨 ………… ③
○ 중국에서 서양의 우주론을 접하고 회통을 시도한 사람은 누구일까?	질문의 답이 제시됨 ………… ④
○ 중국에 서양의 우주론을 전파한 서양의 인물은 누구일까?	질문의 답이 언급되지 않음 …… ⑤

2 윗글에 대한 이해로 적절하지 <u>않은</u> 것은?

① 서양과 중국에서는 모두 우주론을 정립하는 과정에서 형이상학적 사고에 대한 재검토가 이루어졌다.

② 서양 천문학의 전래는 중국에서 자국의 우주론 전통을 재인식하는 계기가 되었다.

③ 중국에 서양의 천문학적 성과가 자리 잡게 된 데에는 국가의 역할이 작용하였다.

④ 중국에서는 18세기에 자국의 고대 우주론을 긍정하는 입장이 주류가 되었다.

⑤ 서양에서는 중국과 달리 경험적 추론에 기초한 우주론이 제기되었다.

3 윗글에 나타난 <u>서양의 우주론</u>에 대한 설명으로 가장 적절한 것은?

① 항성 천구가 고정되어 있다고 보는 아리스토텔레스의 우주론은 천상계와 지상계를 대립시킨 형이상학을 토대로 한 것이었다.

② 많은 수의 원을 써서 행성의 가시적 운동을 설명한 프톨레마이오스의 우주론은 행성이 태양에서 멀수록 공전 주기가 길어진다는 점에서 단순성을 갖는 것이었다.

③ 지구와 행성이 태양 주위를 공전한다는 코페르니쿠스의 우주론은 이전의 지구 중심설보다 단순할 뿐 아니라 아리스토텔레스의 형이상학과 양립이 가능한 것이었다.

④ 지구가 우주 중심에 고정되어 있고 다른 행성을 거느린 태양이 지구 주위를 돈다는 브라헤의 우주론은 아리스토텔레스의 형이상학에서 자유롭지 못한 것이었다.

⑤ 태양 주위를 공전하는 행성의 운동 법칙들을 관측치로부터 수립한 케플러의 우주론은 신플라톤주의에서 경험주의적 근거를 찾은 것이었다.

4 ㉠에 대한 이해로 적절하지 <u>않은</u> 것은?

① 중국에서 서양 과학을 수용한 학자들은 자국의 지적 유산에 서양 과학을 접목하려 하였다.

② 서양 천문학과 관련된 내용이 중국의 역대 지식 성과를 집대성한 『사고전서』에 수록되었다.

③ 방이지는 서양 우주론의 영향을 받았지만 서양의 이론과 구별되는 새 이론의 수립을 시도하였다.

④ 매문정은 중국 고대 문헌에 나타나는 천문학적 전통과 서양 과학의 수학적 방법론을 모두 활용하였다.

⑤ 성리학적 기론을 긍정한 학자들은 중국 고대 문헌의 우주론을 근거로 서양 우주론을 받아들여 새 이론을 창안하였다.

5 〈보기〉를 참고할 때, [A]에 대한 이해로 적절하지 <u>않은</u> 것은?

[3점]

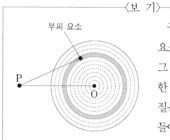

〈보 기〉

구는 무한히 작은 부피 요소들로 이루어져 있다. 그 부피 요소들이 빈틈없이 한 겹으로 배열되어 구 껍질을 이루고, 그런 구 껍질들이 구의 중심 O 주위에 반지름을 달리하며 양파처럼 겹겹이 싸여 구를 이룬다. 이때 부피 요소는 그것의 부피와 밀도를 곱한 값을 질량으로 갖는 질점으로 볼 수 있다.

(1) 같은 밀도의 부피 요소들이 하나의 구 껍질을 구성하면, 이 부피 요소들이 구 외부의 질점 P를 당기는 만유인력들의 총합은, 그 구 껍질과 동일한 질량을 갖는 질점이 그 구 껍질의 중심 O에서 P를 당기는 만유인력과 같다.

(2) (1)에서의 구 껍질들이 구를 구성할 때, 그 동심의 구 껍질들이 P를 당기는 만유인력들의 총합은, 그 구와 동일한 질량을 갖는 질점이 그 구의 중심 O에서 P를 당기는 만유인력과 같다.

(1), (2)에 의하면, 밀도가 균질하거나 구 대칭인 구를 구성하는 부피 요소들이 P를 당기는 만유인력들의 총합은, 그 구와 동일한 질량을 갖는 질점이 그 구의 중심 O에서 P를 당기는 만유인력과 같다.

① 밀도가 균질한 하나의 행성을 구성하는 동심의 구 껍질들이 같은 두께일 때, 하나의 구 껍질이 태양을 당기는 만유인력은 그 구 껍질의 반지름이 클수록 커지겠군.

② 태양의 중심에 있는 질량이 m인 질점이 지구 전체를 당기는 만유인력은, 지구의 중심에 있는 질량이 m인 질점이 태양 전체를 당기는 만유인력과 크기가 같겠군.

③ 질량이 M인 지구와 질량이 m인 달은, 둘의 중심 사이의 거리만큼 떨어져 있으면서 질량이 M, m인 두 질점 사이의 만유인력과 동일한 크기의 힘으로 서로 당기겠군.

④ 태양을 구성하는 하나의 부피 요소와 지구 사이에 작용하는 만유인력은, 지구를 구성하는 모든 부피 요소들과 태양의 그 부피 요소 사이에 작용하는 만유인력들을 모두 더하면 구해지겠군.

⑤ 반지름이 R, 질량이 M인 지구와 지구 표면에서 높이 h에 중심이 있는 질량이 m인 구슬 사이의 만유인력은, $R+h$의 거리만큼 떨어져 있으면서 질량이 M, m인 두 질점 사이의 만유인력과 크기가 같겠군.

6 문맥상 ⓐ~ⓔ와 바꾸어 쓴 것으로 가장 적절한 것은?

① ⓐ : 진작(振作)할

② ⓑ : 고안(考案)했다

③ ⓒ : 소지(所持)한

④ ⓓ : 설정(設定)했다

⑤ ⓔ : 시사(示唆)되어

★ 어휘력 강화

* 경험주의(經驗主義) [철학] 인식의 바탕이 경험에 있다고 보아, 경험의 내용이 곧 인식의 내용이 된다는 이론. 초경험적이며 이성적인 계기에 의한 인식을 인정하지 않는다.

* 형이상학(形而上學)
  ① [철학] 사물의 본질, 존재의 근본 원리를 사유나 직관에 의하여 탐구하는 학문. 명칭은 아리스토텔레스의 저작물의 제목에서 유래한다.
  ② [철학] 초경험적인 것을 대상으로 하는 학문을, 형이하 또는 경험적 대상의 학문인 자연 과학에 상대하여 이르는 말.

* 회통(會通)하다 언뜻 보기에 서로 어긋나는 뜻이나 주장을 해석하여 조화롭게 하다.

* 제고(提高)되다 수준이나 정도 따위가 끌어올려지다.

* 천구(天球)
  [천문] 천체의 시위치(視位置)를 정하기 위하여 관측자를 중심으로 하는 무한 반경의 큰 구면(球面). 모든 천체가 실제 거리와는 관계없이 이 구면 위에 투영되어 있는 것으로 본다.

* 항성(恒星) [천문] 천구 위에서 서로의 상대 위치를 바꾸지 아니하고 별자리를 구성하는 별. 맨눈으로 볼 수 있는 별 가운데 행성, 위성, 혜성 따위를 제외한 별 모두가 해당되는데, 이들은 중심부의 핵융합 반응으로 스스로 빛을 내며, 고유 운동을 한다. 북극성, 북두칠성, 삼태성, 견우성, 직녀성 따위가 있다.

* 가시적(可視的) 눈으로 볼 수 있는 것.

* 한갓 다른 것 없이 겨우.

* 신봉(信奉)하다 사상이나 학설, 교리 따위를 옳다고 믿고 받들다.

* 온존(溫存)하다
  ① 소중하게 보존하다.
  ② 좋지 못한 일을 고치지 아니하고 그대로 두다.

* 연역(演繹)하다 [철학] 어떤 명제로부터 추론 규칙에 따라 결론을 이끌어 내다. 일반적인 사실이나 원리를 전제로 하여 개별적인 사실이나 보다 특수한 다른 원리를 이끌어 내는 일을 이른다. 경험을 필요로 하지 않는 순수한 사유에 의하여 이루어지며 그 전형은 삼단 논법이다.

* 역법(曆法) [천문] 천체의 주기적 현상을 기준으로 하여 세시(歲時)를 정하는 방법.

* 불온(不穩)하다
  ① 온당하지 아니하다.
  ② 사상이나 태도 따위가 통치 권력이나 체제에 순응하지 않고 맞서는 성질이 있다.

* 견지(堅持)하다
  ① 어떤 견해나 입장 따위를 굳게 지니거나 지키다.
  ② 굳게 지지하다.

* 창안(創案)하다 어떤 방안, 물건 따위를 처음으로 생각하여 내다.

* 망라(網羅)하다 널리 받아들여 모두 포함하다. 물고기나 새를 잡는 그물이라는 뜻에서 나온 말이다.

| 제재 | 윤리학 | 출처 | 2010 MEET | 난도 | 상 | 목표 시간 | 10분 |
| 선정 이유 | EBS 수능특강 '직관주의와 정의주의'와 연계되는 지문으로, 무어의 반자연주의 논변을 스펜서가 비판하는 내용을 담고 있다. EBS 지문에서는 무어의 직관주의를 에이어가 비판하는 내용을 담고 있는데, 두 지문을 비교하며 독해해 볼 가치가 있다. |

1~3 │ 다음 글을 읽고 물음에 답하시오.

윤리학에서는 도덕적인 가치나 규범이 여타의 자연적인 사실과 동일하거나 그것으로 환원된다는 주장을 자연주의라고 한다. 자연주의는 과학의 검증을 받을 수 있는 사실에서 도덕의 근거를 찾으려고 한다. 다윈이 1859년에 『종의 기원』을 출간한 후, 스펜서는 진화론에서 도덕적 판단을 끌어낼 수 있다고 생각했다. 그는 다윈의 진화론을 자기 나름으로 해석하여 어떤 행위가 더욱 진화되면 도덕적으로 더 좋은 행위라고 생각했다. 그에 따르면 적자생존*은 치열한 경쟁을 정당화해 주는 것이다. 당시에는 스펜서의 주장이 최신 과학 이론을 도덕과 연결시켜 주는 훌륭한 이론처럼 보였다.

그러나 1903년 영국 철학자 무어는 사실에서 가치를 끌어내려는 모든 시도는 '자연주의적 오류'를 저지른다고 비판했다. 누군가에게 "A는 A인가?"라고 물으면 그 물음은 의미가 없는, 하나 마나 한 물음일 것이다. 반면에 "A는 B인가?"라는 물음은 의미가 있다. A가 B인지 모르는 사람이 있을 수 있기 때문이다. 물론 "A는 B인가?"라는 물음도 의미가 없을 때도 있다. A와 B가 같다는 것을 누구나 알아서 그 물음이 "A는 A인가?"라는 물음과 같을 때가 그렇다. 스펜서의 주장대로 '더욱 진화됨'이라는 자연적 사실이 '좋음'이라는 가치와 동일하다고 가정해 보자. 그러면 "더욱 진화된 것은 좋은 것인가?"라는 물음은 하나 마나 한 물음이 되어야 한다. 그러나 "더욱 진화된 것은 좋은 것인가?"라는 물음은 의미가 있다. 왜냐하면 우리는 그런 물음을 들으면 "정말 그런가?"라고 되물을 수 있기 때문이다. 따라서 무어는 '더욱 진화됨'과 '좋음'이 같지 않다고 결론짓는다. 이 논변은 '좋음'을 어떤 다른 자연적 사실과 동일시하려는 모든 시도들에 적용될 것이다. 이와 같은 ⊙ 무어의 논변은 자연주의를 강력하게 비판했다고 받아들여졌다. 만약 무어가 옳다면 가치는 사실과 독립적이므로 진화론을 비롯한 과학은 도덕의 문제에 시사하는 바가 없어야 한다.

그러나 무어는 자연주의자들의 의도를 잘못 이해하고 있다고 비판받는다. 스펜서가 '좋음'의 정의를 찾고 있다고 해석할 때는 무어의 논변이 성립한다. 그러나 스펜서는 '좋음'의 정의를 찾은 것이 아니라 진화론을 이용하여 실제로 무엇이 좋은 것인지를 찾은 것이다. '더욱 진화됨'은 '좋음'의 정의는 아니어도 그 외연*이 같을 수 있다. 그러면 "더욱 진화된 것은 좋은 것인가?"라는 물음은 의미가 있어도 '더욱 진화됨'은 '좋음'과 동일할 수 있다. 이것을 이해하기 위해 "춘원은 춘원이다."라는 명제와 "춘원은 이광수이다."라는 명제를 비교해 보자. 첫 번째 명제는 어느 누구에게도 의심의 여지가 없지만, 두 번째 명제에 대해서는 "정말 그런가?"라는 의문이 생길 사람도 있다. ⓒ '춘원'과 '이광수'는 정의 관계여서 동일한 것이 아니라 그 둘이 가리키는 대상이 동일해서 동일하기 때문이다. '좋음'과 '더욱 진화됨'의 관계

도 마찬가지이다.

무어의 반자연주의 논변이 실패함에 따라 스펜서가 해석한 진화론이 도덕적 가치에 영향을 줄 수 있는 길이 열렸다. 그러나 그가 다윈의 진화론을 잘못 해석했다는 지적이 있다. 다윈의 이론에서 진화는 특정한 목적을 향하는 것이 아니기 때문에 변화만이 있을 뿐이지 '더욱 높은' 진화의 단계라는 것은 없다는 것이다. 그렇다면 '더욱 진화됨'이라는 개념이 과학적으로 틀렸으므로 '더욱 진화됨'은 '좋음'으로 환원되지 않는다.

[가]
결국 자연적 사실이 도덕적 가치와 동일할 수 있는 가능성을 애초부터 막을 수는 없다. 우리는 도덕 판단을 위해 자연적 사실을 참조할 수 있다. 그렇다고 해서 모든 자연적 사실이 곧바로 도덕적 가치를 대체한다는 말은 아니다. 그 자연적 사실이 과학적으로 옳은지 검증되어야 하고 또 도덕적 가치와 관련이 있다는 것이 증명되어야 한다.

1 윗글을 바탕으로 바르게 추론한 것은?

① 무어는 스펜서와 달리 진화론 이전의 전통적인 도덕을 지지하기 위해 진화론에 반대했다.

② 무어의 비판은 도덕적 가치를 특정 자연적 사실로 정의하려는 자연주의에 대해서는 성립한다.

③ 스펜서는 치열한 경쟁이 있는 사회는 더 진화된 사회라는 다윈의 주장을 과학적으로 검증하려 했다.

④ 무어는 어떤 두 개념이 정의 관계이기 때문에 동일한 경우와, 외연이 같기 때문에 동일한 경우의 차이를 잘 알고 있었다.

⑤ 스펜서가 '더욱 진화됨' 대신에 과학적으로 검증된 다른 사실을 '좋음'과 동일시한다면 자연주의적 오류의 혐의를 벗을 수 있다.

2 ㉡을 이용해서 ㉠을 비판할 때, 다음 ( )에 들어갈 명제로 가장 적절한 것은?

> 무어의 논변 방식을 따르면 (   )
> 그러므로 무어의 논변은 잘못되었다.

① '춘원이 이광수냐'고 묻는 것은 하나 마나 한 질문이므로 '춘원'과 '이광수'가 같은지 과학적 검증을 할 필요가 없다.

② '춘원'과 '이광수'는 정의 관계가 아니므로 '춘원이 이광수냐'고 묻는 것은 하나 마나 한 질문이다.

③ '춘원'과 '이광수'는 외연이 같으므로 '춘원이 이광수냐'고 묻는 것은 의미가 있는 질문이 된다.

④ '춘원이 이광수냐'고 묻는 것은 의미가 있으므로 '춘원'과 '이광수'는 다른 사람이 되고 만다.

⑤ '춘원이 이광수냐'고 묻는 것은 의미가 없는 질문이므로 '춘원'과 '이광수'는 같은 사람이 된다.

3 (가)의 논지에 따라 다음 주장에 대응할 때, 가장 적절한 것은?

> 사람과 동물 사이에는 여러 가지 차이점이 있다. 가령 사람은 언어와 도구 등을 사용할 줄 알고 합리적이지만 동물은 그렇지 않다. 그러므로 사람과 동물을 차별 대우해도 괜찮다.

① 사람과 동물을 차별 대우해도 괜찮다는 것은 과학적으로 검증이 불가능하므로, 사람이 언어와 도구 등을 사용할 줄 알고 합리적이라는 주장은 도덕적으로 정당화되지 않음을 지적한다.

② 사람과 동물 사이의 차이를 과학적으로 검증하기 위해 '언어와 도구 등을 사용할 줄 알고 합리적임'이 '차별 대우해도 괜찮음'으로 환원되고 둘 사이의 외연이 같은지 조사한다.

③ 사람과 동물의 차이는 사실에 관한 영역이고 차별은 도덕적 가치에 속하는 영역이므로, 그 차이가 과학적으로 검증되더라도 사람과 동물의 차별을 정당화할 수 없음을 강조한다.

④ 사람과 동물의 차이가 차별을 정당화하는 데 이용될 수 있다고 생각하여, 그 차이가 실제로 존재하는지 과학적으로 확인해 보고 도덕적으로 관련이 있는지 증명한다.

⑤ 사람과 동물의 차이가 과학적으로 검증된다면 그 차별은 정당할 수 있다고 생각하지만, 이 생각으로부터 자연주의적 오류가 발생하지 않는지 검사한다.

★ **어휘력 강화**

* 적자생존(適者生存) [생명] 환경에 적응하는 생물만이 살아남고, 그러지 못하는 것은 도태되어 멸망하는 현상. 영국의 철학자 스펜서가 제창하였다.

* 외연(外延) 일정한 개념이 적용되는 사물의 전 범위. 이를테면 금속이라고 하는 개념에 대해서는 금, 은, 구리, 쇠 따위이고 동물이라고 하는 개념에 대해서는 원숭이, 호랑이, 개, 고양이 따위이다.

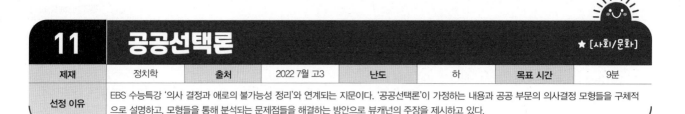

11 공공선택론 ★ [사회/문화]

| 제재 | 정치학 | 출처 | 2022 7월 고3 | 난도 | 하 | 목표 시간 | 9분 |

| 선정 이유 | EBS 수능특강 '의사 결정과 애로의 불가능성 정리'와 연계되는 지문이다. '공공선택론'이 가정하는 내용과 공공 부문의 의사결정 모형들을 구체적으로 설명하고, 모형들을 통해 분석되는 문제점들을 해결하는 방안으로 뷰캐넌의 주장을 제시하고 있다. |

1~4 | 다음 글을 읽고 물음에 답하시오.

공공선택론은 정치학의 영역인 공공 부문의 의사결정에 대해서 경제학적 원리와 방법론을 적용하여 설명하려는 연구이다. 공공선택론은 기존의 정치학과는 다르게 다음 세 가지 가정으로부터 출발한다.

첫 번째 가정은 방법론적 개인주의로, 모든 사회 현상의 분석 단위를 개인으로 삼는다는 것이다. 이 가정에서는 집단을 의사결정을 할 수 있는 유기체적 주체로 보지 않기 때문에 국가는 의사결정의 주체인 개인들의 집합체라고 본다. 따라서 정치 현상은 개인들의 의사결정을 집합적 결과로 보여 주는 것이다.

두 번째는 인간을 '경제 인간'으로 본다는 가정이다. 경제 인간은 자기애를 갖고 자신의 이익을 추구하는 합리적인 인간을 의미한다. 사람들은 자신의 이해관계를 최우선시하므로 구체적 목적을 달성하는 과정에서 비용을 최소화하고 편익*을 극대화하려고 한다. 다만 비용, 편익, 효용은 사람마다 다르다.

마지막 가정은 수요와 공급의 관점에서 정치도 본질적으로 경제시장과 같은 선택의 문제이며 정치적 활동 역시 교환 행위로 본다는 것이다. 이 관점에서 정치는 정치시장으로, 정치인은 재화*와 용역*의 공급자로, 유권자는 수요자로 해석된다. 경제시장에서 사람들은 교환을 통해 이익을 얻을 수 있다고 판단한 경우에만 거래에 참여한다. 정치시장도 이와 마찬가지인데 기존의 경제학의 관점과는 달리, 거래의 결과가 거래 당사자들뿐만 아니라 거래에 참여하지 않은 사람들에게도 영향을 미친다.

[A]
이 세 가지 가정을 바탕으로 공공선택론에서는 공공 부문의 의사결정에서 발생하는 사회적 문제를 분석하는데 그중 정치인과 유권자가 유발하는 문제를 분석하는 모형으로 중위투표자 정리 모형이 있다. 중위투표자 정리 모형은 단일 사안에 대해 유권자의 정치적 선호가 하나의 정점*을 갖는 단일 선호일 경우, 경쟁하는 두 정당의 정치인들이 내거는 공약은 중위투표자가 선호하는 정책에 접근하게 된다는 이론이다. 이때 중위투표자란 정치적 선호에 따른 유권자 전체의 분포에서 한가운데에 위치한 유권자를 말한다. 이 모형은 몇 가지 가정을 전제로 하는데 정치적 선호에 따른 유권자들의 분포는 종 모양의 정규분포를 가지며 유권자는 자신의 선호 체계에 가장 가까운 공약을 제시하는 정치인에게 투표한다는 것이다. 이 경우 선거의 승리를 목적으로 하는 정치인의 정책은 그의 정치적 이념과 관계없이, 중위투표자의 선호를 반영하는 방향으로 수렴하는 경향이 생긴다. 결국 민주주의의 의사결정이 다수가 아닌 소수인 중위투표자에 의해 이루어지게 됨으로써 반민주적인 결과를 초래할 수 있다.

또 다른 모형으로는 합리적 무지 모형이 있다. 유권자는 자신의 선호를 반영할 수 있는 정치인이 누구인지 관심을 가지고 투표해야 하지만 일부 유권자들은 투표에 관심이 없다. 이러한 현상을 공공선택론은 합리적 무지 모형으로 설명한다. 합리적 무지 모형이란 자신의 효용 극대화를 추구하는 유권자는 정보를 습득하는 비용이 정보로부터 얻을 편익보다 클 경우 정보를 습득하지 않고 무지한 상태를 유지한다는 이론이다. 정치인은 자신을 지지하는 유권자의 이해관계를 반영하여 정치적 의사결정을 하기 때문에 합리적 무지가 발생하면 공공재*와 행정서비스는 특정 문제에 이해관계를 가지고 정치인과 결탁한 이익집단에만 집중되는 비효율적인 결과를 낳는다.

공공선택론자인 뷰캐넌은 사회의 이러한 비효율적 문제들의 근본적 원인과 해결책을 헌법 제도에서 찾아야 한다는 헌법정치경제학을 제시했다. 뷰캐넌은 헌법정치경제학에서 의사결정 구조를 두 가지 수준으로 구별하는데, 하나는 헌법 제정 이후 의사결정이 입법적 수준에서 결정되는 '일상적 정치'이고, 다른 하나는 일상적 정치에 대한 규칙을 결정하는 '헌법적 정치'이다. 헌법적 정치는 일상적 정치에 제약을 부과하는 헌법을 확립하는 정치 활동이고, 일상적 정치는 헌법 안에서 다양한 전략을 활용하는 정치 활동이다. 그는 헌법적 정치를 통해 집합적 의사결정이 공정하게 이루어지는 규칙을 만들고 헌법 안에서 자신의 이익 추구를 위해 일상적 정치를 하는 개인의 자유를 최대한 보장하는 것을 목표로 삼았다. 이를 위해 헌법 체계의 근본을 개혁해야 한다고 주장했다. 헌법을 만드는 과정에서는 의사 결정 참여자 누구도 자신의 이익을 정확하게 산정하기 어렵기 때문에 제정된 헌법의 규칙 내에서 특정 목적을 위한 정책에 대해 합의하는 것과 달리 ⊙ 헌법 자체에 대해 합의하는 것이 모든 이에게 편익을 준다고 보고 헌법 개혁의 필요성을 주장했던 것이다.

1 윗글을 통해 답을 찾을 수 없는 질문은?

① 공공선택론이 기존의 정치학과 다른 점은 무엇인가?

② 공공선택론에서는 사회 현상을 분석하는 단위를 무엇으로 보는가?

③ 공공선택론에서는 경제시장과 정치시장이 어떤 차이가 있다고 보는가?

④ 공공선택론은 정치인과 유권자가 유발하는 사회적 문제를 어떤 이론으로 분석하는가?

⑤ 공공선택론이 사회적 문제를 해결하기 위해 정치인의 공약을 강조한 이유는 무엇인가?

2 공공선택론에 대한 설명으로 보기 어려운 것은?

① 정치인들이 생각하는 효용은 정치인 각자의 주관적 판단에 따라 다르다.

② 정치시장에서 정책적 목적을 달성하기 위해 의사결정을 하는 주체는 국가이다.

③ 의사결정의 주체들은 자신의 경제적 이해에 따라 효율적인 것을 선택하는 능력을 지니고 있다.

④ 정치인은 선거에 무관심한 유권자보다 특정 문제에 이해관계를 가지고 편익을 제공하는 이익집단에 유리한 정치적 의사결정을 한다.

⑤ 유권자는 정치인의 정책 공약에 대한 정보를 습득하기 위한 비용이 이에 대한 이익보다 크면 정책 공약에 대한 정보를 습득하지 않는다.

3 [A]를 적용하여 〈보기〉의 상황을 이해할 때, 적절하지 않은 것은? [3점]

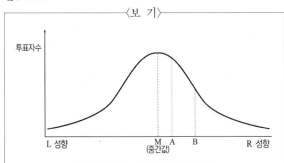

〈보 기〉

[정치 성향에 따른 유권자 분포도]

두 정당의 정치인 갑과 을이 단일 사안에 대해 경쟁하는 다수결 원칙의 선거 상황에서 갑은 정치 성향이 중간인 M의 입장에서, 을은 R 성향인 B의 입장에서 정책을 제시하였다. 유권자는 자신의 정치 성향에 따라 단일한 정점 선호를 가지고 있으며 모두 투표에 참여한다.

① 정치 성향이 M의 왼쪽에 있는 L 성향의 유권자들은 모두 갑에게 투표할 것이다.

② 정치 성향이 중간인 M의 입장에서 정책을 제시한 갑이 을보다 당선 가능성이 높을 것이다.

③ 정치 성향이 A인 유권자들은 자신의 정치적 선호에 따라 R 성향의 정책을 제시한 을에게 투표할 것이다.

④ 정치 성향이 B의 오른쪽에 있는 R 성향의 유권자들은 자신의 효용을 극대화하기 위해 을에게 투표할 것이다.

⑤ 을이 당선 가능성을 높이기 위해 공약을 수정한다면 을은 갑이 제시한 정책과 유사한 정치 성향을 띤 공약을 내세우려 할 것이다.

4 뷰캐넌이 ㉠처럼 생각한 이유로 가장 적절한 것은?

① 합의로 만들어진 헌법이 일상적 정치를 하는 개인의 활동을 규정하고 제한할 수 없기 때문에

② 의사결정 참여자들이 헌법적 정치를 통해 입법적 수준에서 헌법의 규칙에 합의할 수 있기 때문에

③ 헌법적 정치는 특정 개인의 이익을 정확히 산정하기 어려우므로 규칙의 공정성이 확보되어 개인의 자유를 최대한 보장할 수 있기 때문에

④ 의사결정 참여자들은 일상적 정치를 하는 과정보다 헌법적 정치를 하는 과정에서 누구나 자신의 효용 극대화를 추구하기 쉽기 때문에

⑤ 일상적 정치보다 헌법적 정치를 통해 특정 목적을 위한 정책의 대안에 합의하는 것이 의사결정 참여자들의 이해관계에 부합하기 때문에

★ **어휘력 강화**

＊ **편익(便益)** 편리하고 유익함.

＊ **재화(財貨)** [경제] 사람이 바라는 바를 충족시켜 주는 모든 물건. 이것을 획득하는 데에 대가가 필요한 것을 경제재라고 하며, 필요하지 않은 것을 자유재라고 한다.

＊ **용역(用役)** [경제] 물질적 재화의 형태를 취하지 아니하고 생산과 소비에 필요한 노무를 제공하는 일.

＊ **정점(頂點)** 맨 꼭대기가 되는 곳.

＊ **공공재(公共財)**
① 공중(公衆)이 공동으로 사용하는 물건이나 시설. 도로, 항만, 교량, 공원 따위를 이른다.
② [경제] 비경합성과 비배제성을 갖춘 재화. 추가적인 소비자에게 해당 재화를 공급할 때 발생하는 한계 비용이 없고, 사람들을 해당 재화의 소비에서 제외할 수 없다.

12	가격제의 유형					★ [사회/문화]
제재	경제학	출처	2010 사관	난도	하	목표 시간	8분
선정 이유	EBS 수능특강 '이자율의 최고 가격제로 인한 영향'과 연계되는 지문으로, 수능특강 지문과는 다른 관점에서 최고 가격제와 최저 가격제의 도입 배경 및 가격제의 긍정적 기능을 설명하고 있다.					

1~4 | 다음 글을 읽고 물음에 답하시오.

시장은 크게 경쟁시장과 비경쟁시장으로 나눌 수 있다. 경쟁시장은 자유 경쟁이 이루어지는 시장으로, 진입과 탈퇴가 자유롭고 시장이 가격을 결정한다. 비경쟁시장은 진입과 탈퇴가 자유롭지 않은데, 이는 다시 과점시장과 독점시장으로 나눌 수 있다. 독점시장에서는 하나의 공급자가, 과점시장에서는 몇몇 공급자가 가격을 결정할 수 있다. 독과점은 시장 질서의 왜곡, 소비자들의 피해, 기업 경쟁력 약화 등 많은 병폐*를 낳기 때문에 정부는 독과점금지법으로 이러한 행위를 견제한다. 그러나 정부가 각종 인허가 정책이나 보조금 정책 등을 써서 독과점을 허용하는 경우도 있다. 수도, 전기 등과 같은 공공재를 생산하는 공적 기업, 고부가가치를 창출하기 위해서는 규모의 경제가 필요한 조선, 자동차 등의 대형 기업 부문 등이 이에 해당한다.

그러나 독과점시장에서는 기업이 가격을 정하게 되므로, 그 가격은 일반적으로 적정 가격보다 높아지게 된다. 이때 정부는 최고 가격제를 통해 '최고 가격'을 정하고, 그 금액을 초과하여 거래하지 못하게 하는 방식으로 시장에 개입한다.

이러한 최고 가격제는 서민이나 사회적 약자가 수요자인 상품에 적용된다. 정부는 사회적 약자를 보호하기 위해서 이러한 가격 정책을 시행한다. 또한 최고 가격제는 공평성을 추구하는 데 쓰이기도 한다. 예를 들어 핸드폰에 최고 가격제를 도입하여 가격을 10만 원 아래로 묶으면 더 많은 사람들이 저렴한 가격에 핸드폰을 살 수 있어 공평성이 증가된다. 최고 가격제는 전시(戰時)*와 같은 특수한 상황에서 필수품 공급을 원활하게 하는 데도 활용된다. 비상시에 가격이 급등한 쌀을 정부에서 가격을 시장 가격보다 낮게 정하면 소비자들은 쌀을 좀 더 원활하게 공급받을 수 있기 때문이다.

최고 가격제를 실시할 경우 정부의 시장 개입으로 재화의 가격은 시장에서 수요와 공급에 의해 결정된 '균형 가격'보다 낮아진다. 독과점을 형성하여 수요자보다 우월한 위치에 있는 공급자는 이전보다 수익이 감소하여 공급을 줄이는 반면, 낮아진 가격으로 인해 수요는 늘어난다. 이로 인해 시장에서는 수요와 공급 간의 불균형이 발생한다. ㉠이 문제를 해결하는 방법은 정부가 공급을 늘리는 것뿐이다. 정부의 보충이 없을 경우에는 사회적 약자를 배려하기 위해 실시한 최고 가격제가 오히려 사회적 약자에게 피해를 끼칠 수도 있다. 공급의 부족으로 인해 재화를 구입하지 못한 사람들이 생기게 되고, 암시장이 생겨 정부가 제한하기 전보다 더 높은 가격으로 재화를 구입해야 하는 경우도 발생할 수 있다.

시장에 맡겼더니 가격이 너무 싸서 문제가 되는 경우도 있다. 가령 쌀농사가 풍년이라 공급이 대폭 늘어났다고 하자. 쌀의 가격이 싸다고 해서 수요가 크게 증가하지는 않으므로 균형 가격은 하락하게 되고 이에 농부들은 생산 비용도 건질 수 없다. 이럴 경우 정부는 농부들의 최저 수익을 보장하기 위해 일정 가격 이하로는 쌀을 거래할 수 없도록 '최저 가격제'를 실시할 수 있다. 그렇게 되면 농부들의 수익성을 보장할 뿐만 아니라 균형 가격보다 높게 책정된 최저 가격으로 인하여 수요보다 많은 쌀이 생산된다. 이때 정부는 그 잉여량*을 구입했다가, 흉년 때 방출하여 쌀 가격의 상승을 막을 수도 있다.

1 윗글의 내용과 일치하지 <u>않는</u> 것은?

① 최고 가격제는 공평성을 증대하기 위해서도 사용된다.
② 최고 가격과 최저 가격을 결정하는 기준은 균형 가격이다.
③ 과점시장에서는 공급자들끼리 가격을 담합할 가능성이 존재한다.
④ 정부는 독과점의 폐해를 막기 위한 법적, 제도적 장치를 마련하고 있다.
⑤ 가격 정책에 의한 정부의 시장 개입은 부정적 효과를 동반할 가능성도 있다.

2 윗글을 바탕으로 〈보기〉를 이해한 내용으로 적절하지 <u>않은</u> 것은?

〈보 기〉

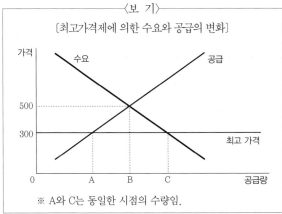

[최고가격제에 의한 수요와 공급의 변화]

※ A와 C는 동일한 시점의 수량임.

① A는 최고 가격제에 의해 가격이 제한되었을 때의 공급량이다.
② B는 최고 가격제를 실시하기 전에 시장에서 형성된 공급량이다.
③ C는 최고 가격제로 인해 늘어난 수요를 충족시킬 수 있는 공급량이다.
④ 최고 가격제가 실시되면 B에서 A를 뺀 분량만큼 공급량이 감소된다.
⑤ 최고 가격제가 실시되면 정부는 C에서 B를 뺀 분량만큼 공급량을 늘려야 한다.

3 글쓴이가 〈보기〉의 자료를 접했다고 할 때, 윗글에서 활용하는 방안으로 가장 적절한 것은?

〈보 기〉

2001년 미국 캘리포니아에서 대규모 정전 사태가 발생했다. 이 사태로 시민들의 일상은 극도의 혼란에 빠졌으며, 도시의 기능이 마비되었다. 이 사태는 공공재였던 전기 공급 사업을 민영화하면서 생겨난 것이다. 당시 캘리포니아 주정부는 민간기업들끼리 경쟁하면 전기 요금이 더 싸질 것이라 생각했다. 그러나 민영화 이후 발전회사들은 전기 요금 인상을 요구했고, 이 요구가 받아들여지지 않자 담합하여 발전 시설을 인위적으로 폐쇄하고 전기 공급을 중단한 것이다.

① 정부의 가격 정책은 최소한의 경우로 제한되어야 함을 주장한다.
② 비경쟁시장이 경쟁시장보다 사회 전체의 이익에 부합함을 입증한다.
③ 정부의 시장 개입이 경제의 비효율성을 증가시킬 수 있음을 경고한다.
④ 공공재가 자유 경쟁에 맡겨졌을 때 위험이 발생할 수 있음을 강조한다.
⑤ 규모의 경제를 위해서는 독과점이 부분적으로 허용되어야 함을 제안한다.

4 ㉠의 사례로 볼 수 있는 것은?

① 노인 복지 요양 시설의 설립 기준을 강화한다.
② 장애인에게 차량 구입 비용의 일부를 지원해 준다.
③ 대중교통 사업자에게 발생하는 손실을 보전해 준다.
④ 저소득층의 생계유지를 위한 대출 이자율을 고정시킨다.
⑤ 서민용 아파트 구입 자금의 일부를 싼 이자로 대출해 준다.

★ 어휘력 강화

* 병폐(病弊) 어떤 사물의 내부에 있는 옳지 못한 경향이나 해로운 요소.
* 전시(戰時) 전쟁이 벌어진 때.
* 잉여량(剩餘量) 쓰고 난 나머지의 양.

13 **고프먼의 연극론적 분석**   ★ [사회/문화]

제재	사회학	출처	2010 PEET	난도	상	목표 시간	11분

선정 이유 EBS 수능특강 '고프먼의 사회적 상호 작용'과 연계되는 지문으로, 고프먼의 연극 이론의 적용 원리와 연극론적 분석에 대하여 보다 구체적으로 다루고 있다.

1~3 | 다음 글을 읽고 물음에 답하시오.

사회 질서가 어떻게 가능한가 하는 것은 사회학의 오랜 주제이다. 그러나 지금까지 사회학은 사회 구조, 국가, 계급, 젠더, 문화 등 객관적으로 존재한다고 여겨지는 거시적인 사회 질서의 동학*을 밝히는 데 주로 초점을 맞추었다. 자연 과학을 모델로 하여 사회 질서에 대한 보편적인 인과 법칙을 확립하는 데 주력하면서 사회학은 일상생활의 행위자로부터 유리된* 거대한 추상적인 이론 체계로 변하였다. 또한 경험 과학이라는 이름으로 객관적인 사회 질서를 드러내는 변수들을 엄밀하게 측정하고 이 변수들의 관계인 명제를 검증하는 방법이 사회학을 지배하게 되었다. 이 과정에서 사회 질서는 일상생활을 영위하는 행위자로부터 독립하여 사물처럼 객관적으로 존재하는 것으로 간주되었다. 따라서 일상생활 속에서 사회 질서를 만들고 행하는 행위자의 모습은 사회학의 지평*에서 희미해졌다.

그렇다고 사회학 내에 이를 탐구하는 진영이 없지는 않은데, 상징적 상호 작용론이 그중 대표적이다. 상징적 상호 작용론은 특정한 상황 속에서 서로의 역할을 취해 상호 작용하는 구체적인 행위자를 탐구한다. 각 상황마다 특정한 규범이 요구되지만, 행위자는 이 규범의 압력에 따라 수동적으로 행위하지는 않는다. 규범을 해석하고 그 해석에 준거하여 행위함으로써 규범 자체를 협상 가능한 것으로 만든다. 이러한 행위자들 사이의 상호 작용을 통해 사회 질서가 출현한다. 어떤 규범이 요구되는지 명확하지 않은 상황에서의 사회 질서 역시 그 상황을 정의하는 행위자들의 상호 작용 과정에서 출현한다.

상징적 상호 작용론이 규범 그 자체로 환원되지 않는 사회 질서의 출현적 속성에 주로 관심을 가진다면, 연극론적 분석은 그로부터 더 나아가 상황이 요구하는 기대, 즉 규범을 구현하기 위해 구사하는 온갖 전략에 관심을 갖는다. 행위자가 자신이 연출하는 인상*을 관리하기 위하여 타자에게 제공하는 자신에 대한 정보를 체계적으로 통제한다는 생각은 사회학자 고프먼(E. Goffman)이 말한 연극론적 분석의 핵심이다. 관객이 관람하는 무대 전면에 있는 공연자는 일반적으로 상황이 요구하는 규범을 그때마다 구현하는 듯이 인상을 꾸려 나간다. 모든 상황에서 행위자들은 각자 자신이 정의한 주관적인 상황 정의를 공통의 상황 정의로 만들려고 하기보다는 상황 자체가 요구하는 규범을 인지하고 이를 더 고려하여 자신의 상황 정의를 의식적으로 통제한다. 이 과정에서 궁극적으로 유지되는 것은 무대 전면의 사회 질서이다. 예컨대 얼핏 무질서해 보이는 공공장소에 있는 서로 모르는 행위자들은, 서로의 존재를 인지하면서도 각자의 프라이버시를 침해하지 않으려는 익명성의 규범을 공동으로 실천함으로써 공공장소의 사회 질서를 유지한다.

㉠ 일상생활의 무대 전면에 있는 행위자들은 도덕의 상인이다. 이는 사회의 이상화된 가치를 내면화하여 실현하려고 노력하는 종교적 인간을 모델로 한 전통적인 사회학적 인간과는 다른 것이다. 도덕의 상인은 관리된 인상을 상대방에게 제출하여 인정받으려는 공연자이자, 상대방의 관리된 인상을 인정해 주는 관객이기도 하다. 상황에 따라 공연자의 역할이 주가 될 수도 있고 관객의 역할이 주가 될 수도 있으며, 때로는 두 역할이 동시에 수행되어야 할 때도 있다. 또한 상황들이 분명히 나누어지지 않고 여러 상황들이 중첩될 수도 있다. 핵심은 호혜적*인 정의 주고받음이다. 공연은 그 안과 밖을 차단하는 경계가 있으며, 이러한 경계 밖에 있는 사람은 외부자이다. 외부자가 자신을 위해 마련되지 않은 공연에 갑자기 침입하면, 공연자와 관객 모두 인상 관리에 어려움을 겪게 된다. 공연이 성공하기 위해서는 그에 적합한 무대 설정, 소품, 연기자의 의상 및 연기력 등이 정합적으로 갖추어져 관객의 일체감을 끌어내어야 한다.

연극론적 분석에 대한 가장 흔한 비판은 지나치게 냉소적인 공연을 하는 연극적 행위자만을 상정하고* 있다는 것이다. 특히 내면화된 가치를 실현하기 위해 분투하는 전통적 인간형을 행위자의 모델로 삼은 기능주의에서 이러한 비판을 강하게 던졌다. 이에 대해 고프먼은 일상생활이 무대 전면만이 아니라 무대 후면에서도 이루어지고 있음을 지적한다. 무대 후면은 관객이 관찰할 수 없다고 상정된 곳으로, 인상 관리된 자아 이외의 다른 자아가 거주한다. 예컨대 은밀하고 사적인 말과 행동이 여기에서 가능하다. 일상생활의 행위자는 대개 무대 전면에서 무대 후면으로, 또 그 반대 방향으로 계속 이동한다. 사회적 공연에서는 무대 전면과 무대 후면의 구분이 물리적 공간에 의해서만 이루어지는 것이 아니기 때문에, 혼란을 피하기 위해서는 관객에게 무대를 옮긴다는 확실한 표지를 주어야 한다.

1 윗글에 대한 이해로 적절한 것은?

① 기능주의가 그리는 행위자는 사회의 이상적 가치를 형식적으로 수용하여 규범의 압력을 받아 행동한다.

② 자연 과학을 모델로 한 사회학은 행위자들의 상호 작용을 통해 사회 질서가 재구성되는 것으로 파악하였다.

③ 기존의 사회학은 변수의 엄밀한 측정과 명제의 검증을 통해 일상생활의 행위자의 상호 작용을 탐구하였다.

④ 상징적 상호 작용론은 사회 질서의 유연성을 강조하고 연극론적 분석은 인상 관리 전략의 유연성을 강조한다.

⑤ 상징적 상호 작용론의 입장에서 볼 때, 거시적인 사회 질서는 일상생활의 행위자의 행위로부터 유리되어 객관적으로 존재한다.

2 ㉠에 대한 설명으로 옳은 것은?

① 인상 관리를 통해 무대 전면의 사회 질서를 유지한다.

② 각 상황에 따라 자신들에게 기대되는 적절한 역할을 모른다.

③ 내면화된 가치를 실현하기 위하여 공통의 상황 정의를 유지한다.

④ 성공적인 공연을 위해 무대 설정, 소품, 의상, 연기력 등을 임의로 조합한다.

⑤ 자신의 상황 정의를 상대방의 그것보다 지배적인 것으로 만들기 위해 노력한다.

3 고프먼의 연극론적 분석을 다음 상황에 적용할 때, 화자의 관점에서 ⓐ~ⓔ를 해석한 것으로 적절하지 않은 것은?

> 나는 서울로 가는 KTX에서 모르는 여성과 동석하였다. ⓐ 처음에는 서로 방해가 되지 않도록 조심해서 자리하였고 한마디의 말도 주고받지 않았다. 대전에 이를 즈음 갑자기 여성에게 전화가 왔다. ⓑ 여성은 주위를 의식한 듯 소리를 낮추어 통화했다. 그 여성은 내가 듣지 못한다고 생각하였는지, 남자 친구와 언제 첫 키스를 했는지 등 내밀한 이야기를 하였다. ⓒ 나는 당혹감을 감춘 채, 안 듣는 척하였다. 열정적인 연애 이야기가 이어지다가 헤어졌다는 말 이후 화제가 바뀌었다. 나는 왜 헤어졌는지 궁금했지만 묻지 못하고, 혹 다시 이야기가 시작될까 기다렸다. 순간 뒤에서 전혀 예기치 못한 소리가 침입했다. "근데, 왜 헤어졌어요?" 깜짝 놀라 뒤돌아보니, ⓓ 한 사내아이가 뜻 모를 미소를 짓고 있었다. 순간 나는, 그제서야 어리둥절 뒤를 돌아보는 여성과 두 눈이 마주쳤다. ⓔ 태연한 척하려 했지만, 절로 얼굴이 화끈거리는 건 어쩔 수 없었다.

① ⓐ : 공공장소인 KTX는 익명성의 규범이 요구되는 무대 전면이고, '나'와 여성은 이를 구현하기 위해 서로 공동의 노력을 하고 있었다.

② ⓑ : 여성은 기존의 상황과 결별하지 않고 전화 속의 인물과 함께 새로운 상황에 들어감으로써, '나'를 외부자로 간주하였다.

③ ⓒ : '나'는 무대 후면에서나 들을 수 있는 이야기를 듣게 되었지만, 그것이 드러나지 않도록 인상을 관리하였다.

④ ⓓ : 사내아이는 원래 '나'와 여성 사이에 일어나는 공연의 외부자로 간주되었지만, 공연 안으로 예고 없이 침입하였다.

⑤ ⓔ : '나'는 공통의 상황 정의에 따른 인상 관리를 계속 유지할 수 없게 될까 봐 당혹스러웠다.

★ 어휘력 강화

* 동학(動學) [경제] 자본의 증가율, 인구의 점증적 경향 따위와 같은 연속적인 변동 현상을 분석하는 이론.
* 유리(遊離)되다 따로 떨어지게 되다.
* 지평(地平)
  ① 대지의 편평한 면.
  ② 사물의 전망이나 가능성 따위를 비유적으로 이르는 말.
* 인상(印象) 어떤 대상에 대하여 마음속에 새겨지는 느낌.
* 호혜적(互惠的) 서로 특별한 혜택을 주고받는.
* 상정(想定)하다 어떤 정황을 가정적으로 생각하여 단정하다.

14 부동산 거래 절차

★ [사회/문화]

제재	법학	출처	2023. 3월 고3	난도	하	목표 시간	8분

선정 이유	EBS 수능특강 '물권 변동과 담보 물권의 특징'과 연계되는 지문으로, 부동산의 물권 변동 절차에 대해 설명하고 있다. 특히 구체적인 사례를 중심으로 내용을 전개하고 있으므로, 아파트 매매와 등기의 절차 및 효력에 주목하여 독해해 보자.

1~4 │ 다음 글을 읽고 물음에 답하시오.

물건에 대해 지배력을 갖는 권리를 물권이라고 하는데, 점유권, 소유권, 전세권, 저당권 등이 그에 해당한다. 물건 중에서도 부동산은 일반적으로 동산보다 값비싼 재산이다. 따라서 그에 대한 거래는 신중할 수밖에 없어 절차를 다소 번거롭게 하고 있다. 예를 들어 ㉠아파트 매매를 할 때 보통 매수인은 매매 대금의 10% 정도를 계약금으로 매도인에게 지급한다. 관행상 계약금은 위약금*의 역할도 한다고 보기 때문에 매수인이라면 계약금을 포기하고서, 매도인이라면 그 두 배를 물어 주고서 계약을 일방적으로 해제할 수 있다. 남은 90%의 대금 중 일부를 추가적으로 지급할 수도 있는데, 이 대금을 중도금이라고 한다. 중도금이 지급되면 계약은 일방적으로 해제하지 못한다. 이후 남은 대금인 잔금까지 건네면 매매 대금의 지급은 마무리되며 그와 동시에 매수인은 매도인으로부터 등기필증을 비롯한 관련 서류를 건네받는다. 이로써 매매 계약은 완료되었다고 볼 수 있고 이후 등기를 해야 하는 절차가 남아 있다.

부동산에 관한 권리관계의 정보는 법률에 따라 등기부에 기재되는데, 당사자의 신청에 따라 등기부에 기재하는 절차 또는 그 기재 자체를 등기라고 한다. 부동산 물권에 관한 사항은 등기로 사회 일반에 공개하여 게시한다. 등기부의 편성은 소유자가 아니라 부동산을 중심으로 하며, 한 물건에 대하여는 한 개의 등기 기록만 두도록 한다. 원칙적으로 한 물건에서 그 일부나 구성 부분에 따로 소유권이 존재할 수 없고, 몇 개의 물건을 포괄하는 하나의 소유권이 성립될 수도 없다. 예로 든 아파트의 경우를 살펴보면, 아파트에 관해서 하나의 등기부만이 존재하며 등기부의 표제부에는 아파트의 주소와 건물 상태와 같은 표시 사항이, 갑구에는 그 아파트에 대한 소유권의 성립이나 변동 상황이 기재된다. 전세권, 저당권과 같이 소유권이 아닌 물권들이 설정되어 있다면 이들은 을구에 기재된다.

이러한 등기상의 공시*를 신뢰하여 거래가 안정적으로 ⓐ이루어지는 것이기 때문에 등기는 진정한 권리관계를 반영할 수 있도록 해야 한다. 매매를 통해 소유권자가 바뀌는 것과 같이 새롭게 발생한 등기 원인에 의한 등기를 기입등기라고 하는데 소유권이전등기, 저당권설정등기 등이 이에 해당한다. 또 완료된 등기가 신청상의 착오로 말미암아 실체적 법률관계와 불일치한다는 것이 확인되었을 때는 그것을 바로잡기 위한 등기를 신청할 수도 있다. 이를 경정등기라고 한다. 경정등기에는 부동산이나 등기명의인의 표시를 경정하는 등기가 있을 수 있고, 저당권설정등기를 전세권설정등기로 경정하는 것처럼 권리 자체를 경정하는 등기가 있을 수 있다.

등기 신청은 원칙적으로 등기 권리자와 등기 의무자가 공동으로 신청하도록 하고 있는데, 이는 등기의 진정성을 확보하려는 목적도 있다. 등기 권리자는 등기부에 새롭게 권리자로 오르게 되는 이를, 등기 의무자는 원래 권리자로 기록되었던 이를 가리킨다. 아파트 매매 계약에 따른 등기도 매수인과 매도인이 공동으로 신청해야 한다. 흔히 매수인이 등기를 신청한다는 것으로 아는 사람들이 많은데, 실은 매수인이 매도인의 등기 신청을 위임*받아 함께 처리하는 것이 일반적이라서 그렇게 보이는 것일 뿐이다.

등기의 효력을 정하는 것과 관련하여 다음의 두 가지 원칙이 거론된다. 공시를 갖추지 않은 경우에는 제3자와의 관계에서는 물론 당사자 사이에도 물권 변동의 효력이 생기지 않는다는 원칙을 성립요건주의라 한다. 반면에 계약이 완료되면 당사자 사이에 물권 변동은 유효하게 성립하고, 다만 공시를 갖추지 않았을 때는 제3자에게 물권 변동의 효력을 주장하지 못한다는 원칙은 대항요건주의라 한다. 우리 법제는 등기부에 명의가 기재되었을 때 그 부동산의 명의자가 소유권을 취득하는 것으로 되어 있다.

1 윗글을 이해한 내용으로 적절한 것은?

① 소유권과 같은 물권은 물건에 대해 지배력을 갖는 권리이다.

② 부동산에 관한 점유권, 소유권과 같은 사항은 등기부의 을구에 기재된다.

③ 등기부의 편성은 진정한 권리관계를 반영할 수 있도록 권리자를 중심으로 한다.

④ 등기부는 관련된 당사자만 신청하여 확인할 수 있도록 하여 부동산 정보를 보호한다.

⑤ 하나의 물건에 성립한 여러 물권을 표시하기 위하여 그 물건에 대한 복수의 표제부가 붙을 수 있다.

2 ㉠에 대한 이해로 적절하지 않은 것은?

① 매수인은 매도인의 등기 신청을 위임받을 수 있다.

② 매수인은 등기 의무자이기 때문에 매도인과 공동으로 등기를 신청하여야 한다.

③ 매수인이 매매를 원인으로 등기명의인 변경을 위해 신청하려는 등기는 기입등기이다.

④ 매수인이 매매 대금을 완납하면 매도인은 등기에 필요한 관련 서류를 건네주어야 한다.

⑤ 매수인은 중도금을 지급하기 전에 매도인의 동의를 얻지 않더라도 계약을 해제할 수 있다.

3 등기 에 대한 설명으로 적절하지 않은 것은? 〔3점〕

① 대항요건주의는 등기가 소유권의 변동을 일으키는 요건이 되지 않는 원칙이다.

② 등기는 물건에 관한 거래의 안전을 확보하기 위해 물권에 관한 사항을 공시한다.

③ 새롭게 발생한 등기 원인에 의해 저당권설정등기를 신청하는 것은 기입등기에 해당한다.

④ 신청상의 착오로 일치하지 않는 등기의 기재가 있으면 경정등기를 신청하여 바로잡을 수 있다.

⑤ 성립요건주의를 채택한 우리 법제에서는 계약의 완료로 소유권을 취득하지만 등기 절차는 필수적이다.

4 ⓐ의 문맥적 의미와 유사하게 쓰인 것은?

① 합의가 원만히 이루어진다면 이전의 관계를 회복할 수 있다.

② 우리 교향악단은 최정상급의 연주자들로 이루어질 것이다.

③ 이곳은 백삼십여 호로 이루어진 마을입니다.

④ 민희는 기호와의 사랑이 이루어져 행복했다.

⑤ 나의 소원이 이루어지니 기분이 좋다.

★ 어휘력 강화

* 위약금(違約金) [법률] 채무를 이행하지 않을 경우, 채무자가 채권자에게 손해 배상 또는 제재(制裁)로서 지급할 것을 미리 약속한 돈.
* 공시(公示)
 ① 일정한 내용을 공개적으로 게시하여 일반에게 널리 알림. 또는 그렇게 알리는 글.
 ② [법률] 공공 기관이 권리의 발생, 변경, 소멸 따위의 내용을 공개적으로 게시하여 일반에게 널리 알림. 또는 그렇게 알리는 글.
* 위임(委任)
 ① 어떤 일을 책임 지워 맡김. 또는 그 책임.
 ② [법률] 당사자 중 한쪽이 상대편에게 사무 처리를 맡기고 상대편은 이를 승낙함으로써 성립하는 계약.

15 특허법

★ [사회/문화]

| 제재 | 법학 | 출처 | 2023 4월 고3 | 난도 | 중 | 목표 시간 | 13분 |

| 선정 이유 | EBS 수능특강 '특허권 침해로 인한 손해액 추정'과 연계되는 지문으로, (가)에서는 특허권을 인정받기 위한 조건을, (나)에서는 특허권 침해의 종류를 구체적으로 설명하고 있다. |

1~6 | 다음 글을 읽고 물음에 답하시오.

(가)

특허 제도는 발명을 보호, 장려함으로써 국가 산업의 발전을 도모하기*위한 제도로, 일정 기간 해당 발명에 대한 독점적 권리를 가질 수 있도록 보장하는 특허권을 특허 출원인에게 부여한다. 특허 출원을 희망하는 자가 발명에 대해 특허권을 받기 위해서는 일정한 요건을 갖추어야 하는데, 이를 심사할 때 대상이 되는 문서가 특허 출원 명세서이다.

특허 출원 명세서에 기재된 내용 중 '특허 청구 범위'는 특허 출원인이 특허권으로 보호받고자 하는 사항, 즉 권리 범위를 명확히 하는 항목이다. 이 항목은 해당 발명을 설명하는 데에 필요한 방법, 기능, 구조 및 결합 관계 등이 서술된 하나 이상의 청구항으로 구성되어 있는데, 그 예시는 다음과 같다.

> 〔청구항 1〕 금속, 플라스틱으로 구성된 의자
> 〔청구항 2〕 제1항에 있어서, 상기 금속은 철인 의자
> 〔청구항 3〕 제2항에 있어서, 목재를 포함하여 구성된 의자

위 예시의 〔청구항 1〕은 발명의 범위를 단독으로 나타내는 독립항이고, 〔청구항 2〕와 〔청구항 3〕은 다른 항을 인용한 종속항이다. 〔청구항 2〕는 다른 항에 기재된 발명의 구성 일부를 한정한 경우이고, 〔청구항 3〕은 다른 항에 기재된 발명에 새로운 특징을 추가한 경우이다. 종속항은 독립항은 물론 또 다른 종속항을 인용할 수 있으며, 여러 가지 기술적 특징과 한정 사항 등의 구성 요소를 제시하기 때문에 독립항보다 좁은 보호 범위를 갖는다는 특징이 있다.

또한 특허 청구 범위는 특허 심사를 위한 발명을 널리 알려진 선행 발명과 비교하여 특허의 성립 요건인 신규성과 진보성을 판단하는 기준이 된다. 이 요건들을 특허 청구 범위에 기재된 발명의 내용과 선행 발명을 비교하여 심사할 때, 신규성은 선행 발명과의 동일성 여부를 판단하고, 진보성은 선행 발명으로부터 용이하게 발명할 수 있는지 여부를 판단하는 것이다.

신규성을 인정받기 위해서는 발명의 구성 요소가 선행 발명의 구성 요소에 포함되어 완전히 일치하는 물리적 동일성뿐만 아니라, 발명의 효과 면에서 선행 발명과 유사함을 의미하는 실질적 동일성도 부정되어야 한다. 이에 따라 특허 청구 범위에 기재된 발명의 구성 요소가 상위 개념이고 선행 발명의 구성 요소가 하위 개념인 경우에는 동일성이 있는 것으로 판단하여 원칙적으로 신규성이 부정된다.

발명이 신규성을 갖추었다면, 다음으로는 진보성을 갖추었는지 심사한다. 해당 분야에 종사하는 사람이 통상적으로 아는 지식 수준에서 선행 발명을 토대로 해당 발명을 쉽게 예측할 수 있거나 따라할 수 있다고 판단되면 진보성을 갖춘 것으로 인정하지 않는다. 따라서 선행 발명의 구성 요소를 단순히 치환하거나*선행 발명에 다른 요소를 단순히 결합시키는 경우에는, 신규성을 갖추더라도 진보성을 갖추지 못하기 때문에 발명에 대한 특허권을 획득할 수 없다.

(나)

특허권자는 특허권을 획득한 발명에 대해 독점적이고 배타적*인 권리를 인정받는다. 따라서 정당한 권한이 없는 자가 자신의 특허권을 침해했다고 판단할 경우, 특허 제도를 통해 그 권리를 보호받을 수 있다. 특허권은 일반적인 사물과 달리 형체가 없어서 모방과 도용이 쉬운 반면, 침해 사실을 발견하기 어렵기 때문에 특허 제도에서는 직접 침해뿐만 아니라 앞으로의 직접 침해가 예상되는 행위 역시 간접 침해로 규정하여 특허권 침해로 보고 있다.

직접 침해란 특허 발명의 권리 범위에 속하는 발명을 특허권자의 허가 없이 상업적으로 실시*하는 것이다. 기존 특허 발명을 침해했는지 판단을 받는 '확인 대상 발명'이 특허권을 침해하였는지 증명하기 위해서는 먼저 기존 특허 발명의 특허 청구 범위를 확인하고 해석하여 특허권자의 권리 범위를 확정해야 한다. 이렇게 특허권자의 권리 범위를 해석할 때 적용되는 원칙으로는 구성 요소 완비*의 원칙과 균등론의 원칙이 있다.

구성 요소 완비의 원칙은 확인 대상 발명이 기존 특허 발명의 특허 청구 범위에 기재된 구성 요소 전부를 실시하는 경우에만 특허권자의 권리 범위에 속한다는 원칙이다. 예를 들어, 기존 특허 발명의 특허 청구 범위에 기재된 구성 요소가 「X+Y」라면, 확인 대상 발명에서 「X」나 「Y」만을 실시하거나 「X+Y′」를 실시한 경우에는 침해로 인정하지 않지만, 「X+Y」를 실시하거나 「X+Y+Z」를 실시한 경우에는 침해로 인정한다. 그런데 이 원칙에는 확인 대상 발명이 기존 특허 발명의 본질적 기능은 유지한 채 부차적인 요소만 변형하거나 삭제할 경우에는 특허권 침해가 인정되지 않는다는 문제가 있다.

이러한 문제를 보완하기 위해 적용하는 것이 균등론의 원칙이다. 이 원칙에 따르면 확인 대상 발명이 「X+Y′」로 실시될 경우, 기존 특허 발명의 구성 요소와 완전히 일치하지는 않더라도 Y와 Y′의 원리나 효과가 동일하다면 Y와 Y′를 균등한 것으로 ⊙ 보기 때문에 확인 대상 발명이 기존 특허 발명을 침해하고 있음을 인정한다.

한편, 간접 침해는 직접 침해는 아니지만 그대로 방치할 경우 특허권의 침해가 예상되는 행위를 의미하는데, 이는 '물건의 발명'에 대한 경우와 '방법의 발명'에 대한 경우로 구분할 수 있다. 기존 특허 발명이 물건인 경우, 해당 물건 생산을 위해서만 필요한 다른 요소를 상업적 목적으로 실시한다면 이는 간접 침해에 해당한다. 이에 따르면, 특허권을 지닌 완성품이 아닌 해당 물건의 구성품 일체를 판매하는 행위는, 최종적으로 해당 물건의 조립을 가능하게 하여 특허 발명의 실시를 유도할 수 있기 때문에 간접 침해에 해당한다. 마찬가지 이유로 기존 특허 발명이 방법인 경우, 그 방법을 실시하는 데에만 사용하는 물건을 상업적으로 실시하는 행위는 간접 침해에 해당한다.

*실시: 물건을 생산하거나 판매하거나 사용하는 행위. 또는 방법을 사용하는 행위.

1 (가)와 (나)에 대한 설명으로 가장 적절한 것은?

① (가)는 특허 출원에 따른 혜택을, (나)는 특허권 침해에 따른 제재 조치를 설명하고 있다.

② (가)는 특허 출원인의 자격을, (나)는 특허권 침해 여부를 판단하는 심사자의 의무를 밝히고 있다.

③ (가)는 특허 출원된 발명을 심사하는 과정을, (나)는 특허권 침해를 예방하기 위한 방법을 제시하고 있다.

④ (가)는 특허 출원 과정에서 나타나는 문제점을, (나)는 특허 제도에서 특허권 침해와 관련된 원칙의 한계를 설명하고 있다.

⑤ (가)는 특허 출원 시 특허권을 인정받기 위한 요건을, (나)는 특허권 침해 여부를 판단할 때 적용하는 원칙을 설명하고 있다.

2 (가), (나)를 읽고, 특허 제도에 대해 이해한 내용으로 적절하지 않은 것은?

① 특허 제도에서 특허 출원 명세서는 특허권 심사의 대상이 된다.

② 특허 제도는 발명을 보호하고 장려함으로써 국가 산업의 발전을 도모하는 기능을 한다.

③ 특허 제도를 통해 특허권자는 자신의 특허 발명에 대한 독점적 권리를 일정 기간 보장받는다.

④ 특허 제도에서는 특허권이 모방과 도용이 용이하기 때문에 침해가 예상되는 행위도 특허권 침해로 보고 있다.

⑤ 특허 제도에서는 선행 발명과 구성 요소가 완전히 일치하고 발명의 효과가 다르다면 실질적 동일성이 있다고 간주한다.

※ 다음은 윗글을 이해하기 위한 학습지의 일부이다. 윗글과 다음을 바탕으로 3번과 4번의 물음에 답하시오.

'갑'은 아래의 특허 출원 명세서에 기재된 바와 같은 발명의 특허권자이다.

〈특허 출원 명세서〉

【발명의 명칭】목재로 만들어진 연필

【특허 청구 범위】 .... ⓐ

〔청구항 1〕
목재로 만들어진 몸체
상기 몸체의 내부 중앙에 형성된 흑심을 포함하는 연필

〔청구항 2〕
제1항에 있어서, 상기 몸체의 형상이 육각형인 연필

〔청구항 3〕
제2항에 있어서, 상기 몸체의 한쪽 끝에 부착된 지우개를 포함하는 연필

---

3 윗글을 바탕으로 학습지의 내용을 이해한 것으로 적절하지 않은 것은?

① ⓐ는 '갑'이 발명한 연필에 대한 권리 범위를 명확히 하는 기능을 한다.

② ⓐ는 특허 심사를 할 때 '갑'이 발명한 연필이 신규성과 진보성을 갖추었는지 판단하는 기준이 된다.

③ ⓐ에서 '갑'이 발명한 연필에 대한 보호 범위는 〔청구항 1〕보다 〔청구항 3〕이 더 넓다.

④ ⓐ에서 〔청구항 2〕는 〔청구항 1〕을 인용하면서 '갑'이 발명한 연필의 몸체의 특징을 한정하는 종속항이다.

⑤ ⓐ에서 〔청구항 3〕은 〔청구항 2〕를 인용하면서 '갑'이 발명한 연필을 설명하는 데 필요한 결합 관계를 서술하고 있다.

4 윗글을 읽은 학생이 학습지와 〈보기〉에 대해 보인 반응으로 적절하지 않은 것은? [3점]

〈보 기〉

'갑'이 목재로 만들어진 연필에 대해 특허권을 획득한 후 '을', '병', '정'이 다음과 같은 발명을 하였다.

○ '을'의 발명 : 목재로 만들어지며, 육각형 형상의 몸체의 내부 중앙에 흑심을 포함하는 연필

○ '병'의 발명 : 목재로 만들어지며, 다각형 형상의 몸체의 내부 중앙에 흑심을 포함하는 연필에 있어서, 몸체의 한쪽 끝에 지우개가 부착된 연필

○ '정'의 발명 : 목재로 만들어지며, 육각형 형상의 몸체의 내부 중앙에 흑심을 포함하는 연필에 있어서, 몸체의 한쪽 끝에 지우개가 부착되어 있고, 반대쪽에 뚜껑을 포함하는 연필

---

① '을'이 자신의 발명을 특허 출원하였을 때, '갑'의 발명과 비교하여 구성 요소의 동일성이 있으므로 신규성을 인정받지 못하겠군.

② '을'이 자신의 발명을 '갑'의 허가 없이 제품으로 생산하였을 때, 구성 요소 완비의 원칙에 따르면 '갑'의 권리 범위에 속하지 않으므로 침해라고 할 수 없겠군.

③ '병'이 자신의 발명을 특허 출원하였을 때, 일부 구성 요소가 '갑'의 발명의 해당 요소보다 상위 개념에 속하므로 신규성을 인정받을 수 있겠군.

④ '병'이 자신의 발명을 '갑'의 허가 없이 제품으로 생산하였을 때, 균등론의 원칙에 따르면 '갑'의 발명과 비교하여 원리나 효과가 동일할 경우에는 침해라고 할 수 있겠군.

⑤ '정'이 자신의 발명을 특허 출원하였을 때, 특허 심사 과정에서 신규성을 인정받더라도, '갑'의 발명에 다른 요소를 단순히 결합시킨 것으로 판단된다면 진보성을 인정받을 수 없겠군.

5 (나)를 바탕으로 〈보기〉를 이해한 것으로 적절하지 <u>않은</u> 것은?

─〈보 기〉─

〔사례 1〕 소매업자 A는 자전거의 완성품에 특허가 등록되어
있자 자전거 완성품으로만 조립할 수 있도록 해당 자
전거의 구성품 일체를 세트로 구성하여 판매하였다.

〔사례 2〕 일반인 B가 특정 농약을 사용하여 해충을 제거하는
방법에 대하여 특허권을 얻은 후, 농약 회사 C가 해충
제거 용도로만 사용되는 이 농약을 판매할 상품으로
생산하였다.

① 〔사례 1〕에서 A가 자전거의 완성품을 판매한 것은 아니므로
직접 침해에 해당하지 않는다.

② 〔사례 1〕에서 A의 행위는 최종적으로 특허 발명의 실시를 유
도할 수 있기 때문에 간접 침해에 해당할 수 있다.

③ 〔사례 2〕에서 C가 해당 농약을 생산은 하고 판매는 하지 못
했다면 간접 침해에 해당하지 않는다.

④ 〔사례 2〕에서 C의 행위는 그대로 방치할 경우 특허권 침해가
예상되는 행위이므로 간접 침해에 해당한다.

⑤ 〔사례 2〕에서 C의 행위는 해당 농약으로 B가 획득한 발명을
실시한 것이 아니므로 직접 침해에 해당하지 않는다.

6 문맥상 의미가 ㉠과 가장 가까운 것은?

① 그의 행동은 실수로 <u>보고</u> 감싸 주어야 한다.

② 그녀가 처한 사정을 <u>보니</u> 딱한 생각이 든다.

③ 기회를 <u>보고</u> 천천히 부모님께 말씀드려야겠다.

④ 그 마을의 풍경은 사진으로 <u>보니</u> 실제만 못하다.

⑤ 아무리 급해도 손해를 <u>보고</u> 물건을 팔기는 어렵다.

★ **어휘력 강화**

* 도모(圖謀)하다 어떤 일을 이루기 위하여 대책과 방법을 세우다.
* 치환(置換)하다 바꾸어 놓다.
* 배타적(排他的) 남을 배척하는 것.
* 완비(完備) 빠짐없이 완전히 갖춤.

16 금전소비대차 계약

★ [사회/문화]

제재	법학	출처	2017 7월 고3	난도	중	목표 시간	12분

선정 이유	EBS 수능특강 '채무의 변제'와 연계되는 지문으로, 개인과 금융 기관의 금융 거래 시 영향을 미치는 금리와 개인 간 금융 거래 시 중요한 금전소비대차 계약의 유의점, 채무자 보호 제도 등을 설명하고 있다.

1~6 | 다음 글을 읽고 물음에 답하시오.

우리는 현금이나 예금 및 유가 증권을 일컫는 금융 자산을 관리하기 위해 금융 거래를 한다. 금융 거래는 개인과 금융 기관의 거래뿐만 아니라 개인과 개인 간에도 빈번히 일어나는데, 개인과 금융 기관 간에는 금리를 잘 따져 봐야 하고, 개인과 개인 간에는 금전소비대차 계약에 대해 알아야 한다.

［가］
금리란 원금에 대한 이자의 비율을 말하는 것으로 자금의 수요와 공급에 의해 결정되며, 자산의 증감에 영향을 미치는 중요한 요소이다. 예금자의 입장에서는 같은 금액을 예금하더라도 금리의 방식, 즉 단리인지 복리인지에 따라 수익률이 다르다. 단리는 원금에 대해서만 이자가 붙지만, 복리는 원금과 이자를 모두 합친 금액에 이자가 붙는다. 예를 들어 원금 1,000만 원을 연 5% 금리로 2년간 예금하면 단리 이자는 매년 50만 원이다. 하지만 복리의 경우 첫해의 이자는 50만 원이나, 다음 해는 첫해의 이자가 포함된 1,050만 원에 5%의 금리를 적용하여 이자는 52만 5천 원이 되는 것이다. 즉 금리가 같다면, 원금이 커질수록 또 ⓐ 기간이 길어질수록 단리와 복리에 따른 금액의 차이는 커진다.

또한 금리로 인한 실제 수익률을 판단할 때에는 물가 변동률이 중요한 요소가 될 수 있다. 물가 변동률을 고려하지 않은 금리를 명목 금리라 하고, 물가 변동을 고려하여 명목 금리에 물가 변동률을 뺀 금리를 실질 금리라 한다. 예를 들어, 철수가 100만 원을 연 10% 금리로 예금한다면 1년 뒤 원금에 이자를 포함한 원리금 합계는 110만 원이 된다. 그런데 물가 상승률이 10%이면 원리금 합계의 가치와 1년 전의 원금의 가치가 동일해지기 때문에 철수의 명목 금리는 10%이지만 실질 금리는 0%인 것이다.

금리는 예금자뿐 아니라 금융 기관으로부터 돈을 빌리는 사람에게도 중요하다. 돈을 빌리면 대출 이자를 내게 되는데 일반적으로 금리가 오르면 대출 이자도 오른다. 따라서 금리에 따른 이자 부담을 줄이기 위해서는 고정 금리와 변동 금리를 따져 봐야 한다. 고정 금리는 대출 기간에 금리가 변하지 않지만, 변동 금리는 적절한 금리 조정을 통해 금리가 계속 변한다. 금리의 조정은 다양한 요인들에 의해 이루어지는데, 일부 금융 기관은 자체적으로 산출한 자금 조달 비용에 따라 변동 금리를 결정하기도 한다. 하지만 대부분의 금융 기관들은 한국은행에서 발표하는 기준 금리를 반영하여 금리를 책정한다.* 기준 금리는 한국은행의 금융통화위원회가 시중의 통화량을 ⓑ 조절하기 위해 매달 인위적으로 결정하는데, 경기 과열로 물가 상승의 우려가 있으면 기준 금리를 올려 경기를 안정시킨다. 또한 경기가 위축될 우려가 있으면 기준 금리를 낮추어 경기 활성화를 꾀한다. 기준 금리가 변하게 되면 금융 기관의 금리에 영향을 미쳐 변동 금리로 돈을 빌린 사람의 이자 부담은 커지거나 작아진다.

금융 거래는 개인과 금융 기관 간의 거래뿐 아니라 개인 간에도 이루어진다. 이때 발생할 수 있는 갈등을 예방하기 위해 민법은 금전, 즉 돈을 빌려주는 것을 내용으로 하는 계약을 금전소비대차로 규정하고 관련 내용을 ⓒ 명시하고 있다. 금전소비대차 계약은 돈을 빌려주는 채권자와 돈을 빌리는 채무자의 합의를 우선시하는데, 이때의 계약은 몇 가지 ⓓ 유의할 점이 있다.

첫째, 채권자와 채무자는 이자에 관한 사항을 서로 합의해야 한다. 이자 지급에 대한 합의가 이루어지지 않았을 때는 무이자가 원칙이다. 그런데 만일 이자 지급에는 합의를 하였으나 이자율을 정하지 않았으면 연 5%의 법정 이자율이 적용된다. 둘째, 채무자가 돈을 갚지 못할 때를 대비해서 채권자가 요구하는 인적 담보와 물적 담보에 관한 사항을 명시해야 한다. 채권자는 인적 담보와 물적 담보 모두를 요구할 수 있는데 채무자 대신 돈을 갚아 줄 보증인을 제공하는 것을 인적 담보라 하고, 빚 대신 처분할 수 있는 물건을 제공하는 것을 물적 담보라 한다. 물적 담보는 채권자가 처분할 수 있어야 하므로 채무자의 소유이거나, 채무자의 소유가 아닌 다른 사람의 소유라면 소유자로부터 처분에 대한 약속을 받아야 한다. 셋째, 돈을 갚을 날짜를 합의해야 한다. 돈을 갚기로 한 날 채무자는 채권자의 은행 계좌로 입금하면 되지만, 직접 만나 갚기로 할 경우 채권자가 고의로 나타나지 않거나, 받기를 거부하여 갚지 못한다면 사전에 합의가 없더라도 공탁 제도를 활용할 수 있다. 공탁은 채무자가 돈이나 유가 증권 등을 법원의 공탁소에 맡기는 것을 말한다. 공탁을 할 경우 그날 돈을 갚는 것과 같은 효과를 가져 ⓔ 상환 시기에 따른 분쟁을 피할 수 있다.

금전소비대차는 채무자가 빌린 돈을 갚으면 계약이 만료된다. 만약 채무자가 돈을 갚지 않으면 채권자는 계약 해제나 강제 집행을 통해 채무 내용에 대해 강제할 수 있다. 이때 자산보다 빚이 많아 빚을 갚을 능력이 없는 채무자를 돕기 위해 법원은 채무자 회생 및 파산에 관한 법률에 따라 ㉠ 개인 회생 제도와 ㉡ 개인 파산 제도를 시행하고 있는데, 두 제도 모두 빚을 갚을 능력이 없다는 것을 법원으로부터 확인받아야 한다. 개인 회생 제도의 경우는 채무자가 지속적인 수입이 있을 때 신청할 수 있고, 개인 회생 제도를 신청할 당시의 수입에서 최저 생계비*를 제외하고 법원이 정해 준 금액을 5년간 갚으면 나머지 빚은 면제된다. 그런데 채무자가 지속적 수입이 없을 경우에는 개인 파산 제도를 신청할 수 있다. 이때 채무자가 법원에 파산 신청을 먼저 하면 법원은 채무자에게 파산 선고를 하고, 채무자가 면책* 선고까지 받으면 모든 채무는 없어진다. 이러한 제도로, 과도한 빚으로 인한 부담을 덜 수는 있겠지만 선고를 받기 전까지 채무자와 그 주변인이 감당해야 할 부담은 엄청나며, 선고를 받은 후에도 금융 기관과의 신용 거래에 불이익을 당하는 등 정상적으로 경제생활을 하기에 큰 어려움이 생길 수 있다.

1 윗글에 대한 설명으로 적절한 것은?

① 금전소비대차 계약의 문제점을 지적하고 채권자의 경제적 손해를 예방하는 방법을 소개하고 있다.

② 금리의 개념과 방식을 언급하고 금전소비대차 계약과 채무자를 위한 법률 제도에 대해 설명하고 있다.

③ 금리를 결정하는 방식의 문제점을 제시하고 금리를 대체할 수 있는 경제학적 개념의 효용성을 살펴보고 있다.

④ 금리 변화의 원인에 대해 분석하고 금융 기관과의 금융 거래 시 발생할 수 있는 문제를 법적 측면에서 살피고 있다.

⑤ 금리 결정에 내재된 경제학적 원리를 소개하고 법률에 근거하여 금융 기관 간의 금융 거래 방법을 제시하고 있다.

2 윗글을 이해한 내용으로 가장 적절한 것은?

① 대출 기간에 기준 금리가 변하면 고정 금리의 금리도 변한다.

② 물가 상승률이 명목 금리보다 낮으면 예금으로 자산을 증대할 수 없다.

③ 금융통화위원회에서 금리 인상을 결정하면 통화량이 조절되어 경기가 활성화된다.

④ 공탁을 하면 금전소비대차 계약은 만료되지만 상환 시기에 대한 분쟁은 피할 수 없다.

⑤ 금융 기관에서 산출한 금리가 지속적으로 상승한다면 변동 금리로 대출을 받은 사람의 이자 부담은 커진다.

3 [가]를 바탕으로 〈보기〉의 상황을 이해한 내용으로 적절하지 않은 것은?

〈보 기〉

A는 여윳돈 1,000만 원을 2017년부터 예금하기로 하고 금융 상품 중 연 8% 단리 상품과 연 5% 복리 상품을 놓고 고민하고 있다. 물가 상승률은 매년 연 3%로 예측된다.

＊단, 이자 소득에 대한 세금은 고려하지 않는다.

① A가 단리 상품에 예금하면 매년 80만 원의 이자를 받게 되겠군.

② 예금 후 1년이 되는 날의 원리금 합계는 복리 상품보다 단리 상품이 더 많겠군.

③ A가 단리 상품에 예금하면 1년이 되는 날의 실질 금리는 5%라고 할 수 있겠군.

④ 예금 후 2년이 되는 날, 그 해에 발생한 복리 상품의 이자는 1,050만 원의 5%에 해당하는 금액이겠군.

⑤ 물가 상승률을 고려한다면 예금 후 1년이 되는 날에 적용되는 단리 상품과 복리 상품의 실질 금리가 같겠군.

4 윗글을 바탕으로 〈보기〉의 사례를 검토한 내용으로 가장 적절한 것은? [3점]

〈보 기〉

A는 주택을 구입하고자 B에게 돈을 빌리고 개인 간의 금융 거래에 관한 금전소비대차 계약서를 작성했다. 이에 채무자 A와 채권자 B는 돈을 갚지 못했을 경우를 대비하여 인적·물적 담보에 관한 사항을 합의하고, 원금은 지정 날짜에 만나서 상환하기로 했다. 이자는 매달 지급하기로 했으나 이자율은 정하지 않았다.

① A와 B가 인적 담보에 합의했더라도 B는 보증인을 요구할 수 없다.

② A가 지정 날짜까지 상환하지 않으면 B는 채무 내용에 대한 강제 집행을 할 수 있다.

③ A의 소유가 아니면 B는 처분에 대한 약속을 받은 물건이라도 물적 담보로 설정할 수 없다.

④ A와 B가 이자율을 정하지 않았으므로 무이자 원칙에 따라 A는 이자를 지급하지 않아도 된다.

⑤ 원금 상환 날짜에 B가 나타나지 않아도 A와 B 사이에 사전 합의가 없으면 A는 공탁 제도를 활용할 수 없다.

5 ㉠과 ㉡에 대한 설명으로 적절한 것은?

① ㉠은 ㉡과 달리 채무자가 일정 금액을 5년간 갚아야 빚이 면제된다.

② ㉠은 ㉡과 달리 채무자가 자산보다 빚이 많은 경우에 신청할 수 있다.

③ ㉠은 ㉡과 달리 채무자가 빚을 갚을 능력이 없다는 것을 법원으로부터 확인받아야 한다.

④ ㉡은 ㉠과 달리 채무자의 수입에서 최저 생계비를 보장해 준다.

⑤ ㉡은 ㉠과 달리 채무자가 지속적인 수입이 있어야 신청할 수 있다.

6 ⓐ∼ⓔ를 사용하여 만든 문장으로 적절하지 <u>않은</u> 것은?

① ⓐ : 조선은 유교가 기간이 되는 도덕을 정치 이념으로 삼았다.

② ⓑ : 체중 관리를 위해 식사량 조절이 필요하다.

③ ⓒ : 회의를 개최하는 이유를 신청서에 명시해야 한다.

④ ⓓ : 장마 때에는 농작물 관리에 유의해야 한다.

⑤ ⓔ : 그 나라는 외채를 상환할 능력이 없다.

★ **어휘력 강화**

* 책정(策定)하다 계획이나 방책을 세워 결정하다.
* 최저 생계비(最低生計費) [경제] 임금 산출의 기초로서 이론적으로 계산해 낸 생활에 필요한 최소 비용.
* 면책(免責)
　① 책임이나 책망을 면함.
　② [법률] 파산법에서, 파산자에 대하여 파산 재판에서 변제하지 못한 잔여 채무의 책임을 면제하는 일.

| 17 | '카르네아데스의 널'을 통해 본 범죄 성립 요건 ★ [사회/문화] |

| 제재 | 법학 | 출처 | 2017 LEET | 난도 | 중상 | 목표 시간 | 9분 |

| 선정 이유 | EBS 수능특강 '예금 계좌 대여와 형법상의 방조범', EBS 수능완성 '형법상 과실'과 연계되는 지문으로, 범죄 성립의 조건을 특정 사례를 중심으로 수능특강의 지문보다 자세하게 설명하고 있다. |

1~3 | 다음 글을 읽고 물음에 답하시오.

넓은 바다에서 여러 사람을 태운 배가 난파하였다. 바다에 빠진 선원 A는 바다 위에 떠 있는 널판을 발견하였다. 널판은 한 사람을 겨우 지탱할 만큼밖에 되지 않았다. 선원 A가 널판으로 헤엄쳐 갈 때, 마침 미처 붙잡을 만한 것을 찾지 못한 선원 B도 널판 쪽으로 헤엄쳐 왔다. 선원 A와 선원 B는 동시에 그 널판을 붙잡게 되었다. 두 사람이 계속 붙잡고 있다가는 널판이 가라앉을 것이기 때문에 선원 A는 둘 다 빠져 죽을까 걱정하여 선원 B를 널판에서 밀어내었다. 선원 B는 결국 물에 빠져 죽었고 선원 A는 구조되었다. 이는 고대 그리스의 철학자 카르네아데스가 만든 가상의 사건 '카르네아데스의 널'을 바탕으로 재구성한 사례이다. 이 사례는 윤리적으로 허용될 수 있는지도 논란거리가 되지만, 형법상 처벌되어야 하는지도 따져 볼 만하다.

범죄는 '(1) 구성요건에 해당하고, (2) 위법하며, (3) 유책한* 행위'라고 정의된다. 이 세 가지 요소 가운데 하나라도 빠지면 범죄는 성립하지 않는다. 이 중 구성요건이란 형벌을 부과할 대상이 되는 위법한 행위를 형법에 유형화하여 기술해 놓은 것을 말한다. 예를 들면, 형법 제250조 제1항은 "사람을 살해한 자는 사형, 무기 또는 5년 이상의 징역에 처한다."라고 규정하는데, 여기서 사람을 살해한다는 것이 구성요건이다. 따라서 구체적인 사실이 구성요건에 해당할 때에는 일반적으로 위법하다.

구성요건에 해당하더라도 위법하다고 볼 수 없을 때가 있다. 잘 알려진 것으로는 정당방위, 긴급피난에 해당하는 경우가 있다. 정당방위는 자기 또는 타인의 법익을 현재의 위법한 침해로부터 방위하기*위하여 상당한 이유가 있는 행위를 하는 것을 말한다. 여기에는 법이 불법에 양보할 필요가 없다는 전제가 깔려 있다. 긴급피난은 자기 또는 타인의 법익에 대한 현재의 위난을 피하기 위하여 상당한 이유가 있는 행위를 하는 것을 말한다. 생명과 같이 대체할 수 없는 큰 법익을 지키기 위해 어쩔 수 없이 재산과 같은 법익을 희생시킨 일을 가지고 사회적인 해악을 일으킨 위법한 행위라 하지 않는 것이다. 긴급피난은 꼭 위법한 침해 행위로 일어난 위난*에 대하여만 인정하는 것이 아니라는 점에서 정당방위와 다르다.

앞의 사례에서 선원 A와 선원 B가 동시에 널판을 잡은 행위는 저마다의 생명을 생각할 때 불가피한 일이었다. 이 상황은 선원 A의 입장에서 급박한 위난이었고, 선원 A의 이어진 행위는 위난을 피하는 데 절실한 것이었다. 이러한 선원 A의 행위에 대해 ㉠ 정당방위가 인정된다고 생각하는 이나, ㉡ 긴급피난이 성립하여 위법성이 없다고 파악하는 이가 있을지 모른다. 그러나 그 어느 쪽도 해당하지 않는다고 해야 한다.

우선 정당방위의 요건을 생각할 때 위난에 빠진 선원 B의 행위에 대한 선원 A의 행위를 정당방위로 볼 수는 없으며, 또한 긴급피난이 성립하려면 보호한 법익이 침해한 법익보다 훨씬 커야 하는데 이 사례는 여기에 해당하지 않는다. 그렇다고 해서 곧바로 선원 A에게 범죄가 성립한다고 단정할 수는 없다. 범죄가 성립하기 위해서는 '책임'이라고 하는 점도 고려해야 하기 때문이다. 범죄는 유책한 행위, 곧 행위자에게 책임을 물을 수 있는 행위여야 성립할 수 있는 것이다. 따라서 유책하지 않은 행위를 들어 형벌을 부과할 수 없다.

위법성은 개인의 행위를 법질서와의 관계에서 판단하는 것이어서, 행위자 개인의 특수성은 위법성 판단의 기준이 되지 않는다. 형법에서 위법한 행위를 한 행위자 개인을 비난할 수 있는가 하는 것이 바로 책임의 문제이다. 형법상 책임은 행위자에 대한 법적 비난 가능성의 문제인 것이다. 이는 구체적인 상황에서 행위자가 위법한 행위 말고 다른 행위를 할 수 있었겠는가 하는 기대 가능성으로 볼 수 있다. 적법한 행위를 할 수 있었는데도 위법한 행위를 한 데에 대하여는 윤리적인 비판뿐만 아니라 법적인 비난이 가해져야 하기 때문이다. '카르네아데스의 널'을 재구성한 사례에서 선원 A가 자신의 목숨을 희생하는 쪽을 선택하였다면 숭고한* 선행임에 틀림없지만, 그렇게 하지 않은 데 대하여 윤리적인 비판은 몰라도 법적인 비난을 하기는 어렵다고 보는 것이 일반적이다.

1 사례에 관한 윗글의 이해로 적절한 것은?

① 선원 A나 선원 B의 행위는 모두 위난을 벗어나고자 한 것이라 할 수 있다.

② 선원 B가 만약 선원 A를 밀어 빠져 죽게 하였다면 그 행위는 범죄가 된다.

③ 선원 A와 선원 B의 행위는 형법상 살인죄의 구성요건에 해당하지 않는다.

④ 선원 B에 대한 선원 A의 행위는 윤리적으로 타당하기 때문에 형법상 비난받지 않는 것이다.

⑤ 선원 A가 선원 B를 살리는 선택을 하였더라도 그것을 윤리적으로 드높은 덕행이라 할 수 없다.

2 ㉠, ㉡에 대해 추론한 내용으로 적절하지 않은 것은?

① ㉠은 선원 B의 행위가 위법한 침해라고 주장할 것이다.

② ㉠은 선원 A의 행위가 현재 자기에게 닥친 침해를 해결하려 한 것이라고 주장할 것이다.

③ ㉡은 선원 B의 행위가 위법한 침해라고 주장하지 않아도 된다.

④ ㉡은 선원 A의 행위에 대한 범죄 성립 여부는 그의 책임에 대한 문제까지 따져야 결정될 것이라고 볼 것이다.

⑤ ㉠과 ㉡은 모두 선원 A의 행위가 현재 직면한 위난을 해결하는 데 상당한 이유가 있는 것이었다고 볼 것이다.

3 윗글에 따를 때, 선원 A의 '책임'에 대한 설명으로 가장 적절한 것은? 〔3점〕

① 구성요건에 해당하지 않는 행위는 책임을 따질 필요가 없기 때문에, 선원 A의 책임은 인정되지 않는다.

② 형법상 책임이 있다는 것은 적법한 다른 행위를 할 수 있는 상황임을 전제하기 때문에, 선원 A는 책임이 있다.

③ 선원 A의 책임 유무를 따지는 것은, 자신의 생명에 대한 위난을 피하기 위해 남의 생명을 침해한 행위가 위법하다고 인정되기 때문이다.

④ 유책하지 않은 행위에 대하여는 정당방위가 성립할 수 없기 때문에, 선원 A의 행위에 대하여는 정당방위를 따지지 않고 책임의 문제를 검토하는 것이다.

⑤ 선원 A의 행위가 위법한지는 따져 보지 않아도 되는 것은, 위법성은 행위에 대한 법규범적 판단인 데 반하여 책임은 행위자에 대한 윤리적인 비난 가능성을 검토하는 것이기 때문이다.

★ 어휘력 강화

* 유책(有責)하다 하여야 할 임무가 있다.
* 방위(防衛)하다 적의 공격이나 침략을 막아서 지키다.
* 위난(危難) 위급하고 곤란한 경우.
* 숭고(崇高)하다 뜻이 높고 고상하다.

| 제재 | 경제학, 법학 | 출처 | 2023 6월 고2 | 난도 | 중 | 목표 시간 | 11분 |

| 선정 이유 | EBS 수능특강 '독점적 경쟁 시장 모형'과 연계되는 지문으로, 완전경쟁시장과 독점시장의 개념과 특징에 대해 수능특강의 지문보다 상세하게 설명하고 있다. 또 독점시장에서 발생할 수 있는 폐해와 관련하여 공정거래법이 규제하는 대상과 그 의의도 밝히고 있다. |

1~6 | 다음 글을 읽고 물음에 답하시오.

(가)

　㉠'완전경쟁시장'은 많은 수의 수요자와 공급자 사이에 동질적인 상품이 거래되는 시장으로, 다른 기업의 시장 진입을 막는 진입장벽이 없어 누구나 들어와 경쟁할 수 있는 시장구조를 말한다. 이에 반해 ㉡'독점시장'은 비슷한 대체재가 없는 재화를 한 기업이 독점적으로 공급하는 극단적인 시장으로, 자원의 희소성이나 기술적 우월성 등으로 인해 진입장벽이 존재하는 시장구조를 말한다.

　완전경쟁시장에서는 경쟁자가 다수이기 때문에 개별 공급자와 수요자가 가격에 영향을 미치기 어렵다. 이때 기업은 '가격 수용자'로서 시장에서 결정된 가격을 그대로 받아들일 수밖에 없고, 시장가격으로 원하는 물량을 얼마든지 판매할 수 있다. 또한 제품을 한 단위 더 판매함으로써 추가로 얻게 되는 한계수입은 일정하며, 가격과 거래량도 수요와 공급이 일치하는 지점에서 결정된다. 반면에 독점시장에서 기업은 '가격결정자'로서 시장가격을 조정할 힘을 가지며, 이를 통해 이윤을 극대화할 수 있다. 따라서 독점기업은 더 높은 가격을 받으면서 더 적은 제품을 생산할 수 있는 시장지배력을 가진다. 그렇다면, 독점기업은 이윤 극대화를 위한 가격과 생산량을 어떻게 결정할까?

　[A]　시장의 유일한 공급자인 독점기업이 생산량을 줄이면 시장가격이 상승하고, 반대의 경우 시장가격이 하락한다. 가령 독점기업이 생산한 제품 한 단위를 100만 원에 판매할 경우, 생산량을 한 단위 더 늘려 두 단위를 판매한다면 가격을 이전보다 낮춰야 다 팔 수 있다. 이때의 가격을 90만 원이라 한다면 총수입은 180만 원이 되고, 제품을 한 단위 더 판매했을 때 추가로 얻는 한계수입은 80만 원이 된다. 즉, 독점기업이 생산량을 늘리면 종전* 판매 가격도 함께 낮춰야 하기 때문에, 독점기업의 한계수입은 가격보다 항상 낮다. 이때 독점기업은 이윤 극대화를 위해 한계수입과 더불어 한계비용을 고려한다. 한계비용은 제품을 한 단위 더 생산할 때 추가로 드는 비용을 말한다. 만일 한계수입이 한계비용보다 높으면 생산량을 증가시키고, 반대의 경우 생산량을 감소시킴으로써 한계수입과 한계비용이 일치하는 지점에서 최적 생산량을 결정한다. 이후 독점기업은 이윤 극대화를 위해 수요자들의 최대 지불 용의*를 고려하여 최적 생산량을 판매할 수 있는 최고가격을 찾아낸다. 즉, 해당 생산량에서 수요자가 최대로 지불할 수 있는 금액이 최종 시장가격으로 결정되는 것이다. 이처럼 독점시장에서 기업은 시장가격의 상승을 유발하여 수요자에게 부정적 영향을 끼치고, 시장의 비효율성을 유발할 수 있다.

(나)

　공정거래법이라고도 불리는 '독점규제 및 공정거래에 관한 법률'에서는 사업자의 독과점 자체를 금지하지는 않으나, 시장 지배적 지위 남용과 부당한 공동행위 등 경쟁 제한 행위로 인하여 일정한 폐해가 초래되는 경우에는 이를 규제하는 '폐해규제주의'를 ⓐ취하고 있다.

　시장 지배적 지위 남용은 거래 상대방으로부터 독점적 이익을 과도하게 얻어내는 '착취 남용'과 현실적·잠재적 경쟁사업자의 사업 활동을 방해하거나 배제하는 '방해 남용'으로 ⓑ나눌 수 있다. 먼저, 착취 남용은 정당한 이유 없이 상품 가격이나 용역 대가를 변경하거나, 출고량 조절로 시장가격의 상승이나 하락에 중대한 영향을 끼친 경우를 ⓒ말한다. 다음으로 방해 남용은 시장 지배적 사업자와 경쟁 관계에 있는 다른 사업자의 사업 활동을 부당하게 방해하거나, 신규 경쟁사업자의 시장 진입을 배제하여 경쟁 제한의 폐해를 초래하는 것이다. 대표적으로는 '약탈적 가격 설정'과 '배타조건부 거래'가 있다. 약탈적 가격 설정은 상품 또는 용역을 통상적인 가격에 비하여 부당하게 낮은 대가로 공급하거나 높은 대가로 구매하여 경쟁사업자를 배제하는 것이다. 그리고 배타조건부 거래는 다른 경쟁사업자와 거래하지 않는 조건으로 거래 상대방과 거래하는 행위를 말한다. 이 경우 시장 지배적 사업자의 일방적, 강제적 요구뿐만 아니라 거래 상대방과 합의하여 결정한 경우도 모두 포함된다.

　공정거래법에서는 사업자의 부당한 공동행위 또한 제한하고 있다. 흔히 '카르텔'이라고 ⓓ불리는 부당한 공동행위는 동일 업종의 복수 사업자가 경쟁의 제한을 목적으로 가격, 생산량, 거래조건, 입찰 내용 등을 합의하여 형성하는 독과점 형태를 말한다. 이때 합의는 명시적 합의뿐만 아니라 묵시적* 합의 모두를 포함한다. 이러한 담합*은 사업자 간에 은밀하게 ⓔ이루어지는 경향이 많아 위법성을 입증하기가 어렵다. 따라서 입증 부담을 경감하고 규제의 실효성을 높이기 위해 둘 이상의 사업자 간에 경쟁 제한적인 합의만 있다면, 비록 그것이 실행되지 않았다 하더라도 부당한 공동행위가 성립한 것으로 본다.

　공정거래법을 위반하면 공정거래위원회는 해당 사업자에게 시정 조치를 명하거나, 금전적 제재 수단으로 과징금을 부과할 수 있다. 이를 통해 과도한 경제력의 집중을 방지하고, 국민 경제의 균형 있는 발전을 도모하고 있다.

*담합 : 서로 의논해서 합의함.

1 (가)와 (나)에 대한 설명으로 가장 적절한 것은?

① (가)는 시장구조를 바라보는 다양한 관점을 제시하고 있고, (나)는 공정거래법에 대한 상반된 관점을 제시하고 있다.

② (가)는 시장에서 독점이 필요한 이유를 밝히고 있고, (나)는 부당한 독점 행위를 해결하기 위한 사례를 서술하고 있다.

③ (가)는 균등한 소득 분배를 위한 경제학적 대책을 제안하고 있고, (나)는 경쟁을 제한하기 위한 대책을 제시하고 있다.

④ (가)는 독점기업의 이윤 추구 방법을 설명하고 있고, (나)는 공정한 거래를 저해하는 행위들을 유형별로 제시하고 있다.

⑤ (가)는 독점이 시장에 끼치는 부정적 영향을 언급하고 있고, (나)는 독점 행위를 규제하는 제도의 문제점을 서술하고 있다.

2 ㉠, ㉡에 대한 이해로 적절하지 <u>않은</u> 것은?

① ㉠에서 개별 기업은 가격수용자로서 시장에서 결정된 가격에 따라 제품을 판매한다.

② ㉡에서 기업이 제품의 생산량을 늘려 나가는 과정에서 얻게 되는 한계수입은 가격보다 낮아진다.

③ ㉡에서 독점기업은 시장의 유일한 공급자로서 독점기업이 판매량을 늘리려면 가격을 낮춰야 한다.

④ ㉠에는 진입장벽이 존재하지 않으므로, ㉡에 비해 개별 기업들의 시장 진입이 자유롭다.

⑤ ㉠에는 많은 수의 공급자와 수요자가 존재하므로, ㉡보다 기업이 시장을 지배하는 힘이 크다.

3 [A]를 바탕으로 〈보기〉를 이해한 내용으로 적절하지 <u>않은</u> 것은? [3점]

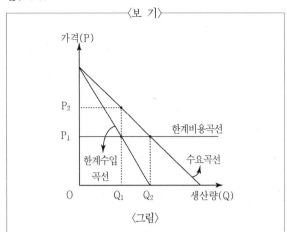

〈보 기〉

〈그림〉

〈그림〉은 가상의 독점 기업 '갑'이 생산하는 제품의 가격과 생산량을 그래프로 나타낸 것이다. 한계수입곡선과 한계비용곡선은 수량 한 단위의 변화에 따른 총수입과 총비용의 변화를 보여 주고, 수요곡선은 제품에 대한 수요자의 최대 지불 용의를 나타낸다.

① '갑'은 이윤을 최대로 높이기 위한 최적 생산량 수준을, 한계수입곡선과 한계비용곡선이 교차하는 Q_1 지점으로 결정할 것이다.

② '갑'이 생산량을 Q_1에서 Q_2로 늘리면서 제품의 가격을 P_2에서 P_1으로 낮춰 공급하더라도, 독점으로 얻고 있던 이윤은 유지될 것이다.

③ '갑'의 생산량이 Q_1보다 적으면 한계수입이 한계비용보다 높으므로, 이윤을 높이려면 생산량을 Q_1 수준까지 증가시켜야 할 것이다.

④ '갑'의 생산량이 Q_1이고 공급할 제품의 가격이 P_2라면, 해당 기업이 제품을 판매할 때 얻게 되는 단위당 이윤은 $P_2 - P_1$이 될 것이다.

⑤ '갑'은 이윤 극대화를 위해 수요자의 최대 지불 용의 수준을 고려하여 공급할 제품의 최종 시장가격을 P_1이 아닌 P_2로 결정할 것이다.

4 (가)와 (나)를 참고할 때, Ⓐ~Ⓒ에 들어갈 말을 바르게 짝 지은 것은?

〈보 기〉

독점기업이 제품의 가격을 한계비용보다 (Ⓐ) 설정하면, 한계비용보다 지불 용의가 낮은 수요자들의 (Ⓑ)가 일어나 결과적으로 상호 이득이 될 수 있었던 거래의 기회가 줄어들게 된다. 이에 공정거래법에서는 시장 진입 제한을 막고, 기업 간 경쟁을 (Ⓒ)하여 독점으로 인한 경제적 손실을 해소하고자 한다.

	Ⓐ	Ⓑ	Ⓒ
①	높게	소비 감소	촉진
②	높게	소비 감소	억제
③	높게	소비 증가	억제
④	낮게	소비 감소	억제
⑤	낮게	소비 증가	촉진

5 (나)를 바탕으로 〈보기〉를 이해한 내용으로 적절하지 않은 것은?

〈보 기〉

[사례 1] 반도체 판매 1위인 A사는 국내 PC 제조업체들에게 경쟁업체 B사의 반도체를 구매하지 않겠다는 약속의 대가로, 상호 합의를 거쳐 반도체 대금으로 받은 금액 일부를 되돌려주었다. 이에 대해 공정거래위원회는 A사에 과징금을 부과하였다.

[사례 2] 국내 건설업체 C사는 신축 공사 입찰에서 평소 친분이 있는 건설업체 D사가 낙찰받을 수 있도록 입찰 가격을 묵시적으로 합의하고, D사의 입찰 예정 금액보다 높은 금액을 입찰 가격으로 제시하였다. 그 결과 D사가 최종 사업체로 선정되었지만, 공정거래위원회는 시정 조치를 명하였다.

① [사례 1]에서 공정거래위원회는 A사가 시장 지배적 지위 남용을 통해 경쟁사업자인 B사의 사업 활동을 부당하게 배제하였다고 보았겠군.

② [사례 1]에서 공정거래위원회는 A사와 국내 PC 제조업체들의 상호 합의에 의해 방해 남용인 배타조건부 거래가 발생했다고 판단했겠군.

③ [사례 2]에서 C사와 D사의 합의가 명시적인 형태가 아니라 묵시적인 형태로 이루어졌다고 할지라도, 경쟁 제한 행위의 위법성은 인정될 수 있겠군.

④ [사례 2]에서 C사가 만약 D사와의 입찰 담합을 약속하고도 실제 입찰 과정에서 이를 실행하지 않았다면, 부당한 공동행위는 없었던 것이 되겠군.

⑤ 사업자의 독과점 추구 자체는 금지되어 있지 않지만, [사례 1]과 [사례 2]에서 확인되는 A사와 C사의 행위는 경쟁 제한의 폐해를 초래했기 때문에 규제 대상이 되었겠군.

6 문맥상 ⓐ~ⓔ의 단어와 가장 가까운 의미로 쓰인 것은?

① ⓐ : 그 문제에 대해 강경한 태도를 취했다.

② ⓑ : 나는 그녀와 슬픔을 나누는 친근한 사이이다.

③ ⓒ : 그를 나쁘게 말하는 사람은 별로 없다.

④ ⓓ : 반 아이들의 이름이 하나하나 불렸다.

⑤ ⓔ : 교향악단은 최정상급의 연주자들로 이루어졌다.

★ 어휘력 강화

* 종전(從前) 지금보다 이전.
* 용의(用意) 어떤 일을 하려고 마음을 먹음. 또는 그 마음.
* 묵시적(默示的) 직접적으로 말이나 행동으로 드러내지 않고 은연중에 뜻을 나타내 보이는 것.

19 헌법의 특질 및 헌법을 바라보는 관점

★ [사회/문화]

제재	법학	출처	2021 9월 고2	난도	중	목표 시간	12분

선정 이유 EBS 수능특강 '기본권과 제도 보장'과 연계되는 지문으로, 국민의 기본권과 국가 통치 조직을 규정한 최고의 기본법인 헌법의 특질과 헌법에 대한 여러 관점을 상세하게 설명하고 있다.

1~6 | 다음 글을 읽고 물음에 답하시오.

(가)

헌법은 국민의 기본권과 국가의 통치 조직을 규정한 최고의 기본법이다. 헌법의 특질인 '최고규범성'은 헌법이 국민적 합의에 의해 제정되었기 때문에 인정된다. 헌법의 하위에 있는 법규범들은 헌법으로부터 그 효력을 부여받으며 존속을 보장받으므로, 법률은 헌법에 합치되어야*하며 헌법을 위반하는 내용의 법률은 무효가 된다. 따라서 법률은 헌법에 모순되어서는 안 될 뿐만 아니라 적극적으로 헌법적 가치를 실현하여야 한다.

헌법의 최고규범성에도 불구하고 헌법은 규범 체계상 하위에 있는 법규범들과는 달리 스스로를 보장하지 않으면 안 된다. 다른 법규범들에는 상위의 법규범인 헌법이 있을 뿐만 아니라 국가 권력이라는 절대적인 강제 수단이 있어 그 효력이 보장되지만 헌법은 그렇지 못하다. 즉 헌법은 국가 권력이 그 효력을 부정하거나 침해할 수 없도록 헌법재판제도와 같은 장치를 스스로 마련하여 지니고 있다는 점에서 다른 법규범과는 상이한*특징을 갖는데, 이것이 바로 헌법의 '자기보장성'이다. 그러나 헌법재판은 일반 소송과 달리 국가 기관이 그 재판 결과를 ⊙ 따르지 않아도 이를 강제적으로 따르게 할 수 없는 한계가 있다. 헌법재판소의 결정은 국가 권력을 포함한 헌법의 적용을 받는 모든 대상들이 이를 존중하는 조건하에 실현된다. 예를 들면, 대여금 지급 소송에서 돈을 빌려준 사람이 이기는 경우 그 사람은 법원의 도움을 얻어 돈을 빌린 사람이 가지고 있는 재산을 강제로 팔아 빌려준 돈을 받을 수 있다. 하지만 헌법재판의 경우에는 어떠한 법률 조항에 대하여 헌법에 합치하지 아니하다며 입법자에게 개선 입법을 촉구하여도 입법부가 이를 따르지 않을 경우 헌법재판소가 입법부로 하여금 강제로 지키게 할 수 있는 수단이 따로 없다. 따라서 헌법의 최고 규범으로서의 효력은 (㉮)에 좌우된다고 할 수 있다.

헌법은 서로 다른 사람들 간에 존재하는 공통의 가치를 연결 고리로 하여 국가를 창설해 낸다. 헌법은 국가 내에서 이러한 공통의 가치를 최대한 실현할 수 있도록 갈등을 해결하고, 국가 작용을 체계화하기 위하여 그것을 담당할 기관과 절차를 규정한다. 그러나 헌법은 단순히 국가 작용을 체계화하고 국가 기관을 조직하는 데 그치지 않는다. 더 나아가서 헌법은 국가 작용을 담당하는 기관이 그 권한을 남용하여 오히려 국가가 추구하는 목적인 공통의 가치를 위험에 빠뜨리지 않도록 노력하고 있다. 이러한 헌법의 '권력제한성'을 통해 헌법은 처음부터 조직적인 측면에서 권력의 악용과 남용의 가능성을 배제하고 있다.

(나)

헌법을 바라보는 여러 관점 중 헌법해석학에 커다란 영향을 미친 헌법관으로는 법실증주의적 헌법관, 결단주의적 헌법관, 통합론적 헌법관을 들 수 있다.

법실증주의적 헌법관은 헌법을 국가의 조직과 작용에 관한 근본 규범으로 보는 관점으로, 권력자의 자의적 통치를 배제하고 법규범에 의한 통치를 지향하며 등장하였다. 국가는 강제적 법질서이고, 헌법은 실정 법질서에서의 최상위 규범이며, 국민은 법질서에 복종하는 존재라는 것이 법실증주의자들의 인식이었다. **법실증주의 헌법학자들은** 존재적 요소인 도덕·자연법 등을 배제하고 당위*를 헌법학의 연구 대상으로 규정함으로써, 법학의 정확성과 엄격성, 법적 안정성 확보에 기여하였다. 그러나 법실증주의는 산업화, 다원화에 따라 변화하는 사회와 그에 따라 변화된 헌법을 이론적으로 설명하기 어려웠고, 정해진 법규범을 지나치게 강조하여 실정법 만능주의라는 비판을 받았다.

결단주의적 헌법관은 헌법을 헌법제정권력의 근본적 결단으로 보는 관점으로, 주권자인 헌법제정권력자의 의지를 강조하였다. 헌법은 내용적으로 올바르기 때문에 효력을 가지는 것이 아니라, 정치적 의지의 힘을 가진 자, 곧 헌법제정권력자의 의사에 의하여 정립되었기 때문에 정당성을 가진다고 보았다. 결단주의적 헌법관은 정치세력들의 일정한 타협의 결과, 즉 정치 결단적 요소를 인정하며 헌법의 현실적 배경을 설득력 있게 정리하였다. 그러나 헌법의 규범성을 경시하고 현실적 영향력만을 강조하여 국가를 권력 투쟁의 장이 되게 하고, 독재자의 결단이 곧 국민의 의사라는 논리로 권위주의적 독재 국가의 등장에 이론적 근거를 제공하였다는 비판을 받았다.

통합론적 헌법관은 헌법을 국가 통합을 위한 법질서로 보는 관점으로, 국가를 완전한 통일체로 보지 않고 지속적인 갱신의 과정으로 보았다. **통합론적 헌법학자들은** 적대적 정치세력으로 분열된 국가를 새로운 통일체로 형성하기 위한 도구로 헌법을 인식하며, 헌법이란 공감대적인 가치를 바탕으로 국가의 통합을 실현하고 촉진하기 위한 것이라고 보았다. 통합론적 헌법관은 헌법을 완성물이 아닌 하나의 과정으로 바라보며 오늘날의 민주주의적 상황과 다원적 산업 사회의 현실을 효과적으로 설명하였다. 그러나 통합의 중요성을 지나치게 강조한 나머지 헌법의 규범성을 소홀히 하고, 통합 과정을 너무 조화롭게만 보아 갈등의 요소를 경시했다는 비판을 받았다.

헌법이란 어느 한 요소에만 환원시킬 수 없는 국가라는 현상의 기본 질서이므로, 헌법의 본질을 설명하기 위해서는 복합적인 요소들을 종합적으로 고찰하여야*한다. 따라서 헌법의 효력이나 헌법의 해석이 문제되는 경우에는 세 가지 헌법관을 함께 생각할 수 있는 자세가 필요하다.

1 다음은 (가), (나)를 읽고 학생이 작성한 활동지의 일부이다. ⓐ~ⓒ에 대한 평가를 바르게 짝 지은 것은?

공통점	▪ 헌법의 다양한 특성을 드러내기 위해 정보를 병렬적으로 제시하고 있다. ································· ⓐ
차이점	▪ (가)는 (나)와 달리 헌법에 대한 서로 다른 견해를 통해 종합적인 절충안을 도출하고 있다. ········· ⓑ
	▪ (나)는 (가)와 달리 헌법과 관련한 여러 입장의 긍정적 측면과 부정적 측면을 함께 밝히고 있다. ·· ⓒ

	ⓐ	ⓑ	ⓒ
①	적절	적절	적절
②	적절	부적절	부적절
③	적절	부적절	적절
④	부적절	적절	적절
⑤	부적절	부적절	부적절

2 자기보장성 에 대한 이해로 가장 적절한 것은?

① 헌법은 국가 기관의 행위를 일반 소송을 통해 제한한다.
② 헌법은 주권자인 국민의 합의에 의해 규범성이 인정된다.
③ 헌법은 효력을 보장하기 위한 장치를 헌법 내에 마련한다.
④ 헌법은 규범 체계상 하위의 법규범에 의해 효력이 보장된다.
⑤ 헌법은 헌법에 의한 권력 남용의 가능성을 스스로 제한한다.

3 ㉮에 들어갈 내용으로 가장 적절한 것은?

① 헌법재판소의 결정 이행을 위한 강제 수단 마련
② 헌법에 의해 권한을 부여받은 입법부의 독자성 보장
③ 최고 규범을 판단하는 기관인 헌법재판소의 법적 권위
④ 헌법의 실효성을 높이기 위한 국가 권력의 법적 제재 수단
⑤ 헌법의 내용을 실현하고자 하는 모든 구성원들의 적극적 의지

4 '통합론적 헌법학자'의 관점에서 '법실증주의 헌법학자'를 비판한 내용으로 가장 적절한 것은?

① 헌법을 통해 자의적 통치를 배제하고자 하는 것으로는 헌법의 규범성을 설명할 수 없다.
② 정해진 법규범을 지나치게 강조하는 것으로는 지속적으로 변화하는 사회와 헌법을 설명할 수 없다.
③ 존재적 요소를 헌법학의 연구 대상으로 규정하는 것으로는 다원적 산업 사회의 현실을 설명할 수 없다.
④ 국민을 법질서에 복종하는 존재로 인식하는 것으로는 헌법 제정권력자로서의 국민의 의지를 설명할 수 없다.
⑤ 국가를 권력 투쟁의 장으로 보는 것으로는 분열된 국가를 새로운 통일체로 형성하는 도구로서의 헌법을 설명할 수 없다.

5 〈보기〉는 헌법재판소 판례의 일부이다. (가)와 (나)를 바탕으로 〈보기〉의 ⓐ, ⓑ에 대해 이해한 내용으로 적절하지 <u>않은</u> 것은? [3점]

─〈보 기〉─

〈유통산업발전법 제12조의2 위헌소원(2016헌바 등 병합)〉

■ 헌법 제119조 제2항에 따르면 국가는 경제주체 간의 조화를 통한 경제의 민주화를 위하여 경제에 관한 규제와 조정을 할 수 있다. ⓐ <u>심판대상조항</u>은 구청장·군수·시장 등이 대형 마트에 대해 영업시간 제한 및 의무 휴업일 지정을 할 수 있도록 규정한 것인데, 이는 대형 마트와 중소 유통업의 상생 발전을 도모하기 위한 규제라 할 것이므로 입법 목적의 정당성이 인정된다. 따라서 심판대상조항은 헌법에 위배되지 아니한다.

〈근로기준법 제35조 제3호 위헌소원(2014헌바3)〉

■ 헌법 제32조 제3항에 따르면 근로조건의 기준은 인간의 존엄성을 보장하도록 법률로 정하여야 한다. ⓑ <u>심판대상조항</u>은 해고예고제도에서 월급 근로자 중 6개월이 되지 못한 자를 적용 예외로 규정한 것인데, 돌발적 해고 시 해당 근로자의 생활이 곤란해지는 것을 막지 못하므로 근로자의 권리를 침해한다. 제도의 적용 대상 범위 등을 정하는 것은 입법자의 권한이나, 이 역시 헌법에 어긋나서는 안 된다. 따라서 심판대상조항은 헌법에 위배된다.

① 헌법의 최고규범성을 고려하면, ⓐ를 '경제주체 간의 조화'라는 헌법적 가치를 실현하기 위한 것으로 볼 수 있겠군.

② 헌법의 권력제한성을 고려하면, ⓑ와 관련된 '입법자의 권한'은 국가 공통의 가치를 실현하는 범위 내로 한정되어야 한다고 볼 수 있겠군.

③ 법실증주의적 헌법관에 따르면, ⓐ에는 '경제에 관한 규제와 조정'이라는 권력자의 통치 이념이 반영된 것으로 볼 수 있겠군.

④ 결단주의적 헌법관에 따르면, ⓑ에는 '인간의 존엄성을 보장'하여야 한다는 주권자의 의사가 반영되지 못한 것으로 볼 수 있겠군.

⑤ 통합론적 헌법관에 따르면, ⓐ에는 '경제의 민주화'라는 가치를 바탕으로 국가의 통합을 실현하려는 노력이 반영된 것으로 볼 수 있겠군.

6 문맥상 ㉠의 단어와 가장 가까운 의미로 쓰인 것은?

① 우리는 명령을 <u>따르며</u> 급히 움직였다.

② 어머니를 <u>따라</u> 풍물 시장 구경을 갔다.

③ 나는 아버지의 음식 솜씨를 <u>따를</u> 수 없다.

④ 최근 개발에 <u>따른</u> 공해 문제가 불거지고 있다.

⑤ 의원들이 모두 의장을 <u>따라</u> 자리에서 일어섰다.

★ 어휘력 강화

* 합치(合致)되다 의견이나 주장 따위가 서로 맞아 일치되다.
* 상이(相異)하다 서로 다르다.
* 당위(當爲) 마땅히 그렇게 하거나 되어야 하는 것.
* 고찰(考察)하다 어떤 것을 깊이 생각하고 연구하다.

1~5 | 다음 글을 읽고 물음에 답하시오.

인간은 집단생활을 하기 때문에 분쟁이 발생할 수밖에 없다. 그래서 문제가 발생하는 것을 예방하거나 문제를 원만히 해결하기 위해 규칙을 만든다. 여러 규칙 중 사회 구성원들의 합의에 따라 만들어지고 강제성을 가진 규칙을 법이라고 한다. 이때 강제성은 공공의 이익을 실현하기 위해 사회 구성원들이 동의할 때만 발휘될 수 있다. 이러한 법은 몇 가지 특징이 있는데 먼저 법은 행동의 결과를 중시한다. 왜냐하면 다른 사람이 행동을 평가할 수 있고 그 변화도 확인할 수 있어야 하기 때문이다. 그리고 법은 국민의 자유와 권리를 보호한다. 만약 법이 없다면 권력자나 국가 기관이 멋대로 권력을 휘두를 수 있을 것이다. 마지막으로 법은 최소한의 간섭만 한다. 개인이 처리해도 되는 일까지 법이 간섭한다면 사람들은 숨이 막혀 평온하게 살기 힘들 것이다.

대표적인 법에는 ⊙ 민법과 형법이 있다. 민법은 국가 기관이 아닌, 사람들 간의 권리관계를 다루는 법률로서 재산 관계와 가족 관계로 구성되어 있다. 근대 사회에서 형성된 민법의 원칙은 오늘날까지도 중요하게 여겨지고 있다. 중요 원칙 중 하나는 개인의 사유 재산에 대해 절대적 지배를 인정하고 국가를 비롯한 단체나 개인은 다른 사람의 사유 재산 행사에 간섭하지 못한다는 것이다. 그리고 다른 사람에게 끼친 손해는 그 행위가 위법이고 동시에 고의나 과실에 의한 경우에만 책임을 진다는 원칙도 있다. 그런데 이 원칙들은 경제적 강자가 경제적 약자를 지배하는 수단으로 악용되기도 하여 20세기에 들면서 제한이 생겼다. 그 결과 개인의 사유 재산에 대한 지배는 여전히 보장되지만 공공복리*에 적합하도록 행사해야 한다는 것과 같은 수정된 원칙들이 적용되고 있다.

반면, 형법은 범죄와 형벌을 규정하는 법률로서 ⓒ '죄형법정주의'라는 기본 원칙이 있다. 죄형법정주의는 범죄의 행위와 그 범죄에 대한 처벌을 미리 법률로 정해 두어야 한다는 것이다. 그래서 범죄 발생 당시에는 없었던 법이 나중에 생겨도 그것을 소급해서* 적용할 수 없다. 또한 민법과 달리 어떤 사항을 직접 규정한 법규가 없을 때, 그와 비슷한 사항을 규정한 법규를 유추하여* 적용할 수도 없다.

┌ 형법을 위반한 범죄가 발생하면, 먼저 수사 기관이 수사를 한다. 수사를 개시하는 단서로는 고소, 고발, 인지가 있는데, 이 중 고소는 피해자가 하는 반면 고발은 제3자가 한다. 일반적으로 범죄는 수사기관이 인지하는 것만으로도 수사를 시작할 수 있다. 하지만 명예훼손죄, 폭행죄 등은 수사를 진행했더라도 피해자가 원하지 않으면 처벌하지 않는다. 수사 결과 피의자*가 죄를 범했다고 의심할 만한 충분한 이유가 있다면 구속 영장을 받아 체포해 구속한다.

[A] 만약 범죄를 실행 중인 경우는 구속 영장 없이 체포 가능한데, 이 경우 48시간 이내에 구속 영장을 신청해야 하고, 법원은 신청서가 접수된 시간으로부터 48시간 이내에 구속 영장의 발부 여부를 결정해야 한다. 수사 결과 범죄 혐의가 인정되면 검사는 재판을 청구하는데 이를 기소라고 한다. 이때 검사는 피의자의 나이, 환경, 동기 등을 참작하여 기소를 하지 않을 수 있다. 기소로 재판 절차가 시작되면 법원은 사건을 심리*하여 범죄 사실이 확인된 경우 유죄를 선고한다. 유죄가 인정되면 법원이 형을 선고하고 집행 절차에 들어간다.

그런데 만약 동물이 위법한 행동을 하여 다른 사람에게 손해를 끼치면 어떻게 될까? 결론부터 말하면 동물은 아무런 책임이 없다. 법에서는 인간 이외의 것들은 생명의 유무와 상관없이 모두 물건으로 보는데 물건에는 법적 권리가 없다. 법적 권리가 없는 것은 의무와 책임도 없다. 그러므로 동물은 민, 형법상의 책임을 지지 않아도 된다. 다만 손해를 입은 사람은 민법에 따라 동물의 점유자*에게 배상을 받을 수 있다.

*피의자 : 수사 기관으로부터 범죄의 의심을 받게 되어 수사를 받고 있는 자.
*심리 : 재판의 기초가 되는 사실이나 법률적 판단을 심사하는 행위.
*점유자 : 어떤 물건을 소유하고 사실상 지배하는 사람.

1 법 에 관한 설명으로 적절하지 않은 것은?

① 문제가 발생하는 것을 예방하기 위해 사회 구성원의 의사를 반영하여 만든다.

② 권력자의 권력 행사를 제한하여 국민들의 자유와 권리를 지키는 역할을 한다.

③ 법의 간섭이 지나치게 커지게 되면 개인이 삶을 평온하게 유지하기 힘들 것이다.

④ 다른 사람들이 행동을 평가하고 그 변화를 확인할 수 있어야 하므로 결과를 중시한다.

⑤ 목적이 공익과 무관하더라도 사회 구성원의 동의가 있다면 강제성이 발휘될 수 있다.

2 ㉠에 대한 설명으로 적절하지 <u>않은</u> 것은?

① 경제적 강자로부터 경제적 약자를 보호하기 위해 원칙이 수정되었다.

② 국가 기관이 아닌 사람들 간의 권리관계에 문제가 생겼을 경우 적용한다.

③ 위법한 행위가 발생했을 때 의도적으로 잘못을 한 경우에만 책임을 물을 수 있다.

④ 20세기에 들면서, 공공복리에 적합하지 않을 경우 개인의 재산권 행사를 제한할 수 있게 되었다.

⑤ 개인이 재산을 사용하는 것에 대해 국가나 타인이 간섭하지 못한다는 원칙이 근대 사회에서 형성되었다.

3 ㉡과 관련 있는 말로 적절한 것은?

① 착한 사람은 법이 필요 없고 나쁜 사람은 법망을 피해 간다.

② 법의 생명은 논리에 있는 것이 아니라 경험에 있다.

③ 형법의 반은 이익보다는 해를 끼칠지 모른다.

④ 법률이 없으면 범죄도 없고 형벌도 없다.

⑤ 철학 없는 법학은 출구 없는 미궁이다.

4 [A]를 바탕으로 〈보기〉를 이해한 내용으로 적절한 것은?

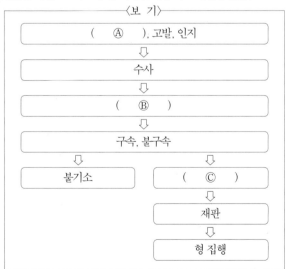

〈보 기〉

(Ⓐ), 고발, 인지
⇩
수사
⇩
(Ⓑ)
⇩
구속, 불구속
⇩   ⇩
불기소   (Ⓒ)
              ⇩
           재판
              ⇩
           형 집행

① Ⓐ는 범죄의 피해자와 연관이 있는 제3자가 한다.

② 명예훼손죄, 폭행죄는 Ⓐ가 없어도 수사를 진행할 수 있다.

③ 범죄를 실행 중인 범인을 Ⓑ하였을 경우 48시간 이내에 구속 영장을 발부받아야 한다.

④ 범죄 혐의가 인정될 경우 반드시 Ⓒ를 해야 한다.

⑤ 재판에서 심리를 담당하는 주체가 Ⓒ의 여부를 결정한다.

5 윗글과 〈보기 1〉을 참조하여 〈보기 2〉를 이해한 내용으로 적절하지 <u>않은</u> 것은? 〔3점〕

〈보 기 1〉

민법 제759조(동물의 점유자의 책임)

① 동물의 점유자는 그 동물이 타인에게 가한 손해를 배상할 책임이 있다. ……

형법 제257조(상해, 존속상해)

① 사람의 신체를 상해한 자는 7년 이하의 징역, 10년 이하의 자격정지 또는 1천만 원 이하의 벌금에 처한다. ……

〈보 기 2〉

A는 사고로 몸의 대부분을 기계로 대체해 로봇같이 보이지만 여전히 직장생활을 하고 세금을 내는 등 이전과 같은 생활을 하고 있다. B는 C가 구입한 로봇으로 행동과 겉모습이 인간과 구별이 안 된다. 그런데 만약 A와 B가 사람을 때려 다치게 하였다면 법적으로 어떻게 해야 할까?

① 민법 제759조 ①에 따르면 B는 동물과 같이 물건이므로 법적 책임이 없다.

② 민법 제759조 ①을 유추하여 적용한다면 B의 점유자인 C에게 손해 배상 책임을 물을 수 있다.

③ 형법 제257조 ①에 따르면 A는 '사람의 신체를 상해한 자'에 해당하므로 형법에 따른 책임을 져야 한다.

④ 형법 제257조 ①을 유추하여 적용한다면 C는 징역이나 벌금에 처해질 수 있다.

⑤ 형법 제257조에 향후 B가 사람을 다치게 한 행위에 관한 조항이 추가되더라도 이번 사건에 대해서는 B를 처벌할 수 없다.

★ 어휘력 강화

* **공공복리(公共福利)** [복지] 사회 구성원 전체에 두루 관계되는 복지.

* **소급(遡及)하다** 과거에까지 거슬러 올라가서 미치게 하다.

* **유추(類推)하다** [법률] 법률을 해석하는 방법의 하나로, 어떤 사항을 직접 규정한 법규가 없을 때 그와 비슷한 사항을 규정한 법규를 적용한다.

| 제재 | 법학 | 출처 | 2019 수능 | 난도 | 중상 | 목표 시간 | 10분 |

선정 이유: EBS 수능특강 '효율적 계약 파기론과 채권자의 협력 의무'와 연계되는 지문으로, 계약의 개념과 법률 효과에 대하여 구체적인 사례를 들어 설명하고 있다.

1~5 | 다음 글을 읽고 물음에 답하시오.

사람은 살아가는 동안 여러 약속을 한다. 계약도 하나의 약속이다. 하지만 이것은 친구와 뜻이 맞아 주말에 영화 보러 가자는 약속과는 다르다. 일반적인 다른 약속처럼 계약도 서로의 의사 표시가 합치하여 성립하지만, 이때의 의사는 일정한 법률 효과의 발생을 목적으로 한다는 점에서 차이가 있다. 한 예로 매매 계약은 '팔겠다'는 일방의 의사 표시와 '사겠다'는 상대방의 의사 표시가 합치함으로써 성립하며, 매도인은 매수인에게 매매 목적물의 소유권을 이전하여야 할 의무를 짐과 동시에 매매 대금의 지급을 청구할 권리를 갖는다. 반대로 매수인은 매도인에게 매매 대금을 지급할 의무가 있고 소유권의 이전을 청구할 권리를 갖는다. 양 당사자는 서로 권리를 행사하고 서로 의무를 이행하는*관계에 놓이는 것이다.

이처럼 의사 표시를 필수적 요소로 하여 법률 효과를 발생시키는 행위들을 법률 행위라 한다. 계약은 법률 행위의 일종으로서, 당사자에게 일정한 청구권과 이행 의무를 발생시킨다. 청구권을 내용으로 하는 권리가 채권이고, 그에 따라 이행을 해야 할 의무가 채무이다. 따라서 채권과 채무는 발생한 법률 효과가 동전의 양면처럼 서로 다른 방향에서 파악되는 것이라 할 수 있다. 채무자가 채무의 내용대로 이행하여 채권을 소멸시키는 것을 변제라 한다.

갑과 을은 을이 소유한 그림 A를 갑에게 매도하는 것을 내용으로 하는 매매 계약을 체결하였다. ㉠ 을의 채무는 그림 A의 소유권을 갑에게 이전하는 것이다. 동산인 물건의 소유권을 이전하는 방식은 그 물건을 인도하는*것이다. 갑은 그림 A가 너무나 마음에 들었기 때문에 그것을 인도받기 전에 대금 전액을 금전으로 지급하였다. 그런데 갑이 아무리 그림 A를 넘겨달라고 청구하여도 을은 인도해 주지 않았다. 이런 경우 갑이 사적으로 물리력*을 행사하여 해결하는 것은 엄격히 금지된다.

채권의 내용은 민법과 같은 실체법에서 규정하고 있고, 그것을 강제적으로 실현할 수 있도록 민사 소송법이나 민사 집행법 같은 절차법이 갖추어져 있다. 갑은 소를 제기하여 판결로써 자기가 가진 채권의 존재와 내용을 공적으로 확정받을 수 있고, 나아가 법원에 강제 집행을 신청할 수도 있다. 강제 집행은 국가가 물리적 실력을 행사하여 채무자의 의사에 구애받지*않고 채무의 내용을 실행시켜 채권이 실현되도록 하는 제도이다.

을이 그림 A를 넘겨주지 않은 까닭은 갑으로부터 매매 대금을 받은 뒤에 을의 과실*로 불이 나 그림 A가 타 없어졌기 때문이다. ㉡ 결국 채무는 이행 불능이 되었다. 소송을 하더라도 불능의 내용을 이행하라는 판결은 ⓐ 나올 수 없다. 그림 A의 소실이 계약 체결 전이었다면, 그 계약은 실현 불가능한 내용을 담고 있기 때문에 체결할 때부터 계약 자체가 무효이다. 이행

불능이 채무자의 과실 때문에 일어난 것이라면 채무자가 채무 불이행에 대한 책임을 져야 한다.

이때 채무 불이행은 갑이나 을의 의사 표시가 작용한 것이 아니라, 매매 목적물의 소실에 따른 이행 불능으로 말미암은 것이다. 이러한 사건을 통해서도 법률 효과가 발생한다. 채무 불이행에 대한 책임은 갑으로 하여금 계약을 해제할 수 있는 권리를 갖게 한다. 갑이 계약 해제권을 행사하면 그때까지 유효했던 계약이 처음부터 효력이 없는 것으로 된다. 이때의 계약 해제는 일방의 의사 표시만으로 성립한다. 따라서 갑이 해제권을 행사하는 데에 을의 승낙은 요건이 되지 않는다. 이러한 법률 행위를 단독 행위라 한다.

갑은 계약을 해제하였다. 이로써 그 계약으로 발생한 채권과 채무는 없던 것이 된다. 당연히 계약의 양 당사자는 자신의 채무를 이행할 필요가 없다. 이미 이행된 것이 있다면 계약이 체결되기 전의 상태로 돌려놓아야 한다. 이를 청구할 수 있는 권리가 원상회복 청구권이다. 계약의 해제로 갑은 원상회복 청구권을 행사할 수 있으며, 이러한 ㉡ 갑의 채권은 결국 을에게 매매 대금을 반환해 달라고 청구할 수 있는 권리가 된다.

1 윗글의 내용과 일치하지 않는 것은?

① 실체법에는 청구권에 관한 규정이 있다.

② 절차법에 강제 집행 제도가 마련되어 있다.

③ 법률 행위가 없으면 법률 효과가 발생하지 않는다.

④ 법원을 통하여 물리력으로 채권을 실현할 수 있다.

⑤ 실현 불가능한 것을 내용으로 하는 계약은 무효이다.

2 ⊙, ⓒ에 대한 이해로 가장 적절한 것은?

① ⊙은 매도인의 청구와 매수인의 이행으로 소멸한다.

② ⓒ은 채권자와 채무자의 의사 표시가 작용하여 성립한 것이다.

③ ⊙과 ⓒ은 ⊙이 이행되면 그 결과로 ⓒ이 소멸하는 관계이다.

④ ⊙과 ⓒ은 동일한 계약의 효과를 서로 다른 측면에서 바라본 것이다.

⑤ ⊙에는 물건을 인도할 의무가 있고, ⓒ에는 금전의 지급을 청구할 권리가 있다.

4 윗글을 바탕으로 할 때, 〈보기〉에 대한 분석으로 적절하지 <u>않은</u> 것은? [3점]

〈보 기〉

증여는 당사자의 일방이 자기의 재산을 무상으로 상대방에게 줄 의사를 표시하고 상대방이 이를 승낙함으로써 성립하는 계약이다. 증여자만 이행 의무를 진다는 점이 특징이다. 유언은 유언자의 사망과 동시에 일정한 법률 효과를 발생시키려는 것을 목적으로 하는데, 유언자의 의사 표시만으로 유효하게 성립하고 의사 표시의 상대방이 필요 없다는 점에서 증여와 차이가 있다.

① 증여, 유언, 매매는 모두 법률 행위로서 의사 표시를 요소로 한다.

② 증여와 유언은 법률 효과를 발생시키려는 목적이 있다는 점이 공통된다.

③ 증여는 변제의 의무를 발생시키지 않는다는 점에서 매매와 차이가 있다.

④ 증여는 당사자 일방만이 이행한다는 점에서 양 당사자가 서로 이행하는 관계를 갖는 매매와 차이가 있다.

⑤ 증여는 양 당사자의 의사 표시가 서로 합치하여 성립한다는 점에서 의사 표시의 합치가 필요 없는 유언과 차이가 있다.

3 ㉺의 상황에 대한 설명으로 적절한 것은?

① '을'의 과실로 이행 불능이 되어 '갑'의 계약 해제권이 발생한다.

② '갑'은 소를 제기하여야 매매의 목적이 된 재산권을 이전받을 수 있다.

③ '갑'은 원상회복 청구권을 행사하여야 '그림 A'의 소유권을 회복할 수 있다.

④ '갑'과 '을'은 애초부터 실현 불가능한 내용의 계약을 체결 하였기 때문에 이행 불능이 되었다.

⑤ '을'이 '갑'에게 '그림 A'를 인도하는 것은 불가능해졌지만 '을'은 채무 불이행에 대한 책임을 지지 않는다.

5 문맥상 의미가 ⓐ와 가장 가까운 것은?

① 오랜 연구 끝에 만족할 만한 실험 결과가 나왔다.

② 그 사람이 부드럽게 나오니 내 마음이 누그러졌다.

③ 우리 마을은 라디오가 잘 안 나오는 산간 지역이다.

④ 이 책에 나오는 옛날이야기 한 편을 함께 읽어 보자.

⑤ 그동안 우리 지역에서는 걸출한 인물들이 많이 나왔다.

★ 어휘력 강화

* 이행(履行)하다
  ① 실제로 행하다.
  ② [법률] 채무자가 채무의 내용을 실행하다.
* 인도(引渡)하다
  ① 사물이나 권리 따위를 넘겨주다.
  ② [법률] 물건에 대한 사실상의 지배를 이전하다.
* 물리력(物理力) 무기나 군사력 따위로 행사하는 강제적인 힘.
* 구애(拘礙)받다 거리끼거나 얽매이다.
* 과실(過失)
  ① 부주의나 태만 따위에서 비롯된 잘못이나 허물.
  ② [법률] 부주의로 인하여, 어떤 결과의 발생을 미리 내다보지 못한 일.

22 합의제 민주주의를 중심으로 본 헌정 설계 과정 ★[사회/문화]

제재	정치학	출처	2018 LEET	난도	상	목표 시간	11분

선정 이유	EBS 수능특강 '과두제의 철칙'과 연계되는 지문으로, 수능특강에 언급된 국가 정치 체제 중 민주정에 대해 상세하게 설명하고 있다. 합의제 민주주의와 다수제 민주주의의 상반되는 특징을 정리하며 독해해 보자.

1~3 | 다음 글을 읽고 물음에 답하시오.

민주주의 체제는 권력의 집중과 분산 혹은 공유의 정도에 따라 ㉠ 합의제 민주주의와 ㉡ 다수제 민주주의로 분류된다. 전자는 주로 권력을 공유하는 정치 주체를 늘려 다수를 최대화하고 그들 간의 동의를 기반으로 정부를 운영하는 제도이다. 이에 반해 후자는 주로 과반 규칙에 의해 집권한 단일 정당 정부가 배타적인 권력을 행사하며 정부를 운영하되 책임 소재를 분명하게 하는 제도이다.

레이파트는 민족, 종교, 언어 등으로 다원화되고* 이를 대표하는 정당들에 의한 연립정부가 일상화된 국가들을 대상으로 합의제 민주주의에 대해 연구했다. 그는 '당-집행부(행정부)' 축과 '단방제-연방제' 축을 적용해 권력이 집중되거나 분산되는 양상을 측정했다. 전자의 경우 정당 체계, 선거 제도, 정부 구성 형태, 입법부-행정부 관계, 이익집단 체계가 포함되고 후자의 경우 지방 분권화 정도, 단원제-양원제, 헌법 개정의 난이도, 위헌 재판 기구의 독립성 유무, 중앙은행의 존재가 고려되었다. 각 요인들은 제도 내에 내포된 권력의 집중과 분산 정도에 따라 대조적인 경향성을 띤다. 예를 들면, 정당 수가 상대적으로 많고, 의회 구성에서 득표와 의석 간의 비례성이 높고, 연립정부의 비율이 높고, 행정부의 권한이 약하며, 지방의 이익집단들의 대표 체계가 중앙으로 집약된* 국가는 합의제적 경향을 더 많이 띤다고 평가된다. 반대로 단방제와 같이 중앙 정부로의 권력이 집중되고, 의회가 단원제이고, 헌법 개정의 난이도가 일반 법률 개정과 유사하고, 사법부의 독립적 위헌 심판 권한이 약하며, 중앙은행의 독립성이 약한 국가는 다수제적 경향을 더 많이 띤다고 평가된다.

두 제도는 정책 성과에서 차이를 보였다. 합의제는 경제 성장에서는 의미 있는 차이를 보이지 않지만 사회 · 경제적 평등, 정치 참여, 부패 감소 등에서는 우월하다는 평을 받고 있다. 자칫 불안정해 보일 수 있는 권력 공유가 오히려 민주주의 본연*의 가치에 더 충실하다는 경험적 발견은 관심을 끌었다. 합의제 정치 제도를 채택하기 위한 시도가 사회 분열이 심한 신생 독립 국가나 심지어 다수제 민주주의로 분류되던 선진 국가에도 다양하게 나타났다.

그러나 권력의 분산과 공유가 권력의 집중보다 반드시 나은 것은 아니다. 오히려 한 나라의 정치 제도를 설계할 때 각 제도들이 내포한 권력의 원심력*과 구심력* 그리고 제도들의 상호 작용 효과를 고려해야 한다. 대통령제에서의 헌정*설계를 예로 들어 살펴보자. 여기에서는 '대통령의 단독 권한'이라는 축과 대통령과 의회 간의 '목적의 일치성/분리성'이라는 축이 주요하게 고려된다. 첫째, 대통령의 (헌)법적 권한은 의회와의 협력에 영향을 미친다. 권한이 강할수록 대통령이 최후의 정책 결정권자

임을 의미하고 소수당의 입장에서는 권력 공유를 통해 정책 영향력을 확보하기 어렵게 된다. 반면, 권한이 약한 대통령은 효율적 정책 집행을 위해 의회의 협력을 구하는 과정에서 소수당도 연합의 대상으로 고려하게 된다.

둘째, 목적의 일치성/분리성은 대통령과 의회의 다수파가 유사한 정치적 선호를 지니고 사회적 다수의 요구에 함께 반응하며 책임을 지는 정도를 의미한다. 의회의 의석 배분 규칙, 대통령과 의회의 선거 주기 및 선거구 규모의 차이, 대통령 선거 제도 등이 대표적인 제도적 요인으로 거론된다. 예를 들어, 의회의 단순 다수 소선거구 선거 제도, 동시선거, 대통령과 의회의 지역구 규모의 일치, 대통령 결선투표제 등은 목적의 일치성을 높이는 경향을 지니며, 상호 결합될 때 정부 권력에 다수제적 구심력을 강화한다. 결과적으로 효율적인 책임정치가 촉진되지만 단일 정당에 의한 배타적인 권력 행사가 증가되기도 한다. 반면, 비례대표제, 분리선거, 대통령과 의회 선거구 규모의 상이함, 대통령 단순 다수제 선거 제도 등은 대통령이 대표하는 사회적 다수와 의회가 대표하는 사회적 다수를 다르게 해 목적의 분리성을 증가시키며, 상호 결합될 때 정부 권력의 원심력은 강화된다. 이 경우 정치 주체들 간의 합의를 통한 권력 공유의 필요성이 증가하나 과도한 권력 분산으로 인해 거부권자의 수를 늘려 교착이 증가할 위험도 있다.

기존 연구들은 대체로 목적의 분리성이 높을 경우 대통령의 권한을 강화할 것을, 반대로 목적의 일치성이 높을 경우 대통령의 권한을 축소할 것을 권고하고 있다. 그러나 제도들의 결합이 낳은 효과는 어떤 제도를 결합시키는지와 어떤 정치적 환경에 놓여 있는지에 따라 다르게 나타날 수 있다.

1 ㉠을 ㉡과 비교하여 설명할 때, 가장 적절한 것은?

① 다당제 국가보다 양당제 국가에서 더 많이 발견된다.

② 선진 국가보다 신생 독립 국가에서 더 많이 주목받고 있다.

③ 사회 평등 면에서는 유리하나 경제 성장 면에서는 불리하다.

④ 권력을 위임하는 유권자의 수를 가능한 한 최대화할 수 있다.

⑤ 거부권자의 수가 늘어나서 정치적 교착 상태가 빈번해질 수 있다.

2 '합의제'를 촉진하는 효과를 지닌 제도 개혁으로 가장 적절한 것은?

① 의회가 지닌 법안 발의권을 대통령에게도 부여한다.

② 의회 선거 제도를 비례대표제에서 단순 다수 소선거구제로 변경한다.

③ 이익집단 대표 체계의 방식을 중앙 집중에서 지방 분산으로 전환한다.

④ 헌법 개정안의 통과 기준을 의회 재적의원 2/3에서 과반으로 변경한다.

⑤ 의회와 대통령이 지명했던 위헌 심판 재판관을 사법부에서 직선제로 선출한다.

3 윗글을 바탕으로 〈보기〉의 A국 상황을 개선하기 위한 방안을 추론한 것으로 적절하지 않은 것은?

〈보 기〉

　A국은 4개의 부족이 35%, 30%, 20%, 15%의 인구 비율로 구성되어 있으며, 각 부족은 자신이 거주하는 지리적 경계 내에서 압도적 다수이다. 과거에는 국가 통합을 위해 대통령제를 도입하고 대통령은 단순 다수제로 선출하되 전체 부족을 대표하게 했으며, 의회 선거는 전국 단위의 비례대표제로 대통령 임기 중반에 실시했었다. 아울러 대통령에게는 내각 구성권, 법안 발의권, 대통령령 제정권 등의 권한을 부여했고, 의회는 과반 규칙을 적용해 정책을 결정했었다.

　그런데 부족들 간의 갈등이 증가하면서 각 부족들은 자신의 부족을 대표하는 정당을 압도적으로 지지하는 경향을 보였다. 이에 따라 정책 결정과 집행 과정에서 의회 내 정당 간, 그리고 행정부와 의회 간에 교착 상태가 일상화되었다. 이를 극복하기 위해 정치 개혁이 요구되었고 정치 주체들도 서로 협력하기로 했지만 현재는 대통령제의 유지만 합의한 상태이다.

① 의회의 과반 동의로 선출한 총리에게 내치를 담당하게 하면, 의회 내 정당 연합을 유도해 교착 상태를 완화할 수 있겠군.

② 대통령령에 법률과 동등한 효력을 부여하면, 의회와의 교착에도 불구하고 대통령이 국가 차원에서 책임정치를 효율적으로 실현할 수 있겠군.

③ 의회 선거를 대통령 선거와 동시에 실시하면, 대통령 당선자의 인기가 영향을 끼쳐 여당의 의석이 증가해 정책 결정과 집행에 있어 효율성이 증가하겠군.

④ 상위 두 후보를 대상으로 한 대통령 결선투표제를 도입하면, 결선투표 과정에서 정당 연합을 통해 연립정부가 구성되어 정치적 갈등을 완화할 수 있겠군.

⑤ 비례대표제를 폐지하고 부족의 거주 지역에 따라 단순 다수 소선거구제로 의회를 구성하면, 목적의 일치성이 증가해 정책 결정이 신속하게 이루어질 수 있겠군.

★ 어휘력 강화

* **다원화(多元化)되다** 사물을 형성하는 근원이 많아지다.

* **집약(集約)되다** 한데 모아져서 요약되다.

* **본연(本然)** 인공을 가하지 아니한 본디 그대로의 자연.

* **원심력(遠心力)** [물리] 원운동을 하는 물체나 입자에 작용하는, 원의 바깥으로 나아가려는 힘.

* **구심력(求心力)** [전기·전자] 원운동을 하는 물체나 입자에 작용하는, 원의 중심으로 나아가려는 힘.

* **헌정(憲政)** '입헌 정치'를 줄여 이르는 말.

23 | **공화주의와 헌법 간의 관계** | ★ [사회/문화]

| 제재 | 정치학 | 출처 | 2017 LEET | 난도 | 상 | 목표 시간 | 10분 |

선정 이유 | EBS 수능특강 '미국의 정치 체제와 민주주의'와 연계되는 지문이다. 공화주의의 딜레마를 해결하는 방법으로 연방 공화국을 제시하고 있으며, 공화주의와 관련하여 헌법의 의미에 주목해야 하는 이유를 설명하고 있다.

1~3 | 다음 글을 읽고 물음에 답하시오.

공화주의란 공동선을 추구하는 시민의 정치 참여에 기초하여 공동체적 삶에서 자의적 권력에 의한 지배를 배제하고 자치를 실현하고자 하는 사상이다. 이에 적합한 형태의 공동체에 관해서는 주로 그 규모와 관련하여 오랫동안 논의가 이어져 왔다. 시민적 덕성이 제대로 발휘되어 파벌*이 통제되기 위해서는 공화국의 크기가 작아야 하지만, 외세의 침략 위험에 맞서 충분한 안전을 시민에게 제공하기 위해서는 그 크기가 커야 할 것이다. 미국 헌법 제정기의 연방주의자인 『페더럴리스트 페이퍼』(1787. 10~1788. 8)의 저자들은 바로 연방 공화국의 형태가 공동체 내부의 부패와 대외적 취약성을 둘러싼 공화주의의 딜레마*를 해결해 줄 수 있다고 보았다. 그것은 파벌 지도자의 영향력이 확산되지 못하게 막는 분할의 이익과, 한데 뭉쳐 외부의 적에 대항하도록 하는 결집의 이익을 함께 가져다준다는 것이다.

공동체에 대한 시민들의 이해관계가 복잡해지는 것을 나쁘게 볼 것만은 아니지만, 가까이 있어서 서로를 잘 아는 사람들보다 불가피하게 소원한 거리에 놓인 사람들이 우정과 연대의 공적 정신을 유지하기란 더 어려울 수 있다. 광대한 영토 위에서 공화주의 정부가 유지되기 위해서는 시민들로 하여금 사익의 추구를 자제하고 공동선을 지향하도록 하는 보다 강력한 조치가 필요할 것이다. 결국 연방주의자들은 대의제*와 권력분립 등 헌정주의의 요소를 가미함으로써 이성과 법의 지배를 통하여 파벌과 전제적(專制的)* 다수의 출현을 방지하고자 했다. 자치에 대한 시민들의 열정이 사그라지거나 폭주하지 않도록 헌법의 틀을 씌웠던 것이다.

그런데 헌법이라는 것에 대한 공화주의자들의 이해는 오늘날의 지배적인 견해와는 매우 다른 것이었다. 오늘날 헌법은 주로 정치 공동체의 실질적인 가치 기준과 운영 원칙을 정하는 견고한 문서로 이해되고 있다. 여기서 헌법은 헌법적 논쟁들에 대해 판단해 줄 누군가를 필요로 하게 된다. 그의 해석과 판단에 따라 헌법과 충돌하는 것으로 보이는 행정작용이나 법률은 그 효력을 잃게 될 것이다. 이처럼 지극히 법적인 의미로 이해된 헌법과는 달리, 공화주의자들이 생각하고 있던 헌법이란 단순히 정치 공동체 내에서 권력이 분할되는 방식을 나타내거나 그렇게 구성된 특수한 정부 형태를 지칭하는 정치적인 의미의 것이었다. 통치자의 선출과 정치적 지분의 할당을 통해 경쟁적 사회 집단 사이에 이해관계의 균형을 도모하는 것은 로마의 혼합정체*이래 지속 가능한 공화국의 골자를 이루게 되었다고 할 수 있다. 따라서 18세기 후반에 비로소 등장한 법적 의미의 헌법 개념은 당시 미국의 공화주의적 헌법을 구상하는 과정에서조차 의도되었던 바가 아니며, 성문*의 헌법을 채택하면서도 여전히 그것은 사법적* 헌장*이라기보다는 시민의 헌장을 갖는다는 의미였을 것이다.

공화주의와 관련하여 우리가 헌법의 의미에 주목해야 하는 이유는 법적 의미의 헌법 개념을 과거의 공화주의 사상가들이 알지 못했기 때문만은 아니다. 그것은 오히려 헌법을 법적인 의미로 이해하는 전제에서 공화주의를 위하여 제안되는 이른바 ㉠헌정주의적 수단들이 역으로 공화주의의 핵심적 목적과 충돌하게 된다는 문제 때문이다. 예컨대, 그러한 수단의 하나로 제안되는 법률의 헌법 기속* 개념은 기본적으로 시민의 대표들이 다수결로 도출하는 합의를 불신한다는 면에서 공동체적 삶의 향배를 시민들의 손에 맡기고자 하는 공화주의의 이상에 반하는 것이며, 그보다는 차라리 국가로부터 개인의 권리를 보호하고자 하는 자유주의적 사고의 장치에 가깝다는 비판을 받고 있다. 바꿔 말해서 소수의 현자들에 의한 사법 심사의 과정으로 뒷받침되는 헌법은 더이상 공화주의적이지 않으며, 나아가 미국의 민주정치가 발전하는 데도 방해가 되어 왔다는 것이다.

그러나 현대 민주정치의 상황에서 시민의 정치 참여는 통치자의 선출이나 할당된 지분의 행사에서처럼 투표 과정을 중심으로 이루어져야 하는 것은 아니며, 오히려 공적인 토론의 과정을 중심으로 이루어질 수도 있다. 만약 사법 심사의 장이 그와 같은 토론의 과정을 촉발시키고 이끎으로써 궁극적으로 법의 지배에 기여하는 것이라면 그에 대한 평가는 달라질 것이다. 무엇보다 여기서 민주주의의 가치를 공동선에 관한 이성적 숙의에서 찾고자 했던 공화주의자들의 관점을 다시 발견할 수 있기 때문이다.

1 윗글의 내용과 일치하는 것은?

① 공화국의 광대한 영토는 대외적 방어에 불리하다.

② 공화주의자는 시민으로서의 삶보다 개인으로서의 삶을 중시한다.

③ 『페더럴리스트 페이퍼』의 저자들은 안전보다 연대를 추구하였다.

④ 연방주의자는 공화주의의 딜레마가 지닌 정치적 함의를 간과하였다.

⑤ 로마의 혼합정체는 공화국의 대내적 균형을 확보해 주는 장치였다.

3 ㉠에 대한 진술로 적절하지 않은 것은?

① 공적인 토론의 과정을 정치적 대표를 선출하는 투표 과정으로 대체한다.

② 헌법적 가치의 선언을 통해 의회의 결정 권한에 대한 제한을 공식화한다.

③ 성문화된 헌법은 최고법적 효력으로 인해 민주주의와 긴장 관계에 놓일 수 있다.

④ 대통령의 법률안 거부권을 인정하여 상호 견제를 통한 권력의 제한을 꾀한다.

⑤ 법의 지배는 그 누구의 지배도 아니라는 점에서는 자의적 권력의 지배를 거부하는 공화주의 이념과 연결된다.

2 연방주의자의 생각으로 적절하지 않은 것은?

① 연방 공화국의 정부 형태를 출범시키기 위해서 헌법의 개념이 변해야 하는 것은 아니다.

② 선출된 대표가 파벌 지도자로 변질되는 것을 연방이라는 헌정 체제를 통해 견제할 수 있다.

③ 공화국에 대한 내부 위협은 소규모의 파벌이 광대한 영역 기반의 대규모 파벌로 커질 때 오히려 줄어들게 된다.

④ 규모가 커진 공화국은 구성원들의 사회적 다양성도 커져서 정치적 분열이 초래되어 전제적 다수가 형성되기 어렵다.

⑤ 인간 본성에 자리하고 있는 파벌의 싹은 근절될 수 없으므로 그것의 발호를 통제하는 제도적 장치를 갖추어 대응해야 한다.

★ **어휘력 강화**

* **파벌(派閥)** 개별적인 이해관계에 따라 따로 갈라진 사람의 집단.
* **딜레마(dilemma)** 선택해야 할 길은 두 가지 중 하나로 정해져 있는데, 그 어느 쪽을 선택해도 바람직하지 못한 결과가 나오게 되는 곤란한 상황.
* **대의제(代議制)** [정치] 국민이 스스로 선출한 대표자를 통하여 국가 권력을 행사하는 정치 제도.
* **전제적(專制的)**
  ① 자기의 의사대로 모든 일을 처리하는 것.
  ② 국가의 권력을 개인이 장악하고 그 개인의 의사에 따라 모든 일을 처리하는 것.
* **혼합정체(混合政體)** [정치] 군주제, 귀족제, 민주제 각각의 장점을 두루 채용한 정치 체제.
* **성문(成文)** 글자로 써서 나타냄. 또는 그런 글이나 문서.
* **사법적(司法的)** 법을 적용하는.
* **헌장(憲章)**
  ① 어떠한 사실에 대하여 약속을 이행하기 위하여 정한 규범.
  ② [법률] 헌법의 전장(典章).
* **기속(羈屬)** 어떤 것에 얽매여 있음. 또는 그것을 얽매어 놓음.

제재	경제학	출처	2020 3월 고3	난도	중	목표 시간	10분

선정 이유	EBS 수능특강 '조선 시대 대동법과 현대의 조세 원칙'과 연계되는 지문으로, 세원의 정의와 세율의 종류를 설명한 후 공리주의자 밀의 균등 희생 원리에 대한 후대 학자들의 해석을 통해 공평한 조세 부담이 무엇인지 분석하고 있다.

1~6 | 다음 글을 읽고 물음에 답하시오.

세원이란 조세[*]가 부과되는 원천인데, 소득은 대표적인 세원 중 하나이다. 조세를 부과할 때 세율[*]을 적용하는 부분은 세원 전체가 아니다. 가령 우리나라는 ㉠ 부양가족[*]이 있는 사람에게는 개인의 총소득 중 일부를 공제[*]한 뒤에 세율을 적용한다. 과세[*] 대상 소득으로부터 얻는 만족감이 동일한 자에게, 동일한 조세 부담을 요구하는 것이 공평하다고 생각되기 때문이다. 개인의 총소득에서 공제를 한 뒤, 세율이 적용되는 소득을 과세 표준이라 한다. 그리고 납세[*] 부담, 즉 세액은 과세 표준에 세율을 곱함으로써 ⓐ 산출된다. 납세자가 부담할 세액을 결정하는 데 활용되는 세율은 한계 세율이다. 한계 세율이란 세액의 증가분이 과세 표준의 증가분에서 차지하는 비중을 말하는데, 세액의 증가분을 과세 표준의 증가분으로 나눈 값이다. 이 밖에도 세율에는 세액을 과세 표준으로 나눈 값인 평균 세율, 세액을 과세 이전 총소득으로 나눈 값인 실효 세율 등이 있다.

[A] 다음 예를 통해 세율에 대해 이해해 보자. 소득세의 세율이 과세 표준 금액 1천만 원 이하는 10%, 1천만 원 초과 4천만 원 이하는 20%라 하자. 이처럼 과세 표준을 몇 개의 구간으로 나누는 까닭은 소득에 대응하는 세율을 일일이 획정하는[*] 것이 현실적으로 어렵기 때문이다. 과세 표준 금액이 3천만 원인 사람의 세액은 '1천만 원×0.1(10%)+2천만 원×0.2(20%)=5백만 원'으로 계산된다. 이 경우 평균 세율은 약 16.7%(5백만 원/3천만 원)가 된다. 과세 표준에 세율을 어떻게 적용할 것인지에 따라 세율 구조가 결정된다. 과세 표준이 클수록 높은 세율로 과세하는 것을 누진 세율 구조라고 한다. 그런데 누진 세율 구조가 아니더라도 고소득일수록 세액이 증가할 수 있으므로 세율 구조는 평균 세율의 증가 여부로 판단하는 것이 적절하다. 즉 과세 표준이 증가할 때 평균 세율이 유지되면 비례 세율 구조, 평균 세율이 오히려 감소하면 역진[*]세율 구조, 함께 증가하면 누진[*]세율 구조이다.

대다수 국가에서 소득세는 누진 세율 구조를 적용하고 있는데, 그 이유는 경제적 능력에 따라 조세를 부담하는 것이 공평하다고 생각되기 때문이다. 일찍이 공리주의자 밀은 조세 부담이 개인의 소득 감소를 유발하므로 세금 납부에 따른 경제적 희생, 즉 효용의 손실이 균등해야 공평하다고 보았다. 이를 균등 희생 원리라고 하는데, 밀의 이러한 주장은 후대 학자들에 의해 누진 세율 구조를 ⓑ 옹호하는 근거로 활용되었다. 여기서 희생이란 세액 자체가 아니라 납세로 인한 총효용의 감소분이다. 그런데 밀은 균등하다는 것이 구체적으로 어떤 의미인지는 논의하지 않았다. 이에 후대 학자들은 균등의 의미를 절대 희생 균등

의 원칙, 비례 희생 균등의 원칙, 한계 희생 균등의 원칙으로 구분하여 논의하였다. 이러한 논의는 소득만이 개인의 효용을 결정하고 효용은 측정 가능하며 소득 증가에 따라 한계 효용이 체감한다는 가정에 ⓒ 입각해 있다. 뿐만 아니라 모든 사람의 소득의 한계 효용 곡선이 동일하다고 가정한다.

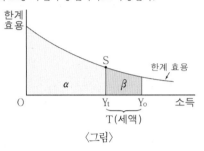

〈그림〉

균등한 희생과 관련 있는 세 원칙은 〈그림〉에 나타나 있는 것과 같은 소득의 한계 효용 곡선을 통해 이해할 수 있다. 소득의 한계 효용이란 소득이 1단위 증가했을 때 개인이 얻게 되는 만족의 정도를 의미한다. 〈그림〉에서 원래 소득이 Y_o였던 사람이 세금 T를 내면 세후 소득이 Y_t로 줄어든다. 이때 희생된 효용의 절대량은 면적 β로 나타낼 수 있다. 절대 희생 균등의 원칙에 따르면 각 개인들이 조세를 부담함으로써 떠안게 되는 희생의 절대적 크기가 균등해야 한다. 그러므로 이 원칙 아래에서는 고소득자의 세액이 저소득자의 세액보다 커야 한다. 그런데 이것만으로는 누진 세율 구조라고 ⓓ 단정하기 어렵다. 절대 희생 균등 원칙 아래에서는 소득이 1% 증가할 때 한계 효용은 1% 이상 감소할 정도로 한계 효용 곡선이 가파른 기울기를 가져야만 누진 세율 구조가 ⓔ 성립될 수 있기 때문이다. 극단적으로 생각했을 때, 한계 효용 곡선이 체감하지 않고 기울기가 0이라면 절대 희생 균등의 원칙 아래에서는 모든 개인이 동일한 세액을 부담해야 한다. 누진 세율 구조를 충족시킬 수 없는 것이다.

비례 희생 균등의 원칙에 따르면 과세 이전 총소득으로부터 얻는 총효용에서 납세로 인한 효용의 상실, 즉 희생이 차지하는 비율이 모든 개인에게 동일해야 한다. 이는 〈그림〉에서 면적 β를 면적 $\alpha+\beta$로 나눈 값인 효용의 희생 비율이 모두 똑같아야 한다는 것을 뜻한다. 이 원칙 아래에서 누진 세율 구조는 소득의 한계 효용 곡선이 체감하는 모양이기만 하다면 이루어질 수 있다. 즉 소득의 한계 효용 곡선이 반드시 가파른 기울기를 가질 필요는 없다. 비례 희생 균등의 원칙 아래에서 만약 한계 효용 곡선의 기울기가 0이라면 비례 세율 구조가 될 것이다.

한계 희생 균등의 원칙에 따르면 과세 이후에 얻는 한계 효용의 크기가 모든 개인에게 동일해야만 한다. 〈그림〉에서 조세 부담의 마지막 단위에서 발생하는 한계 효용은 선분 Y_tS의 길이로 나타낼 수 있는데, 한계 희생 균등의 원칙에 따르면 이 길이가 모든 사람에게 같아지도록 해야 한다. 그 결과 과세 이전의

소득 수준에 관계없이 모든 개인이 동일한 효용의 크기를 가지게 된다. 따라서 한계 희생 균등의 원칙을 적용하면 고소득층일수록 매우 무거운 조세 부담이 요구된다.

*공제 : 받을 몫에서 일정한 금액이나 수량을 뺌.

1 윗글에 대한 설명으로 가장 적절한 것은?

① 조세의 본질과 기본 원칙을 제시하며 조세의 경제적 효과에 대해 설명하고 있다.

② 조세 부과의 효율성에 대한 고찰을 통해 누진적 조세 부담의 변천 과정을 설명하고 있다.

③ 조세 부담의 공평성에 대한 견해를 비교하며 조세 행정의 목적을 효율적 자원 배분의 관점에서 설명하고 있다.

④ 조세를 강제 징수하는 이유를 제시하고 여러 나라의 사례를 들어 세율 구조를 결정하는 방법에 대해 설명하고 있다.

⑤ 조세 관련 용어들의 개념을 제시하고 조세 부담에서의 균등한 희생이란 무엇인가와 관련된 원칙들을 설명하고 있다.

2 윗글에 대한 이해로 적절하지 <u>않은</u> 것은?

① 일반적으로 평균 세율보다 실효 세율이 더 낮다.

② 납세 부담액은 과세 표준에 세율을 곱한 값이다.

③ 대다수 국가가 소득세에 비례 세율 구조를 적용하고 있다.

④ 세액 산출 시 과세 표준을 몇 개의 구간으로 나누어 세율을 적용할 수 있다.

⑤ 누진 세율 구조인지의 여부는 과세 표준이 증가할 때 평균 세율이 증가하느냐로 판단할 수 있다.

3 윗글을 바탕으로 〈보기〉를 이해한 내용으로 적절하지 <u>않은</u> 것은? 〔3점〕

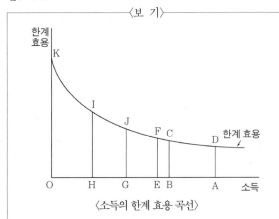

〈보 기〉

〈소득의 한계 효용 곡선〉

위는 갑과 을의 소득에 따른 한계 효용 곡선이다. 갑은 GO 만큼의 소득을 얻었고, 을은 AO만큼의 소득을 얻었다. (단, 소득 증가에 따라 한계 효용은 체감한다.)

① 절대 희생 균등의 원칙에 의하면, 만약 한계 효용 곡선이 체감하지 않고 기울기가 0이라면 갑과 을은 동일한 세액을 부담해야 한다.

② 절대 희생 균등의 원칙에 의하면, 갑과 을이 내야 할 세액이 각각 GH와 AB라면 GHIJ의 면적과 ABCD의 면적이 같아지도록 GH와 AB의 크기를 결정해야 한다.

③ 비례 희생 균등의 원칙에 의하면, 을의 효용의 희생 비율이 AEFD / AOKD일 때에 갑의 효용의 희생 비율과 동일해진다면 을에게 AE만큼의 세액을 부담하게 해야 한다.

④ 비례 희생 균등의 원칙에 의하면, 갑이 내야 할 세액이 GH이고 을이 내야 할 세액이 AB일 경우 GH를 GO로 나눈 값과 AB를 AO로 나눈 값이 모든 개인에게 동일해야 한다.

⑤ 한계 희생 균등의 원칙에 의하면, 갑의 세액이 GH라면 을의 조세 부담의 마지막 단위에서 발생하는 한계 효용이 HI가 되도록 을에게 AH만큼의 세액을 부담하게 해야 한다.

4 ㉠의 이유로 가장 적절한 것은?

① 부양가족이 있는 사람은 그렇지 않은 사람에 비해 동일한 소득으로부터 얻는 만족감이 낮은 점을 고려하기 위해서

② 부양가족의 유무에 상관없이 동일한 소득에 대해 동일한 세율을 적용하는 것이 공평하다는 점을 고려하기 위해서

③ 가족의 모든 소득을 합산해야만 경제적 능력을 객관적으로 측정하여 탈세를 막을 수 있다는 점을 고려하기 위해서

④ 동일한 소득이라면 개인의 사정을 고려하지 않고 동일한 조세를 부담하게 하는 것이 공평하다는 점을 고려하기 위해서

⑤ 부양가족이 많은 사람에게 더 큰 조세 부담을 요구하는 것이 조세 징수의 효율성을 높일 수 있다는 점을 고려하기 위해서

5 [A]를 참고하여 〈보기〉를 이해한 내용으로 가장 적절한 것은?

〈보 기〉

소득세 제도			
과세 표준	(가)	(나)	(다)
100만 원	10만 원	30만 원	10만 원
200만 원	20만 원	60만 원	30만 원
300만 원	30만 원	90만 원	60만 원

위에 제시된 표는 어떤 국가에서 검토되고 있는 소득세 제도 (가)~(다)와 그에 따라 개인이 부담해야 하는 세액이다. (단, 과세 표준은 위의 3가지 경우만 있다고 가정한다.)

① (나)는 과세 표준이 클수록 높은 세율을 부과하는 세율 구조이다.

② (다)는 소득이 높을수록 더 많은 세액을 부담하는 역진 세율 구조이다.

③ (가)는 (나)와 달리 모든 과세 표준에 동일한 세율을 부과하는 세율 구조이다.

④ (나), (다)와 달리 (가)는 과세 표준이 증가할 때 평균 세율이 유지되는 세율 구조이다.

⑤ (가), (나)와 달리 (다)는 고소득자보다 저소득자의 세율을 낮게 책정하고 있는 세율 구조이다.

6 ⓐ~ⓔ의 사전적 의미로 적절하지 않은 것은?

① ⓐ : 계산하여 냄.

② ⓑ : 두둔하고 편들어 지킴.

③ ⓒ : 어떤 사실이나 주장 따위에 근거를 두어 그 입장에 섬.

④ ⓓ : 딱 잘라서 판단하고 결정함.

⑤ ⓔ : 정도나 수준이 나아지거나 높아짐.

★ 어휘력 강화

* 조세(租稅) [행정] 국가 또는 지방 공공 단체가 필요한 경비로 사용하기 위하여 국민이나 주민으로부터 강제로 거두어들이는 금전. 국세와 지방세가 있다.
* 세율(稅率) [법률] 법으로 각 과세 물품에 정해 놓은 세금을 부과하는 비율.
* 부양가족(扶養家族) 처자나 부모 형제 등 자기가 부양하고 있는 가족. '부양'이란 생활 능력이 없는 사람의 생활을 돌보는 것을 뜻함.
* 과세(課稅) 세금을 정하여 그것을 내도록 의무를 지움.
* 납세(納稅) 세금을 냄.
* 획정(劃定)하다 경계 따위를 명확히 구별하여 정하다.
* 역진(逆進) 반대 방향으로 나아감.
* 누진(累進) 가격, 수량 따위가 더하여 감에 따라 상대적으로 그에 대한 비율이 점점 높아짐.

25	연륜 연대학의 유용성				★ [과학/기술]
제재	고고학	출처	2020 LEET	난도	중	목표 시간	10분

선정 이유	EBS 수능특강 '연륜 연대법'과 연계되는 지문이다. 연륜 연대법의 원리에 대해 설명하고 있는 수능특강 지문과 비교할 때, 연륜 연대를 계산하는 구체적인 방법까지 다루고 있다는 점에서 한층 더 깊이 있는 탐색을 요구한다.

1~3 │ 다음 글을 읽고 물음에 답하시오.

과학 기술이 발달하고 일상의 삶에 미치는 영향이 점점 커짐에 따라 법정에서 과학 기술 전문가의 지식을 필요로 하는 사례도 늘고 있다. 유전자 감식*에 의한 친자 확인, 디지털 포렌식을 통한 범죄 수사 등은 이미 낯설지 않고, 최근에는 연륜 연대학에 기초한 과학적 증거의 활용도 새롭게 관심을 끌고 있다.

연륜 연대학이란, 나이테를 분석하여 나무의 역사를 재구성하는 과학이다. 온대림에서 자라는 대부분의 수목은 매년 나이테를 하나씩 만들어 내는데, 그것의 폭, 형태, 화학적 성질 등은 수목이 노출되어 있는 환경의 영향을 받는다. 예를 들어 나이테의 폭은 강수량이 많았던 해에는 넓게, 가물었던 해에는 좁게 형성된다. 따라서 연속된 나이테가 보여 주는 지문과도 같은 패턴은 나무의 생육* 연대를 정확히 추산하기* 위한 단서가 된다.

[A]
2005년에 400개의 나이테를 가진 400년 된 수목을 베어 냈는데, 그 단면에서 1643년부터 거슬러 1628년까지 16년 동안 넓은 나이테 5개, 좁은 나이테 5개, 넓은 나이테 6개 순으로 연속된 특이 패턴이 보였다고 하자. 한편 인근의 역사 유적에 대들보*로 사용된 오래된 목재는 나무의 중심부와 그것을 둘러싼 332개의 나이테를 보여 주지만 베어진 시기를 알 수 없었는데, 만일 그 가장자리 나이테에서 7개째부터 앞서의 수목과 동일한 패턴이 발견된다면 그 목재로 사용된 나무는 1650년경에 베어졌고 1318년경부터 자란 것이라는 결론을 내릴 수 있다. 나아가 그 목재를 유적의 기둥 목재와 비슷한 방식으로 비교하여, 나이테 기록을 보다 먼 과거까지 소급할 수 있다.

이와 같이 나이테를 통한 비교 연대 측정은 예술 작품이나 문화재 등의 제작·건립 시기를 추정하는 과학적 기법을 제공하기도 하지만, 종종 법률적 사안의 해결에 도움을 주기도 한다. 수목으로 소유지 경계를 표시하던 과거에는 수목의 나이를 확인하는 것이 분쟁 해결에 중요한 역할을 담당하였다. 형사 사건에서도 나이테 분석을 활용한 적이 있다. 1932년 린드버그의 아기를 납치·살해한 범인을 수목 과학자인 콜러가 밝혀낸 일화는 잘 알려져 있다. 그는 범행 현장에 남겨진 수제 사다리의 목재를 분석함으로써, 그것이 언제 어느 제재소에서 가공되어 범행 지역 인근의 목재 저장소로 운반되었는지를 추적하는 한편, 용의자의 다락방 마루와 수제 사다리의 일부가 본래 하나의 목재였다는 사실도 입증해 냈다.

나이테 분석의 활용 잠재성이 가장 큰 영역은 아마도 환경 소송 분야일 것이다. 과학자들은 나이테에 담긴 환경 정보의 종단 연구*를 통해 기후 변동의 역사를 고증하고*, 미래의 기후 변화를 예측하는 데 주로 관심을 기울여 왔다. 하지만 나이테에 담긴 환경 정보에는 비단 강수량이나 수목 질병만이 아니라 중금속이나 방사성 오염 물질, 기타 유해 화학 물질에 대한 노출

여부도 포함되므로 이를 분석하면 특정 유해 물질이 어느 지역에 언제부터 배출되었는지를 확인할 수 있을 것이다. 넓은 의미의 연륜 연대학 중에서 이처럼 수목의 화학적 성질에 초점을 맞춘 연구만을 따로 연륜 화학이라 부르기도 한다.

[B]
한편 과학 기술 전문가의 견해가 법정에서 실제로 유의미하게 활용되기 위해서는 일정한 기준을 충족해야 하는데, 이 점은 나이테 분석도 마찬가지다. 법원으로서는 전문가의 편견 및 오류 가능성이나 특정 이론의 사이비 과학 여부 등에도 신경을 쓸 수밖에 없기 때문이다. 나이테 분석을 통한 환경오염의 해석은 분명 물리적 환경 변화의 해석에서보다 고려해야 할 변수도 많고, 아직 그 역사도 상당히 짧다. 하지만 이 같은 해석 기법이 환경 소송을 주재할* 법원의 요구에 부응할 수 있는 과학 기술적 토대를 갖추었다고 평가하는 견해가 점차 늘어나고 있다.

1 윗글로 보아 적절하지 <u>않은</u> 것은?

① 나이테 분석이 이미 생성된 나이테만을 대상으로 할 수밖에 없다면, 아직 발생하지 않은 변동을 예측하는 데는 사용되지 못할 것이다.

② 특정 수목이 소유지 경계 확정 시 성목(成木)으로 심은 것이라면, 그 나이테의 개수가 경계 확정 시기까지 소급한 햇수보다 적지 않을 것이다.

③ 발생 연도가 확실한 사건에 대한 지식이 추가되면, 비교할 다른 나무가 없어도 특정 수목의 생육 연대를 비교적 정확하게 추산하는 것이 가능하다.

④ 배후지의 나무와 달리 차로변의 가로수만 특정 나이테 층에서 납 성분이 발견되었다면 그 시기에는 납을 함유한 자동차 연료가 사용되었다고 추정하는 것이 가능하다.

⑤ 가장자리 나이테 층뿐 아니라 심부로도 수분과 양분이 공급되는 종류의 나무라면, 나이테 분석을 통해 유해 화학 물질의 배출 시기를 추산할 때 오차가 발생할 것이다.

2 [A]에 대해 추론한 내용으로 옳지 <u>않은</u> 것은?

① 2005년에 베어 낸 수목은 1605년경부터 자랐을 것이다.

② 대들보로 사용된 목재의 가장자리에서 10번째 나이테는 폭이 넓을 것이다.

③ 대들보로 사용된 목재의 가장자리에서 20번째 나이테는 폭이 좁을 것이다.

④ 대들보로 사용된 목재의 가장자리에서 15번째 나이테는 1635년경에 생겼을 것이다.

⑤ 대들보로 사용된 목재와 기둥 목재의 나이테 패턴 비교 구간은 1318년경에서 1650년경 사이에 있을 것이다.

3 [B]를 참조하여 〈보기〉의 입장들을 설명할 때, 적절하지 <u>않은</u> 것은?

<보 기>

X국에는 과학적 연구 자료를 법적으로 활용하는 기준에 대하여 다음과 같은 입장들이 있다. 각각의 입장에서 전문가의 '나이테 분석에 근거한 연구 결과'가 어떻게 이용될지 생각해 보자.

A : 관련 분야 전문가들의 일반적 승인을 얻은 것만을 증거로 활용한다.

B : 사안에 대한 관련성이 인정되는 한 모두 증거로 활용하되, 전문가의 편견 개입 가능성이나 쟁점 혼란 또는 소송 지연 등의 사유가 있을 경우에는 활용하지 않는다.

C : 사안에 대한 관련성이 인정되고, 일정한 신뢰성 요건(검증 가능성, 적정 범위 내의 오차율 등)을 갖춘 것은 모두 증거로 활용한다.

① A를 따르는 법원이 수목의 병충해 피해 보상을 판단할 때 해당 연구 결과를 유의미하게 활용한다면, 나이테를 통한 비교 연대 측정 방법은 대체로 인정된다고 추정할 수 있군.

② A를 따르는 법원이 공장의 유해 물질 배출로 인한 피해의 배상을 판단할 때 해당 연구 결과를 유의미하게 활용한다면, 연륜 화학의 방법은 대체로 인정된다고 추정할 수 있군.

③ B를 따르는 법원이 방사능 피해 보상 문제에서 해당 연구 결과를 유의미하게 활용한다면, 그 연구의 수행자가 피해 당사자의 입장을 적극 대변하는 인물이라고 추정할 수 있군.

④ C를 따르는 법원이 장기간의 가뭄으로 인한 농가 피해의 보상을 판단할 때 해당 연구 결과를 유의미하게 활용한다면, 나이테 분석은 사이비 과학이 아니라고 추정할 수 있군.

⑤ C를 따르는 법원이 홍수로 인한 농가 피해의 보상을 판단할 때 해당 연구 결과를 유의미하게 활용하지 않는다면, 연륜 연대학의 방법이 일정한 신뢰성의 요건을 충족하지 못한다고 추정할 수 있군.

★ 어휘력 강화

* 감식(鑑識) 범죄 수사에서 필적, 지문, 혈흔(血痕) 따위를 과학적으로 감정함. 여기서 '감정'이란 특정한 사항에 대하여 그 분야의 전문가가 의견과 지식을 보고하는 일을 의미한다.
* 생육(生育) 생물이 나서 길러짐.
* 추산(推算)하다 짐작으로 미루어 셈하다.
* 대들보 작은 들보의 하중을 받기 위하여 기둥과 기둥 사이에 건너지른 큰 들보.
* 종단 연구(縱斷研究) 특정 현상이나 대상에 대하여 일정 기간 동안 측정을 되풀이하는 연구 방법. 시간 변화에 따라 각종 변수의 변화 상태를 파악하여 변화가 일어난 원인을 분석하는 기법이기 때문에 어떤 현상의 추세를 알고자 할 때 주로 이용된다.
* 고증(考證)하다 예전에 있던 사물들의 시대, 가치, 내용 따위를 옛 문헌이나 물건에 기초하여 증거를 세워 이론적으로 밝히다.
* 주재(主宰)하다 어떤 일을 중심이 되어 맡아 처리하다.

26 개체군의 성장 과정

제재	생명 과학	출처	2014 3월 고2	난도	하	목표 시간	7분

선정 이유 EBS 수능특강 '군집의 다양도 지수와 천이'와 연계되는 지문이다. EBS 지문에서는 일정 공간 내의 모든 종의 무리인 '군집'의 특성을, 이 지문에서는 그러한 군집을 구성하는 '한 종', 즉 개체군의 성장 과정을 설명하고 있다.

1~3 | 다음 글을 읽고 물음에 답하시오.

생태계에서 개체군이란 동일한 지역에 살고 있는 한 종*에 속하는 개체들의 집단을 말한다. 생태학자들은 이러한 개체군의 성장 과정을 연구하기 위해서 ㉠ 기하급수적*성장 모델과 ㉡ 로지스틱(logistic) 성장 모델을 활용한다.

먼저 먹이, 번식지, 포식자 등과 같은 아무런 환경적인 제한 요인이 없는 실험 환경에서 한번 발생한 박테리아가 매 20분마다 두 배로 지속적으로 분열해서 증식한다고 가정하자. 이 박테리아는 36시간 후에는 전 지구를 30cm의 두께로 덮을 수 있는 수로 증가하게 된다. 이처럼 이상적인 환경이라면, 개체군의 성장률(G)은 그 개체군이 갖고 있는 선천적 번식 능력을 의미하는 상수 값인 '내재성 증가율(r)'과 그 개체군의 '개체수(N)'에 의해 결정되며, 이는 G=rN이라는 방정식으로 표현된다. 그래서 시간이 지날수록 성장률이 점점 더 커지게 되고, 그만큼 개체군 또한 기하급수적으로 성장하게 된다. 이와 같이 이상적인 환경에서 개체군이 일정한 세대기간*이 거듭될수록 기하급수적으로 성장하기 때문에 기하급수적 성장 모델이라고 하는데, 이는 〈그림〉의 (가)와 같은 곡선으로 그려진다.

그러나 ⓐ 자연계에서 개체군이 성장 초기에는 기하급수적으로 성장하더라도, 나중에는 〈그림〉의 (가)처럼 성장할 수는 없다. 이를 고려한 것을 로지스틱(logistic) 성장 모델이라고 하며, 이는 〈그림〉의 (나)와 같은 곡선으로 그려진다. 이 모델은 제한 요인들의 영향에 따라 개체군이 최대로 성장할 수 있는 개체수인 '환경수용력(K)'을 고려한 것으로, 환경수용력에서 개체수를 뺀 값을 환경수용력으로 나눈 값인 $\frac{(K-N)}{K}$을 기하급수적 성장 모델 방정식에 포함하여 다음과 같이 표현된다.

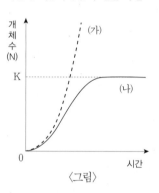

〈그림〉

$$G=rN\frac{(K-N)}{K}$$

성장 초기에 개체군의 개체수는 환경수용력에 비해 매우 작기 때문에, $\frac{(K-N)}{K}$은 거의 1과 같게 된다. 이처럼 개체군의 성장 초기의 성장률은 〈그림〉에서 보는 것처럼 기하급수적 성장 모델에 가깝게 나타난다. 이후 개체군이 커지고 개체수가 환경수용력에 가까워질수록 $\frac{(K-N)}{K}$은 0에 가까워져서 개체군의 성장은 둔화된다.* 이론적으로 어떤 개체군의 개체수가 환경수용력의 1/2일 때 성장률은 최대가 되고, 개체수와 환경수용력이 같아지면 개체군의 성장률은 0이 된다. 그러면 그 개체군은 〈그림〉의

(나)처럼 개체군의 개체수에 큰 변동이 없는 안정 상태에 이르게 된다고 설명할 수 있다.

* 세대기간 : 한 개체군이 증식하는 일정한 시간 간격.

1 ㉠과 ㉡에 대해 이해한 내용으로 적절하지 <u>않은</u> 것은?

① ㉠에 따르면 개체군의 세대기간이 거듭될수록 개체군의 성장률은 커지게 된다.

② ㉠에 따르면 개체군이 성장하여 개체수가 증가할수록 개체군은 기하급수적으로 성장하게 된다.

③ ㉡에 따르면 개체군의 개체수가 환경수용력의 1/2을 넘으면 개체군의 성장률은 감소하기 시작한다.

④ ㉡에 따르면 개체군의 개체수와 환경수용력이 같아지면 개체군은 안정 상태에 이르게 된다.

⑤ ㉡에 따르면 개체군 성장 초기의 개체수가 적을수록 개체군의 성장 속도는 빨라지게 된다.

2 ⓐ의 이유로 가장 적절한 것은?

① 자연계에서는 개체군의 성장률이 일정하기 때문에

② 자연계에서는 개체군의 환경수용력이 더 커지기 때문에

③ 자연계에서는 개체군의 선천적 번식 능력이 더 커지기 때문에

④ 자연계에서는 제한 요인이 개체군의 성장에 영향을 주기 때문에

⑤ 자연계에서는 이상적인 환경보다 개체수가 더 빨리 증가하기 때문에

3 윗글을 바탕으로 〈보기〉의 ㉮를 이해한 내용으로 가장 적절한 것은? [3점]

─〈보 기〉─

　알래스카 연안 세인트폴섬에는 ㉮ 물개의 개체군이 형성되어 있다. 이곳의 물개는 수컷 물개 한 마리당 암컷 30~50마리로 구성된 번식 집단으로 생활하는데, 인간의 사냥 등으로 인해 물개의 개체수가 늘지 못하고 있었다. 하지만 1925년부터 물개 사냥이 규제되기 시작하자 물개의 수가 증가하기 시작했다. 10년 뒤 1935년에는 물개의 수가 한계에 이르러 개체군 내의 수컷이 약 1만 마리에 해당하는 개체군의 크기로 안정되었다.

① ㉮는 1925년에 최대의 개체군을 형성했겠군.

② ㉮는 1926년경에 환경수용력이 작아졌겠군.

③ ㉮는 1935년경에 성장률이 0에 가까웠겠군.

④ ㉮의 내재성 증가율은 0이라고 할 수 있겠군.

⑤ ㉮의 개체군의 최대 개체수는 1만 마리라고 할 수 있겠군.

★ 어휘력 강화

* 종(種) [생명] 생물 분류의 기초 단위. 속(屬)의 아래이며 상호 정상적인 유성 생식을 할 수 있는 개체군이다.
* 기하급수적(幾何級數的) 증가하는 수나 양이 아주 많은 것.
* 둔화(鈍化)되다 느리고 무디어지다.

| 제재 | 물리학 | 출처 | 2020 4월 고3 | 난도 | 하 | 목표 시간 | 7분 |

선정 이유 | EBS 수능특강 '점도에 따른 유체의 분류'와 연계되는 지문으로, 유체의 운동 원리를 응력과 점성이라는 특징을 기반으로 설명하고 있다. 충실한 개념 이해를 바탕으로 유체의 특성과 종류에 주목하여 독해해 보자.

1~5 | 다음 글을 읽고 물음에 답하시오.

일반적으로 액체나 기체처럼 물질을 구성하고 있는 입자가 쉽게 움직이거나 입자 간의 상대적인 위치를 쉽게 변화시킬 수 있는 물질을 유체라고 ㉠부른다. 유체에 작용하는 힘과 유체의 운동 원리를 ㉡다루는 유체 역학에서는 응력과 점성이라는 개념을 사용하여 유체의 특성을 설명한다.

응력이란 어떤 물질에 외부에서 힘이 가해졌을 때 물질의 내부에서 이에 대항하여 외부의 힘과 반대 방향으로 작용하는 힘이다. 응력은 작용하는 방향에 따라 종류를 나눌 수 있는데 그 중 물질의 표면과 평행하게 작용하는 응력을 전단* 응력이라고 한다. 유체는 이러한 전단 응력이 작용할 때 그 형태가 연속적으로 변형된다. 이때 유체가 변형되는 양상은 유체가 가지고 있는 점성에 의해 영향을 받게 된다. 점성이란 유체를 구성하는 입자들의 상호 작용으로 인해 나타나는, 유체가 운동에 저항하는 성질을 말한다.

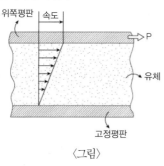

위쪽평판 속도
P
유체
고정평판
〈그림〉

〈그림〉의 실험과 같이 매우 넓은 두 평행 평판 사이에 어떤 유체가 들어 있는 경우를 가정해 보자. 이때 평행평판 중 아래쪽은 고정되어 움직이지 않는 고정평판이고, 위쪽평판은 자유롭게 움직일 수 있다. 다른 힘이 작용하지 않는다고 할 때 위쪽평판에 P 방향으로 힘이 가해지면 위쪽평판이 P 방향으로 일정한 속도로 운동하게 된다. 위쪽평판의 운동에 따라 평판 사이의 유체에는 전단 응력이 발생하게 된다. 이후 유체를 ㉢이루는 입자들은 일정한 속도로 운동하기 시작하고 그에 따라 유체는 연속적으로 그 모습이 변형된다. 이때 위쪽평판에 접하고 있는 유체 입자들은 위쪽평판과 동일 속도로 이동하고, 고정평판에 접하고 있는 유체 입자들은 이동하지 않는다. 이는 유체가 지닌 점성 때문에 ㉣나타나는 현상이다. 그리고 〈그림〉에서처럼 두 평판 사이에 있는 유체 입자들의 속도는 고정평판으로부터 위쪽평판 사이의 거리에 비례하여 일정한 비율로 커진다. 그런데 〈그림〉에서 전단 응력이 증가하게 되면 유체 입자들의 속도도 증가하게 되고, 이에 따라 유체의 변형이 커져 전단 응력에 따른 시간당 유체가 변형되는 변화율을 의미하는 전단 변형률도 커지게 된다. 이를 수식으로 나타내면,

전단 응력＝점성계수×전단 변형률

로 표현할 수 있다. 이 식에서 점성계수는 유체가 지닌 점성을 수치화하여 표현한 값으로, 유체마다 고유의 값으로 나타난다. 이러한 점성계수의 특징 때문에 전단 응력이 일정하다면 점성계수에 따라 전단 변형률은 달라지게 된다. 단, 유체의 점성계

수는 온도의 변화에 따라 달라질 수 있다.

한편 점성계수가 전단 응력이나 전단 변형률의 크기에 관계없이 항상 일정한 유체를 뉴턴 유체라고 한다. 뉴턴 유체는 점성 계수가 일정하기 때문에 전단 응력이 증가함에 따라 전단 변형률도 일정하게 증가하게 되는데, 이를 전단 변형률을 가로축으로 하고 전단 응력을 세로축으로 하는 그래프로 나타내면 일정한 기울기를 가진 직선의 형태로 나타난다. 이때 기울기는 점성계수를 의미한다.

이와 달리 비뉴턴 유체는 전단 응력의 크기에 따라 점성계수가 변하는 특징을 가지고 있다. 따라서 전단 변형률과 전단 응력의 관계를 그래프로 나타내면, 기울기가 변하는 곡선의 형태로 나타난다. 이러한 특징을 가진 비뉴턴 유체에는 전단 응력이 증가함에 따라 점성계수가 감소하는 전단희박* 유체와, 전단 응력이 증가함에 따라 점성계수가 증가하는 전단농후* 유체가 있다. 또한 전단 응력이 일정한 크기에 도달하기 전까지는 변형이 없다가 항복 응력이라고 지칭되는 일정한 전단 응력을 초과하면 변형이 ㉤일어나는 빙햄 유체 등이 있다.

1 윗글의 내용과 일치하지 않는 것은?

① 전단 응력이 작용하면 유체의 형태는 변형된다.

② 응력과 점성의 개념으로 유체의 특성을 설명할 수 있다.

③ 점성은 유체를 구성하는 입자들의 상호 작용 때문에 나타난다.

④ 전단 응력은 물질의 표면에 평행하게 외부에서 작용하는 힘이다.

⑤ 액체와 기체는 입자 간의 상대적인 위치를 쉽게 변화시킬 수 있다.

2 〈보기〉는 윗글의 실험 설계에 따라 실험한 결과이다. 윗글을 바탕으로 〈보기〉를 이해한 내용으로 적절하지 않은 것은? [3점]

─〈보 기〉─

[실험 결과]

측정 항목 \ 실험	A	B	C
전단 변형률	10	20	10

* 온도와 압력은 모든 실험에서 동일하다.
* 실험에 사용된 유체는 각각 다른 뉴턴 유체이다.

① A에서 사용된 유체의 경우, 전단 응력이 증가한다면 전단 변형률은 증가하겠군.

② B에서 사용된 유체의 경우, 전단 응력이 증가하더라도 점성계수는 변하지 않겠군.

③ A와 B에서 사용된 각각의 유체에 작용한 전단 응력이 같다면 점성계수는 A에서 사용된 유체가 크겠군.

④ A에서 사용된 유체의 점성계수가 C에서 사용된 유체의 점성계수보다 크다면, 유체에 작용한 전단 응력은 A에서 사용된 유체가 더 크겠군.

⑤ B와 C에서 사용된 각각의 유체의 점성계수가 같다면, C에서 사용된 유체에 작용한 전단 응력이 더 크겠군.

3 〈보기〉는 유체 ⓐ와 ⓑ의 특성을 나타낸 그래프이다. 윗글을 바탕으로 〈보기〉의 ⓐ와 ⓑ에 대해 설명한 것으로 적절하지 않은 것은?

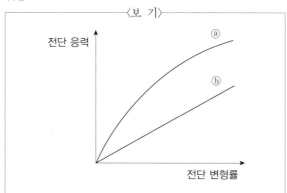

① ⓐ는 점성계수가 변하는 유체라고 할 수 있겠군.

② ⓐ는 전단 응력에 따라 그래프의 기울기가 달라지는 유체겠군.

③ ⓑ는 온도가 변화하면 그래프의 기울기가 달라질 수 있겠군.

④ ⓑ는 전단 응력에 따라 유체가 운동에 저항하는 성질이 달라지겠군.

⑤ ⓑ는 전단 응력 값이 증가함에 따라 전단 변형률이 일정하게 증가하는 유체겠군.

4 〈보기〉는 윗글을 읽은 학생이 보인 반응이다. ㉮~㉰에 들어갈 말로 적절한 것은?

─〈보 기〉─

마요네즈는 단순히 용기를 기울이기만 해서는 흘러나오지 않고, 일정한 힘 이상으로 눌러야만 나오기 시작한다. 왜냐하면 마요네즈는 전단 응력이 증가하여 (㉮)보다 (㉯) 변형이 일어나는 (㉰) 유체이기 때문이다.

	㉮	㉯	㉰
①	항복 응력	커져야	빙햄
②	항복 응력	커져야	전단농후
③	항복 응력	작아져야	전단희박
④	외부의 힘	커져야	전단농후
⑤	외부의 힘	작아져야	빙햄

5 문맥상 ㉠~㉤과 가장 가까운 의미로 쓰인 것은?

① ㉠ : 그 가게에서는 값을 비싸게 불렀다.

② ㉡ : 회의에서 물가 안정을 주제로 다루었다.

③ ㉢ : 우리는 모두 각자의 소원을 이루었다.

④ ㉣ : 사건의 목격자가 우리 앞에 나타났다.

⑤ ㉤ : 경기가 시작되자 사람들이 자리에서 일어났다.

★ 어휘력 강화

* 전단(剪斷) [물리] 물체 내부 양쪽에 크기가 같고 방향이 반대인 두 힘이 가해져 물체 내부에서 어긋남이 생기는 일.
* 희박(稀薄)
  ① 기체나 액체 따위의 밀도나 농도가 짙지 못하고 낮거나 엷음.
  ② 감정이나 정신 상태 따위가 부족하거나 약함.
  ③ 어떤 일이 이루어질 가능성이 적음.
* 농후(濃厚)
  ① 맛, 빛깔, 성분 따위가 매우 짙음.
  ② 어떤 경향이나 기색 따위가 뚜렷함.

28 컴퓨터에서 음수의 표현 방식

★ [과학/기술]

| 제재 | 정보 기술 | 출처 | 2020 3월 고3 | 난도 | 중 | 목표 시간 | 9분 |

| 선정 이유 | EBS 수능특강 '주산과 컴퓨터의 보수'와 연계되는 지문으로, 컴퓨터 연산에서 음의 정수를 표현하는 세 가지 방법을 병렬적으로 설명하고 있다. 세 가지 방법의 공통점과 차이점, 그리고 각각의 장단점에 주의하여 독해해 보자. |

1~4 | 다음 글을 읽고 물음에 답하시오.

　컴퓨터는 0 또는 1로 표시되는 비트*를 최소 단위로 삼아 내부적으로 데이터를 표시한다. 컴퓨터가 한 번에 처리하는 비트 수는 정해져 있는데, 이를 워드라고 한다. 예를 들어 64비트의 컴퓨터는 64개의 비트를 1워드로 처리한다. 4비트를 1워드로 처리하는 컴퓨터에서 양의 정수를 표현하는 경우, 4비트 중 가장 왼쪽 자리인 최상위 비트는 0으로 표시하여 양수를 나타내고 나머지 3개의 비트로 정수의 절댓값을 나타낸다. 0111의 경우 가장 왼쪽 자리인 '0'은 양수를 표시하고 나머지 '111'은 정수의 절댓값 7을 이진수*로 나타낸 것으로, +7을 표현하게 된다. 이때 최상위 비트를 제외한 나머지 비트를 데이터 비트라고 한다.

　그런데 음의 정수를 표현하는 경우에는 최상위 비트를 1로 표시한다. −3을 표현한다면 −3의 절댓값 3을 이진수로 나타낸 011에 최상위 비트 1을 덧붙이면 된다. 이러한 음수 표현 방식을 ㉠'부호화 절댓값'이라고 한다. 그러나 부호화 절댓값은 연산이 부정확하다. 예를 들어 7−3을 계산한다면 7+(−3)인 0111+1011로 표현된다. 컴퓨터에서는 0과 1만 사용하기 때문에 1에 1을 더하면 바로 윗자리 숫자가 올라가 10으로 표현된다. 따라서 0111에 1011을 더하면 10010이 된다. 10010은 4비트 컴퓨터가 처리하는 1워드를 초과하게 된 것으로, 이러한 현상을 오버플로라 한다. 부호화 절댓값에서는 오버플로를 처리하는 별도의 규칙이 없기 때문에 계산값이 부정확하다. 또한 0000 또는 1000이 0을 나타내어 표현의 일관성과 저장 공간의 효율성이 떨어진다.

　음의 정수를 나타내는 또 다른 방식으로 ㉡'1의 보수법'이 있다. 보수란 보충을 해 주는 수를 의미하는 것으로, 어떤 수 a에 대한 n의 보수는 a와의 합이 n이 되는 수이다. 예를 들어 1에 대한 1의 보수는 0이고, 0에 대한 1의 보수는 1이다. 1의 보수법으로 음수를 표현하는 방법은 최상위 비트를 1로 표시하고 데이터 비트는 각 자리의 수에 대한 1의 보수로 나타내는 방식이다. 1의 보수는 각 자리의 수에 대해 합이 1이 되는 수이므로, −3을 1의 보수법으로 표현한다면 −3의 절댓값 3을 이진수로 나타낸 011에 대한 1의 보수 100이 데이터 비트가 된다. 여기에 음수를 표시하는 최상위 비트 1을 덧붙여 1100이 된다. 1의 보수법에서는 오버플로가 발생할 경우 별도의 처리 규칙을 활용하여 계산값을 정확하게 할 수 있다. 그러나 계산값이 0000 또는 1111인 경우 0을 나타내는 문제는 해결할 수 없다.

　㉢0이 두 가지로 표현되는 문제점을 해결한 음수 표현 방식이 '2의 보수법'이다. 2의 보수법은 1의 보수로 나타낸 다음 데이터 비트에 1을 더하는 방식이다. 2의 보수법으로 −3을 표현한다면, −3의 절댓값 3을 이진수로 나타낸 011에 대한 1의 보수 100을 구한 다음, 1을 더한 101에 음수를 표시하는 최상위 비트 1을 덧붙여 1101이 된다. 4비트를 1워드로 처리하는 컴

퓨터를 가정하여 7−3을 2의 보수법으로 계산해 보자. 양의 정수를 표현하는 경우에는 1의 보수법이나 2의 보수법을 사용할 필요가 없다. 따라서 7−3은 7+(−3)이므로 2의 보수법으로 0111+1101이 된다. 이를 연산하면 10100이 되어 4비트를 초과하게 된다. 2의 보수법에서는 오버플로가 발생하면 초과된 비트를 버려야 하므로 그 결과 0100이 나온다.

*비트(bit) : 컴퓨터가 0과 1을 이용하는 이진법으로 연산을 수행하기 위해 사용하는 최소의 정보 저장 단위.
*이진수 : 이진법으로 나타낸 수. 십진수 0, 1, 2, 3, 4, 5, 6, 7은 이진수 000, 001, 010, 011, 100, 101, 110, 111로 나타냄.

1 윗글을 읽고 해결할 수 있는 질문이 <u>아닌</u> 것은?

① 컴퓨터에서 양의 정수인 경우 최상위 비트를 0으로 표시하도록 정한 이유는 무엇일까?

② 부호화 절댓값에서 저장 공간의 효율성이 떨어지는 이유는 무엇일까?

③ 컴퓨터에서 음의 정수를 표현하는 방식에는 어떤 것이 있을까?

④ 컴퓨터 내부에서 데이터를 표시하는 최소 단위는 무엇일까?

⑤ 부호화 절댓값의 연산이 부정확한 이유는 무엇일까?

2 4비트를 1워드로 처리하는 컴퓨터에서 ㉠과 ㉡을 사용한다고 할 때, 이에 대해 이해한 내용으로 가장 적절한 것은?

① ㉠과 달리 ㉡에서는 오버플로가 발생하지 않을 것이다.

② ㉠에 비해 ㉡에서 정수의 절댓값을 나타내는 비트의 개수가 많다.

③ ㉡과 달리 ㉠에서는 음의 정수를 표현할 때 최상위 비트가 1이다.

④ ㉡에 비해 ㉠에서의 계산값이 더 정확할 것이다.

⑤ ㉠으로 표현한 음의 정수를 ㉡으로 표현하면 서로 다른 데이터 비트가 나올 것이다.

3 윗글을 바탕으로 〈보기〉를 이해할 때 적절하지 <u>않은</u> 것은? [3점]

〈보 기〉
(가) 4비트를 1워드로 처리하는 컴퓨터가 1의 보수법을 이용하여 4-7을 계산한다.
(나) 4비트를 1워드로 처리하는 컴퓨터가 2의 보수법을 이용하여 -3-4를 계산한다.

① (가)의 경우 0100에 1000을 더하면 1100이 되어 오버플로가 발생하지 않겠군.

② (가)의 경우와 (나)의 경우 모두 계산 과정에서 1의 보수가 활용되겠군.

③ (가)의 경우 4의 데이터 비트는 100, (나)의 경우 -4의 데이터 비트는 100으로 같게 나타나겠군.

④ (나)의 경우 오버플로가 발생하기 때문에 초과된 비트는 버려야 하겠군.

⑤ (나)의 경우 -4의 절댓값을 이진수로 나타낸 100에 1을 더하면 -4에 대한 2의 보수가 되겠군.

4 〈보기〉와 같이 ㉯의 이유를 설명할 때, ⓐ~ⓒ에 들어갈 내용으로 가장 적절한 것은?

〈보 기〉
ⓐ 으로 표현된 ⓑ 이 2의 보수법에서는
ⓒ (으)로 표현되기 때문이다.

	ⓐ	ⓑ	ⓒ
①	1의 보수법	0000	0001
②	1의 보수법	1111	0000
③	부호화 절댓값	0000	0001
④	부호화 절댓값	1000	1111
⑤	부호화 절댓값	1111	0000

29 아스피린의 작용 메커니즘 및 부작용

★ [과학/기술]

제재	생명 과학	출처	2010 MEET	난도	상	목표 시간	10분

선정 이유	EBS 수능특강 '통증과 통증 관리'와 연계되는 지문으로, 해열 진통제로 쓰이는 아스피린의 작용 메커니즘을 설명하고 있다. 아스피린의 약효가 발현되는 과정과 부작용, 활용 양상 등에 초점을 맞추어 독해해 보자.

1~3 │ 다음 글을 읽고 물음에 답하시오.

1899년 독일의 제약 회사가 출시한 해열 진통제 아스피린은 세포 내 효소*인 사이클로옥시게네이스(COX)의 억제제이다. 아스피린은 COX에 비가역적*으로 결합하여 COX가 세포막의 물질을 분해함으로써 프로스타글란딘과 트롬복산을 생성하는 것을 억제한다. COX는 세 가지 형태로 존재한다. 거의 모든 세포에 늘 존재하는 COX-1, 평상시에는 존재하지 않지만 면역 세포와 혈관 내피 세포에서 적절한 자극에 의하여 발현*이 유도되는 COX-2, 그리고 중추 신경계에서만 발현되는 COX-3이 그것이다. COX가 활성화되면 각각의 세포는 고유의 기질*과 관련 효소들에 의하여 각기 다른 물질을 생성하게 된다. 예를 들어 위 점막 세포, 면역 세포, 중추 신경의 시상 하부 세포 등은 각각 점막 보호, 통증, 발열 등에 중요한 역할을 하는 프로스타글란딘 E2를 주로 생성한다. 그리고 혈관 내피 세포는 혈액 응고 억제 작용을 보이는 프로스타글란딘 I2를, 혈소판은 혈액 응고 유도 작용을 보이는 트롬복산 A2를 주로 생성한다.

아스피린의 임상적인 작용은 크게 두 가지로 설명된다. 첫째, 염증이 진행될 때 면역 세포에서 발현되는 COX-2의 활성화를 억제하여 진통 효과를, 시상 하부 COX-3의 활성화를 억제하여 해열* 효과를 나타낸다. 둘째, 출혈이 발생하였을 때 활성화되는 혈소판의 COX-1을 억제하여 혈액의 응고를 억제한다. 그런데 아스피린은 비가역적으로 효소를 억제하기 때문에, 특히 DNA를 보유하고 있지 않아 억제된 효소를 새로 생성하지 못하는 혈소판에서는 지혈 장애가 지속된다. 그러나 하루 75~350mg 정도의 적은 용량을 투여하면 혈소판의 COX-1 활성 최고치를 줄일 뿐, 가벼운 출혈 시에는 지혈에 큰 영향을 끼치지 않는다. 또한 1970년대 시행된 임상 시험들은 심혈관계 환자에게 적은 용량의 아스피린을 장기간 투여하면 혈전*에 의한 동맥 경화나 뇌졸중의 발생을 줄일 수 있다는 것을 증명하였다. 이에 아스피린은 이들 환자에게 예방 차원에서 널리 사용되기 시작했다.

아스피린은 부작용도 가지고 있다. 위장에서 생성되는 프로스타글란딘은 위 점막을 위산으로부터 보호하는 역할을 한다. 아스피린은 이러한 보호 기능을 줄일 뿐 아니라 그 자체로도 산성이기 때문에 위장에 자극을 주어 위산 과다와 관련된 질환을 가진 경우에 사용하기 어려웠다. 또한 류머티즘 환자와 같이 약을 장기간 지속적으로 복용해야 하는 경우에도 그러하다. 아스피린의 혈액 응고 억제 작용 역시 수술을 받는 환자와 혈우병 환자에게는 오히려 부작용이 될 수 있다. 이와 같은 부작용을 줄이기 위하여, 아스피린과 통증 억제 메커니즘은 동일하지만, 가역적*으로 COX에 결합하는 이브프로펜이나 COX-2에만 선택적으로 결합하는 셀레콕시브, 로페콕시브 같은 진통제들이 개발되어 시판되었다.

앞에서 말한 바와 같이 과거에 아스피린은 진통, 해열 작용을 위하여 사용되었지만, 현재는 심혈관 계통 관련 환자에게 혈전에 의한 위험을 예방하기 위하여 주로 사용되고 있다. 그런데 요즘 아스피린의 또 다른 작용 메커니즘들이 속속 드러나고 있다. 예를 들어 몇몇 암세포들이 성장할 때 증가되는 COX를 억제하여 암세포 성장을 억제하는 작용, 산화질소(NO)를 생성하여 염증을 억제하는 작용, DNA 조절 인자 NF-κB를 억제하여 면역력을 조절하는 작용 등이 그것이다. 이는 앞으로 아스피린이 적용될 수 있는 임상 질환이 더 확장될 수 있음을 암시한다.

1 아스피린의 작용 메커니즘을 바르게 정리한 것은?

① 혈소판의 COX-1 억제 ⇨ 트롬복산의 생성 억제 ⇨ 통증 완화

② 면역 세포의 COX-2 억제 ⇨ 트롬복산의 생성 억제 ⇨ 염증 완화

③ 중추 신경계의 COX-2 억제 ⇨ 프로스타글란딘의 생성 억제 ⇨ 발열 감소

④ 혈관 내피 세포의 COX-2 억제 ⇨ 프로스타글란딘의 생성 억제 ⇨ 통증 완화

⑤ 위 점막 세포의 COX-1 억제 ⇨ 프로스타글란딘의 생성 억제 ⇨ 위 점막 보호 작용 약화

2 윗글의 내용을 잘못 이해한 것은?

① 셀레콕시브는 아스피린과 통증 억제 메커니즘은 같지만, 작용 범위는 제한적이다.

② 이브프로펜의 임상 작용은 아스피린의 경우와 같이 세포의 종류에 따라 다르게 나타난다.

③ 이브프로펜은 가역적으로 작용하기 때문에 아스피린보다 위 점막 손상과 혈액 응고 억제 작용이 작다.

④ 아스피린은 저용량에서는 진통 작용과 혈액 응고 억제 작용을 보이지만 고용량에서는 혈액 응고 억제 작용만 보인다.

⑤ 로페콕시브는 트롬복산에 의한 혈액 응고 작용에는 영향이 없고, 프로스타글란딘에 의한 혈액 응고 억제 작용만을 차단하여 혈액 응고를 촉진한다.

3 윗글을 고려할 때, 다음 진료 기록부의 환자에 대한 의사의 조치로 적절하지 않은 것은? [3점]

진료 기록부	
성명	○○○ (남/40세)
진단/의증	뇌하수체 종양(양성 선종)
과거 병력	• 5년 전 동맥 경화와 고혈압 진단 • 2년 전 류머티즘성 관절염 진단 • 현재 5년째 아스피린, 아테노롤(고혈압 치료제), 2년째 셀레콕시브 복용 중
주 증상	양안 외측 시야 결손
〰〰〰	〰〰〰
치료 계획	수술에 의한 종양 적출

① COX 억제제가 중복 처방되었으니 수술 후 처방에서 셀레콕시브를 뺀다.

② 동맥 경화의 합병증을 예방하기 위하여 수술 후 아스피린을 다시 처방한다.

③ 오랜 기간 아스피린을 복용하였으니 위장 계통 검사의 필요성을 알려 준다.

④ 혈액 검사 결과, 지혈 작용이 회복되지 않으면 수술 전 혈소판 수혈도 고려한다.

⑤ 수술 시 출혈에 의한 합병증을 줄이기 위해 수술 전 아스피린 복용을 중지시킨다.

★ 어휘력 강화

* 효소(酵素) [생명] 생물의 세포 안에서 합성되어 생체 속에서 행하여지는 거의 모든 화학 반응의 촉매 구실을 하는 고분자 화합물을 통틀어 이르는 말.
* 비가역적(非可逆的) 다시 본래의 상태로 돌아갈 수 없는 성격을 띤 것.
* 발현(發現) 속에 있거나 숨은 것이 밖으로 나타나거나 그렇게 나타나게 함. 또는 그런 결과.
* 기질(基質) [화학] 효소와 작용하여 화학 반응을 일으키는 물질. 예를 들면, 녹말은 그 효소인 아밀라아제의 기질이다.
* 해열(解熱) 몸에 오른 열을 풀어 내림.
* 혈전(血栓) [생명] 생물체의 혈관 속에서 피가 굳어서 된 조그마한 핏덩이.
* 가역적(可逆的) 다시 본래의 상태로 돌아갈 수 있는 성격을 띤 것.

| 제재 | 생명 과학 | 출처 | 2020 3월 고3 | 난도 | 중 | 목표 시간 | 10분 |

| 선정 이유 | EBS 수능특강 '통증과 통증 관리'와 연계되는 지문이다. 몸의 신경 말단에서 발생한 통증 신호가 뇌로 전달되어 통증이 지각되는 과정을 신경 전달 물질을 중심으로 상세하게 설명하고 있다. |

1~5 | 다음 글을 읽고 물음에 답하시오.

통증은 조직 손상이 ⓐ 일어나거나 일어나려고 할 때 의식적인 자각을 주는 방어적 작용으로 감각의 일종이다. 통증을 유발하는 자극에는 강한 물리적 충격에 의한 기계적 자극, 높은 온도에 의한 자극, 상처가 나거나 미생물에 감염되었을 때 세포에서 방출하는 화학 물질에 의한 화학적 자극 등이 있다. 이러한 자극은 온몸에 퍼져 있는 감각 신경의 말단에서 받아들이는데, 이 신경 말단을 통각 수용기라 한다. 통각 수용기는 피부에 가장 많아 피부에서 발생한 통증은 위치를 확인하기 쉽지만, 통각 수용기가 많지 않은 내장 부위에서 발생한 통증은 위치를 정확히 확인하기 어렵다. 후각이나 촉각 수용기 등에는 지속적인 자극에 대해 수용기의 반응이 감소되는 감각 적응 현상이 일어난다. 하지만 통각 수용기에는 지속적인 자극에 대해 감각 적응 현상이 거의 일어나지 않는다. 그래서 우리 몸은 위험한 상황에 대응할 수 있게 된다.

대표적인 통각 수용 신경 섬유에는 Aδ 섬유와 C 섬유가 있다. Aδ 섬유에는 기계적 자극이나 높은 온도 자극에 반응하는 통각 수용기가 분포되어 있으며, C 섬유에는 기계적 자극이나 높은 온도 자극뿐만 아니라 화학적 자극에도 반응하는 통각 수용기가 분포되어 있다. Aδ 섬유를 따라 전도된*통증 신호가 대뇌 피질로 전달되면, 대뇌 피질에서는 날카롭고 쑤시는 듯한 짧은 초기 통증을 느끼고 통증이 일어난 위치를 파악한다. C 섬유를 따라 전도된 통증 신호가 대뇌 피질로 전달되면, 대뇌 피질에서는 욱신거리고 둔한 지연 통증을 느낀다. 이는 두 신경 섬유의 특징과 관련이 있다. Aδ 섬유는 직경이 크고 전도 속도가 빠르며, C 섬유는 직경이 작고 전도 속도가 느리다.

머리 아래쪽에서 발생한 통증 신호의 전달은 통각 수용기가 받아들인 자극이 전기적 신호로 변환되어 통각 수용기와 연결된 1차 신경 섬유를 따라 전도된 후, 척수에서 나오는 2차 신경 섬유를 따라 전도되어 시상*을 거쳐 중추*인 대뇌로 전달됨으로써 이루어진다. 1차 신경 섬유와 2차 신경 섬유는 척수에서 서로 시냅스*를 이루고 있어 통증 신호의 전달을 위해서는 1차 신경 섬유에서 신경 전달 물질이 분비되어야 한다. 신경 전달 물질인 글루탐산은 1차 신경 섬유 말단에서 분비되어 2차 신경 섬유에 있는 ㉠ AMPA 수용체 및 ㉡ NMDA 수용체와 결합하여 수용체를 활성화시킨다. 그런데 NMDA 수용체는 마그네슘 이온에 의해 억제되어 있어 소량의 글루탐산에는 AMPA 수용체만 먼저 활성화된다. AMPA 수용체가 활성화되면 2차 신경 섬유로 나트륨 이온이 유입되어 1차 신경 섬유를 따라 전도된 통증 신호가 2차 신경 섬유로 전달되며, 통증 신호는 시상을 거쳐 대뇌 피질로 전달된다. AMPA 수용체에 의해 나트륨 이온이 유입되면 뒤이어 NMDA 수용체도 활성화되어 나트륨 이온뿐만 아니라 칼슘 이온도 유입된다. 이 경우 칼슘 이온으로 인해

대뇌 피질로 통증 신호의 전달은 일어나지 않지만 통각 수용기의 민감도가 높아져 약한 자극에 대해서도 통각 수용기가 예민하게 반응하게 한다.

신경 전달 물질 서브스턴스 P는 1차 신경 섬유 말단에서 분비되어 2차 신경 섬유에 있는 NK 수용체를 활성화시켜 통증 신호를 2차 신경 섬유로 전달한다. 통증 신호는 시상을 거쳐 대뇌 피질로 들어가 통증을 느끼게 하고, 망상체와 시상 하부 등 뇌의 여러 부분을 포함하는 대뇌변연계로 전달되어 자율 신경과 내분비계를 자극하여 통증으로 인한 행동이나 감정 반응을 일으킨다.

한편 망상체에서 1차 신경 섬유의 말단으로 뻗어 있는 신경 섬유 말단에서는 엔도르핀, 엔케팔린, 다이노르핀 같은 진통 신경 전달 물질을 분비한다. 이 물질은 1차 신경 섬유의 말단에 있는 아편 수용체와 결합함으로써 1차 신경 섬유에서 서브스턴스 P가 분비되는 것을 억제하여 통증 신호가 2차 신경 섬유로 전달되지 못하도록 한다. 이러한 통증 억제 시스템은 신체가 외상을 입은 상황에서 통증을 완화시키거나 느끼지 못하게 하여 고통을 견딜 수 있게 하는 역할을 한다.

*시냅스 : 한 신경 섬유의 말단 부위와 다른 신경이 수십 nm의 간격으로 가까이 접해 있는 것.

1 윗글의 내용과 일치하지 <u>않는</u> 것은?

① Aδ 섬유는 C 섬유보다 직경이 크고 전도 속도가 빠르다.

② 통각 수용기가 많은 부위일수록 통증 위치를 확인하기 쉽다.

③ 망상체에는 1차 신경 섬유의 말단으로 뻗어 있는 신경 섬유가 있다.

④ 기계적 자극이나 높은 온도에 반응하는 통각 수용기가 Aδ 섬유와 C 섬유에 모두 분포되어 있다.

⑤ 통각 수용기는 수용기의 반응이 감소되는 감각 적응 현상을 일으켜 지속적인 자극에 의한 통증을 완화시킨다.

2 윗글의 '통증 신호의 전달'에 대한 이해로 적절하지 <u>않은</u> 것은?

① C 섬유를 따라 전도된 통증 신호는 대뇌 피질로 전달되지 않는다.

② 1차 신경 섬유와 2차 신경 섬유가 시냅스를 이루는 부위는 척수이다.

③ Aδ 섬유를 통해 초기 통증을 느끼고, C 섬유를 통해 지연 통증을 느낀다.

④ 대뇌변연계에 통증 신호가 전달되면 통증에 의한 행동이나 감정 반응이 일어난다.

⑤ 글루탐산과 서브스턴스 P는 모두 1차 신경 섬유에서 분비되는 신경 전달 물질이다.

① 아스피린은 통각 수용기의 활성화를 어렵게 하여 자극을 잘 받아들이지 못하게 하고, 모르핀은 아편 수용체와 결합하여 통증 신호의 전달을 억제하겠군.

② 아스피린은 손상되었던 세포에서 프로스타글란딘의 생성을 활성화시키고, 모르핀은 망상체 및 시상 하부에 전달되어 엔도르핀의 분비를 활성화시키겠군.

③ 아스피린은 통증 자극의 세기를 줄여 통각 수용기의 반응을 감소시키고, 모르핀은 엔도르핀과 반응하여 2차 신경 섬유로 전달되는 통증 신호를 차단하겠군.

④ 아스피린은 통각 수용기를 둔감하게 하여 자극을 전기적 신호로 변환하지 못하게 하고, 모르핀은 서브스턴스 P와 반응하여 서브스턴스 P의 기능을 강화시키겠군.

⑤ 아스피린은 손상된 세포를 회복시켜 프로스타글란딘의 생성을 억제하고, 모르핀은 진통 신경 전달 물질의 분비를 억제하여 서브스턴스 P의 생성을 촉진하겠군.

3 ㉠, ㉡에 대한 설명으로 적절하지 <u>않은</u> 것은?

① ㉠과 ㉡은 모두 2차 신경 섬유에 있는 수용체이다.

② ㉠은 1차 신경 섬유에서 분비된 글루탐산과 결합하여 활성화된다.

③ ㉡은 마그네슘 이온에 의해 억제되어 있다.

④ ㉡에 의해 칼슘 이온이 유입되면 통증 신호가 대뇌 피질까지 전달된다.

⑤ ㉠이 활성화되어 나트륨 이온이 유입되면 ㉡이 활성화된다.

5 ⓐ의 문맥적 의미와 가장 유사한 것은?

① 나는 평소보다 일찍 일어났다.

② 감기로 오한과 두통이 일어났다.

③ 겨울 외투 속의 솜털이 일어났다.

④ 망해 가던 회사가 일어나 안정을 찾았다.

⑤ 그는 갑자기 자리에서 일어나 앞으로 나왔다.

4 윗글을 참고할 때, 〈보기〉에 대한 반응으로 가장 적절한 것은?

[3점]

〈보 기〉

손상된 세포에서 생성되는 프로스타글란딘은 통각 수용기가 활성화되는 데 필요한 역치*를 낮추어 통증을 잘 느끼게 하는데, 아스피린 같은 약물은 프로스타글란딘의 생성을 억제하여 통증을 완화시킨다. 한편 강력한 진통제인 모르핀은 엔도르핀의 분자 구조와 유사하여 아편 수용체에 잘 결합한다. 하지만 중독성과 부작용이 심해서 통상적인 진통제가 효과가 없을 때 투여하는 최후의 진통제로 쓰인다.

*역치 : 생물체가 자극에 대한 반응을 일으키는 데 필요한 최소한도의 자극의 세기를 나타내는 수치.

★ **어휘력 강화**

* 전도(傳導)되다

① 전하여져 인도되다.

② [전기·전자] 열 또는 전기가 물체 속을 이동되다. 열전도, 전기 전도 따위가 되는 일이 있다.

③ [의학] 흥분이 신경이나 근육 따위의 같은 종류의 세포를 따라 전해지다.

* 시상(視床) [의학] 감각이 소뇌와 바닥핵에서 대뇌 겉질로 전달될 때에 중계 역할을 하는 달걀 모양의 회백질 덩어리. 사이뇌의 뒤쪽 대부분을 차지한다.

* 중추(中樞)

① 사물의 중심이 되는 중요한 부분.

② [의학] 신경 기관 가운데, 신경 세포가 모여 있는 부분. 신경 섬유를 통하여 들어오는 자극을 받고 통제하며 다시 근육, 분비선 따위에 자극을 전달한다.

31 비행의 과학적 원리와 비행기 조종 방법

★[과학/기술]

제재	물리학, 기술	출처	2012 사관	난도	중	목표 시간	8분

| 선정 이유 | EBS 수능특강 '헬리콥터의 회전 날개와 양력'과 연계되는 지문으로, 비행기가 비행을 할 때 작용하는 네 가지 힘에 대해 설명하고 있다. 제시된 그림을 효과적으로 활용함으로써 지문에 대한 이해도를 한층 끌어올려 보자. |

1~3 | 다음 글을 읽고 물음에 답하시오.

비행기가 비행을 할 때 네 가지의 힘이 작용한다. 비행기에는 아래로 향하는 중력과, 위로 향하는 양력*이 작용한다. 또한 공기의 저항에 의하여 항력*이 발생하며, 그 힘을 이기고 비행기를 전진하게 하는 추력*이 엔진에서 발생한다. 이러한 네 가지 힘들이 균형을 이룰 때 비행기가 안정을 이루며 비행할 수 있으며, 힘의 균형이 깨질 때 비행기는 상승 또는 하강하거나, 가속 또는 감속한다.

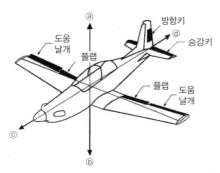

〈비행기에 작용하는 힘의 방향과 주요 부분의 명칭〉

비행기가 중력을 이기고 하늘로 날아오르기 위해서는 양력이 반드시 필요하다. 양력 발생은 베르누이의 원리로 설명할 수 있다. 베르누이의 원리는 공기(유체)의 속도가 빨라지면 압력이 낮아지고, 반대로 공기(유체)의 속도가 느려지면 압력이 높아진다는 원리이다. 날개의 단면을 보면 ㉠ 윗면의 길이가 아랫면의 길이보다 길다. 이러한 모양의 날개가 앞으로 진행할 경우, 같은 시간에 더 긴 거리를 이동해야 하는 윗면의 공기가 더 빨리 움직인다. 그 결과 아랫면을 지나는 공기보다 윗면을 지나는 공기의 속도가 더 빨라져서 압력이 낮아진다. 이때 날개 아랫면의 높아진 압력과 윗면의 낮아진 압력 사이의 차이만큼 위로 향하는 힘, 곧 양력이 생긴다.

비행기는 조종사가 원하는 대로 움직일 수 있어야 한다. 이렇게 움직일 수 있도록 해 주는 것을 조종면(control surface)이라고 한다. 비행기의 조종면으로는 몸통의 주 날개 끝에 위치한 도움날개(aileron), 비행기 뒤쪽의 꼬리날개의 수평안정판에 달린 승강키(elevator)와 수직안정판에 달린 방향키(rudder)가 있다. 그리고 이것들을 조종사의 의도대로 조작하는 장치로 조종간과 페달이 있다. 조종사의 조작에 따라 날개 뒷부분에 부착된 조종면이 꺾이며 날개의 형태가 바뀌게 되고, 그에 따라 양력이 변화한다. 조종면 외에도 플랩(flap)이 있다. 이는 날개의 안쪽에 위치하며, 속도가 낮은 이착륙 시 날개의 양력을 증가시켜 주는 고(高)양력 장치이다.

조종사가 비행기의 기수*를 올리기 위해 조종간을 뒤로 당겨 승강키를 위로 꺾으면, 수평안정판에는 아랫방향으로 힘이 발생하여 비행기 앞부분이 들리게 된다. 또 비행기를 좌우로 기울게 하려면 좌우 도움날개를 서로 반대 방향으로 움직이게 해야 한다. 도움날개가 내려간 쪽의 양력은 증가하고 도움날개가 올라간 쪽의 양력은 감소하므로, 비행기 좌우 날개의 양력이 이루는 평형이 깨지면서 비행기가 기울어진다. 예를 들어, 조종간을 오른쪽으로 기울이면 오른쪽 날개에서는 아래쪽으로, 왼쪽 날개에서는 위쪽으로 힘이 발생하여 비행기가 오른쪽으로 기운다. 방향키의 경우는 조종사가 발로 페달을 밀어 조종한다. 오른쪽 페달을 밀면 방향키가 오른쪽으로 회전하게 되므로 수직 꼬리날개에서는 왼쪽 방향으로 힘이 발생하여 기수가 오른쪽으로 회전한다.

1 윗글에 대한 설명으로 가장 적절한 것은?

① 비행기에 작용하는 힘을 유사한 사례에 빗대어 설명한다.

② 조종 방식을 중심으로 비행기의 장점과 단점을 분석한다.

③ 비행의 과학적 원리와 비행기 조종 방법에 대해 설명한다.

④ 현재 사용 중인 비행기의 종류를 구조에 따라 나누어 설명한다.

⑤ 새로운 조종 기술의 적용 가능성을 비행 역학 이론을 바탕으로 진단한다.

2 윗글에 제시된 〈그림〉의 ⓐ~ⓓ에 대한 설명으로 적절하지 않은 것은?

① ⓐ는 양력, ⓑ는 중력, ⓒ는 추력, ⓓ는 항력에 해당한다.

② ⓐ>ⓑ, ⓒ>ⓓ의 조건을 모두 충족할 때 비행기가 앞으로 날 수 있다.

③ ⓐ~ⓓ의 균형이 깨질 때 비행기는 상하로 움직이거나 속도가 변화한다.

④ ⓐ가 발생하기 위해서는 날개 아랫면의 공기압이 윗면보다 높아야 한다.

⑤ ⓐ와 ⓑ는 비행기 자체에서 발생하고, ⓒ와 ⓓ는 자연적 조건에 의해 발생한다.

3 〈보기〉의 비행을 위한 조종면의 작동 방향이 바르게 배열된 것은? 〔3점〕

〈 보 기 〉

오른쪽 그림은 정면 방향으로 수평 비행을 하던 비행기가 왼쪽으로 기울어지면서, 왼쪽 위 방향으로 상승하는 모습이다.

	좌측 도움날개	우측 도움날개	승강키	방향키
①	⇧	⇩	⇦	⇧
②	⇩	⇧	⇧	⇦
③	⇦	⇧	⇦	⇨
④	⇦	⇦	⇧	⇧
⑤	⇧	⇩	⇧	⇦

* ⇧(위쪽), ⇩(아래쪽), ⇦(왼쪽), ⇨(오른쪽)

★ **어휘력 강화**

* 양력(揚力) [물리] 유체 속을 운동하는 물체에 운동 방향과 수직 방향으로 작용하는 힘. 비행기는 날개에서 생기는 이 힘에 의하여 공중을 날 수 있다.
* 항력(抗力) [물리] 어떤 물체가 유체 속을 운동할 때에 운동 방향과는 반대쪽으로 물체에 미치는 유체의 저항력. 항공 역학에 응용하다.
* 추력(推力) [화학] 물체를 운동 방향으로 밀어붙이는 힘. 프로펠러의 회전 또는 분사 가스의 반동에 의하여 생기는 추진력을 이른다.
* 기수(機首) 비행기의 앞부분.

32 **클러스터링의 두 방법** ★[과학/기술]

제재	데이터 기술	출처	2022 LEET	난도	중	목표 시간	9분
선정 이유	EBS 수능특강 '인공 지능과 기계 학습'과 연계되는 지문으로, 기계 학습 기법의 하나인 클러스터링에 대해 설명하고 있다. 제시된 그림을 참고하면서 두 종류의 클러스터링 기법의 특징을 정확히 파악해 보자.						

1~3 | 다음 글을 읽고 물음에 답하시오.

대규모 데이터를 분석하여 데이터 속에 숨어 있는 유용한 패턴을 찾아내기 위해 다양한 기계 학습 기법이 활용되고 있다. 기계 학습을 위한 입력 자료를 데이터 세트라고 하며, 이를 분석하여 유용하고 가치 있는 정보를 추출할 수 있다. 데이터 세트의 각 행에는 개체에 대한 구체적인 정보가 저장되며, 각 열에는 개체의 특성이 기록된다. 개체의 특성은 범주형과 수치형으로 구분되는데, 예를 들어 '성별'은 범주형이며, '체중'은 수치형이다.

기계 학습 기법의 하나인 클러스터링은 데이터의 특성에 따라 유사한 개체들을 묶는 기법이다. 클러스터링은 분할법과 계층법으로 나뉘는데, 이 둘은 모두 거리 개념에 기초하고 있다. 가장 많이 사용되는 거리 개념은 기하학적 거리이며, 두 개체 사이의 거리는 n차원으로 표현된 공간에서 두 개체를 점으로 표시할 때 두 점 사이의 직선거리이다. 거리를 계산할 때 특성들의 단위가 서로 다른 경우가 많은데, 이런 경우 특성 값을 정규화할 필요가 있다. 예를 들어 특정 과목의 학점과 출석 횟수를 기준으로 학생들을 묶을 경우 두 특성의 단위가 다르므로 두 특성 값을 모두 0과 1 사이의 값으로 정규화하여 클러스터링을 수행한다. 또한 범주형 특성에 거리 개념을 적용하려면 이를 수치형 특성으로 변환해야 한다.

분할법은 전체 데이터 개체를 사전에 정한 개수의 클러스터로 구분하는 기법으로, 모든 개체는 생성된 클러스터 가운데 어느 하나에 속한다. 〈그림 1〉에서 (b)는 (a)에 제시된 개체들을 분할법을 통해 세 개의 클러스터로 묶은 예이다. 분할법에서는 클러스터에 속한 개체들의 좌표 평균을 계산하여 클러스터 중심점을 구한다. 고전적인 분할법인 K-민즈 클러스터링 (K-means clustering)에서는 거리 개념과 중심점에 기반하여 다음과 같은 과정으로 알고리즘이 진행된다.

1) 사전에 K개로 정한 클러스터 중심점을 임의의 위치에 배치하여 초기화한다.
2) 각 개체에 대해 K개의 중심점과의 거리를 계산한 후 가장 가까운 중심점에 해당 개체를 배정하여 클러스터를 구성한다.
3) 클러스터별로 그에 속한 개체들의 좌표 평균을 계산하여 클러스터의 중심점을 다시 구한다.
4) 2)와 3)의 과정을 반복해서 수행하여 더 이상 변화가 없는 상태에 도달하면 알고리즘이 종료된다.

분할법에서는 이와 같이 개체와 중심점과의 거리를 계산하여 클러스터에 개체를 배정하므로 두 개체가 인접해 있더라도 가장 가까운 중심점이 서로 다르면 두 개체는 상이한 클러스터에 배정된다.

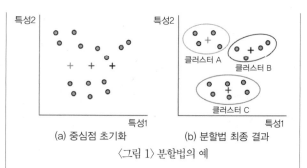

〈그림 1〉 분할법의 예
(a) 중심점 초기화 (b) 분할법 최종 결과

클러스터링이 잘 수행되었는지 확인하려면 클러스터링 결과를 평가하는 품질 지표가 필요하다. K-민즈 클러스터링의 경우 품질 지표는 개체와 그 개체가 해당하는 클러스터의 중심점 간 거리의 평균이다. K-민즈 클러스터링에서 K가 정해졌을 때 개체와 해당 중심점 간 거리의 평균을 최소화하는 '전체 최적해'는 확정적으로 보장되지 않는다. 알고리즘의 첫 번째 단계인 초기화를 어떻게 하느냐에 따라 클러스터링 결과가 달라질 수 있으며, 경우에 따라 좋은 결과를 찾는 데 실패할 수도 있다. 따라서 전체 최적해를 얻을 확률을 높이기 위해, 서로 다른 초기화를 시작으로 클러스터링 알고리즘을 여러 번 수행하여 나온 결과 중에 좋은 해를 찾는 방법이 흔히 사용된다. 그런데 K-민즈 클러스터링 알고리즘의 한 가지 문제는 클러스터의 개수인 K를 미리 정해야 한다는 것이다. K가 커질수록 각 개체와 해당 중심점 간 거리의 평균은 감소한다. 극단적으로 모든 개체를 클러스터로 구분할 경우 개체가 곧 중심점이므로 이들 사이의 거리의 평균값은 0으로 최소화되지만, 클러스터링의 목적에 부합하는 유용한 결과라고 보기 어렵다. 따라서 작은 수의 K로 알고리즘을 시작하여 클러스터링 결과를 구한 다음 K를 점차 증가시키면서 유의미한 품질 향상이 있는지 확인하는 방법이 자주 사용된다.

한편, 계층법은 클러스터 개수를 사전에 정하지 않아도 되는 장점이 있다. 〈그림 2〉와 같이 개체들을 거리가 가까운 것들부터 차근차근 집단으로 묶어서 모든 개체가 하나로 묶일 때까지 추상화* 수준을 높여 가는 상향식으로 알고리즘이 진행되어 계통도를 산출한다. 따라서 계층법은 개체들 간에 위계 관계가 있는 경우에 효과적으로 적용될 수 있다. 계통도에서 점선으로 표시된 수평선을 아래위로 이동해 가면서 클러스터링의 추상화 수준을 변경할 수 있다.

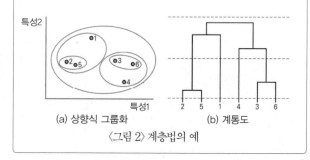

〈그림 2〉 계층법의 예
(a) 상향식 그룹화 (b) 계통도

1 윗글의 내용과 일치하는 것은?

① 클러스터링은 개체들을 묶어서 한 개의 클러스터로 생성하는 기법이다.

② 분할법에서는 클러스터링 수행자가 정확한 계산을 통해 초기 중심점을 찾아낸다.

③ 분할법은 하향식 클러스터링 기법이므로 한 개체가 여러 클러스터에 속할 수 있다.

④ 계층법으로 계통도를 산출할 때 클러스터 개수는 미리 정하지 않는다.

⑤ 계층법의 계통도에서 수평선을 아래로 내릴 경우 추상화 수준이 높아진다.

2 K-민즈 클러스터링 에 대해 추론한 것으로 적절하지 않은 것은?

① 특성이 유사한 두 개체가 서로 다른 클러스터에 배치될 수 있다.

② 초기 중심점의 배치 위치에 따라 클러스터링의 품질이 달라질 수 있다.

③ 클러스터 개수를 감소시키면 클러스터링 결과의 품질 지표 값은 증가한다.

④ 초기화를 다르게 하면서 알고리즘을 여러 번 수행하면 전체 최적해가 결정된다.

⑤ K를 정하여 알고리즘을 진행하면 각 클러스터의 중심점은 결국 고정된 점에 도달한다.

3 〈보기〉의 사례에 클러스터링을 적용할 때 적절하지 않은 것은?

〈보 기〉

○○기업에서는 표적 시장을 선정하여 마케팅을 실행하기 위해 전체 시장을 세분화하고자 한다. 시장 세분화를 위해 특성이 유사한 고객을 묶는 기계 학습 기법 도입을 검토 중이다. 이 기업에서는 고객의 거주지, 성별, 나이, 소득 수준 등 인구통계학적인 정보와 라이프 스타일에 관한 정보 등을 보유하고 있다.

① 고객 정보에는 수치형이 아닌 것도 있어 특성의 유형 변환이 요구된다.

② 고객 특성은 세분화 과정을 통해 계통도로 표현 가능하므로 계층법이 효과적이다.

③ K-민즈 클러스터링 알고리즘을 실행하려면 세분화할 시장의 개수를 먼저 정해야 한다.

④ 나이와 소득 수준과 같이 단위가 다른 특성을 기준으로 시장을 세분화할 경우 정규화가 필요하다.

⑤ 모든 고객을 별도의 세분화된 시장들로 구분하여 1:1 마케팅을 할 경우 K-민즈 클러스터링의 품질 지표 값은 0이다.

★ 어휘력 강화

＊추상화(抽象化) [정보·통신] 복잡한 데이터, 모듈, 시스템 등의 형태와 관련 기능을 결합하여 핵심적인 특성을 표현하는 과정.

33 암세포 치료

제재	생명 과학	출처	2024 사관	난도	중	목표 시간	9분

선정 이유 EBS 수능특강 '암세포의 증식'과 연계되는 지문으로, 암세포가 발생하여 증식하는 과정을 바탕으로 암세포를 치료하는 여러 가지 방법들을 설명하고 있다. 암세포의 특징과 그에 맞는 치료 방법을 연결 지으며 독해해 보자.

★ [과학/기술]

1~5 │ 다음 글을 읽고 물음에 답하시오.

세포는 인체가 생존하는 내내 분열하다가 일정한 시간이 지나면 저절로 사멸한다.* 그리고 분열 과정마다 자신의 유전자를 복제한다. 반복되는 분열 과정에서 유전자 복제 오류가 발생할 수 있지만, 인체는 이러한 유전자 변이를 스스로 교정할 수 있는 능력을 갖고 있다. 그러나 유전자 변이가 축적되면, 정상 세포와 달리 저절로 사멸하지 않고 계속해서 분열하는 암세포가 발생한다.

[A]
암세포는 자신이 얻을 수 있는 양분과 산소에 비해 항상 과도하게 증식하므로 암 조직 내부는 보통 괴사한다. 이때 암세포가 사멸하면서 방출되는 암 항원*이 면역 세포인 수지상 세포에 의해 포식된다. 암 항원이란 암세포 표면에만 존재하는 단백질이다. 수지상 세포는 포식한 암 항원을 항원 조각으로 분해해 표면에 부착한 뒤, 림프절로 이동하여 또 다른 면역 세포인 T 세포와 만난다. T 세포는 'T 세포 수용체'(TCR)를 통해 수지상 세포에 부착된 항원 조각을 인식하여 활성화되며, 이때 해당 항원에 대한 면역 기억이 형성된다. T 세포는 혈관을 통해 인체를 돌아다니다가 TCR을 통해 암 항원을 인식하여 암세포를 찾아낸다. 그리고 암세포에 독성 물질을 주입하여 사멸시킨다. 사멸된 암세포에서 다시 항원이 방출되고 이러한 과정이 반복되므로, 일반적인 경우 악성 종양이 발생하는 질병인 암이 발병하기 힘들다.

그런데 암세포가 급속히 증식하는 과정에서 인체의 면역 관문을 활성화하는 유전자가 발현되는 경우가 있다. 인체는 면역 세포가 정상 세포를 비정상 세포로 오인하여 공격하는 자가 면역 질환을 막기 위해, 면역 반응을 억제하는 장치인 면역 관문을 갖추고 있다. 가령 T 세포의 또 다른 수용체인 PD-1이 PD-L1이라는 단백질과 결합하면 활성화된 T 세포가 항원을 인식하더라도 해당 항원을 지닌 세포를 정상 세포로 판단해서 공격하지 않는다. 따라서 암세포 표면에 PD-L1을 부착시키는 유전자 변이가 나타나면, 암세포가 T 세포의 공격을 회피할 수 있게 되어 악성 종양으로 발전한다.

종양이 관찰된 경우, 종양을 제거하는 ㉠외과 수술이나 강력한 방사선*을 인체에 관통시켜 암세포를 사멸시키는 ㉡방사선 치료가 가능하다. 그러나 이러한 방법들은 종양이 주변 장기로 전이되거나 암세포가 혈액에 퍼진 경우 적용이 어렵다. 종양이 퍼진 장기를 제거하는 것이 불가능하거나, 제거가 가능하더라도 혈액 속 암세포에 의해 암이 재발할 수 있기 때문이다. 또한 외과 수술의 경우 절개 과정에서 장기 손상이 발생할 수 있고, 방사선 치료의 경우 방사선에 의해 다른 조직이 손상되기도 한다. 따라서 인체에 대한 손상을 최소화하면서 인체 곳곳의 미세

한 암세포를 사멸시키기 위해 항암제를 투약한다.

㉢세포 독성 항암제는 암세포처럼 비정상적으로 빠르게 증식하는 세포를 공격하는 약제이다. 하지만 매일 머리카락을 만들어 내는 모낭* 세포, 위장 안에서 음식물을 소화하는 점막* 세포와 같이 증식 속도가 비교적 빠른 정상 세포까지 공격하는 부작용이 있다. ㉣표적 항암제는 암세포만의 독특한 분자를 표적으로 삼아 암세포를 공격하는 약제이다. 하지만 표적 분자에 민감해 약제마다 적용 가능한 암 종류가 제한적이고 쉽게 내성*이 생기는 문제가 있다. ㉤면역 항암제는 PD-1 수용체나 PD-L1 단백질을 억제하여 T 세포에 의한 암세포 공격을 유도하는 약제이다. 면역 항암제는 인체의 면역 반응을 이용하기 때문에 적용되는 암 종류에 대한 제한이 적다. 하지만 종양의 크기가 지나치게 큰 경우 면역 항암제의 치료 효과가 제한되는 문제가 있다. 종양의 크기가 클수록 암세포가 기하급수적으로 증식하기 때문이다. 이때 ㉫방사선 치료, 세포 독성 항암제 투약 등의 치료가 병행되면 면역 항암제의 치료 효과가 높아질 수 있다.

1. 윗글을 통해 알 수 있는 내용으로 가장 적절한 것은?

① 자가 면역 질환이 심해질수록 암이 발병할 확률이 높아진다.

② 암세포에서는 정상 세포에서보다 유전자 변이 속도가 빠르다.

③ 세포의 분열 과정이 반복될수록 암세포가 발생할 확률이 낮아진다.

④ 다른 장기로 전이되기 전에 종양을 제거하면 암이 재발하지 않는다.

⑤ 악성 종양이 발생하면 주변 조직에 공급되는 양분과 산소가 증가한다.

2 [A]를 이해한 내용으로 적절하지 <u>않은</u> 것은?

① 암세포에서 방출된 항원은 수지상 세포에 의해 항원 조각으로 분해된다.

② T 세포는 수지상 세포의 표면에 부착된 항원 조각을 인식해 활성화된다.

③ T 세포는 TCR을 통해 암 항원을 지니고 있는 세포를 암세포로 인식한다.

④ T 세포의 PD-1 수용체에 PD-L1 단백질이 결합하면 면역 관문이 억제된다.

⑤ 암세포 표면의 PD-L1 단백질로 인해 T 세포는 암세포를 정상 세포로 오인한다.

3 ㉠~㉤에 대한 설명으로 적절하지 <u>않은</u> 것은?

① ㉠과 ㉡은 위치가 확인된 종양에 대해 적용 가능하다.

② ㉠과 달리 ㉡은 절개 없이 인체 내부의 종양을 제거할 수 있다.

③ ㉡과 달리 ㉢은 작용 범위가 특정 부위에 국한되지 않는다.

④ ㉣에 비해 ㉤은 적용되는 암 종류에 대한 제한이 적다.

⑤ ㉢~㉤은 암세포의 특성을 이용해 암세포를 직접 공격한다.

4 ㉮의 이유로 가장 적절한 것은?

① 종양이 제거되는 과정에서 암세포의 일부가 정상 세포로 회귀하기 때문이다.

② 암세포의 총량이 감소할 뿐 아니라 암세포의 사멸로 암 항원이 방출되기 때문이다.

③ 면역 세포를 공격하는 암세포의 수가 감소하여 인체의 면역력이 강해지기 때문이다.

④ 정상 세포의 증식 속도가 감소하여 암세포와 정상 세포가 더욱 잘 구분되기 때문이다.

⑤ 일부 정상 세포가 사멸하여 면역 세포가 정상 세포를 공격하는 비율이 감소하기 때문이다.

5 윗글을 바탕으로 〈보기〉의 ⓐ~ⓒ에 대해 이해한 내용으로 적절하지 <u>않은</u> 것은? [3점]

〈보 기〉

　　'유전자 복제 오류를 교정하는 유전자'(MMR)에 변이가 발생하는 경우, 세포 분열 과정에서 발생한 유전자 복제 오류가 교정되지 않아 유전자 변이가 축적되고 유전자 변이의 양이 많은 암세포가 발생할 가능성이 높다. 이에 따라 암세포만의 독특한 분자나 암 항원이 많이 만들어지고, 암세포의 분열 속도가 빨라질 수 있다. 또한 암세포 표면에 발현되는 PD-L1 단백질의 양이 많아져서 암세포가 면역 반응을 회피할 가능성도 높아진다. 따라서 종양 조직을 검사하여 ⓐ MMR에 나타난 유전자 변이의 정도, ⓑ 암세포의 유전자 변이 정도, ⓒ 암세포에 PD-L1 단백질이 발현된 정도 등을 측정하면 항암제 투약의 치료 효과를 예측할 수 있다.

① ⓐ가 낮은 경우, 암세포에 유전자 변이가 많을 가능성이 낮으므로 면역 항암제의 치료 효과가 작을 수 있다.

② ⓐ가 높은 경우, 암세포의 분열 속도가 빠를 가능성이 높으므로 세포 독성 항암제를 투약하면 치료 효과는 클 수 있지만 탈모나 소화 불량 등의 부작용이 발생할 수 있다.

③ ⓑ가 낮은 경우, 암세포에서 암 항원이 만들어질 가능성이 낮으므로 면역 항암제의 치료 효과가 작을 수 있다.

④ ⓑ가 높은 경우, 암세포만의 독특한 분자가 존재할 가능성이 높으므로 표적 항암제의 치료 효과가 오래 지속될 수 있다.

⑤ ⓒ가 높은 경우, 암세포가 면역 반응을 회피할 가능성이 높으므로 면역 항암제의 치료 효과가 높을 수 있다.

★ 어휘력 강화

* **사멸**(死滅)하다 죽어 없어지다.
* **항원**(抗原) [생명] 생체 속에 침입하여 항체를 형성하게 하는 단백성 물질.
* **방사선**(放射線) [물리] 방사성 원소의 붕괴에 따라 물체에서 방출되는 입자나 전자기파.
* **모낭**(毛囊) [의학] 내피 안에서 털뿌리를 싸고 털의 영양을 맡아보는 주머니.
* **점막**(粘膜) [의학] 위창자관, 기도와 같은 대롱 모양 구조의 속 공간을 덮고 있는 부드럽고 끈끈한 막을 통틀어 이르는 말.
* **내성**(耐性)
　① 약물의 반복 복용에 의해 약효가 저하하는 현상.
　② [생명] 세균 따위의 병원체가 화학 요법제나 항생 물질의 계속 사용에 대하여 나타내는 저항성.

| 제재 | 물리학 | 출처 | 2011년 9월 고2 | 난도 | 중 | 목표 시간 | 8분 |

선정 이유 | EBS 수능특강 '콤프턴 효과'와 연계되는 지문으로, 오랫동안 입자라고만 여겨졌던 빛이 입자인 동시에 파동임이 밝혀지면서 현대의 양자 역학이 탄생하게 되었음을 설명하고 있다.

1~5 | 다음 글을 읽고 물음에 답하시오.

 상대성 이론과 양자 역학을 20세기의 과학혁명이라고 한다. 뉴턴의 고전 역학에서는 3차원 공간에 절대성을 지닌 시간이 따로 있는 고전적 시공간을 사용하였다. 이러한 시간과 공간을 새롭게 인식하고 개념을 바꾼 것이 상대성 이론이다. 그리고 양자 역학은 고전 역학으로는 설명할 수 없는 전자 같은 미시적* 세계를 올바로 기술하기 위해서 탄생하였다. 이 양자 역학의 성립은 빛의 정체를 탐구하는 과정과 깊은 관련이 있다.

 뉴턴은 빛이 눈에 보이지 않는 작은 입자*라고 주장하였고, 이것은 그의 권위에 의지하여 오랫동안 정설*로 여겨졌다. 그러나 19세기 초에 토머스 영의 겹실틈 실험은 빛의 파동성을 증명하였다. 이 실험의 방법은 먼저 한 개의 실틈을 거쳐 생긴 빛이 다음에 설치된 두 개의 겹실틈을 지나가게 하여 스크린에 나타나는 무늬를 관찰하는 것이다. 이때 빛이 파동이냐 입자이냐에 따라 ㉠ 결괏값이 달라진다. 즉 빛이 입자라면 일자 형태의 띠가 두 개 나타나야 하는데, 실험 결과 스크린에는 예상과 다른 무늬가 나타났다. 마치 두 개의 파도가 만나면 골과 마루가 상쇄와 간섭을 일으키듯이, 보강 간섭이 일어난 곳은 밝아지고 상쇄 간섭이 일어난 곳은 어두워지는 간섭무늬가 연속적으로 나타난 것이다. 그러나 19세기 말부터 빛의 파동성으로는 설명할 수 없는 몇 가지 실험적 사실이 나타났다.

 1905년에 아인슈타인은 빛은 광량자라고 하는 작은 입자로 이루어졌다는 광량자설을 주장하였다.

[A] ┌ 금속에 자외선을 쪼일 때 그 표면에서 전자가 방출되는* 현상을 광전 효과라고 한다. 빛을 입자라고 가정하면 광전 효과는 두 입자의 충돌로 생각할 수 있다. 이때 에너지가 한계 진동수*에 해당하는 에너지보다 작으면 전자는 금속 내부에 갇혀 표면에서 방출되지 못한다. 그러나 진동수가 한계 진동수보다 큰 경우 전자는 운동 에너지를 얻어서 방출된다. 이때 방출되는 전자를 광전자라고 한다.

 그러나 아인슈타인의 광량자설은 입자설의 부활을 의미하는 것이 아니다. 빛의 파동성은 명백한 사실이었으므로 이것은 빛이 파동이면서 동시에 입자인 이중적인 본질을 가지고 있다는 것을 의미하는 것이었다.

 그렇다면 파동인 줄 알았던 빛이 입자성도 갖고 있다면, 입자인 전자도 파동의 성질을 갖고 있지 않을까? 1924년 드 브로이는 빛이 이중성을 갖고 있다면 입자인 전자나 양성자도 이중성을 가질 수 있을 것이라고 주장하였다. 그 뒤에 데이비슨과 거머는 전자의 에돌이 실험을 ⓐ 통해 빛의 경우와 같은 결과를 얻었다. 이것은 물질이 이중성을 가지고 있다는 주장을 뒷받침하는 것이었다. 이 실험 결과는 당시 입자와 파동을 서로 반대의 성질로 규정하여 양립할 수 없는 것으로 여겼던 고전 역학의 물리학적 상식을 흔들어 놓았다. 이것을 설명하기 위해 양자 역

학이 탄생한 것이다.

 이렇게 탄생한 양자 역학은 현대 전자 기술의 기반을 형성하고 있다. 컴퓨터를 포함한 모든 전자 기술의 소형화에 가장 중요한 역할을 하는 것이 반도체인데, 그 반도체가 어떻게 존재할 수 있는지 미시적 세계를 다루고 있는 것이 양자 역학이기 때문이다.

*한계 진동수 : 광전자가 방출되는 데 필요한 최소의 진동수.

1 윗글의 내용과 일치하는 것은?

① 뉴턴의 빛의 실체에 대한 주장은 실험적 검증을 통해 정설로 확립되었다.

② 토머스 영의 실험은 빛의 실체가 파동이라는 기존 학설에 의문을 제기하였다.

③ 아인슈타인은 뉴턴의 학설을 뒷받침하기 위해 광량자설을 주장하였다.

④ 드 브로이의 주장은 빛의 이중성에 대한 연구를 유발하는 계기가 되었다.

⑤ 데이비슨과 거머의 실험은 고전 역학의 한계를 극복한 새로운 이론의 탄생을 낳았다.

2 아래는 토머스 영의 겹실틈 실험을 설명한 그림이다. 스크린에 나타난 ㉠ 결괏값으로 가장 적절한 것은?

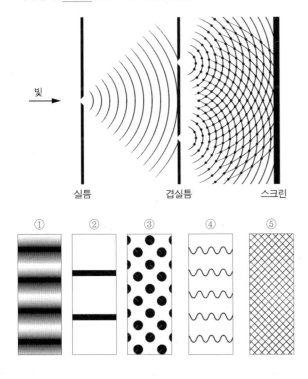

4 [A]를 이해하기 위해 〈보기〉를 활용할 때, ㉮~㉰에 해당하는 것은?

〈보 기〉

아무것도 없는 ㉮ 땅에 바위가 박혀 있다고 상상을 해 보자. 땅에 박혀 있는 바위를 파내기 위해서 계란을 아무리 많이 던져도 바위는 꿈쩍도 하지 않을 것이다. 하지만 박혀 있는 바위와 ㉯ 같은 크기의 바위를 던지면 움직이기 시작할 것이고, 더 큰 바위를 던지면 튀어나온 ㉰ 바위가 생길 것이다.

	㉮	㉯	㉰
①	자외선	한계 진동수	전자
②	자외선	운동 에너지	전자
③	자외선	한계 진동수	광전자
④	금속	운동 에너지	광전자
⑤	금속	한계 진동수	광전자

5 ⓐ와 쓰임이 가장 가까운 것은?

① 그는 망원경을 통해 밖을 내다보았다.
② 그는 옆집 사람과 서로 통하고 지낸다.
③ 그는 정보 과학에 환히 통한 권위자이다.
④ 그는 준비 과정을 통하여 자격을 얻었다.
⑤ 그는 바람이 잘 통하는 곳에 빨래를 널었다.

3 윗글과 〈보기〉를 함께 읽은 후의 반응으로 적절하지 않은 것은?

〈보 기〉

고전 역학에 의하면 전자의 위치와 운동량은 전자가 어떤 상태에 있든지 항상 동시 측정이 가능하다고 생각했다. 그 물리량의 측정값이 불확정하다는 것은 측정 기술이 불충분하기 때문인 것으로 여겼다. 그러나 하이젠베르크의 불확정성 원리는 임의의 전자의 위치와 운동량을 정확히 알 수 없기 때문에 측정이 불가능하다는 것이다. 위치의 확정성과 운동량을 나타내는 파장의 확정성은 서로 제약을 받기 때문에 입자성과 파동성이 서로 공존한다는 것이다.

① 하이젠베르크의 이론은 물질의 이중성에 대한 설명과 관련이 있겠군.
② 고전 역학과 불확정성 원리는 전자의 존재 형태에 대한 견해가 다르겠군.
③ 고전 역학은 전자의 물리량을 측정할 수 있는 기술 개발에 관심이 많았겠군.
④ 불확정성 원리는 고전 역학과 달리 미시적 세계에 대한 설명으로 적합하겠군.
⑤ 불확정성 원리는 정밀한 측정을 요구하는 전자 기술의 발전에 장애가 되겠군.

★ **어휘력 강화**

* **미시적(微視的)** 사람의 감각으로 직접 식별할 수 없을 만큼 몹시 작은 현상에 관한.
* **입자(粒子)**
① [물리] 물질을 구성하는 미세한 크기의 물체. 소립자, 원자, 분자, 콜로이드 따위를 이른다.
② 물질의 일부로서, 구성하는 물질과 같은 종류의 매우 작은 물체.
* **정설(定說)** 일정한 결론에 도달하여 이미 확정하거나 인정한 설.
* **방출(放出)되다** [물리] 입자나 전자기파의 형태로 에너지가 내보내지다.

35	**공유 결합과 분자 기계의 작동 원리**					★ [과학/기술]
제재	화학	출처	2023 사관	난도	중	목표 시간	10분
선정 이유	EBS 수능특강 '생체 내의 화학 결합과 창발성'과 연계되는 지문으로, 분자 집합체의 특성을 바탕으로 분자 기계의 작동 원리를 설명하고 있다. 지문과 문제 〈보기〉의 그림을 참고하여 다소 까다로울 수 있는 분자 기계의 입체적 움직임을 이해해 보자.

1~4 | 다음 글을 읽고 물음에 답하시오.

분자는 원자*의 결합체 중 독립 입자로서 작용하는 단위체*로, 화학적 결합의 하나인 공유 결합을 통해 형성된다. 원자나 원자단* 간에 작용하여 이들의 집합체를 하나의 뚜렷한 단위체로 간주할 수 있게 하는 화학적 결합에는 공유 결합 외에도 이온 결합과 금속 결합이 있다. 화학적 결합과 달리 기존의 물질이 유지된 채 물리적으로만 연결된 결합을 기계적 결합이라고 한다. 일반적으로 기계적 결합보다는 화학적 결합에 필요한 에너지가 더 크며 화학적 결합 중에서는 공유 결합에 필요한 에너지가 가장 크다. 결합을 해체하는 데 필요한 에너지는 결합에 필요한 결합 에너지와 같으므로, 결합 에너지가 다시 가해지지 않는 한 분자는 다시 원자 단위로 분해되지 않고 물질의 화학적 성질을 유지하는 최소 단위로서의 독립성을 유지할 수 있다.

분자들이 모여 이루어진 분자 집합체 중 일부는 분자 간의 위치나 연결 방식의 특성으로 인해 발생하는 위상학적 상관관계를 이용한 기계적 결합을 통해 만들어진다. 이 기계적 결합을 끊기 위해서는 개별 분자의 공유 결합을 해체해야 한다. 따라서 ⊙ 이러한 분자 집합체는 분자 수준의 독립성을 지녔다고 볼 수 있다. 〈그림 1〉의 카테네인은 고리 모양의 분자 두 개가 사슬처럼 서로 수직으로 맞물려 결합된 분자 집합체로, 고리 간의 결합을 해체하기 위해서는 개별 고리를 끊어야 한다. 〈그림 1〉의 로탁세인은 양쪽 끝에 입체 장애가 있어 고리 모양의 분자가 빠져나갈 수 없게 한 형태의 분자 집합체이다.

카테네인   로탁세인

〈그림 1〉 카테네인과 로탁세인의 구조

이들 분자 집합체는 분자 기계의 구조적 기반을 이룬다. 분자 기계는 물리적 자극인 빛이나 열, 화학적 자극인 산이나 염기와 같은 외부 자극에 반응해 회전 운동이나 직선 운동과 같은 일정한 기계적 움직임을 구현할 수 있는 분자 집합체이다. 카테네인은 금속의 산화*-환원*에 따라 회전 운동을 하는 분자 기계로 작동하며, 로탁세인은 사각형 고리가 축의 특정한 자리에서 결합하면서 좌우로 직선 운동을 하는 분자 기계인 분자 셔틀의 기본 구조를 이룬다. Ⓐ 분자 셔틀의 축에는 고리와 상호 작용을 할 수 있는 결합 자리 Ⅰ과 결합 자리 Ⅱ가 있다. 전자가 부족한 양이온 상태의 고리는 전자가 풍부한 결합 자리 Ⅰ을 선호하므로, 평형 상태에서는 〈그림 2〉의 ⓐ와 같이 고리가 결합 자리 Ⅰ에 있을 확률이 결합 자리 Ⅱ에 있을 확률보다 더 높다. 외부에서 브뢴스테드-로우리 산을 넣어 결합 자리 Ⅰ을 양성자화하면 결합 자리 Ⅰ과 고리 사이에 정전기적 반발력이 생기면서, 고리와의

친화도가 산성 상태에서 더 큰 결합 자리 Ⅱ로 결합 자리 Ⅰ에 있던 고리가 이동하여 〈그림 2〉의 ⓑ와 같은 상태가 된다. 염기를 넣어 중화하면 고리는 다시 결합 자리 Ⅰ로 되돌아간다. 분자 부품을 원위치로부터 0.7nm만큼 들어올리는 데 성공한 분자 엘리베이터나, 근육의 수축과 이완 현상을 모사하는 인공 근육의 작동도 로탁세인을 이용한 것이다.

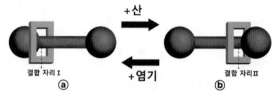

〈그림 2〉 분자 셔틀의 작동 원리

한 방향으로 회전하는 운동을 지속하는 Ⓑ 분자 모터도 분자 기계의 하나이다. 육각형의 탄소-탄소 이중 결합 화합물이 과밀집된 방향족 구조인 작용기는 작은 모터날처럼 평평한 형태를 띠고 있으며, 작용기의 한쪽 끝에는 메틸기($-CH_3$)가 결합되어 있다. 분자 모터는 작용기에 메틸기가 결합한 분자 두 개로 구성되는데, 이들은 한 분자의 작용기가 다른 분자의 메틸기와 마주하면서 조금씩 겹치도록 배열되어 있다. 특정 자외선 파장에 노출되면 분자 하나가 180° 회전한다. 이렇게 되면 작용기와 메틸기의 배열 순서가 달라지면서 작용기에서 메틸기가 결합하지 않은 부분끼리 겹치게 되어 회전하던 분자의 진로에 장애가 발생한다. 적절한 열 에너지가 제공되면 작용기의 겹친 부분이 교차되어 이 장애가 해소된다. 이후 자외선에 의해 다시 분자가 180° 회전하면서 배열 순서는 원래대로 돌아오지만, 회전하던 분자의 작용기와 메틸기 모두 다른 분자의 메틸기, 작용기와 각각 겹쳐 회전 진로에 장애가 발생한다. 이는 열 에너지에 의해 다시 해소되면서 회전하던 분자는 결과적으로 한 바퀴를 돌게 된다. 일련의 과정이 반복되면서 연속적으로 같은 방향으로 회전하는 움직임이 구현된다.

1 윗글을 통해 알 수 있는 내용으로 적절하지 않은 것은?

① 카테네인에는 공유 결합과 기계적 결합이 존재한다.

② 분자 셔틀은 로탁세인의 구조를 기반으로 하여 좌우 직선 운동을 한다.

③ 카테네인과 로탁세인은 모두 물리적 자극을 받아 연속적 운동을 할 수 있다.

④ 분자 엘리베이터와 인공 근육의 작동은 분자의 위치 이동을 통해 가능해진다.

⑤ 카테네인과 로탁세인은 모두 위상학적 상관관계를 이용하여 결합을 유지한다.

2 ⑦의 이유를 추론한 것으로 가장 적절한 것은?

① 개별 분자 내의 기계적 결합의 세기가 매우 크기 때문이다.

② 개별 분자 내 결합이 위상학적 상관관계로 인한 것이기 때문이다.

③ 물리적 연결만으로는 개별 분자 간의 결합을 유도할 수 없기 때문이다.

④ 개별 분자들이 공유 결합을 제외한 화학적 결합을 통해 분자 집합체를 만들었기 때문이다.

⑤ 개별 분자 간의 결합을 끊는 데에는 공유 결합을 끊는 만큼의 에너지가 필요하기 때문이다.

3 〈보기〉는 ④에 대한 추가 자료이다. 〈보기〉와 윗글을 관련지어 이해한 내용으로 적절하지 않은 것은? [3점]

〈보 기〉

화학자 브뢴스테드와 로우리는 산은 양성자인 수소 이온(H^+)을 주는 물질이며 염기는 양성자를 받는 물질이라고 정의한다. 이 정의에서 산과 염기는 양성자가 이동한 결과에 의해 결정된다. 한편 하나의 물질과, 그 물질에서 양성자가 이동하고 난 후의 물질 간의 관계를 '짝산-짝염기' 관계라고 한다.

① 〈그림 2〉의 ⓐ와 ⓑ는 서로 '짝산-짝염기' 관계에 있는 물질들이다.

② 결합 자리 Ⅰ이 양성자화된다는 것은 수소 이온을 얻게 된다는 의미이다.

③ 〈그림 2〉에서 양성자를 받은 ⓑ는 염기를 넣으면 다시 ⓐ로 되돌아간다.

④ 고리와 결합 자리 Ⅰ 사이에 정전기적 반발력이 생기면 양성자의 이동이 발생한다.

⑤ 양성자가 유입됨으로써 로탁세인의 고리 분자가 결합 자리 Ⅰ에서 결합 자리 Ⅱ로 이동한다.

4 〈보기〉는 ⑧의 작동 원리를 그림으로 나타낸 것이다. 〈보기〉의 ㉮~㉺에 대한 설명으로 적절하지 않은 것은?

〈보 기〉

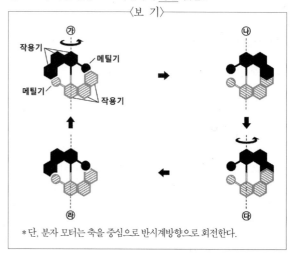

*단, 분자 모터는 축을 중심으로 반시계방향으로 회전한다.

① ㉮의 작용기가 180° 회전하면 메틸기는 메틸기끼리, 작용기는 작용기끼리 마주하도록 배열된다.

② ㉯로 바뀌어 발생한 장애는 자외선을 받음으로써 해소된다.

③ ㉯와 ㉰ 사이에서 작용기가 교차하지 않는다면 분자 기계는 한 방향으로 회전할 수 없다.

④ ㉮를 ㉯로 바뀌게 하는 자극과 ㉰를 ㉺로 바뀌게 하는 자극은 같다.

⑤ ㉺가 다시 ㉮로 돌아오기 위해서는 적절한 열 에너지가 요구된다.

★ 어휘력 강화

* 원자(原子) [물리] 물질의 기본적 구성 단위.
* 단위체(單位體) [화학] 화학 반응으로 고분자 화합물을 만들 때 단위가 되는 물질.
* 원자단(原子團) [화학] 화합물에서 몇 개의 원자가 서로 결합하여 마치 한 개의 원자 구실을 하는 집단.
* 산화(酸化)
  ① [화학] 어떤 원자, 분자, 이온 따위가 전자를 잃는 일.
  ② [화학] 어떤 물질이 산소와 결합하거나 수소를 잃는 화학 반응.
* 환원(還元)
  ① [화학] 어떤 원자, 분자, 이온 따위가 전자를 얻는 일.
  ② [화학] 산화물에서 산소가 빠지거나 어떤 물질이 수소와 결합하는 일.

1~6 | 다음 글을 읽고 물음에 답하시오.

패러다임이란 한 시대 사람들의 견해나 사고를 지배하고 있는 이론적 틀이나 개념의 집합체를 뜻하는 말로 과학 철학자인 토머스 쿤이 새롭게 제시하여 널리 쓰이는 개념이다. 쿤은 패러다임 속에서 진행되는 연구 활동을 정상 과학이라고 하였으며, 기존의 패러다임에서는 예상하지 못했던 현상을 변칙*사례라고 하였다. 쿤은 정상 과학이 변칙 사례를 설명해 내기도 하나 중요한 변칙 사례가 미해결 상태로 남으면 새로운 패러다임으로의 급격한 대체 과정, 즉 과학혁명이 일어난다고 ⓐ 보았다. 그러나 쿤은 옛 패러다임과 새로운 패러다임 중 어떤 패러다임이 더 우월한지는 판단할 수 없다고 주장하였다.

18세기 말 라부아지에가 새로운 연소*이론을 확립하기 전까지의 패러다임은 플로지스톤이라는 개념으로 연소 현상을 설명하는 것이었다. 그리스어로 '불꽃'을 뜻하는 플로지스톤은 18세기 초 베허와 슈탈이 제안한 개념으로, 가연성 물질이나 금속에 포함되어 있을 것이라고 생각했던 물질이다. 베허와 슈탈은 종이, 숯, 황처럼 잘 타는 물질에 플로지스톤이 많이 포함되어 있으며, 연소는 물질에 포함되어 있던 플로지스톤이 방출되는 과정이라고 주장하였다. 또한 플로지스톤 개념으로 물질의 굳기, 광택, 색의 변화를 설명하기도 하였는데, 플로지스톤을 잃은 물질은 쉽게 부스러지며 탁하고 어둡게 된다고 보았다. 연소 현상뿐만 아니라 금속이 녹스는 현상, 음식이 소화되는 생화학*작용 등 다양한 현상이 플로지스톤 이론을 통해 이해될 수 있었다.

18세기 중반 캐번디시는 자신이 순수한 플로지스톤을 추출하는 데 성공했다고 믿었다. 캐번디시는 금속을 산에 녹일 때 발생하는 기체가 매우 잘 타는 성질을 ⓑ 띠고 있음을 발견하고 이 기체를 '가연성*공기'라고 명명하였다. 녹슨 금속을 산에 녹일 때는 이 기체가 발생하지 않았으므로 ㉠ 이 기체는 금속에 있던 플로지스톤이 빠져 나온 것이라고 생각하였다. 이후 캐번디시는 이 가연성 공기를 태울 때 물이 형성되는 현상을 관찰하기도 하였다.

18세기 후반 프리스틀리는 캐번디시가 발견한 가연성 공기를 활용하여 금속회*를 금속으로 환원하는 실험을 시행하였다. 먼저 프리스틀리는 물을 채운 넓적한 그릇에 빈 유리그릇을 엎어 놓고 그 안에 가연성 공기를 채웠다. 그리고 그 안에 금속회를 놓고 렌즈로 햇빛을 모아 가열하였다. 프리스틀리는 금속회가 플로지스톤을 흡수하여 금속이 될 것이라고 예측하였는데 예측대로 금속회는 금속이 되었다. 또한 유리그릇 안쪽의 수위가 높아지는 현상이 관찰되었는데 이는 유리그릇 안에 있던 플로지스톤이 소모된 증거라고 보았다. 금속에서 나온 기체가 가연성이라는 점, 그 기체를 활용하여 금속회를 금속으로 만들 수 있다는 점이 모두 플로지스톤 패러다임 안에서 설명된 것이다.

그런데 라부아지에는 금속이 녹슬 때 질량이 변화한다는 사실에 주목하며 플로지스톤 이론에 의문을 가졌다. 라부아지에는 연소 현상에서도 그러한 질량 변화가 있을 것이라고 보고 정밀하게 질량을 측정할 수 있는 기구를 동원하여 실험을 시행하였다. 라부아지에는 밀폐된 유리병 안에서 인과 황을 가열한 후에 가열 전과 비교하여 인과 황의 질량이 늘어난다는 사실을 확인하였고, 이때 질량이 증가한 양은 유리병 속 기체의 질량이 감소한 양과 같음을 확인하였다. 라부아지에는 연소 반응에서 발생하거나 소모되는 기체를 모아 정확히 질량을 측정하면 반응 전후의 총 질량은 변화가 없다는 사실을 근거로, 연소는 플로지스톤을 잃는 것이 아니라 공기 중의 산소와 결합하는 현상이라고 주장하였다.

가연성 공기를 태울 때 물이 형성된다는 캐번디시의 관찰 결과를 토대로 라부아지에는 프리스틀리의 실험을 자신의 이론으로 재해석하였다. 프리스틀리의 실험에서 나타난 현상은 플로지스톤과 금속회가 결합한 것이 아니라 금속회에 있던 산소가 유리그릇으로 방출된 것이며, 이 산소는 유리그릇을 채우고 있던 가연성 공기와 결합하여 물이 되었을 것이라는 설명이었다. 프리스틀리의 기존 실험은 물 위에서 시행되었기 때문에 새롭게 형성된 물을 관찰하기 어려웠으나 같은 실험을 물이 아닌 수은 위에서 다시 시행하자 수은 위에 소량의 물이 형성되는 현상을 관찰할 수 있었다.

이후 플로지스톤 학파는 기존 패러다임 안에서 이론을 일부 수정하여 라부아지에의 이론을 반박하기도 하였으나 정확한 질량 측정을 기반으로 한 라부아지에의 핵심적인 문제 제기는 끝내 명확하게 설명해 내지 못했다. 결국 플로지스톤이라는 개념과 그것으로 연소 현상을 이해하려는 패러다임은 ⓒ 사라지고, 연소를 산소와의 결합으로 이해하는 새로운 패러다임이 자리 잡게 되었다. 또한 물질의 성질을 추상적*으로 설명하는 것에서, 정밀한 측정 도구를 활용하여 실험 과정을 정량화하는*것으로 화학 연구의 패러다임이 ⓓ 바뀌었다.

쿤은 과학사의 이러한 장면들을 통해 과학적 진보는 누적적인 것이 아니라 혁명적인 것이라고 주장하였다. 정상 과학의 시기에는 패러다임이라는 인식의 틀 안에서 퍼즐을 맞추는 활동을 수행하는 것일 뿐 새로운 과학 지식을 만들어 내지는 못한다는 것이다. 더 나아가 쿤은, 하나의 이론 체계를 ⓔ 받아들인다는 것은 그것의 개념, 법칙, 가정을 포함한 패러다임 전체를 믿는 행위이므로 새로운 패러다임을 옛것과 비교하여 어떤 패러다임이 더 우월한 것인지 평가할 논리적 기준은 있을 수 없다고 보았다. 쿤의 과학혁명 가설은 과학의 발전을 새롭게 바라보는 통찰력 있는 관점으로서 많은 과학자들로 하여금 기존 패러다임으로 설명되지 않는 변칙 사례에 주목하게 하였고, 고정된 틀 속에서 문제를 해결하려 한 정상 과학을 반성적으로 바라볼 수 있게 하였다.

금속회(Calx) : 금속의 산화물.

1 윗글에 대한 이해로 적절하지 않은 것은?

① 라부아지에는 연소 실험 전후에 물질의 질량을 정밀하게 측정하였다.

② 베허와 슈탈은 종이가 플로지스톤을 많이 포함하고 있기 때문에 잘 타는 것이라고 보았다.

③ 플로지스톤 패러다임에서는 음식이 소화되는 과정을 플로지스톤이 빠져나가는 것으로 이해하였다.

④ 라부아지에는 금속을 산에 녹일 때 나온 기체가 가연성을 띤다는 캐번디시의 실험 결과를 반박하였다.

⑤ 쿤의 과학혁명 가설은 기존의 이론적 틀 안에서 문제를 해결하려 하는 태도를 반성적으로 바라볼 수 있게 하였다.

2 캐번디시가 ㉠과 같이 판단한 이유로 가장 적절한 것은?

① 이 기체는 잘 타는 성질을 갖고 있고 타면서 물이 형성되었기 때문에

② 이 기체는 금속에 많이 포함되어 있고 금속이 녹슬면서 나온 것이기 때문에

③ 이 기체는 산에 많이 포함되어 있고 금속을 산에 녹일 때 나온 것이기 때문에

④ 이 기체는 잘 타는 성질을 갖고 있고 녹슬지 않은 금속에서만 나온 것이기 때문에

⑤ 이 기체는 녹슨 금속을 산에 녹일 때는 나오지 않고 가열할 때만 나온 것이기 때문에

3 윗글을 참고할 때 라부아지에가 갖게 된 의문의 내용으로 가장 적절한 것은?

① 금속이 플로지스톤을 잃어 녹슨 것이라면 녹슬기 전보다 질량이 늘어나야 하지 않을까?

② 금속이 플로지스톤을 잃어 녹슨 것이라면 녹슬기 전보다 질량이 줄어들어야 하지 않을까?

③ 금속이 플로지스톤을 잃어 녹슨 것이라도 녹슬기 전후의 질량은 동일하여야 하지 않을까?

④ 금속이 플로지스톤을 얻어 녹슨 것이라면 녹슬기 전보다 질량이 늘어나야 하지 않을까?

⑤ 금속이 플로지스톤을 얻어 녹슨 것이라도 녹슬기 전후의 질량은 동일하여야 하지 않을까?

4 윗글을 바탕으로 〈보기〉를 이해한 것으로 적절하지 않은 것은?

[3점]

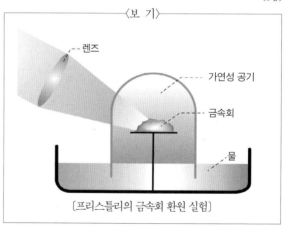

[프리스틀리의 금속회 환원 실험]

① 프리스틀리는 가열 전의 금속회는 플로지스톤이 결핍된 상태라고 보았다.

② 프리스틀리는 실험 과정 중 가연성 공기가 소모되어 수위가 상승한다고 이해하였다.

③ 프리스틀리는 가연성 공기를 활용하여 금속회를 금속으로 변화시킬 수 있다고 생각하였다.

④ 라부아지에는 금속회를 가열하면 가연성 공기와는 다른 기체인 산소가 방출된다고 보았다.

⑤ 라부아지에는 수은 위에서 실험을 시행하면 물 위에서 실험했을 때와는 달리 새로운 물이 형성될 것이라고 보았다.

5 〈보기〉의 관점에서 윗글의 [토머스 쿤]의 주장을 비판한 내용으로 가장 적절한 것은?

〈보 기〉

새로운 패러다임이 기존의 패러다임보다 더 나아졌다고 말할 수 없다면 우리는 과학이 진보하고 있다고 말할 수 없다. 과학은 객관적인 관찰과 자료 분석, 논리적인 접근으로 유도된 지식의 총합이며 이런 지식의 누적이 바로 과학적 진보이다. 뉴턴의 역학은 아리스토텔레스의 이론이 설명하지 못하는 부분까지 해명하므로 뉴턴의 역학이 더 진보되었다고 우리는 믿어 왔다. 그리고 우리가 아인슈타인의 상대성 이론에 열광한 것도 뉴턴 역학으로 설명할 수 없는 부분을 해명할 수 있었기 때문이다.

① 라부아지에는 변칙 사례를 발견하고 이를 정상 과학으로 해명하려 노력하였다는 점에서 정상 과학은 새로운 과학 지식을 만들어 낸다고 볼 수 있다.

② 가연성 공기와 관련한 캐번디시의 실험은 정상 과학의 범주에서 이루어졌다는 점에서 새로운 패러다임은 기존의 패러다임보다 더 진보되었다고 볼 수 있다.

③ 플로지스톤 패러다임에서는 미해결 상태로 남았던 변칙 사례가 라부아지에의 이론으로 해명되었다는 점에서 패러다임 간의 우월성은 존재한다고 볼 수 있다.

④ 플로지스톤 패러다임은 상태 변화의 원인에, 라부아지에의 이론은 물질의 질량 변화에 각각 주목한 것일 뿐이므로 과학적 진보는 혁명적이라고 볼 수 없다.

⑤ 라부아지에 역시 프리스틀리의 실험 결과를 활용하여 자신의 이론을 설명하였다는 점에서 하나의 이론 체계를 받아들인다는 것은 패러다임 전체를 믿는 행위라 볼 수 없다.

6 문맥상 ⓐ~ⓔ와 바꾸어 쓴 것으로 가장 적절한 것은?

① ⓐ : 조망(眺望)하였다

② ⓑ : 소유(所有)하고

③ ⓒ : 생략(省略)되고

④ ⓓ : 전도(顚倒)되었다

⑤ ⓔ : 수용(受容)한다는

★ **어휘력 강화**

* 변칙(變則) 원칙에서 벗어나 달라짐. 또는 그런 법칙이나 규정.
* 연소(燃燒) [화학] 물질이 산소와 화합할 때에, 많은 빛과 열을 내는 현상.
* 생화학(生化學) [생명] 생물체의 구성 물질 및 생물체 안에서의 화학 반응 따위를 해명하고, 생명 현상을 화학적으로 연구하는 학문.
* 가연성(可燃性) 불에 잘 탈 수 있거나 타기 쉬운 성질.
* 추상적(抽象的) 어떤 사물이 직접 경험하거나 지각할 수 있는 일정한 형태와 성질을 갖추고 있지 않은 것.
* 정량화(定量化)하다 양을 정하다. 곧 어떤 양을 헤아려 수치를 매기는 일을 이른다.
* 산화물(酸化物) [화학] 산소와 다른 원소와의 화합물을 통틀어 이르는 말.

PART 2
영역별 고난도 LEET 강훈련

01 속박 개념의 분석에 따른 자유의 이해 ★[인문/예술]

제재	서양 철학	출처	2011 MEET	난도	중	목표 시간	8분

선정 이유	주요 화제와 관련된 대상을 여러 가지 기준으로 구분하고 각각의 특징에 기반하여 내용을 전개하고 있는데, 이는 최근 평가원이 선호하는 정보 제시 방식이다. 글쓴이가 그와 같은 대상의 구분을 통해 무엇을 어떻게 비판하였는지 파악해 보자.

1~4 | 다음 글을 읽고 물음에 답하시오.

흔히 자유에는 두 가지가 있다고 한다. 자기가 원하는 것을 할 수 있는 적극적 자유와, 자기가 원하는 바를 하지 못하게 막는 속박으로부터의 자유, 즉 소극적 자유가 그것이다. 이렇게 적극적 자유와 소극적 자유를 구분하는 견해는 적극적 자유를 속박 개념으로 설명하지 않고 소극적 자유만을 속박 개념으로 설명하고 있다. 하지만 이것은 속박 개념의 분석에 의해 효과적으로 비판할 수 있다.

우리가 일상에서 경험하는 속박들 사이에 두 가지 중요한 구분이 이루어질 수 있다. 그 구분이란 적극적 속박과 소극적 속박, 그리고 내적 속박과 외적 속박 간의 구분이다. 나아가 이러한 속박들은 종횡*으로 얽혀 네 개의 범주, 곧 내적인 적극적 속박, ㉠ 내적인 소극적 속박, 외적인 적극적 속박, 그리고 외적인 소극적 속박으로 나뉠 수 있다.

적극적 속박은 어떤 것이 있어서 내가 원하는 것을 하는 데에 장애가 되는 경우를 말한다. 협박, 방해, 신체의 구속이 그런 속박의 예이다. 그에 반해 소극적 속박은 어떤 것이 없어서 장애가 되는 경우를 말한다. 예컨대, 돈, 힘, 기술, 지식 등의 부족은 내가 원하는 어떤 것을 하는 데에 장애가 될 수 있다. 이러한 조건들은 부재하는 조건이란 점에서 소극적이다.

내적 속박과 외적 속박을 어떻게 구분하는가 하는 문제는 자아의 경계를 어떻게 정하는가에 달려 있다. 만일 자아를 양심이나 이성으로 좁게 한정하면, 거의 모든 속박들이 외적인 것이 되어 버리는 문제점이 있다. 그래서 내적 속박과 외적 속박의 구분을 현실에 적용하려면, 단순하게 공간을 기준으로 삼아야 한다. 이 경우 외적 속박은 사람의 심신 밖에서 오는 것이고, 그 밖의 모든 속박들은, 근육통이든 두통이든 저급한* 욕망이든 그 자신에게는 다 내적인 것이 된다.

이렇게 속박을 구분하고 나서, '소극적 / 적극적 속박'과 '소극적 / 적극적 자유'의 관계를 살펴보면 다음과 같다. 소극적 속박으로부터의 자유란 무언가가 없어서 하고 싶은 것을 하지 못하는 상태로부터의 자유를 의미하며, 이것은 하지 못하던 것을 할 수 있음을 의미한다. 그러므로 그것은 소정*의 행위를 할 수 있는 어떤 조건의 현존인 것이다. 조건의 현존이 어떤 사람에게 외적일 때에는 기회라 하고 내적일 때에는 능력이라고 한다. 하지만 그런 조건이 없다고 해서, 그것이 다 소극적 속박인 것은 아니다. 그 조건의 부재가 주체에게 중요한 고려 대상이 되는 그런 것들이 속박이다. 또한 속박은 자연적인 무능력과도 구분되어야 한다. 자연의 법칙이나 신체적 구조로 말미암아* 실현이 불가능한 비현실적 욕구와 관련된 부재는 속박으로 볼 수 없다.

만일 적극적 요인만을 속박으로 간주한다면, 고급 승용차를 사고 싶은 극빈자*의 경우 그가 고급 승용차를 사고 싶은 욕구에 대한 적극적 속박이 없어서 자유롭다고 말해야 하는데, 이것은 잘못이다. 왜냐하면 그에게는 고급 승용차를 살 돈이 없으므로 돈의 부족이라는 소극적 속박을 인정해야만 하기 때문이다. 마찬가지로, 만일 속박을 외적 요인들에만 국한한다면, 고열로 심하게 아픈 사람은 일하러 가지 못하게 하는 외적 속박으로부터 자유롭다고 할 수 있는데, 이것은 잘못이다. 왜냐하면 그의 내부에 그가 일하러 가지 못하게 하는 속박이 있기 때문이다. 그래서 내적 속박을 인정해야만 하는 것이다. 이처럼 우리가 소극적 속박과 내적 속박을 인정한다면, 두 가지 자유 모두를 속박 개념으로 설명할 수 있다. 따라서 나로 하여금 X를 하지 못하도록 막는 것이 없다면 X를 할 자유가 있다. 역으로, 내가 X를 할 자유가 있다면, 아무것도 나로 하여금 X를 하지 못하게 할 수 없다. 요컨대 속박이 없다면 자유로운 것이고, 자유가 있다면 속박이 없는 것이다.

1 윗글의 주장에 부합하는 것은?

① 적극적 속박이 없는 사람에게는 소극적 속박도 없다.

② 소극적 속박으로부터의 자유를 소극적 자유라고 한다.

③ 적극적 자유이든 소극적 자유이든 속박의 부재로 설명된다.

④ 속박이 없는 상태에서도 자유가 보장되지 못하는 경우가 있다.

⑤ 소극적 자유는 기회로, 적극적 자유는 능력으로 이해되어야 한다.

2 ㉠에 해당하는 사례로 적절한 것은?

① 스키를 타고 싶은데 고소 공포증이 있어서 타지 못하는 경우

② 스키를 타고 싶은데 스키를 타러 갈 돈이 없어 타지 못하는 경우

③ 스키를 타고 싶은데 갑자기 심한 두통이 생겨 타지 못하는 경우

④ 스키를 타고 싶은데 부모님이 허락하지 않아서 타지 못하는 경우

⑤ 스키를 타고 싶은데 스키 타는 방법을 몰라서 타지 못하는 경우

3 속박 개념에 대한 이해로 적절하지 않은 것은? 〔신규〕

① 어떤 것이 존재하지 않음으로써 속박이 발생할 수 있다.

② 자아를 양심으로 국한할 경우 내적 속박의 개념을 설정하기가 쉽지 않다.

③ 지식이 없다는 것만으로는 어떤 주체가 소극적 속박을 경험한다고 볼 수 없다.

④ 사람의 심신을 경계로 속박을 구분하면 외적 속박보다 내적 속박의 요인이 더 많을 수밖에 없다.

⑤ 어떤 사람에게 공부를 할 수 있는 자유가 있다면 다른 사람이 그 사람에게 공부를 하지 못하도록 방해할 수는 없다.

4 〈보기〉가 뜻하는 바를 해석한 것으로 적절하지 않은 것은? 〔3점〕

> ─〈보 기〉─
> 독수리처럼 날 수 없고 고래처럼 헤엄칠 수 없는 것은 자유가 없기 때문이 아니다.

① 자유롭지 못해서 생기는 무능력과 자연적인 무능력을 구분해야 한다.

② 자유를 현실적이고 실현 가능한 욕구들에 관련된 것으로 생각해야 한다.

③ 인간 이외의 다른 존재가 아닌 데서 오는 욕구의 좌절은 속박의 문제가 아니다.

④ 인간은 자기가 하고 싶은 것보다 훨씬 더 많은 것을 할 수 있을 때 자유롭다고 보아야 한다.

⑤ 인간이 할 수 있는 것과 원하는 것을 구분해야 하며, 자유는 할 수 있는 것의 범위 내에서 논의되어야 한다.

★ 어휘력 강화

* 종횡(縱橫)
  ① 세로와 가로를 아울러 이르는 말.
  ② (주로 '종횡으로' 꼴로 쓰여) 거침없이 마구 오가거나 이리저리 다님.
* 저급(低級)하다 내용, 성질, 품질 따위의 정도가 낮다.
* 소정(所定) 정해진 바.
* 말미암다
  ① 어떤 현상이나 사물 따위가 원인이나 이유가 되다.
  ② 일정한 곳을 거쳐 오다.
* 극빈자(極貧者) 몹시 가난한 사람.

02 | **음악의 재현 가능성에 관한 예술 철학적 담론** ★[인문/예술]

제재	예술	출처	2014 LEET	난도	중	목표 시간	8분

선정 이유	지문에 제시된 많은 예들이 각각 어떤 주장을 뒷받침하기 위해 쓰였는지를 파악하는 것이 관건이다. '주장'과 '근거'를 연결하는 연습을 하는 데 더할 나위 없이 좋은 지문이다.

1~4 | 다음 글을 읽고 물음에 답하시오.

재현적 회화란 사물의 외관을 실제 대상과 닮게 묘사하여 보는 이가 그림을 보고 그것이 어떤 대상을 그린 것인지 알아볼 수 있는 그림을 말한다. 음악은 어떨까? 회화가 재현적이 되기 위한 조건들을 음악도 가져야 재현적 음악이 될 수 있다면, 본질적으로 추상적인 모든 음악은 결코 대상을 재현할 수 없다고 해야 하는가?

흔히 논의되는 회화적 재현의 핵심적 조건은 그림의 지각 경험과 그림에 재현된 대상을 실제로 지각할 때의 경험 사이에 닮음이 존재해야 한다는 것이다. 음악이 이 요건을 만족시키지 못한다는 주장은 음악 작품의 이른바* 순수하게 음악적인 부분이 재현 대상에 대한 즉각적인 인식을 불러일으키지 못한다는 데에 주목한다. 예를 들어 사과를 재현한 회화에서 재현된 대상인 사과는 작품의 제목이 무엇이든 상관없이 그림 속에서 인식이 가능한데, 음악의 경우는 그럴 수 없기 때문에 음악은 재현적일 수 없다는 것이다. 바다를 재현했다고 하는 드뷔시의 〈바다〉의 경우라도, 표제적 제목을 참조하지 않는다면 감상자는 이 곡을 바다의 재현으로 듣지 못한다는 것이다. 하지만 이러한 주장은 일반화되기 어렵다. 모래 해안의 일부를 극사실주의적으로 묘사한 그림은 재현적 회화이지만 그 제목을 모르면 비재현적으로 보이기 십상*일 것이다. 몬드리안의 〈브로드웨이 부기우기〉의 경우, 제목을 알 때 감상자는 그림에 그어진 선과 칠해진 면을 뉴욕 거리를 내려다본 평면도로 볼 수 있지만 제목을 모를 때는 추상화로 보게 될 것이다.

그러나 이에 대해, 회화적 재현에서 〈브로드웨이 부기우기〉와 같은 사례는 비전형적인 반면 음악의 경우에는 이것이 전형적이라는 점을 지적하는 학자들이 있다. 물론 음악에서는 제목에 대한 참조 없이도 명백히 재현으로 지각되는 사례, 예를 들어 베토벤의 〈전원 교향곡〉의 새소리 같은 경우가 드문 것이 사실이다. 하지만 이것이 음악의 재현 가능성을 부정해야 할 이유가 될까? 작품에서 제목이 담당하는 역할을 고려해 보면 반드시 그렇지만은 않다.

오늘날 많은 학자들은 음악 작품의 가사는 물론 작품의 제목이나 작품의 모티브*가 되는 표제까지도 작품의 일부로 본다. ㉠이 입장을 근거로 할 때, 작품의 내용이 제목의 도움 없이도 인식 가능해야만 재현이라는 것은 지나친 주장이다. 제목이 작품의 일부인 한, 예술 작품의 재현성은 제목을 포함하는 전체로서의 작품을 대상으로 판단해야 하기 때문이다. 슈베르트의 〈물레질하는 그레첸〉의 주기적으로 반복되는 단순한 반주 음형은 제목과 더불어 감상될 때 물레의 반복적 음직임을 효과적으로 묘사한 것으로 들린다.

음악이 재현의 조건을 만족시키지 못한다고 생각하는 학자들은 작품 이해와 관련된 또 다른 문제를 제기한다. 재현적 그림의 특징 중 하나는 재현된 대상에 대한 인식이 작품의 이해를 위해 필수적이라는 점이다. 그러나 재현적이라 일컬어지는 음악 작품은 이러한 특징을 가지지 않는다는 것이 ㉡이들의 입장이다. 감상자는 작품이 재현하고자 하는 것이 무엇인지 몰라도 그 음악을 충분히 이해할 수 있다는 것이다. 예를 들어 감상자는 〈바다〉가 바다의 재현으로서 의도되었다는 사실을 모르고도 이 곡을 이루는 음의 조합과 구조를 파악할 수 있는데, 이것이 곧 〈바다〉를 음악적으로 이해한 것이 된다는 것이다.

그러나 ㉢이에 대한 반대의 입장도 제시될 수 있다. 작품의 제목이나 표제가 무시된 채 순수한 음악적 측면만이 고려된다면 작품의 완전한 이해가 불가능한 경우가 있기 때문이다. 표제적 제목과 주제를 알지 못하는 감상자는 차이콥스키의 〈1812년 서곡〉에서 왜 '프랑스 국가'가 갑작스럽게 출현하는지, 베를리오즈의 〈환상 교향곡〉의 말미에 왜 '단두대*로의 행진'이 등장하는지 이해할 수 없을 것이다. 실로 이들 작품에서 그러한 요소들의 출현을 설명해 줄 순수하게 음악적인 근거란 없으며, 그것은 오직 음악이 재현하고자 하는 이야기에 의해서만 해명될 수 있다.

1 윗글에서 답을 찾을 수 있는 질문에 해당하지 않는 것은? [신규]

① 어떤 회화를 재현적 회화로 볼 수 있는 핵심적인 조건은 무엇인가?

② 재현적 회화를 비재현적 회화로 느낄 수 있는 경우가 존재하는가?

③ 재현적 음악을 이해하는 데 있어 재현된 대상에 대한 인식이 필요하지 않을 수도 있는가?

④ 제목을 몰라도 작품의 내용이 인식되어야 재현이라고 할 수 있다는 주장이 지나친 까닭은 무엇인가?

⑤ 〈환상 교향곡〉에 '단두대로의 행진'이 등장하는 이유를 밝힐 수 있는 순수하게 음악적인 근거는 무엇인가?

2 윗글의 내용과 일치하지 <u>않는</u> 것은?

① 〈바다〉는 표제적 제목 없이는 재현으로 볼 수 없다.

② 〈브로드웨이 부기우기〉는 제목과 함께 고려할 때 재현으로 볼 수 있다.

③ 〈전원 교향곡〉에서 자연의 소리를 닮은 부분은 제목과 함께 고려해야만 재현으로 볼 수 있다.

④ 〈물레질하는 그레첸〉의 주기적으로 반복되는 반주 음형은 제목과 함께 고려할 때 재현으로 볼 수 있다.

⑤ 〈1812년 서곡〉에 포함된 '프랑스 국가'는 순수하게 음악적인 관점에서는 그 등장을 이해할 수 없는 부분이다.

3 글쓴이의 견해와 일치하는 것은?

① 순수한 음악적 측면만으로 재현 대상에 대한 인식을 불러일으킬 수 있는 음악 작품이 흔히 존재한다.

② 음악의 재현 가능성을 옹호하려면 회화적 재현을 판단하는 기준을 대신할 별도의 기준이 마련되어야 한다.

③ 제목의 도움 없이는 재현 여부를 알 수 없다는 점이 음악과 전형적인 회화에서 공통적으로 발견되는 특성이다.

④ 음악적 재현이 가능하기 위해서는 음악 작품의 의도를 전혀 모르는 감상자가 작품을 충분히 이해하는 경우가 전형적이라야 한다.

⑤ 재현에 대한 지각적 경험과 재현 대상에 대한 지각적 경험 사이에 닮음이 존재해야 한다는 조건을 만족시키는 음악 작품이 존재한다.

4 〈보기〉에 대한 ㉠~㉢의 견해를 추론한 것으로 옳지 <u>않은</u> 것은?

[3점]

┌─────〈 보 기 〉─────┐

슈만은 멘델스존의 교향곡 〈스코틀랜드〉를 들으면서 멘델스존의 다른 교향곡 〈이탈리아〉를 듣고 있다고 착각한 적이 있었다. 이탈리아의 풍경을 떠올리며 〈스코틀랜드〉를 들었을 슈만은 아마도 듣고 있는 곡의 2악장의 주제에 왜 파, 솔, 라, 도, 레의 다섯 음만이 사용되었는지 이해할 수 없었을 것이다. 멘델스존의 의도는 스코틀랜드 전통 음악의 5음 음계를 제시하려는 것이었다.

└──────────────────┘

① ㉠은 이것을 예술 작품의 일부로서 제목이 갖는 중요성을 입증하는 사례로 이용할 수 있다고 할 것이다.

② ㉡은 슈만이 자신이 듣고 있는 곡의 재현 대상을 몰랐더라도 곡의 전체적인 조합만큼은 이해할 수 있었다고 할 것이다.

③ ㉡은 5음 음계가 사용된 이유에 대한 정보가 그 곡이 교향곡으로서 지니는 순수한 음악적 구조를 이해하는 데에 꼭 필요한 것은 아니라고 할 것이다.

④ ㉢은 슈만이 자신이 듣고 있는 곡의 제목을 잘못 알았기 때문에 그 음악을 완전히 이해하지는 못했다고 할 것이다.

⑤ ㉢은 이탈리아 풍경과는 이질적인 5음 음계로 인해 슈만이 자신이 듣고 있는 곡의 음악적 구조 파악에 실패했다고 할 것이다.

★ **어휘력 강화**

* 이른바 세상에서 말하는 바.

* 십상(十常) 열에 여덟이나 아홉 정도로 거의 예외가 없음.

* 모티브(motive)
① [예체능 일반] 회화, 조각, 소설 따위의 예술 작품을 표현하는 동기가 된 작가의 중심 사상. 장식에서는, 여러 무늬가 하나의 무늬로 통합되어 그 연속에 의해서 하나의 제품을 구성하는 기본 단위를 이르기도 한다.
② [음악] 음악 형식을 구성하는 가장 작은 단위. 둘 이상의 음이 모여서 된 것인데, 선율의 기본이 되며 또 일정한 의미를 가진 소절(小節)을 이룬다.

* 단두대(斷頭臺) 사형수의 목을 자르는 대.

03 경험적 증거의 고려에 대한 세 입장 ★ [인문/예술]

| 제재 | 논리학 | 출처 | 2009 LEET 예비 | 난도 | 중 | 목표 시간 | 8분 |

선정 이유 지문에 등장하는 세 입장을 비교·대조해 가며 독해하는 것이 관건이다. 2020학년도 수능 국어에 출제된 '베이즈주의의 조건화 원리' 지문과 그 결을 같이 한다.

1~4│다음 글을 읽고 물음에 답하시오.

경쟁하는 가설 중에서 하나를 선택해야 할 때, 우리는 관련된 경험적 증거를 ㉠ 살펴서 결정하게 된다. 경험적 증거를 어떻게 고려해야 하는지에 대해서는 다음 세 입장을 생각해 볼 수 있다. 우선 제거법은 여러 가설을 세우고 경험적 증거로 경쟁하는 가설들을 하나씩 제거해 감으로써 남는 가설을 선택하는 방법이다. 이 방법은 여러 가설 중에서 참임이 확실한 가설이 분명히 있고 경험적 증거가 나머지 가설을 분명하게 제외시킬 때 유용하다.

하지만 제거법은 경험적 증거가 여러 가설에 부합하는 경우에는 아무런 도움이 되지 못한다. 예를 들어, 최근 경제 지표가 좋다는 경험적 증거는 우리나라 경제가 건전한 성장을 하고 있다는 가설과 외적 성장에도 불구하고 위험 요인이 증대되고 있다는 가설 모두에 부합할 수 있다. 이 경우 경쟁하는 두 가설 어느 것도 주어진 경험적 증거에 의해 배제되지 않으므로 제거법은 가설 선택의 근거를 제공하지 못한다.

고전적 귀납주의는 제거법의 이런 단점을 보완하여 경험적 증거가 배제하지 않는 가설들 사이에서 선택을 가능하게 해 준다. 고전적 귀납주의는 특정 가설에 부합하는 경험적 증거가 많을수록 그 가설이 더욱 믿을 만하게 된다고 주장한다. 이에 따르면 우리는 관련된 경험적 증거 전체를 고려하여 가설을 선택할 수 있다. 예를 들어, 비슷한 효능이 기대되는 두 신약 중 어느 것을 건강보험 대상 약품으로 지정할 것인지를 결정하는 경우를 생각해 보자. 고전적 귀납주의는 우리가 두 신약에 대한 다양한 임상* 시험 결과를 종합적으로 고려해서 긍정적 결과를 더 많이 얻은 신약을 선택해야 한다고 조언한다. 물론 임상 시험에서 부정적 효과를 보인 신약에 대해서는 고전적 귀납주의는 제거법과 동일한 결론을 제시한다.

그런데 어떤 경험적 증거가 특정 가설에 부합할 때, 우리는 고전적 귀납주의로부터 그 가설의 신뢰도가 그 경험적 증거로 인하여 얼마나 높아지는지를 정량적*으로 판단할 수 없다. 베이즈주의는 이 문제를 다음과 같이 해결한다. 새로운 경험적 증거가 입수되기* 전에 가설에 대해 우리가 가지고 있던 신뢰도를 0부터 1까지의 값으로 ㉡ 나타내고 이를 '사전 확률'이라 하자. 신뢰도 0은 가설이 거짓임을 우리가 확신한다는 의미이고, 1은 가설이 참임을 확신한다는 의미이다. 이 사전 확률이 새로운 경험적 증거에 의해 어떻게 새로운 신뢰도, 즉 '사후 확률'로 바뀌는지를 말해 주는 '베이즈 정리'라는 명확한 계산 방식이 있다. 베이즈주의는 사후 확률에서 사전 확률을 뺀 값을 '증거의 힘'이라고 ㉢ 부르며, 이를 통해 새로운 경험적 증거가 가설에 대해 얼마나 강력한 증거인지를 판별한다. 그러므로 주어진 가설의 신뢰도에 변화를 주지 않는 경험적 증거의 힘은 0이 된다.

예를 들어, 한 에어컨 회사가 여러 가지 기후 증거 자료를 통해 내년 여름 기온이 지난 10년 동안의 평균치보다 더 높아서 에어컨 판매가 늘 것이라는 가설을 세웠다고 하자. 이 가설의 사전 확률을 0.6이라고 하자. 그런데 내년 경기가 좋아져서 가전제품 소비가 늘 것이라는 새로운 증거가 제시되었을 때, 베이즈 정리를 적용하여 주어진 가설의 사후 확률이 0.8로 높아졌다고 하자. 이때 새로운 증거가 주어진 가설에 대해 갖는 힘은 0.2가 된다. 이처럼 베이즈주의는 증거와 가설 사이의 관계를 정확한 정량적 수치로 표현할 수 있어서 가설 선택의 엄밀성을 ㉣ 높일 수 있다.

이와 같은 유용성에도 불구하고 베이즈주의에 대한 비판도 제기될 수 있다. 중요한 비판 하나는 베이즈주의가 제시하는 가설 평가 방법이 과학자들의 실제 연구 방법과 일치하지 않는다는 점이다. 베이즈주의는 증거와 가설의 관계를 확률을 이용하여 분석한다. 그런데 비판자들에 따르면, 실제로 과학자들은 그와 같은 확률 계산을 하지 않고 다른 증거 평가 방식을 사용하는 경우가 많다는 것이다. 이런 맥락에서 베이즈주의는 현실에 ㉤ 맞지 않는 이론이라고 비판받는다. 이에 대해 일부 베이즈주의자들은 베이즈주의가 과학자들이 실제로 가설을 평가하는 방식을 기술한 이론이 아니라 과학자들이 마땅히 따라야 할 규범을 제시한 이론이라고 대응하기도 한다.

1 '베이즈주의'에 대한 이해로 적절하지 <u>않은</u> 것은?

① 베이즈주의에 따르면, 사후 확률이 사전 확률과 같을 수 없다.

② 베이즈주의는 증거의 힘에 따라 증거를 순서대로 열거할 수 있다.

③ 베이즈주의에서는 가설의 사전 확률이 높을수록 가설의 사후 확률이 상승할 수 있는 폭이 줄어든다.

④ 베이즈주의가 규범적 이론이라면, 과학자들이 베이즈 정리를 사용하지 않는다는 사실에 의해 그 정당성이 위협받지 않는다.

⑤ 베이즈주의에 따르면, 참이라고 확신하지 못하는 가설의 사후 확률은 가설에 부합하는 새로운 증거가 발견될 때마다 높아진다.

2 '제거법'과 '고전적 귀납주의'에 대한 설명으로 적절하지 <u>않은</u> 것은?

① 제거법은 둘 이상의 가설이 제기될 때 유용할 수 있다.

② 둘 이상의 가설이 이미 확인된 경험적 증거와 부합할 때, 제거법은 가설 선택을 확정 짓지 못한다.

③ 가설에 부합하는 증거가 계속 등장할 때, 고전적 귀납주의는 가설의 신뢰도가 높아진다고 말한다.

④ 고전적 귀납주의는 경험적 증거를 통해 경쟁하는 가설들에 대한 상대적 평가가 가능하다고 말한다.

⑤ 경험적 증거가 가설에 부합하지 않을 때, 제거법과 고전적 귀납주의는 가설 선택에 대해 다른 답을 내놓는다.

3 〈보기〉에 제시된 사례를 베이즈주의 입장에서 해석한 것으로 가장 적절한 것은? 〔3점〕

─〈보 기〉─

"범인이 왼손잡이다."라는 가설 A에 대해 철수는 증거를 보기 전에 이미 A가 참이라고 거의 확신했다. 그런데 시신에 난 칼자국은 범인이 왼손잡이라는 증거 (가)이고, 범인이 남긴 필적은 범인이 오른손잡이라는 증거 (나)이다. 철수는 (가)와 (나)를 함께 고려하여 가설 A에 대해 더 확신하게 되었다. 반면 지문 흔적에 대한 분석 (다)는 아무런 도움이 되지 않았다.

① (가)와 (나) 중에서 A에 대해 갖는 증거의 힘은 (나)가 더 크다.

② (가)와 (나)와 (다)가 A에 대해 갖는 증거의 힘을 합하면 0보다 크다.

③ (나)가 A에 대해 갖는 증거의 힘은 0보다 크다.

④ (나)와 (다)만 고려하면 A의 신뢰도는 변함이 없다.

⑤ (다)가 A에 대해 갖는 증거의 힘은 0보다 크다.

4 문맥상 ㉠~㉤의 단어와 가장 가까운 의미로 쓰인 것은? 〔신규〕

① ㉠ : 그는 주변을 <u>살피며</u> 낮은 목소리로 말했다.

② ㉡ : 그 사람은 결국 법정에 모습을 <u>나타내지</u> 않았다.

③ ㉢ : 한 나라가 너무 부강해지면 전쟁을 <u>부르게</u> 된다.

④ ㉣ : 우리는 그 의견에 대해 비판의 목소리를 <u>높였다</u>.

⑤ ㉤ : 실내 온도가 화초의 특성에 <u>맞지</u> 않으면 안 된다.

★ **어휘력 강화**

* **임상(臨床)**
  ① [의학] 환자를 진료하거나 의학을 연구하기 위하여 병상에 임하는 일.
  ② [의학] 환자의 치료를 목적으로 하는 의학. 내과, 외과, 소아과, 산부인과 따위의 진료 과목이 있다.
* **정량적(定量的)** 양을 헤아려 정하는 것.
* **입수(入手)되다** 손에 들어오다.

제재	윤리학	출처	2022 LEET	난도	중	목표 시간	8분

선정 이유	최근 인공 지능 기술의 발전과 로봇 공학 분야의 연구 개발이 활발히 이루어지면서, 인공 지능과 로봇에 대한 관심이 뜨겁다. 이 지문은 로봇의 '지능'과 '감정'이라는 흥미로운 소재를 다루고 있다. 이에 대한 견해 차이를 파악해 가며 독해해 보자.

1~4 | 다음 글을 읽고 물음에 답하시오.

알파고가 인간 바둑 최고수를 ⓐ 꺾은 사건은 자연 세계에서 인간의 특권적 지위를 문제 삼고, 윤리학의 인간 중심적 전통에 도전한다. 우리는 이제 인간과 같은 또는 더 뛰어난 지능을 지닌 인공 지능도 도덕적 고려의 대상으로 인정해야 하느냐는 물음에 직면하는 것이다. 이 물음에 선뜻 동의하지 못하는 사람들은 인간성의 핵심을 지적인 능력이 아니라 기쁨과 슬픔, 공포와 동정심 등의 감정적인 부분에서 ⓑ 찾으려 한다. 예컨대 알파고는 경쟁에서 이겨도 승리를 기뻐하지 못하며, 우리도 알파고를 축하하며 함께 축배를 들 수 없다. 인간의 특정 작업이 인공 지능을 갖춘 로봇에 의해 대체되더라도 인간의 감정을 읽고 인간과 상호작용하는 작업은 대체되지 못하리라는 것이다.

하지만 최근에는 감정을 가진 로봇, 곧 인공 감정을 제작하려는 열망이 뜨겁다. 인간의 돌봄과 치료 과정을 돕는 로봇은 사용자의 세밀한 필요에 더 잘 부응할* 것이다. 사람들은 인간과 정서적 교감을 하는 로봇을 점점 가족 구성원처럼 여기게 될지도 모른다. 그러면 로봇은 인간과 같은 감정을 가지고 인간과 상호작용하는 존재가 될 것인가? 로봇을 도덕 공동체에 받아들여야 하는가? 이 물음에 답하려면 인간에게 감정의 핵심적인 역할은 무엇인지 생각해 보아야 한다. 인공 지능의 연구도 그렇지만, 인공 감정의 연구도 인간의 감정을 닮은 기계를 ⓒ 만들려는 시도이면서 동시에 감정 과정에 대한 계산 모형을 통해 인간의 감정을 더 깊이 이해하는 과정이기도 하다.

감정은 인지 과정과는 달리 적은 양의 정보로도 개체의 생존과 항상성* 유지를 가능하게 해 주는 역할을 한다. 또 무엇을 추구하고 회피할지 판단하도록 하는 동기의 역할을 한다. 한편 우리는 사회적 상호작용에서 서로의 신체 반응이나 표정을 통해 미묘한 감정을 읽어 내고 그에 적절히 반응하며, 그런 정서적 교감을 통해 공동체를 유지한다.

그러나 로봇이 정말로 이러한 감정 경험을 하는지 판단하기는 쉽지 않다. 철학자들은 인공 지능이 인간과 똑같은 인지적 과제를 수행했다고 하더라도 그것은 의미를 이해하지 못하기 때문에 진정한 지능이 아니라고 주장했다. 인공 감정에 대해서도 마찬가지로, 감정을 입력 자극에 대한 적절한 출력을 ⓓ 내놓는 행동들의 패턴이 아니라 내적인 감정 경험으로 이해한다면 인공 감정이 곧 인간의 감정이라고 말할 수 없다. 인간만 보더라도 행동의 동등성은 심성 상태의 동등성을 함축하지 않기 때문에, 동일한 행동을 하는 두 사람이 서로 다른 감정을 느낄 수 있고 그 역도 가능하다. 로봇의 경우에는 행동의 동등성이 곧 심성 상태의 존재성조차도 함축하지 않는다.

로봇이 감정을 가지기 위해서는 감정을 인식하고 표현하는 데 그쳐서는 안 되고 내적인 감정을 생성할 수 있어야 한다. 그러나 거기에는 현실적으로 상당히 어려운 전제 조건이 만족되어야 한다. 첫째, 감정을 가진 개체는 기본적인 충동이나 욕구를 가진다고 전제된다. 목마름, 배고픔, 피로감 등의 본능이나 성취욕, 탐구욕 등이 없다면 감정도 없다. 둘째, 인간과 사회적으로 상호작용하기 위해 인간이 가지는 것과 같은 감정을 가지려면, 로봇은 최소한 고등 동물 이상의 일반 지능을 가지고, 생명체들처럼 복잡하고 예측 불가능한 환경에 적응할 수 있어야 한다. 그런데 복잡한 환경에 적응하여 행위할 수 있는 일반 지능을 가진 인공 지능에 도달하는 길은 아직 ⓔ 멀다. 현재 인공 지능이 제한적인 영역에서 주어진 과제를 얼마나 효율적으로 산출하는지 이외의 문제들은 부차적인 것으로 치부되고* 있기 때문이다. 그렇다면 ㉠ 진정한 감정이 없는 로봇을 도덕 공동체에 받아들일 이유는 없다.

1 윗글에 대한 이해로 적절하지 <u>않은</u> 것은?

① 인공 지능과 인공 감정을 연구하면 인간의 지능과 감정까지 더 잘 알게 된다.

② 인공 지능에서 행동이 하는 역할은 인공 감정에서 내적인 감정 경험이 맡는다.

③ 인공 지능에 회의적인 철학자는 의미의 이해가 지능의 본질적 요소라고 생각한다.

④ 인간성의 핵심이 로봇에게도 있다면 로봇을 도덕적 고려의 대상으로 인정해야 한다.

⑤ 인공 감정은 현실적으로 만들기 어렵고 만들어도 인간과 같은지 판단하기가 어렵다.

2 윗글을 바탕으로 〈보기〉의 상황에 대해 추론한 것으로 적절하지 <u>않은</u> 것은? 〔3점〕

〈보 기〉
로봇 A가 바둑에서 최고수를 꺾고 우승한 뒤 기뻐하는 모습을 보고 인간 B가 함께 기쁨을 표현했다.

① A에게 누군가를 이기려는 본능이 있다면 A의 기쁨이 진정한 감정일 가능성이 있겠군.

② A의 기쁨이 적절한 입력 자극과 출력에 의한 것이라면 A의 기쁨은 진정한 감정이라고 말할 수 있겠군.

③ A가 바둑 이외의 다양한 영역에서도 인간처럼 업무를 잘 수행한다면 A의 기쁨이 진정한 감정일 가능성이 있겠군.

④ A나 B 모두 기쁘지 않으면서도 겉으로는 기뻐하는 행동을 보일 수 있겠군.

⑤ B가 A의 기쁨을 알게 된 것은 A의 신체 반응이나 표정 때문이겠군.

3 ㉠에 대해 문제를 제기한 것으로 가장 적절한 것은?

① 로봇이 감정에 휩싸인다면 복잡하고 예측 불가능한 환경에 잘 적응할 수 없지 않을까?

② 인간처럼 감정을 인식하고 표현하는 인공 감정 연구는 이미 상당한 수준에 올라 있지 않을까?

③ 인공 지능도 인간의 감정을 이해하고 배려한다면 인공 지능이 도덕적 고려를 할 수 있지 않을까?

④ 도덕 공동체에 있으면 내적 감정을 갖겠지만, 내적 감정을 갖는다고 해서 꼭 도덕 공동체에 포함해야 할까?

⑤ 비행기와 새의 비행 방식이 다르듯, 로봇은 인간과 다른 방식으로 감정의 핵심 역할을 수행할 수 있지 않을까?

4 문맥상 ⓐ~ⓔ의 단어와 가장 가까운 의미로 쓰인 것은? 〔신규〕

① ⓐ : 그는 결국 자신의 고집을 꺾어야 했다.

② ⓑ : 나는 시를 읽으면서 마음의 평정을 찾았다.

③ ⓒ : 오랜 공사를 벌인 끝에 마침내 터널을 만들었다.

④ ⓓ : 그녀는 해마다 학계에 획기적인 이론을 내놓았다.

⑤ ⓔ : 오늘따라 제일 친한 친구조차도 멀게만 느껴진다.

★ **어휘력 강화**

＊부응(副應)하다 어떤 요구나 기대 따위에 좇아서 응하다.

＊항상성(恒常性)
① 〔생명〕 생체가 여러 가지 환경 변화에 대응하여 생명 현상이 제대로 일어날 수 있도록 일정한 상태를 유지하는 성질. 또는 그런 현상.
② 〔심리〕 여러 가지 조건이 바뀌어도 친숙한 대상은 항상 같게 지각되는 현상. 물체의 크기·모양·빛깔, 또는 소리를 들은 거리나 빛의 명암 따위의 조건에 따라 달라지는 것이 원칙이지만, 생리적 자극과는 관계없이 항상 같게 지각되는 경향이다.

＊치부(置簿)되다 마음속으로 그러하다고 생각되거나 여겨지다.

| 제재 | 윤리학 | 출처 | 2011 LEET | 난도 | 중상 | 목표 시간 | 9분 |

| 선정 이유 | 수준 높은 어휘가 독해 난도를 올리는 지문이지만, 1문단을 기준으로 삼아 글을 구조화하며 읽어 내면 글쓴이의 의도를 수월하게 파악할 수 있다. 첫 문단 중심 독해를 연습하기에 매우 좋은 지문이다. |

1~4 | 다음 글을 읽고 물음에 답하시오.

일반적으로 철학적 근대는 감성의 영역으로부터 완전히 벗어난 이성적 자아를 기초로 한 데카르트에서 출발하여, 주체뿐 아니라 객체의 세계까지도 선험적* 이성의 현상태로 규정한 독일 관념론에 이르러 완결된다고 일컬어진다. 그러나 시작과 끝만 보고 이 시대 전체를 이성지상주의의 단선적* 질주로 일반화하는 것은 성급한 판단이다. 왜냐하면 근대 철학의 진행 과정에는 이성의 독주에 ⓐ 맞서 감성에 적극적인 의미와 가치를 부여하고자 한 다양한 사조들 역시 유의미한 반대 노선으로 등장했기 때문이다. 그렇다면 철학적 근대는 어떤 곡절*을 거쳤기에 그러한 귀결에 이르렀을까?

이 물음에 대한 답을 얻는 데 하나의 중요한 단서를 제공하는 것이 바로 '새로운 신화학'이라는 사상 운동이다. 그중 1913년에 발견된 후, 후일 「독일 관념론의 가장 오래된 체계 강령」(이하 「강령」)으로 명명된 18세기 말의 작자 미확정 텍스트는 단연 흥미를 끈다. 왜냐하면 이성지상주의의 결정판으로 불리는 것이 독일 관념론인데, 그 사조의 출발점에 위치하는 이 글에서는 오히려 사뭇* 다른 입장을 ⓑ 펼치고 있기 때문이다.

「강령」을 이해하기 위해서는 먼저 이 글에서 강하게 감지되는 ㉠ 실러의 정치 미학에 대한 이해가 필요하다. 왜냐하면 "아름다운 세계여, 그대는 어디에 있는가? 다시 오라!"라고 외치는 실러처럼 「강령」의 저자도 고대 그리스에 견줄 수 있는 충만한 미적 차원의 문화를 소망하기 때문이다. 실러의 이러한 생각은 일차적으로는 공포 정치로 극단화된 프랑스 혁명과 인간의 소외가 만연한* 시민 사회에 대한 실망에서 나왔으며, 근본적으로는 혁명의 사상적 모태*인 계몽주의에 대한 강한 비판 의식에서 비롯된다. 그가 보기에, 계몽주의는 추상적 지성의 계몽에만 ⓒ 치우쳐 인간의 소중한 정신 능력들의 조화를 파괴했기 때문에 혁명의 과격화는 필연적이다. 반면 고대 그리스 사람들은 자신이 속한 공동체와 유기적 조화를 이루고 있었는데, 이는 그들의 심성이 감성과 이성의 조화로운 미분리를 유지했기 때문이다. 이에 실러는 현실 정치 영역에서 참된 인륜적 공동체를 구현하기 위해서는 미적 차원의 문화 건설이 선행 조건이라고 생각하며, 이에 따라 인간 심성 자체의 미적 교육, 즉 감성적 충동과 이성적 충동을 화해시키는 '유희 충동'의 계발을 구체적인 전략으로 제시한다.

㉡ 「강령」의 저자는 이러한 노선을 발전시켜 새로운 신화학이라는 모델을 제안한다. '새로운'이라는 표현이 시사하듯, 그가 지향하는 이상은 계몽을 원천 무효화하는 신화학이 아니라 이성과 감성의 화해, 즉 신화학을 통해 참된 모습으로 변용된 계몽이다. 실러가 소망하는 아름다운 세계의 재림*처럼 그가 지향하는 신화학 역시 계몽의 미적 고양*을 핵심으로 한다. 더 나아가 「강령」의 저자는 이러한 노선을 무정부주의적 방향으로까지

극단화하여, 신화학이라는 미적 차원의 문화를 참된 현실 정치의 선행 조건으로서가 아니라, 아예 국가의 종식을 통해 ⓓ 이르러야 할 궁극적인 목표 지점으로 구상한다.

그러나 이렇게 미적 절대주의로까지 극단화된 노선에서 출발한 독일 관념론은 이후 사상가들이 다다른 ㉮ 그 최종판에서는 근대 초기보다도 훨씬 강화된 이성지상주의로 전환된다. 이러한 전환은 과거의 신화적 세계와 당대의 국가적 삶의 양식에 대한 새로운 해석에서 비롯된다. 즉 근대의 정치적 양상이 이제는 상실이 아니라 획득으로 평가되는 것이다. 이에 따르면, 일견 아름다워 보이는 고대에서는 오히려 절대 소수의 이익을 위한 절대 다수의 억압이 자행되었고,* 시민 사회를 거쳐 형성된 근대의 입헌적* 질서에서는 다수의, 나아가 만인의 보편적 자유가 구현된다.

이러한 정치적 입장의 근저에는 세계의 전체 과정이 자유로운 이성의 자기실현 과정에 속한다는 형이상학이 작용하고 있다. 즉 역사란 태초의 근원적 원리인 선험적 이성이 현상계에서 실현되는 거대한 과정에 포함되는 하나의 하위 범주이기 때문에, 감성이 지배하는 신화적 세계가 지양*되고 이성이 지배하는 시민 사회와 국가 체제가 출현하는 것은 정당하고도 필연적이라는 것이다. 따라서 신화와 같이 미적 차원에 속하는 것은 정신사의 미발전된 초기에만 인간 심성을 닦는 매개체가 될 수 있으며, 이성의 전진을 통해 다다른 시대에 다시 미적 이상향을 꿈꾸는 것은 계몽을 고양하는 것이 아니라 오히려 이성의 실현이라는 거대한 흐름에 ⓔ 거스르는 것이라고 보는 것이다.

1 윗글에 따라 철학적 근대의 전개 과정을 가장 잘 요약한 것은?

① 이성지상주의가 반대 노선의 도전에 직면했지만, 이를 물리치고 처음의 입장을 그대로 고수하는 확고한 노선이 유지되었다.

② 이성지상주의와 그 반대 노선이 충돌하자, 두 입장 모두의 불완전함을 인식하고 양자의 매개를 추구하는 중립적 이론이 형성되었다.

③ 이성지상주의의 부적절성이 반대 노선에 의해 입증되자, 애초의 전제에 내재한 오류의 인식을 통해 사상의 방향이 근본적으로 전환되었다.

④ 이성지상주의에 대해 그 반대 노선이 도전했지만, 도전의 근거로 제시된 현상에 대한 재해석을 통해 더 강화된 이성지상주의가 등장하였다.

⑤ 이성지상주의와 그 반대 노선이 충돌하자, 양자가 각각 부분적 타당성을 지닌다는 인식을 통해 다수 이론의 공존을 용인하는 합리적 사상이 강화되었다.

2 ㉠과 ㉡에 대한 설명으로 가장 적절한 것은?

① ㉠은 현실 정치를 위한 미적 교육을, ㉡은 무정부주의적 신화학을 모색한다.

② ㉠은 독일 관념론을 위한, ㉡은 계몽주의를 위한 철학적 기초를 마련한다.

③ ㉠은 계몽주의의 지속적 완성을, ㉡은 계몽주의의 근본적 청산을 지향한다.

④ ㉠과 ㉡은 모두 미적 차원의 문화 건설을 노선의 궁극적 목표로 설정한다.

⑤ ㉠과 ㉡은 모두 미적 절대주의를 통해 참된 인류적 공동체의 건설을 추구한다.

3 ㉮의 입장에서 '새로운 신화학'을 비판할 때, 가장 적절한 것은?

[3점]

① 당대의 참된 가치를 제대로 인식하지 못하고 오히려 이미 극복된 과거를 모범으로 삼는 것은 퇴행적 발상이다.

② 신화학을 통해 변용된 계몽의 모델을 과거에서 찾는 것은 감성주의적 이상 실현을 위해 바람직한 길이 아니다.

③ 삶의 근대적 양상을 정치적 차원에서만 고찰하는 것은 그 양상이 이성의 전횡에서 비롯된 결과임을 간과할 위험이 있다.

④ 역사가 진행될수록 위축되어 온 인간의 자유를 이성에 의거하여 복원하려는 것은 역사의 대세를 거스르는 부질없는 노력이다.

⑤ 현실 정치에 등을 돌리고 미적 차원을 지향하는 것은 실질적으로는 근대 사회가 초래한 만인에 대한 억압을 용인하는 것이다.

4 문맥상 ⓐ~ⓔ와 바꾸어 쓰기에 적절하지 않은 것은? [신규]

① ⓐ : 대항(對抗)하여

② ⓑ : 개진(開陳)하고

③ ⓒ : 경도(傾倒)되어

④ ⓓ : 봉착(逢着)해야

⑤ ⓔ : 역행(逆行)하는

★ 어휘력 강화

* 선험적(先驗的) [철학] 경험에 앞서서 인식의 주관적 형식이 인간에게 있다고 주장하는 것. 대상에 관계되지 않고 대상에 대한 인식이 선천적으로 가능함을 밝히려는 인식론적 태도를 말한다.
* 단선적(單線的) 매우 단순한 것.
* 곡절(曲折)
  ① 순조롭지 아니하게 얽힌 이런저런 복잡한 사정이나 까닭.
  ② 구불구불 꺾이어 있는 상태.
  ③ 글의 문맥 따위가 단조롭지 아니하고 변화가 많음.
* 사뭇
  ① 거리낌 없이 마구.
  ② 내내 끝까지.
  ③ 아주 딴판으로.
  ④ 마음에 사무치도록 매우.
* 만연(蔓延)하다 (비유적으로) 전염병이나 나쁜 현상이 널리 퍼지다. 식물의 줄기가 널리 뻗는다는 뜻에서 나온 말이다.
* 모태(母胎)
  ① 어미의 태 안.
  ② 사물의 발생·발전의 근거가 되는 토대를 비유적으로 이르는 말.
* 재림(再臨) 다시 옴.
* 고양(高揚)
  ① 높이 쳐들어 올림.
  ② 정신이나 기분 따위를 북돋워서 높임.
* 자행(恣行)되다
  ① 제멋대로 해 나가게 되다. 또는 삼가는 태도가 없이 건방지게 행동하게 되다.
  ② 함부로 유행되다.
* 입헌적(立憲的) 헌법 정신에 들어맞는 것.
* 지양(止揚)
  ① 더 높은 단계로 오르기 위하여 어떠한 것을 하지 아니함.
  ② [철학] 변증법의 중요한 개념으로, 어떤 것을 그 자체로는 부정하면서 오히려 한층 더 높은 단계에서 이것을 긍정하는 일. 모순 대립하는 것을 고차적으로 통일하여 해결하면서 현재의 상태보다 더욱 진보하는 것이다.

06 감각과 인지 과정에 대한 두 이론

★ [인문/예술]

| 제재 | 서양 철학 | 출처 | 2017 LEET | 난도 | 중상 | 목표 시간 | 9분 |

| 선정 이유 | 친숙한 내용을 다루고 있어 어렵지 않아 보이지만, 상반된 두 입장을 엄밀하게 대비해 가며 읽어야 한다. 특히 〈보기〉 문제는 2024학년도 수능 국어 '경마식 보도의 특성과 보완 방법' 지문 6번 문항과 굉장히 유사한 논리 구조를 갖고 있으므로, 집중해서 분석해 보자. |

1~4 | 다음 글을 읽고 물음에 답하시오.

우리는 빨갛게 잘 익은 사과를 보고서, "그래, 저 사과 맛있겠으니 가족과 함께 먹자."라는 판단을 내린다. 이때 우리는 빨간 사과에 대한 감각 경험을 먼저 한다. 그러고 나서, "저기 빨간 사과가 있네."라거나, "사과가 잘 익었으니 함께 먹으면 좋겠다."라는 판단을 내린다. 이것은 보는 것이 믿는 것에 대한 선행 조건임을 의미한다. 감각 경험에 대한 판단과 추론은 고차원의 인지 과정이며 개념적 절차이고, 판단과 추론이 ⓐ 개입하기 이전의 감각 경험은 비개념적* 내용을 가질 뿐이다. 이와 같이 비개념적인 감각 경험이 먼저 주어진 후에 판단과 추론이 이어지는 것을 정상적인 과정으로 보는 견해를 '비개념주의'라고 부른다.

비개념주의는 우리가 알아채는 것보다 실제로 더 많은 것을 본다는 점에 주목한다. 예를 들어 우리는 퇴근 후 아내와 즐겁게 대화를 나누며 저녁 식사를 하면서도 아내가 그날 노랗게 염색한 것을 알아채지 못할 수 있다. 아내의 핀잔을 들은 후 염색한 사실을 새삼스럽게 깨닫고서 어떻게 이를 모를 수 있었는지 의아해한다. 이렇게 ⓑ 현저한 변화를 알아보지 못하는 현상을 변화맹(change blindness)이라고 부른다. 우리가 이러한 특징적인 변화를 정말 보지 못했다고 생각하긴 어렵다. 새로운 시각 경험이 주어졌으나 이 경험을 인지하지 못했으며, 따라서 판단과 추론으로 이어지지 못했다는 설명이 자연스럽다. 우리는 아내의 노란 머리를 단지 알아차리지 못했을 뿐이지 보지 못했다고 말할 수는 없다.

그러나 '개념주의'는 시각 경험과 판단·추론이 별개의 절차가 아니라고 본다. 우리가 무엇인가를 볼 때 여기에는 배경지식이나 판단 및 추론 같은 고차원의 인지적 요소들이 이미 개입하고 있다는 것이다. 개념주의에서는 우리가 빨간 사과를 지각할 때 일종의 인지 작용으로서 해석이 일어난다고 여긴다. 식탁에 놓인 것을 '빨간 사과'로 보는 것 자체가 일종의 해석이다. 우리가 이 해석 작용 자체를 인식하는 것은 아니지만, 이 작용은 두뇌 곳곳에서 ⓒ 분산되어 일어나는데 이것도 일종의 판단이나 추론이라는 것이다.

개념주의는 베르나르도 벨로토가 그린 ㉠〈엘베 강 오른편 둑에서 본 드레스덴〉을 통해서도 설명된다. 미술관에 걸려 있는 이 그림을 적당한 거리에서 바라볼 때, 원경으로 그려진 다리 위에는 조금씩 다른 모습의 여러 사람들이 보인다. 우리는 작가가 아마도 확대경을 이용하여 그 사람들을 매우 정교하게 그렸을 것이라 생각할지도 모른다. 그런데 그 티끌같이 작은 사람들이 정말 사람의 형태를 하고 있을까? 이 그림의 다리 위 부분을 확대해서 보면 놀랍게도 사람들은 사라지고, 물감 방울과 얼룩과 터치만이 드러난다. 어떻게 보면 작가는 다리를 건너는 사람들을 직접 그렸다기보다는 단지 암시*했을 뿐이지만, 우리의 두뇌는 사람과 비슷한 암시를 사람이라고 해석하여 경험한다. 이

와 같은 과정을 비유적으로 '채워 넣기'라고 부를 수 있다. 두뇌는 몇몇 단서를 가지고서 세부 사항을 채워 넣으며 이를 통해 다채로운 옷을 입고 여러 동작을 하면서 다리를 건너는 사람들을 보게 되는 것이다. 채워 넣기도 일종의 판단 작용이다. 우리의 시각 경험에 이미 판단 작용이 들어와 있기 때문에, 시각 경험과 판단 작용은 ⓓ 구분되지 않는다. 우리가 이 그림에서 사람들을 지각할 때 이는 이미 해석을 전제한다.

개념주의는 변화맹을 어떻게 설명할까? 개념주의에 따르면 나의 감각 경험에 주어진 두 장면 사이의 차이를 알아채지 못하는 변화맹은 불합리하다. 비개념주의에서는 판단 및 추론에서 독립된 감각 경험이 존재한다고 주장하는데, 판단이나 추론과 달리 나의 감각에 대해서는 나 자신이 특권을 가지므로 내가 나의 감각에 대해서 오류를 ⓔ 범할 수 없어야 한다. 그런데도 나의 감각의 변화를 내가 알아보지 못한다고 주장하는 것은 말이 되지 않는다. 변화를 알아볼 수 있을 때에야 감각하기 때문이다.

결국 개념주의는 비개념주의가 아는 것보다 실제로 더 많은 것을 본다는 근거 없는 자신감을 가지고 있다고 비판하는 셈이다. 반면에 비개념주의는 개념주의가 실제로는 더 많은 것을 보았는데 보지 못했다고 과소평가한다고 생각할 것이다.

1 '비개념주의'와 '개념주의'가 모두 동의하는 주장으로 가장 적절한 것은?

① 알아채지 못하는 감각은 불가능하다.

② 판단 과정에 개념적 내용이 들어간다.

③ 무엇인가를 본 뒤에야 믿는 것이 가능하다.

④ 판단 및 추론에 대해 오류를 범하지 않는다.

⑤ 감각 경험이 판단 작용으로 전환될 때 정보의 손실이 발생한다.

2 '비개념주의'가 ㉠을 설명한다고 할 때 가장 적절한 것은?

① 사람임을 알고서 확대경으로 들여다보면 여전히 사람으로 보인다.

② 다리 위의 사람과 달리 물감 방울과 얼룩은 비개념적으로 인지해야 한다.

③ 해석이 되지 않은 감각 경험이 다리 위 무엇인가를 사람으로 인지하는 데 필요하다.

④ 가까이서 본 것과 멀리서 본 것의 차이를 통해 다리 위의 사람들을 사람으로 알아차린다.

⑤ 다리 위 무엇인가를 사람으로 인지하기 위해서는 그것이 물감 방울과 얼룩으로 이루어진 것임을 알아차려야 한다.

3 〈보기〉에 대한 설명으로 적절하지 않은 것은? 〔3점〕

〈보 기〉

(가) 관객이 마술사의 화려한 손동작에 집중하느라 조수가 바뀐 것을 알아차리지 못했다.

(나) 개념적 일반화나 언어적 조작을 하지 못하는 갓난아이나 동물도 감각 경험을 한다.

(다) 오타가 있는 단어를 볼 때 무엇이 잘못되었는지 알아채지 못하고 제대로 읽는다.

(라) 같은 상황에서 변화를 알아차린 사람과 알아차리지 못한 사람의 뇌를 비교했을 때, 뇌의 시각 영역이 유사한 정도로 활성화된 것으로 밝혀졌다.

① 개념주의는 (가)에서 관객이 조수가 바뀌는 것을 보지 못했다고 말할 것이다.

② 개념주의는 (다)에서 제대로 읽은 까닭을 채워 넣기가 있었기 때문이라고 설명할 것이다.

③ 비개념주의는 (나)가 감각 경험에 비개념적 내용이 존재함을 보여 주는 사례라고 말할 것이다.

④ 비개념주의는 (다)를 추론 및 판단에서 독립된 감각 경험이 존재한다는 주장을 지지하는 근거로 삼을 것이다.

⑤ 비개념주의는 (라)를 사람들이 실제로는 더 많은 것을 본다는 사례로 활용할 것이다.

4 문맥상 @~@와 바꾸어 쓰기에 적절하지 않은 것은? 〔신규〕

① @ : 끼어들기

② ⓑ : 뚜렷한

③ ⓒ : 흩어져

④ ⓓ : 나뉘지

⑤ ⓔ : 찾을

★ **어휘력 강화**

* 비개념적(非槪念的) 어떤 사물 현상에 대한 일반적인 지식이 아닌. 또는 그런 것.

* 암시(暗示)

① 넌지시 알림. 또는 그 내용.

② [문학] 뜻하는 바를 간접적으로 나타내는 표현법.

③ [심리] 감각, 관념, 의도 따위가 이성에 호소함이 없이 언어 자극을 통하여 다른 사람에게 전달되는 현상.

07 | **당위 명제, 존재 명제에 대한 흄의 주장을 둘러싼 논쟁** ★ [인문/예술]

제재	서양 철학	출처	2024 LEET	난도	중상	목표 시간	10분

| 선정 이유 | 흄의 주장에 대한 여러 학자들의 관점이 어떻게 같고 다른지를 정확히 간파해야 하는 지문이다. 특히 〈보기〉 문제에서 〈보기〉가 뜻하는 바를 단번에 파악해 내는 것이 중요하다. |

1~4 | 다음 글을 읽고 물음에 답하시오.

당위 명제는 존재 명제에서 도출될 수 없다는 흄의 주장은 현대 도덕 철학에 큰 영향을 미쳤다. 도덕 판단이 사실에 관한 참/거짓인 명제임을 부정하며 도덕적 지식은 존재할 수 없다고 주장하는 도덕 철학자들에게 흄의 주장은 성서*처럼 여겨진다. 하지만 흄의 주장이 진정으로 의미하는 바가 무엇인지에 대해서는 논쟁이 이어지고 있다.

매킨타이어는 흄의 주장이 모든 존재 명제가 아니라 일부의 존재 명제만을 겨냥하고 있다고 본다. 흄은 도덕 판단이 영원한 합목적성*이나 신의 의지에 대한 신학적 명제에서 도출되는 것에 대해서만 그 불가능성을 인정한다는 것이다. 신학적 명제는 인간의 필요나 이익과 무관해서 신학적 명제와 도덕적 명제 간에는 간격이 있을 수밖에 없기 때문이다. 결국 매킨타이어는 인간의 필요나 이익과 진정으로 관련되는 존재 명제에서만 당위 명제를 도출할 수 있다고 보는 것이 흄의 진의라고 생각했다. 이런 생각은 흄이 도덕성을 인간에게 정념*이나 정서를 불러일으키는 필요나 이익과 관련된 자연적 현상이라고 확신했다는 점에서 도출된다. 매킨타이어는 그 근거로, 흄이 정서에 관해 논의할 때 사회적 규칙이 어떻게 공공의 이익을 증진하는가의 문제와 관련해서 수많은 인류학적, 사회학적 사실을 인용했던 점을 제시한다.

이런 맥락에서 매킨타이어는 '연결 개념'을 제안한다. 이 개념에는 욕구와 필요, 쾌락 등이 포함되는데, 이것들은 사실적인 것인 동시에 도덕적 개념과 밀접하게 연결된 인간 본성의 여러 측면과도 관련된다. 매킨타이어는 연결 개념이 사실들을 그것들과 관련된 도덕적 요구에 연결한다고 보고, 이것이 곧 흄이 실제로 행한 바라고 주장한다.

헌터도 흄이 존재 명제에서의 당위 명제 도출을 전적으로 부정하지는 않았다고 해석한다. 흄은 도덕 판단을 존재 명제처럼 사실적 주장으로 인식했고 따라서 사실적 주장으로서의 도덕 판단은 다른 사실적 주장에서 도출될 수 있다고 생각했다는 것이다. 헌터는 "당신이 어떤 행위나 특성을 사악하다고 말할 때, 이는 당신이 당신의 본성에 의해 그것에 대한 비난 또는 경멸의 느낌이나 정서를 가지게 된다는 사실을 의미할 뿐이다."라는 흄의 언급에 주목한다. 흄의 이 언급은 인간 정서의 사실적 진술에 관한 것이며, 이 사실적 진술은 어떤 행위나 특성에 대한 관찰과 그것에 대한 느낌 간의 인과적 연결을 기술하는 것이다.

결국 헌터의 해석에 따르면, 흄의 당위 명제는 특정한 존재 명제, 즉 이성의 관계들이나 독립적인 외부의 대상들에 관한 명제에서는 도출될 수 없지만, 인간 정서와 관련된 사실적 진술로서의 존재 명제에서는 도출될 수 있다. 이 입장에서는 만일 도덕 판단이 정서의 기술이라면, 그것은 참이거나 거짓이 되며 도덕적 지식을 산출할 수 있을 것이라고 볼 수 있다. 이러한 지식의

내용이 주관적인 것이라 해도 그렇다.

플류와 허드슨은 매킨타이어와 헌터의 흄 해석을 비판하면서, 흄은 도덕 판단을 인간 정서에 관한 사실적 진술이 아니라 정서의 표현으로 보았다고 주장한다. 만일 플류와 허드슨의 주장이 옳다면, 흄은 정서주의의 직접적인 선구자가 될 것이다. 정서주의에서는 흄처럼 사실의 기술과 정서의 표현을 구별하며, 도덕 판단을 시인과 부인의 표현으로 간주하기 때문이다. 이 입장에서 도덕 판단은 정서적 의미를 지닐 뿐이고 단지 발화자의 태도를 표현하는 것에 불과하며, 사실의 기술에서 도출될 수 없다. 따라서 정서주의는 도덕적 논증의 타당성이나 도덕적 지식이 존재할 수 없다고 주장한다. 도덕 판단이 정서의 표현이라면, 그 판단은 참이거나 거짓일 수는 없고 기껏해야 솔직하거나 솔직하지 않은 것일 뿐이기 때문이다. 결국 플류와 허드슨에 따르면, 흄은 존재 명제에서의 당위 명제 도출을 부정하고 도덕적 지식의 불가능성을 주장하는 정서주의자로 해석될 수 있다.

1 윗글의 내용 전개 방식으로 가장 적절한 것은? [신규]

① 특정 주장에 대한 비판들을 통시적으로 조명하고 있다.

② 특정 주장에 대해 학자들이 합의한 결과를 서술하고 있다.

③ 특정 주장과 관련된 다양한 이견을 구체적으로 설명하고 있다.

④ 특정 주장에 대해 상반된 입장을 제시하고 절충안을 모색하고 있다.

⑤ 특정 주장과 관련된 이론의 문제점을 언급하고 대안적 이론을 소개하고 있다.

2 윗글의 내용과 일치하지 않는 것은?

① 도덕 철학에서 흄의 주장은 도덕적 지식의 불가능성을 주장하는 철학자들에게 주된 근거로 활용되고 있다.

② 매킨타이어는 흄이 영원한 합목적성이나 신의 의지에 대한 신학적 명제를 존재 명제로 보았다고 해석한다.

③ 헌터는 흄이 존재 명제와 당위 명제를 모두 사실적 주장으로 보았다고 이해한다.

④ 플류와 허드슨은 흄이 인간 정서를 사실적 진술의 대상이 아니라고 보았다고 해석한다.

⑤ 정서주의는 인간 정서가 솔직하게 표현된다면 이를 근거로 존재 명제에서 당위 명제를 이끌어 낼 수 있다고 본다.

3 윗글을 바탕으로 철학자들의 판단을 이해한 내용으로 적절한 것만을 있는 대로 고른 것은?

───〈보 기〉───

ㄱ. 매킨타이어에 따르면, 공익을 증진하는 사회적 규칙은 우리에게 쾌락을 유발한다면 도덕성을 지닌다는 것이 흄의 생각이다.

ㄴ. 헌터에 따르면, 인간 정서는 주관적이기 때문에 인간 정서에 대한 사실적 진술에서 도출된 도덕 판단은 도덕적 지식이 될 수 없다는 것이 흄의 생각이다.

ㄷ. 플류와 허드슨에 따르면, 도덕 판단은 정서의 표현이기 때문에 도덕적 지식이 될 수 없다는 것이 흄의 생각이다.

① ㄴ   ② ㄷ

③ ㄱ, ㄴ   ④ ㄱ, ㄷ

⑤ ㄱ, ㄴ, ㄷ

4 윗글을 바탕으로 〈보기〉를 해석할 때, 가장 적절한 것은? 〔3점〕

───〈보 기〉───

사악한 것으로 인정된 행위, 예를 들면 고의적 살인을 생각해 보자. 이 행위를 모든 측면에서 검토해 보라. 그리고 여기서 당신이 악덕이라고 부를 수 있는 어떤 사실 또는 진정한 존재를 발견할 수 있는지를 살펴보라. 당신이 그 행위를 어떤 방식으로 검토하든 간에 당신은 오직 어떤 정념과 동기, 의욕과 사고를 발견할 뿐이다. 당신이 그 행위를 대상으로 생각하는 한 그러한 행위에서는 악덕을 전혀 포착할 수 없을 것이다. 당신이 그 행위를 당신의 가슴으로 느껴서 그 행위에 대해 당신 안에 생겨나는 거부의 감정을 발견하기 이전에는 당신은 악덕을 발견할 수 없다. 이때 하나의 사실이 생기는데, 이것은 이성의 대상이 아니라 느낌의 대상이다. 그리고 이것은 당신 자신 안에 있는 것이지 대상에 있는 것이 아니다.

− 흄, 「인간 본성에 관한 논고」 −

① 헌터는 '고의적 살인'에 대한 도덕 판단이 사람들에게 불러일으킨 부정적 정서의 진술에서 도출된 것이라고 생각하겠군.

② '악덕'이라는 도덕 판단의 근거를 매킨타이어는 인간의 타고난 성질에서 찾겠지만, 헌터는 시인과 부인의 표현에서 찾겠군.

③ 플류와 허드슨은 '악덕'에 대해 '고의적 살인'이 어떤 사람에게 유발한 불쾌감을 기술한 것으로 간주하겠군.

④ 매킨타이어와 달리 헌터는 '거부의 감정'이 사실적 측면과 도덕적 요구를 연결하는 개념이라고 생각하겠군.

⑤ 매킨타이어는 '당신 자신 안에 있는 것'을, 플류와 허드슨은 '대상에 있는 것'을 도덕 판단으로 간주하겠군.

★ **어휘력 강화**

＊**성서(聖書)**

① 성인(聖人)이 저술한 책.

② 성인(聖人)의 행적을 기록한 책.

③ [기독교] 기독교의 경전. 신약과 구약으로 되어 있다.

④ [종교] 일반 각 종교에서 교리를 기록한 경전.

＊**합목적성(合目的性)**

① [철학] 목적을 실현하는 데에 적합한 성질. 또는 어떤 사물이 일정한 목적에 적합한 방식으로 존재하는 성질.

② [철학] 부분이 전체에 알맞고, 또한 부분들도 서로 알맞은 상태. 목적과 수단이 외적인 관계인 경우에는 외적 합목적성이라 하고, 전체가 목적이고 각 부분이 수단의 의미를 가지는 것은 내적 합목적성이라고 한다.

＊**정념(情念)** 감정에 따라 일어나는, 억누르기 어려운 생각.

08 **헤겔의 예술 철학** ★[인문/예술]

| 제재 | 서양 철학 | 출처 | 2015 LEET | 난도 | 중상 | 목표 시간 | 12분 |

| 선정 이유 | 2022학년도 수능 국어 '헤겔의 미학' 지문과 상당히 유사한 지문이다. 정보량이 많은 만큼 제시된 정보들을 체계적으로 정리하며 독해하는 것이 관건이다. 헤겔의 주장을 충분히 이해한다는 마음으로 독해해 보자. |

1~4 | 다음 글을 읽고 물음에 답하시오.

예술사를 양식의 특수하고 자족적*인 역사가 아니라 거시적 차원의 보편적 정신사 및 그 발전 법칙에 의거한다고 본 점에서 근대 헤겔의 예술론은 구체적 작품들에 대한 풍부하고 수준 높은 진술을 포함하고 있음에도 전형적인 철학적 미학에 속한다. 그는 예술사를 '상징적', '고전적', '낭만적'이라고 불리는 세 단계로 구분한다. 유의할 것은 이 단어들이 특정 예술 유파*를 일컫는 일반적 용법과는 사뭇 다르게 사용된다는 점이다. 즉 이 세 용어는 지역 개념을 수반하는 문명사적 개념으로서 일차적으로는 태고의 오리엔트, 고대 그리스, 중세부터의 유럽에 각각 대응하며, 좀 더 심층적인 차원에서는 '자연 종교', '예술 종교', '계시 종교'라는 종교의 유형적 단계에 각각 대응한다. 나아가 이러한 대응 관계의 단계적 설정은 신이라는 '내용'과 그것의 외적 구현인 '형식'의 일치 정도에 의거하며, 가장 근본적으로는 순수한 개념적 사유를 향해 점증적으로 발전하는 지성 일반의 발전 법칙에 의거한다. 게다가 이 세 범주는 장르들에도 적용되어, 첫째 건축, 둘째 조각, 셋째 회화·음악·시문학이 차례로 각 단계에 대응한다. 장르론과 결합된 예술사론을 통해 헤겔은 역사의 특정 단계에 여러 장르가 공존하는 것을 인정하면서도 각 단계에 대응하는 전형적 장르는 특정 장르로 한정한다.

'상징적' 단계는 인간 정신이 아직 절대자를 어떤 구체적 실체로서 의식하지 못한 채, 절대적인 '무엇'을 향한 막연한 욕구만 지닐 뿐인 상태를 가리킨다. 오리엔트 자연 종교로 대표되는 이 단계에는 '신적인 것의 구체적 상을 찾아 헤맴'만 있을 뿐이다. 감관*을 압도하는 거대 구조물이 건립되지만 그것은 그저 신을 위한 공간의 구실만 하지, 정작 신이 놓일 자리에는 신의 특정한 덕목(예컨대 '강함')을 어렴풋이 표현할 수 있는 자연물(예컨대 사자)의 형상이 대신 놓인다. 미약한 내용을 거대한 형식이 압도함으로써 미의 실현에는 아직 미치지 못한 이 단계의 전형적 장르는 신전으로 대표되는 건축이다.

'고전적' 단계에서는 내용과 형식의 이러한 불일치가 극복된다. 고대 그리스인들은 신들을 근본적으로 인간적 특질을 지닌 존재로 분명하게 의식했기 때문에, 이제 절대자는 어떤 생소한 자연물이 아니라 삼차원적 인체가 그대로 형상화되는 방식으로 제시되며, 이 단계를 대표하는 장르는 조각이다. 내용과 형식의 완전한 일치를 이룸으로써 그리스의 조각은 더 이상 재현될 수 없는 미의 극치로 평가된다. 나아가 예술 그 자체가 신성의 직접적 구현이기 때문에 이 단계의 예술은 그 자체가 이미 종교이며, 이에 따라 예술 종교라고 불린다.

그런데 인간의 지성은 이러한 미적 정점에 안주하지* 않는다. 즉 지성은 절대자를 인간의 신체를 지닌 것으로 믿는 단계를 넘어 순수한 정신적 실체로 여기는 계시 종교로 나아가는데, 이로써 정신적 내면성이 감각적 외면성을 압도하는 '낭만적' 단계가 도래한

다. 그리고 조각의 삼차원성을 탈피한 회화를 시작으로 음악과 시문학이 차례로 대표적 장르가 됨으로써, 예술 또한 감각적 요소가 아닌 정신적 요소에 의거하는 방향으로 발전한다. 이 때문에 내용과 형식의 부조화가 다시 일어나지만, 그럼에도 이 단계는 상징적 단계와는 질적으로 다르다. 상징적 단계에서는 제대로 된 정신적 내용이 아직 형성조차 되지 않았지만, 낭만적 단계에서는 감각적 형식으로는 담을 수 없을 정도의 고차적 내용이 지배하기 때문이다. 나아가 이 단계는 새로운 더 높은 단계가 존재하지 않는, 정신과 역사의 최종 지점이기 때문에, 이후에 벌어지는 국면*들은 모두 '낭만적'이라고 불릴 수 있다.

주목할 것은 헤겔이 순수 미학적 차원에서는 출발-완성-하강의 순서로 진행되는 이행 모델을, 그리고 근본적인 정신사적 차원에서는 출발-상승-완성의 순서로 진행되는 이행 모델을 따른다는 점이다. 즉 세 단계의 순서적 배열은 전자의 차원에서는 예술미의 정점이 두 번째 단계에서 이루어지도록, 그리고 후자의 차원에서는 지성의 정점이 세 번째 단계에서 이루어지도록 구성된다. 나아가 일견* 불일치를 보일 법한 이 두 모델을 절묘하게 조화시킨 그의 이론은 이중적 기능을 수행한다. 즉 정신사적 차원에서의 정점이 예술미의 차원에서는 오히려 퇴보를 의미하도록 구성된 이 이론은 한편으로는 '추(醜)'도 새로운 미적 가치로 인정되기 시작한 당시의 상황은 물론, '개념적'이라고까지 일컬어질 만큼 예술의 지성화가 진행된 오늘날의 상황까지 예견하여 설명할 수 있는 포섭력*을 가지며, 다른 한편으로는 절대자의 제시라는 과제를 예술이 수행할 수 있는 가능성을 고대 그리스로 한정하고 철학이라는 최고의 지적 영역에 그 과제를 이관*시키는, 곧 '예술의 종언' 명제라 불리는 미학적 결론에 이른다.

1 윗글에 제시된 헤겔의 입장에 부합하는 것은?

① 예술 양식 변화의 근원은 인간 내면의 보편적인 정신적 욕구에 있으므로, 모든 시대의 작품들은 동등한 가치를 지닌다.

② 예술은 인간 정신의 심층적 차원을 표출한 것이므로, 예술미의 성취 여부는 형식이 아니라 내용에 의해 판단되어야 한다.

③ 문명의 모든 단계적 이행은 인간 정신의 발전 논리에 따라 이루어지므로, 예술의 역사는 다른 영역의 역사와 연계되어 기술되어야 한다.

④ 예술의 단계적 변천은 인간 정신의 보편적 발전에 의해 추동되므로, 작품들의 미적 수준의 차이는 그것들의 장르적 상이성과 무관하다.

⑤ 예술은 내용과 형식의 합일이라는 구체적 방식으로 구현되므로, 작품의 해석에서 가장 중요한 것은 일반 개념에 앞선 개별 작품의 파악이다.

2 윗글에 따라 각 시대의 장르를 설명한 것으로 적절하지 <u>않은</u> 것은?

① 태고 오리엔트의 조각은 상징적 단계의 전형적인 예술이 아니다.

② 고대 그리스의 서사시는 고전적 단계의 전형적인 예술이 아니다.

③ 중세의 기독교 회화는 낭만적 단계의 전형적인 예술이 아니다.

④ 근대의 고전주의 음악은 낭만적 단계의 전형적인 예술이다.

⑤ 현대의 건축은 낭만적 단계의 전형적인 예술이 아니다.

3 윗글을 바탕으로 추론할 수 있는 것으로 적절한 것은?

① 가장 앞 단계의 예술이 가장 아름다운 예술이다.

② 가장 뒷단계의 예술이 가장 아름다운 예술이다.

③ 가장 아름다우면서도 가장 지성적인 예술은 없다.

④ 가장 비지성적인 예술이 가장 아름다운 예술이다.

⑤ 가장 추한 예술이 오히려 가장 아름다운 예술이다.

4 윗글에 나타난 헤겔의 예술론을 평가한 것으로 가장 적절한 것은? 〔3점〕

① 개념에 주로 의존하는 전형적인 철학적 미학이기 때문에 논증적 수준은 높지만 실질적 사례를 언급한 경우는 많지 않다.

② 당대까지의 예술 현상에 대한 제한된 경험에 기초하기 때문에 이후 시대의 예술적 상황에 대해서는 설명력을 결여하고 있다.

③ 정신사적 차원에서의 설명과 종교사적 차원에서의 설명을 분리함으로써 양자 간에 발생한 결론상의 모순을 해결하지 못하였다.

④ 예술사의 시대 구분과 각 예술 장르에 대한 설명이 서로 무관한 논리와 개념에 의거하기 때문에 이론의 전체적 정합성이 떨어진다.

⑤ 당대 유럽 이외의 문화를 상대적으로 미성숙한 지성적 단계에 위치시킴으로써 이론적으로 근대 서구의 자기 우월적 태도를 드러내고 있다.

★ 어휘력 강화

* 자족적(自足的)
  ① 스스로 넉넉하게 여기고 만족하는 성질이 있는 것.
  ② 필요한 물건을 자기 스스로 충족시킬 만한 것.
* 유파(流派)
  ① 원줄기에서 갈려 나온 갈래나 무리.
  ② 주로 학계나 예술계에서, 생각이나 방법 경향이 비슷한 사람이 모여서 이룬 무리.
* 감관(感官) [생명] 감각 기관과 그 지각 작용을 통틀어 이르는 말.
* 안주(安住)하다
  ① 한곳에 자리를 잡고 편안히 살다.
  ② 현재의 상황이나 처지에 만족하다.
* 국면(局面) 어떤 일이 벌어진 장면이나 형편.
* 일견(一見) 한 번 봄. 또는 언뜻 봄.
* 포섭력(包攝力) 상대편을 자기편으로 감싸 끌어들이는 능력.
* 이관(移管) 관할을 옮김. 또는 옮기어 관할함.

09 계층 측정 방식과 중산층 위기

★ [사회/문화]

제재	사회학	출처	2009 MEET	난도	중	목표 시간	8분

선정 이유: 법학/경제학 분야가 아닌 사회 지문으로서 독해 연습을 하기에 난도가 적당하다. 중산층을 판별하는 두 가지 방식의 장단점을 정리한 후, 두 방식 간의 조응 관계를 파악하는 것이 독해의 관건이다.

1~4 | 다음 글을 읽고 물음에 답하시오.

흔히 사회적 양극화로 표현되는 중산층의 위기는 중산층 붕괴 문제뿐 아니라 중산층의 상대적 박탈감 문제와도 밀접하게 연관된다. 중산층 위기의 본질을 ⓐ 살펴려면 먼저 중산층의 범주에 대한 이해가 필요하다. 이를 위해서는 객관적 차원의 계층을 판별하고 주관적 차원의 계층 의식을 측정하여 두 차원 간의 조응*관계를 분석하는 작업이 요구된다.

전체 계층 구조 속에서 중산층을 객관적으로 판별하기 위해서는 먼저 그 기준을 ⓑ 세워야 한다. 현대 사회에서 개인의 계층적 위치는 다양한 측면을 반영하기 때문에, 경제적 지표와 사회 문화적 지표를 동시에 사용하는 것이 일반적이다. 경제적 지표로는 직업·종사상의 지위, 가구 소득, 자산을 사용하고 사회 문화적 지표로는 교육 연수(年數)를 사용한다. 구체적인 중산층 판별에는 아래의 점수표를 사용하며, 점수의 합이 3 이상이면 '핵심적 중산층', 2이면 '주변적 중산층', 1 이하이면 '하층'으로 분류한다.

〈중산층 판별 점수표〉

측정 지표	판별 기준	점수
직업·종사상의 지위	고용주 및 상층 사무직 노동자	2
	소규모 자영업자 및 하층 사무직 노동자	1
가구 소득	도시 근로자 월평균 가구 소득의 90% 이상	1
자산	국민 주택 규모 소유 이상	1
교육 연수	2년제 대학 졸업 이상	1

㉠ 이러한 계층 측정 방식은 계층을 결정하는 요소들을 체계적으로 반영하고 중산층의 규모를 객관적으로 측정하는 데 유용하다. 그러나 측정 지표로 선정된 판별 기준의 적합성에 대해 논란이 있을 수 있고, 측정 시점에 따라 그 기준이 ⓒ 달라질 수 있어 장기간에 걸쳐 나타나는 변화를 추적하는 데에는 한계가 있다.

주관적 차원의 계층을 판별하는 지표로는 계층 귀속*의식을 사용하는데, 이것은 두 가지 방식으로 측정할 수 있다. '중산층 귀속 의식'은 스스로를 '중산층'이라는 집단과 동일시하는지를 이분법적으로 측정한다. 이와는 별도로 전체 계층 구조 속에서 개인의 주관적 위치를 알아보기 위해 '중간층 귀속 의식'을 측정하는데, 이것은 일반적으로 하층에서부터 상층에 ⓓ 이르는 계층의 단계를 선택지로 제시하고 자신이 속한다고 생각하는 범주를 고르게 하는 방식으로 측정한다. 이 척도상에서 중간에 위

㉡ 귀속 의식을 이용한 계층 측정 방식은 개인이 자신의 계층적 위치를 다른 사람들과 비교하여 평가한 결과라는 점에서 객관적 차원의 계층 판별이 보여 주지 못하는 상대적 측면을 파악 가능하며, 중간층 또는 중산층과 동일시하는 사람들의 비율이 변화하는 추세를 잘 보여 준다. 그러나 개인에 따라 계층을 인식하는 잣대가 다를 수 있다는 문제가 있다.

객관적 차원의 측정과 주관적 차원의 측정은 각각 장단점을 지닌다. 이들 두 차원의 측정을 결합하면 객관적 차원의 계층과 주관적 차원의 계층 간에 존재할 수 있는 괴리를 ⓔ 알아차릴 수 있게 된다. 특히 객관적으로는 중산층에 속하면서도 주관적으로는 중산층과 동일시하지 않는 집단에 주목할 필요가 있는데, 이러한 불일치가 존재하는 집단에서 상대적으로 박탈감도 클 것으로 예상되기 때문이다. 한편, 주관적 차원의 측정에서도 중산층 귀속 의식과 중간층 귀속 의식 사이에 차이가 발견된다. 통상적으로는 후자가 전자보다 비율이 높게 나타났는데, 이는 사람들이 스스로를 중간으로 평가하는 일반적 경향이 있기 때문이기도 하고, 다른 한편으로는 중산층을 판단하는 데에 사용되는 주관적 기준이 높기 때문이기도 하다.

1 객관적 차원의 중산층 판별에 관한 진술로 타당한 것은?

① 중산층으로 판별된 사람의 가구 소득은 도시 근로자 월평균 가구 소득의 90% 이상이다.

② 고졸 학력이면서 상층 사무직 노동자인 사람은 핵심적 중산층으로 분류될 수 없다.

③ 직업·종사상의 지위와 자산은 중산층 판별에 동일한 영향을 미친다.

④ 주택을 소유하지 않아도 핵심적 중산층이 될 수 있다.

⑤ 중산층 판별 점수의 합의 최댓값은 6점이다.

2 ㉠과 ㉡을 비교한 내용으로 가장 적절한 것은?

① ㉠과 ㉡은 모두 계층 구조상의 상층을 판별할 수 없다.

② 계층 판별의 단위가 ㉠에서는 가구이지만 ㉡에서는 개인이다.

③ ㉠은 계층 양극화를 측정하고 ㉡은 계층의 불일치를 측정한다.

④ ㉠에서는 지표의 판별 기준이 측정 시점에 따라 달라질 수 있지만, ㉡에서는 계층을 인식하는 잣대가 모두에게 동일하다.

⑤ ㉠에서는 다수의 지표를 결합하여 단일한 방식으로 측정하지만, ㉡에서는 단일한 지표를 사용하여 두 가지 방식으로 측정한다.

3 윗글의 내용에 비추어 볼 때, 〈보기〉에 대한 해석으로 가장 적절한 것은? 〔3점〕

〈보 기〉

2006년의 조사 결과에 따르면, 객관적 차원의 중산층 비율은 핵심적 중산층 약 35%, 주변적 중산층 약 32%로 두 층 모두 이전에 비해 다소 증가하였다. 주관적 차원의 경우 중간층 귀속 의식과 중산층 귀속 의식은 각각 약 74%와 약 20%로 두 수치 모두 이전에 비해 감소하였다. 그리고 핵심적 중산층의 약 35%, 주변적 중산층의 약 12%, 하층의 약 6%만이 자신을 중산층과 동일시하고 있다.

① 객관적 차원의 중산층이 증가한 것은 도시 근로자 월평균 가구 소득이 증가했기 때문이다.

② 중간층 귀속 의식에 비해 중산층 귀속 의식이 낮은 것은 객관적 차원의 중산층 판별 기준이 높기 때문이다.

③ 중간층 귀속 의식과 중산층 귀속 의식이 이전에 비해 모두 떨어진 것으로 보아, 중산층의 붕괴가 진행되고 있다.

④ 객관적 차원의 중산층의 과반수가 자신을 중산층과 동일시하지 않는 것으로 보아, 중산층의 상대적 박탈감이 크다는 것을 알 수 있다.

⑤ 객관적 차원과 주관적 차원 간의 괴리 정도가 중산층보다 하층에서 더 큰 것으로 보아, 중산층보다 하층에서 계층의 불일치가 더 크게 나타날 것이다.

4 문맥상 ⓐ~ⓔ와 바꾸어 쓰기에 적절하지 <u>않은</u> 것은? 〔신규〕

① ⓐ : 고찰(考察)하려면

② ⓑ : 수립(樹立)해야

③ ⓒ : 변동(變動)될

④ ⓓ : 귀결(歸結)되는

⑤ ⓔ : 포착(捕捉)할

★ 어휘력 강화

* 조응(照應)
① 둘 이상의 사물이나 현상 또는 말과 글의 앞뒤 따위가 서로 일치하게 대응함.
② 원인에 따라서 결과가 생김.

* 귀속(歸屬)
① 재산이나 영토, 권리 따위가 특정 주체에 붙거나 딸림.
② 어떤 개인이 특정 단체의 소속이 됨.

10 조선조 전율 제도의 성립 과정

★ [사회/문화]

| 제재 | 법학 | 출처 | 2010 LEET | 난도 | 중 | 목표 시간 | 8분 30초 |

선정 이유 | 일반적인 법학 지문과 달리 조선 시대의 법을 다루고 있어 다소 생소하다고 느낄 수 있다. '전율 체제'가 어떻게 완성되어 가는지 그 과정을 추적해 가며 독해해 보자.

1~4 | 다음 글을 읽고 물음에 답하시오.

조선 시대의 실정법*체계는 한편으로 〈대명률(大明律)〉과 또 한편으로 〈경국대전(經國大典)〉, 〈속대전(續大典)〉 등 국전(國典)의 양대 지주로 편성되어 있었다. 이를 전율(典律) 체제라고 한다. 이러한 체제는 어떻게 형성되었을까? 당초에 조선의 건국자들은 조선을 성문법*에 의하여 통일되게 통치하고자 하였다. 그에 따라 국전 편찬을 시작하려 했지만 그 완비까지는 시일이 ⊙ 걸리므로 가장 시급한 과제부터 처리하려 했다. 그것은 형사 사법 체계 혼란의 극복이었다. 조선의 건국자들은 그 해결책으로 기성*의 형법을 그대로 가져와 쓰는 방안을 택하였다. 그리하여 명나라에서 만든 형사법인 〈대명률〉이 수용되었는데, 태조의 즉위 교서는 이를 언급하고 있다. 이 〈대명률〉은 보편적인 범죄의 다양한 양상을 일관된 체계하에 규정하면서도 신분의 차등을 기반으로 하고 있었다.

그런데 〈대명률〉은 그것이 외국의 형법이었기 때문에 국전의 편찬과 ⓒ 맞물려 다양한 수용 양태를 보였다. 첫째, 〈대명률〉에 따라 조선의 관행이 변경되는 것이었다. 예컨대 죄질에 상관없이 칼[枷]을 씌우고 있던 조선의 행형*관행이 장형(杖刑) 이상의 범죄에만 칼을 씌우는 것으로 변경되었다. 둘째, 〈대명률〉의 규정이 조선의 실정에 맞추어 적용되는 경우가 있었다. 예컨대 처제와 형부 간의 간통의 경우 〈대명률〉에 의하면 일반 간통으로 처벌되나, 조선에서는 데릴사위제*를 취하던 전통에 따라 일반 간통보다 가중하여 처벌하였다. 둘째의 경우 중 국전에 수록되는 경우도 있었다. 예컨대 자식이 부모를 고발한 경우 〈대명률〉은 무고(誣告)가 아닌 이상 사형보다 낮은 형벌로 규정하였지만, 국전은 사형으로 규정하였다. 셋째, 〈대명률〉에는 없었지만 형사 사법 운영을 위해 필요한 절차적 규정을 국전에 두기도 하였다. 예컨대 지방의 관찰사가 사형 판결을 직접 ⓒ 내릴 수 없게 한 규정이 그것이다.

한편 전 국토에 동일하게 적용되는 성문 법전의 완비에는 시일이 걸렸다. 그 이유는 조선 후기까지 이어진 독특한 법전 편찬 과정에 있었다. 조선 시대 제정법의 원천은 왕명이었는데 이를 통상 '수교(受敎)'라고 한다. 보통 관청이 사무 처리에 필요한 사항을 왕에게 보고하고 왕이 이를 승인하면 이것은 당해 관청에 대해서 유효한 입법으로 성립하였다. 그런데 수교는 계속하여 쌓여 갔고, 전후의 수교 간에 그리고 서로 다른 관청에 내려진 수교 간에 충돌하는 문제가 발생하였다. 따라서 법전 편찬은 전 국토의 전일적*지배와 함께 수교 간의 충돌을 해결하기 위하여 필수적으로 요청되는 것이기도 하였다. 각 관청에 내려진 수교 중에서 계속하여 적용할 것을 선택하고 수정하여 육조(六曹)의 행정 체계에 따라 이를 편찬하였다. 이 작업의 최초 결과물은 〈경제육전(經濟六典)〉으로 이것이 최초의 국전이었다.

그 뒤 새로운 수교가 쌓이자 이 수교들을 ⓔ 모아서 〈속육전(續六典)〉을 편찬하였는데 〈경제육전〉과의 충돌 문제가 발생하였다. 이 문제는 〈경제육전〉과 모순되는 내용을 삭제하는 것으로 해결하였다. 또한 일시 시행되는 수교를 따로 수록한 국전인 '등록(謄錄)'을 별도로 발간하였다. 그리고 이 두 방식을 이후 법전 편찬의 원칙으로 삼았다. 그러나 〈속육전〉의 증보와 등록의 발간만으로는 수교 간의 충돌 문제가 완전히 해결될 수 없었다. 그리하여 전대의 국전들을 모아서 수정하고 삭제하여 이들을 대체하는 법전을 편찬하게 되는데 이것이 〈경국대전〉이다.

〈경국대전〉 중의 형전(刑典)은 〈대명률〉 수용 과정의 산물이었다. 일반적인 범죄의 처벌은 〈대명률〉에 따르고, 조선의 특별한 사정에 관련된 규정은 따로 ⓜ 만들어 〈경국대전〉 형전에 수록하였던 것이다. 이러한 전율의 관계는 "〈경국대전〉에 의하여 〈대명률〉을 쓰되, 〈경국대전〉, 〈속대전〉에 해당하는 규정이 있는 경우에는 이전(二典)에 따른다."라고 한 〈속대전〉 형전의 용률조(用律條)에서 확인된다.

1 윗글의 내용과 일치하는 것은?

① 〈경제육전〉과 〈속육전〉은 〈경국대전〉을 보완하였다.

② '등록'에 수록된 수교는 〈경국대전〉에 포함되지 않았다.

③ 〈경국대전〉의 편찬 이후에 수교는 법전 편찬에 사용되지 않았다.

④ 〈경국대전〉에 수록되지 않은 수교가 '등록'에 수록되어 있기도 하였다.

⑤ 〈경제육전〉에 수록된 수교는 〈속육전〉에 수록된 수교와 입법 시기가 겹치기도 하였다.

2 윗글로부터 조선 시대의 법 제도에 관하여 추론한 것으로 적절하지 않은 것은?

① 중앙집권화를 위한 한 방편으로 외국 형법의 도입이 이루어졌다.

② 국전들 간의 충돌 문제로 전율 체제의 출현이 지연되었다.

③ 법 적용 기간을 고려해 법전 종류를 달리하여 편찬하였다.

④ 성문법주의를 취하였으나 관습이 고려되기도 하였다.

⑤ 법전을 편찬할 때 이전의 법이 존중되고 있었다.

3 윗글로 보아 타당한 것만을 〈보기〉에서 있는 대로 고른 것은?

[3점]

─────〈보 기〉─────

조건 : 〈대명률〉, 〈경국대전〉, 〈속대전〉을 적용한다.

ㄱ. 백성이 일으킨 살인 사건에서 관찰사는 〈대명률〉과 국전의 관련 규정 중 후자를 적용하였지만 직접 사형 판결을 내리지 못하였다.

ㄴ. 자식이 아버지를 폭행으로 고발한 사건에서 〈대명률〉과 〈경국대전〉의 관련 규정 중 후자를 적용하였다.

ㄷ. 아내가 남편의 원수를 살해한 사건에서 〈대명률〉과 〈속대전〉의 관련 규정 중 전자를 적용하였다.

ㄹ. 양반의 절도 사건에서 〈대명률〉에 관련 규정이 있으나 국전에는 없어 처벌하지 못하였다.

① ㄱ, ㄴ
② ㄱ, ㄷ
③ ㄷ, ㄹ
④ ㄱ, ㄴ, ㄹ
⑤ ㄴ, ㄷ, ㄹ

4 문맥상 ㉠~㉤의 단어와 가장 가까운 의미로 쓰인 것은? 〔신규〕

① ㉠ : 갑작스러운 상황 때문에 회사에 비상이 걸렸다.

② ㉡ : 이 두 가지 쟁점은 항상 맞물려 다니는 문제입니다.

③ ㉢ : 우리들은 게시판에서 욕설이 들어 있는 글을 내렸다.

④ ㉣ : 어제 일어난 사건은 세간의 관심을 모을 화젯거리였다.

⑤ ㉤ : 그 사람은 부하들을 명령에 무조건 복종하도록 만들었다.

★ **어휘력 강화**

* 실정법(實定法) [법률] 경험적 · 역사적 사실에 의하여 성립되고, 현실적인 제도로서 시행되고 있는 법. 입법 기관의 입법 작용이나 사회적 관습 또는 법원의 판례 따위에서 볼 수 있다.

* 성문법(成文法) [법률] 문자로 적어 표현하고, 문서의 형식을 갖춘 법. 제정법 따위이다.

* 기성(旣成) 이미 이루어짐. 또는 그런 것.

* 행형(行刑) [법률] 자유형의 집행 방법 및 사형수의 수용, 노역장 유치, 미결 수용 따위의 절차를 통틀어 이르는 말.

* 데릴사위제(制) [역사] 혼인이 이루어지면 남자가 여자의 집에서 살던 혼인 풍속 제도.

* 전일적(全一的) 완전하거나 하나의 전체로서 완전히 통일을 이루고 있는 것.

11 '이상 현상'에 대한 경제학의 해석

★ [사회/문화]

| 제재 | 경제학 | 출처 | 2019 LEET | 난도 | 중 | 목표 시간 | 9분 |

선정 이유 | LEET의 경제학 지문으로는 이례적일 만큼 무난하고 깔끔하게 내용이 전개되므로 글의 구조를 파악하는 훈련을 하기에 좋다. 전통적 경제학과 행동경제학의 견해를 적극 비교해 가며 독해해 보자.

1~4 | 다음 글을 읽고 물음에 답하시오.

경제 이론은 경제 주체들의 행동에 관한 예측을 시도하는데, 현실에서 관찰되는 사람들의 행동이 이론에서의 예측과 다르게 나타나는 경우도 적지 않다. 경제학은 이들 '이상 현상'을 분석하고 토론하는 과정에서 발전했는데, 최근 이 흐름은 사람들의 행동에 관한 ⊙ 전통적 경제학의 가정을 문제 삼는 ⓒ 행동 경제학에 의해 주도되었다.

전통적 경제학과 행동 경제학의 차이가 본격적으로 확인되는 대표적 영역이 저축과 소비에 관련된 분야이다. 전통적 경제학에서는 사람들이 자신에게 무엇이 최선인지를 잘 알면서 전 생애 차원에서 최적의 소비 계획을 세우고 불굴의 의지로 실행한다고 가정한다. 이들은 또한 돈에는 사용 범위를 제한하는 꼬리표 같은 것이 붙어 있지 않아 전용(轉用)*이 가능하다고 가정하며, 이러한 '전용 가능성'이 자유롭고 유연한 선택을 촉진함으로써 후생*을 높여 준다고도 믿는다. 전통적 경제학은 이러한 인식을 근거로 사람들이 일생 동안 소비 수준을 비교적 고르게 유지할 것이며 소득의 경우 나이가 들면서 점점 증가하다가 퇴직 후 급속히 감소하는 패턴을 보인다는 점에 착안해, 연령에 따른 소비 패턴은 연령에 따른 소득 패턴과 독립적으로 유지될 것이라고 예측했다. 그러나 사람들의 연령에 따른 실제 소비 패턴은 연령에 따른 소득 패턴과 상당히 유사하게 나타났다. 전통적 경제학에서는 이러한 이상 현상을 '유동성*' 제약 개념을 통해 해명했다. 즉 금융 시장이 완전치 않아 미래 소득이나 보유 자산 등을 담보로 현재 소비에 충분한 유동성을 조달하는 데 제약이 존재하므로, 소비 수준이 이론의 예측에 비해 낮다는 것이다.

행동 경제학에서는 청년 시절과 노년 시절의 소비가 예측보다 적은 것은 외부 환경의 제약에 따른 어쩔 수 없는 행동이 아니라 자발적 선택의 결과물이라며, 이를 '심적 회계'에 의해 설명한다. 사람들은 현금, 보통 예금, 저축 예금, 주택 등 각종 자산을 마음 속 별개의 계정에 배치하고 그 사용에도 상이한 원리를 적용한다는 것이다. 자산의 피라미드 중 맨 아래층에는 지출이 가장 용이한 형태인 현금이 있는데, 이는 대부분 지출에 사용된다. 많은 이들은 급전이 필요할 경우 저축 예금이 있는데도 연리 20%가 넘는 신용카드 현금 대출 서비스를 받아 해결한다. 금융적으로 바람직한 방법은 예금을 인출해 지출을 하는 것임에도, 높은 금리로 돈을 빌리고 낮은 금리로 저축을 하는 비합리적 행동을 하는 것이다. 마음속 가장 신성한 계정에는 퇴직 연금이나 주택과 같이 노후 대비용 자산들이 놓여 있는데, 이들은 최악의 사태가 발생하지 않는 한 마지막까지 인출이 유보*되는 자산들이다. 심적 회계가 이런 방식으로 작동하는 경우 자산의 전용 가능성은 현저히 떨어지며, 특정 연도에 행하는 소비는 일생 동안의 소득 총액뿐 아니라 그 소득을 낳는 자산들이 마음 속 어느 계정에 있는가에 따라서도 달라진다.

행동 경제학에 따르면, 사람들은 자신에게 무엇이 최선인지 잘 알고 전 생애에 걸친 최적의 소비 계획을 세우지만, 미래보다 현재를 더 선호하고 유혹에 빠지기 쉽다. 사람들은 자신과 가족의 장기적 안전을 지키기 위해 행동을 제약하기 위한 속박 장치를 마음속에 만들어 내는데, 이러한 자기 통제 기제*가 바로 심적 회계이다. 심적 회계의 측면에서 본다면, 전통적 경제학이 주목했던 유동성 제약은 장기적으로 자신에게 불리한 지출 행위를 사전에 차단하기 위한 자발적 선택의 결과로 이해될 수 있다. 심적 회계가 당장의 유혹을 억누르고 현재의 지출을 미래로 미루는 행위, 곧 저축을 스스로 강제하는 기제라면, 퇴직 연금이나 국민 연금 제도는 이런 기제가 사회적 차원에서 구현된 것이다.

1 윗글의 내용 전개 방식으로 가장 적절한 것은? 〔신규〕

① 특정 현상을 비판하는 연구들을 검토하고 남겨진 연구 과제를 밝히고 있다.

② 특정 현상을 논의하는 이론들을 소개하고 각 이론의 장단점을 비교하고 있다.

③ 특정 현상을 분석하는 한 이론에서 분화된 다양한 이론을 범주적으로 유형화하고 있다.

④ 특정 현상을 평가하는 상반된 주장을 제시한 후 두 주장을 절충하는 방안을 모색하고 있다.

⑤ 특정 현상을 설명하는 기존의 견해를 소개한 후 그 견해에 비판적으로 접근하는 다른 견해를 제시하고 있다.

2 윗글의 내용과 일치하지 <u>않는</u> 것은?

① 이상 현상에 대한 분석은 경제학을 발전시키는 자양분으로 작용했다.

② 퇴직 연금 제도는 개인의 심적 회계가 사회적 차원으로 확장된 것이다.

③ 저축은 현재의 소비를 미룸으로써 미래의 지출 능력을 높이려는 행위이다.

④ 심적 회계는 미래보다 현재를 중시하는 본능을 억제하려는 자기 통제 기제이다.

⑤ 자산 피라미드의 하층부에 있는 자산일수록 인출을 하지 않으려는 계정에 배치된다.

3 ㉠과 ㉡을 비교한 내용으로 가장 적절한 것은?

① ㉠과 ㉡에서는 사람들이 유혹에 취약한 존재라고 여긴다는 점에서 의견을 같이할 것이다.

② ㉠에서는 연령대별 소비의 특성을 자발적 선택으로 이해하고, ㉡에서는 그 특성을 외부적 제약 요인에서 찾을 것이다.

③ ㉠에서는 유동성 제약의 원인을 금융 시장의 불완전성에서 찾고, ㉡에서는 그 원인을 개인의 심리적 요인에서 찾을 것이다.

④ ㉠에서는 ㉡에서와 달리 유동성 제약이 심화되면 소비가 자유롭고 원활하게 행해진다고 볼 것이다.

⑤ ㉠과 ㉡에서는 모두 급전이 필요한 상황에서 신용카드 현금 대출 서비스를 받는 대신 저축 예금을 인출하는 선택이 금융적으로 바람직한 방법이라는 것을 부정적으로 판단할 것이다.

4 윗글을 바탕으로 〈보기〉를 설명한 내용으로 적절하지 <u>않은</u> 것은? [3점]

─〈보 기〉─

A 국가에서는 1980년대 후반에 세법을 개정하여, 세금 공제 대상을 줄였다. 자동차·카드·주택 등 여러 영역에서 허용되던 공제 대상을 주택 담보 대출로 제한함으로써 주택 소유의 확대를 유도했다. 은행들은 주택가액과 기존 담보 대출액의 차액을 담보로 한 2차 대출 상품을 내놓는 방식으로 이에 대응하였다. 그 결과 다양한 대출 상품들이 생겨나고 주택 가격 거품이 부풀어 오름에 따라 주택을 최후의 보루로 삼던 사회적 규범이 결국 붕괴했고 노인 가구들도 2차 주택 담보 대출을 받는 상황이 초래되었다. 또한 주택 가격 상승에 따른 미실현 이익을 향유하며 지출을 늘리는 가구가 늘어나면서 경제의 불안정성은 커졌고 마침내 20여 년 후 금융 위기 사태가 발발했다. 그 결과 가계의 소득 감소와 소비 위축 등으로 경기 침체가 나타났다.

① 1980년대 후반의 새로운 조세 정책이 촉진한 새로운 대출 상품에 대한 A 국가 국민들의 대응으로 볼 때, 주택 자산이 전통적으로 지니던 '마음속 가장 신성한 계정'으로서의 성격이 약화되었겠군.

② 정부 정책과 금융 관행의 변화가 야기한 위기로 볼 때, 금융 위기 이후의 A 국가는 주택 소유자들이 '유동성 제약'을 완화하게끔 '심적 회계'의 작동 방식을 바꾸도록 유도하는 정책을 필요로 했겠군.

③ '자산의 전용 가능성' 제고가 경제의 불안정성 심화로 이어졌던 것으로 볼 때, A 국가에서 '자발적 선택 가능성'의 확대는 장기적으로 경제 활동을 위축시키는 부정적 결과를 낳았다고 평가할 수 있겠군.

④ 부동산 거품 현상으로 초래된 '사회적 규범'의 변화로 볼 때, 금융 위기 이전의 은행들은 주택을 저축이 아닌 소비 확대의 수단으로 바꾸도록 유도함으로써 A 국가 국민들이 장래를 대비할 여력을 약화시켰겠군.

⑤ 현재 소득이 없는 경제 주체들도 2차 주택 담보 대출 상품을 통해 추가적인 지출을 했던 것으로 볼 때, 전통적 경제학에서는 '소비 패턴은 연령에 따른 소득 패턴과 독립적으로 유지'되리라는 예측이 실현되었다고 여겼겠군.

★ **어휘력 강화**

* **전용(轉用)** 예정되어 있는 곳에 쓰지 아니하고 다른 데로 돌려서 씀.

* **후생(厚生)**
① 사람들의 생활을 넉넉하고 윤택하게 하는 일.
② 건강을 유지하거나 좋게 하는 일.

* **유동성(流動性)**
① 액체와 같이 흘러 움직이는 성질.
② 형편이나 경우에 따라 이리저리 변동될 수 있는 성질.
③ [경제] 기업의 자산이나 채권을 손실 없이 현금화할 수 있는 정도.

* **유보(留保)** 어떤 일을 당장 처리하지 아니하고 나중으로 미루어 둠.

* **기제(機制)**
① 기계적으로 구성되어 있는 조직이나 공식 따위의 내부 구성.
② 인간의 행동에 영향을 미치는 심리의 작용이나 원리.

12 상전이의 이력 특성과 범죄율의 변화

★ [사회/문화]

| 제재 | 사회학 | 출처 | 2014 LEET | 난도 | 중 | 목표 시간 | 9분 |

선정 이유 물리학 이론을 사회 현상에 적용하여 설명하는, 매우 독특한 내용 전개를 보여 준다. 과학적 개념과 사회학적 개념 사이의 대응, 제시된 그래프에 대한 해석을 중심으로 글을 독해해 보자.

1~4 │ 다음 글을 읽고 물음에 답하시오.

상전이(相轉移)는 아주 많은 수의 입자로 구성된 물리계*에서 흔하게 나타나는 현상이다. 물 같은 액체 상태의 물질에 열을 가하면, 그 물질은 밀도가 천천히 감소하다가 어느 단계에 이르면 갑자기 기체 상태로 변하기 시작하면서 밀도가 급격히 감소한다. 이처럼 특정 조건에서 계의 상태가 급격하게 변하는 현상이 상전이이다. 1기압하의 물이 0℃에서 얼고 100℃에서 끓듯이 상전이는 특정한 조건에서, 즉 전이점에서 일어난다. 그런데 불순물이 전혀 없는 순수한 물은 1기압에서 온도가 0℃ 아래로 내려가도 얼지 않고 계속 액체 상태에 머무르는 경우가 있다. 응결핵* 구실을 할 불순물이 없는 경우 물이 어는점 아래에서도 어느 온도까지는 얼지 않고 이른바 과냉각* 상태로 존재할 수 있는 것이다.

더 흥미로운 것은 어는점보다 훨씬 높은 온도에서까지 고체 상태가 유지되는 경우다. 우뭇가사리를 끓여서 만든 우무는 실제로 어는점과 녹는점이 뚜렷이 다르다. 액체 상태의 우무는 1기압에서 온도가 대략 40℃ 이하로 내려가면 응고하기 시작하는 반면, 고체 상태의 우무는 80℃가 되어야 녹는다. 우무 같은 물질의 이런 성질을 '이력 특성'이라 부른다. 직전에 어떤 상태에 있었는가 하는 '이력'이 현재 상태에 영향을 준다는 의미에서 붙인 이름이다. 어는점과 녹는점이 사실상 똑같이 0℃인 물의 경우는 이에 해당하지 않지만, 많은 물질의 상전이 현상에서 이력 특성이 나타난다.

경제학자인 캠벨과 오머로드는 물리학 이론인 상전이 이론을 적용하여 범죄율의 변화 같은 사회 현상을 설명하는 모형을 제시했다. 이 모형은 일종의 유비*적 사고를 보여 준다. 그런데 사회가 수많은 개체들과 그것들 간의 상호 작용으로 구성된 계라는 점에서 수많은 입자들과 그것들 간의 상호 작용으로 구성된 물질계와 유사한 구조를 지녔음을 고려한다면, 그것은 임의적인 유비가 아니라 의미 있는 결론을 낳을 만한 시도이다.

두 경제학자는 물질의 상태가 일반적으로 온도와 압력에 의해 영향을 받듯이 한 사회의 범죄율이 대개 그 사회의 궁핍의 정도와 범죄 제재의 강도라는 두 요소에 의해 좌우된다고 가정한다. 재산도 직장도 없는 빈곤한 구성원의 비율이 높을수록 범죄율이 높아지는 반면, 사회가 범죄를 엄중하게* 제재할수록 범죄율이 낮아진다는 것이다. 그런데 여러 연구 조사에 따르면 사회적, 경제적 궁핍의 정도가 완화되거나 범죄에 대한 제재 강화된다고 해서 그 사회의 범죄율이 곧장 감소하지는 않는다. 캠벨과 오머로드는 이와 같은 사실을 설명하기 위해, 물질이 고체, 액체, 기체 같은 특정한 상태에 있을 수 있는 것처럼 사회도 높은 범죄율 상태와 낮은 범죄율 상태에 있을 수 있다고 가정한다.

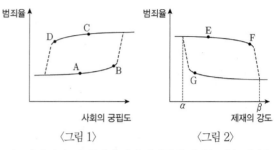

〈그림 1〉   〈그림 2〉

〈그림 1〉과 〈그림 2〉에서 각각 아래쪽의 실선은 낮은 범죄율 상태를 나타내고 위쪽의 실선은 높은 범죄율 상태를 나타낸다. 예를 들어 〈그림 1〉에서 사회가 점 A에 해당하는 상태에 있다면 이 사회는 낮은 범죄율 상태에 있는 것이고, 이 경우 사회의 궁핍도가 어느 정도 더 커져도 범죄율은 별로 증가하지 않는다. 하지만 궁핍이 더 심해져 B 지점에 이르면 궁핍이 조금만 더 심화되어도 범죄율의 급격한 상승, 즉 그림의 점선 부분에 해당하는 상전이가 일어나게 된다. 또 사회가 C처럼 높은 범죄율 상태에 있을 경우 궁핍의 정도가 완화되어도 범죄율은 완만하게 감소할 뿐이지만, D 지점에 도달해 있는 경우 궁핍의 정도가 조금만 줄어도 범죄율이 급격히 감소하는 또 한 번의 상전이가 일어나게 된다. 이와 같은 범죄율의 변화는 이력 특성을 보여 준다. 다시 말해, 사회의 궁핍도에 대한 정보만으로는 범죄율을 추정할 수 없고, 그것이 직전에 높은 범죄율 상태였는지 낮은 범죄율 상태였는지에 대한 정보가 필요하다.

중요한 것은 이들이 제시한 모형이 실제 통계 자료에 나타난 사회 현상을 잘 설명해 준다는 점이다. 이는 한 사회의 범죄 제재 강도와 범죄율의 상관관계에 대해서도 마찬가지다. 사회의 궁핍도를 비롯한 다른 조건이 동일한 상황에서, 범죄에 대한 사회적 제재의 강도가 변하는 경우 범죄율은 〈그림 2〉와 같은 형태로 이력 특성을 포함한 상전이의 패턴을 나타낸다.

1 윗글의 견해로 적절하지 않은 것은?

① 한 사회의 특성은 특정 조건에서는 다른 조건에서와 달리 급격하게 변화한다.

② 물리적 현상을 설명하는 이론을 응용하여 사회 현상을 설명하는 것이 가능하다.

③ 유비적 사고의 타당성은 유비를 통해 연결되는 두 대상의 구조가 서로 유사할 때 강화된다.

④ 한 계의 상태가 어떤 조건에서 급격한 변화를 나타낼 것인지는 계를 구성하는 요소의 종류와 무관하게 결정된다.

⑤ 하나의 계가 드러내는 특성은 현재 그것을 제약하는 변수들만으로 결정되지 않고 그것이 지나온 역사적 경로에 의해서 좌우될 때가 많다.

2 윗글에서 알 수 있는 것만을 〈보기〉에서 있는 대로 고른 것은?

〈보 기〉

ㄱ. 상전이에서 이력 특성이 나타나지 않는 물질이 과냉각 상태의 액체로 존재할 수 있다.

ㄴ. 이력 특성을 갖는 물질은 온도와 압력을 알아도 그 물질의 상태를 알 수 없는 경우가 있다.

ㄷ. 불순물이 전혀 포함되지 않은 순수한 물에서는 온도 변화에 따른 상전이 현상이 일어나지 않는다.

① ㄴ   ② ㄷ
③ ㄱ, ㄴ   ④ ㄱ, ㄷ
⑤ ㄱ, ㄴ, ㄷ

3 〈그림 2〉에 대한 분석으로 옳지 않은 것은?

① E 상태에서 범죄에 대한 제재가 어느 정도 강화되더라도 범죄율의 변화는 미미할 것이다.

② F 상태에서 범죄에 대한 제재를 조금 더 강화하면 범죄율은 급감할 것이다.

③ G 상태에서 범죄에 대한 제재가 조금 더 약해질 경우 범죄율이 급증할 소지가 있다.

④ α는 높은 범죄율 사회를 낮은 범죄율 사회로 변화시킬 수 있는 제재의 강도에 해당한다.

⑤ 범죄에 β보다 더 강한 제재가 가해지는 사회에서 범죄율은 낮은 상태를 유지할 것이다.

4 〈보기〉의 ⓐ를 반박할 근거 자료로 가장 적절한 것은? 〔3점〕

〈보 기〉

A : 캠벨과 오머로드의 모형으로 범죄율의 변화를 설명할 수 있다고 해서 다른 사회 현상도 비슷한 방식으로 설명되리라고 생각할 이유는 없어. 예를 들어 출산율만 해도 범죄율과는 전혀 다른 문제지.

B : 아니, 출산율의 변화도 이 모형으로 설명할 수 있어. 자녀 양육 수당이나 다자녀 세금 감면 같은 경제적 유인이 출산율을 증가시키는 반면, 교육비 부담 같은 경제적 압박의 심화는 출산율을 감소시키지. 중요한 것은, ⓐ 출산율의 이런 변화에서도 이력 특성이 나타난다는 점이야.

① 실제로 어느 고출산율 사회에서 정부가 육아 지원을 30%나 축소했음에도 불구하고 출산율의 변화는 미미하였다.

② 저출산율 사회를 탈피하게 하는 육아 지원의 규모가 고출산율 사회에서 저출산율 사회로 이행하는 시점의 육아 지원 규모와 일치하였다.

③ 정부의 육아 보조금 같은 긍정적 요인보다 양육비와 교육비의 증가 같은 부담 요인이 출산율에 훨씬 더 뚜렷한 영향을 미치는 것으로 드러났다.

④ 자녀 양육 수당의 증액은 출산율 변화에 눈에 띄는 영향을 미쳤던 데 반하여 다자녀 세금 감면 혜택의 강화는 출산율에 거의 영향을 미치지 않았다.

⑤ 자녀 교육에 드는 비용의 증대가 출산율의 급격한 변화를 야기한 것으로 나타났지만 그러한 변화를 야기한 교육비 수준은 명확한 금액으로 제시하기 어려웠다.

★ **어휘력 강화**

* 물리계(物理系) [물리] 물리적인 상호 작용으로 서로 연관되어 있는 물질의 집합체. 물리학의 연구 대상이다.

* 응결핵(凝結核) [전기·전자] 대기 중에서 수증기의 응결 중심이 되는 흡습성의 미립자. 이것이 없으면 수증기가 과포화 상태가 되어도 응결은 일어나지 않는다. 대기 중에 떠다니는 해염(海鹽) 입자나 화산재, 연소 생성물 따위가 응결핵이 된다.

* 과냉각(過冷却)
① [물리] 액체를 응고점 이하로 냉각하여도 액체 상태로 있음. 또는 그런 현상.
② [물리] 증기를 이슬점 이하로 냉각하여도 증기압이 포화 증기압보다 크게 됨. 또는 그런 현상.

* 유비(類比)
① 맞대어 비교함.
② [철학] 두 개의 사물이 여러 면에서 비슷하다는 것을 근거로 다른 속성도 유사할 것이라고 추론하는 일. 서로 비슷한 점을 비교하여 하나의 사물에서 다른 사물로 추리한다.
③ [철학] 사물 상호 간에 대응하여 존재하는 동등성 또는 동일성.

* 엄중(嚴重)하다
① 몹시 엄하다.
② 엄격하고 정중하다.
③ 예사로 여길 수 없을 정도로 중대하다.

13 **자녀에 대한 위법한 국제적 이동의 문제와 국제 협약** ★[사회/문화]

| 제재 | 법학 | 출처 | 2024 LEET | 난도 | 중 | 목표 시간 | 9분 |

| 선정 이유 | 전형적인 법학 지문으로, 문제 상황을 국제 협약으로 해결하는 내용을 담고 있다. 해당 협약의 입법 취지 및 목적과 작동 과정에 대한 구체적 이해를 목표로 독해해 보자. |

1~4 | 다음 글을 읽고 물음에 답하시오.

부부가 이혼할 때 한쪽이 양육친으로서 미성년 자녀에 대한 양육권을 행사하면* 다른 쪽은 비양육친으로서 자녀를 주기적으로 만날 수 있는 면접 교섭권을 가진다. 양육권자는 합의로 정하며 합의가 되지 않은 때에는 법원의 재판으로 정한다. 부부의 국적이 다른 경우, 이 재판은 자녀가 생활하던 나라의 법원에서 진행되고, 대개 그 나라 국민인 사람이 양육친으로 지정된다. 자녀가 원래 살던 나라에서 그대로 살 수 있게 해 주는 것이 '자녀의 복리* 원칙'에 ⓐ 맞기 때문이다.

비양육친은 양육권을 ⓑ 가져오기 위해 자녀를 데리고 다른 나라에 가서 다시 재판을 받으려 할 수 있다. 이런 상황에 대처하기 위해 국제 협약이 마련되었다. 이 협약은 양육친과 비양육친의 국적이 같은 경우나 비양육친이 자신의 본국이 아닌 제3국으로 자녀를 데려간 경우에도 적용되는데, 자녀의 생활환경 급변을 방지하는 한편 비양육친이 유리한 재판을 받을 때까지 자녀를 데리고 국제적 이동을 반복하는 것을 억제하기 위해서이다.

협약은 16세 미만인 자녀에 대한 위법한 국제적 이동이 발생한 경우에 자녀를 신속하게 반환시키는 것을 목적으로 한다. 양육친의 의사에 반해 자녀를 다른 나라로 이동시키면 양육권을 침해하여 위법한 행위가 된다. 비양육친이 양육친의 동의하에 귀국을 전제로 자녀를 국제적으로 이동시킨 후 자녀를 반환하기를 거부하는 경우 위법성이 인정된다. 이 협약에 특유한 전담기관 제도와 반환재판 제도가 모두 효과적으로 작동하므로 이 협약은 성공적으로 운영되고 있다고 평가된다. 다만 양육친과 비양육친의 본국이 모두 협약 가입국이어야만 적용되며, 면접 교섭권이 침해되는 경우에는 전담기관의 지원을 받을 수 있을 뿐 그 구제를 위한 재판 제도를 두지 않았다는 한계가 있다.

위법한 국제적 이동이 발생한 경우, 자녀를 반환시키려면 양육친은 재판에서 승소하여 강제집행 절차까지 마쳐야 한다. 양육친이 외국에서 이 절차를 진행하는 데 곤란을 겪을 경우, 전담기관의 지원을 받을 수 있다. 협약 가입국은 하나 이상의 전담기관을 지정해야 한다. 전담기관은 자녀의 소재 탐지, 반환재판 진행, 승소 후의 강제집행 절차에 이르는 전반적인 과정에서 양육친을 지원한다. 또한 양육친과 비양육친이 합의로 자녀의 반환 방법을 결정하도록 주선하고,* 합의가 ⓒ 이루어지면 그 실행을 지원한다. 협약에는 가입국들의 전담기관들 간 공조 체계도 마련되어 있어서 양육친은 자국 전담기관을 매개로 비양육친과 자녀가 머무는 외국의 전담기관의 지원을 받거나 외국 전담기관에 직접 지원을 신청할 수 있다. 물론 직접 외국의 법원에 반환재판을 청구할 수도 있다.

협약에 ⓓ 따르면, 자녀에 대한 위법한 국제적 이동 사실이 인정되면 법원은 자녀를 돌려보내도록 결정한다. 이때 부모 중 누가 양육권자로서 더 적합한지는 판단하지 못하도록 하고 있다. 이는 반환재판의 지연을 방지하고 자녀가 원래 살던 나라에서 양육권자를 정하는 재판을 하도록 하기 위해서이다. 다만 반환 예외 사유가 인정되면 법원은 반환청구를 받아들이지 않을 수 있다. 자녀가 1년 이상 체류 중인 나라에서의 생활에 적응한 경우나 자녀에게 위해가 발생할 중대한 위험이 있는 경우가 그 예이다. 위해에는 신체적 위해뿐 아니라 정신적 위해도 포함되므로 양육친이 비양육친에게만 폭력을 행사해도 자녀에게 정신적 위해가 발생한다고 볼 수 있다.

반환재판 사례가 ⓔ 쌓이면서 협약 제정 당시 예상하지 못했던 현상이 나타났다. 비양육친이 양육친의 가정폭력으로 인해 양육친 몰래 자녀를 데리고 외국으로 도피하는 사례가 많아졌다. 이 경우 법원은 중대한 위험이 인정됨을 이유로 반환청구를 받아들이지 않을 수 있지만, 협약의 입법 취지가 무의미해지는 것을 방지하기 위해 자녀 보호에 필요한 조치를 명하면서 반환청구를 인용할 수도 있다.

1 윗글에 대한 이해로 가장 적절한 것은?

① 전담기관 제도는 반환재판 제도와는 달리 효과적으로 작동하고 있다.

② 양육친이 반환재판에서 승소하더라도 그것만으로는 자녀의 반환이 실현되지 않는다.

③ 법원의 재판으로 양육권자가 정해지면 그 나라의 재판으로는 이를 번복할 수 없다.

④ 양육친과 비양육친의 합의로 반환 방법이 정해지면 전담기관은 더 이상 상황에 개입할 수 없다.

⑤ 양육친과 비양육친의 국적이 서로 다르면 전담기관은 타국 국민에 대해서는 지원을 제공하지 않아도 된다.

2 윗글에서 추론한 내용으로 가장 적절한 것은?

① 협약의 목적은 양육권자 결정에 관한 재판이 자녀가 현재 머무는 나라에서 진행되게 하는 것이다.

② 협약 제정 당시의 예상과 달리, 신속한 반환이 자녀의 복리에 부합한다고 보기 어려운 사례가 늘고 있다.

③ 양육친과 비양육친의 국적이 같으면 비양육친이 위법하게 자녀를 국제적으로 이동시켜도 협약이 적용되지 않는다.

④ 비양육친의 본국만 협약에 가입한 경우에도 양육친은 비양육친의 본국에서 협약상의 지원 신청과 반환재판 청구를 할 수 있다.

⑤ 비양육친이 양육친의 동의하에 자녀를 외국으로 데려간 경우라면 이후의 상황 변화와 상관없이 적법한 국제적 이동으로 인정된다.

3 윗글을 바탕으로 〈보기〉를 평가한 내용으로 적절하지 않은 것은? 〔3점〕

〈보 기〉

X국 국적자인 갑과 Y국 국적자인 을이 X국에서 함께 살던 중 이들 사이에서 자녀 병이 태어났다. 갑과 을은 병이 8세 되던 해 이혼하였다. 그때 갑과 을이 병의 양육권에 관하여 합의에 이르지 못하여 X국 법원은 갑을 양육권자로 지정하고 을이 면접 교섭권을 행사하여 병을 방학 기간 동안 Y국으로 데려갈 수 있도록 하였다. 현재 병의 나이는 10세이고 을은 병을 데리고 출국하려고 한다. X국과 Y국은 모두 협약 가입국이다.

① 을이 갑의 동의 없이 병을 협약 가입국인 Z국으로 데려간 직후 갑이 Z국에서 반환재판을 청구하는 경우, Z국 법원은 병을 X국으로 돌려보낼 수 있다.

② 을이 갑의 동의 없이 병을 Y국으로 데려간 직후 갑이 Y국에서 반환재판을 청구하는 경우, 을이 양육권자 변경을 주장하더라도 Y국 법원은 을의 주장을 판단할 권한이 없다.

③ 을이 갑의 동의 없이 병을 Y국으로 데려간 후 3년이 지나도 병이 생활 적응에 실패한 상황에서 갑이 곧바로 Y국 법원에 반환청구를 하는 경우, Y국 법원은 갑의 반환청구를 받아들일 수 있다.

④ 을이 방학을 맞은 병을 Y국으로 데려가려 했으나 갑이 병의 소재를 알려 주지 않는 경우, 을은 면접 교섭권 행사에 대해 Y국에서 전담기관의 지원을 받을 수 없다.

⑤ 갑의 폭력 성향 때문에 을이 병을 Y국으로 데려간 직후 갑이 Y국에서 반환재판을 청구하는 경우, 병에 대한 위해가 발생할 중대한 위험이 인정되어도 Y국 법원은 갑의 반환청구를 받아들일 수 있다.

4 문맥상 ㉠~㉤과 바꾸어 쓰기에 적절하지 않은 것은? 〔신규〕

① ㉠ : 부합(符合)하기

② ㉡ : 제기(提起)하기

③ ㉢ : 성립(成立)하면

④ ㉣ : 의거(依據)하면

⑤ ㉤ : 축적(蓄積)되면서

★ 어휘력 강화

* 행사(行使)하다
  ① 부려서 쓰다.
  ② 행동하거나 어떤 짓을 하다.
  ③ [법률] 권리의 내용을 실현하다.
* 복리(福利) 행복과 이익을 아울러 이르는 말.
* 주선(周旋)하다
  ① 일이 잘되도록 여러 가지 방법으로 힘쓰다.
  ② [법률] 국가 간의 분쟁을 평화적으로 해결하기 위하여 제삼국이 분쟁 당사국 간의 교섭을 진행하다.

14 **토지가치세론이 지니고 있는 경제적, 정책적 함의** ★ [사회/문화]

| 제재 | 경제학 | 출처 | 2020 LEET | 난도 | 중상 | 목표 시간 | 10분 |

| 선정 이유 | 문장 하나하나를 세심하게 읽어 나가면서 정보의 내용과 관계를 꼼꼼히 파악해야 효율적으로 시간을 활용할 수 있는 지문과 문제이다. 자신의 독해력을 점검하기에 굉장히 좋은 지문이니, 집중해서 독해해 보자. |

1~4 | 다음 글을 읽고 물음에 답하시오.

'좋은 세금'의 기준과 관련하여 조세 이론은 공정성과 효율성을 거론하고 있다. 경제주체들이 경제적 능력 혹은 자신이 받는 편익에 따라 세금을 부담하는 경우 공정한 세금이라는 것이다. 또한 조세는 경제 주체들의 의사 결정을 왜곡하여 조세 외에 추가로 부담해야 하는 각종 손실 또는 비용, 즉 초과 부담이라는 비효율을 초래할 수 있는데 이러한 왜곡을 최소화하는 세금이 효율적이라는 것이다.

19세기 말 ㉠ 헨리 조지가 제안했던 토지가치세는 이러한 기준에 잘 부합하는 세금으로 평가되고 있다. 그는 토지 소유자의 임대 소득 중에 자신의 노력이나 기여와는 무관한 불로소득*이 많다면, 토지가치세를 통해 이를 환수하는* 것이 바람직하다고 주장했다. 토지에 대한 소유권은 사용권과 처분권 그리고 수익권으로 구성되는데, 사용권과 처분권은 개인의 자유로운 의사에 맡기고 수익권 중 토지 개량의 수익을 제외한 나머지는 정부가 환수하여 사회 전체를 위해 사용하자는 것이 토지가치세의 기본 취지이다. 조지는 토지가치세가 시행되면 다른 세금들을 없애도 될 정도로 충분한 세수*를 올려 줄 것이라고 기대했다. 토지가치세가 토지단일세라고도 지칭된 것은 이 때문이다. 그는 토지단일세가 다른 세금들을 대체하여 초과 부담을 제거함으로써 경제 활성화에 크게 기여할 것으로 보았다. 토지단일세는 토지를 제외한 나머지 경제 영역에서는 자유 시장을 옹호했던 조지의 신념에 잘 부합하는 발상이었다.

토지가치세는 불로소득에 대한 과세라는 점에서 공정성에 부합하는 세금이다. 조세 이론은 수요자와 공급자 중 탄력도*가 낮은 쪽에서 많은 납세 부담을 지게 된다고 설명한다. 토지는 세금이 부과되지 않는 곳으로 옮길 수 없다는 점에서 비탄력적이며 따라서 납세 부담은 임차인*에게 전가되지 않고 토지 소유자가 고스란히 떠안게 된다는 점에서 토지가치세는 공정한 세금이 된다. 한편 토지가치세는 초과 부담을 최소화한다는 점에서 효율적이기도 하다. 통상 어떤 재화나 생산 요소에 대한 과세는 거래량 감소, 가격 상승과 함께 초과 부담을 유발한다. 예를 들어 자동차에 과세하면 자동차 거래가 감소하고 부동산에 과세하면 지역 개발과 건축업을 위축시켜, 초과 부담이 발생하게 된다. 그러나 토지가치세는 토지 공급을 줄이지 않아 초과 부담을 발생시키지 않는다. 토지가치세 도입에 따른 여타 세금의 축소가 초과 부담을 줄여 경제를 활성화한다는 G7(Group of 7) 대상 연구에 따르면, 이러한 세제 개편으로 인한 초과 부담의 감소 정도가 GDP의 14~50%에 이른다.

하지만 토지가치세는 일부 국가를 제외하고는 현실화되지 못했는데, 여기에는 몇 가지 이유가 있다. 토지가치세는 이론적인 면에서 호소력이 있으나 현실에서는 복잡한 문제가 발생한다. 토지에 대한 세금이 가공되지 않은 자연 그대로의 토지에 대한

세금이어야 하나 이러한 토지는 현실적으로 찾기 어렵다. 토지 가치 상승분과 건물 가치 상승분의 구분이 쉽지 않다는 것도 어려움을 가중한다. 토지를 건물까지 포함하는 부동산으로 취급하여 그에 과세하는 국가에서는 부동산 거래에서 건물을 제외한 토지의 가격이 별도로 인지되는 것이 아니므로, 건물을 제외한 토지의 가치 평가가 어렵다. 조세 저항도 문제가 된다. 재산권 침해라는 비판이 거세지면 토지가치세를 도입하더라도 세율을 낮게 유지할 수밖에 없어, 충분한 세수가 확보되지 않을 수 있다. 토지가치세는 빈곤과 불평등 문제에 대한 조지의 이상을 실현하는 데에도 적절한 해법이 되지 못한다는 비판에 직면하고 있다. 백 년 전에는 부의 불평등이 토지에서 비롯되는 부분이 컸지만, 오늘날 전체 부에서 토지가 차지하는 비중이 19세기 말에 비해 크게 감소했다. 토지 소유의 집중도 또한 조지의 시대에 비해 낮다. 따라서 토지가치세의 소득 불평등 해소 능력에도 의문이 제기된다.

오늘날 토지가치세는 새롭게 주목받고 있는데, 이는 '외부 효과'와 관련이 깊다. 첨단산업 분야의 대기업들이 자리를 잡은 지역 주변에는 인구가 유입되고 일자리가 늘어난다. 하지만 임대료가 급등하고 혼잡도 또한 커진다. 이 과정에서 해당 지역의 부동산 소유자들은 막대한 이익을 사유화*하는 반면, 임대료 상승이나 혼잡비용 같은 손실은 지역민 전체에게 전가된다. 이러한 상황에서 높은 세율의 토지가치세가 본격적으로 실행에 옮겨질 수 있다면 불로소득에 대한 과세를 통해 외부 효과로 인한 피해를 보상하는 방안이 될 수 있다.

1 윗글에서 답을 찾을 수 없는 질문은? [신규]

① 조지가 토지가치세를 시행하려 한 목적은 무엇인가?

② 토지가치세를 토지단일세로 명명할 수 있는 이유는 무엇인가?

③ 부동산에 세금을 부과하면 어떤 비효율이 추가로 발생하는가?

④ 토지가치세 도입과 관련된 G7 대상의 연구는 어떤 한계점을 지니는가?

⑤ 오늘날 토지가치세를 통해 소득 불평등을 해소하기 어려운 까닭은 무엇인가?

2 ㉠에 대한 설명으로 가장 적절한 것은?

① 개량되지 않은 토지에서 나오는 임대료 수입은 불로소득으로 여겼다.

② 토지가치세로는 재정에 필요한 조세 수입을 확보할 수 없다고 보았다.

③ 토지의 처분권은 보장하되 사용권과 수익권에는 제약을 두자고 주장하였다.

④ 토지가치세는 경제적 효율성 제고를 통하여 공정성을 높이는 방안이라고 보았다.

⑤ 모든 경제 영역에서 시장 원리를 사회적 가치에 부합하게 규제해야 한다고 주장하였다.

3 윗글에서 추론한 내용으로 적절하지 않은 것은?

① 정부가 높은 세율의 토지가치세를 도입한다면, 외부 효과로 발생한 이익의 사유화를 완화할 수 있을 것이다.

② 자동차세의 인상이 자동차 소비자들의 의사 결정에 영향을 미치지 않는다면, 자동차세는 세수 증대에 효과적일 것이다.

③ 토지가치세가 단일세가 되어 누진적 세금인 근로소득세가 폐지된다면, 고임금 근로자가 저임금 근로자보다 더 많은 혜택을 얻게 될 것이다.

④ 조지의 이론을 계승하는 학자라면, 부가가치 생산에 기여한 부분에 대해서는 세금을 부과하지 않는 것이 바람직하다고 보았을 것이다.

⑤ 부동산에 대해 토지와 건물을 구분하여 과세할 수 있다면, 토지가치세의 도입으로 토지의 공급 감소와 가격 상승 문제가 해소되어 조세 저항이 줄어들 것이다.

4 윗글을 바탕으로 〈보기〉의 사례를 평가할 때, 적절하지 않은 것은? [3점]

〈보 기〉

○ X국은 요트 구매자에게 높은 세금을 부과하는 사치세를 도입하여 부유층의 납세 부담을 늘리려고 하였다. 그러나 부자들은 요트 구매를 줄이고 지출의 대상을 바꾸었다. 반면 요트 생산 시설은 다른 시설로 바꾸기 어려웠고 요트 공장에서 일하던 근로자들은 대량 해고되었다. 아울러 X국은 근로소득세를 인상해서 부족한 세수를 보충하였다.

○ Y국은 국민의 건강 증진을 위해 담배 소비를 줄이려는 목표로 담배세를 인상하였다. 그러나 담배세 인상으로 인한 담배 가격 상승에도 불구하고 담배 소비는 거의 감소하지 않았다. 정부의 조세 수입은 크게 증가하였지만 소비자들의 불만이 고조되었다.

① 공급자에게 부과되는 토지가치세와 달리, X국의 '사치세' 및 Y국의 '담배세'는 소비자에게 부과되고 있군.

② 초과 부담을 발생시키는 X국의 '사치세'와는 달리, Y국의 '담배세' 및 토지가치세는 초과 부담을 거의 발생시키지 않는군.

③ 과세 대상자 이외의 타인에게 납세 부담이 추가되는 X국의 '사치세'와 달리, Y국의 '담배세'와 토지가치세에서는 납세 부담이 과세 대상자에게 집중되는군.

④ 탄력도가 낮은 쪽에서 납세 부담을 지게 만들 수 있는 토지가치세와 달리, X국의 '사치세' 및 Y국의 '담배세'는 탄력도가 높은 쪽에서 납세 부담을 지게 하는군.

⑤ 조세 개편의 정책 목표를 달성하지 못한 X국의 '사치세' 및 Y국의 '담배세'와 달리, 토지가치세는 도입할 때 거둘 수 있는 경제 활성화 효과가 최근 연구에서 확인되고 있군.

★ **어휘력 강화**

* **불로소득(不勞所得)** 직접 일을 하지 아니하고 얻는 수익. 이자, 배당금, 지대(地代) 따위를 통틀어 이른다.

* **환수(還收)하다** 도로 거두어들이다.

* **세수(稅收)** 국민에게서 조세(租稅)를 징수하여 얻는 정부의 수입.

* **탄력도(彈力度)** [경제] 경제 변동의 탄력성을 나타내는 값. 수요의 탄력도, 공급의 탄력도, 가격의 탄력도, 고용의 탄력도 따위가 있다. 이때 '탄력성(彈力性)'이란 원인 변수의 값이 1% 변할 때, 그 영향을 받는 변수가 몇 퍼센트나 변하는지를 나타내는 척도를 의미하며, 수요의 가격 탄력성, 수요의 소득 탄력성, 공급의 가격 탄력성 따위가 있다.

* **임차인(賃借人)** [법률] 임대차 계약에서, 돈을 내고 물건을 빌려 쓰는 사람.

* **사유화(私有化)** 개인의 소유가 됨. 또는 개인의 소유로 만듦.

15 **호펠드의 권리 분석 논의** ★ [사회/문화]

제재	법학	출처	2011 LEET	난도	중상	목표 시간	11분

| 선정 이유 | 법학 분야에서 자주 출제되는 '권리'에 대한 지문으로, 지문의 내용을 배경지식으로 습득해 두면 다른 법학 지문을 독해하는 데 도움이 될 것이다. 지문에서 설명하는 네 가지 권리들의 관계를 체계적으로 이해해 보자. |

1~4 | 다음 글을 읽고 물음에 답하시오.

20세기 초반 미국의 법률가들은 법철학이 실무에서는 별로 쓸모가 없는 학문이라 평가하고 있었다. 그들이 보기에 법철학자들은 대개 권리나 의무의 본질에 대한 막연한* 이론을 늘어놓기만 할 뿐, 그것이 구체적인 법률 문제의 해결에 기여해야 한다는 생각은 없는 것 같았기 때문이다. 호펠드의 이론은 당대의 통념*을 깨뜨린 전형적인 사례라 할 수 있다. 그는 다의적인 법적 개념의 사용으로 인해 법률가들이 잘못된 논증을 하게 되고 급기야 법적 판단을 그르치기까지 한다고 지적한 뒤, 이 문제를 해결하기 위해 "누가 무언가에 관한 권리를 가진다."라는 문장이 의미하는 바가 무엇인지를 분석하고 권리 개념을 명확히 할 것을 제안했다.

그는 모든 권리 문장이 상대방의 관점에서 재구성될 수 있다고 보았다. 법률가들이 '사람에 대한 권리'와 구별해서 이해하고 있는 이른바 '물건에 대한 권리'도 어디까지나 '모든 사람'을 상대로 주장할 수 있는 권리일 뿐이므로 예외가 될 수 없다고 한다. 또한 그는 법률가들이 권리라는 단어를 서로 다른 네 가지 지위를 나타내는 데 사용하고 있음을 밝힘으로써 권리자와 그 상대방의 지위를 나타내는 네 쌍의 근본 개념을 확정할 수 있었다. 결국 모든 법적인 권리 분쟁은 이들 개념을 이용하여 진술될 수 있을 것이다.

각각의 개념들을 살펴보면 다음과 같다. 첫째, 청구권은 상대방에게 특정한 행위를 요구할 수 있는 권리이며, 상대방은 그 행위를 할 의무를 부담하게 된다. 둘째, 자유권은 특정한 행위에 대한 상대방의 요구를 따르지 않아도 되는 권리이며, 상대방에게는 그 행위를 요구할 청구권이 없다. 셋째, 형성권은 상대방의 법적 지위를 변동시킬 수 있는 권리인데, 이러한 권리자의 처분이 있으면 곧 지위 변동을 겪게 된다는 것 자체가 바로 상대방이 현재 점하고* 있는 지위, 곧 피형성적 지위인 것이다. 넷째, 면제권은 상대방의 처분에 따라 자신의 지위 변동을 겪지 않을 권리이며, 상대방에게는 그러한 처분을 할 만한 형성권이 없다.

호펠드는 이러한 근본 개념들 간에 존재하는 미묘한 차이와 관계적 특성을 분명히 함으로써 권리 문장이 지켜야 할 가장 기초적인 문법을 완성하고 있다. 그에 따르면 청구권이 상대방의 행위를 직접적으로 통제하는 데 비해, 형성권은 상대방과의 법률 관계를 통제하는 결과 그의 행위에 대한 통제도 이루게 되는 차이가 있다. 또한 청구권이 상대방을 향한 적극적인 주장이라면 자유권은 그러한 주장으로부터의 해방이며, 형성권이 상대방과의 법률 관계에 대한 적극적인 처분이라면 면제권은 그러한 처분으로부터의 해방으로 볼 수 있다. 그리고 두 사람 사이의 단일한 권리 관계 내에서 볼 때 만일 누군가 청구권을 가지고 있다면 그 상대방은 동시에 자유권을 가질 수 없고, 만일 누군가 형성권을 가지고 있다면 그 상대방은 동시에 면제권을 가질 수 없다. 마찬가지로 자유권자의 상대방은 동시에 청구권을 가질 수 없고, 면제권자의 상대방 또한 동시에 형성권을 가질 수 없다.

호펠드는 이러한 권리의 문법 에 근거하여 '퀸 대(對) 리덤' 사건 판결문의 오류를 지적함으로써 법철학 이론도 법률 실무에 충분히 기여할 수 있음을 보여 주었다. 판결의 취지는 다음과 같았다. "육류 생산업자인 원고에게는 피고가 속해 있는 도축업자 노동조합의 조합원이 아닌 사람도 고용할 수 있는 자유가 있음에도 불구하고, 피고는 고객들에게 원고와 거래하지 말 것을 종용함으로써* 원고의 자유에 간섭하였고, 그 결과 원고의 사업장은 문을 닫게 되었으므로 피고는 원고에게 발생한 손해에 대해 책임이 있다." 호펠드의 분석에 따르면, 판사는 원고에게 자유권이 있다는 전제로부터 곧바로 피고에게는 원고의 자유권 행사를 방해하지 않을 의무가 있다는 결론을 도출하는 우*를 범함으로써, 정작 이 자유권의 실효적* 보장을 위해 국가가 예외적으로 개입할 필요가 있는지 숙고해* 볼 수 있는 기회를 놓치고 있다는 것이다. 호펠드의 희망은 이렇듯 개념의 혼동과 논증의 오류가 정의와 올바른 정책 방향에 대한 법률가들의 성찰을 방해하지 않게 하는 데 자신의 연구가 보탬이 되는 것이었다. 이러한 그의 작업은 훗날 판례 속의 법적 개념과 논증을 비판적으로 탐구하는 미국 법학의 큰 흐름을 낳은 것으로 평가되고 있다.

1 윗글에 나타난 호펠드 법철학의 역할로 볼 수 없는 것은?

① 권리 문장에 사용되는 권리 개념의 다의성 문제를 해소할 수 있는 방안을 제시함.

② 권리에 대한 법률가들의 통념적 구별이 가질 수 있는 개념적 오류를 비판함.

③ 권리 문장의 분석을 통하여 권리들 간에 우선순위가 발생하는 근거를 해명함.

④ 권리 문장을 사용한 법률가들의 추론에 논리의 비약이 내재해 있음을 규명함.

⑤ 권리 개념들 간의 관계적 특성을 반영한 권리의 일반 이론을 모색함.

2 두 사람 사이의 단일한 권리 관계에서 볼 때, 권리의 문법 에 대한 이해로 옳지 않은 것은?

① 누가 어떤 권리를 가지면 상대방이 일정한 의무를 가진다는 판단을 내릴 경우가 있다.

② 누가 어떤 권리를 가지면 동시에 그는 일정한 의무를 가진다는 판단을 내릴 경우가 있다.

③ 누가 어떤 권리를 가지면 상대방이 일정한 권리를 갖지 않는다는 판단을 내릴 경우가 있다.

④ 누가 어떤 권리를 갖지 않으면 동시에 그는 일정한 의무를 가진다는 판단을 내릴 경우가 있다.

⑤ 누가 어떤 권리를 갖지 않으면 상대방이 일정한 의무를 갖지 않는다는 판단을 내릴 경우가 있다.

3 윗글에서 알 수 있는 호펠드의 견해로 적절하지 않은 것은? 〔신규〕

① 법철학 이론은 실생활에서의 법률 문제 해결에 이바지할 수 있다.

② 물건에 대한 권리를 다룬 문장도 상대방의 관점에서 살펴볼 수 있다.

③ 형성권을 가지고 있는 사람은 면제권을 동시에 가지고 있을 수 없다.

④ 청구권과 형성권은 모두 상대방의 행동에 제약을 가할 수 있는 권리이다.

⑤ 자유권자의 상대방은 자유권자가 그 권리를 행사하지 못하도록 방해할 수 있다.

4 호펠드의 근본 개념들이 〈보기〉의 상황에 적용된다고 가정했을 때, 이에 대한 설명으로 가장 적절한 것은? 〔3점〕

〈보 기〉

　　경기 도중 득점 기회를 잡은 선수 A를 막으려고 상대 팀 선수 B가 정당하게 몸싸움을 벌였다. 하지만 다음 순간 A는 경기장이 미끄러운 탓에 몸싸움을 이기지 못하고 넘어졌다. 심판 C는 이 상황을 제대로 보지 못하고 B를 퇴장시켰다. 심판은 판정 과정에서 어떠한 영향도 받지 않아야 하는 지위에 있기 때문에, B의 팀은 C의 판정에 따라 한 명이 줄어든 상태에서 경기를 해야 했다. 감독 D는 수비 약화를 우려하여, 뛰고 있던 공격수를 빼고 몸을 풀고 대기 중인 선수 E를 투입했다. (단, 〈보기〉에 제시된 상황만 고려한다.)

① A는 B에게 몸싸움을 걸지 말라고 요구할 청구권을 가지고 있다.

② A는 C에게 그의 판정이 잘못되었는지 여부를 알려 줄 의무를 위반하고 있다.

③ B는 C의 판정만으로 퇴장당하게 되는 피형성적 지위에 있지 않다.

④ C는 D에 의해 판정의 자율성을 침해 받지 않을 면제권을 가지고 있다.

⑤ D는 E가 시합에 나가지 않을 자유권을 침해하고 있다.

★ 어휘력 강화

* 막연(漠然)하다
  ① 갈피를 잡을 수 없게 아득하다.
  ② 뚜렷하지 못하고 어렴풋하다.
* 통념(通念) 일반적으로 널리 통하는 개념.
* 점(占)하다 일정한 공간이나 영역 따위를 차지하다.
* 종용(慫慂)하다 잘 설득하고 달래어 권하다.
* 우(愚) 슬기롭지 못하고 둔함.
* 실효적(實效的) 실제로 효과가 나타나는 것.
* 숙고(熟考)하다
  ① 곰곰 잘 생각하다.
  ② 아주 자세히 참고하다.

16 대공황의 원인

★ [사회/문화]

| 제재 | 경제학 | 출처 | 2008 MEET | 난도 | 중상 | 목표 시간 | 11분 |

| 선정 이유 | EBS 수능완성 '불황 극복에 대한 다양한 시선'과 연계되는 지문으로, 경제학 분야의 기본 배경지식이라고 할 수 있는 '대공황' 관련 내용을 담고 있을뿐더러, 2024학년도 수능 국어 '경마식 보도의 특성과 보완 방법' 지문에 제시된 신유형 문항(6번)을 연습하기에도 좋다. 인과 관계 파악을 중심으로 독해해 보자. |

1~4 | 다음 글을 읽고 물음에 답하시오.

1930년대 전 세계를 휩쓴 대공황은 자본주의 역사상 전무후무할 정도로 혹독하고도 긴 경기 침체였다. 공황의 진원지는 미국이었는데, 1929년 말 뉴욕 주식 시장의 주가 대폭락이 그것을 상징적으로 보여 준다. 과연 무엇이 문제였는가?

당시 미국 사회는 엄청난 경제적 번영과 함께 대량 소비 풍조*가 만연했지만, 소득과 부의 불균등이 심화되면서 소비 지출 수요가 줄어들고 있었다. 한편 경제 성장을 주도한 것은 내구*소비재 산업이었다. 그것을 대표하는 자동차 산업의 경우, 1928년에 이미 미국인 6명 중 1명이 차를 소유했는데, 이는 불균등한 소득 분배를 고려할 때 거의 모든 가구가 차를 구입했다고 할 수 있는 정도였다. 민간 부문의 주택 건설 역시 성장의 동인*이었지만 당장은 추가 투자가 필요치 않은 지점에 ⓐ 다다랐다. 큰 집을 짓고 한두 대의 차를 가진 미국의 부자들은 무엇을 더 구입할 수 있었을까? 새로운 생산적 투자처를 찾지 못한 그들은 돈을 주식 투기에 쏟아부었으며, 평범한 농민들까지도 은행 대출을 받아 주식 투기의 열풍 속으로 ⓑ 뛰어들었다. 그러나 그들을 기다린 것은 파산이었다.

㉠ 미국 중앙은행의 핵심 기관인 연방준비제도이사회(FRB)의 통화 정책에도 문제가 있었다. FRB 산하 12개 지역별 중앙은행 이사들은 대부분 회원 은행 출신으로, 여타의 지방 은행 은행가들과 다를 바가 없었다. 따라서 그들은 어음 평가나 할 줄 알았지 불황기에 할인율을 인하하여 통화량을 늘리거나 호황기에 할인율 인상으로 통화량을 줄여야 하는 통화 정책에는 지식이 거의 없었다. 이들이 점차 과열되는 주식 시장에 어떻게 대응했을까? FRB는 주식 시장을 직접 통제할 수는 없었지만 은행에 대한 할인율을 조정함으로써 은행이 고객에게 주식 매입 자금을 빌려 주는 업무에 영향을 줄 수 있었다. 그러나 FRB가 할인율 인상을 통해 은행 대출 이자율을 높였음에도 불구하고, 주식 투자에서 높은 차익을 기대하던 투기꾼들의 기세는 꺾이지 않았다. 은행도 고객의 주식 일부를 담보로 하여 대출을 해 주었는데, 이러한 신용 구조는 주가가 지속적으로 상승할 때는 괜찮지만 일단 하락하게 되면 한꺼번에 무너질 수밖에 없다. 주식 시장이 붕괴했을 때 FRB의 적절한 개입이 필요했으나, FRB는 즉시 통화 팽창 정책을 쓰는 대신 오히려 통화 공급을 줄이는 정책을 택하여 심각한 물가 하락을 ⓒ 일으켰다. 그 결과 실질 이자율이 상승하면서 기업의 투자 심리는 형편없이 냉각되었다. 이것이 주식 시장의 붕괴가 대공황으로 이어지게 된 과정이다.

공황의 세계적인 확산을 최소화할 국제 신용 체계는 없었는가? 1차 대전으로 중단되었던 국제 금 본위제가 전쟁 후에 재건되었으나 그 시스템은 여전히 불안정하였다. 당시 국제 신용 체계에서 가장 중요한 국가는 최대 채권국인 미국이었다. 전쟁 전의 영국처럼 전쟁 후의 미국도 국제 수지 흑자를 보였는데, 그 대부분은 자본 수출에 대한 이자와 전쟁 채무 원리금이었으며 전통적인 보호 무역 정책으로 인한 무역 수지 흑자도 거기에 한 몫을 했다. 채무국들이 무역 흑자를 통해 채무를 상환한다는 것은 거의 불가능했으며, 그 결과 점점 더 많은 금이 미국으로 유입되었다. 만일 금 유입이 통화 공급 증대와 인플레이션으로 이어졌다면 사태가 달라졌겠지만, 미국 정부는 인플레이션에 대해 단호한 반대 입장을 ⓓ 지켰다. 국제 금 본위제는 결코 자동적으로가 아니라 강력한 최종 대부자가 유동성과 안정성을 보증해야 작동하는 제도였다. 그런데 대전 전의 영국 중앙은행(Bank of England)과 달리 FRB는 국제 신용망의 유지가 아니라 국내 물가 안정에만 ⓔ 매달렸다. 때문에 FRB는 미국으로 유입된 금을 불태화*함으로써 금 본위제의 국제 규칙을 사실상 지키지 않았다. 미국이 1920년대에, 그리고 결정적으로 중요했던 1929년부터 1933년까지 좀 더 개방적인 정책을 취했더라면 대공황은 확실히 완화되고 단축될 수 있었을 것이다.

* 불태화(sterilization) : 할인율을 인상하거나 국공채를 매각함으로써 금 유입에 따른 통화량 증가를 억제하는 것.

1 윗글로부터 당시의 경제 상황을 파악한 내용으로 적절하지 <u>않은</u> 것은?

① 미국의 주택 실수요 시장은 거의 포화 상태에 이르렀다.

② 다른 많은 국가들이 미국에 대한 전쟁 채무 상환에 어려움을 겪고 있었다.

③ 미국은 1차 대전 이후 금 유입으로 인해 통화 공급 증대의 압력을 받고 있었다.

④ 미국 주식 시장의 거품이 꺼지면서 실질 부가 감소하고 그로 인해 소비도 급감하였다.

⑤ 미국은 국제 신용 체계의 최종 대부자가 아니었기 때문에 국내 물가 안정에 전념할 수 있었다.

2 ㉠과 같이 판단하는 이유로 가장 적절한 것은?

① 주식 시장이 붕괴했을 때에도 여전히 금융 긴축 정책을 취하여 물가 하락을 가속시켰다.

② 은행이 고객에게 충분한 담보 없이 주식 매입 자금을 대출해 주는 것을 규제하지 않았다.

③ 주식 시장이 과열되었을 때 할인율을 인상함으로써 은행의 대출 활동을 제약하였다.

④ 주가 폭락으로 인해 자산 가치가 폭락한 기업에 대해 신용을 제공하지 않았다.

⑤ 어음 평가나 하였을 뿐 호황기에 할인율을 인상하여 통화량을 줄이지 않았다.

3 다음과 같은 진술이 사실이라고 할 때, 대공황의 요인에 대한 윗글의 입장을 약화시키지 <u>않는</u> 것은? 〔3점〕

① 전체 소비 감소 규모에서 소득 불균등으로 인한 감소가 차지하는 비중은 미미하였다.

② 주가 폭락 이후의 금융 긴축으로 인해 투자 심리가 위축된 것은 공황 발생 시점 이후였다.

③ FRB의 금융 긴축이 문제였다고 하지만, 긴축 정책의 강도가 주가 폭락 이전과 이후에 서로 달랐다.

④ 자동차와 같은 내구재의 소비가 포화 상태였지만, 그것이 전체 소비에서 차지하는 비중은 크지 않았다.

⑤ 국제 신용 체계의 불안정은 어느 한 나라의 책임이 아니라, 국가 간에 신뢰와 협조가 부족했기 때문이었다.

4 문맥상 ⓐ~ⓔ와 바꾸어 쓰기에 적절하지 <u>않은</u> 것은? 〔신규〕

① ⓐ : 도달(到達)하였다

② ⓑ : 개입(介入)하였다

③ ⓒ : 초래(招來)하였다

④ ⓓ : 고수(固守)하였다

⑤ ⓔ : 전념(專念)하였다

⭐ **어휘력 강화**

* 풍조(風潮)
① 바람과 조수(潮水)를 아울러 이르는 말. 또는 바람에 따라 흐르는 조수.
② 시대에 따라 변하는 세태.

* 내구(耐久) 오래 견딤.

* 동인(動因) 어떤 사태를 일으키거나 변화시키는 데 작용하는 직접적인 원인.

17 항생 물질과 세균의 내성

★ [과학/기술]

| 제재 | 생명 과학 | 출처 | 2010 PEET 예비 | 난도 | 중 | 목표 시간 | 8분 |

| 선정 이유 | 세균의 내성이 발현되는 방법과 이를 무력화하는 방식을 짝 지어서 이해하되, 각 방식의 차이를 정확히 구분하는 것이 지문 독해와 문제 풀이의 관건이다. 여러 내성 세균 무력화 방식을 중심으로 지문을 이해해 보자. |

1~4 | 다음 글을 읽고 물음에 답하시오.

세균은 염색체에 유전 물질인 DNA의 형태로 자신의 유전 정보를 대부분 보관한다. 효소 등 생명 활동에 필요한 단백질은 DNA로부터 해당 정보를 넘겨받는 곳이자 세포 내 유일한 단백질 합성 기관인 리보솜에서 생성된다. 생명 유지에 필수적인 단백질들은 일정량씩 항상 유지되는 반면 긴급 상황에 대처하는 데 필요한 단백질은 신속하게 다량 합성되기도 한다.

세균성 질병에 효과적인 치료약인 항생* 물질은 곰팡이, 토양 세균 등에서 발견되면서부터 본격적으로 개발되었다. 항생 물질은 세균의 세포막, 세포벽 또는 세포 내 여러 물질과 결합함으로써 DNA 복제나 각종 효소의 활성을 저해하는 등 다양한 작용을 통해 세균을 죽이거나 발육을 저지한다. 그런데 항생 물질들이 널리 사용되면서 항생 물질에 내성을 가진 세균들이 나타나기 시작했다. 그리고 내성 세균의 비율이 크게 높아진 것은 인간의 항생 물질 오남용*에 따라 내성 세균이 선택된 결과이다.

내성이 발현되는 방법에는 여러 가지가 있다. 세균은 세포막을 통해 각종 물질들을 흡수하고 불필요한 물질들은 배출하는 생체 활동을 하는데, 항생 물질은 세포막에 있는 특정 수송계를 이용해 세균 내부로 침투하여 작용한다. 어떤 내성 세균은 해당 수송계의 작동을 부분적으로 방해하여 항생 물질이 쉽게 흡수되지 못하도록 함으로써 생존력을 증가시킨다. 그러나 이런 능력은 고용량의 항생 물질 사용으로 무력화된다*. 침투한 항생 물질을 에너지를 사용하여 세포 밖으로 빠르게 배출하는 내성 세균도 있는데, 이런 내성 세균은 고용량의 항생 물질에 노출되어도 살아남을 수 있다.

한편 항생 물질을 화학적으로 변형하거나 파괴하는 효소를 생성하여 내성을 보이는 세균도 있다. 이런 효소들은 특정 항생 물질에 대해 선택적으로 작용한다. 그런데 이런 방식의 내성은 유인 물질의 동시 사용에 의해 무력화된다. 즉, 내성 세균의 효소가 유인 물질을 항생 물질로 오인하여* 그것을 주로 상대하는 사이에 진짜 항생 물질의 작용에 노출된 세균은 사멸되는 것이다.

또 다른 내성의 형태는 세균이 항생 물질의 표적이 되는 자신의 효소나 세포의 여러 부위를 변화시켜 항생 물질의 작용을 무력화하는 것이다. 표적이 되는 효소의 구조 일부를 변화시켜 항생 물질에 대한 반응성을 없애거나, 리보솜의 일부 구조를 변형함으로써 단백질 생산 능력은 그대로 유지하면서도 항생 물질과 결합하는 부위만 없애 생명 활동을 지속하는 것이 이런 예가 된다. 한편 세균은 표적 효소를 변형하는 대신 그 유사 단백질을 다량으로 만들어 내어 항생 물질과 대신 결합하게 함으로써 고용량의 항생 물질에 노출되어도 생존에 중요한 효소들을 보호하기도 한다.

세균들 사이에서 내성과 관련된 유전자가 전달됨으로써 내성이 전파되기도 한다. 세균은 염색체와는 별도로 플라스미드라는 작은 고리형 DNA에 유전자를 추가로 가지기도 한다. 이 플라스미드를 복제하여 전달하는 것이 내성 유전자 전달의 주요 방법이다. 페니실린 내성 세균 B1과 세팔로스포린 내성 세균 B2를 예로 들어 이 과정을 살펴보도록 한다. 우선 B1은 내성 유전자가 포함된 플라스미드 전달을 위하여 ㉠ 플라스미드 복제본을 만들고, 접합용 ㉡ '선모(線毛)'를 구성하는 단백질을 다량 합성한다. 선모가 완성되면 B2와 ㉢ 접합부를 형성하여 B1이 준비한 플라스미드 복제본이 B2 내부로 전달된다. 이 경우, B2는 두 항생 물질에 대한 내성 유전자가 포함된 플라스미드를 둘 다 가지게 되는데, 이 두 플라스미드가 하나로 결합되기도 한다. 즉, 둘 중 하나에서 내성 유전자에 해당되는 ㉣ DNA 조각이 분리되고, 다른 쪽 플라스미드의 적절한 부분에서도 고리가 열려, 열린 한쪽 부분에 미리 준비된 ㉤ DNA 조각이 연결된다. 다른 쪽 끝도 연결되어 다시 고리 모양이 되면 두 항생 물질에 대한 ⓐ 복합 내성을 지닌 플라스미드가 완성된다. 이 플라스미드는 다시 복제되어 또 다른 세균에게 전달될 수 있다.

내성 전파에 환경이 중요한 역할을 할 수 있다. 사용된 항생 물질 일부는 분해되어 제거되기 전까지는 그 활성을 유지한 채로 주위 환경에 잔류하며, 이 잔류 약물은 내성 세균들을 선별하는 역할을 한다. 항생 물질이 오남용되는 환경, 실험실 환경, 감염 조직 등에서는 플라스미드 교환이 비교적 쉽게 이루어지기 때문에, 항생 물질 내성 정보가 세균들 사이에 쉽게 퍼지게 된다. 이러한 현상이 지속될 경우 여러 항생 물질에 모두 저항하는 복합 약물 내성 세균이 출현할 가능성은 더욱 커질 것이다.

1 윗글을 읽고 이해한 내용으로 적절하지 <u>않은</u> 것은? [신규]

① 세균 내 단백질들은 상황에 따라 급속도로 많은 양이 합성될 수도 있다.

② 세균은 염색체가 아닌 다른 DNA에 자신의 유전 정보를 보관하기도 한다.

③ 페니실린과 세팔로스포린은 모두 세균을 죽이거나 세균의 발육을 저지하는 치료약에 속한다.

④ 특정 항생 물질에 선택적으로 작용하는 효소를 만드는 세균에는 유인 물질을 활용하여 그 효소의 활성을 저해시킨다.

⑤ 실험실에서는 세균들 간에 내성과 관련된 유전자의 교환이 잘 일어나는 편이므로 내성 세균의 비율이 증대될 수 있다.

2 세균이 항생 물질에 저항하는 방법이 <u>아닌</u> 것은?

① 항생 물질이 작용하는 세포 부위의 구조를 변경한다.

② 항생 물질의 화학 구조에 변화를 가져오는 효소를 발현한다.

③ 항생 물질이 결합되는 효소 단백질의 일부 구조를 변화시킨다.

④ 항생 물질의 유입량보다 배출량이 더 큰 세포막 수송계를 이용한다.

⑤ 항생 물질이 결합되는 리보솜을 변형하여 그 항생 물질을 분해한다.

3 리보솜의 기능을 억제하는 어떤 항생 물질이 있다고 할 때, ⓐ의 형성 과정 중 이 항생 물질이 직접 차단하는 단계를 ㉠~㉤에서 고른 것은?

① ㉠　　② ㉡　　③ ㉢　　④ ㉣　　⑤ ㉤

4 다음의 상황에서 X의 증식을 억제하는 방법으로 가장 적절한 것은? [3점]

> 세균 X는 효소 E1과 E2를 순서대로 사용하여 생명 활동에 필수적인 물질을 생성하는 것으로 알려져 있다. 항생 물질 A1~A3을 시험관의 X에 시험하였을 때 아래와 같이 관찰되었다.

○ A1
- X에서 분리된 E1을 A1과 혼합하면 서로 강하게 결합함.
- X는 에너지를 사용하여 A1을 세포 밖으로 빠르게 배출함.

○ A2
- X에서 분리된 E2와 A2를 혼합하면 서로 강하게 결합함.
- X는 E2와 유사한 구조의 단백질 P를 다량 생성하며 A2와 P는 서로 강하게 결합함.

○ A3
- X의 세포 내부에 A3을 주입하면 리보솜과 A3은 서로 강하게 결합함.
- X는 A3이 자신의 세포막을 통해서 쉽게 흡수되지 않도록 함.

① 고용량의 A1과 일반 용량의 A2를 함께 사용

② 일반 용량의 A1과 고용량의 A2를 함께 사용

③ 고용량의 A1과 일반 용량의 A3을 함께 사용

④ 고용량의 A2와 일반 용량의 A3을 함께 사용

⑤ 일반 용량의 A2와 고용량의 A3을 함께 사용

★ 어휘력 강화

* 항생(抗生) [생명] 두 종류의 미생물을 같은 배지에서 배양할 때, 한쪽 미생물이 다른 쪽 미생물의 생육을 억제하는 현상.
* 오남용(誤濫用) 오용과 남용을 아울러 이르는 말. '오용'은 잘못 사용하는 것을. '남용'은 일정한 기준이나 한도를 넘어서 함부로 쓰는 것을 의미한다.
* 무력화(無力化)되다 힘을 쓰지 못하게 되다.
* 오인(誤認)하다 잘못 보거나 잘못 생각하다.

18 자기 냉각 기술

★ [과학/기술]

| 제재 | 물리학, 기술 | 출처 | 2012 LEET | 난도 | 중 | 목표 시간 | 8분 30초 |

| 선정 이유 | 과학/기술 지문은 상관관계나 인과 관계가 성립하는 정보들을 면밀하게 파악하거나 대상의 작동 과정을 추적하는 능력을 필요로 한다. 이 지문은 그러한 능력을 기르기에 아주 적절하다. |

1~4 | 다음 글을 읽고 물음에 답하시오.

19세기 후반에 발견된 자기(磁氣) 열량 효과는 20세기 전반에 이르러 자기 냉각 기술에 활용될 수 있음이 확인되었고 이로부터 자기 냉각 기술은 오늘날 극저온을 만드는 고급 기술로 발전하였다. ㉠ 일반 냉장고는 가스 냉매*가 압축될 때 열을 방출하고 팽창될 때 열을 흡수하는 열역학적 순환 과정을 이용하여 냉장고 내부의 열을 외부로 방출시킨다. 그러나 가스 냉매는 일정한 온도 이하로 내려가면 응고되어 냉매로서 기능을 할 수 없게 되거나 누출되었을 때 환경오염을 유발하는 문제점이 있다. 최근 자기 냉각 기술은 일반 냉장고를 대신할 수 있는 냉장고의 개발에 이용될 수 있음이 확인되었다. 자기 냉각 기술에 사용되는 자기 물질의 자기적 특성에 따라 냉장고가 작동되는 온도 범위가 달라지기 때문에 자기 냉각 기술에 사용하기 적합한 자기 물질의 개발이 매우 중요한데, 최근 실온에서 작동 가능한 실온 자기 냉장고를 만들 수 있는 새로운 자기 물질의 개발이 활발하게 이루어지고 있다.

자기 물질은 자화(磁化)되는* 물질을 의미한다. 물질의 자화는 외부에서 가하는 자기장의 세기 및 자기 물질에 들어 있는 단위 부피당 자기 쌍극자의 수에 비례한다. 여기서 자기 쌍극자는 자기 물질 속에 존재하는 초소형 자석을 의미한다. 자기 물질은 강자성체와 상자성체로 구분된다. 강자성체는 외부의 자기장이 제거되었을 때에도 자기적 성질을 유지하는 물질이며, 상자성체는 외부의 자기장이 제거되면 자기적 성질을 잃어버리는 물질이다. 강자성체는 온도를 올리면 일정 온도에서 상자성체로 상전이*를 하는데, 이때 자기 물질의 엔트로피*는 증가한다.

자기 열량 효과는 자기 물질에 외부에서 자기장을 가했을 때 그 물질이 열을 발산하는 현상에서 비롯된다. ㉡ 자기 냉장고는 이 효과를 이용한 열역학적 순환 과정을 통해 냉장고 내부의 열을 외부로 방출한다. 이 순환 과정은 열 출입이 없는 두 과정과 자기장이 일정한 두 과정으로 구성된다. 여기서 열 출입이 없는 열역학적 과정에서는 엔트로피 변화가 없다. 자기 냉장고에서 열역학적 순환 과정은 다음의 Ⅰ, Ⅱ, Ⅲ, Ⅳ 네 과정을 거치면서 진행된다. **과정 Ⅰ**에서는, 자기 쌍극자들이 무질서하게 배열되어 있던, 온도가 T인 작용물질에 외부와의 열 출입이 차단된 상태에서 자기장을 가하면 작용물질의 쌍극자들이 자기장의 방향으로 정렬하면서 열이 발생하고 작용물질의 온도가 상승한다. 이때 자기장이 강할수록 작용물질에서 더 많은 열이 발생한다. **과정 Ⅱ**에서는, 외부 자기장을 그대로 유지한 상태로 작용물질과 외부와의 열 출입을 허용하면 이 작용물질은 열을 방출하고 차가워진다. **과정 Ⅲ**에서는, 다시 작용물질과 외부와의 열 출입을 차단한 상태에서 외부의 자기장을 제거하면 쌍극자의 배열이 무질서해지면서 작용물질의 온도가 하강한다. **과정 Ⅳ**에서는, 작용물질과 외부와의 열 출입을 허용하면 이 작용물질은 열

을 흡수하고 온도가 상승하여 초기 온도 T로 복귀하면서 1회의 순환이 마무리된다. 이러한 순환 과정에서 작용물질이 열을 흡수할 때는 작용물질을 냉장고 내부와 접촉시키고 열을 방출할 때에는 냉장고 외부와 접촉시킨다. 이를 반복하면 작용물질은 냉장고의 내부에서 외부로 열을 퍼내는 열펌프의 역할을 하게 된다.

효율이 좋은 자기 냉장고를 만들기 위해서는 특정 온도에서 외부에서 가하는 자기장의 변화에 따른 엔트로피 변화량이 큰 자기 물질을 작용물질로 사용해야 한다. 자기 냉장고에서 1회의 순환 과정에서 빠져 나가는 열량은 외부 자기장을 가하기 전과 후의 엔트로피 변화와 밀접한 관련이 있다. 엔트로피는 물질의 자기 상태가 변하는 임계온도에서 가장 큰 폭으로 변한다. 그러므로 작용물질이 상전이하는 임계온도가 냉장고의 작동 온도 근처에 있을 때 그것의 자기 냉각 효과가 크다. 최근에는 임계온도가 실온에 가까운 물질들이 많이 발견되고 있으며, 이것을 이용한 실온 자기 냉장고의 개발이 활발히 진행되고 있다.

1 윗글의 내용 전개 방식으로 가장 적절한 것은? [신규]

① 자기 냉장고의 제작 방법을 소개하고 제작 시 유의점을 나열하고 있다.

② 자기 열량 효과의 개념을 정의하고 자기 냉장고의 장단점을 분석하고 있다.

③ 자기 냉각 기술의 종류를 분류하고 그 분류에 따라서 자기 냉장고들의 차이점을 비교하고 있다.

④ 자기 냉장고의 유형을 구분하는 기준을 밝히고 자기 냉장고의 작동 방식을 단계별로 설명하고 있다.

⑤ 자기 열량 효과에 기반한 자기 냉각 기술을 소개하고 이를 활용한 자기 냉장고의 작동 원리를 설명하고 있다.

2 ⊙과 ⓒ을 비교한 것으로 적절하지 <u>않은</u> 것은?

① ⊙에서 작용물질의 부피 변화는 ⓒ에서 작용물질의 온도 변화와 같은 작용을 한다.

② ⊙에서 압력의 변화는 ⓒ에서 자기장의 변화에 대응한다.

③ ⊙에서 냉매가 하는 역할을 ⓒ에서는 자기 물질이 한다.

④ ⊙과 ⓒ은 모두 열역학적 순환 과정을 이용한다.

⑤ ⊙과 ⓒ에는 모두 열펌프의 기능이 있다.

3 '과정 Ⅰ∼Ⅳ'에 대한 설명으로 옳지 <u>않은</u> 것은?

① 과정 Ⅰ에서 작용물질의 자화는 증가한다.

② 과정 Ⅱ에서는 작용물질의 온도가 내려간다.

③ 과정 Ⅲ에서는 작용물질의 엔트로피가 증가한다.

④ 과정 Ⅳ에서는 작용물질을 냉장고 내부와 접촉시킨다.

⑤ 과정 Ⅰ∼Ⅳ의 1회 순환에서 자기장의 변화 폭이 클수록 방출되는 열량은 크다.

4 윗글의 내용으로 보아 〈보기〉의 A∼E 중 실온 자기 냉장고에 사용될 작용물질로 가장 적합한 것은? 〔3점〕

〈보 기〉

자기 물질 A∼E 각각의 임계온도에서 자기 물질에 자기장을 걸어 주었을 때 감소한 엔트로피에 대한 자료이다.

자기 물질	임계온도 (℃)	걸어 준 자기장(T)	엔트로피 감소량(J/kgK)
A	-5	5	2.75
B	10	1	1.52
C	18	1	2.61
D	21	5	2.60
E	42	5	1.80

① A   ② B   ③ C   ④ D   ⑤ E

★ 어휘력 강화

＊냉매(冷媒) [화학] 냉동기 따위에서, 저온 물체로부터 고온 물체로 열을 끌어가는 매체. 프레온, 암모니아, 이산화 황, 염화 메틸 따위가 있다.

＊자화(磁化)되다 [물리] 자기장 안의 물체가 자기를 띠게 된다.

＊상전이(床轉移) [화학] 물질이 온도, 압력, 외부 자기장 따위의 일정한 외적 조건에 따라 한 상(床)에서 다른 상으로 바뀌는 현상. 예를 들면 융해, 고화, 기화, 응결 따위이다.

＊엔트로피(entropy) [물리] 열의 이동과 더불어 유효하게 이용할 수 있는 에너지의 감소 정도나 무효(無效) 에너지의 증가 정도를 나타내는 양.

19	세포의 품질 관리 체계				★ [과학/기술]
제재	생명 과학	출처	2012 MEET	난도	중	목표 시간	8분 30초

선정 이유 EBS 수능완성 '단백질의 구조와 단백질 접힘'과 연계되는 지문으로, LEET/MEET에 출제된 생명 과학 지문임을 감안하면 정보량이 많은 편은 아니지만, 마지막 문단의 정보 밀도가 높다. 세포의 품질 관리 체계가 작동하는 과정에서 나타나는 인과 관계를 면밀하게 추적해 가며 독해해 보자.

1~4 | 다음 글을 읽고 물음에 답하시오.

여러 아미노산이 연속적으로 연결되면 끈 모양의 폴리펩티드가 된다. 이 폴리펩티드는 꺾어지기도 하고, 둘둘 말리기도 하면서 3차원적인 입체 구조를 만들게 되는데 이 과정을 폴딩(folding)이라고 하며, 이렇게 입체 구조로 만들어진 폴리펩티드를 단백질이라고 부른다. 각각의 단백질은 특정한 3차원 구조를 제대로 ⓐ 갖추어야 제 기능을 발휘할 수 있다.

단백질 생산에는 리보솜과 샤페론 등이 관여한다. 리보솜은 세포핵이 제공하는 유전자의 서열 정보에 따라 세포 내에서 만들어진 개개의 아미노산을 연결하여 폴리펩티드를 만든다. 이렇게 새로 만들어진 폴리펩티드 중에서, 일부는 자발적으로 폴딩하여 기능성 단백질이 되고, 스스로 폴딩하지 못하는 폴리펩티드는 샤페론의 도움을 받아 정상적으로 폴딩된다. 세포 내에는 다양한 종류의 샤페론이 존재하며, 그 각각마다 작용하는 폴리펩티드가 ⓑ 다르다.

대부분의 경우 폴리펩티드의 폴딩은 정상적으로 진행되지만, 어떤 상황에서는 폴리펩티드가 폴딩하지 못하고 서로 얽혀 응집된* 덩어리 형태를 띤다. 또한 세포에 열, 중금속, 화학 물질 등과 같은 스트레스가 가해지면, 폴딩 중이거나 이미 형성된 단백질의 구조에 이상이 발생할 수 있다. 이때 비정상적인 3차원 구조로 변하는 미스폴딩(misfolding) 현상이나 3차원 구조가 완전히 붕괴되어 풀리는 언폴딩(unfolding) 현상이 일어나는데, 이처럼 구조가 변한 단백질을 변성 단백질이라고 한다. 변성 단백질은 입체 구조가 흐트러져서 소수성(疏水性)*아미노산이 분자 표면에 노출된 형태로 바뀐 것이 많다. 변성 단백질 분자 표면에 노출된 소수성 아미노산들은 서로 당기는 상호 작용을 한다. 그 결과로 변성 단백질들이 모여 물에 녹지 않는 응집체가 형성된다. 응집체의 형성 과정은 대부분 비가역적이어서 일단 형성된 응집체는 쉽게 응집 상태를 벗어나지 못한다. 응집체를 형성하기 전에, 응집체 형성을 ⓒ 막는 샤페론에 의해 변성 단백질이 원래 구조로 회복되는 것이 리폴딩(refolding)이다. 리폴딩은 실험 상황에서는 샤페론 없이도 재현할 수 있다.

세포에는 잘못 생산된 단백질을 제거하거나 변성 단백질의 재생과 분해 작용을 ⓓ 맡는 품질 관리 체계가 존재한다. 품질 관리 기능을 담당하는 주요 기관 중 하나인 소포체 내부에 변성 단백질이 축적되면, 이것은 소포체에 스트레스로 작용한다. ㉠ 소포체 스트레스의 해소는 다양한 방법을 통해 이루어진다.

소포체에 변성 단백질이 축적되면, ATF6가 활성화되어 소포체 샤페론의 생산을 촉진시키고, 샤페론은 리폴딩을 통해 변성 단백질을 정상 단백질로 재생한다. 재생이 되지 못하는 변성 단백질은, IRE1과 XBP-1의 연쇄적인 활성화로 단백질 분해 기구가 활성화되어 분해된다. 이 분해 과정은 재생이 어려운 변성 단백질을 세포질로 역수송하여 분해되도록 하는 것으로, 세포

질에 존재하는 유비퀴틴-프로테아좀계에서 일어난다. 또한 소포체에 스트레스를 주는 환경이 유지되어 변성 단백질의 축적이 지속되면, PERK의 활성화가 일어나고 이어서 단백질 합성 개시 인자*인 eIF2α를 불활성화(인산화)하여 리보솜의 단백질 합성이 더 이상 진행되지 못하게 한다. 결과적으로 리보솜의 단백질 합성 기능을 ⓔ 멈추게 해 변성 단백질 생산량 자체를 감소시키는 것이다. 이와 같은 다양한 방법으로도 단백질의 품질 관리가 어려워지면 세포는 다음 단계의 수단으로 스스로 사멸하는 길을 택하기도 한다.

1 윗글의 내용과 일치하지 않는 것은?

① 단백질의 구조 변성은 세포의 생존을 위협한다.

② 리보솜은 유전자 서열 정보를 받아 단백질 생산에 관여한다.

③ 세포 내 단백질들의 폴딩은 세포에 가해진 열에 영향을 받는다.

④ 응집체를 형성한 세포 내 폴리펩티드는 자발적으로 리폴딩한다.

⑤ 단백질이 정상 기능을 발휘하는 것은 단백질의 입체 구조에 의존한다.

2 ㉠이 정상적으로 진행되지 못할 때, 그 원인이 되는 것만을 〈보기〉에서 있는 대로 고른 것은?

〈보 기〉
ㄱ. 소포체의 XBP-1의 활성화
ㄴ. 유비퀴틴-프로테아좀계의 손실
ㄷ. 소포체 내의 샤페론의 농도 감소
ㄹ. 단백질 합성 개시 인자의 불활성화

① ㄱ, ㄴ   ② ㄱ, ㄹ
③ ㄴ, ㄷ   ④ ㄱ, ㄷ, ㄹ
⑤ ㄴ, ㄷ, ㄹ

3 윗글을 바탕으로 〈보기〉의 실험 결과를 바르게 분석한 것은?

[3점]

〈보 기〉

서로 다른 단백질 A와 B의 특성을 알아보기 위하여 각기 다른 네 가지 실험을 수행하였다. 실험에는 농도가 낮은 A와 B의 수용액을 사용하였으며 두 수용액은 상온에서 안정된 상태를 유지하였다. 각 실험의 결과는 다음과 같다.

ㄱ. A 수용액을 50℃로 가열했더니 불용성 응집체가 형성되었다.

ㄴ. B 수용액을 50℃로 가열했더니 아무런 변화가 없었지만, 70℃로 가열하니 불용성 응집체가 형성되었다.

ㄷ. A 수용액과 B 수용액을 섞어 50℃로 가열했더니 응집체가 생성되지 않았다.

ㄹ. ㄱ 실험의 결과로 생성된 응집체를 수거하여 세제 수용액에 녹인 후, 세제를 완전히 제거하니 A가 물에 녹아 있었다.

(단, 수용액의 농도에 의해 발생하는 효과는 무시하며, ㄷ과 ㄹ 실험 결과에서 얻은 최종 수용액 속의 A는 정상적인 기능을 하였다.)

① A의 응집체는 소수성 아미노산들이 분자 표면에서 내부로 이동하며 형성된다.
② B는 70℃에서 입체 구조의 변화가 없다.
③ A는 B에 대해 샤페론과 같은 역할을 한다.
④ 세제는 A 변성 단백질 간의 소수성 상호 작용을 차단한다.
⑤ A는 ㄹ 실험의 시험관 조건에서 리폴딩되지 않는다.

4 문맥상 ⓐ~ⓔ와 바꾸어 쓰기에 적절하지 않은 것은? [신규]

① ⓐ : 겸비(兼備)하여야
② ⓑ : 상이(相異)하다
③ ⓒ : 저해(沮害)하는
④ ⓓ : 담당(擔當)하는
⑤ ⓔ : 중지(中止)하게

★ **어휘력 강화**

* 응집(凝集)되다 한군데에 엉겨서 뭉치다.
* 소수성(疏水性) [화학] 물과의 친화력이 적은 성질. 소수성 물질은 물과 친화력이 적어 물에 넣으면 균일하게 혼합되지 않고 자기들끼리 응집된다. 응집체의 비중이 1보다 크면 침전이 된다.
* 인자(因子) [생명] 생명 현상에서 어떤 작용의 원인이 되는 요소.

20 성운과 지구 간의 거리 측정

★ [과학/기술]

| 제재 | 지구 과학 | 출처 | 2017 LEET | 난도 | 중 | 목표 시간 | 9분 |

| 선정 이유 | 성운의 정체에 대한 두 가설 중, 어느 것이 맞는지를 입증하는 과정을 추적하는 것이 독해의 관건인 지문이다. 3문단에서 제시하고 있는 변광성의 종류에 따른 특징도 정확히 파악하며 독해해 보자. |

1~4 | 다음 글을 읽고 물음에 답하시오.

우주의 크기는 인류의 오랜 관심사였다. 천문학자들은 이를 알아내기 위하여 먼 별들의 거리를 측정하려고 하였다. 18세기 후반에 허셜은 별의 '고유 밝기'가 같다고 가정한 뒤, 지구에서 관측되는 '겉보기 밝기'가 거리의 제곱에 비례하여 어두워진다는 사실을 이용하여 별들의 거리를 대략적으로 측정하였다. 그 결과 별들이 우주 공간에 균질하게 분포하는 것이 아니라, 전체적으로 납작한 원반 모양이지만 가운데가 위아래로 볼록한 형태를 이루며 모여 있음을 알게 되었다. 이 경우, 원반의 내부에 위치한 지구에서 사방을 바라본다면 원반의 납작한 면과 나란한 방향으로는 별이 많이 관측되고 납작한 면과 수직인 방향으로는 별이 적게 관측될 것인데, 이는 밤하늘에 보이는 '은하수'의 특징과 일치한다. 이에 착안하여* 천문학자들은 지구가 포함된 천체들의 집합을 '은하'라고 부르게 되었다. 별들이 모여 있음을 알게 된 이후에는 그 너머가 빈 공간인지 아니면 또 다른 천체가 존재하는 공간인지 의문을 ㉮ 갖게 되었으며, '성운'에 대한 관심도 커졌다.

성운은 망원경으로 보았을 때, 뚜렷한 작은 점으로 보이는 별과는 다르게 얼룩처럼 번져 보인다. 성운이 우리 은하 내에 존재하는 먼지와 기체들이고 별과 그 주위의 행성이 생성되는 초기 모습인지, 아니면 우리 은하처럼 수많은 별들이 모인 또 다른 은하인지는 오랜 논쟁거리였다. 앞의 가설을 주장한 학자들은 성운이 은하의 납작한 면 바깥에서는 많이 관측되지만 정작 그 면의 안에서는 거의 관측되지 않는다는 사실을 근거로 ㉯ 내세웠다. 그들에 따르면, 성운이란 별이 형성되는 초기의 모습이므로 이미 별들의 형성이 완료되어 많은 별들이 존재하는 은하의 납작한 면 안에서는 성운이 거의 관측되지 않는다. 반면에 이들과 반대되는 가설을 주장한 학자들은 원반 모양의 우리 은하를 멀리서 비스듬한 방향으로 보면 타원형이 되는데, 많은 성운들도 타원 모양을 띠고 있으므로 우리 은하처럼 독립적인 은하일 것이라고 생각하였다. 그들에 따르면, 성운이 우주 전체에 고루 ㉰ 퍼져 있음에도 우리 은하의 납작한 면 안에서 거의 관측되지 않는 이유는 납작한 면 안의 수많은 별과 먼지, 기체들에 의해 약한 성운의 빛이 가려졌기 때문이다.

두 가설 중 어느 것이 맞는지는 지구와 성운 사이의 거리를 측정하면 알 수 있다. 이 거리를 측정하는 방법은 밝기가 변하는 별인 변광성의 연구로부터 나왔다. 주기적으로 밝기가 변하는 변광성 중에는 쌍성이 있는데, 밝기가 다른 두 별이 서로의 주위를 도는 쌍성은 지구에서 볼 때 두 별이 서로를 가리지 않는 시기, 밝은 별이 어두운 별 뒤로 가는 시기, 어두운 별이 밝은 별 뒤로 가는 시기마다 각각 관측되는 밝기에 차이가 ㉱ 생긴다. 이 경우에 별의 밝기는 시간에 따라 대칭적으로 변화한다. 한편, 또 다른 특성을 지닌 변광성도 존재하는데, 이 변광성의 밝

기는 시간에 따라 비대칭적으로 변화한다. 이와 같은 비대칭적 밝기 변화는 두 별이 서로를 가리는 경우와 다른 것으로, 별의 중력과 복사압* 사이의 불균형으로 인하여 별이 팽창과 수축을 반복할 때 방출되는 에너지가 주기적으로 변화하며 발생한다. 이러한 변광성을 세페이드 변광성이라고 부른다.

1910년대에 마젤란 성운에서 25개의 세페이드 변광성이 발견되었다. 이들은 최대 밝기가 밝을수록 밝기의 변화 주기가 더 길고, 둘 사이에는 수학적 관계가 있음이 알려졌다. 이러한 관계가 모든 세페이드 변광성에 대해 유효하다면, 하나의 세페이드 변광성의 거리를 알 때 다른 세페이드 변광성의 거리는 그 밝기 변화 주기로부터 고유 밝기를 밝혀내어 이를 겉보기 밝기와 비교함으로써 알 수 있다. 이를 바탕으로 ㉠ 어떤 성운에 속한 변광성을 찾아 거리를 알아냄으로써 그 성운의 거리도 알 수 있게 되었는데, 1920년대에 허블은 안드로메다 성운에 속한 세페이드 변광성을 찾아내어 그 거리를 계산한 결과 지구와 안드로메다 성운 사이의 거리가 우리 은하 지름의 열 배에 이른다고마 밝혔다. 이로부터 성운이 우리 은하 바깥에 존재하는 독립된 은하임이 분명해지고, 우주의 범위가 우리 은하 밖으로 확장되었다.

1 윗글에서 알 수 있는 사실로 적절하지 않은 것은?

① 성운은 우주 전체에 고루 퍼져 분포한다.

② 안드로메다 성운은 별 주위에 행성이 생성되는 초기의 모습이다.

③ 밤하늘을 관찰할 때 은하수 안보다 밖에서 성운이 더 많이 관찰된다.

④ 밤하늘에 은하수가 관찰되는 이유는 우리 은하가 원반 모양이기 때문이다.

⑤ 타원 모양의 성운은 성운이 독립된 은하라는 가설을 뒷받침하는 증거이다.

2 ㉠과 같이 우리 은하 밖의 어떤 성운과 지구 사이의 거리를 알아내는 데 이용되는 사실만을 〈보기〉에서 있는 대로 고른 것은?

〈보 기〉
ㄱ. 성운의 모양이 원반 형태이다.
ㄴ. 별의 겉보기 밝기는 거리가 멀수록 어둡다.
ㄷ. 밝기가 시간에 따라 대칭적으로 변하는 변광성이 성운 안에 존재한다.

① ㄱ
② ㄴ
③ ㄷ
④ ㄱ, ㄴ
⑤ ㄴ, ㄷ

4 문맥상 ㉮~㉲와 바꾸어 쓰기에 가장 적절한 것은? 〔신규〕

① ㉮ : 소지(所持)하게
② ㉯ : 해명(解明)하였다
③ ㉰ : 확산(擴散)되어
④ ㉱ : 도래(到來)한다
⑤ ㉲ : 조명(照明)하였다

3 두 변광성 A와 B의 시간에 따른 밝기 변화를 관측하여 〈보기〉와 같은 결과를 얻었다. 이에 대한 설명으로 가장 적절한 것은?
〔3점〕

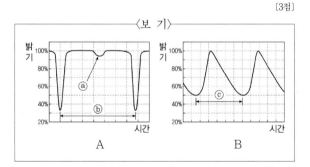

〈보 기〉

① A는 세페이드 변광성이다.
② B는 크기와 밝기가 비슷한 두 별로 이루어져 있다.
③ ⓐ는 밝은 별이 어두운 별을 가리고 있는 시기이다.
④ ⓑ를 측정하여 A의 거리를 알 수 있다.
⑤ ⓒ를 알아야만 B의 최대 겉보기 밝기를 알 수 있다.

★ 어휘력 강화

＊착안(着眼)하다 어떤 일을 주의하여 보다. 또는 어떤 문제를 해결하기 위한 실마리를 잡다.
＊복사압(輻射壓) [물리] 전자기파나 입자가 물체에 부딪혀 반사되거나 흡수될 때에, 물체면에 미치는 압력.

21 세포 내 단백질의 수송과 신호서열 이론 ★[과학/기술]

| 제재 | 생명 과학 | 출처 | 2023 LEET | 난도 | 중상 | 목표 시간 | 10분 |

| 선정 이유 | 소화해야 할 정보량이 적지 않으나 글 전체가 '단백질의 수송'에 대한 정보로 촘촘하게 연결되어 있다. 세포 내 단백질이 어디에서 합성되어 어디로 어떻게 왜 수송되는지를 집요하게 추적하며 독해해 보자. |

1~4 | 다음 글을 읽고 물음에 답하시오.

세포는 현미경으로 관찰하면 작은 물방울처럼 보이지만 세포 내부는 기름 성분으로 이루어진 칸막이에 의해 여러 구획으로 나누어져 있다. 서랍 속의 칸막이가 없으면 물건이 뒤섞여 원하는 것을 찾기 힘들어지듯이 세포 안의 구획이 없으면 세포 안의 구성물, 특히 단백질이 마구 섞이게 되어 세포의 기능에 이상이 생길 수 있다. 그러므로 각각의 단백질은 저마다의 기능에 따라 세포 내 소기관들, 세포질, 세포 외부나 세포막 중 필요한 장소로 수송되어야 한다.

세포 외부로 분비된 단백질은 호르몬처럼 다른 세포에 신호를 전달하는 역할을 하고, 세포막에 고정되어 위치하는 단백질은 외부의 신호를 안테나처럼 받아들이는 수용체 역할을 하거나 물질을 세포 내부로 받아들이는 통로 역할을 수행한다. 반면 세포 내 소기관으로 수송되는 단백질이나 세포질에 존재하는 단백질은 각각 세포 내 소기관 또는 세포질에서 수행되는 생화학 반응을 빠르게 진행하도록 하는 촉매*역할을 주로 수행한다.

단백질은 mRNA의 정보에 의해 리보솜에서 합성된다. 리보솜은 세포 내부를 채우고 있는 세포질에 독립적으로 존재하다가 mRNA와 결합하여 단백질 합성이 개시되면 세포질에 머물면서 계속 단백질 합성을 진행하거나 세포 내부의 소기관인 소포체로 이동하여 소포체 위에 부착하여 단백질 합성을 계속한다. 리보솜이 이렇게 서로 다른 세포 내 두 장소에서 단백질 합성을 수행하는 이유는 합성이 끝난 단백질을 그 기능에 따라 서로 다른 곳으로 보내야 하기 때문이다. 세포질에서 독립적으로 존재하는 리보솜에서 완성된 단백질은 주로 세포질, 세포핵·미토콘드리아와 같은 세포 내 소기관으로 이동하여 기능을 수행한다. 반면 소포체 위의 리보솜에서 합성이 끝난 단백질은 세포 밖으로 분비되든지, 세포막에 위치하든지, 또는 세포 내 소기관들인 소포체나 골지체나 리소솜으로 이동하기도 한다. 소포체·골지체·리소솜은 모두 물리적으로 연결되어 있으므로 소포체 위의 리보솜에서 만들어진 단백질의 이동이 용이하다. 또한 세포막에 고정되어 위치하거나 세포막을 뚫고 분비되는 단백질은 소포체와 골지체를 거쳐 소낭에 싸여 세포막 쪽으로 이동한다.

소포체 위의 리보솜에서 완성된 단백질은 소포체와 근접한 거리에 있는 또 다른 세포 내 소기관인 골지체로 이동하여 골지체에서 추가로 변형된 후 최종 목적지로 향하기도 한다. 이 단백질 합성 후 추가 변형 과정은 아미노산이 연결되어서 만들어진 단백질에 탄수화물이나 지질 분자를 붙이는 과정으로서 아미노산만으로는 이루기 힘든 단백질의 독특한 기능을 부여해 준다. 일부 소포체에서 기능하는 효소는 소포체 위의 리보솜에서 단백질 합성을 완료한 후 골지체로 이동하여 변형된 다음 소포체로 되돌아온 단백질이다.

과연 단백질은 어떻게 자기가 있어야 할 세포 내 위치를 찾아갈 수 있을까? 그것을 설명하는 것이 '신호서열 이론'이다. 어떤 단백질은 자기가 배송되어야 할 세포 내 위치를 나타내는 짧은 아미노산 서열로 이루어진 신호서열을 가지고 있다. 예를 들어 KDEL 신호서열은 소포체 위의 리보솜에서 합성된 후 골지체를 거쳐 추가 변형 과정을 거친 다음 소포체로 되돌아오는 단백질이 가지고 있는 신호서열이다. 또한 NLS는 세포질에 독립적으로 존재하는 리보솜에서 합성되어 세포핵으로 들어가는 단백질이 가지고 있는 신호서열이고 NES는 반대로 세포핵 안에 존재하다가 세포질로 나오는 단백질이 가지고 있는 신호서열이다. 그리고 세포질에 독립적으로 존재하는 리보솜에서 만들어진 단백질을 미토콘드리아로 수송하기 위한 신호서열인 MTS도 있다.

이러한 신호서열 이론을 증명하는 여러 실험이 수행되었다. ㉠ KDEL 신호서열을 인위적으로 붙여 준 단백질은 원래 있어야 할 곳 대신 소포체에 위치하는 것으로 관찰되어 KDEL이 소포체로의 단백질 수송을 결정하는 신호서열이라는 결론이 내려졌다. ㉡ 소포체에 부착한 리보솜에서 만들어진 어떤 단백질이 특정한 신호서열이 있어서 세포 밖으로 분비되는 것인지, 아니면 그 단백질이 신호서열을 전혀 가지고 있지 않아서 세포 밖으로 분비되는 것인지 확인하는 실험도 수행되었는데 세포의 종류에 따라 각기 다르다는 결론이 내려졌다. ㉢ 세포 내 특정 장소로 가기 위한 신호서열을 가지고 있지 않은 단백질이 어떻게 특정 장소로 이동하는지를 확인하는 실험을 한 결과 특정 장소로 수송하기 위한 신호서열을 가지고 있는 단백질과의 결합을 통해 신호서열이 지정하는 특정 장소로 이동할 수 있다는 결론을 얻었다.

1 윗글의 내용 전개 방식으로 가장 적절한 것은? 〔신규〕

① 세포 내 소기관들의 분화에 대한 이론적 가설이 구체적 실험을 통해 입증되는 과정을 서술하고 있다.

② 세포 내 소기관들을 나열하면서 각 소기관의 기능을 탐구한 실험들의 과학사적 의의를 제시하고 있다.

③ 세포 내 단백질의 종류를 구분하고 그 구분에 따라 세포의 내부 구조를 관찰한 실험을 언급하고 있다.

④ 세포 내 단백질의 이동을 다룬 이론의 문제점이 여러 차례 실험을 거치며 보완되어 온 내력을 밝히고 있다.

⑤ 세포 내 단백질의 수송과 관련된 이론을 설명하고 그 이론의 적절성을 검증하려 한 실험들을 소개하고 있다.

2 윗글의 내용과 일치하지 <u>않는</u> 것은?

① 세포막에서 수용체 역할을 하는 단백질은 소포체 위의 리보솜에서 합성된 것이다.

② 세포질 안에서 사용되는 단백질은 세포질에 독립적으로 존재하는 리보솜에서 합성된 것이다.

③ 골지체에서 변형된 후 소포체로 돌아온 단백질은 소포체 위의 리보솜에서 합성된 것이다.

④ 세포핵으로 수송되는 단백질은 세포 밖으로 분비되는 단백질과 다른 곳에 위치한 리보솜에서 합성된 것이다.

⑤ 미토콘드리아로 수송되는 단백질과 세포막에 위치하는 단백질은 같은 곳에 위치한 리보솜에서 합성된 것이다.

3 윗글을 바탕으로 추론한 것으로 적절하지 <u>않은</u> 것은?

① KDEL 신호서열을 가지고 있는 단백질은 NLS가 없을 것이다.

② KDEL 신호서열을 가지고 있는 소포체로 최종 수송된 단백질은 골지체에서 변형을 거쳤을 것이다.

③ NLS가 없는 세포핵 안에 존재하는 단백질은 NLS가 있는 다른 단백질과 결합하여 세포핵 안으로 수송되었을 것이다.

④ NLS가 있으나 NES가 없는 단백질은 합성 후 세포핵에 위치한 다음 NES가 있는 단백질과 결합하면 다시 세포핵 밖으로 나갈 수 있을 것이다.

⑤ NLS와 NES를 모두 가졌으나 세포 외부에서 발견되는 단백질은 세포질에 독립적으로 존재하는 리보솜에서 합성된 단백질과 결합하여 세포 외부로 이동하였을 것이다.

4 ㉠~㉢에 대한 평가로 적절한 것만을 〈보기〉에서 있는 대로 고른 것은? 〔3점〕

〈보 기〉

a. KDEL 신호서열이 있는 어떤 단백질의 KDEL 신호서열을 인위적으로 제거하면 소포체로 이동하지 않는다는 실험 결과는 ㉠의 결론을 강화한다.

b. NLS를 가진 어떤 단백질의 NLS를 인위적으로 제거하면 세포 밖으로 분비된다는 실험 결과는 ㉡의 결론을 강화한다.

c. MTS가 없는 어떤 단백질이 MTS가 있는 단백질과 결합하여 미토콘드리아에서 발견된다는 실험 결과는 ㉢의 결론을 강화한다.

① a ② b ③ a, c ④ b, c ⑤ a, b, c

★ 어휘력 강화

* 촉매(觸媒)

① [화학] 자신은 변화하지 아니하면서 다른 물질의 화학 반응을 매개하여 반응 속도를 빠르게 하거나 늦추는 일. 또는 그런 물질. 반응을 빠르게 하는 정촉매(正觸媒)와 반응을 늦추는 부촉매(負觸媒)가 있다.

② 어떤 일을 유도하거나 변화시키는 일 따위를 비유적으로 이르는 말.

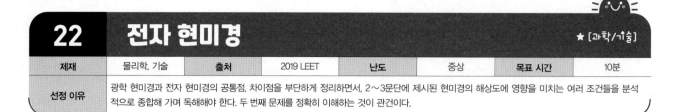

22 전자 현미경 ★ [과학/기술]

| 제재 | 물리학, 기술 | 출처 | 2019 LEET | 난도 | 중상 | 목표 시간 | 10분 |

| 선정 이유 | 광학 현미경과 전자 현미경의 공통점, 차이점을 부단하게 정리하면서, 2~3문단에 제시된 현미경의 해상도에 영향을 미치는 여러 조건들을 분석적으로 종합해 가며 독해해야 한다. 두 번째 문제를 정확히 이해하는 것이 관건이다. |

1~4 | 다음 글을 읽고 물음에 답하시오.

첨단 소재 분야의 연구에서는 마이크로미터 이하의 미세한 구조를 관찰할 수 있는 전자 현미경이 필요하다. 전자 현미경과 광학 현미경의 기본적인 원리는 같다. 다만 광학 현미경은 관찰의 매체로 가시광선을 사용하고 유리 렌즈로 빛을 집속하는[*] 반면, 전자 현미경은 전자빔을 사용하고 전류가 흐르는 코일에서 발생하는 자기장을 이용하여 전자빔을 집속한다는 차이가 있다.

광학 현미경은 시료에 가시광선을 비추고 시료의 각 점에서 산란된 빛을 렌즈로 집속하여 상(像)을 만드는데, 다음과 같은 이유로 미세한 구조를 관찰하는 데 한계가 있다. 크기가 매우 작은 점광원에서 나온 빛은 렌즈를 ㉠통과하면서 회절[*]현상에 의해 광원보다 더 큰 크기를 가지는 원형의 간섭무늬를 형성하는데 이를 '에어리 원반'이라고 부른다. 만약 시료 위의 일정한 거리에 있는 두 점에서 출발한 빛이 렌즈를 통과할 경우 스크린 위에 두 개의 에어리 원반이 만들어지게 되며, 이 두 점의 거리가 너무 가까워져 두 에어리 원반 중심 사이의 거리가 원반의 크기에 비해 너무 작아지면 관찰자는 더 이상 두 점을 구분하지 못하고 하나의 점으로 인식하게 된다. 이 한계점에서 시료 위의 두 점 사이의 거리를 '해상도'라 부른다. 일반적으로 현미경에서 얻을 수 있는 최소의 해상도는 사용하는 파동의 파장, 렌즈의 초점 거리에 비례하며 렌즈의 직경에 반비례한다. 따라서 사용하는 파장이 짧을수록 최소 해상도가 작아지며, 더 또렷한 상을 얻을 수 있다. 광학 현미경의 경우 파장이 가장 짧은 가시광선을 사용하더라도 그 해상도는 파장의 약 절반인 200nm보다 작아질 수가 없다. 반면 전자 현미경에 사용되는 전자빔의 전자도 양자 역학에서 말하는 '입자-파동 이중성'에 따라 파동처럼 행동하는데 이 파동을 '드브로이 물질파'라고 한다. 물질파의 파장은 입자의 질량과 속도의 곱인 운동량에 반비례하는데 전자 현미경에서 가속 전압이 클수록 전자의 속도가 크고 수십 kV의 전압으로 가속된 전자의 물질파 파장은 대략 0.01nm 정도이다. 하지만 전자 현미경의 렌즈의 성능이 좋지 않아 해상도는 보통 수 nm이다.

전자 현미경의 렌즈는 전류가 흐르는 코일에서 발생하는 자기장을 사용하여 전자의 이동 경로를 휘게 하여 전자를 모아 준다. 전하를 띤 입자가 자기장 영역을 통과할 때 속도와 자기장의 세기에 비례하는 힘을 받는데 그 방향은 자기장에 대해 수직이다. 전자 렌즈는 코일을 적절히 ㉡배치하여 특별한 형태의 자기장을 발생시켜 렌즈를 통과하는 전자가 렌즈의 중심 방향으로 힘을 받도록 만든다. 코일에 흐르는 전류를 증가시키면 코일에서 발생하는 자기장의 세기가 커지고 전자가 받는 힘이 커져 전자빔이 더 많이 휘어지면서 초점 거리가 줄어드는 효과를 얻을 수 있다. 대물렌즈의 초점 거리가 작아지면 현미경의 배율

은 커진다. 따라서 광학 현미경에서는 배율을 바꿀 때 대물렌즈를 교체하지만 전자 현미경에서는 코일에 흐르는 전류를 조절하여 일정 범위 안에서 배율을 마음대로 조정할 수 있다. 하지만 렌즈의 중심과 가장자리를 통과하는 전자가 받는 힘을 적절히 조절하여 한 점에 모이도록 하는 것이 어려우므로 광학 현미경에 비해 초점의 위치가 명확하지 않다.

전자 현미경은 고전압으로 가속된 전자빔을 사용하므로 현미경의 내부는 기압이 대기압의 $1/10^{10}$ 이하인 진공[*] 상태여야 한다. 전자는 공기와 충돌하면 에너지가 소실되거나 굴절되는 등 원하는 대로 ㉢제어하기 어렵기 때문이다. 또한 절연체[*] 시료를 관찰할 때 전자빔의 전자가 시료에 ㉣축적되어 전자빔을 밀어내는 역할을 하게 되므로 이미지가 왜곡될 수 있다. 이 때문에 보통 절연체 시료의 표면을 금 또는 백금 등의 도체[*]로 얇게 코팅하여 사용한다.

광학 현미경에서는 실제의 상을 눈으로 볼 수 있지만, 전자 현미경에서는 시료에서 산란된 전자의 물질파를 검출기에 집속하여 상이 맺힌 지점에서 전자의 분포를 측정함으로써 시료 표면의 형태를 디지털 영상으로 나타낸다. 이러한 전자 현미경의 특성을 활용하면 다양한 검출기 및 주변 기기를 장착하여 전자 현미경의 응용 분야를 ㉤확장할 수 있다.

1 윗글의 내용과 일치하는 것은? [변형]

① 광학 현미경의 해상도는 시료에 비추는 빛의 파장에 의존하지 않는다.

② 전자 현미경에서 진공 장치 내부의 기압이 높을수록 선명한 상을 얻을 수 있다.

③ 전자 현미경에서 렌즈의 중심과 가장자리를 통과한 전자는 같은 점에 도달한다.

④ 전자 현미경에서 시료의 표면에 축적되는 전자가 많을수록 상의 왜곡이 줄어든다.

⑤ 광학 현미경과 전자 현미경은 모두 시료에서 산란된 파동을 집속하여 상을 얻는다.

2 윗글에서 이끌어 낼 수 있는 전자 현미경의 특성만을 〈보기〉에서 있는 대로 고른 것은?

〈보 기〉

ㄱ. 전자의 물질파 파장이 길수록 전자가 전자 렌즈를 지날 때 더 큰 힘을 받는다.

ㄴ. 전자의 가속 전압을 증가시키면 상에서 에어리 원반의 크기를 더 작게 할 수 있다.

ㄷ. 전자 렌즈의 코일에 흐르는 전류를 감소시키면 상의 해상도를 더 작게 할 수 있다.

① ㄱ

② ㄴ

③ ㄷ

④ ㄱ, ㄴ

⑤ ㄱ, ㄴ, ㄷ

3 〈보기〉에 대한 설명으로 가장 적절한 것은? 〔3점〕

〈보 기〉

(가)와 (나)는 크기가 일정한 미세 물체가 일정한 간격으로 배치된 구조를 전자 현미경으로 각각 찍은 사진이며 (나)는 (가)에서 사각형 부분에 해당한다.

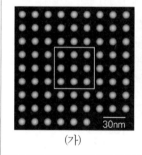
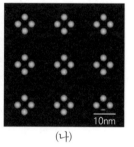

(가)   (나)

① (가)의 해상도는 30nm보다 크다.

② (가)에서 전자 현미경 내부의 기압은 대기압보다 크다.

③ (나)에서 사용된 전자의 물질파 파장은 20nm보다 크다.

④ (나)에서 렌즈의 코일에 흐르는 전류는 (가)의 경우보다 크다.

⑤ (나)에서 사용된 전자의 속력은 (가)에서 사용된 전자의 속력보다 3배 작다.

4 문맥상 ㉠~㉤과 바꾸어 쓰기에 적절하지 않은 것은? 〔신규〕

① ㉠ : 지나가면서

② ㉡ : 벌려

③ ㉢ : 부리기

④ ㉣ : 쌓여

⑤ ㉤ : 넓힐

★ 어휘력 강화

* 집속(集束)하다
  ① 모아서 묶다.
  ② [화학] 빛이 한군데로 모이다.

* 회절(回折) [물리] 파동의 전파가 장애물 때문에 일부가 차단되었을 때 장애물의 그림자 부분에까지도 파동이 전파하는 현상. 장애물의 크기와 파장이 같은 정도일 때 뚜렷이 나타난다. 음파, 전자기파, 빛, 엑스선 외에 전자선, 중성자선 따위의 입자선에서도 그 양자 역학적인 파동성 때문에 이 현상이 일어난다.

* 진공(眞空) [물리] 물질이 전혀 존재하지 아니하는 공간. 인위적으로 만들어 낼 수는 없고, 실제로는 극히 저압의 상태를 이른다. 우주 공간은 진공도는 높으나, 미량의 성간 물질이 존재한다.

* 절연체(絕緣體) [전기·전자] 전도체나 소자로부터 전기적으로 분리되어 있어 열이나 전기를 잘 전달하지 아니하는 물체. 전기의 절연체는 유리·에보나이트·고무 따위이고, 열의 절연체는 솜·석면·회(灰) 따위이다.

* 도체(導體) [물리] 열 또는 전기의 전도율이 비교적 큰 물체를 통틀어 이르는 말. 열에는 금속, 전기에는 금속이나 전해 용액 따위가 이에 속한다.

제재	생명 과학	출처	2017 LEET	난도	중상	목표 시간	11분
선정 이유	정보량이 굉장히 많은 편이지만, 모든 문단의 정보들이 핵심이 되는 두 개의 축을 중심으로 전부 유기적으로 연결되는 굉장히 짜임새 있는 지문이다. 내용의 흐름을 파악하며, 자신의 정보 처리 능력을 점검해 보자.						

1~4 | 다음 글을 읽고 물음에 답하시오.

양분을 흡수하는 창자의 벽은 작은 크기의 수많은 융모로 구성되어 있다. 융모는 창자 내부의 표면적*을 넓혀 영양분의 효율적인 흡수를 돕는다. 융모는 아래의 그림에서 볼 수 있듯이, 한 층으로 연결된 상피세포로 이루어져 있다. 이 상피세포들은 융모의 말단 부위에서 지속적으로 떨어져 나가고, 이 공간은 융모의 양쪽 아래에서 새롭게 만들어져 밀고 올라오는 세포로 채워진다. 새로운 세포를 만드는 역할은 융모와 융모 사이에 움푹 들어간 모양으로 존재하는 소낭의 성체장줄기세포가 담당한다. 소낭의 성체장줄기세포는 판네스세포를 비롯한 주변 세포로부터 자극을 받아 지속적으로 자신과 동일한 성체장줄기세포를 복제하거나, ㉠ 새로운 상피세포로 분화*하는 과정을 거친다.

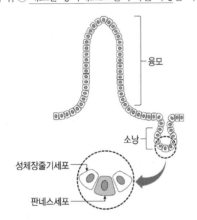

세포의 복제나 분화 과정에서 세포는 주변으로부터 다양한 신호를 받아서 처리하는 신호전달 과정을 거쳐 그 운명이 결정된다. 세포가 외부로부터 받는 신호의 종류와 신호전달 과정은 초파리에서 인간에 이르기까지 대부분의 동물에서 동일하다. 세포 내 신호전달의 일종인 'Wnt 신호전달'은 배아 발생 과정과 성체 세포의 항상성 유지에 중요한 역할을 한다. 이 신호전달의 특이한 점은 세포에서 분비되는 단백질의 하나인 Wnt를 분비하는 세포와 그 단백질에 반응하는 세포가 서로 다르다는 것이다. Wnt 분비 세포 주변의 세포들 중 Wnt와 결합하는 'Wnt 수용체'를 가진 세포는 Wnt 신호전달을 통해 여러 유전자를 발현시켜 자신의 분열과 분화를 조절한다. 그런데 Wnt 신호 전달에 관여하는* 유전자에 돌연변이가 생길 경우 다양한 종류의 질병이 발생할 가능성이 있다. 만약 Wnt 신호전달이 비정상적으로 활성화되면 세포 증식을 촉진하여 암을 유발하며, 이와 달리 지나치게 불활성화될 경우 뼈의 형성을 저해하여 골다공증을 유발한다.

Wnt 분비 세포의 주변 세포가 Wnt의 자극을 받지 않을 때, APC 단백질이 들어 있는 단백질 복합체 안에서 GSK3β가 β-카테닌에 인산기를 붙여 주는 인산화 과정이 그 주변 세포 내에서 수행된다. 이렇게 인산화된 β-카테닌은 분해되어 세포 내의 β-카테닌의 농도를 낮게 유지하는 기능을 한다. 이와는 달리, Wnt 분비 세포의 주변에 있는 세포 표면의 Wnt 수용체에 Wnt가 결합하게 되면 GSK3β의 활성이 억제되어 β-카테닌의 인산화가 더 이상 일어나지 않는다. 인산화되지 않은 β-카테닌은 자신을 분해하는 단백질과 결합할 수 없으므로 β-카테닌이 분해되지 않아 세포 내의 β-카테닌의 농도가 높게 유지된다. 이렇게 세포 내에 축적된 β-카테닌은 핵 안으로 이동하여 여러 유전자의 발현을 촉진하게 된다. 이런 식으로 유전자 발현이 촉진되면 암이 발생할 수도 있는데, 예를 들어 대장암 환자들은 APC 단백질을 만드는 유전자에 돌연변이가 생긴 경우가 많다. β-카테닌을 인산화하는 복합체가 형성되지 않아 β-카테닌이 많아지고, 그에 따라 세포 증식이 과도하게 일어나기 때문에 암이 생기는 것이다.

한편, 창자의 융모와 융모 사이에 존재하는 소낭에서도 Wnt 신호전달이 일어난다. 판네스세포는 Wnt를 분비하고 그 주변에 있는 성체장줄기세포는 Wnt 수용체를 가진다. 판네스세포에 가장 인접한 성체장줄기세포가 Wnt를 인식하면, 세포 내 β-카테닌의 농도가 높아져 이 단백질에 의존하는 유전자가 발현됨으로써 자신과 똑같은 세포를 지속적으로 복제하도록 한다. 반면에 성체장줄기세포가 분열하면서 생긴 세포가 나중에 생긴 세포에 밀려 판네스세포에서 멀어지면, 상대적으로 Wnt 자극을 덜 받아서 낮은 농도의 β-카테닌을 갖게 된다. 그 결과 자신과 똑같은 세포를 지속적으로 복제하는 데 관여하는 유전자는 더 이상 발현하지 않게 되어 성체장줄기세포가 분열하면서 생긴 세포는 상피세포로 분화한다.

1 윗글을 바탕으로 할 때, '아니요'라고 답변할 수 없는 질문은?

〔신규〕

① 판네스세포는 융모를 구성하고 있는 세포에 해당하는가?

② β-카테닌을 분해하는 물질과 Wnt는 모두 단백질에 해당하는가?

③ 성체장줄기세포는 판네스세포가 아닌 세포로부터는 자극을 받지 않는가?

④ 세포에서 일어나는 Wnt 신호전달은 배아가 발생하는 과정에 관여하지 않는가?

⑤ 초파리의 세포와 인간의 세포가 외부로부터 전달받는 신호의 종류는 서로 다른가?

2 윗글의 내용과 일치하는 것은?

① 창자 내부의 표면적은 융모의 개수와 반비례한다.

② 성체장줄기세포의 위치는 소낭에서 융모로 바뀐다.

③ 성체장줄기세포는 Wnt를 분비하여 상피세포로 분화한다.

④ 융모를 이루는 세포는 소낭의 성체장줄기세포가 분화하여 만들어진다.

⑤ 융모에서 만들어지는 세포는 소낭 쪽으로 이동하여 성체장줄기세포로 전환된다.

3 ㉠을 유도하는 현상이 아닌 것은?

① 판네스세포에 돌연변이가 생겨 Wnt 분비가 중단된다.

② 판네스세포와 성체장줄기세포의 물리적 거리가 멀어진다.

③ 성체장줄기세포에서 β-카테닌의 인산화가 활발하게 일어난다.

④ 성체장줄기세포에 GSK3β의 활성을 억제하는 물질을 첨가한다.

⑤ 성체장줄기세포의 Wnt 수용체에 돌연변이가 생겨 Wnt와 결합하지 못한다.

4 윗글에서 추론한 내용으로 가장 적절한 것은? 〔3점〕

① 성체장줄기세포의 수가 감소하면 창자에서 양분의 흡수가 증가하게 될 것이다.

② Wnt 신호전달을 조절하여 골다공증을 치료하는 약물은 β-카테닌의 양을 증가시킬 것이다.

③ GSK3β의 활성을 위해 필요한 APC 단백질은 인산화된 β-카테닌 단백질의 분해를 막을 것이다.

④ APC에 돌연변이가 일어난 대장암 세포에 Wnt를 처리하면 β-카테닌 단백질의 양이 줄어들 것이다.

⑤ β-카테닌 유전자에 돌연변이가 일어나서 β-카테닌 단백질에 GSK3β에 의한 인산화가 일어나지 않으면 성체장줄기세포의 수가 감소하게 될 것이다.

★ 어휘력 강화

* 표면적(表面積) [수학] 물체 겉면의 넓이.

* 분화(分化)
　① 단순하거나 등질인 것에서 복잡하거나 이질인 것으로 변함.
　② [생명] 생물체나 세포의 구조와 기능 따위가 특수화되는 현상.

* 관여(關與)하다 어떤 일에 관계하여 참여하다.

제재	지구 과학, 기술	출처	2011 LEET	난도	중상	목표 시간	11분

| 선정 이유 | 특정 정보들을 구체적인 수치로 제시한 의도를 알아채야 하고, 대상들 간의 상관관계를 정확히 이해하여 문제 풀이에 적용할 수 있어야 한다. 최근 평가원이 선호하는 정보 제시 방식이 활용되었으니, 정보의 얼개에 따른 선택지 출제 원리까지 꼼꼼히 공부해 두자. |

1~4 | 다음 글을 읽고 물음에 답하시오.

지구 주위를 돌고 있는 수많은 인공위성에는 지표를 세밀히 관측할 수 있는 다양한 영상 센서가 탑재되어* 있다. 1960년대 초반부터 주로 군사적 목적으로 개발되기 시작한 위성 영상 센서는 근래에는 지구 환경의 이해를 위한 과학적 목적으로도 광범위하게 사용되고 있다. 원격탐사학은 이러한 센서 시스템을 통하여 비접촉 방식으로 물체에 대한 정보를 취득하고 분석하는 학문이다. 이를 바르게 이해하기 위해서는 원격탐사에 사용되는 에너지와 물체 간의 복잡한 상호 작용을 살펴보아야 한다.

태양으로부터 방출된 복사* 에너지는 전자기파의 형태로 우주 공간을 빛의 속도로 진행한 후 지구 대기를 통과하여 지표면에서 반사된 다음 다시 대기를 거쳐 위성 센서에 도달하는 방식으로 측정된다. 물체에 입사하는 에너지와 반사되는 에너지의 비를 반사율이라 하는데, 원격탐사는 파장에 따른 반사율인 분광 반사율을 이용하여 물체의 성질을 알아낸다.

물체는 다양한 파장의 복사 에너지를 방출하는데, 그중 에너지가 최대인 파장을 '최대 에너지 파장'이라 한다. 표면의 절대 온도가 약 6,000K인 태양의 최대 에너지 파장은 $0.48\mu m$이다. 이에 맞추어 초기의 위성 영상은 가시광선($0.4{\sim}0.7\mu m$)만을 이용했는데, 근래에는 기술의 발달로 사람의 눈으로는 볼 수 없는 근적외선, 중적외선, 열적외선 등 다양한 파장 대역을 이용할 수 있게 되어 원격탐사의 유용성이 더욱 커졌다.

예를 들어 우리 눈에는 천연 잔디와 인공 잔디가 똑같이 녹색으로 보이지만, 근적외선($0.7{\sim}1.2\mu m$)을 사용하면 두 물체는 확연히 구별된다. 녹색의 잎은 이 대역에서 약 50%의 강한 반사를 일으켜 위성 영상에서 밝게 보이는 반면, 인공 잔디는 약 5%만을 반사하여 어둡게 보이기 때문이다.

중적외선($1.2{\sim}3.0\mu m$)은 잎의 수분 함량에 대한 민감도가 가시광선보다 뛰어나 작물의 생육 상태와 관련된 정보를 얻는 데 사용된다. 또한 중적외선은 광물이나 암석의 고유한 분광 반사 특성을 이용한 자원 탐사에도 활용된다. 도자기의 원료인 고령토는 2.17, 2.21, 2.32, 2.58μm의 중적외선을 흡수하는데, 어떤 물체의 분광 반사율이 이와 같은 특성을 가진다면 이는 고령토로 볼 수 있다.

지구에서 방출되는 지구 복사 에너지가 집중되어 있는 열적외선($3{\sim}14\mu m$)은 지표면의 온도 분포에 대한 정보를 제공한다. 물체가 방출하는 복사 에너지의 최대 에너지 파장은 물체의 절대 온도에 반비례하므로, 산불(온도 약 800K, 최대 에너지 파장 $3.62\mu m$) 감시나 지표면의 토양, 물, 암석 등(온도 약 300K, 최대 에너지 파장 $9.67\mu m$)의 온도 감지에는 열적외선 센서가 유용하다.

여기서 전자기파는 지표에 도달하기 전과 반사된 후에 각각 대기 입자에 의해 산란·흡수된다는 점에 유의해야 한다. 대기

중에 먼지, 안개, 구름이 없는 청명한 날에도 산소나 질소 입자와 같이 입사파의 파장보다 월등히 작은 유효 지름을 가지는 대기 입자에 의하여 산란이 발생한다. 이를 레일리 산란이라 하는데, 그 강도는 파장의 4제곱에 반비례한다. 예를 들어 파장이 $0.32\mu m$인 자외선은 파장이 $0.64\mu m$인 적색광에 비하여 약 16배 강한 산란을 보인다. 레일리 산란은 대기의 조성과 밀도를 알려 주는 중요한 지시자가 되기도 하지만, 지표를 촬영한 위성 영상의 밝기와 대비를 감쇠*시키므로 이 점을 고려해야 한다. 일부 원격탐사 시스템 중에는 레일리 산란의 영향이 큰 청색을 배제하고 녹색, 적색, 근적외선 센서들로만 구성하여, 천연색 영상의 획득을 포기하는 경우도 있다.

대기 중 전자기파의 흡수는 물질의 고유한 공명 주파수에 따라 특정한 파장 대역에서 발생하는데, 수증기, 탄소, 산소, 오존, 산화질소 등 여러 대기 물질의 흡수 효과가 중첩되므로 일부 파장 대역의 전자기파는 맑은 날에도 지구 대기를 거의 통과하지 못한다. 다행히 가시광선을 비롯한 여러 전자기파 대역은 에너지가 매우 효율적으로 통과되는 '대기의 창'에 속한다. 위성 센서는 반드시 대기의 창에 해당하는 파장 대역에 맞추어 설계되어야 한다. 이 때문에 중적외선 센서는 대기 수분에 의한 강한 흡수 파장인 1.4, 1.9, 2.7μm를 제외하고 설계하며, 열적외선 센서는 주로 $3{\sim}5\mu m$와 $8{\sim}14\mu m$ 대역만을 사용한다.

1 윗글의 내용과 일치하지 <u>않는</u> 것은?

① 원격탐사는 다양한 파장의 전자기파를 사용한다.

② 원격탐사를 통해 식물의 분포뿐 아니라 생육 상태도 알아낼 수 있다.

③ 광물이나 암석의 전자기파 흡수는 지표 관측 원격탐사의 방해 요소이다.

④ 대기에 의한 전자기파의 산란과 흡수로 인해 지표 관측 원격탐사에서 보정의 필요성이 생긴다.

⑤ 지표 관측에 사용되는 태양 복사 에너지는 대기를 두 번 통과하여 인공위성 원격탐사 센서에 도달한다.

2 윗글을 읽고 추론한 내용으로 적절하지 <u>않은</u> 것은? 〔신규〕

① 원격탐사는 위성 영상 센서를 이용하여 관측 대상과의 접촉 없이 정보를 얻어 낸다.

② 사람의 눈으로 볼 수 있는 에너지 파장의 길이는 중적외선보다 근적외선에 더 가깝다.

③ 고령토의 분광 반사율은 전자기파가 대기 입자에 의해 산란되거나 흡수됨으로써 달라질 수 있다.

④ 파장이 2.6μm인 중적외선은 파장이 1.3μm인 중적외선에 비해 약 16배 더 약한 레일리 산란을 보인다.

⑤ 파장이 6μm인 열적외선은 파장이 2.5μm인 중적외선에 비해 여러 대기 물질에 의한 흡수 효과가 덜 나타난다.

3 아래 그림은 지표상의 두 물체 A, B의 분광 반사율과 전자기파의 대기 흡수율을 나타내는 그래프이다. A, B의 위성 영상에 대해 바르게 설명한 것은? 〔3점〕

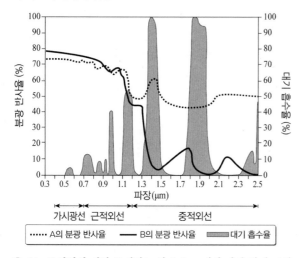

① A는 중적외선 대역 중에서는 약 1.4μm에서 가장 밝게 보인다.

② B는 가시광선보다 중적외선에서 밝게 보인다.

③ A와 B를 모두 관측할 수 있는 '대기의 창'은 1.9μm이다.

④ A와 B를 구별하려면 중적외선보다 가시광선 대역이 유리하다.

⑤ A와 B는 1.4μm보다는 2.2μm에서 더 효과적으로 구별된다.

4 윗글을 바탕으로 〈보기〉의 표에서 〈기초 정보〉와 〈계획〉이 바르게 짝 지어진 것만을 있는 대로 고른 것은?

〈보 기〉

2099년, 우리 은하에서 발견된 한 외계 행성의 자원 탐사를 위하여 행성 주변 궤도를 돌며 지속적으로 행성 표면을 관측할 인공위성의 영상 센서를 아래와 같이 설계하고자 한다. 이 외계 행성은 아래의 〈기초 정보〉를 제외하고는 모든 조건이 지구와 동일하다.

	〈기초 정보〉	〈계획〉
ㄱ	행성 표면의 평균 온도는 지구보다 낮다.	행성 복사 에너지의 최대 에너지 파장이 지구보다 짧아서 열적외선 센서에 사용되는 파장을 더 짧게 한다.
ㄴ	행성의 대기 밀도는 지구보다 낮다.	레일리 산란이 지구보다 더 강할 것이므로 청색 센서는 제외한다.
ㄷ	행성의 수증기량은 지구보다 적다.	대기의 창이 지구보다 더 확대될 것으로 보이므로, 보다 다양한 파장의 중적외선을 사용한다.

① ㄱ   ② ㄷ   ③ ㄱ, ㄴ

④ ㄴ, ㄷ   ⑤ ㄱ, ㄴ, ㄷ

★ **어휘력 강화**

* 탑재(搭載)되다 기구, 장비 따위에 어떤 기능이나 장치가 넣어지다.

* 복사(輻射) [물리] 물체로부터 열이나 전자기파가 사방으로 방출됨. 또는 그 열이나 전자기파.

* 감쇠(減衰) 힘이나 세력 따위가 줄어서 약하여짐.

PART 3
초고난도
LEET 강훈련

01 풍경의 발견과 풍경 속의 불안

★ [인문/예술]

| 제재 | 예술 | 출처 | 2021 LEET | 난도 | 상 | 목표 시간 | 11분 |

| 선정 이유 | 굉장히 추상적인 내용이지만, 가라타니 고진이 정의한 '풍경'이 무엇인지 정확히 파악하면 '풍경의 발견', '전도된 시선', '풍경 속의 불안' 등도 어렵지 않게 이해할 수 있다. 글쓴이가 하고자 하는 말은 결국 한 방향으로 수렴된다는 것에 유념하며 독해해 보자. |

1~4 | 다음 글을 읽고 물음에 답하시오.

15세기 초 브루넬레스키가 제안한 선원근법은 서양의 풍경화에 큰 변화를 가져왔다. 고정된 한 시점에서 대상을 통일적으로 배치하는 기하학적 투시도법으로 인간의 눈에 보이는 대로 자연을 화폭에 ㉠담을 수 있게 된 것이다. 문학 비평가 가라타니 고진은 이러한 풍경화의 원리를 재해석한 '풍경론'을 통해 특정 문학 사조를 추종하는*문단의 관행*을 비판했다.

고진에 따르면, 풍경이란 고정된 시점을 가진 한 사람에 의해 통일적으로 파악되는 대상이다. 내 눈 앞에 ㉡펼쳐진 풍경은 있는 그대로 존재하는 자연이 아니라 내가 보았기 때문에 여기 있는 것이며, 그런 점에서 모든 풍경은 내가 새롭게 발견한 대상이 된다. '풍경'은 단순히 외부에 존재해서가 아니라 주관에 의해 지각될 때 비로소 풍경이 된다.

고진은 이러한 과정을 '풍경의 발견'이라 부르고, 이를 근대인의 고독한 내면과 연결시켰다. 가령, 작가 구니키다 돗포의 소설에는 외로움을 느끼지만 정작 자기 주변의 이웃과 사귀지 않고 산책길에 만난 이름 모를 사람들이나 이제는 만날 일이 없는 추억 속의 존재들을 회상하며 그들에게 자신의 감정을 일방적으로 투사하는*주인공이 등장한다. 죽어갈 운명이라는 점에서는 모두가 동일하다면서, 주인공은 인간이란 누구든 다 친근한 존재들이라 말한다. 실제 이웃과의 관계 맺기를 기피한 채, 주인공은 현실적으로 아무 상관이 없는 사람들과 하나의 세계를 이루어 살고 있다. 고진은 인간마저도 하나의 풍경으로 취급해 버리는 주인공으로부터, 전도(顚倒)된 시선을 통해 풍경을 발견하는 '내적 인간'의 전형을 ㉢읽는다. 이로부터 고진은 "풍경은 오히려 외부를 보지 않는 자에 의해 발견된 것"이라는 결론을 얻는다.

고진의 풍경론은 한쪽에서는 내면성이나 자아라는 관점을, 다른 한쪽에서는 대상의 사실적 묘사라는 관점을 내세우며 대립하는 문단의 세태를 비판하기 위해 제시되었다. 주관의 재현과 객관의 재현을 내세우기에 마치 상반된 듯 보이지만 사실 두 관점은 서로 얽혀 있다는 것이다. 이미 풍경에 익숙해진 사람은 주관에 의해 배열된 세계를 ㉣벗어나지 못하고, 눈에 보이는 것이 본래적인 세계의 모습이라 믿는다. 풍경의 안에 놓여 있으면서도 풍경의 밖에 서 있다고 믿는 것이다. 고진은 만일 이러한 믿음에서 나온 외부 세계의 모사(模寫)*를 리얼리즘이라 부른다면 그것이 곧 전도된 시선에서 비롯된 것임을 알아야 한다고 말한다. 리얼리즘의 본질을 '낯설게 하기'에서 찾는 러시아 형식주의의 견해 또한 마찬가지이다. 너무 익숙해서 실은 보고 있지 않은 것을 보게 만들어야 한다는 이 견해를 따른다면, 리얼리즘은 항상 새로운 풍경을 창출해야 한다. 따라서 리얼리스트는 언제나 '내적 인간'일 수밖에 없다.

물론 자신이 풍경 안에 갇혀 있다는 사실을 자각하는 이가 있을 수도 있다. 작가 나쓰메 소세키는 '문학이란 무엇인가'라는 질문을 던졌을 때, 자신이 참고해 온 문학책들이 자신의 통념을 만들고 강화했을 뿐이라는 사실을 깨닫고는 책들을 전부 가방에 넣어 버렸다. "문학 서적을 읽고 문학이 무엇인가를 알려고 하는 것은 피로 피를 씻는 일이나 마찬가지라고 생각했기 때문"이다. 고진은 소세키야말로 자신이 풍경에 갇혀 있다는 사실을 자각했던 것이라 본다. 일단 고정된 시점이 생기면 그에 포착된 모든 것은 좌표에 따라 배치되며 이윽고 객관적 세계의 형상을 취한다. 이 세계를 의심하기 위해서는 결국 자신의 고정된 시점 자체에 질문을 던지며 회의할*수밖에 없다. 이른바 '풍경 속의 불안'이 시작되는 것이다.

그렇다면 만일 선원근법에 의존하지 않는 풍경화, 예컨대 서양의 풍경화가 아닌 동양의 산수화를 고려한다면 고진은 풍경론은 달리 해석될까? 기하학적 투시도법을 따르지 않는 산수화에는 그야말로 자연이 있는 그대로 재현된 것처럼 보이니 말이다. 그러나 산수화의 소나무조차도 화가의 머릿속에 있는 소나무라는 관념을 묘사한 것이지 특정 시공간에 실재하는 소나무가 아니다. 요컨대 질문을 던지며 회의한들 그 외의 방식으로는 세계와 대면하는 방법을 알지 못하기에 막연한 불안이 생기는 사태를 ㉤막을 수는 없다. 그럼에도 불구하고 문학을 다루는 사람은 자신의 전도된 시선을 의심하는 일에 게을러서는 안 된다. 전도된 시선의 기만적*구도는 풍경 속의 불안을 느끼는 이들에 의해서만 감지될 수 있다. 이 미묘한 앞뒷면을 동시에 살피려는 시도가 없다면, 우리는 풍경의 발견이라는 상황을 보지 못할 뿐 아니라 단지 풍경의 눈으로 본 문학만을 쓰고 해석하게 될 것이다.

1 윗글의 내용과 일치하지 않는 것은?

① 브루넬레스키의 선원근법은 풍경화에 사실감을 부여했다.

② 러시아 형식주의자들은 익숙한 세계를 새롭게 인식해야 한다고 주장했다.

③ 산수화와 풍경화는 기하학적 투시도법의 적용 여부에 따라 대상의 재현 양상이 대비된다.

④ 나쓰메 소세키는 문학 서적을 통해서 문학을 연구하는 작업이 자기 반복이라고 보았다.

⑤ 구니키다 돗포는 공적 관계를 기피하고 사적 관계에 몰두하는 인물을 소설의 주인공으로 삼았다.

2 '전도된 시선'을 설명한 내용으로 가장 적절한 것은?

① 세계의 미묘한 앞뒷면을 동시에 살피는 것이다.

② 내면의 세계를 외부자의 시선으로 발견하는 것이다.

③ 현실을 취사선택하여 비현실적 세계를 만드는 것이다.

④ 실재로서 존재했지만 아무도 보지 못했던 풍경을 보는 것이다.

⑤ 주관적 시각을 통해 구성된 세계를 객관적 현실이라 믿는 것이다.

3 윗글에 따를 때, 고진의 관점에서 〈보기〉에 나타난 최재서의 입장을 해석한 내용으로 가장 적절한 것은? [3점]

─〈보 기〉─

최재서는 내면성과 자아의 실험적 표현을 추구하는 이상의 소설을 사실적 묘사라는 관점에서 '리얼리즘의 심화'라고 비평한 바 있다. 이상의 「날개」에는 돈을 사용하는 법도 모르고 친구를 사귀지도 않으며 자신의 작은 방을 벗어나지 않는 주인공이 등장한다. 최재서에 따르면, 자폐적으로 자기 세계에 갇혀 지내는 사내의 심리에 주목한 「날개」는 특정 대상의 내면까지도 '주관의 막을 제거한 카메라'를 들이대어 투명하게 조망한 사례이다. 대상에 따라 관점은 이동할 수 있다는 것, 문학 작품의 해석에 미리 확정된 관점이나 범주란 없다는 것이 최재서의 결론이다.

① 대상에 따라 관점이 이동할 수 있다는 의견은, 고진에게는 작가의 머릿속에 있는 관념이 서양 풍경화의 방식으로 재현되는 것이라 해석되겠군.

② 작품 해석에서 미리 확정된 범주란 없다는 의견은, 고진에게는 주관이 외부를 적극적으로 파악하여 풍경 속의 불안을 벗어난 것이라 해석되겠군.

③ 내면성과 자아의 실험적 표현을 추구하는 작품도 리얼리즘에 속할 수 있다는 의견은, 고진에게는 풍경 안에 갇혀 있음을 자각한 것이라 해석되겠군.

④ 「날개」가 대상의 내면에 '주관의 막을 제거한 카메라'를 들이댔다는 의견은, 고진에게는 주관의 재현과 객관의 재현을 내세우며 대립하는 것이라 해석되겠군.

⑤ 이상이 「날개」에서 자폐적으로 자기 세계에 갇혀 지내는 사내를 그렸다는 의견은, 고진에게는 풍경을 지각하지 못하는 '내적 인간'의 전형을 그린 것이라 해석되겠군.

4 문맥상 ㉠~㉤과 바꾸어 쓰기에 가장 적절한 것은? [신규]

① ㉠ : 획득(獲得)할

② ㉡ : 전제(前提)된

③ ㉢ : 예견(豫見)한다

④ ㉣ : 탈피(脫皮)하지

⑤ ㉤ : 단절(斷絶)할

★ 어휘력 강화

* 추종(追從)하다
① 남의 뒤를 따라서 좇다.
② 권력이나 권세를 가진 사람이나 자신이 동의하는 학설 따위를 별 판단 없이 믿고 따르다.
* 관행(慣行) 오래전부터 해 오는 대로 함. 또는 관례에 따라서 함.
* 투사(投射)하다
① 창이나 포탄 따위를 내던지거나 쏘다.
② [물리] 하나의 매질(媒質) 속을 지나가는 소리나 빛의 파동이 다른 매질의 경계면에 이르다.
③ [심리] 자신의 성격, 감정, 행동 따위를 스스로 납득할 수 없거나 만족할 수 없는 욕구를 가지고 있을 경우에 그것을 다른 것의 탓으로 돌림으로써 자신은 그렇지 아니하다고 생각하다. 자신을 정당화하는 무의식적인 마음의 작용을 이른다.
④ [심리] 어떤 상황이나 자극에 대한 해석, 판단, 표현 따위에 심리 상태나 성격을 반영하다.
* 모사(模寫)
① 사물을 형체 그대로 그림. 또는 그런 그림.
② 원본을 베끼어 씀.
③ [미술] 어떤 그림의 본을 떠서 똑같이 그림.
* 회의(懷疑)하다 의심을 품다.
* 기만적(欺瞞的) 남을 그럴듯하게 속이거나 속여 넘기는 것.

| 제재 | 서양 철학 | 출처 | 2023 LEET | 난도 | 상 | 목표 시간 | 12분 |

선정 이유 철학 지문에서 자주 사용되는 '재진술' 방식을 익히기에 더할 나위 없이 좋은 지문이다. 다른 표현으로 제시된 내용이지만 사실은 같은 대상을 가리킨다는 것을 깨달으면 독해가 훨씬 수월해진다. 재진술 방식에 유의하며 독해해 보자.

1~4 | 다음 글을 읽고 물음에 답하시오.

헤겔에게서 '낭만'은 일차적으로는 예술의 형식과 역사 및 장르를 유형학적으로 단계화하는 미학적 맥락에서 등장하지만, 그 실질적 내용 면에서는 ⊙그의 정신철학 전체의 핵심을 적확하게* 드러내는 개념이라 할 수 있다. 이 개념은 그 명칭이 주는 익숙함으로 인해 종종 오해를 불러일으킨다. 따라서 정확한 이해를 위해서는 이 개념을 '낭만적인 것'이라는 범주로 좀 더 엄밀하게 규정하고, 이것이 특히 예술적 내지 사상적 노선*으로 공인된* '낭만주의'와 어떤 관계를 지니는지를 밝혀야 한다. 주목할 것은, '낭만적인 것'이 일차적으로 그 단어적 인접성에서 보이듯이 낭만주의를 하나의 하위 범주로 포괄하지만, 궁극적으로는 낭만주의와 대립 관계를 보이기까지 한다는 점이다.

이성주의의 가장 강한 형태의 판본*을 구축하려는 헤겔의 관점에서 볼 때 무한한 상상력과 감수성이 핵심인 낭만주의는 응당* 극복되어야 할 전형적인 지적 미성숙의 상태이다. 그런데 흥미롭게도 그는 인간 지성이 정점에 이른 단계에 대해서도, 즉 엄밀한 개념에 의거하여 최고도의 사유를 수행하는 사변적* 이성 및 그러한 이성의 활동장인 철학까지도 종종 '낭만적'이라고 부를 뿐 아니라, 사변적 이성과 철학을 가장 완전한 의미에서 '낭만적인 것'이라고 평가한다. '낭만적인 것'의 정점은 낭만주의의 대척*인 사변적 이성인 반면, 낭만주의는 그 명칭이 무색하게 오히려 '낭만적인 것'의 저급한 미완 단계로 평가되는 것이다.

이를 이해하기 위해서는 그가 몇몇 지점에서 '낭만적인 것'을 '기독교적인 것'과 같은 의미로 사용하고 있다는 점에 유의해야 한다. '낭만적인 것'과 낭만주의의 관계에서와 유사하게, '기독교적인 것'은 비록 언어적으로 종교적 색채를 ⓐ풍기기는 하지만, 제도화된 신앙 및 교리 체계로서의 기독교를 넘어서는 정신철학적 범주이다. 그에 따르면 정신의 가장 저급한 단계는 객체에 대한 주체의 의존성이 가장 지배적인 감각적 지각의 단계이며, 가장 고급한 단계는 그러한 대상 의존성을 완전히 극복한 정신적 주체의 순수하고 내면적인 재귀적 작동인 '반성', 즉 이성적 사유이다. 이는 절대자, 곧 '신'이 어떤 인격체가 아니라 세계의 근본적 존재 구조 내지 원리로서의 '이성'이라고 보는 그의 절대적 관념론에 의거한다. 절대자 그 자체가 완전한 이성적 구조, 즉 개념의 엄밀하고도 완전한 자기 운동 체계이므로, 그것에 호응하는 인간 지성의 형식 역시 개념적 사유 능력인 이성이어야 한다는 것이다. 여기서 '기독교적인 것'이란, 어떤 물리적 대상을 매개로 절대자와 만나려는 원시적 지성성을 극복하여 순수한 내면적 정신성을 성취하는 지성의 단계를 통칭한다. 따라서 가장 완전한 의미에서 '기독교적인 것'은 순수한 개념적 반성을 통해 진리를 인식하는 철학에서 달성된다. 반면 기독교는 자연적 대상의 숭배 또는 매개를 넘어섰다는 점에서 '기독교적

인 것'이기는 하지만, 개념적 반성을 필요조건으로 하는 지성의 완전한 순수 내면성에는 미치지 못하기에, '기독교적인 것'의 불완전한 단계로 평가된다. 이상을 근거로 할 때 '기독교적인 것'은 '내면적 지성성'으로 바꾸어 부를 때 그 본질적 의미가 제대로 드러난다. 내면적 지성성에는 여러 단계가 있고 그 완전한 단계는 개념적 사유를 통한 철학인 한에서, '기독교적인 것'은 '기독교'와 단순 등치될 수 없는 것이다.

'기독교적인 것'을 이렇게 이해할 때 '낭만적인 것'과 낭만주의의 관계가 밝혀진다. 감성과 상상력의 무제한적 발산, 즉 '가슴속의 모든 것을 표출할 수 있는 자유'를 지향하는 낭만주의가 주어진 경험 세계를 넘어서는 지적 주체의 내면적 작동을 중심 원리로 하는 것은 분명하기에 낭만주의는 의심할 바 없이 '낭만적인 것'의 하나이다. 그러나 낭만주의가 달성하는 정신의 내면성은 개념적 반성성에 의거한 철학적 사유의 내면성에는 아직 이르지 못한 열등한 것이며, 이에 낭만주의는 '낭만적인 것'의 완전한 전형이 될 수 없다. 진정으로 '낭만적인 것'은 철학적 사유에서 비로소 성취된다.

1 헤겔의 관점을 이해한 것으로 가장 적절한 것은?

① '낭만주의'와 '기독교'는 서로 바꾸어 쓸 수 있는 동의어이다.

② '기독교'는 정신적 작동 방식의 측면에서 '낭만적인 것'에 속한다.

③ '낭만주의'와 '기독교'는 모두 완전한 형태의 내면적 지성성을 획득한다.

④ 최고도의 '기독교적인 것'은 예술 사조로서의 '낭만주의'를 통해 성취된다.

⑤ '낭만적인 것'과 '기독교적인 것'은 모든 단계에서 순수한 개념적 반성을 통해 수행된다.

2 ㉠에 대해 추론한 것으로 가장 적절한 것은?

① 정신의 재귀적 작동은 신앙과 예술의 영역에서 최고도로 이루어진다고 생각할 것이다.

② 참된 인식의 수행 방식은 인식의 궁극적 대상의 존재 구조에 대응해야 한다고 생각할 것이다.

③ 개념의 연쇄를 통한 논리적 추론보다는 구체적 현실에 대한 체험을 인식의 출처로 평가할 것이다.

④ 절대적 진리에 대한 최고의 인식은 인격화된 절대자의 존재를 증명하는 데서 이루어진다고 여길 것이다.

⑤ 구체적 경험보다는 정신 내면의 자유로운 상상력의 작동에서 최고의 지적 탁월성이 달성된다고 여길 것이다.

3 윗글을 바탕으로 〈보기〉를 해석한 내용으로 가장 적절한 것은?

〔3점〕

〈보 기〉

헤겔은 회화를 '낭만적' 예술 장르로 분류한다. 이는 일반적 장르 구분 관행과 큰 차이를 보이는 것으로서, 통상 건축·조각과 함께 조형 예술 영역에 편성되던 회화를 음악·시 문학과 동일한 장르군으로 위치 이동시킨 것이다. 그는 특히 17세기의 네덜란드 장르화를 높이 평가한다. 장르화에는 위대한 정신성, 즉 자연의 위협을 극복하고 외세의 침공을 격퇴하고 종교와 사상의 자유를 위해 투쟁하는 등의 역사적 과정을 통해 형성되고 강화된 네덜란드인들 고유의 자기 확신과 자유 지향성이 평범한 일상의 사실적 묘사 속에 깊이 스며듦으로써 '인간적인 것 그 자체'가 형상화되고 있다고 보기 때문이다. 이에 따라 양식적으로 사실주의 미술의 하나로 분류되는 네덜란드 장르화가 그에게서는 '낭만적인 것'으로 기술된다.

① 어떤 예술 장르를 '낭만적'이라고 부르는 것은 예술이 철학적 사변의 한계를 넘어섬으로써 '낭만적인 것'을 더욱 높이 추동시킨다는 생각에서 비롯된다.

② 네덜란드 장르화에서 '인간적인 것 그 자체'가 형상화된다는 진술은 인간의 본질을 세속의 미시적 현실에서 찾아야 한다는 인식의 전환을 사상적 토대로 한다.

③ 양식상 사실주의로 분류되는 장르화를 '낭만적인 것'으로 부르는 것은 일상의 사실적 묘사 속에 기독교의 교리가 확고한 삶의 규범으로 함축되어 있다는 판단에서 비롯된다.

④ 회화를 '낭만적' 장르로 분류하는 방식은 회화적 표현이 근본적으로 주체의 정신적 내면성에 의거한다는 점에서 건축·조각보다는 음악·시문학과 더 동질적이라는 생각을 근거로 한다.

⑤ 네덜란드 장르화를 '낭만적인 것'으로 설명하는 것은 상상력의 무제한적 발산을 추구하는 낭만주의의 미적 전략이 이 부류의 회화 작품에 가장 모범적으로 작용하고 있다는 평가에 바탕을 둔다.

4 문맥상 ⓐ의 의미와 가장 가까운 것은? 〔신규〕

① 시골길로 버스가 지나가자 먼지가 풍겼다.

② 총소리가 풀숲에 숨어 있던 새들을 풍겼다.

③ 진한 향기를 풍기는 장미가 내 마음을 설레게 했다.

④ 이국의 정취가 풍기는 아름다운 거리를 계속 걸어갔다.

⑤ 그들에게서 산짐승의 몸에서 풍기는 듯한 악취가 났다.

★ **어휘력 강화**

* 적확(的確)하다 정확하게 맞아 조금도 틀리지 아니하다.
* 노선(路線)
  ① 자동차 선로, 철도 선로 따위와 같이 일정한 두 지점을 정기적으로 오가는 교통선.
  ② 개인이나 조직 따위가 일정한 목표를 실현하기 위하여 지향하여 나가는 견해의 방향이나 행동 방침.
* 공인(共認)되다 함께 인정되다.
* 판본(板本) 목판으로 인쇄한 책.
* 응당(應當)
  ① 행동이나 대상 따위가 일정한 조건이나 가치에 꼭 알맞게.
  ② 그렇게 하거나 되는 것이 이치로 보아 옳게.
* 사변적(思辨的) 경험에 의하지 않고 순수한 이성에 의하여 인식하고 설명하는 것.
* 대척(對蹠) 어떤 사물이나 현상을 비교해 볼 때, 서로 정반대가 됨.

03 뒤집힌 감각질 사고 실험

★ [인문/예술]

| 제재 | 서양 철학 | 출처 | 2019 LEET | 난도 | 상 | 목표 시간 | 12분 |

| 선정 이유 | '동일론', '이원론' 등은 그동안 기출 지문에서 여러 번 다루어 익숙하겠지만, 2~3문단의 '뒤집힌 감각질 사고 실험'은 내용이 생소할 뿐 아니라 이해하기도 쉽지 않다. 배경지식을 활용하면서 해당 실험에 대한 이해를 목표로 지문을 독해해 보자. |

1~4 | 다음 글을 읽고 물음에 답하시오.

심신 문제는 정신과 물질의 관계에 대해 묻는 오래된 철학적 문제이다. 정신 상태와 물질 상태는 별개의 것이라고 주장하는 이원론이 오랫동안 널리 받아들여졌으나, 신경 과학이 발달한 현대에는 그 둘은 동일하다는 동일론이 더 많은 지지를 받고 있다. 그러나 똑같은 정신 상태라고 하더라도 사람마다 그 물질 상태가 다를 수 있고, 인간과 정신 상태는 같지만 물질 상태는 다른 로봇이 등장한다면 동일론에서는 그것을 설명할 수 없다는 문제가 생긴다. 그래서 어떤 입력이 들어올 때 어떤 출력을 내보낸다는 기능적 · 인과적 역할로써 정신을 정의하는 기능론이 각광*을 받게 되었다. 기능론에서는 정신이 물질에 의해 구현되므로 그 둘이 별개의 것은 아니라고 주장한다는 점에서 이원론과 다르면서도, 정신의 인과적 역할이 뇌의 신경 세포에서든 로봇의 실리콘 칩에서든 어떤 물질에서도 구현될 수 있음을 보여 준다는 점에서 동일론의 문제점을 해결할 수 있기 때문이다.

그래도 정신 상태에는 물질 상태와 다른 무엇인가가 있다고 생각하는 이원론에서는 '나'가 어떤 주관적인 경험을 할 때 다른 사람에게 그 경험을 보여 줄 수는 없지만 나는 분명히 경험하는 그 느낌에 주목한다. 잘 익은 토마토를 봤을 때의 빨간색의 느낌, 시디신 자두를 먹었을 때의 신 느낌, 꼬집힐 때의 아픈 느낌이 그런 예이다. 이런 질적이고 주관적인 감각 경험, 곧 현상적인 감각 경험을 철학자들은 '감각질'이라고 ⓐ 부른다. 이 감각질이 뒤집혔다고 가정하는 사고 실험*을 통해 기능론에 대한 비판이 제기된다. 나에게 빨강으로 보이는 것이 어떤 사람에게는 초록으로 보이고 나에게 초록으로 보이는 것이 그에게는 빨강으로 보인다는 사고 실험이 그것이다. 다만 각자에게 느껴지는 감각질이 뒤집혀 있을 뿐이고 경험을 할 때 겉으로 드러난 행동과 하는 말은 똑같다. 예컨대 그 사람은 신호등이 있는 건널목에서 똑같이 초록 불일 때 건너고 빨간 불일 때는 멈추며, 초록 불을 보고 똑같이 "초록 불이네."라고 말한다. 그러나 그는 자신의 감각질이 뒤집혀 있는지 전혀 모른다. 감각질은 순전히* 사적이며 다른 사람의 감각질과 같은지를 확인할 수 있는 방법이 없기 때문이다. 그렇다면 나와 어떤 사람의 정신 상태는 현상적으로 다르지만 기능적으로는 같으므로, 현상적 감각 경험은 ⓑ 빼고 기능적 · 인과적 역할만으로 정신 상태를 설명하는 기능론은 잘못된 이론이라는 논박이 가능하다.

㉠ 뒤집힌 감각질 사고 실험에 의한 기능론 논박이 성공하려면 감각질이 뒤집힌 사람이 그렇지 않은 사람과 색 경험이 현상적으로는 다르지만 기능적으로 다르지 않다는 조건이 성립해야 한다. 두 경험이 기능적으로 다르지 않다면 두 사람의 색 경험 공간이 대칭적이어야 한다. 다시 말해서 색들이 가지는 관계들의 구조는 동일한 패턴이어야 하는 것이다. 예를 들어 나의 빨간색 경험과 노란색 경험 사이의 관계를 보여 주는 특성들이 다른 사람의 빨간색 경험(사실은 초록색 경험)과 노란색 경험 사이의 관계를 보여 주는 특성들과 동일해야 한다. 그래야 두 사람이 현상적으로 다른 경험을 하더라도 기능적으로 동일하기에 감각질이 뒤집혔다는 것이 탐지 불가능하다. 그러나 색을 경험한다는 것은 색 외적인 속성들, 예컨대 따뜻함과 생동감 따위와도 복잡하게 관련되어 있는데, 그것 때문에 색 경험 공간이 비대칭적이게 된다. ㉡ 빨강-초록의 감각질이 뒤집힌 사람은 익지 않은 초록색 토마토가 빨간색으로 보일 것인데, 이 경우 그가 초록이 가지는 생동감 대신 빨강이 가지는 따뜻함을 지각할 것이기 때문에 감각질이 뒤집히지 않은 사람과 다른 행동을 보일 것이다.

뒤집힌 감각질 사고 실험은 색 경험 공간이 대칭적이어야 성공하지만, 앞에서 제시한 문제점을 안고 있어서 비판을 받기도 한다. 그런 까닭에 이 사고 실험에 의한 기능론 논박은 성공하지 못한다고 평가할 수 있다.

1 윗글의 내용과 일치하는 것은?

① 동일론에서는 물질 상태가 같으면 정신 상태도 같다는 것을 설명할 수 없다.

② 이원론에서는 어떤 사람의 행동과 말을 통해서 그 사람의 감각질이 어떠한지 확인한다.

③ 기능론에서는 인간과 로봇이 물질 상태는 달라도 정신 상태는 같을 수 있음을 설명할 수 있다.

④ 뒤집힌 감각질 사고 실험은 기능론으로는 정신의 인과적 측면을 설명할 수 없다는 것을 보여 주려고 한다.

⑤ 이원론과 기능론은 정신 상태를 갖는 존재의 물질 상태를 인정하지 않는다는 점에서 일치한다.

2 비판 의 내용으로 가장 적절한 것은?

① 정신 상태의 현상적 감각 경험을 배제할 수 없으므로, 기능적 역할만으로 정신 상태를 설명할 수 없다.

② 감각질이 뒤집힌 사람은 입력이 같아도 출력이 다르므로, 그의 감각질이 뒤집혔다는 사실은 탐지할 수 없다.

③ 감각질이 뒤집히지 않은 사람은 입력이 같으면 출력도 같으므로, 그의 감각질이 뒤집히지 않았다는 사실은 탐지할 수 없다.

④ 색 경험 공간은 비대칭적이어서, 감각질이 뒤집힌 사람이 그렇지 않은 사람과 현상적으로 다르고 기능적으로 동등할 경우는 발생할 수 없다.

⑤ 색 경험 공간은 대칭적이어서, 감각질이 뒤집힌 사람이 그렇지 않은 사람과 현상적으로 동등하고 기능적으로 다를 경우는 발생할 수 없다.

3 윗글과 〈보기〉를 바탕으로 ㉠과 ㉡을 설명할 때, 적절하지 않은 것은? 〔3점〕

〈보 기〉

빨강과 초록의 감각질이 뒤집힌 사람이 따뜻한 물로 손을 씻으러 세면대로 갔다. 세면대에는 따뜻한 물이 나오는 꼭지는 빨간색으로, 차가운 물이 나오는 꼭지는 파란색으로 되어 있었다.

① ㉠이 성공한다는 측은 ㉡에게는 빨간색 꼭지가 초록색으로 보인다고 설명하겠군.

② ㉠이 성공한다는 측은 ㉡이 빨간색 꼭지를 보고 "이게 빨간색이구나."라고 말한다고 설명하겠군.

③ ㉠이 실패한다는 측은 ㉡이 빨간색 꼭지를 보고 따뜻함을 지각하지 못할 것이라고 설명하겠군.

④ ㉠이 성공한다는 측과 실패한다는 측 모두 ㉡이 빨간색 꼭지를 틀지 않을 것이라고 설명하겠군.

⑤ ㉠이 성공한다는 측과 실패한다는 측 모두 ㉡이 빨간색 꼭지와 파란색 꼭지를 구별할 수 있다고 설명하겠군.

4 문맥상 ⓐ, ⓑ와 바꾸어 쓰기에 가장 적절한 것은? 〔신규〕

	ⓐ	ⓑ
①	명명(命名)한다	배제(排除)하고
②	명명(命名)한다	단절(斷切)하고
③	지시(指示)한다	배제(排除)하고
④	지시(指示)한다	박탈(剝奪)하고
⑤	지칭(指稱)한다	단절(斷切)하고

★ 어휘력 강화

*각광(脚光) 사회적 관심이나 흥미.

*사고 실험(思考實驗) [물리] 실행 가능성이나 입증 가능성에 구애되지 아니하고 사고상으로만 성립되는 실험. 하나의 이론 체계 안에서의 연역 추리의 보조 수단으로 쓴다. 예를 들면, 양자 역학의 불확정성 원리를 다루기 위하여 생각되는 전자의 위치 측정 실험 같은 것이다.

*순전(純全)히 순수하고 완전하게.

제재	서양 철학	출처	2020 LEET	난도	상	목표 시간	13분
선정 이유	굉장히 추상적이어서 온전히 '이해'하기 어려운 지문이지만, 각 견해의 핵심 주장과 근거를 '수용'하여 문제 풀이에 활용하는 연습을 하기 좋다. 한편 〈보기〉 문항에는 2022학년도 수능 국어 예시문항에 소개되었던 '동일자 식별 불가능성 원리'가 활용되었다.						

1~4 | 다음 글을 읽고 물음에 답하시오.

세상은 변화를 겪는다. 사람이 그렇게 여기는 이유는 시간이 흐른다고 생각하기 때문이다. 그런데 4차원주의자는 시간이 흐르지 않는다고 주장한다. 시간이 흐르지 않는다면, 과거, 현재, 미래는 똑같이 존재할 것이다. 이러한 견해를 가진 사람을 ㉠영원주의자라고 한다. 시간의 흐름 여부에 대한 인식의 차이는 과거, 현재, 미래에 대한 개념 혹은 표상*의 차이를 가져온다. 영원주의자들에게 매 순간은 시간의 퍼즐을 이루는 하나의 조각처럼 이미 주어져 있다. 영원주의자에게 시제는 특별한 의미를 ⓐ가지지 않으며, 과거, 현재, 미래 사이에는 앞 또는 뒤라는 관계만이 존재한다. 현재는 과거의 뒤이고 동시에 미래의 앞일 뿐이다. 영원주의 세계에서 한 사람은 각 시간 단계를 가지는데, 그 사람이 없던 수염을 기르면 이는 시간의 흐름에 따른 변화가 아니다. 외모의 차이는 단지 그 사람의 서로 다른 단계 사이의 차이일 뿐이다. 반면에 3차원주의자는 시간이 흐른다는 견해를 ⓑ내세운다. 시간이 흐른다면, 과거, 현재, 미래 시제는 모두 다른 의미나 표상을 지닌다. 이러한 생각을 지니는 이들 중에 오직 현재만이 존재한다고 보는 사람이 바로 현재주의자이다. 그들에게는 이미 지나간 과거와 아직 도래하지 않은 미래는 존재하지 않으므로, 지금 주어진 현재만이 존재한다.

시간여행은 시간에 관한 견해가 첨예하게* 대립하는 주제이다. 현재주의자에 따르면, 현재에서 과거, 미래의 특정 시점을 찾아가는 것은 영원주의자의 생각처럼 시간 퍼즐의 여러 조각 중 하나를 찾아가는 것이 아니다. ㉡현재주의자 중에 다수는 시간여행이 불가능하다고 주장한다. 누군가가 시간여행을 하려면 과거나 미래로 이동할 수 있어야 하지만, 이미 ⓒ흘러간 과거와 아직 오지 않은 미래는 실재하지 않는다. 이를 도착지 비존재의 문제라고 할 수 있다.

현재주의자 중에도 시간여행이 가능하다고 보는 사람이 있다. 과거로의 시간여행을 시작하는 현재 시점 T_n에서 과거의 특정 시점은 T_{n-1}은 실재가 아니다. 그러나 시간여행자가 T_{n-1}에 도착할 때 그 시점은 그에게 현재가 되어 존재하지 않을까? 하지만 이는 과거를 마치 현재인 양 여기게 하는 속임수라고 보는 사람도 있다. 과거 시점 T_{n-1}에 도착한다면, 과거는 이제 현재가 된다. 그러나 시간여행의 가능성을 ⓓ따질 때 우리가 관심을 가지는 현재는 애초에 출발하는 시점인 T_n이지 과거의 도착지인 T_{n-1}이 아니다. 만일 T_{n-1}이 현재가 된다는 것이 중요하다면, T_{n-1}에 도착한 사람에게 T_n은 이제 미래가 된다는 것 역시 중요하다. 그런데 현재주의자는 미래의 비존재를 주장하므로, T_{n-1}에 도착한 시간여행자는 존재하지 않는 미래에서 출발하여 현재에 도착한 셈이다. 이것이 바로 출발지 비존재의 문제이다. 결국 3차원주의 세계에서 시간여행이 가능하다는 점을 보여 주려면 출발지 비존재의 문제를 해소해야 한다.

시간여행의 가능성을 믿는 3차원주의자는 '출발지 비존재'를 '출발지 미결정'으로 보게 되면 문제가 해소된다고 주장할 수 있다. 시간여행자가 과거 T_{n-1}에 도착하는 순간, 그는 실재하지 않는 미래로부터 현재로 이동한 것이 아니라 미결정된 미래로부터 현재로 이동한 것이 된다. 그렇다고 하더라도 출발지 비존재의 문제와 마찬가지로, 미래는 아직 존재하지 않기에 전혀 결정되지 않았으며 아직 결정되지 않은 것이 다른 어떤 것의 원인이 될 수 없으므로 시간여행은 여전히 불가능하다는 비판에 직면할 수 있다. 그러나 T_{n-1}에 도착하는 사건의 원인이 T_n에서의 출발이라는 점을 고려한다면, T_{n-1}에 도착하는 순간 미래 사건이 되는 시간여행은 도착 시점에서 이미 결정된 사건으로 여겨질 수 있다. 즉 미래는 계속 미결정된 것이 아니라, 시간여행 여부에 따라 미결정되었다고도 할 수 있고 결정되었다고도 할 수 있다. 이에 ㉢조건부 결정론자는 출발지 미결정의 문제가 해소되어 시간여행에 걸림돌이 없다고 주장한다. 그러나 시간여행이 3차원주의와 양립할* 수 없음을 고수하는* 이들은 출발지 비존재의 문제를 출발지 미결정의 문제로 대체하여 이를 해소하는 전략을 ⓔ받아들이지 않을 것이다.

1 윗글을 이해한 내용으로 가장 적절한 것은? 〔신규〕

① 모든 3차원주의자는 현재와 미래가 동일한 표상을 지닌다고 볼 것이다.

② 모든 4차원주의자는 과거가 존재할 때 현재도 이미 존재하고 있다고 볼 것이다.

③ 모든 현재주의자는 현재가 실재한다는 것이 속임수에 해당할 수 있다고 볼 것이다.

④ 시간여행을 할 수 있다고 보는 모든 학자는 현재를 과거의 뒤인 동시에 미래의 앞이라고 볼 것이다.

⑤ 시간여행을 할 수 없다고 보는 모든 학자는 도착지 비존재의 문제와 달리 출발지 비존재의 문제가 해결 불가능하다고 볼 것이다.

2 ㉠~㉢에 관한 설명으로 가장 적절한 것은?

① ㉠과 ㉡은 모두 미래가 이미 결정되어 있는 시간이라고 본다.

② ㉠과 ㉡은 모두 시간여행에서 과거에 도착하는 순간 출발지는 더 이상 존재하지 않는다고 본다.

③ ㉠과 ㉢은 모두 과거로 출발하는 시간여행이 가능하다고 본다.

④ ㉡과 달리 ㉢은 시제가 특별한 의미를 가지지 않는다고 본다.

⑤ ㉢과 달리 ㉡은 시간여행에 필요한 도착지가 존재한다고 본다.

3 윗글에서 추론한 내용으로 적절하지 <u>않은</u> 것은?

① 3차원주의자 중에는 과거를 거슬러 올라갈 수 없는 시간으로 여기는 사람이 있을 것이다.

② 현재주의자는 누군가의 외모가 변한 것을 보면 이는 시간이 흘렀기 때문이라고 생각할 것이다.

③ 4차원주의자는 도래하지 않은 시간으로부터 이미 지나간 시간으로 시간의 흐름을 거슬러 올라갈 수 있다고 생각할 것이다.

④ 시간여행이 가능하다고 믿는 3차원주의자는 출발지 미결정의 문제가 해결되면 출발지 비존재의 문제가 해소된다고 생각할 것이다.

⑤ 시간여행의 가능성을 부인하는 3차원주의자는 우리가 미래에 도착하는 순간 도착지가 생겨난다는 주장에 대해, 그 경우에도 출발지 비존재의 문제가 남아 있다고 비판할 것이다.

4 윗글을 바탕으로 〈보기〉를 설명할 때, 적절하지 <u>않은</u> 것은? [3점]

〈보 기〉

밴드 결성 전, 존 레논은 자신이 유명한 가수가 될 것이라는 예언을 듣는다. 자신의 미래가 궁금해진 레논은 마침 타임머신 실험 소식을 듣고 10년 후의 미래로 가고자 자원하였다. 10년 후, 그의 밴드는 유명해지고 데뷔 이전 머리가 짧았던 그는 긴 머리를 가지게 된다. 만일 10년 후로의 시간여행이 가능하다면, 미래를 방문한 무명의 레논은 장발의 록 스타인 자신을 직접 보게 될 것이다. 그러나 이는 '동일한 것은 서로 구별될 수 없다.'라는 ㉮ 원리에 위배된다. 즉 '동일한 사람이 무명이면서 동시에 스타이다.'라는 ㉯ 논리적 모순이 발생하는 것이다. 이 문제가 해소되지 않으면 레논은 10년 후로 시간여행을 할 수 없다.

① 시간여행의 도착지가 존재하지 않는다는 논리에 따를 경우, ㉮에 위배되는 사건은 아예 일어나지 않겠군.

② 레논의 서로 다른 단계 중에 현재 단계가 뒤의 단계를 방문할 수 있다고 가정하면, 영원주의자에게 ㉯는 문제가 되지 않겠군.

③ 조건부 결정론자의 논리에 따를 경우, 레논이 미래에 도착하면 자신의 10년 후 모습을 직접 보기 이전이라도 도착 순간에 이미 출발지 비존재의 문제가 해소되겠군.

④ 미래에 도착하는 시점의 레논과 미래에 있던 레논이 동일한 외모를 가질 수 있다고 가정하면, 현재주의자는 ㉮에 위배되는 일이 발생하지 않았다고 주장할 수 있겠군.

⑤ 두 사람이 만나는 시간은 제3의 관찰자가 볼 때는 동시인 것처럼 보이지만 각자의 시간 흐름에서는 동시가 아니라고 가정하면, 현재주의자 중에는 ㉯가 해소될 수 있다고 보는 사람도 있겠군.

★ 어휘력 강화

* 표상(表象)
① 옳거나 훌륭하여 배우고 따를 만한 대상.
② 추상적이거나 드러나지 아니한 것을 구체적인 형상으로 드러내어 나타냄.
③ [문학] 감각에 의하여 획득한 현상이 마음속에서 재생된 것.
④ [심리] 외부 세계의 대상을 마음속에 나타내는 것.
⑤ [철학] 지각(知覺)에 의하여 의식에 나타나는 외계 대상의 상(像). 직관적인 것으로 개념이나 이념과 다르다.

* 첨예(尖銳)하다
① 날카롭고 뾰족하다.
② 상황이나 사태 따위가 날카롭고 격하다.

* 양립(兩立)하다
① 두 가지가 동시에 따로 성립하다.
② 둘이 서로 굽힘 없이 맞서다.

* 고수(固守)하다 차지한 물건이나 형세 따위를 굳게 지키다.

05 가난한 나라의 빈곤 해결 방향

★ [사회/문화]

제재	경제학	출처	2021 LEET	난도	상	목표 시간	11분
선정 이유	빈곤 퇴치와 경제 성장에 관한 총 6개의 견해가 등장하는 지문으로, 이와 같은 병렬적 정보 제시 방식을 요즘 평가원이 자주 활용하고 있다. 이러한 유형의 지문은 정보를 어떻게 처리하며 독해해야 하는지 고민해 보자. 참고로 이 지문의 핵심은 '빈곤의 덫'이다.						

1~4 | 다음 글을 읽고 물음에 답하시오.

빈곤 퇴치와 경제 성장에 관해 다양한 견해가 제시되고 있다. 빈곤의 원인으로 지리적 요인을 강조하는 삭스는 가난한 나라의 사람들이 '빈곤의 덫'에서 빠져나오기 위해 외국의 원조*에 기초한 초기 지원과 투자가 필요하다고 주장한다. 그가 보기에 대부분의 가난한 나라들은 열대 지역에 위치하고 말라리아가 극심하여 사람들의 건강과 노동 성과가 나쁘다. 이들은 소득 수준이 너무 낮아 영양 섭취나 위생, 의료, 교육에 쓸 돈이 부족하고 개량종자나 비료를 살 수 없어서 소득을 늘릴 수 없다. 이런 상황에서는, 초기 지원과 투자로 가난한 사람들이 빈곤의 덫에서 벗어나도록 해 주어야만 생산성 향상이나 저축과 투자의 증대가 가능해져 소득이 늘 수 있다. 그런데 가난한 나라는 초기 지원과 투자를 위한 자금을 ㉠ 조달할 능력이 없기 때문에 외국의 원조가 필요하다는 것이다.

제도의 역할을 강조하는 경제학자들의 견해는 삭스와 다르다. 이스털리는 정부의 지원과 외국의 원조가 성장에 도움이 되지 않는다고 본다. 그는 '빈곤의 덫' 같은 것은 없으며, 빈곤을 해결하기 위해 경제가 성장하려면 자유로운 시장이 잘 작동해야 한다고 본다. 가난한 사람들이 필요를 느끼지 않는 상태에서 교육이나 의료에 정부가 지원한다고 해서 결과가 달라지지 않으며 개인들이 스스로 필요한 것을 선택하도록 해야 한다고 보기 때문이다. 마찬가지 이유로 이스털리는 외국의 원조에 대해서도 회의적인데, 특히 정부가 부패할 경우에 원조는 가난한 사람들의 처지를 개선하지는 못하고 부패를 더욱 악화시키는 결과만 ㉡ 초래한다고 본다. 이에 대해 삭스는 가난한 나라 사람들의 소득을 지원해 빈곤의 덫에서 빠져나오도록 해야 생활 수준이 높아져 시민 사회가 강화되고 법치주의가 확립될 수 있다고 주장한다.

빈곤의 원인이 나쁜 제도라고 생각하는 애쓰모글루도 외국의 원조에 대해 회의적이지만, 자유로운 시장에 맡겨 둔다고 나쁜 제도가 저절로 사라지는 것도 아니라고 본다. 그는 가난한 나라에서 경제 성장에 적합한 좋은 경제 제도가 채택되지 않는 이유가 정치 제도 때문이라고 본다. 어떤 제도든 이득을 얻는 자와 손실을 보는 자를 낳으므로 제도의 채택 여부는 사회 전체의 이득이 아니라 정치권력을 가진 세력의 이득에 따라 결정된다는 것이다. 따라서 그는 지속적인 성장을 위해서는 사회 전체의 이익에 부합하는 경제 제도가 채택될 수 있도록 정치 제도가 먼저 변화해야 한다고 주장한다.

제도의 중요성을 강조한 나머지 외국의 역할과 관련해 극단적인 견해를 내놓는 경제학자들도 있다. 로머는 외부에서 변화를 수입해 나쁜 제도의 악순환을 ㉢ 단절하는 하나의 방법으로 불모지*를 외국인들에게 내주고 좋은 제도를 갖춘 새로운 도시로 개발하도록 하는 프로젝트를 제안한다. 콜리어는 경제 마비

상태에 이른 빈곤국들이 나쁜 경제 제도와 정치 제도의 악순환에 갇혀 있으므로 좋은 제도를 가진 외국이 군사 개입을 해서라도 그 악순환을 해소해야 한다고 주장한다.

배너지와 뒤플로는 일반적인 해답의 모색 대신 "모든 문제에는 저마다 고유의 해답이 있다."는 관점에서 빈곤 문제에 접근해야 한다고 주장하고 구체적인 현실에 대한 올바른 이해에 ㉣ 기초한 정책을 강조한다. 두 사람은 나쁜 제도가 존재하는 상황에서도 제도와 정책을 개선할 여지는 많다고 본다. 이들은 현재 소득과 미래 소득 사이의 관계를 나타내는 곡선의 모양으로 빈곤의 덫에 대한 견해들을 설명한다. 덫이 없다는 견해는 이 곡선이 가파르게 올라가다가 완만해지는 '뒤집어진 L자 모양'이라고 생각함에 비해, 덫이 있다는 견해는 완만하다가 가파르게 오른 다음 다시 완만해지는 'S자 모양'이라고 생각한다는 것이다. 현실 세계가 뒤집어진 L자 모양의 곡선에 해당한다면 아무리 가난한 사람이라도 시간이 갈수록 점점 부유해진다. 이들을 지원하면 도달에 ㉤ 소요되는 시간을 조금 줄일 수 있을지 몰라도 결국 도달점은 지원하지 않는 경우와 같기 때문에 도움이 필요하다고 보기 어렵다. 그러나 S자 곡선의 경우, 소득 수준이 낮은 영역에 속하는 사람은 시간이 갈수록 소득 수준이 '낮은 균형'으로 수렴하므로 지원이 필요하다. 배너지와 뒤플로는 가난한 사람들이 빈곤의 덫에 갇혀 있는 경우도 있고 아닌 경우도 있으며, 덫에 갇히는 이유도 다양하다고 본다. 따라서 빈곤의 덫이 있는지 없는지 단정하지 말고, 특정 처방 이외에는 특성들이 동일한 복수의 표본 집단을 구성함으로써 처방의 효과에 대한 엄격한 비교 분석을 수행하고, 지역과 처방을 달리하여 분석을 반복함으로써 이들이 어떻게 살아가는지, 도움이 필요한지, 처방에 대한 이들의 수요는 어떠한지 등을 파악해야 빈곤 퇴치에 도움이 되는 지식을 얻을 수 있다고 본다. 빈곤을 퇴치하지 못하는 원인이 빈곤에 대한 경제학 지식의 빈곤이라고 생각하는 것이다.

1 윗글의 내용과 일치하지 <u>않는</u> 것은?

① 지리적 요인의 역할을 강조하는 경제학자라면 외국의 원조에 대해 긍정적이다.

② 제도의 역할을 강조하는 경제학자라 하더라도 자유로운 시장의 역할을 중시하는 경우도 있다.

③ 제도의 역할을 강조하는 경제학자라면 정치 제도 변화가 경제 성장을 위한 전제 조건이라고 생각한다.

④ 제도의 역할을 강조하는 경제학자라 하더라도 외국이 성장에 미치는 역할을 중시하지 않는 경우도 있다.

⑤ 지리적 요인의 역할을 강조하는 경제학자만이 빈곤의 덫에서 빠져나오려면 초기 지원이 필요하다고 생각하는 것은 아니다.

2 배너지와 뒤플로 의 입장을 설명한 것으로 가장 적절한 것은?

① 제도보다 정책을 중시한다는 점에서 애쓰모글루에 동의한다.

② 가난한 사람들의 수요를 중시한다는 점에서 이스털리에 동의한다.

③ 거대한 문제를 우선해서는 안 된다고 보는 점에서 콜리어에 동의한다.

④ 정부가 부패해도 정책이 성과를 낼 수 있다고 보는 점에서 삭스에 반대한다.

⑤ 빈곤 문제를 해결하는 일반적인 해답이 있다고 보는 점에서 로머에 동의한다.

3 윗글을 바탕으로 〈보기〉를 이해한 것으로 적절하지 <u>않은</u> 것은? [3점]

〈보 기〉

아래 그래프에서 S자 곡선은 현재 소득과 미래 소득의 관계를 표시한 것이다(45°선은 현재 소득과 미래 소득이 같은 상태를 나타낸다). 특정 시기 t의 소득이 a1이라면 t+1 시기의 소득은 a2이고, t+2 시기의 소득은 a3임을 알 수 있다. S자 곡선에서는 복수의 균형이 존재한다. 여기서 '균형'이란 한 번 도달하면 거기서 벗어나지 않을 상태를 말한다. 물론 외부적 힘이 가해질 경우에는 균형에서 벗어날 수도 있다.

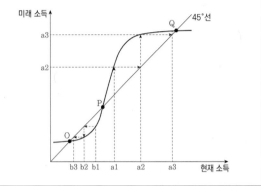

① 배너지와 뒤플로는 점 O를 '낮은 균형'이라고 보겠군.

② 삭스라면 지원으로 소득을 b3에서 b1으로 이동하도록 해야 한다고 보겠군.

③ 삭스라면 지원이 없을 경우에는 b3에서는 생산성이 향상되지 않는다고 보겠군.

④ 이스털리라면 점 P의 왼쪽 영역이 없는 세계를 상정하므로 점 P가 원점이라고 보겠군.

⑤ 이스털리라면 a1에서 지원이 이루어진다 해도 균형 상태의 소득 수준은 변하지 않는다고 보겠군.

4 문맥상 ㉠~㉤과 바꾸어 쓰기에 적절하지 <u>않은</u> 것은? [신규]

① ㉠ : 다룰

② ㉡ : 불러온다고

③ ㉢ : 끊는

④ ㉣ : 말미암은

⑤ ㉤ : 걸리는

★ 어휘력 강화

* 원조(援助) 물품이나 돈 따위로 도와줌.
* 불모지(不毛地)
① 식물이 자라지 못하는 거칠고 메마른 땅.
② 어떠한 사물이나 현상이 발달되어 있지 않은 곳. 또는 그런 상태를 비유적으로 이르는 말.

06 **차선의 문제의 내용** ★ [사회/문화]

| 제재 | 경제학 | 출처 | 2015 LEET | 난도 | 상 | 목표 시간 | 11분 |

| 선정 이유 | 2문단의 '관세동맹 논의', 3문단의 '직접세와 간접세의 상대적 장점에 대한 논쟁'이 첫 문단에서 설명한 '차선의 문제'를 보여 주는 사례임을 파악해야 한다. 해당 사례들이 '파레토 최적' 상태를 달성한 것이 아니라는 점에 유의하여 지문을 독해해 보자. |

1~4 | 다음 글을 읽고 물음에 답하시오.

가장 효율적인 자원 배분 상태, 즉 '파레토 최적' 상태를 달성하려면 모든 최적 조건들이 동시에 충족되어야 한다. 파레토 최적 상태를 달성하기 위해 n개의 조건이 충족되어야 하는데, 어떤 이유로 인하여 어떤 하나의 조건이 충족되지 않고 n-1개의 조건이 충족되는 상황이 발생한다면 이 상황이 n-2개의 조건이 충족되는 상황보다 낫다고 생각하기 쉽다. 그러나 **립시와 랭커스터**는 이러한 통념이 반드시 들어맞는 것은 아님을 보였다. 즉 하나 이상의 효율성 조건이 이미 파괴되어 있는 상태에서는 충족되는 효율성 조건의 수가 많아진다고 해서 경제 전체의 효율성이 더 향상된다는 보장이 없다는 것이다. 현실에서는 최적 조건의 일부는 충족되지만 나머지는 충족되지 않고 있는 경우가 일반적이다. 이 경우 경제 전체 차원에서 제기되는 문제는 현재 충족되고 있는 일부의 최적 조건들을 계속 유지하는 것이 과연 바람직한가 하는 것이다. 하나의 왜곡을 시정하는*과정에서 새로운 왜곡이 초래되는 것이 일반적 현실이기 때문에, 모든 최적 조건들을 충족시키려고 노력하는 것보다 오히려 최적 조건의 일부가 항상 충족되지 못함을 전제로 하여 그러한 상황에서 가장 바람직한 자원 배분을 위한 새로운 조건을 찾아야 한다는 과제가 제시된다. 경제학에서는 이러한 문제를 차선(次善)의 문제라고 부른다.

차선의 문제는 경제학 여러 분야의 논의에서 등장한다. 관세*동맹 논의는 차선의 문제에 대한 중요한 사례를 제공하고 있다. 관세동맹이란 동맹국 사이에 모든 관세를 폐지하고 비동맹국의 상품에 대해서만 관세를 부과하기로 하는 협정이다. 자유무역을 주장하는 이들은 모든 국가에서 관세가 제거된 자유무역을 최적의 상황으로 보았고, 일부 국가들끼리 관세동맹을 맺을 경우는 관세동맹을 맺기 이전에 비해 자유무역의 상황에 근접하는 것이므로, 관세동맹은 항상 세계 경제의 효율성을 증대시킬 것이라고 주장해왔다. 그러나 ⓐ 바이너는 관세동맹이 세계 경제의 효율성을 떨어뜨릴 수 있음을 지적하였다. 그는 관세동맹의 효과를 무역창출과 무역전환으로 구분하고 있다. 전자는 동맹국 사이에 새롭게 교역이 창출되는 것을 말하고 후자는 비동맹국들과의 교역이 동맹국과의 교역으로 전환되는 것을 의미한다. 무역창출은 상품의 공급원을 생산 비용이 높은 국가에서 생산 비용이 낮은 국가로 바꾸는 것이기 때문에 효율이 증대되지만, 무역전환은 공급원을 생산 비용이 낮은 국가에서 생산 비용이 높은 국가로 바꾸는 것이므로 효율이 감소한다. 관세동맹이 세계 경제의 효율성을 증가시키는가의 여부는 무역창출 효과와 무역전환 효과 중 어느 것이 더 큰가에 ㉮ 달려 있다. 무역전환 효과가 더 크다면 일부 국가들 사이의 관세동맹은 세계 경제의 효율성을 떨어뜨리게 된다.

차선의 문제는 소득에 부과되는 직접세와 상품 소비에 부과되는 간접세의 상대적 장점에 대한 오랜 논쟁에서도 등장한다. 경제학에서는 세금이 시장의 교란*을 야기하여 자원 배분의 효율성을 떨어뜨린다는 생각이 일반적이다. 아무런 세금도 부과되지 않는 것이 파레토 최적 상태이지만, 세금 부과는 불가피하므로* 세금을 부과하면서도 시장의 왜곡을 줄일 수 있는 방법을 찾고자 했다. 이와 관련해, 한 가지 상품에 간접세가 부과되었을 경우 그 상품과 다른 상품들 사이의 상대적 가격에 왜곡이 발생하므로, 이 상대적 가격에 영향을 미치지 않는 직접세가 더 나을 것이라고 주장하는 ㉠ 핸더슨과 같은 학자들이 있었다. 그러나 이는 직접세가 노동 시간과 여가에 영향을 미치지 않는다는 가정 아래서만 성립하는 것이라고 ㉡ 리틀은 주장하였다. 한 상품에 부과된 간접세는 그 상품과 다른 상품들 사이의 파레토 최적 조건의 달성을 방해하게 되지만, 직접세는 여가와 다른 상품들 사이의 파레토 최적 조건의 달성을 방해하게 되므로, 직접세가 더 효율적인지 간접세가 더 효율적인지를 판단할 수 없다는 것이다. 나아가 리틀은 여러 상품에 차등적* 세율을 부과할 경우, 직접세만 부과하는 경우나 한 상품에만 간접세를 부과하는 경우보다 효율성을 더 높일 수 있는 가능성이 있음을 언급했지만 정확한 방법을 제시하지는 못했다. ㉢ 콜레트와 헤이그는 직접세를 동일한 액수의 간접세로 대체하면서도 개인들의 노동 시간과 소득을 늘릴 수 있는 조건을 찾아냈다. 그것은 여가와 보완 관계가 높은 상품에 높은 세율을 부과하고 경쟁 관계에 있는 상품에 낮은 세율을 부과하는 것이었다. 레저 용품처럼 여가와 보완 관계에 있는 상품에 상대적으로 더 높은 세율을 부과하여 그 상품의 소비를 억제함으로써 여가의 소비도 줄이는 것이 가능해진다.

1 차선(次善)의 문제에 대한 이해로 적절하지 <u>않은</u> 것은?

① 파레토 최적 조건들 중 하나가 충족되지 않을 때라면, 나머지 조건들이 충족된다고 하더라도 차선의 효율성이 보장되지 못한다.

② 전체 파레토 조건 중 일부가 충족되지 않은 상황에서 차선의 상황을 찾으려면 나머지 조건들의 재구성을 고려해야 한다.

③ 주어진 전체 경제 상황을 개선하는 과정에서 기존에 최적 상태를 달성했던 부문의 효율성이 저하되기도 한다.

④ 차선의 문제가 제기되는 이유는 여러 경제 부문들이 독립적이지 않고 서로 긴밀히 연결되어 있기 때문이다.

⑤ 경제 개혁을 추진할 때 비합리적인 측면들이 많이 제거될수록 이에 비례하여 경제의 효율성도 제고된다.

2 A, B, C 세 국가만 있는 세계에서 A국과 B국 사이에 관세동맹이 체결되었다고 할 때, ⓐ의 입장을 지지하는 사례로 활용하기에 적절한 것은?

① 관세동맹 이전 A, B국은 X재를 생산하지 않고 C국에서 수입하고 있었다. 관세동맹 이후에도 A, B국은 X재를 C국에서 수입하고 있다.

② 관세동맹 이전 B국은 X재를 생산하고 있었고 A국은 최저비용 생산국인 C국에서 수입하고 있었다. 관세동맹 이후 A국은 B국에서 X재를 수입하게 되었다.

③ 관세동맹 이전 A, B국은 모두 X재를 생산하고 있었고 C국에 비해 생산비가 높았다. 관세동맹 이후 A국은 생산을 중단하고 B국에서 X재를 수입하게 되었다.

④ 관세동맹 이전 B국이 세 국가 중 최저비용으로 X재를 생산하고 있었고 A국은 X재를 B국에서 수입하고 있었다. 관세동맹 이후에도 A국은 B국에서 X재를 수입하고 있다.

⑤ 관세동맹 이전 A, B국 모두 X재를 생산하고 있었고 A국이 세 국가 중 최저비용으로 X재를 생산하는 국가이다. 관세동맹 이후 B국은 생산을 중단하고 A국에서 X재를 수입하게 되었다.

3 〈보기〉의 상황에 대한 ㉠~㉢의 대응을 추론한 것으로 적절하지 <u>않은</u> 것은? [3점]

〈보 기〉

일반 상품을 X와 Y, 여가를 L이라고 하고, 두 항목 사이에 파레토 최적 조건이 성립한 경우를 '⇔', 성립하지 않은 경우를 '⇎'라는 기호로 표시하기로 하자.

㉮	㉯	㉰	라
세금이 부과되지 않은 상황	X에만 간접세가 부과된 상황	직접세가 부과된 상황	X, Y에 차등세율의 간접세가 부과된 상황
X⇔Y	X⇎Y	X⇔Y	X⇎Y
X⇔L	X⇎L	X⇎L	X⇎L
Y⇔L	Y⇎L	Y⇎L	Y⇎L

① ㉠은 직접세가 여가에 미치는 효과를 고려하지 않고 ㉰가 ㉯보다 효율적이라고 본다.

② ㉡은 ㉮와 ㉰의 효율성 차이를 보임으로써 립시와 랭커스터의 주장을 뒷받침한다.

③ ㉡은 ㉯와 ㉰의 효율성을 비교할 수 없다는 점을 보임으로써 ㉠을 비판한다.

④ ㉢은 라가 ㉰보다 효율적일 수 있다는 것을 보임으로써 립시와 랭커스터의 주장을 뒷받침한다.

⑤ ㉢은 라가 ㉰보다 효율적일 수 있다는 것을 보임으로써 이를 간접세가 직접세보다 효율적인 사례로 제시한다.

4 문맥상 ㉚의 의미와 가장 가까운 것은? [신규]

① 그는 일주일 동안 그 일에 달려 있다.

② 각주가 많이 달린 논문은 읽기가 어렵다.

③ 이번 일의 성패는 당신께 달려 있습니다.

④ 그가 먹은 음식값이 내 이름으로 달려 있다.

⑤ 이 책에 달린 제목은 책의 내용과 어울리지 않는다.

★ 어휘력 강화

* 시정(是正)하다 잘못된 것을 바로잡다.
* 관세(關稅) [행정] 국세의 하나. 관세 영역을 통해 수출·수입되거나 통과되는 화물에 대하여 부과되는 세금으로, 수출세, 수입세, 통과세의 세 종류가 있으나 현재 우리나라에는 수입세만 있다.
* 교란(攪亂) 마음이나 상황 따위를 뒤흔들어서 어지럽고 혼란하게 함.
* 불가피(不可避)하다 피할 수 없다.
* 차등적(差等的) 고르거나 가지런하지 않고 차별이 있는 것. 또는 그렇게 대하는 것.

제재	경제학	출처	2017 LEET	난도	상	목표 시간	12분
선정 이유	평가원이 그동안 경제학 분야에서 출제해 온 내용들이 집약적으로 담겨 있는 지문이다. 이번 기회에 지문 내용을 철저히 분석하고 이해함으로써 든든한 배경지식으로 축적해 두자.						

1~4 | 다음 글을 읽고 물음에 답하시오.

과거에 일어난 금융위기에 대해 많은 연구가 진행되었어도 그 원인에 대해 의견이 모아지지 않는 경우가 대부분이다. 이것은 금융위기가 여러 차원의 현상이 복잡하게 얽혀 발생하는 문제이기 때문이기도 하지만, 사람들의 행동이나 금융 시스템의 작동 방식을 이해하는 시각이 다양하기 때문이기도 하다. 은행 위기를 중심으로 금융위기에 관한 주요 시각을 다음과 같은 네 가지로 분류할 수 있다. 이들이 서로 배타적인 것은 아니지만 주로 어떤 시각에 기초해서 금융위기를 이해하는가에 따라 그 원인과 대책에 대한 의견이 달라진다고 할 수 있다.

우선, 은행의 지불능력이 취약하다고 많은 예금주들이 예상하게 되면 실제로 은행의 지불능력이 취약해지는 현상, 즉 ㉠ '자기실현적 예상'이라 불리는 현상을 강조하는 시각이 있다. 예금주들이 예금을 인출하려는 요구에 대응하기 위해 은행이 예금의 일부만을 지급준비금으로 보유하는 부분준비제도는 현대 은행 시스템의 본질적 측면이다. 이 제도에서는 은행의 지불능력이 변화하지 않더라도 예금주들의 예상이 바뀌면 예금 인출이 쇄도하는* 사태가 일어날 수 있다. 예금은 만기가 없고 선착순으로 지급하는 독특한 성격의 채무*이기 때문에, 지불능력이 취약해져서 은행이 예금을 지급하지 못할 것이라고 예상하게 된 사람이라면 남보다 먼저 예금을 인출하는 것이 합리적이기 때문이다. 이처럼 예금 인출이 쇄도하는 상황에서 예금 인출 요구를 충족시키려면 은행들은 현금 보유량을 늘려야 한다. 이를 위해 은행들이 앞다투어 채권이나 주식, 부동산과 같은 자산을 매각하려고 하면 자산 가격이 하락하게 되므로 은행들의 지불능력이 실제로 낮아진다.

둘째, ㉡ 은행의 과도한 위험 추구를 강조하는 시각이 있다. 주식회사에서 주주들은 회사의 모든 부채*를 상환하고 남은 자산의 가치에 대한 청구권을 갖는 존재이고 통상적으로 유한책임*을 진다. 따라서 회사의 자산 가치가 부채액보다 더 커질수록 주주에게 돌아올 이익도 커지지만, 회사가 파산할 경우에 주주의 손실은 그 회사의 주식에 투자한 금액으로 제한된다. 이러한 ⓐ 비대칭적인 이익 구조로 인해 수익에 대해서는 민감하지만 위험에 대해서는 둔감하게 된 주주들은 고위험 고수익 사업을 선호하게 된다. 결과적으로 주주들이 더 높은 수익을 얻기 위해 감수해야 하는 위험을 채권자에게 전가하는* 것인데, 자기자본 비율이 낮을수록 이러한 동기는 더욱 강해진다. 은행과 같은 금융 중개 기관들은 대부분 부채비율이 매우 높은 주식회사 형태를 띤다.

셋째, ㉢ 은행가의 은행 약탈을 강조하는 시각이 있다. 전통적인 경제 이론에서는 은행의 부실을 과도한 위험 추구의 결과로 이해해 왔다. 하지만 최근에는 은행가들에 의한 은행 약탈의 결과로 은행이 부실해진다는 인식도 강해지고 있다. 과도한 위험

추구는 은행의 수익률을 높이려는 목적으로 은행의 재무 상태를 악화시킬 위험이 큰 행위를 은행가가 선택하는 것이다. 이에 비해 은행 약탈은 은행가가 자신에게 돌아올 이익을 추구하여 은행에 손실을 초래하는 행위를 선택하는 것이다. 예를 들어 은행가들이 자신이 지배하는 은행으로부터 남보다 유리한 조건으로 대출을 받는다거나, 장기적으로 은행에 손실을 초래할 것을 알면서도 자신의 성과급을 높이기 위해 단기적인 성과만을 추구하는 행위 등은, 지배 주주나 고위 경영자의 지위를 가진 은행가가 은행에 대한 지배력을 사적인 이익을 위해 사용한다는 의미에서 약탈이라고 할 수 있다.

넷째, ㉣ 이상 과열을 강조하는 시각이 있다. 위의 세 가지 시각과 달리 이 시각은 경제 주체의 행동이 항상 합리적으로 이루어지는 것은 아니라는 관찰에 기초하고 있다. 예컨대 많은 사람들이 자산 가격이 일정 기간 상승하면 앞으로도 계속 상승할 것이라 예상하고, 일정 기간 하락하면 앞으로도 계속 하락할 것이라 예상하는 경향을 보인다. 이 경우 자산 가격 상승은 부채의 증가를 낳고 이는 다시 자산 가격의 더 큰 상승을 낳는다. 이러한 상승 작용으로 인해 거품이 커지는 과정은 경제 주체들의 부채가 과도하게 늘어나 금융 시스템을 취약하게 만들게 되므로, 거품이 터져 금융 시스템이 붕괴하고 금융위기가 일어날 현실적 조건을 강화시킨다.

1 ㉠~㉣에 대한 설명으로 적절하지 않은 것은?

① ㉠은 은행 시스템의 제도적 취약성을 바탕으로 나타나는 예금주들의 행동에 주목하여 금융위기를 설명한다.

② ㉡은 경영자들이 예금주들의 이익보다 주주들의 이익을 우선한다는 전제하에 금융위기를 설명한다.

③ ㉢은 은행의 일부 구성원들의 이익 추구가 은행을 부실하게 만들 가능성에 기초하여 금융위기를 이해한다.

④ ㉣은 경제 주체의 행동에 대한 경험적 접근에 기초하여 금융위기를 이해한다.

⑤ ㉠과 ㉣은 모두 경제 주체들의 예상이 그대로 실현된 결과가 금융위기라고 본다.

2 ⓐ와 관련한 설명으로 적절하지 않은 것은?

① 파산한 회사의 자산 가치가 부채액에 못 미칠 경우에 주주들이 져야 할 책임은 한정되어 있다.

② 회사의 자산 가치에서 부채액을 뺀 값이 0보다 클 경우에, 그 값은 원칙적으로 주주의 몫이 된다.

③ 회사가 자산을 다 팔아도 부채를 다 갚지 못할 경우에, 얼마나 많이 못 갚는지는 주주들의 이해와 무관하다.

④ 주주들이 선호하는 고위험 고수익 사업은 성공한다면 회사가 큰 수익을 얻지만, 실패한다면 회사가 큰 손실을 입을 가능성이 높다.

⑤ 주주들이 고위험 고수익 사업을 선호하는 것은, 이런 사업이 회사의 자산 가치와 부채액 사이의 차이가 줄어들 가능성을 높이기 때문이다.

3 ㉠~㉣에 따라 〈보기〉의 사례를 평가한 내용으로 가장 적절한 것은? [3점]

〈보 기〉

1980년대 후반에 A국에서 장기 주택담보 대출에 전문화된 은행인 저축대부조합들이 대량 파산하였다. 이 사태와 관련하여 다음과 같은 사실들이 주목받았다.

○ 1970년대 이후 석유 가격 상승으로 인해 부동산 가격이 많이 오른 지역에서 저축대부조합들의 파산이 가장 많았다.

○ 부동산 가격의 상승을 보고 앞으로도 자산 가격의 상승이 지속될 것을 예상하고 빚을 얻어 자산을 구입하는 경제 주체들이 늘어났다.

○ A국의 정부는 투자 상황을 낙관하여 저축대부조합이 고위험 채권에 투자할 수 있도록 규제를 완화하였다.

○ 예금주들이 주인이 되는 상호회사 형태였던 저축대부조합들 중 다수가 1980년대에 주식회사 형태로 전환하였다.

○ 파산 전에 저축대부조합의 대주주와 경영자들에 대한 보상이 대폭 확대되었다.

① ㉠은 위험을 감수하고 고위험 채권에 투자한 정도와 고위 경영자들에게 성과급 형태로 보상을 지급한 정도가 비례했다는 점을 들어, 은행의 고위 경영자들을 비판할 것이다.

② ㉡은 부동산 가격 상승에 대한 기대 때문에 예금주들이 책임질 수 없을 정도로 빚을 늘려 은행이 위기에 빠진 점을 들어, 예금주의 과도한 위험 추구 행태를 비판할 것이다.

③ ㉢은 저축대부조합들이 주식회사로 전환한 점을 들어, 고위험 채권 투자를 감행한 결정이 궁극적으로 예금주의 이익을 더욱 증가시켰다고 은행을 옹호할 것이다.

④ ㉢은 저축대부조합이 정부의 규제 완화를 틈타 고위험 채권에 투자하는 공격적인 경영을 한 점을 들어, 저축대부조합들의 행태를 용인한 예금주들을 비판할 것이다.

⑤ ㉣은 차입을 늘린 투자자들, 고위험 채권에 투자한 저축대부조합들, 규제를 완화한 정부 모두 낙관적인 투자 상황이 지속될 것이라고 예상한 점을 들어, 그 경제 주체 모두를 비판할 것이다.

4 ㉠~㉣에 따른 금융위기 대책에 대한 설명으로 적절하지 않은 것은?

① 은행이 파산하는 경우에도 예금 지급을 보장하는 예금 보험 제도는 ㉠에 따른 대책이다.

② 일정 금액 이상의 고액 예금은 예금 보험 제도의 보장 대상에서 제외하는 정책은 ㉠에 따른 대책이다.

③ 은행들로 하여금 자기자본비율을 일정 수준 이상으로 유지하도록 하는 건전성 규제는 ㉡에 따른 대책이다.

④ 금융 감독 기관이 은행 대주주의 특수 관계인들의 금융 거래에 대해 공시 의무를 강조하는 정책은 ㉢에 따른 대책이다.

⑤ 주택 가격이 상승하여 서민들의 주택 구입이 어려워질 때 담보 가치 대비 대출 한도 비율을 줄이는 정책은 ㉣에 따른 대책이다.

★ **어휘력 강화**

* **쇄도(殺到)하다**
  ① 전화, 주문 따위가 한꺼번에 세차게 몰려들다.
  ② 어떤 곳을 향하여 세차게 달려들다.
* **만기(滿期)**
  ① 미리 정한 기한이 다 참. 또는 그 기한.
  ② [경제] 어음 금액의 지급일로서 어음에 적힌 날짜.
* **채무(債務)** [법률] 재산권의 하나. 특정인이 다른 특정인에게 어떤 행위를 하여야 할 의무를 이른다.
* **부채(負債)**
  ① 남에게 빚을 짐. 또는 그 빚.
  ② [경제] 제삼자에게 지고 있는 금전상의 의무.
* **유한책임(有限責任)** [법률] 채무자의 일정한 재산 또는 일정액이 채무의 담보가 되어 강제 집행의 대상이 될 수 있는 책임.
* **전가(轉嫁)하다**
  ① 잘못이나 책임을 다른 사람에게 넘겨씌우다.
  ② [경제] 조세 부담을 사경제적(私經濟的)인 유통 과정을 통하여 납세자로부터 다른 곳으로 이전한다.
  ③ [심리] 감정을 다른 대상에까지 미치게 하다.

제재	사회학	출처	2024 LEET	난도	상	목표 시간	13분
선정 이유	지문에 제시된 여러 관점들을 정확히 구별하면서 주요 개념은 철저히 파악해야 하는 지문이다. 또한 〈보기〉 문항은 그동안 평가원이 시험에서 요구해 온 '수리적 감각'을 충분히 활용해야 한다. 〈보기〉 문항의 계산 과정을 완벽히 익혀 두자.						

1~4 | 다음 글을 읽고 물음에 답하시오.

고전학파 경제학자들은 재화 생산에 ㉠ 들어간 노동량에 의해 가격이 결정된다는 '객관적 가치론'을 주창했다.* 이러한 가치론은 노동의 존엄과 생산적 활동을 중시하는 당대의 가치 규범 위에 세워졌다. 그러나 오늘날에는 가치의 핵심을 소비자의 욕구 충족에서 찾고, 재화의 유용성에 관한 각자의 판단을 중시하는 '주관적 가치론'이 대세가 되었다. 이는 시장에 의해 수요자의 욕구 및 공급자의 비용에 관한 정보가 가격으로 표출되고, 시장 참여자들이 이를 신호등 삼아 의사결정을 하는 과정에서 각자의 욕구가 충족되고 자원이 효율적으로 배분되는 현상에 주목한다.

그러나 이러한 가격 기구(price mechanism)에 의한 자원 배분에는 한계도 있다. 시장 거래 과정에는 거래 쌍방의 편익과 비용에 더해 제3자의 편익과 비용도 발생하는 '외부성*'이 존재한다. 그리고 공급자가 요구하는 가격을 지불할 능력이 없는 사람은 시장에서 배제되는 현상도 발생한다. 이러한 시장실패에 더해 시장의 힘이 커지면서 가격이 가치 규범과 괴리를 보이고 그 규범에 부정적 영향을 미치는 현상까지 빚어진다. 투기적 활동이 높은 가격을 부여받는다면 사람들은 생산적 기여 없이 돈을 버는 행위를 ㉡ 꺼리지 않게 되고 가격이 매겨지지 않는 덕목들을 무가치한 것으로 인식하게 될 것이다. 미국발 금융위기를 전후로 '사회적 가치'에 대한 관심이 전 세계적으로 커지고 있는 것도 이러한 맥락에서 이해될 수 있다.

그런데 사회적 가치에 대해서는 서로 다른 관점이 존재한다. '사회학적 관점'에서는 가치를 인간의 삶에서 궁극적으로 바람직한 것으로 이해하며 규범으로서의 가치를 강조한다. 이 관점에서는 공정·평등·삶의 질·지속 가능성 등의 가치 규범에 비춰 시정이 필요한 사회 현상을 사회 문제로 규정하고, 이를 해결해 다수가 바람직하다고 판단하는 결과를 낳는 것을 사회적 가치로 이해하는 흐름을 보인다. 반면, '경제학적 관점'에서는 시장실패 현상에 주목해, 외부성으로 인해 누군가의 욕구를 충족시켰으나 그 비용이 회수되지 못한 편익과 지불 능력 부족으로 인해 기존의 시장을 통해서는 채워지지 못했던 편익을 사회적 가치로 이해하는 흐름을 보인다.

최근에는 사회 문제 해결을 촉진하고 시장실패를 ㉢ 바로잡아 자원 배분의 효율성을 높이기 위한 노력이 사회성과(social impact)라는 개념을 중심으로 펼쳐지고 있다. 사회성과란 기업 활동의 경제적 결과인 '재무성과'에 상응해 기업이 창출한 사회적 가치를 측정하기 위한 개념이다. 이때, 사회성과는 사회 문제를 해결하려 한다는 점에서 '사회학적 관점'을 반영하고, 시장의 가격 기구에 반영되지 않거나 비용이 회수되지 못한 편익에 초점을 맞추고 화폐 단위로 측정 가능한 결과와 인센티브를 강조한다는 점에서 '경제학적 관점'을 반영한다.

사회성과의 구체적인 측정 방법에는 기업 활동으로부터 편익을 제공받거나 그 활동 비용을 부담한 이해관계자별로 계정을 만든 후, 각자의 편익과 비용을 기입하고 합산하는 방법이 있다. 이에 따르면 정부·공익재단·시민 등이 사회 문제를 해결하는 다양한 형태의 경제 활동 조직에 제공한 지원금은 이들 조직의 비용을 보전시켜 주므로 해당 이해관계자 계정에서 비용으로 처리해 사회성과 계산에서 ㉣ 뺀다. 사회적 가치 창출에 적극적인 기업 조직 중 하나인 사회적 기업을 대상으로 사회성과가 어떻게 측정되는지 살펴보자. 사회적 기업이 취약계층을 고용해 근로소득 150만 원을 제공하고 정부로부터 50만 원의 고용 지원금을 받는다면, 먼저 취약계층 계정에서 150만 원의 편익이 발생한다. 이는 근로자의 삶의 질이 개선된 효과를 나타낸다. 다음으로 정부는 50만 원의 지원금을 지불하므로 정부 계정에 비용으로 50만 원이 기입된다. 이때 사회성과는 두 이해관계자의 비용과 편익을 합산한 순편익으로 그 측정값은 100만 원이다.

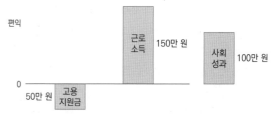

〈그림〉 이해관계자를 고려한 사회성과 측정

사회 문제 해결 활동과 관련한 편익과 비용을 실제로 측정하는 데는 한계도 적지 않다. 그렇지만 그 편익을 화폐 단위로 환산하고 화폐화된 성과에 대한 평가를 토대로 기존 이해관계자들을 통해 회수되지 못한 부분에 대한 금전적 보상, 곧 '사회성과 보상'이 다양한 수단들로 활성화된다면, 사회적 가치를 달성하는 활동들은 가격을 본격적으로 부여받게 된다. 이 과정에서 기업과 비영리 조직*으로 더 많은 자금이 유입되고, 이들 조직이 효율적인 경영을 통해 더 높은 성과를 ㉤ 거두도록 동기가 부여되며, 가격과 사회의 가치 규범도 다시 정렬될 것이다. 이러한 흐름은 오늘날 사회공헌 채권이나 임팩트 투자 등으로 구체화되고 있다.

1 윗글에 대한 이해로 가장 적절한 것은?

① '객관적 가치론'은 가격에 의한 가치 규범의 변화에 대해 비판적 입장을 취할 것이다.

② '주관적 가치론'은 소비자의 욕구를 중시한 결과 공급자의 비용을 부차적인 문제로 취급할 것이다.

③ '사회학적 관점'은 가치의 문제를 사람들의 욕구 충족이라는 측면에서 판단할 것이다.

④ '경제학적 관점'은 가치와 가격의 괴리 현상이 존재하지 않는다고 볼 것이다.

⑤ 취약계층을 고용하는 기업에 제공되는 고용 지원금은 '외부성'을 강화해 '사회적 가치'를 제고할 것이다.

2 사회성과 와 관련한 다음의 추론 중 가장 적절한 것은?

① 정부 지원금은 기업의 사회적 가치 창출에 대한 보상의 성격이 있으므로 사회성과 보상에 포함되어야 할 것이다.

② 영리기업은 기업 활동의 결과로 발생한 이윤을 주주에게 배당하므로 사회성과 보상의 대상이 될 수 없을 것이다.

③ '경제학적 관점'에서는 사회성과 보상이 가격 기구에 영향을 주지 않으면서 사회 문제를 해결하려는 시도이므로 사회성과 측정에 찬성할 것이다.

④ 사회성과 보상이 사회적 가치 제고라는 본연의 목적에 충실하기 위해서는 화폐된 성과로 측정할 수 없는 편익도 평가할 수 있는 보완책이 필요할 것이다.

⑤ '사회학적 관점'에서는 사회성과 측정이 사회구성원들이 중요시하는 가치 규범을 반영할 수 없다고 여겨 사회성과 측정에 기초한 사회적 가치 촉진 정책에 반대할 것이다.

3 윗글을 바탕으로 〈보기〉의 병원 활동을 설명한 내용으로 적절하지 <u>않은</u> 것은? 〔3점〕

〈보 기〉

A 병원은 2021년에 취약계층의 삶의 질 개선을 목적으로, 일반 환자에게 10만 원에 제공하는 진료 서비스를 지역 거주 취약계층 노인들에게는 회당 2만 원을 받고 총 100회를 제공하였다. 이때 지방자치단체는 회당 3만 원을 지원하였다. 한편, 2022년에는 이 병원의 사회 공헌 활동이 널리 알려지면서 지역의 뜻있는 주민들과 기업들도 동참해, 각각 회당 1만 원과 3만 원의 후원금을 지원했고, 이 병원의 취약계층 노인 대상 진료 서비스는 총 150회로 늘어났다. (단, 다른 조건에는 변화가 없다.)

① 2022년에 취약계층 노인들이 이 병원을 통해 얻은 편익은 전년도에 비해 500만 원 증가했다.

② 2022년에 이 병원이 취약계층 노인을 위해 창출한 편익 중 가격 기구를 통해 그 비용을 회수한 금액은 전년도에 비해 100만 원 증가했다.

③ 2021년부터 2년 동안 이해관계자 계정의 비용 총액은 1,350만 원이다.

④ 2022년에 이 병원이 창출한 사회성과는 전년도에 비해 350만 원 감소했다.

⑤ 2021년의 사회성과를 보상하기 위해서는 500만 원이 필요하다.

4 문맥상 ㉠~㉤과 바꾸어 쓰기에 적절하지 <u>않은</u> 것은? 〔신규〕

① ㉠ : 투입(投入)된

② ㉡ : 기피(忌避)하지

③ ㉢ : 시정(是正)하여

④ ㉣ : 차감(差減)한다

⑤ ㉤ : 충당(充當)하도록

★ **어휘력 강화**

* **주창(主唱)하다**
  ① 주의나 사상을 앞장서서 주장하다.
  ② 노래나 시 따위를 앞장서서 부르다.
* **외부성(外部性)** [경제] 어떤 개인이나 기업이 재화나 용역을 생산·소비·분배하는 과정에서, 대가를 주고받지 않은 채로 그 과정에 참여하지 않은 다른 개인이나 기업의 경제 활동이나 생활에 이익을 주거나 손해를 끼치는 것. 이때 이익을 주는 긍정적 효과를 외부 경제, 손해를 끼치는 부정적 효과를 외부 불경제라고 한다.
* **비영리 조직(非營利組織)** 자체의 이익을 추구하지 아니하고 공익을 목적으로 하는 단체.

09 레이저 냉각의 원리 ★[과학/기술]

| 제재 | 물리학 | 출처 | 2016 LEET | 난도 | 상 | 목표 시간 | 12분 |

| 선정 이유 | 지문이 상당히 길고 그림까지 포함하고 있어 체감 난도가 꽤나 높을 것으로 예상된다. 물체의 온도에 영향을 미치는 대상들의 상관관계를 설명하는 문장에 주의하면서, '어떻게 하면 물체의 온도를 낮출 수 있을까?'에 답한다는 마음으로 차근차근 독해해 보자. |

1~4 | 다음 글을 읽고 물음에 답하시오.

이론적으로 존재하는 가장 낮은 온도는 -273.16℃이며 이를 절대 온도 0K라고 한다. 실제로 0K까지 물체의 온도를 낮출 수는 없지만 그에 근접한 온도를 얻을 수는 있다. 그러한 방법 중 하나가 '레이저 냉각'이다.

레이저 냉각을 이해하기 위해 우선 온도라는 것이 무엇인지 알아보자. 미시적으로 물질을 들여다보면 많은 수의 원자가 모인 집단에서 원자들은 끊임없이 서로 충돌하며 다양한 속도로 운동한다. 이때 절대 온도는 원자들의 평균 운동 속도의 제곱에 비례하는 양으로 정의된다. 따라서 어떤 원자의 집단에서 원자들의 평균 운동 속도를 감소시키면 그 원자 집단의 온도가 내려간다. 레이저 냉각을 사용하면 상온(약 300K)에서 대략 200m/s의 평균 운동 속도를 갖는 기체 상태의 루비듐 원자의 평균 운동 속도를 원래의 약 1/10000까지 낮출 수 있다.

그렇다면 레이저를 이용하여 어떻게 원자의 운동 속도를 감소시킬 수 있을까? 날아오는 농구공에 정면으로 야구공을 던져서 부딪히게 하면 농구공의 속도가 느려진다. 마찬가지로 빠르게 움직이는 원자에 레이저 빛을 쏘아 충돌시키면 원자의 속도가 줄어들 수 있다. 이때 속도와 질량의 곱에 해당하는 운동량도 작아진다. 빛은 전자기파라는 파동이면서 동시에 광자라는 입자이기도 하기 때문에 운동량을 갖는다. 광자는 빛의 파장에 반비례하는 운동량을 가지며 빛의 진동수에 비례하는 에너지를 갖는다. 또한 빛의 파장과 진동수는 반비례의 관계에 있다. 레이저 빛은 햇빛과 같은 일반적인 빛과 달리 일정한 진동수의 광자로만 이루어져 있다. 레이저 빛을 구성하는 광자가 원자에 흡수될 때 광자의 에너지만큼 원자의 내부 에너지가 커지면서 광자의 운동량이 원자에 전달된다. 실제로 상온에서 200m/s의 속도로 다가오는 루비듐 원자에 레이저 빛을 쏘아 여러 개의 광자를 연이어 루비듐 원자에 충돌시키면 원자를 거의 정지시킬 수 있다. 하지만 이때 문제는 원자가 정지한 순간 레이저를 끄지 않으면 원자가 오히려 반대 방향으로 밀려날 수도 있다는 데 있다. 그런데 원자를 하나하나 따로 관측할 수 없고 각 원자의 운동 속도에 맞추어 각 원자와 충돌하는 광자의 운동량을 따로 제어할 수도 없으므로 실제 레이저를 이용해 원자의 온도를 내리는 것은 간단하지 않아 보인다. 이를 간단하게 해결하는 방법은 도플러 효과와 원자가 빛을 선택적으로 흡수하는 성질을 이용하는 것이다.

사이렌과 관측자가 가까워질 때에는 사이렌 소리가 원래의 소리보다 더 높은 음으로 들리고, 사이렌과 관측자가 멀어질 때에는 더 낮은 음으로 들린다. 이처럼 빛이나 소리와 같은 파동을 발생시키는 파동원과 관측자가 멀어질 때는 파동의 진동수가 더 작게 감지되고, 파동원과 관측자가 가까워질 때는 파동의 진동수가 더 크게 감지되는 현상을 도플러 효과라고 한다. 이때

원래의 진동수와 감지되는 진동수의 차이는 파동원과 관측자가 서로 가까워지거나 멀어지는 속도에 비례한다. 이것을 레이저와 원자에 적용하면 레이저 광원은 파동원이고 원자는 관측자에 해당한다. 그러므로 레이저 광원에 다가가는 원자에게 레이저 빛의 진동수는 원자의 진동수보다 더 높게 감지되고, 레이저 광원에서 멀어지는 원자에게 레이저 빛의 진동수는 더 낮게 감지된다.

한편 정지해 있는 특정한 원자는 모든 진동수의 빛을 흡수하는 것이 아니고 고유한 진동수, 즉 공명 진동수의 빛만을 흡수한다. 이것은 원자가 광자를 흡수할 때 원자 내부의 전자가 특정 에너지 준위* E_1에서 그보다 더 높은 특정 에너지 준위 E_2로 옮겨 가는 것만 허용되기 때문이다. 이때 흡수된 광자의 에너지는 두 에너지 준위의 에너지 값의 차이 ΔE에 해당한다.

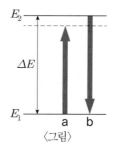

E_2

ΔE

E_1

　　　a　b

〈그림〉

그러면 어떻게 도플러 효과를 이용하여 레이저 냉각을 수행하는지 알아보자. 우선 어떤 원자의 집단을 사이에 두고 양쪽에서 레이저 빛을 원자에 쏘되 그 진동수를 원자의 공명 진동수보다 작게 한다. 원자가 한쪽 레이저 빛의 방향과 반대 방향으로 움직이면 도플러 효과에 의해 원자에서 감지되는 레이저 빛의 진동수가 커지는데, 그 값이 자신의 공명 진동수에 해당하는 원자는 레이저 빛을 흡수하게 된다. 이때 흡수된 광자의 에너지는 ΔE보다 작지만(〈그림〉의 a), 원자는 도플러 효과 때문에 공명 진동수를 갖는 광자를 받아들이는 것처럼 낮은 준위 E_1에 있던 전자를 허용된 준위 E_2에 올려놓는다. 그러면 불안정해진 원자는 잠시 후에 ΔE에 해당하는 에너지를 갖는 광자를 방출하면서 전자를 E_2에서 E_1로 내려놓는다(〈그림〉의 b). 이 과정이 반복되는 동안, 원자가 광자를 흡수할 때에는 일정한 방향에서 오는 광자와 부딪쳐 원자의 운동 속도가 계속 줄어들지만, 원자가 광자를 내놓을 때에는 임의의 방향으로 방출하기 때문에 결국 광자의 방출은 원자의 속도 변화에 영향을 미치지 못하게 된다. 그러므로 원자에서 광자를 선택적으로 흡수하고 방출하는 과정이 반복되면, 원자의 속도가 줄어들면서 원자의 평균 운동 속도가 줄고 그에 따라 원자 집단 전체의 온도가 내려가게 된다.

1 윗글의 내용과 일치하는 것은?

① 움직이는 원자의 속도는 도플러 효과로 인해 더 크게 감지된다.

② 레이저 냉각은 광자를 선택적으로 흡수하는 원자의 성질을 이용한다.

③ 레이저 냉각은 원자와 레이저 빛을 충돌시켜 광자를 냉각시키는 것이다.

④ 레이저 빛을 이용하여 원자 집단을 절대 온도 0K에 도달하게 할 수 있다.

⑤ 개별 원자의 운동 상태를 파악하여 각각의 원자마다 적절한 진동수의 레이저 빛을 쏠 수 있다.

2 윗글의 〈그림〉을 이해한 것으로 적절하지 않은 것은?

① 다가오는 원자에 공명 진동수의 레이저 빛을 쏘면 원자 내부의 전자가 E_1에서 E_2로 이동한다.

② 원자의 공명 진동수와 일치하는 진동수를 갖는 광자는 ΔE의 에너지를 갖는다.

③ 원자가 흡수했다가 방출하는 광자의 에너지는 ΔE로 일정하다.

④ 정지한 원자가 흡수하는 광자의 에너지는 ΔE와 일치한다.

⑤ E_2에서 E_1로 전자가 이동할 때 광자가 방출된다.

3 윗글에 따를 때, 〈보기〉에서 공명이 일어나는 것만을 있는 대로 고른 것은?

〈보 기〉

소리굽쇠는 고유한 공명 진동수를 가져서, 공명 진동수와 일치하는 소리를 가해 주면 공명하고, 공명 진동수에서 약간 벗어난 진동수의 소리를 가해 주면 공명하지 않는다. 그림과 같이 마주 향한 고정된 두 스피커에서 진동수 498Hz의 음파를 발생시키고, 공명 진동수가 500Hz인 소리굽쇠를 두 스피커 사이의 중앙에서 오른쪽으로 v의 속도로 움직였더니 소리굽쇠가 공명했다. 그 후에 다음과 같이 조작하면서 소리굽쇠의 공명 여부를 관찰했다. 단, 소리굽쇠는 두 스피커 사이에서만 움직인다.

ㄱ. 소리굽쇠를 중앙에서 왼쪽으로 v의 속도로 움직였다.

ㄴ. 소리굽쇠를 중앙에서 오른쪽으로 $2v$의 속도로 움직였다.

ㄷ. 왼쪽 스피커를 끄고 소리굽쇠를 중앙에서 왼쪽으로 v의 속도로 움직였다.

① ㄱ　　② ㄴ　　③ ㄷ　　④ ㄱ, ㄷ　　⑤ ㄴ, ㄷ

4 윗글에 비추어 〈보기〉의 리튬 원자의 레이저 냉각에 대해 설명한 것으로 적절하지 않은 것은? 〔3점〕

〈보 기〉

	루비듐	리튬
원자량(원자의 질량)	85.47	6.94
정지 상태의 원자가 흡수하는 빛의 파장	780nm	670nm

① 리튬의 공명 진동수는 루비듐의 공명 진동수보다 크다.

② 원자가 흡수하는 광자의 운동량은 리튬 원자가 루비듐 원자보다 작다.

③ 같은 속도로 움직일 때 리튬 원자의 운동량이 루비듐 원자의 운동량보다 작다.

④ 루비듐 원자에 레이저 냉각을 일으키는 레이저 빛은 같은 속도의 리튬 원자에서는 냉각 효과가 없다.

⑤ 리튬 원자에 레이저 냉각을 일으킬 때에는 레이저 빛의 파장을 670nm보다 더 큰 값으로 조정한다.

★ 어휘력 강화

*에너지 준위(準位) [물리] 원자나 분자가 갖는 에너지의 값. 또는 그 상태.

| 선정 이유 | 정보량이 굉장히 많고 세부 정보에까지 집중을 요구하는 고난도 지문이다. 1문단에 제시된 '영양외배엽 세포'와 '속세포덩어리'를 중심으로 지문 전체를 유기적으로 구조화해 보자. 신규 정보가 나왔을 때, 이를 앞선 내용들과 연결해 가며 독해하는 연습을 하기에 상당히 좋은 지문이다. |

1~4 | 다음 글을 읽고 물음에 답하시오.

우리 몸의 수많은 세포들은 정자와 난자가 수정하여 형성된 단일 세포인 접합체가 세포 분열을 하여 만들어진 것이다. 포유류의 경우, 접합체의 세포 분열로 형성되는 초기 배반포 단계에서 나중에 태반의 일부가 되는 영양외배엽 세포와 그에 둘러싸인 속세포덩어리가 형성되는데, 이 속세포덩어리는 나중에 태아를 이루는 모든 세포로 분화되는 다능성(多能性)을 지닌다. 그렇다면 속세포덩어리는 어떻게 만들어질까?

접합체는 3회의 세포 분열을 통해 8개의 구형(球形) 세포로 구성된 8-세포가 된 후, 형태를 변화시키는 밀집* 과정을 통해 8-세포 상실배아가 된다. 다음으로, 8-세포 상실배아는 세포의 보존 분열과 분화 분열로 16-세포 상실배아가 되는데, 보존 분열은 분열 후 두 세포의 성질이 같은 경우이며, 분화 분열은 분열 후 두 세포의 성질이 서로 다른 경우이다. 8-세포 상실배아의 일부 세포는 보존 분열로 16-세포 상실배아의 표층을 형성하는 세포들이 되고, 나머지 세포는 분화 분열로 16-세포 상실배아의 표층에 1개, 내부에 1개로 갈라져서 분포함으로써, 16-세포 상실배아는 표층 세포와 내부 세포로 구분되는 모습을 처음으로 띠게 된다. 한편 이 두 갈래의 세포 분열은 16-세포 상실배아에서도 일어나서 32-세포 상실배아가 형성된다. 32-세포 상실배아의 표층 세포들은 이후 초기 배반포의 영양외배엽 세포들로 분화되고 내부 세포들은 속세포덩어리 세포들로 분화된다.

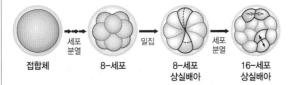

접합체 → (세포 분열) → 8-세포 → (밀집) → 8-세포 상실배아 → (세포 분열) → 16-세포 상실배아

..... 세포 분열 예정선   ⟷ 보존 분열 방향   ← 분화 분열 방향

여기서 문제는 16-세포 상실배아와 32-세포 상실배아의 세포가 어떻게 서로 다른 성질을 가진 세포로 분화되는가이다. 이에 대해 두 개의 가설이 제시되었다. 먼저 '내부-외부 가설'은 하나의 세포가 주변 세포와의 접촉 정도와 외부 환경에의 노출 여부에 따라 서로 다르게 분화된다고 보았다. 곧 상실배아의 내부 세포는 표층 세포보다 주변 세포와의 접촉 정도가 더 크고 바깥 환경과 접촉하지 못하므로 내부 세포와 표층 세포는 서로 다른 세포로 분화된다는 것이다.

그러나 8-세포 상실배아 상태에서 특정 물질들의 분포에 따라 한 세포가 성질이 다른 두 부분으로 구분된다는 것이 발견되면서, '양극성* 가설'이 새로 제시되었다. 8-세포 단계에서 세포 내에 고르게 분포했던 어떤 물질들이 밀집 과정에서 바깥이나 안쪽 중 한쪽으로 쏠려 분포하게 되어 결과적으로 8-세포 상실배아의 각 세포는 두 부분으로 구분된다. 이 물질들을 양극성

결정 물질이라고 부르며, 이 물질의 분포에 따라 서로 다른 성질의 세포로 분화된다는 것이 '양극성 가설'이다. 이 가설에 따르면 8-세포 상실배아의 세포가 분화 분열되면서 형성된 16-세포 상실배아의 표층 세포는 원래 가지고 있던 양극성 결정 물질의 분포를 유지하지만, 분열로 만들어진 내부 세포에는 분열 이전에 바깥쪽에 쏠려 분포했던 양극성 결정 물질이 없다. 표층 세포와 내부 세포의 이런 차이 때문에 분화될 세포의 유형이 다르게 된다는 것이다.

과학자들은 상실배아의 표층 세포와 내부 세포의 분화와 관련하여 다능성-유도 물질 OCT4와 영양외배엽 세포 형성 물질 CDX2를 주목하였다. 8-세포 상실배아의 모든 세포에서 OCT4는 고르게 분포하지만, CDX2는 그렇지 않다. 이는 양극성 결정 물질 중 세포의 바깥 부분에만 있는 물질이 CDX2를 세포 바깥쪽에 집중적으로 분포하게 하기 때문이다. 이후 16-세포 상실배아가 되면, 표층 세포에서는 OCT4가 점차 없어지는 반면, 내부 세포에서는 잔류 CDX2가 점차 없어지는데, 이는 표층 세포에서는 CDX2가 OCT4의 발현을 억제하고, 내부 세포에서는 OCT4가 CDX2의 발현을 억제하기 때문이다. 한편 CDX2를 발현시키는 물질의 기능을 억제하는 '히포' 신호 전달 기전* 또한 관련 현상으로 연구되었다. 이에 따르면, 16-세포 상실배아의 모든 세포에 존재하는 이 기전은 주변 세포와의 접촉이 커지면 활성화되어 CDX2의 양이 감소한다. 이러한 연구 결과들은 CDX2와 OCT4의 상호 작용이 분화 분열로 만들어진 두 세포가 달라지는 원인임을 말해 준다.

1 속세포덩어리의 형성과 관련하여 윗글을 통해 알 수 <u>없는</u> 것은?

① 속세포덩어리로 세포가 분화되는 과정
② 속세포덩어리로 분화될 세포의 양극성 존재 여부
③ 속세포덩어리로 분화될 세포가 최초로 형성되는 시기
④ 속세포덩어리가 될 세포의 수를 결정하는 물질의 종류
⑤ 속세포덩어리가 될 세포를 형성하기 위한 세포 분열의 방법

2 윗글의 내용에 대한 이해로 적절하지 <u>않은</u> 것은? 〔신규〕

① 포유동물의 태아를 구성하는 모든 세포는 속세포덩어리에서 분화된 것이다.

② 접합체가 32-세포 상실배아로 되는 과정에서 총 5번의 세포 분열이 일어난다.

③ 32-세포 상실배아의 표층 세포로부터 나중에 태반의 일부가 되는 세포가 분화된다.

④ 8-세포에서 밀집 과정을 거쳐 만들어진 상실배아의 모든 세포는 다능성-유도 물질을 갖고 있다.

⑤ 16-세포 상실배아의 표층 세포에서는 CDX2를 발현시키는 물질의 기능이 억제되는 기전이 존재하지 않는다.

3 16-세포 상실배아기 동안 일어나는 현상으로 옳은 것은?

① 내부 세포에서 CDX2를 발현시키는 물질의 기능이 활성화된다.

② 보존 분열에 의해 형성된 세포에서 '히포' 신호 전달 기전이 활성화된다.

③ 표층 세포의 바깥쪽 부분에서 CDX2의 발현을 억제하는 OCT4의 영향력이 증가한다.

④ 분화 분열에 의해 형성된 내부 세포에서 CDX2 양에 대한 OCT4 양의 비율이 감소한다.

⑤ 표층 세포와 내부 세포 간에 CDX2의 분포를 결정하는 양극성 결정 물질의 양에 차이가 생긴다.

4 〈보기〉는 여러 단계의 상실배아에 있는 세포에 조작을 가하여 배양한 결과를 정리한 것이다. 실험 결과가 해당 가설을 지지할 때, ㉠, ㉡, ㉢으로 알맞은 것은? 〔3점〕

〈보 기〉

대상 세포	가해진 조작	배양된 세포 유형	가설
32-세포 상실배아의 내부에 있는 세포	인위적인 방법을 사용하여 표층으로 옮겨 배양	㉠	내부-외부 가설
16-세포 상실배아의 내부에 있는 세포	채취하여 단독으로 배양	㉡	내부-외부 가설
8-세포 상실배아에 있는 세포	채취하여 바깥쪽에 쏠려 있는 양극성 결정 물질의 기능을 억제하는 물질을 주입한 후 단독으로 배양	㉢	양극성 가설

	㉠	㉡	㉢
①	영양외배엽	영양외배엽	영양외배엽
②	영양외배엽	영양외배엽	속세포덩어리
③	영양외배엽	속세포덩어리	속세포덩어리
④	속세포덩어리	속세포덩어리	영양외배엽
⑤	속세포덩어리	속세포덩어리	속세포덩어리

★ 어휘력 강화

* 밀집(密集) 빈틈없이 빽빽하게 모임.

* 양극성(兩極性) 자석의 두 극처럼 하나가 두 극으로 나누어지는 성질. 서로의 존재나 주장, 태도 따위가 맞서고 동시에 서로가 상대를 자기의 존재 조건으로 하는 관계에 있다.

* 기전(機轉) 어떤 물체나 현상의 작용 원리나 작용 과정. 메커니즘(mechanism)의 번역어.

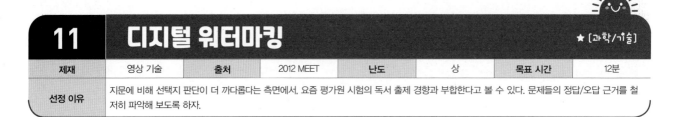

11	디지털 워터마킹					★ [과학/기술]
제재	영상 기술	출처	2012 MEET	난도	상	목표 시간	12분
선정 이유	지문에 비해 선택지 판단이 더 까다롭다는 측면에서, 요즘 평가원 시험의 독서 출제 경향과 부합한다고 볼 수 있다. 문제들의 정답/오답 근거를 철저히 파악해 보도록 하자.					

1~4 | 다음 글을 읽고 물음에 답하시오.

디지털 사진에 특정 식별자, 곧 워터마크를 숨겨서 삽입하는 것을 디지털 워터마킹(watermarking)이라 한다. 삽입된 식별자를 특정 방법으로 추출하여* 사진의 저작권 증명으로 사용할 수 있다. 따라서 워터마킹은 원본을 회전, 잘라 내기, 축소 같은 편집이나 압축을 하여도, 워터마크가 원형에 ㉠가까운 형태로 추출되어야 하는 강인성(robustness)이 어느 정도 유지되어야 하며, 워터마크를 삽입하더라도 원래의 데이터 저장 형식이 바뀌지 않아야 한다. 또한 삽입된 식별자가 쉽게 노출되지 않도록 비가시성(invisibility)이 유지되어야 한다.

디지털 사진의 데이터는 가로, 세로의 격자 모양으로 배열된 화소의 밝기 값으로 표현된다. 각 화소의 밝기 값을 2차원 배열 형태의 데이터로 표현하는 방식을 공간 영역 방식이라고 한다. 공간 영역 방식으로 표현된 디지털 사진의 데이터에서 사람의 눈에 잘 띄지 않는 영역에 있는 화소들의 밝기 값을 적당히 변경하여 워터마크를 삽입할 수 있다. 가령 어떤 상표의 이미지 데이터를 특정 영역의 화솟값에 더하거나 곱하여 밝기 값에 포함하면 된다. 공간 영역에서는 화솟값에 직접 식별자를 삽입할 수 있기 때문에 워터마크 삽입과 추출에 필요한 연산량이 비교적 적고 식별자의 삽입을 빠르게 처리할 수 있다는 장점이 있다. 그러나 이렇게 삽입된 워터마크는 특정 영역에 한정되어 기록되어 있기 때문에 잘라 내기와 같은 간단한 영상 처리 또는 정보의 손실이 발생하는 데이터 압축에 의해서 쉽게 훼손되는 단점이 있다.

이러한 문제점은 주파수 영역을 이용하면 어느 정도 개선할 수 있다. 단위 거리당 밝기가 변화하는 정도를 공간 주파수라고 하는데, 공간 주파수는 시간의 흐름이 아니라 공간적 이동에 따른 진동의 정도를 나타낸다. 디지털 사진에서 특정 방향으로 명암 변화가 자주 일어날수록 그 방향의 공간 주파수가 높게 측정되는데, 인접한 화소 사이에 밝기 변화가 급격하게 일어날 때 공간 주파수는 최대가 된다. 이 원리를 이용하여 디지털 사진을 수평과 수직 방향의 2차원 평면에 대한 공간 주파수의 분포로 나타낼 수 있다. 이때 2차원 배열로 표현되는 공간 주파수의 2차원적인 분포를 공간 주파수 스펙트럼이라고 한다. 디지털 사진을 주파수 스펙트럼으로 표현하는 방식을 주파수 영역 방식이라고 하는데, 공간 영역의 사진 데이터는 푸리에 변환 등 수학적 변환식에 의해 손실 없이 주파수 영역으로 변환되고 그 역과정도 성립한다.

주파수 영역에서 워터마크를 삽입하려면, 공간 영역의 데이터를 주파수 영역으로 변환한 다음에 특정 주파수 대역에 식별자 데이터를 삽입하고, 그것을 다시 공간 영역으로 변환해야 한다. 특정 주파수 대역에 삽입된 식별자는 그 주파수를 포함하고 있는 공간 영역의 모든 화소에 분산되므로 사진 전체에 퍼져 저장된다. 이렇게 삽입된 워터마크는 사람의 시각에 쉽게 노출되지 않으면서도, 잘라 내기 등과 같은 영상 편집이 가해지더라도 남은 영역에 저장된 식별자 데이터에 의해 어느 정도 복원이 가능해진다. 하지만 공간과 주파수 영역 사이에 변환이 필요하므로 워터마크 삽입을 위한 연산량이 대폭 증가하게 되며, 특정 대역에 삽입된 식별자 데이터는 공간 영역에서 잡음(noise)의 형태로 나타나므로 사진 전반에 걸쳐 원본 사진이 흐려지거나 변형되는 등의 단점이 발생한다.

일반적인 사진에서 사람이 알아볼 수 있는 대부분의 정보는 저주파 대역에 몰려 있고, 사람이 사진의 내용을 인식할 때는 저주파 성분보다 고주파 성분에 상대적으로 둔감하게 반응한다. 따라서 워터마크 삽입으로 인한 잡음의 양은 대역과 상관없이 동일하더라도 고주파 대역에서는 원본의 왜곡이 눈에 잘 띄지 않는다. 그러나 대부분의 영상 손실 압축 기술이 고주파 성분을 제거하여 전체적인 데이터의 저장 크기를 줄이는 방법을 사용하므로 고주파 대역에 삽입된 워터마크는 압축에 취약해진다. 주파수 영역에서 워터마크는 압축에 대해 강인성이 유지되도록 대부분 중간 대역에 삽입된다.

1 윗글의 내용과 일치하는 것은?

① 삽입된 워터마크의 비가시성이 낮을수록 저작권을 보호하기 쉽다.

② 주파수 영역에서 공간 영역으로 변환할 때 데이터 손실이 일어난다.

③ 삽입된 워터마크는 공간 영역과 주파수 영역에서 잡음 형태로 나타난다.

④ 주파수 영역에서 워터마크를 삽입하면 데이터가 저장되는 형식이 바뀐다.

⑤ 공간 영역의 워터마크 삽입에 필요한 연산량은 주파수 영역에 비해 많다.

2 공간 주파수에 대한 추론으로 적절하지 <u>않은</u> 것은?

① 공간 영역에서 화소의 밝기 값을 변경하면 주파수 스펙트럼이 변한다.

② 인접한 화소가 흑과 백을 교대로 가지며 반복될 때 공간 주파수는 최대가 된다.

③ 공간 주파수가 높은 영역에 워터마크가 삽입되면 원본의 가시적 왜곡이 줄어든다.

④ 공간 주파수 스펙트럼은 화소의 밝기 값에 푸리에 변환을 적용하여 얻을 수 있다.

⑤ 수평 방향의 단색 줄무늬가 조밀할수록 수평 방향의 공간 주파수가 높게 측정된다.

3 다음 사진에 워터마크를 삽입한다고 할 때, 이와 관련된 설명으로 적절한 것은? 〔3점〕

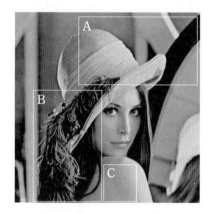

① 중간 주파수 대역에 워터마크를 삽입하면, A보다는 B에서 워터마크의 비가시성이 낮다.

② 고주파 성분을 많이 포함하는 워터마크를 C의 공간 영역 데이터에 삽입하면 비가시성을 높일 수 있다.

③ 저주파 대역에 워터마크를 삽입한 다음, C가 제거된 영상을 이용하더라도 워터마크의 추출이 가능하다.

④ 중간 주파수 대역에 워터마크를 삽입하면, A보다는 C의 화소 밝기 값에 식별자 데이터가 많이 저장된다.

⑤ 고주파 대역에 워터마크를 삽입한 다음에 손실 압축을 하면, B만을 이용하더라도 워터마크의 추출이 가능하다.

4 ㉠과 문맥상 의미가 가장 가까운 것은? 〔신규〕

① 시험이 <u>가까워서</u> 도서관에 자리가 꽉 찼다.

② 오늘은 은행에서 <u>가까운</u> 곳에서 만나기로 하자.

③ 무뚝뚝한 사람들과 <u>가깝게</u> 지내기란 쉽지 않다.

④ 그 영화는 첫날부터 백만 명에 <u>가까운</u> 관객이 몰렸다.

⑤ 이 그림은 거의 사실에 <u>가까운</u> 세밀한 묘사가 돋보인다.

★ **어휘력 강화**

* 추출(抽出)하다 전체 속에서 어떤 물건, 생각, 요소 따위를 뽑아내다.

1~4 | 다음 글을 읽고 물음에 답하시오.

1965년 제미니 4호 우주선은 지구 주위를 도는 궤도에서 다른 우주선과의 접촉, 곧 우주 랑데부를 최초로 시도했다. 궤도에 진입하여 중력만으로 운동 중이던 제미니 4호 우주선은 같은 궤도상 전방에 있는 타이탄 로켓과 랑데부하기 위해 접근하고자 했다. 조종사는 속력을 높이기 위해 우주선을 목표물에 향하게 하고 후방 노즐을 통하여 일시적으로 연료를 분사하였다. 하지만 이 후방 분사를 반복할수록 목표물과의 거리는 점점 더 멀어졌고 연료만 소모하자 랑데부 시도를 포기했다.

연료를 분사하면 우주선은 분사 방향의 반대쪽으로 추진력을 받는다. 이는 뉴턴의 제3법칙인 '두 물체가 서로에게 작용하는 힘은 항상 크기가 같고, 방향은 반대이다.'로 설명할 수 있다. 질량이 큰 바위를 밀면, 내가 바위를 미는 힘이 작용이고, 바위가 나를 반대 방향으로 미는 힘이 반작용이다. 똑같은 크기의 힘을 주고받았는데 내 몸만 움직이는 이유는 뉴턴의 제2법칙인 '같은 크기의 힘을 물체에 가했을 때, 물체의 질량과 가속도는 반비례한다.'로 설명할 수 있다. 연료를 연소해 기체를 분사하는 힘은 작용이고, 그 반대 방향으로 우주선에 작용하는 추진력은 반작용이다. 우주선에 비해 연료 기체의 질량은 작더라도 연료 기체를 고속 분사하면 우주선은 충분한 가속도를 얻는다.

지구 궤도를 도는 우주선은 우주에 자유롭게 떠 있는 것 같지만, 기체 분사에 의한 힘 외에 중력이 작용하고 있어서 그 영향을 고려해야 한다. 우주선은 지구의 중력을 받으며 원 또는 타원 궤도를 빠르게 돈다. 이때 궤도를 한 바퀴 도는 데 걸리는 시간인 주기는 궤도의 지름이 클수록 더 길다. 우주선은 속력과 관련된 운동 에너지(K)와 중력에 관련된 중력 위치 에너지(U)를 가진다.

$$K = \frac{1}{2}mv^2, \qquad U = -\frac{GMm}{r}$$

G: 만유인력 상수, M: 지구의 질량, m: 우주선의 질량,
r: 지구 중심과 우주선의 거리, v: 우주선의 속력

운동 에너지는 우주선 속력의 제곱에 비례한다. 우주선의 중력 위치 에너지는 우주선이 지구에서 무한대 거리에 있으면 0으로 정의되고, 지구에 가까워지면 그 값은 작아지므로 음수이다. 즉, 우주선이 지구에 가까울수록 중력 위치 에너지는 작아지고, 멀수록 중력 위치 에너지는 커진다. 운동 에너지와 중력 위치 에너지의 합인 역학*적 에너지(E)는 $E = K + U$로 표현된다. 지구의 중력만 작용할 때, 궤도 운동하는 우주선의 역학적 에너지는 크기가 일정하게 보존된다. 역학적 에너지가 보존될 때, 궤도 운동하는 우주선이 지구 중심에서 멀어지면 속력이 느려지고 가까워지면 속력이 빠르게 된다. 또한 원 궤도에서 작용하는 중력의 크기가 클수록 속력이 빨라진다. 우주선의 궤도는 연료 분사로 속력을 조절해 〈그림〉과 같이 바뀔 수 있다. 우주선이 운동하는 방향을 전방, 반대 방향을 후방이라고 하자. 〈그림〉의 원 궤도에 있는 우주선이 궤도의 접선 방향으로 후방 분사하여 운동 에너지를 증가시키면, 그만큼 역학적 에너지도 증가하여 우주선은 기존의 원 궤도보다 지구로부터 더 멀리 도달할 수 있는 〈그림〉의 큰 타원 궤도로 진입한다. 하지만 전방 분사하면, 운동 에너지가 감소하고 〈그림〉의 작은 타원 궤도로 진입하여 우주선은 기존보다 지구에 더 가까워진다.

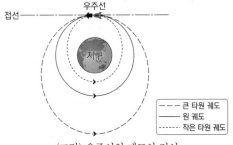

접선 우주선

지구

‑‑‑‑ 큰 타원 궤도
── 원 궤도
⋯⋯ 작은 타원 궤도

〈그림〉 우주선의 궤도와 접선

목표물과 우주선이 같은 원 궤도에서 같은 방향으로 운동할 때, 목표물이 전방에 있는 경우, 우주선이 후방 분사를 하면 궤도의 접선 방향으로 우주선의 속력이 빨라져서 큰 타원 궤도로 진입하게 된다. 따라서 분사가 끝나면, 속력이 주기적으로 변화하고 목표물과의 거리가 더 멀어진다. 반대로, 목표물이 후방에 있는 경우 전방 분사를 하면 〈그림〉의 작은 타원 궤도로 진입한 우주선의 속력은 원 궤도에서보다 더 느려진 진입 속력과 더 빨라진 최대 속력 사이에서 변화한다. 이때 목표물과의 거리는 더 멀어진다.

랑데부에 성공하려면 우주선을 우리의 직관과 반대로 조종해야 한다. 우주선과 목표물이 같은 원 궤도에서 같은 운동 방향일 때 목표물이 전방에 있다고 하자. 이때 우주선이 일시적으로 전방 분사하면 속력이 느려지고, 기존보다 더 작은 타원 궤도로 진입해서 목표물보다 더 빠른 속력으로 운동할 수 있다. 하지만 궤도가 달라서, 진입한 타원 궤도의 주기가 기존 원 궤도의 주기보다 짧다는 것을 이용하여 한 주기 혹은 여러 주기 후 같은 위치에서 만나도록 속력을 조절한다. 목표물보다 낮은 위치에서 충분히 가까워지면, 우주선이 접근하여 랑데부한다.

1 윗글의 내용과 일치하지 <u>않는</u> 것은?

① 뉴턴의 제3법칙은 우주선 추진의 원리 중 하나이다.

② 원 궤도의 지름이 클수록 우주선의 속력이 더 느려진다.

③ 타원 궤도 운동 중인 우주선은 역학적 에너지가 보존된다.

④ 우주선이 분사하는 연료 기체는 우주선보다 가속도가 크다.

⑤ 원 궤도에 있는 우주선이 속력을 늦추면 회전 주기가 길어진다.

2 윗글을 바탕으로 추론할 때, 〈보기〉에서 적절한 것만을 있는 대로 고른 것은? 〔변형〕

〈보 기〉

ㄱ. 타원 궤도에 있는 우주선의 운동 에너지 크기와 중력 위치 에너지 크기는 일정하게 유지된다.

ㄴ. 원 궤도상에서 궤도 운동하는 우주선이 후방 분사를 하게 되면, 후방 분사 이후의 궤도는 지구로부터 더 멀어질 수 있다.

ㄷ. 원 궤도상에서 궤도 운동하는 우주선이 지구에서 무한대 거리에 있다고 이론상으로 가정한다면, 그 우주선의 운동 에너지와 역학적 에너지는 크기가 서로 같을 것이다.

① ㄱ
② ㄴ

③ ㄱ, ㄷ
④ ㄴ, ㄷ

⑤ ㄱ, ㄴ, ㄷ

3 제미니 4호 우주선의 우주 랑데부 시도가 실패한 이유로 가장 적절한 것은? 〔신규〕

① 연료 분사 결과 궤도의 접선 방향으로 속력이 감소한 제미니 4호 우주선이 타이탄 로켓보다 높은 위치에 놓였기 때문이다.

② 연료 분사 결과 궤도의 접선 방향으로 속력이 증가한 제미니 4호 우주선이 연료 분사가 끝난 후에도 그 속력이 유지되었기 때문이다.

③ 연료 분사 결과 제미니 4호 우주선이 우주 랑데부가 가능한 궤도에 진입하였음에도 추가적으로 속력 조절을 하지 않았기 때문이다.

④ 연료 분사 결과 역학적 에너지가 감소한 제미니 4호 우주선이 기존의 원 궤도에서보다 더 작은 운동 에너지를 갖게 되었기 때문이다.

⑤ 연료 분사 결과 역학적 에너지가 증가한 제미니 4호 우주선이 기존의 원 궤도에서보다 더 큰 중력 위치 에너지를 갖게 되었기 때문이다.

4 윗글을 바탕으로 〈보기〉를 이해할 때, 적절하지 <u>않은</u> 것은? 〔3점〕

〈보 기〉

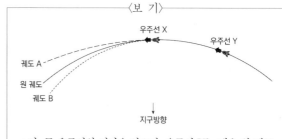

*단, 두 우주선의 질량은 같으며, 우주선 Y는 계속 원 궤도로 움직이고 있다.

① 전방 분사한 우주선 X가 진입한 궤도에서 가지는 최대 운동 에너지는 우주선 Y보다 더 크다.

② 우주선 X는 궤도 A에서의 최소 중력 위치 에너지가 궤도 B에서의 최소 중력 위치 에너지보다 크다.

③ 후방 분사한 이후의 우주선 X의 중력 위치 에너지의 최솟값은 우주선 Y의 중력 위치 에너지와 같다.

④ 우주선 X가 궤도 A로 진입한 경우, 지구를 한 바퀴 도는 동안 우주선 Y와 같은 운동 에너지를 가지는 궤도상의 지점은 하나이다.

⑤ 우주선 X와 우주선 Y의 가능한 거리 중 최댓값은 우주선 X가 궤도 B로 진입한 경우가 궤도 A로 진입한 경우보다 작다.

★ 어휘력 강화

＊역학(力學)

① [물리] 물체의 운동에 관한 법칙을 연구하는 학문. 물리학의 한 분야이다. 힘의 평형을 다루는 정역학, 힘과 운동의 관계를 다루는 동역학, 운동만을 다루는 운동학이 있다.

② 부분을 이루는 요소가 서로 의존적 관계를 가지고 서로 제약하는 현상.

다담
독서 강훈련
300제

실패란 넘어지는 것이 아니라
그 자리에 머무는 것이다

Never give up!

다담
독서 강훈련
300제

쏠티북스

설승환·김솔미·이재규 지음

2025
VERSION

정답 및 해설

쏠티북스

쏠티북스

다담
독서 강훈련
300제

설승환 · 김솔미 · 이재규 지음

정답 및 해설

쏠티북스

본문 10~11쪽

01 정의에 대한 롤스, 노직, 왈처의 견해

1 ④ 2 ② 3 ② 4 ④ 5 ③

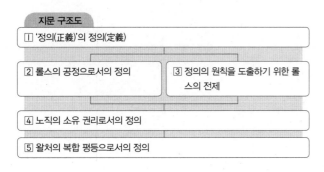

지문 구조도

① '정의(正義)'의 정의(定義)

② 롤스의 공정으로서의 정의 ③ 정의의 원칙을 도출하기 위한 롤스의 전제

④ 노직의 소유 권리로서의 정의

⑤ 왈처의 복합 평등으로서의 정의

1 답 ④

정답 해설

④ 롤스와 노직은 모두 '아니요'라고 답할 것이다.

'롤스'는 정의가 실현되기 위해서는 두 가지 원칙이 지켜져야 한다고 보았는데, 그중 기본적 자유에 있어 평등한 권리를 가져야 한다는 평등한 자유의 원칙이 제1원칙이, 차등과 기회 균등의 원칙인 제2원칙보다 항상 우선되어야 한다고 보았다.(2문단) 따라서 '롤스'는 정의를 실현하기 위해 사회를 구성하는 '개인의 기본적 자유'를 제한할 수 없다고 볼 것이다. '노직'은 개인의 기본적 자유를 보장하는 것이 중요하다고 여겼으며, 개인의 소유 권리를 최우선적으로 보장하는 것을 사회 정의라고 보았다.(4문단) 따라서 노직은 정의를 실현하기 위해 사회를 구성하는 '개인의 기본적 자유'를 제한할 수 없다고 볼 것이다.

2 답 ②

정답 해설

② 실질적 평등을 중시하는 사회에서 최소 수혜자의 이익을 보장하는 것은 불가능하겠군.

실질적 평등을 중시하는 것은 롤스의 입장으로, 롤스는 최소 수혜자의 이익을 보장하기 위해 실질적 평등을 중시해야 한다고 보았다.(2문단) 따라서 실질적 평등을 중시하는 사회에서는 최소 수혜자의 이익을 보장할 수 있을 것이다.

오답 해설

① 공리주의자들은 사회 전체의 효용성을 기준으로 행위의 옳고 그름을 판단하겠군.

공리주의자들은 '최대 다수의 최대 행복'을 기준으로 사회 전체의 효용성을 높이는 것이 옳다고 보았다.(2문단)

③ 왈처가 생각하는 사회적 가치는 공동체의 문화적, 역사적 소산으로 분배의 대상이 되겠군.

왈처는 사회에는 해당 공동체의 역사적, 문화적 소산인 다양한 사회적 가치가 존재하며, 가치의 분배를 통한 사회 정의 실현이 중요하다고 여겼다.(5문단) 그러므로 왈처는 이러한 사회적 가치를 분배의 대상으로 볼 것이다.

④ 정의는 사회를 유지하는 공정한 도리로, 철학자들에 따라 정의에 대한 관점이 다를 수 있겠군.

정의는 사회를 구성하고 유지하는 공정한 도리이다.(1문단) 롤스는 공정으로서의 정의를, 노직은 소유 권리로서의 정의를, 왈처는 복합 평등으로서의 정의를 주창하고 있으므로, 철학자들에 따라 정의에 대한 관점이 다르다고 할 수 있다.

⑤ 노직은 국가의 재분배 정책을 바람직하지 않다고 생각하므로 국가가 최소한의 역할만 해야 한다고 보겠군.

노직은 국가 주도의 재분배 정책은 바람직하지 않다고 보았으며, 개인의 권리를 보호하는 최소한의 역할만을 하는 최소 국가를 옹호하였다.(4문단)

3 답 ②

정답 해설

② (가) : 노직의 입장에서 볼 때, 개인의 재산 정도에 따라 입학의 기회가 결정되는 기여 입학제는 개인의 소유물을 양도하는 것에 제약을 두는 제도라 할 수 있겠군.

노직은 개인의 소유물을 개인의 의지에 따라 정당한 절차를 거쳐 자유롭게 양도될 수 있는 것으로 보았다.(4문단) 따라서 노직은 정당한 절차를 거쳐 개인의 재산을 기부금으로 내는 것을, 개인의 소유물을 양도하는 것에 제약을 두지 않는 것으로 볼 것이다.

오답 해설

① (가) : 롤스의 입장에서 볼 때, 기여 입학제가 지위나 직책에 접근할 기회에 영향을 준다면 기여 입학제는 기회 균등의 원칙에 어긋나는 제도라 할 수 있겠군.

기회 균등의 원칙은 사회적 지위나 직책에 접근할 기회를 공평하게 부여해야 한다는 것이다.(2문단) 기여 입학제가 있는 상황에서는 기부금을 많이 낸 사람의 자녀가 대학 입시에서 더 유리한 조건을 가지게 되므로 접근 기회가 불평등해질 것이다. 이는 기회 균등의 원칙에 어긋나는 것이다.

③ (가) : 왈처의 입장에서 볼 때, 기여 입학제는 경제 영역의 가치인 돈이 교육을 침범한 것으로 복합 평등으로서의 정의에 어긋나는 제도라 할 수 있겠군.

왈처는 한 영역에서 우월한 지위를 차지하는 사람이 다른 영역의 재화까지도 쉽게 소유하는 것을 반대하였다.(5문단) 기여 입학제는 경제 영역의 가치인 돈이 교육 영역을 침범하여 대학 입시에 영향을 주게 된 것이므로, 복합 평등으로서의 정의에 어긋난다고 할 수 있다.

④ (나) : 롤스의 입장에서 볼 때, 일정 소득 이상의 부유층에게 세금을 더 걷는 것이 최소 수혜자를 위한 것이라면 차등의 원칙에 부합되는 것이라 할 수 있겠군.

차등의 원칙은 사회적, 경제적 불평등을 허용하되 그것이 모든 사람, 그중에서도 특히 사회의 최소 수혜자에게 그 불평등을 보상할 만한 이득을 가져오는 경우에만 정당하다고 보는 것이다.(2문단) 일정 소득 이상의 부유층에게 세금을 더 걷어 최소 수혜자에게 혜택을 줄 수 있다면, 이는 차등의 원칙에 부합하는 것이라고 할 수 있다.

⑤ (나) : 노직의 입장에서 볼 때, 일정 소득 이상의 부유층에게 초과 세율을 적용하자는 주장은 개인의 소유 권리를 제한하는 것이라 할 수 있겠군.

노직은 개인의 소유 권리를 최우선적으로 보장하는 것이야말로 사회 정의라고 보며 개인 소유권에 대한 제한을 두지 않았다. 또한 그는 국가 주도의 재분배 정책 역시 바람직하지 않다고 보았다.(4문단) 따라서 노직은 일정 소득 이상의 부유층에게 초과 세율을 적용해 이를 재분배하는 것은 개인의 소유 권리를 제한하는 것이라고 볼 것이다.

4 답 ④

정답 해설

④ 상호 간의 개인적 정보를 모르게 되어 합리적 판단을 가능하게 하는 상황 (○)

㉠ '원초적 입장에 있다는 가상적 상황'은 자기 자신과 상대의 사회적 지위나 계층, 능력 등을 알지 못하는 상황을 의미한다. 즉, 상호 간의 개인적 정보를 모르는 상태로, 롤스는 이러한 상황이 사회 구성원 모두가 동등한 입장에서 합리적인 판단을 할 수 있게 만든다고 보았다.

오답 해설

① 상호 간에 우열을 가리게 되어 경쟁적인 분위기를 조장하는 상황 (×)

㉠에서는 자기 자신과 상대의 사회적 지위나 계층, 능력 등을 알지 못하므로, 상호 간에 우열을 가릴 수 없다.

② 상호 간에 다양한 가치를 공유하게 되어 서로를 신뢰하게 만드는 상황 (×)

㉠에서는 자기 자신과 상대의 사회적 지위나 계층, 능력 등을 알지 못하므로, 상호 간에 다양한 가치를 공유할 수 없다.

③ 상호 간의 이익과 손해를 따지게 되어 인간적인 유대감이 파괴되는 상황 (×)

㉠에서는 상호 간의 이익과 손해를 따지는 것이 아니라, 자신이 가장 불우한 계층이 될 가능성을 염두에 두기에 모든 사람 또는 가장 불리한 사람들에게 혜택을 주는 원칙에 모두 합의하게 된다.

⑤ 상호 간에 효율성을 중시하게 되어 최소한의 노력으로 최대한의 이익을 얻으려는 상황 (×)

자기 자신과 상대의 사회적 지위나 계층, 능력 등을 알지 못하는 상황과 상호 간의 효율성을 중시하는 것과는 관련이 없다. 또한 롤스가 최소한의 노력으로 최대한의 이익을 얻으려 하였다는 내용 역시 확인할 수 없다.

5 답 ③

정답 해설

③ 내세웠다 (○)

ⓐ '주창하다'는 '주의나 사상을 앞장서서 주장하다.'라는 뜻이므로, '주장이나 의견 따위를 내놓고 주장하거나 지지하다.'라는 뜻의 '내세우다'로 바꾸어 쓰기에 적절하다.

오답 해설

① 가늠했다 (×)

'가늠하다'는 '목표나 기준에 맞고 안 맞음을 헤아려 보다.' 또는 '사물을 어림잡아 헤아리다.'라는 뜻이므로 바꾸어 쓰기에 적절하지 않다.

② 분석했다 (×)

'분석하다'는 '얽혀 있거나 복잡한 것을 풀어서 개별적인 요소나 성질로 나누다.'라는 뜻이므로 바꾸어 쓰기에 적절하지 않다.

④ 제공했다 (×)

'제공하다'는 '무엇을 내주거나 갖다 바치다.'라는 뜻이므로 바꾸어 쓰기에 적절하지 않다.

⑤ 살펴봤다 (×)

'살펴보다'는 '두루두루 자세히 보다.', '무엇을 찾거나 알아보다.', '자세히 따져서 생각하다.'라는 뜻이므로 바꾸어 쓰기에 적절하지 않다.

 배경지식!

● 공리주의

행위의 옳고 그름은 그 행위가 인간의 이익과 행복을 늘리는 데 얼마나 기여하는가 하는 유용성과 결과에 따라 결정된다고 보는 입장이다. 즉, '최대 다수의 최대 행복' 실현을 윤리적 행위의 목적으로 본다. 인간은 쾌락(행복)을 추구하고 고통(불행)을 피하려 하는 존재이며, 인간의 행복을 늘리는 데 기여하면 선한 행위로, 불행을 크게 하면 악한 행위로 본다. 대표자로는 존 스튜어트 밀과 제러미 벤담이 있다.

본문 12~14쪽

02 미의 본질에 대한 플로티노스의 견해

1 ② 2 ⑤ 3 ③ 4 ⑤ 5 ①

지문 구조도

1	미의 본질에 대한 피타고라스 학파의 균제 이론
2	피타고라스 학파의 균제 이론에 대한 플로티노스의 비판
3	미의 본질에 대한 플로티노스의 견해
4	'유출'과 '미'의 관련성
5	예술의 가치에 대한 플로티노스의 견해
6	'테오리아'와 '미'의 관련성
7	플로티노스의 미 이론이 지니는 의의

1 답 ②

정답 해설

② 플로티노스가 분류한 예술의 유형

플로티노스가 예술의 유형을 분류한 내용은 지문에 제시되어 있지 않다.

오답 해설

① 미에 대한 피타고라스 학파의 인식 (○)

1문단에서 미의 본질에 대한 피타고라스 학파의 인식을 설명하고 있다.

③ 균제 이론에 대한 플로티노스의 시각 (○)

2문단에서 균제 이론에 대한 플로티노스의 비판적 시각을 설명하고 있다.

④ 플라톤과 플로티노스 예술관의 차이 (○)

5, 6문단에서 플라톤과 플로티노스 예술관의 차이에 대해 설명하고 있다.

⑤ 플로티노스의 미 이론이 지니는 의의 (○)

7문단에서 플로티노스의 미 이론이 지니는 의의에 대해 설명하고 있다.

2 답 ⑤

정답 해설

⑤ ⓐ, ⓑ, ⓒ의 예지계와 ⓓ, ⓔ의 현상계는 정신에 의해 상호 보완적 관계를 유지한다.

ⓐ '일자', ⓑ '정신', ⓒ '영혼', ⓓ '자연', ⓔ '질료'는 존재의 완전성 정도에 따른 것으로, ⓐ '일자'는 가장 완전하고 충만한 원천이며, ⓐ '일자'로부터 ⓑ~ⓔ가 순차적으로 산출된다. 또한 ⓐ, ⓑ, ⓒ는 예지계, ⓓ, ⓔ는 현상계에 해당하는데, 플로티노스는 예술이 현상계에서 ⓐ '일자'가 있는 예지계로 올라가는 디딤돌이 된다고 생각하였다. ⓐ '일자'는 가장 완전하고 충만한 원천이므로, ⓐ '일자'가 있는 예지계와, ⓓ, ⓔ의 현상계가 상호 보완적 관계를 지니지는 않을 것이다.

오답 해설

① ⓐ의 속성은 위계적 차등에 따라 ⓑ, ⓒ, ⓓ, ⓔ로 전해진다. (O)

3문단에서 만물은 일자의 빛이 흘러넘치는 유출에 의해 순차적으로 생성되며, 유출로 연결된 존재, 즉 ⓐ '일자', ⓑ '정신', ⓒ '영혼', ⓓ ' 자연', ⓔ '질료' 간에는 위계질서가 있다고 하였다. 그러므로 위계적 차등에 따라 ⓐ '일자'의 속성이 ⓑ, ⓒ, ⓓ, ⓔ로 전해진다고 할 수 있다.

② ⓐ에 가까운 정도를 기준으로 하여 미, 추를 판단할 수 있다. (O)

4문단에서 ⓐ '일자'에 가까울수록 미에 가까우며, ⓐ '일자'에서 멀어질수록 추에 가깝다고 하였다.

③ ⓐ~ⓔ는 동일성을 함유하면서 질적으로 서로 연결되어 있다. (O)

4문단에서 유출로 연결된 존재 간에는 어떤 동일성이 유지되어 있으며, 질적으로는 연결되어 있다고 하였다.

④ 유출은 ⓐ에서 ⓔ로, 테오리아는 ⓔ에서 ⓐ로 향하는 방향성을 갖는다. (O)

지문에 따르면 '유출'에 의해 ⓐ '일자'에서 ⓑ '정신', ⓒ '영혼', ⓓ ' 자연', ⓔ '질료'가 순차적으로 생성되며(3문단), '유출로 생성된 각 단계의 존재들이 거꾸로 예지계의 ⓐ '일자'에게로 회귀하는 상승 운동이 '테오리아'라고 하였다.(6문단)

3 답 ③

정답 해설

③ 플라톤은 비너스 석상은 이데아계를 직접 모방한 것으로 인간에게 이데아계를 지향하게 하는 작품이라고 인정했겠군.

플라톤은 예술이 이데아계를 모방한 현상계를 다시 모방하는 것에 불과하다고 폄하하였다.(5문단) 비너스 석상 역시 예술로, 이데아계를 모방한 현상계를 다시 모방한 것이다. 따라서 비너스 석상을 이데아계를 직접 모방한 것으로 보지는 않을 것이다.

오답 해설

① 피타고라스는 비너스 석상이 황금 비율이라는 수적 비례를 지켰기에 미의 본질을 구현했다고 평가했겠군. (O)

피타고라스는 미의 본질을 수적인 비례에 의한 것으로 보았다.(1문단) 그러므로 황금 비율을 이루는 비너스 석상을 미의 본질이 구현된 것으로 평가했을 것이다.

② 플라톤은 이데아계와 현상계는 단절되었기 때문에 이데아계의 여신을 비너스 석상과 동일시할 수 없다고 보았겠군. (O)

플라톤은 이데아계와 현상계가 근본적으로 단절되어 있으며(3문단), 예술이 이데아계를 모방한 현상계를 다시 모방하는 것에 불과하다고 폄하하였다.(5문단) 그러므로 이데아계의 여신을 비너스 석상과 동일시할 수 없다고 볼 것이다.

④ 플로티노스는 비너스 석상이 감상자로 하여금 일자로 회귀하는 테오리아를 일으킨다는 점에서 높게 평가했겠군. (O)

플로티노스는 예술이 미적 경험을 환기하여 테오리아를 일으키는 강력한 추동력을 갖고 있다고 보았다.(6문단) 그러므로 예술품인 비너스 석상을 테오리아를 일으키는 존재로 높게 평가했을 것이다.

⑤ 플로티노스는 돌을 질료로 하여 예술가가 자신의 영혼에 내재된 미를 비너스 석상으로 형상화한 것으로 인식했겠군. (O)

플로티노스는 예술가의 영혼에 미의 형상이 내재해 있으며, 이를 질료에 실현시키는 것을 예술로 보았다.(5문단) 그러므로 비너스 석상 역시 예술가의 영혼에 내재된 미의 형상을 돌이라는 질료에 실현시킨 것으로 보았을 것이다.

4 답 ⑤

정답 해설

⑤ 예술의 본질이 현실 세계에서 감각적으로 지각되지 않는 관념을 표현하는 데 있다고 본 점 (O)

플로티노스에게 예술은 정신의 아름다움과 진리를 물질화하는 것으로, 정신은 현실 세계에서 감각적으로 지각되지 않는 관념이다. 〈보기〉의 칸딘스키에게 예술은 형이상학적 관념을 구현하는 것으로, 역시나 감각적으로 지각되지 않는 정신이나 초월적인 것을 구현하는 것이므로, 두 사람의 공통된 예술관으로 적절하다.

오답 해설

① 정신의 아름다움과 진리를 질료를 통해 ~~물질화할 수 없다~~고 본 점

플로티노스는 예술을 정신의 아름다움과 진리를 물질화하는 것이자 영혼 안에 있는 미의 형상을 질료에 실현시키는 것으로 보았다. 따라서 정신의 아름다움과 진리를 질료를 통해 물질화할 수 있다고 볼 것이다. 이와 관련된 칸딘스키의 예술관은 〈보기〉에 나타나 있지 않다.

② 예술이 바람직한 삶의 자세에 대한 ~~형이상학적 깨달음을 줄 수 있다~~고 본 점

지문과 〈보기〉에서는 바람직한 삶의 자세와 옳고 그름에 대한 판단 등에 대해서는 언급하고 있지 않다.

③ ~~객관적인 법칙이 형식적인 구조 속에 표현될 때~~ 미적 가치가 구현될 수 있다고 본 점

객관적인 법칙이 형식적인 구조 속에 표현될 때 미적 가치가 구현된다고 보는 것은 플로티노스가 아니라 피타고라스 학파이다. 이와 관련된 칸딘스키의 예술관은 〈보기〉에 나타나 있지 않다.

④ 초월적인 존재의 미적 가치를 드러내기 위해서는 ~~감각적 미를 탈피~~해야 한다고 본 점

플로티노스는 감각적인 미를 통해 자신의 영혼에 정신의 미가 존재하고 있다는 사실을 깨달아야 테오리아를 일으킬 수 있다고 하였으므로, 감각적 미를 탈피해야 한다고 본 것은 아니다. 이와 관련된 칸딘스키의 예술관은 〈보기〉에 나타나 있지 않다.

5 답 ①

정답 해설

	(A)	(B)
①	ㄱ	ㄴ

(A) ㉠-ㄱ. 현상계의 경험에서 도출한 보편적 미를 형상화하는 행위 (O)

㉠은 '귀납적 표상으로 형성되는 관념상을 그리는 행위'이므로, 자료 조사에 따라 개개의 현상으로부터 보편적 원리를 도출하는 것이 들어가야 한다. ㄱ의 '현상계의 경험'은 '개개의 현상'에 대응하며, '보편적 미'는 '보편적 원리'에 대응한다고 볼 수 있다.

(B) ㉡-ㄴ. 일자에서 비롯된 미의 형상을 발견해 질료에 담는 행위 (O)

㉡은 '연역적 표상을 현상계의 감각적인 것으로 유출시키는 행위'이므로, 자료 조사에 따라 보편적 원리로부터 개개의 현상을 이끌어 내는 것이 들어가야 한다. 일자는 세상의 근원이므로 '보편적 원리'에 대응되며, 질료는 감각적 존재자들의 현상계에 해당하므로, '개개의 현상'에 대응한다고 볼 수 있다. 따라서 일자에서 비롯된 미의 형상을 발견하는 것은 보편적 원리를 발견하는 것이며, 이를 질료에 담는 것은 개개의 현상을 이끌어 내는 것이라고 할 수 있다.

오답 해설

ㄷ. ~~질료의 형식적 구조에서 비물질적 특성을 도출하는 행위~~

플로티노스가 질료의 형식적 구조를 언급하지는 않았다. 플로티노스는

방향성과 관련하여 일자의 빛이 흘러넘쳐 현상계의 질료로 실현되는 것을 예술이라고 하였다.

ㄹ. 영혼이 내면을 관조하여 ~~자연에 존재하는 미를 발견하는~~ 행위
플로티노스가 자연에 존재하는 미에 대해 언급하지는 않았다. 플로티노스는 질료에 미의 형상을 부여함으로써 자연이 부족하게 가지고 있는 것을 보완한다고 보았다.

 배경지식!

● 플라톤의 이데아론
플라톤 철학에서 가장 핵심적인 사상이다. 이데아란 사물의 원형이며 사물의 모범이자 전형이다. 따라서 감각으로 느낄 수 있는 현상계는 이데아계를 모방해서 생겨난 것이다. 이것은 플라톤이 말한 '동굴의 비유'로 쉽게 이해된다. 인간은 태초부터 몸이 의자에 묶여 있는 동굴 속의 존재이며, 오로지 동굴의 벽만 볼 수 있다. 이 갇혀 있는 자의 등 뒤인 입구 쪽에는 동굴을 가로질러 사람 키만 한 벽이 있고 그 뒤에는 불이 타오르고 있다. 이 불과 벽 사이에 사람들이 지나다니고 있으며 이 벽보다 높이 솟아난 부분의 그림자가 동굴의 입구를 지나 벽에 비춰진다. 그 순간 동물이 울거나 사람들이 지나다니며 소리를 낸다고 했을 때 인간은 비춰진 그림자가 그 소리를 낸다고 착각할 것이다. 하지만 이는 동굴에서 나와 대상 자체를 직접 본 것이 아니라 단순히 그림자를 본 것일 뿐이다. 이 비유에서 동굴은 우리가 살아가는 세계인 감각 세계, 즉 현상계를 말하며, 동굴 밖의 참된 세계가 이데아계라고 할 수 있다.

본문 15~17쪽

03 예술의 본질과 예술 비평의 방법

1 ④ 2 ① 3 ① 4 ② 5 ③ 6 ③

(가) 지문 구조도

① 예술의 정의에 대한 모방론의 견해와 낭만주의 사조의 등장

② 예술의 정의에 대한 표현론과 형식론의 견해

③ 뒤샹의 「샘」과 예술의 정의에 대한 예술 정의 불가론의 견해

④ 예술의 정의에 대한 제도론의 견해와 예술을 정의하는 이론들의 의의

(나) 지문 구조도

① 예술 작품에 대한 감상과 비평에 관한 논의

② 맥락주의 비평

③ 형식주의 비평

④ 인상주의 비평

1 답 ④

정답 해설

④ 화제와 관련된 관점의 문제점을 제시하고 대안적 관점을 소개하고 있다.

(가)는 '예술의 정의'와 관련하여 낭만주의 예술 작품을 '모방론'으로 설명하지 못하는 문제점에 대한 대안적 관점으로 '표현론'과 '형식론'을 소개하였다. 또한 뒤샹의 「샘」을 '표현론'과 '형식론'으로 설명하지 못하는 문제점에 대한 대안적 관점으로 '예술 정의 불가론'과 '제도론'을 소개하였다. 한편 (나)는 '예술 작품 감상 및 비평'과 관련하여 '맥락주의 비평'

의 문제점을 제시한 후, 이에 대한 대안적 관점으로 '형식주의 비평'과 '인상주의 비평'을 소개하였다.

오답 해설

① 대립되는 관점들이 ~~조렴되어 가는 역사적 과정~~을 밝히고 있다.

(가)와 (나) 모두 다양한 이론 또는 비평 방법이 나타나는 과정을 다루고 있지만, 이들이 하나로 정리되는 과정을 밝히고 있지는 않다. 참고로, '수렴'은 '의견이나 사상 따위가 여럿으로 나뉘어 있는 것을 하나로 모아 정리함'이라는 뜻이다.

② 화제에 대한 이론들을 평가하여 ~~종합적 결론을 도출~~하고 있다.

(가)와 (나) 모두 이론들을 평가하여 종합적 결론을 도출하지는 않았다.

③ ~~화제가 사회에 미치는 영향을 분석~~하여 서로 간의 차이를 밝히고 있다.

(가)와 (나) 모두 화제가 사회에 미치는 영향들을 분석하지는 않았다.

⑤ ~~화제와 관련된 하나의 사례~~를 중심으로 다양한 이론을 ~~시대 순으로 나열~~하고 있다.

(가), (나) 모두 화제와 관련된 다양한 이론 또는 비평 방법을 다루고 있지만, 하나의 사례를 중심으로 이를 시대 순으로 나열하지는 않았다.

2 답 ①

정답 해설

① 미적 정서를 유발할 수 있는 어떤 성질을 근거로 예술 작품의 여부를 판단한다.

벨의 형식론은 예술 감각이 있는 비평가들에게 미적 정서를 유발하는 '의미 있는 형식'을 근거로 예술 작품의 여부를 판단하는 이론이다.(2문단)

오답 해설

② ~~모든 관람객~~이 직관적으로 식별할 수 있는 형식을 통해 예술 작품의 여부를 판단한다.

형식론은 예술 감각이 있는 비평가들만이 직관적으로 '의미 있는 형식'을 식별할 수 있다고 본다.

③ ~~감정을 표현하는~~ 모든 작품은 그 작품이 정신적 대상이더라도 예술 작품이라고 주장한다.

형식론은 예술 감각이 있는 비평가들에게 미적 정서를 '유발'하는 것을 예술 작품으로 본다. '감정의 표현'은 형식론이 아니라 표현론과 관련된 내용이다.

④ ~~외부 세계의 형식적 요소를 작가 내면의 관념으로 표현~~하는 것을 예술의 조건이라고 주장한다.

형식론은 예술의 조건을 '의미 있는 형식'을 통해 비평가들에게 미적 정서를 유발하는 것으로 규정하고 있다. '작가 내면의 관념'은 형식론이 아니라 표현론과 관련된 내용이다.

⑤ 특정한 사회 제도에 속하는 ~~모든 예술가와 비평가가 자격을 부여한 작품~~을 예술 작품으로 판단한다.

형식론은 '의미 있는 형식'을 통해 예술 감각이 있는 비평가들에게 미적 정서를 유발하는 것을 예술 작품으로 본다. 모든 예술가와 비평가가 자격을 부여한 것을 예술 작품으로 판단하는 것은 아니다.

3 답 ①

정답 해설

① 모방론자가 뒤샹에게 : 당신의 작품 「샘」은 변기를 닮은 것이 아니라 ~~변기 그 자체라는 점에서~~ 예술 작품이 되기 위한 필요충분조건을 갖추고 있습니다.

모방론자는 대상과 그 대상의 재현이 닮은꼴이어야 한다는 '재현의 투

명성 이론'을 전제로 예술 작품 여부를 판단한다.(1문단) 뒤샹은 20세기 중반에 「샘」이라는 작품을 발표했는데, 이는 변기를 가져다 전시한 것이었다. 즉, 모방론자의 입장에서 뒤샹의 「샘」은 변기를 재현한 것이 아니라 변기 그 자체인 셈이다. 따라서 모방론자는 뒤샹에게, "당신의 작품 「샘」은 변기를 닮은 것이 아니라 변기 그 자체라는 점에서 예술 작품이 되기 위한 필요충분조건을 갖추지 못하고 있습니다."라고 말할 수 있을 것이다.

오답 해설

② 낭만주의 예술가가 모방론자에게 : 대상을 재현하기만 하면 예술가의 감정을 표현하지 않은 작품도 예술 작품으로 인정하는 당신의 견해는 받아들일 수 없습니다. (○)
낭만주의 예술가는 예술가의 독창적인 감정 표현을 중시하며 외부 세계에 대한 왜곡된 표현을 허용하므로 모방을 필수 조건으로 삼지 않는다. 그런데 모방론자는 대상과 그 대상의 재현이 닮은꼴이어야 한다는 '재현의 투명성 이론'을 전제로 예술 작품 여부를 판단한다.(1문단) 즉, '예술가의 감정 표현 여부'는 모방론의 관심사가 아닌 것이다. 따라서 낭만주의 예술가는 모방론자에게, "대상을 재현하기만 하면 예술가의 감정을 표현하지 않은 작품도 예술 작품으로 인정하는 당신의 견해는 받아들일 수 없습니다."라고 말할 수 있을 것이다.

③ 표현론자가 낭만주의 예술가에게 : 당신의 작품은 예술가의 마음을 표현했으니 대상을 있는 그대로 표현하지 않았더라도 예술 작품입니다. (○)
표현론자는 진지한 관념이나 감정과 같은 예술가의 마음을 예술의 조건으로 규정하며, 낭만주의 예술가는 예술가의 독창적인 감정 표현을 중시한다.(1, 2문단) 따라서 표현론자는 낭만주의 예술가에게, "당신의 작품은 예술가의 마음을 표현했으니 대상을 있는 그대로 표현하지 않았더라도 예술 작품입니다."라고 말할 수 있을 것이다.

④ 뒤샹이 제도론자에게 : 예술계에서 일정한 절차와 관례를 거치면 예술 작품이라는 당신의 주장은 저의 작품 「샘」 외에 다른 변기들도 예술 작품이 될 수 있음을 인정하는 것입니다. (○)
뒤샹은 20세기 중반에 「샘」이라는 작품을 발표했는데, 이는 변기를 가져다 전시한 것이었으며, 예술 작품으로 인정받았다. 제도론자는 '예술계'라는 어떤 사회 제도에 속하는 한 사람 또는 여러 사람에 의해 감상의 후보 자격을 수여받은 인공물을 예술 작품으로 규정한다. 즉, 일정한 절차와 관례를 거치기만 하면 모두 예술 작품으로 보는 것이다.(3문단) 따라서 뒤샹은 제도론자에게, "예술계에서 일정한 절차와 관례를 거치면 예술 작품이라는 당신의 주장은 저의 작품 「샘」 외에 다른 변기들도 예술 작품이 될 수 있음을 인정하는 것입니다."라고 말할 수 있을 것이다.

⑤ 예술 정의 불가론자가 표현론자에게 : 당신이 예술가의 관념을 예술 작품의 조건으로 규정할 때 사용하는 명제는 참과 거짓을 판단할 수 없기 때문에 받아들일 수 없습니다. (○)
예술 정의 불가론자는 예술의 정의에 대한 기존의 이론들이 겉보기에는 명제의 형태를 취하고 있으나, 사실은 참과 거짓을 판정할 수 없는 사이비 명제이므로 예술의 정의에 대한 논의 자체가 불필요하다는 견해를 내세운다.(3문단) 이는 예술의 정의에 대한 기존의 이론들 중, 진지한 관념이나 감정과 같은 예술가의 마음을 예술의 조건으로 규정하는 표현론에도 적용될 수 있다. 따라서 예술 정의 불가론자는 표현론자에게, "당신이 예술가의 관념을 예술 작품의 조건으로 규정할 때 사용하는 명제는 참과 거짓을 판단할 수 없기 때문에 받아들일 수 없습니다."라고 말할 수 있을 것이다.

4 답 ②

정답 해설

② 디키의 관점을 적용하면, 평범한 신발이 특별한 이유는 신발의 원래 주인이 화가였다는 사실에 있음을 언급하여 이 그림을 예술 작품으로 평가할 수 있겠군.
디키는 제도론자로, 예술계라는 어떤 사회 제도에 속하는 한 사람 또는 여러 사람에 의해 감상의 후보 자격을 수여받은 인공물을 예술 작품으로 규정하며, 일정한 절차와 관례를 거치기만 하면 모두 예술 작품으로 볼 수 있다는 입장이다. 따라서 디키는 신발의 원래 주인이 누구든 상관없이 절차와 관례를 거쳤다면 이 그림을 예술 작품으로 평가할 수 있다고 생각할 것이다.

오답 해설

① 콜링우드의 관점을 적용하면, 화가 A가 낡은 신발을 그린 것에서 아버지에 대한 그리움을 갖고 있었으리라는 점을 제시할 수 있겠군.
콜링우드는 표현론자로, 진지한 관념이나 감정과 같은 예술가의 마음을 예술의 조건으로 규정하였다. 따라서 화가 A가 낡은 신발을 그린 것은 아버지에 대한 그리움이라는 예술가의 마음을 표현한 것이라고 말할 수 있다.

③ 텐의 관점을 적용하면, 이 작품에서 아버지의 낡은 신발은 화가 A가 추구하는 예술가 정신의 상징임을 팸플릿 정보를 근거로 해석할 수 있겠군.
텐은 맥락주의 비평가로, 시대적 상황, 작가의 심리적 상태와 이념 등을 포함해 가급적 많은 자료를 바탕으로 작품을 분석하고 해석한다. 화가 A의 예술가 정신이 아버지의 삶에서 영향을 받은 것이라는 팸플릿의 정보를 고려할 때, 아버지의 낡은 신발이 화가 A의 예술가 정신의 상징이라고 해석하는 것은 외부의 자료를 근거로 한 것이므로 적절하다.

④ 프리드의 관점을 적용하면, 따뜻한 계열의 색들을 유기적으로 구성한 점에서 이 그림이 우수한 작품임을 언급할 수 있겠군.
프리드는 형식주의 비평가로, 작품의 형식적 요소와 그 요소들 간 구조적 유기성의 분석을 중요하게 생각한다. 팸플릿의 설명에 따라 작품 전체에 따뜻한 계열의 색이 주로 사용되었다는 것을 알 수 있으며, 이를 유기적으로 구성한 점에서 그림을 우수한 작품으로 평가했다면 작품의 요소들 간 구조적 유기성의 분석을 중요시 여긴 것이므로 적절하다.

⑤ 프랑스의 관점을 적용하면, 그림 속의 낡고 색이 바랜 신발을 보고, 지친 나의 삶에서 편안함과 여유를 느꼈음을 서술할 수 있겠군.
프랑스는 인상주의 비평가로, 외적인 요인들을 고려하지 않고 비평가의 자유 의지로 무한대의 상상력을 가지고 작품을 해석하고 판단하는 것을 중시한다. 따라서 프랑스의 관점을 적용할 때, 외적인 요인을 고려하지 않고 자신의 상상력을 가지고 작품을 해석하였으므로 적절하다.

5 답 ③

정답 해설

③ B에서 '슬퍼 보이고'와 '고통을 호소하고'라고 서술한 것은 작가의 심리적 상태를 표현하려는 것이겠군.
ⓒ '인상주의 비평'에서는 비평가 자신의 생각과 느낌에 대하여 자율성과 창의성을 가지고 비평하는 것, 비평가의 자유 의지로 무한대의 상상력을 가지고 해석하고 판단하는 것을 중시한다. 따라서 B의 입장에서 피카소의 「게르니카」를 비평하면서 '슬픔', '고통' 등의 감정을 서술한 것은, 비평가의 자유로운 상상력을 표현한 것으로 볼 수 있다. '슬픔', '고통' 등의 감정을 작가의 심리적 상태와 연관 지어 비평하는 것은 ⓒ(B)이 아니라 ⓐ '맥락주의 비평'에 의거한 것이다.

오답 해설

① A에서 '1937년'에 '게르니카'에서 발생한 사건을 언급한 것은 역사적 정보를 바탕으로 작품을 해석하기 위한 것이겠군.

㉠ '맥락주의 비평'에서는 예술 작품이 창작된 당시 예술가가 살던 시대의 환경, 정치·경제·문화적 상황 등을 예술 작품 비평의 중요한 근거로 삼는다. 즉, A의 입장에서 피카소의 「게르니카」를 비평하면서 1937년에 게르니카에서 발생한 사건을 언급한 것은, 역사적 정보, 곧 작품이 창작된 시대적 상황을 바탕으로 작품을 해석하기 위한 것으로 볼 수 있다.

② A에서 비극적 참상을 '전 세계에 고발'하였다고 서술한 것은 작품이 사회에 미치는 효과를 드러내고자 한 것이겠군.

㉠ '맥락주의 비평'에서는 작품이 사회에 미치는 효과를 예술 작품 비평의 중요한 근거로 삼는다. 따라서 A의 입장에서 피카소의 「게르니카」를 비평하면서 비극적 사건의 참상을 전 세계에 고발하였다고 서술한 것은, 작품이 사회에 미치는 효과를 드러내고자 한 것으로 볼 수 있다.

④ B에서 '우울한 색과 기괴한 형태'를 언급한 것은 비평가의 주관적 인상을 반영하기 위한 것이겠군.

㉡ '인상주의 비평'에서는 비평가 자신의 생각과 느낌에 대하여 자율성과 창의성을 가지고 비평하는 것을 중시한다. 따라서 B의 입장에서 피카소의 「게르니카」를 비평하면서 우울한 색과 기괴한 형태를 언급한 것은, 비평가의 주관적 인상을 반영하기 위한 것으로 볼 수 있다.

⑤ B에서 '희망을 갈구하는'이라고 서술한 것은 비평가의 자유로운 상상력이 반영된 것이겠군.

㉡ '인상주의 비평'에서는 비평가의 자유 의지로 무한대의 상상력을 가지고 작품을 해석하고 판단하는 것을 중시한다. 따라서 B의 입장에서 피카소의 「게르니카」를 비평하면서 희망을 갈구하는 훌륭한 작품이라고 서술한 것은, 비평가의 자유로운 상상력이 반영된 것으로 볼 수 있다.

6 답 ③

정답 해설

③ ⓒ : 이 문제에 대해서는 이론(異論)의 여지가 없다. (○)

ⓒ '이론(理論)'은 '사물의 이치나 지식 따위를 해명하기 위하여 논리적으로 정연하게 일반화한 명제의 체계'라는 뜻이고, 선택지의 '이론(異論)'은 '달리 논함. 또는 다른 이론(理論)이나 의견'이라는 뜻이다. 따라서 소리는 같으나 뜻이 다른 동음이의어에 해당한다.

오답 해설

① ⓐ : 모든 인간은 평등하다고 전제(前提)해야 한다. (×)

ⓐ와 선택지의 '전제(前提)'는 모두 '어떠한 사물이나 현상을 이루기 위하여 먼저 내세우는 것'이라는 뜻이다.

② ⓑ : 가을은 오곡백과가 무르익는 시기(時期)이다. (×)

ⓑ와 선택지의 '시기(時期)'는 모두 '어떤 일이나 현상이 진행되는 시점'이라는 뜻이다.

④ ⓓ : 이 소설은 사실을 근거(根據)로 하여 쓰였다. (×)

ⓓ와 선택지의 '근거(根據)'는 모두 '어떤 일이나 판단, 주장 따위가 나오게 된 바탕이나 까닭'이라는 뜻이다.

⑤ ⓔ : 청소년의 시각(視角)으로 이 문제를 살펴보자. (×)

ⓔ와 선택지의 '시각(視角)'은 모두 '사물을 관찰하고 파악하는 기본적인 자세'라는 뜻이다.

---

04 스피노자의 '코나투스'

1 ② 　 2 ⑤ 　 3 ②

지문 구조도

① 스피노자가 정의한 '코나투스'의 개념

② '코나투스'와 신체적 활동 능력 및 감정과의 연관성

③ '코나투스'와 선악 개념과의 연관성

④ 스피노자의 선의 추구

1 답 ②

정답 해설

② 정신과 신체의 유래

1문단에서 스피노자가 정신과 신체를 하나로 보았다는 내용은 확인할 수 있지만, 이것의 유래는 지문에서 확인할 수 없다.

오답 해설

① 코나투스의 의미 (○)

1문단에서 실존하는 모든 사물은 자신의 존재를 유지하기 위해 노력하는데, 이것이 그 사물의 본질인 코나투스라는 내용을 통해, 코나투스의 의미를 설명하고 있다.

③ 감정과 신체의 관계 (○)

2문단에서 감정을 신체의 변화에 대한 표현으로 보았다는 내용을 통해, 감정과 신체의 관계를 설명하고 있다.

④ 감정과 코나투스의 관계 (○)

2문단에서 기쁜 감정을 느꼈을 때 코나투스가 증가하고, 슬픈 감정을 느꼈을 때 코나투스가 감소한다는 내용을 통해, 감정과 코나투스의 관계를 설명하고 있다.

⑤ 코나투스와 관련한 인간과 동물의 차이 (○)

1문단에서 인간은 자신의 충동을 의식할 수 있다는 점에서 동물과 차이가 있다는 내용을 통해, 코나투스와 관련한 인간과 동물의 차이를 설명하고 있다.

2 답 ⑤

정답 해설

⑤ 쇼펜하우어는 스피노자와 달리, 인간이 욕망에서 벗어나야 한다고 보고 있군.

〈보기〉의 쇼펜하우어는 욕망은 완전히 충족될 수 없는 것으로 이를 절제해야 한다는 금욕주의를 주장했다. 하지만 스피노자는 코나투스인 욕망을 긍정하고 욕망에 따라 행동하라고 이야기하였다.(4문단)

오답 해설

① 쇼펜하우어는 스피노자처럼, 욕망을 부정적으로 판단하고 있군.

〈보기〉의 쇼펜하우어는 욕망을 절제해야 한다고 하였으므로 이를 부정적으로 판단했다고 할 수 있다. 하지만 스피노자는 욕망을 긍정하였으므로 쇼펜하우어와 차이가 있다.

② 쇼펜하우어는 스피노자처럼, 인간은 욕망에 따라 행동해야 한다고 보고 있군.

〈보기〉의 쇼펜하우어는 욕망을 절제해야 한다는 금욕주의를 주장하였으므로, 인간은 욕망에서 벗어나야 한다고 말할 것이다. 하지만 스피노자는 욕망을 긍정하고 욕망에 따라 행동하라고 하였으므로 쇼펜하우어

와 차이가 있다.

③ 쇼펜하우어는 스피노자처럼, 삶을 욕망의 결핍이 주는 고통의 시간이라고 여겼군.

〈보기〉의 쇼펜하우어는 삶을 욕망의 결핍이 주는 고통의 시간이라고 여겼다. 하지만 스피노자는 인간에게는 삶을 지속하고자 하는 욕망이 있으며, 욕망을 긍정하고 기쁨을 지향하라고 하였으므로 삶을 부정적으로 판단하지 않았을 것이다. 따라서 쇼펜하우어와 스피노자의 입장은 차이가 있다.

④ 쇼펜하우어는 스피노자와 달리, 욕망을 인간의 본질로 보고 있군.

〈보기〉의 쇼펜하우어는 욕망을 인간과 세계의 본질로 생각하였으며, 스피노자 역시 코나투스를 사물의 본질로 보았다. 그리고 인간에게 코나투스란 삶을 지속하고자 하는 욕망을 의미한다. 따라서 스피노자도 욕망을 인간의 본질로 보았다.

3 답 ②

정답 해설

② 선악은 사물 자체가 가지고 있는 성질이다.

스피노자는 사물이 다른 사물과 어떤 관계를 맺느냐에 따라 선이 되기도 하고 악이 되기도 한다고 보았다.(3문단) 그러므로 선악을 사물 자체가 가지고 있는 성질이라고 보기는 어렵다.

오답 해설

① 자신에게 기쁨을 주는 것은 선이다. (○)

스피노자는 선을 자신에게 기쁨을 주는 모든 것이라고 보았다.(3문단)

③ 선악에 대한 판단은 타자와의 관계에 따라 달라진다. (○)

스피노자는 사물이 다른 사물과 어떤 관계를 맺느냐에 따라 선이 되기도 하고 악이 되기도 한다고 보았다.(3문단) 따라서 선악에 대한 판단은 타자와의 관계에 따라 달라지는 것이라고 할 수 있다.

④ 자신의 신체적 활동 능력을 감소시키는 것은 악이다. (○)

스피노자는 악을 자신의 신체적 활동 능력을 감소시키는 것이라고 보았다.(3문단)

⑤ 기쁨의 관계 형성이 가능한 공동체는 선의 추구를 위해 필요하다. (○)

스피노자는 선은 자신에게 기쁨을 주는 모든 것이며(3문단), 인간에게는 타자와 함께 자신의 기쁨을 증가시킬 수 있는 공동체가 필요하다고 보았다.(4문단)

본문 20~21쪽

05 | 주자학과 양명학의 '이'의 차이

1 ①   2 ⑤   3 ②

지문 구조도

1 주자학과 양명학에서의 '이'

2 주자학의 '이'

3 송나라에서 '이'를 '현실에서의 의리'로 보게 된 배경

4 양명학의 '이'

5 양명학 등장의 시대적 배경

6 주자학과 양명학에서의 '이'에 대한 관점 차이의 이유

1 답 ①

정답 해설

① 주자학에서 설정하는 '이'와 '기'의 관계

지문에는 주자학에서 말하는 '이'와 양명학에서 말하는 '이'에 대한 내용이 제시되어 있을 뿐, 주자학에서 설정하는 '이'와 '기'의 관계에 대해서는 언급하고 있지 않다.

오답 해설

② 명나라 중기 이후 농민 봉기가 확산된 이유 (○)

5문단에서 세금 부담을 늘린 것이 명나라 중기 이후 농민 봉기가 확산된 이유라고 설명하고 있다.

③ 주자학에서 제시하는 만물의 궁극적인 이치 (○)

2문단에서 주자학에서 제시하는 만물의 궁극적인 이치를 '이'로 설명하고 있다.

④ 양명학에서 주장하는 '양지'가 회복된 상태 (○)

4문단에서 양명학에서 주장하는 '양지'가 회복된 상태를 '치양지'로 설명하고 있다.

⑤ 송나라에서 '현실에서의 의리'를 강조하게 된 배경 (○)

3문단에서 당나라의 멸망 원인을 언급하며 송나라에서 '현실에서의 의리'를 강조하게 된 배경을 설명하고 있다.

2 답 ⑤

정답 해설

⑤ 인간의 마음은 본래부터 비어 있는 것이 아니라 양지를 지니고 있는 것이 아닌가?

왕수인은 사람은 하늘의 이치인 양지를 지니고 있다고 주장하였다.(4문단) 따라서 인간의 마음이 어떠한 생득적 관념도 갖고 있지 않다는 〈보기〉의 입장을 비판할 수 있을 것이다.

오답 해설

① 치양지를 위해서는 경험이 아니라 각각의 사물에 들어 있는 이치를 탐구한 다음 만물의 근원적인 원리에 이르러야 하는 것이 아닌가?

각각의 사물에 저마다의 '이'가 개별적으로 담겨 있으며, 이를 탐구한 다음 지극한 경지에 이르러야 한다고 본 입장은 주자학이다.(2문단) 따라서 왕수인의 입장에서 이와 같은 주장을 하지는 않을 것이다.

② 지식을 획득하기 위해 감각적 지각을 우선시하는 것보다 먼저 주체와 분리된 '이'를 자각해야 하는 것이 아닌가?

왕수인은 '이'가 주체와 분리된 것이 아니라 내 마음의 본체라고 주장하였다.(4문단) 따라서 주체와 분리된 '이'를 자각해야 한다는 주장을 하지 않을 것이다.

③ 경험을 통한 지식의 획득보다 감각적 지각을 통해 사물의 이치를 획득하는 것을 우선시해야 하는 것이 아닌가?

왕수인은 '이'가 내 마음의 본체라고 주장하였다. 사물에 저마다의 '이'가 담겨 있다고 주장한 것은 주자학이므로 왕수인은 이와 같은 주장을 하지 않을 것이다.

④ 지식을 획득하기 위해 경험을 우선시하기보다 만물의 본성이 곧 이치라는 깨달음이 더 중요한 것이 아닌가?

'만물의 본성이 곧 이치'라는 '성즉리'를 주장한 것은 주자학이다. 양명학은 '내 마음이 곧 이치'라는 '심즉리'를 주장하였다.(1문단)

3 답 ②

지문에는 주자학 대신 새로운 대안으로 양명학이 대두된 배경이, 〈보기〉

에는 그럼에도 불구하고 주자학이 관학으로서의 지위를 잃지 않고 이어졌다는 내용이 제시되어 있다.

정답 해설

② 주자학이 군주에 대한 의리를 강조하여 사회 질서 유지에 도움이 되었기 때문에

절도사의 잦은 반란으로 당나라가 멸망하자, 송나라 지식인들은 이를 절도사들이 왕실에 대한 의리를 지키지 않았기 때문으로 보았다. 이 과정에서 주자학이 통치 원리로 자리를 잡게 되었는데, 이는 '이'를 현실에서의 의리로 보아 군주에 대한 의리를 강조함으로써, 강한 나라를 만들고 사회의 질서를 유지하는 데 도움이 되었기 때문이다.

오답 해설

① 양명학은 타인에 대한 신뢰를 바탕으로 한 의리를 중요하게 여겼기 때문에

지문과 〈보기〉에서 양명학에서 타인에 대한 신뢰를 바탕으로 한 의리를 중요하게 여겼다고 볼 수 있는 근거는 없다.

③ 양명학은 양지를 회복하기 위해 모든 사물의 본성을 탐구해야 한다고 보았기 때문에

양명학에서 양지를 회복하는 과정을 강조한 것은 맞다. 하지만 각각의 사물에 들어 있는 본성인 '이'를 탐구하는 과정을 중시한 것은 주자학이다.

④ 주자학은 예의법도를 중시하여 도덕적 자각 능력의 수양 측면에서 양명학보다 우월했기 때문에

주자학에서 '이'에 대한 예의법도를 중시한 것은 맞다. 하지만 도덕적 자각 능력인 '양지'를 강조한 것은 양명학이므로 도덕적 자각 능력의 수양 측면에서는 양명학이 우월하다고 할 수 있다.

⑤ 근대적 의식에 부합하는 주자학의 이념이 양명학에 비해 궁극적인 이치를 탐구하는 데 효율적이었기 때문에

주자학 대신 새로운 대안을 모색하라는 시대적 요구에 따라, 개인과 자아라는 근대적 의식이 싹튼 이후에 나타난 것이 양명학이다. 그러므로 주자학의 이념이 근대적 의식에 부합한다고 볼 수는 없다.

본문 22~23쪽

06 귀신론에 대한 조선 성리학의 대응

1 ④ 2 ① 3 ①

지문 구조도

1	제례의 근거를 마련하기 위한 조선 시대 유학자들의 귀신 논의
2	15세기 후반 남효온의 귀신론
3	서경덕의 귀신론
4	이이의 귀신론
5	낙론계 유학자들의 귀신론과 이의 의의

1 답 ④

정답 해설

④ 귀신의 기가 항구적인 감통의 능력을 가진다는 것은 제사를 지내는 근거였다.

가까운 조상일 경우 그 기가 흩어졌더라도 자손들이 지극한 정성으로 제사를 받들면 일시적으로 그 기가 모이고 귀신이 감통의 능력으로 제

사를 흠향할 수 있다고 보았다.(4문단) 따라서 귀신의 기가 항구적인 감통의 능력을 지닌다고 보지는 않았을 것이다.

오답 해설

① 성리학적 귀신론은 신령으로서의 귀신 이해를 대체하는 것이었다. (○)

귀신에 대한 성리학의 논의가 본격화되기 전에는 대체로 귀신을 신령한 존재로 여겼다. 하지만 15세기 후반 남효온은 성리학의 자연철학적 입장에서 귀신을 재해석하였으므로, 성리학적 귀신론은 신령으로서의 귀신 이해를 대체하였다고 볼 수 있다.(2문단)

② 조선 성리학자들은 먼 조상에 대한 제사가 단순한 추념이 아니라고 보았다. (○)

기의 취산으로 귀신을 설명하면서도 리의 존재를 깊이 의식한 것은 조상의 귀신을 섬기는 의례 속에서 항구적인 도덕적 가치에 대한 의식을 강화하고자 한 것이다.(5문단) 따라서 조선 성리학자들은 조상에 대한 제사가 단순한 추념이 아니라고 보았을 것이다. '추념'이란 '죽은 사람을 생각함'이라는 뜻이다.

③ 생성 소멸하는 기를 통해 귀신을 이해하는 것은 윤회설을 반박하는 논거였다. (○)

마음의 작용인 지각은 몸을 이루는 기의 작용이기 때문에 기가 한 번 흩어지면 더 이상의 지각 작용은 있을 수 없다고 지적하여 윤회 가능성을 부정하였다.(4문단)

⑤ 조선 성리학자들은 귀신이 자연 현상과 관계된 것이라는 공통적인 인식을 가졌다. (○)

성리학의 일반론에 따르면, 인간의 몸은 다른 사물과 마찬가지로 기로 이루어져 있으며, 생명을 다하면 그 몸을 이루고 있던 기가 흩어져 사라진다. 이는 자연의 변화 현상과 관계된 것으로, 조선 성리학자들은 기가 흩어지는 과정에 있는 것이 귀신이라고 보았다.(2문단)

2 답 ①

정답 해설

① ㉠은 형체의 존재 여부를 기의 취산으로 설명하면서 본질적인 기는 유와 무를 관통한다고 보았다.

㉠ '서경덕'은 삶과 죽음 사이에는 형체를 이루는 기가 취산하는 차이가 있을 뿐 그 기의 순수한 본질은 유무의 구분을 넘어 영원히 존재한다고 하였으므로 적절하다.

오답 해설

② ㉠은 기를 형백과 담일청허로 이원화하여 삶과 죽음에 각각 대응시켜 인간과 자연을 일원적으로 구조화하였다.

㉠ '서경덕'은 기를 취산하는 형백과 그렇지 않은 담일청허로 구분했지만, 이를 각각 삶과 죽음에 대응시켜 인간과 자연을 일원적으로 구조화하지는 않았다.

③ ㉡은 생명이 다하면 기는 결국 흩어져 사라지기 때문에 제사의 주관자라 하더라도 결국에는 조상과 감통할 수 없게 된다고 보았다.

㉡ '이이'는 기가 완전히 소멸된 먼 조상일지라도 영원한 리가 있기에 자손과 감통이 있을 수 있다고 주장하였다. 따라서 제사의 주관자는 조상과 감통할 수 있을 것이다.

④ ㉡은 인간의 지각은 리에 근거한 기이지만 기는 소멸하더라도 리는 존재하기 때문에 지각 자체는 사라지지 않는다고 파악하였다.

㉡ '이이'는 마음의 작용인 지각은 몸을 이루는 기의 작용이기 때문에 그 기가 한 번 흩어지면 더 이상의 지각 작용은 있을 수 없다고 지적하였다. 따라서 리가 존재하더라도 기의 작용은 지각 자체는 사라진다고 볼 것이다.

⑤ ㉠과 ㉡은 모두 기의 취산을 통해 삶과 죽음의 영역을 구분하였기 때문에 귀신의 영원성에 대한 근거를 ~~물질성을 지닌 근원적 존재에서 찾았다.~~

㉠ '서경덕'은 기의 항구성을 근거로 귀신의 영원성을 주장했으며, 기의 본질은 유무의 구분을 넘어 영원히 존재한다고 설명하였다. 또한 ㉡ '이'는 기가 없어도 영원한 리가 있어 자손과 귀신이 감통할 수 있다고 주장하였다. 그러므로 ㉠과 ㉡ 모두 귀신의 영원성에 대한 근거를 물질성을 지닌 근원적 존재에서 찾지 않았음을 알 수 있다.

3 답 ①

정답 해설

① ㄱ, ㄴ

ㄱ. 귀신을 기의 유행으로 말하면 형이하에 속하고, 리가 실린 것으로 말하면 형이상에 속하는 것이다. (○)

3문단의 '우주 자연의 보편 원리이자 도덕법칙인 불변하는 리와, 존재를 구성하는 질료이자 에너지인 가변적인 기라는 성리학의 이원적 요소'에서 성리학의 기본 입장을 확인할 수 있으며, 이를 통해 형이상을 리와, 형이하를 기와 연결할 수 있다. 김원행은 '기에 원래 자재하여 움직이지 않는 리에 따라 발현하는 것'인 양능의 관점에서 귀신을 설명하였으며, 송명흠은 귀신을 리이면서 기인 것, 즉 형이상에 속하고 동시에 형이하에 속하는 것이라고 설명하였다. 따라서 낙론계 유학자들은 리와 기가 혼융한 상태에서 귀신을 설명하였으며, 기의 유행에서는 형이하에, 리가 실린 것에서는 형이상에 속하는 것으로 보았음을 알 수 있다.

ㄴ. 리가 있으면 기가 있고 기가 있으면 리가 있으니 어찌 혼융하여 떨어지지 않는 지극한 것이 아니겠는가. (○)

낙론계 유학자들은 귀신을 리와 기 어느 한쪽으로 해석하는 것이 옳지 않다고 보았다. 김원행은 '리와 기가 틈이 없이 합쳐진 묘처, 즉 양능에서 그 의미를 찾아야 한다고 주장'하였고, 송명흠도 '모든 존재는 리와 기가 혼융한 것이라고 전제'하였다.

오답 해설

ㄷ. 기가 오고 가며 굽고 펼치는 것은 기가 스스로 그러한 것이니 ~~귀신이 없음에 어찌 의심이 있을 수 있겠는가.~~

낙론계 유학자들은 귀신을 양능의 관점에서 리나 기로 지목하거나, 리이면서 기인 것 등으로 설명하였다. 따라서 귀신이 없다고 주장하지 않을 것이다.

ㄹ. 제사 때 능히 강림할 수 있게 하는 것은 리이고, 강림하는 것은 기이니, 귀신의 강림은 ~~기의 강림~~이라 할 수 있지 않겠는가.

김원행은 귀신의 의미를 양능에서 찾았기에 리와 기가 틈이 없이 합쳐진 것이 강림했다고 할 것이다. 송명흠도 모든 존재가 리와 기가 혼융했다고 보며, 제사 때 귀신이 강림할 수 있는 것은 기 때문이지만 제사 주관자의 마음과 감통하는 주체는 리라고 설명하였다. 따라서 낙론계 유학자들은 귀신의 강림을 기의 강림으로 보지 않을 것이다.

배경지식!

● 이기론(理氣論)

'이기론'은 꽤 자주 나오는 이론이다. 아래에 2017년 6월 고2 학력평가, 2019학년도 사관학교 시험에 출제된 내용을 일부 수록한다.

> 조선 시대 유학자들은 도덕적이고 규범적이며 사람다운 삶을 강조하는 성리학을 받아들였다. 성리학은 우주의 근원과 질서, 그리고 인간의 심성과 질서를 '이(理)'와 '기(氣)' 두 가지를 통해 설명하고, 이를 바탕으로 인간과 세계를 연구하는 학문이다. 그래서 성리학을 '이기론' 또는 '이기 철학'이라고도 부른다. 성리학에서 일반적으로

> '이'는 만물에 내재하는 원리이고, '기'는 그 원리를 현실에 드러내 주는 방식과 구체적인 현실의 모습이라 할 수 있다. '이'는 '기'를 통해서 드러난다. '이'는 언제나 한결같지만 '기'는 여러 가지 모습으로 존재하므로, 우주 만물의 원리는 그대로지만 형체는 다양하다.
> – 2017년 6월 고2 학력평가

> 이기론은 존재의 근원과 그 구조를 드러내기 위한 사유 체계였다. 존재의 생성과 변화의 원리는 '이(理)'이고, 각 개체가 고유성을 띠고 존재하게 하는 것은 '기(氣)'이다. '이'는 만물이 공유하는 존재론적 근거로서 모든 개체에 동일하지만, 개체가 갖고 있는 '기'는 서로 다르다. 만물은 선험적인 '이'와 '기'가 결합한 형태로만 존재한다. 또한 '성리학'이라는 말에서 알 수 있듯이 '이'는 곧 '성[본성]'이다.
> – 2019학년도 사관학교

본문 24~25쪽

07 칸트의 취미 판단 이론

1 ⑤ 2 ④ 3 ① 4 ④

지문 구조도

1 미적 감수성을 강조한 칸트의 취미 판단 이론

2 취미 판단의 개념과 특징

3 취미 판단과 미감적 공동체의 공통감과의 관계

4 취미 판단 이론의 지향점과 영향

1 답 ⑤

정답 해설

⑤ 칸트는 미적 감수성의 원리에 대한 설명이 인간의 총체적 자기 이해에 기여한다고 보았다.

칸트는 미적 감수성의 원리에 대한 이론을 전개하며 취미 판단 이론을 제시하였는데, '인간은 무엇인가?'라는 물음에 대한 충실한 답변을 얻고자 한다면, 이성뿐 아니라 미적 감수성에 대해서도 그 고유한 원리를 설명해야 한다고 하였다.(4문단) 따라서 칸트는 미적 감수성의 원리에 대한 설명이 인간의 총체적 자기 이해에 기여한다고 보았음을 알 수 있다.

오답 해설

① 칸트는 미감적 판단력과 규정적 판단력이 ~~동일하다~~고 보았다.

2문단에 따르면 규정적 판단에서는 술어가 보편적 개념에 따라 객관적 성질로서 주어에 부여된다. 미감적 판단에서는 술어가 객관적 성질인 것처럼 주어에 부여되지만 실제로는 주관적 감정에 의거한다. 또한 규정적 판단은 개별 대상뿐 아니라 여러 대상이나 모든 대상을 묶은 단위에 대해서도 이루어지나, 미감적 판단력의 행위인 취미 판단은 하나의 개별 대상에 대해서만 이루어진다. 따라서 칸트는 둘을 동일하다고 보지 않았을 것이다.

② 칸트는 이성에 의한 지식이 개념의 한계로 인해 ~~객관적 타당성을 결여~~한다고 보았다.

2문단에 따르면 이성이 개념을 통해 지식이나 도덕 준칙을 구성하는 것이 '규정적 판단'이며, 이 '규정적 판단'은 명제의 객관적이고 보편적인 타당성을 지향한다. 따라서 칸트는 이성에 의한 지식이 객관적인 타당성을 결여한다고 보지 않을 것이다. 4문단에서 객관적 타당성이 이성의 미덕인 동시에 한계를 갖는다고 하였는데, 이는 세계가 개념으로 낱낱

이 밝힐 수 없는 무한한 것이기 때문이다. 즉, 이성에 의한 지식이 개념의 한계로 인해 객관적 타당성을 결여한 것이 아니라, 세계가 개념으로 낱낱이 밝힐 수 없는 무한한 것이기 때문에 한계에 봉착한다고 보아야 한다.

③ 칸트는 미적 감수성이 비개념적 방식으로 세계에 대한 ~~객관적 지식을 창출한다고~~ 보았다.

4문단에 따르면 미적 감수성은 대상을 개념적으로 규정할 수는 없지만, 역으로 개념으로부터의 자유를 통해 세계에 더 가까이 다가갈 수 있다. 따라서 개념으로부터의 자유, 즉 비개념적 방식으로 세계에 더 가까이 다가갈 수 있다고 보는 것은 적절하다. 하지만 미감적 판단력의 행위인 취미 판단은 '주관적 보편성'을 지니므로 객관적 지식을 창출한다고 볼 수는 없다.

④ 칸트는 미감적 판단력을 본격적으로 규명하여 ~~근대 초기의 합리론을 선구적으로 이끌었다.~~

칸트는 근대 초기의 합리론에 맞서 미적 감수성을 '미감적 판단력'이라고 부르며 이에 대한 주장을 전개했다.(1문단) 따라서 칸트가 미감적 판단력을 본격적으로 규명한 것은 적절하지만, 근대 초기의 합리론을 이끌었다고 볼 수는 없다.

2 답 ④

정답 해설

④ '이 영화의 주제는 권선징악이어서 아름답다.'는 ~~취미 판단에 해당한다.~~

[A]에 따르면 취미 판단에는 대상에 대한 지식뿐 아니라, 실용적 유익성, 교훈적 내용 등 일체의 다른 맥락이 끼어들지 않아야 한다. 이 선택지에서는 판단의 근거로 '이 영화의 주제는 권선징악이다.'가 사용되고 있는데, 이는 대상의 교훈적 내용이라는 다른 맥락이 끼어든 것이다. 따라서 취미 판단에 해당하지 않는다.

오답 해설

① '이 장미는 아름답다.'는 취미 판단에 해당한다. (○)

취미 판단은 판단 주체의 주관적 감정에 의거하며, 하나의 개별 대상에 대해서만 이루어진다. 또한 여기에는 대상에 대한 지식, 실용적 유익성, 교훈적 내용 등 다른 맥락이 끼어들지 않아야 한다. '이 장미는 아름답다.'는 이 요건을 모두 갖추고 있으므로 취미 판단에 해당한다.

② '유용하다'는 취미 판단 명제의 술어가 될 수 없다. (○)

취미 판단은 대상의 미·추를 판정하는 것으로 '유용하다'는 것은 미·추를 판정하는 것이 아니다. 더불어 취미 판단에는 실용적 유익성이라는 다른 맥락이 끼어들지 않아야 하는데 '유용하다'는 실용적 유익성에 해당하므로 취미 판단 명제의 술어가 될 수 없다.

③ '모든 예술'은 취미 판단 명제의 주어가 될 수 없다. (○)

취미 판단은 오로지 하나의 개별 대상에 대해서만 이루어진다. '모든 예술'은 모든 대상을 묶은 하나의 단위로 개념적 일반화에 해당하기 때문에 취미 판단이 될 수 없다.

⑤ '이 소설은 액자식 구조로 이루어져 있다.'는 취미 판단에 해당하지 않는다. (○)

취미 판단에는 대상에 대한 지식이라는 다른 맥락이 끼어들지 않아야 한다. 해당 문장에는 '액자식 구조'라는 대상에 대한 지식이 들어 있으므로 취미 판단에 해당하지 않는다.

3 답 ①

정답 해설

① 개념적 규정은 ~~예술 작품에 대한 취미 판단을 가능하게 한다.~~

'규정적 판단'이란 이성이 개념을 통해 지식이나 도덕 준칙을 구성하는 것이므로 개념적 규정과 연결될 수 있다. 반면 예술 작품에 대한 취미 판단은 미감적 판단력의 행위로 주관적 감정에 의거하며, 대상을 개념적으로 규정할 수 없다. 따라서 객관적이고 보편적인 타당성을 지향하며 하나의 개별 대상뿐 아니라 여러 대상이나 모든 대상을 묶은 하나의 단위에 대해서도 이루어지는 규정적 판단에 의해 예술 작품에 대한 취미 판단이 가능하지는 않을 것이다.

오답 해설

② 공통감은 미감적 공동체에서 예술 작품의 미를 판정할 보편적 규범이 될 수 있다. (○)

미감적 공동체의 구성원들 간에는 '공통감'이라 불리는 공통의 미적 감수성이 전제로 작용하고 있으며, 이 공통감은 취미 판단의 미적 규범 역할을 한다.(3문단) 이런 공통감으로 인해 취미 판단은 '주관적 보편성'을 지니므로, 공통감은 공동체에서 보편적인 규범이 될 수 있을 것이다.

③ 특정 예술 작품에 대한 사람들의 취미 판단이 일치하는 것은 우연으로 볼 수 없다. (○)

취미 판단은 '주관적 보편성'을 지니는 것으로 설명되므로 어떤 주체가 내리는 취미 판단은 그가 속한 공동체의 공통감을 예시한다.(3문단) 따라서 특정 예술 작품에 대한 사람들의 취미 판단이 일치하는 것은 우연이 아니라 보편성 때문일 것이다.

④ 예술 작품에 대한 나의 취미 판단은 내가 속한 미감적 공동체의 미적 감수성을 보여 준다. (○)

어떤 주체가 내리는 취미 판단은 그가 속한 공동체의 공통감을 예시한다.(3문단) 공통감은 공통의 미적 감수성이므로 예술 작품에 대한 나의 취미 판단은 내가 속한 미감적 공동체의 공통감, 즉 미적 감수성을 보여 줄 수 있을 것이다.

⑤ 예술 작품에 대해 순수한 미감적 태도를 취하지 못하면 그 작품에 대한 취미 판단이 가능하지 않다. (○)

취미 판단은 미감적 태도를 전제로 하며, 여기에는 일체의 다른 맥락이 끼어들지 않아야 한다.(2문단) 그러므로 순수한 미감적 태도를 취하지 못하면 취미 판단 역시 가능하지 않다고 볼 수 있다.

4 답 ④

정답 해설

④ ⓔ : 소지하는 (×)

ⓔ '지니다'는 '바탕으로 갖추고 있다.'라는 뜻이고, 선택지의 '소지하다'는 '물건을 지니고 있다.'라는 뜻이므로 바꾸어 쓰기에 적절하지 않다.

오답 해설

① ⓐ : 간주했기 (○)

ⓐ '여기다'는 '마음속으로 그러하다고 인정하거나 생각하다.'라는 뜻이고, 선택지의 '간주하다'는 '상태, 모양, 성질 따위가 그와 같다고 보거나 그렇다고 여기다.'라는 뜻이므로 바꾸어 쓰기에 적절하다.

② ⓑ : 피력한다 (○)

ⓑ '펼치다'는 '생각 따위를 전개하거나 발전시키다.'라는 뜻이고, 선택지의 '피력하다'는 '생각하는 것을 털어놓고 말하다.'라는 뜻이므로 바꾸어 쓰기에 적절하다.

③ ⓒ : 개입하지 (○)

ⓒ '끼어들다'는 '자기 순서나 자리가 아닌 틈 사이를 비집고 들어서다.'라는 뜻이고, 선택지의 '개입하다'는 '자신과 직접적인 관계가 없는 일에 끼어들다.'라는 뜻이므로 바꾸어 쓰기에 적절하다.

⑤ ⓔ : 확산되어 (○)

ⓔ '퍼지다'는 '어떤 물질이나 현상 따위가 넓은 범위에 미치다.'라는 뜻이고, 선택지의 '확산되다'는 '흩어져 널리 퍼지게 되다.'라는 뜻이므로 바꾸어 쓰기에 적절하다.

본문 26~28쪽

08 이타적 행동에 관한 여러 가지 이론

1 ⑤ 2 ② 3 ② 4 ④ 5 ① 6 ②

(가) 지문 구조도

① 다윈의 '자연 선택설'과 동물들의 이타적 행동

② 해밀턴의 '혈연 선택 가설'

③ 도킨스의 『이기적 유전자』와 관련 이론

(나) 지문 구조도

① 이타적 행동의 정의

② '반복－상호성 가설'에서 말하는 이타적 행동을 하는 이유

③ '집단 선택 가설'에서 말하는 이타적 인간이 진화하는 이유

1 답 ⑤

정답 해설

⑤ 이타적 행동에 관한 이론과 그에 대한 평가를 제시하고 있다.

(가)에서는 동물의 이타적 행동에 관한 이론인 해밀턴의 '혈연 선택 가설'과 도킨스의 『이기적 유전자』에 등장하는 이론을 제시하고 있으며, '이타적 행동의 진화에 얽힌 수수께끼를 푸는 중요한 열쇠로 평가된다.', '도킨스의 이론은 ～ 비판을 받기도 하였다.'와 같이 이에 대한 평가를 함께 제시하고 있다. (나)에서는 이타적 인간이 진화하는 이유를 설명하는 '반복－상호성 가설'과 '집단 선택 가설'을 제시하고 있으며, '반복 상호성 가설'의 유용성과 한계, '집단 선택 가설'에 대한 사회 생물학에서의 비판을 함께 제시하고 있다.

오답 해설

① 이타적 행동을 설명하는 대립된 이론을 절충하고 있다.

(가)와 (나) 모두 대립된 이론을 절충하는 내용은 나타나 있지 않다.

② 이타적 행동을 정의한 후 구체적 유형을 분류하고 있다.

(가)와 (나) 모두 이타적 행동의 구체적 유형을 분류하고 있지는 않다.

③ 이타적 행동에 관한 이론들을 통시적으로 고찰하고 있다.

(가)와 (나) 모두 이타적 행동에 관한 이론들을 시간의 흐름을 중심으로 고찰하지는 않았다. 참고로 '통시적'은 '어떤 시기를 종적으로(시간의 흐름에 따라) 바라보는 것'을 의미하며, 지문에서 화제에 대한 관점이나 시각의 변화가 시간의 흐름에 따라 제시되는 경우를 '통시적'이라고 한다.

④ 이타적 행동을 설명하는 이론의 발전 방향을 전망하고 있다.

(가)와 (나) 모두 이타적 행동을 설명하는 이론을 제시하고 있지만, (가)에서는 이에 대한 발전 방향을 전망하지 않았다. (나)에서는 제도에 대한 연구를 진행하고 있다고 밝힘으로써 발전 방향을 전망하고 있다.

2 답 ②

정답 해설

② 개체의 이기적 행동에 숨겨진 이타적 동기에 대해 설명하고 있다.

해밀턴은 개체들의 이타적 행동의 이유를 '자신의 유전자를 후세에 많이 전달하기 위한' 것이라고 보았다. 자신의 유전자를 후세에 더 많이 전달하려는 것은 이기적인 동기로 볼 수 있으므로, 결국 ⓐ '해밀턴의 법칙'은 개체들의 이타적 행동에 숨겨진 이기적 동기에 대해 설명하는 것이라고 볼 수 있다.

오답 해설

① 유전적 근연도에 초점을 맞춰 이타적 행위를 설명하고 있다. (○)

ⓐ '해밀턴의 법칙'에서는 '$r \times b - c > 0$'이라는 식을 제시하며 이타적 행위가 일어나는 이유를 설명했는데, 여기서 r을 '유전적 근연도'로 정의하였다. 따라서 이에 초점을 맞춰 이타적 행위를 설명한 것으로 볼 수 있다.

③ 이타적 행위자와 그의 수혜자가 삼촌 관계일 경우 r은 0.25가 된다. (○)

ⓐ '해밀턴의 법칙'에 따르면 'r'은 유전적 근연도이며, 형제자매 간에 같은 유전자를 공유할 확률은 50%이며, 유전적 근연도는 2촌인 형제자매를 기준으로 1촌이 늘어날 때마다 반씩 줄어든다. 삼촌은 형제자매에서 1촌이 늘어난 것이므로 확률은 25%, 유전적 근연도 r은 0.25가 된다.

④ 이타적 행위자와 수혜자가 부모 자식이나 형제자매 관계일 경우 r은 같다. (○)

ⓐ '해밀턴의 법칙'에 따르면 'r'은 유전적 근연도로 이타적 행위자와 이의 수혜자가 유전자를 공유할 확률을 의미한다. 또한 부나 모가 자식과 같은 유전자를 공유할 확률은 50%이고, 형제자매 간에 같은 유전자를 공유할 확률도 50%라고 하였으므로 부모 자식이나 형제자매 관계일 경우 r은 0.5로 같다.

⑤ 이타적 행위자와 그의 수혜자가 혈연관계일 때, b와 c가 같으면 이타적 유전자가 진화하지 않는다. (○)

ⓐ '해밀턴의 법칙'에 따르면 유전자를 공유할 확률은, 유전자가 하나도 같지 않을 경우 0%, 완전히 같을 경우 100%일 것이므로 'r'은 0과 1사이의 값을 가질 것이다. 또한 지문에서는 '$r \times b - c > 0$'을 만족할 때 개체의 이타적 유전자가 진화한다고 하였다. 만약 선택지에서와 같이 b와 c가 같은 경우 '$r \times b - c$'가 0을 넘을 수 없으므로 이타적 유전자가 진화하지 않을 것이다.

3 답 ②

정답 해설

② 1

(나)에서 TFT 전략은 처음에는 무조건 상대방에게 협조하고 그다음부터는 상대방이 바로 전에 사용한 방법을 모방하는 것이라고 하였다. 〈보기〉에서 A만 TFT 전략을 사용하므로 A는 첫 회에는 협조 전략을, 두 번째부터는 B가 첫 회에 썼던 방식을 사용할 것이다. 또한 B는 첫 회에만 비협조 전략을 사용하므로 두 번째부터는 협조 전략을 사용할 것이다. 따라서 첫 회에 A는 협조, B는 비협조 전략을 사용할 것이며, 두 번째 회에서 A는 B가 첫 회에서 쓴 전략인 비협조 전략을, B는 협조 전략을 사용할 것이다. 그 결과 첫 회에서 A와 B의 보수는 (－1, 2), 두 번째 회에서는 (2, －1)이 된다. 〈보기〉에 따라 (A의 보수, B의 보수)이므로 B가 두 번째까지 얻게 되는 보수의 합은 2와 (－1)을 더한 1이다.

4 답 ④

정답 해설

④ 개인 선택으로 이타적인 구성원이 먼저 소멸하면, 이타적 구성원을 진화하게 하는 집단 선택이 발생할 수 없기 때문에 (○)

(나)에 따르면 개인 선택에서는 이기적 인간이 살아남는 데 유리하며, 집단 선택에서는 이타적 구성원이 많은 집단일수록 살아남는 데 유리하

다. 이타적인 구성원이 먼저 소멸한다는 것은 개인 선택이 많이 일어났다는 뜻이며, 집단을 구성하는 이타적인 사람들이 사라진 것이다. 집단을 구성하는 이타적인 사람들이 사라진다면 이타적 구성원을 진화하게 하는 집단 선택 역시 발생할 수 없다. 따라서 집단 선택이 일어나는 속도가 개인 선택이 일어나는 속도를 압도해야 이타적 구성원이 진화할 수 있을 것이다.

오답 해설

① 집단 선택의 속도가 개인 선택의 속도보다 느릴 경우, 이타적 구성원의 수가 ~~천천히 증가~~하기 때문에

집단 선택의 속도가 개인 선택의 속도보다 느리다면 이타적 구성원의 수는 증가할 수 없다.

② 개인 선택으로 이타적인 구성원이 먼저 소멸한 후, ~~집단 선택에 의해 이기적인 구성원이 소멸~~하기 때문에

개인 선택이 먼저 일어난 후에 집단 선택이 일어나는 것은 아니다.

③ 집단 선택이 천천히 일어날 경우 ~~집단 간의 생존 경쟁이 발생하지 않아~~ 집단 선택이 일어나지 않기 때문에

집단 선택이 천천히 일어난다는 것은 이타적 구성원의 수가 천천히 많아진다는 것을 의미하며, 집단 선택의 속도가 느리더라도 집단 간의 생존 경쟁은 발생할 것이다. 그러나 이로 인해 이타적 구성원이 진화를 하는 것은 아니다.

⑤ 개인 선택의 속도가 집단 선택의 속도보다 빠를 경우, ~~이타적인 구성원이 많은 집단이 개인 선택에 불리해지기~~ 때문에

개인 선택의 속도가 집단 선택의 속도보다 빠르다는 것은 이기적 인간이 빠르게 많아진다는 뜻이다. 그러나 이러한 사실이 이타적 구성원이 많은 집단 내에서의 개인 선택에 영향을 줄 수는 없다. 개인 간의 생존 경쟁과 집단 간의 생존 경쟁을 연결하는 것은 적절하지 않다. 개인은 개인끼리 경쟁하는 것이며, 집단은 집단끼리 경쟁하는 것임에 유의해야 한다.

5 답 ①

정답 해설

① ㄱ : ㉮에서는 일개미가 자식을 낳지 않고 자매들을 돌보는 것을 ~~부모보다 모의 유전자를 후세에 더 많이 전달~~하기 위한 전략으로 보겠군.

(가)의 ㉮ '혈연 선택 가설'에 의하면, 개체들의 이타적인 행동은 자신과 같은 유전자를 공유하는 친족들의 생존과 번식에 도움을 줌으로써 자신의 유전자를 후세에 많이 전달하기 위한 행동이다. ㄱ에서 일개미가 자식을 낳는다고 가정했을 때 일개미와 자식 간의 유전적 근연도가 0.5, 일개미와 자매들 간의 유전적 근연도가 0.75인 점을 고려할 때, 일개미가 자식을 낳지 않고 자매들을 돌보는 이유는 유전적 근연도가 높은 자매들을 돌보는 것이 자신의 유전자를 후세에 많이 전달할 수 있기 때문이다. 부모보다 모의 유전자를 후세에 더 많이 전달하기 위한 전략이 아니다.

오답 해설

② ㄱ : ㉯에서는 일개미가 목숨을 걸고 개미 군락을 지키는 것을 다른 DNA와의 생존 경쟁에서 이기기 위한 유전자의 이기적인 행동으로 보겠군. (O)

㉯ 『이기적 유전자』에 따르면 이타적으로 보이는 개체의 행동은 겉보기에만 그럴 뿐, 실은 유전자가 다른 DNA와의 생존 경쟁에서 이기기 위한 이기적인 행동이다. 따라서 ㄱ에서 일개미가 목숨을 걸고 개미 군락을 지키는 것은 다른 DNA와의 생존 경쟁에서 이기기 위한 유전자의 이기적인 행동으로 볼 수 있다.

③ ㄴ : ㉰에서는 자신이 식량을 나눠 주지 않으면 사냥에 실패했을 때 자신도 얻어먹지 못할 수 있기 때문에 식량 공유 관습이 생긴 것으로 보겠군. (O)

㉰ '반복－상호성 가설'에서는 자신이 이기적으로 행동할 경우 상대방도 이기적인 행동으로 보복할 수 있기 때문에 이를 피하기 위해 이타적 행동을 한다고 주장한다. 따라서 ㄴ에서 자신이 식량을 나눠 주지 않는 이기적 행동을 하면, 자신이 사냥에 실패했을 때 상대방이 식량을 나눠 주지 않는 이기적인 행동으로 보복을 할 수 있으므로, 식량을 공유하는 이타적인 행동의 관습이 생긴 것으로 볼 것이다.

④ ㄴ : ㉱에서는 식량 공유 관습을 이기적인 구성원도 식량을 공유하게 함으로써 이타적 구성원이 사회에서 사라지지 않도록 하는 제도로 보겠군. (O)

㉱ '집단 선택 가설'에서는 이타적 구성원이 많은 집단이 그렇지 않은 집단과의 생존 경쟁에 유리하기 때문에 이타적 인간이 진화한다고 보았으며, 개인 선택이 일어나는 속도를 늦추고 집단 선택의 효과를 높이는 장치로서 법과 관습과 같은 제도에 주목하였다. 따라서 ㄴ의 식량 공유 관습과 같은 제도를 통해 개인 선택이 일어나는 속도를 늦추는 것은 이기적 인간의 행동을 막는 것이며, 관습을 통해 이기적 구성원의 행동을 막는다면 이타적 인간이 진화할 수 있게 될 것이다.

⑤ ㄴ : ㉮에서는 혈연관계가 없는 구성원과의 식량 공유를 설명할 수 없지만, ㉱에서는 협업을 통해 집단의 생존 확률을 높이는 행동으로 보겠군. (O)

㉮ '혈연 선택 가설'에 의하면, 개체들의 이타적 행동은 자신과 같은 유전자를 공유하는 친족들의 생존과 번식에 도움을 줌으로써 자신의 유전자를 후세에 많이 전달하기 위한 행동이다. 혈연관계가 없는 구성원에게 이타적 행동을 하는 것은 자신의 유전자를 후세에 많이 전달하는 것과 관련이 없으므로, 이러한 현상을 ㉮를 통해 설명하는 것은 한계가 있다. 반면 ㉱ '집단 선택 가설'에서는 이타적 구성원이 많은 집단이 그렇지 않은 집단과의 생존 경쟁에 유리하기 때문에 ㄴ에 대해 협업, 즉 이타적인 행동을 통해 집단의 생존 확률을 높이는 것으로 볼 것이다.

6 답 ②

정답 해설

② ⓑ : 이 사전은 여러 전문가가 감수하였다. (O)

ⓑ '감수'는 '책망이나 괴로움 따위를 달갑게 받아들임'이라는 뜻이고, 선택지의 '감수'는 '책의 저술이나 편찬 따위를 지도하고 감독함'이라는 뜻이다. 따라서 소리는 같으나 뜻이 다른 동음이의어에 해당한다.

오답 해설

① ⓐ : 그는 형의 모습을 유심히 관찰하였다. (×)

ⓐ와 선택지의 '관찰'은 모두 '사물이나 현상을 주의하여 자세히 살펴봄'이라는 뜻이다.

③ ⓒ : 그 기업은 경쟁사에 밀려 도태되었다. (×)

ⓒ와 선택지의 '도태'는 모두 '여럿 중에서 불편하거나 무능한 것을 줄여 없앰'이라는 뜻이다.

④ ⓓ : 이것은 장소를 검색하는 데 유용하다. (×)

ⓓ와 선택지의 '유용'은 모두 '쓸모가 있음'이라는 뜻이다.

⑤ ⓔ : 우리는 적극적으로 상황에 대응하였다. (×)

ⓔ와 선택지의 '대응'은 모두 '어떤 일이나 사태에 맞추어 태도나 행동을 취함'이라는 뜻이다.

09 서양과 동양의 천문 이론

1 ② **2** ⑤ **3** ④ **4** ⑤ **5** ② **6** ②

지문 구조도

1 서양의 태양 중심설 발달과 그 전파에 따른 중국의 변화

2 서양의 우주론 – 코페르니쿠스의 '태양 중심설'과 그에 대한 반발

3 서양의 우주론 – 브라헤의 모형과 케플러의 행성 운동 법칙

4 서양의 우주론 – 뉴턴의 '태양 중심설' 역학적 정당화 과정

5 서양의 우주론 전파에 따른 중국의 수용 양상

6 중국의 우주론 – 17세기 웅명우와 방이지의 이론

7 중국의 우주론 – 17세기 후반 왕석천과 매문정의 입장

8 중국의 우주론 – 18세기 초 중국의 입장과 이후의 흐름

---

1 답 ②

정답 해설

② 서양의 우주론의 영향으로 변화된 중국의 우주론이 소개되어 있을 것이다. – 예측과 다름

6~7문단에 서양의 우주론의 영향으로 변화된 중국의 우주론이 소개되어 있다. 즉, 점검 결과는 '예측과 같음'이 되어야 한다.

오답 해설

① 서양의 우주론에 태양 중심설과 지구 중심설의 개념이 소개되어 있을 것이다. – 예측과 같음

1~2문단에 제시된 서양의 우주론에 태양 중심설과 지구 중심설의 개념이 소개되어 있다. 즉, 점검 결과로 '예측과 같음'은 적절하다.

③ 서양에서 태양 중심설을 제기한 사람은 누구일까? – 질문의 답이 제시됨

2문단에 서양에서 태양 중심설을 제기한 사람이 누구인지 소개되어 있다. 즉, 점검 결과로 '질문의 답이 제시됨'은 적절하다.

④ 중국에서 서양의 우주론을 접하고 회통을 시도한 사람은 누구일까? – 질문의 답이 제시됨

1, 6~8문단에 걸쳐 중국에서 서양의 우주론을 접하고 회통을 시도한 사람이 누구인지 소개되어 있다. 즉, 점검 결과로 '질문의 답이 제시됨'은 적절하다.

⑤ 중국에 서양의 우주론을 전파한 서양의 인물은 누구일까? – 질문의 답이 언급되지 않음

1문단의 내용을 통해 '중국에 서양의 우주론을 전파한 서양의 인물은 누구일까?'라는 질문을 만들 수 있으나, 지문에서 그 답은 언급되지 않았다. 즉, 점검 결과로 '질문의 답이 언급되지 않음'은 적절하다.

2 답 ⑤

정답 해설

⑤ 서양에서는 중국과 달리 경험적 추론에 기초한 우주론이 제기되었다.

서양의 천문학자 케플러는 경험주의자였기에 브라헤의 천체 관측치를 활용하여 태양 주위를 공전하는 행성의 운동 법칙들을 수립하였다.(3문단) 이는 경험적 추론에 기초한 우주론이라고 할 수 있다. 한편 17세기 후반 중국의 왕석천과 매문정은 서양 과학의 영향을 받아 경험적 추론

과 수학적 계산을 통해 우주의 원리를 파악하고자 하였다.(7문단) 즉, 중국에서도 경험적 추론에 기초한 우주론이 제기된 것이다.

오답 해설

① 서양과 중국에서는 모두 우주론을 정립하는 과정에서 형이상학적 사고에 대한 재검토가 이루어졌다.

서양에서는 태양 중심설이 지구 중심설의 대안으로 제시되면서 천문학 분야의 개혁이 시작되었으며, 이는 형이상학을 뒤바꾸는 변혁으로 이어졌고, 결국 기존의 아리스토텔레스 형이상학이 더 이상 온존할 수 없게 되었다.(1~3문단) 즉, 우주론을 정립하는 과정에서 형이상학적 사고에 대한 재검토가 이루어진 것이다. 한편 중국에서는 웅명우, 방이지가 '성리학적 기론'이라는 형이상학에 입각하여 실증적인 서양 과학을 재해석하였는데, 이는 이후 왕석천, 매문정에 의해 형이상학에 몰두했다는 비판의 대상이 되었다. 즉, 중국에서도 우주론을 정립하는 과정에서 형이상학적 사고에 대한 재검토가 이루어진 것이다.

② 서양 천문학의 전래는 중국에서 자국의 우주론 전통을 재인식하는 계기가 되었다.

16세기 말부터 중국에 서양 천문학이 유입된 이후, 중국의 학자들은 서양 과학과 중국 전통 사이의 적절한 관계 맺음을 시도하였다. 이처럼 자국의 고대 문헌에 담긴 우주론을 재해석하고 확인하려는 경향은 19세기 중엽까지 주를 이루었다.(5, 8문단)

③ 중국에 서양의 천문학적 성과가 자리 잡게 된 데에는 국가의 역할이 작용하였다.

16세기 말부터 중국에 본격 유입된 서양 과학은, 청 왕조가 중국의 역법을 기반으로 서양 천문학 모델과 계산법을 수용한 시헌력을 공식 채택함에 따라 그 위상이 구체화되었다.(5문단) 즉, 중국에 서양의 천문학적 성과가 자리 잡게 된 데에는 국가(=청 왕조)의 역할이 작용하였다.

④ 중국에서는 18세기에 자국의 고대 우주론을 긍정하는 입장이 주류가 되었다.

중국의 매문정은 자국의 고대 문헌에 언급된 내용을 서양 이론과 연결하여 서양 과학의 중국 기원론을 뒷받침하였으며, 이러한 입장은 18세기 초를 기점으로 중국의 공식 입장으로 채택되었다.(7, 8문단) 이렇게 볼 때, 중국에서는 18세기에 자국의 고대 우주론을 긍정하는 입장이 주류가 되었음을 알 수 있다.

3 답 ④

정답 해설

④ 지구가 우주 중심에 고정되어 있고 다른 행성을 거느린 태양이 지구 주위를 돈다는 브라헤의 우주론은 아리스토텔레스의 형이상학에서 자유롭지 못한 것이었다.

브라헤의 우주론은 우주의 중심에 지구가 고정되어 있고, 달과 태양과 항성들은 지구 주위를 공전하며, 지구 외의 행성들은 태양 주위를 공전한다는 것이었다. 즉, 우주 중심에 지구가 고정되어 있으며 다른 행성을 거느린 태양이 지구 주위를 돈다는 것이었다. 이는 코페르니쿠스 천문학의 장점은 인정하면서도 아리스토텔레스 형이상학과의 상충을 피하기 위해 제안한 것이었다.(3문단) 다시 말해 브라헤의 우주론은 아리스토텔레스의 형이상학에서 자유롭지 못한 것이었다.

오답 해설

① 항성 천구가 고정되어 있다고 보든 아리스토텔레스의 우주론은 천상계와 지상계를 대립시킨 형이상학을 토대로 한 것이었다.

아리스토텔레스의 우주론은 우주의 중심에 지구가 고정되어 있으며, 그 주위를 항성 천구가 '회전'한다고 본 것이었다.(2문단) 항성 천구가 고정

되어 있다고 보지는 않았다. 참고로 아리스토텔레스의 우주론이 지상계와 천상계를 대립시킨 형이상학을 토대로 한 것이라는 설명은 적절하다.(2문단)

② 많은 수의 원을 써서 행성의 가시적 운동을 설명한 프톨레마이오스의 우주론은 행성이 ~~태양에서 멀수록 공전 주기가 길어진다는~~ 점에서 ~~단순성을 갖는~~ 것이었다.

코페르니쿠스의 우주론은 프톨레마이오스보다 훨씬 적은 수의 원으로 행성들의 가시적인 운동을 설명하였으며, 행성이 태양에서 멀수록 공전 주기가 길어진다는 점에서 단순성이 충족된 것이었다.(2문단) 프톨레마이오스의 우주론은 많은 수의 원을 썼다는 점에서 단순성이 충족되지 않으며, 행성이 태양에서 멀수록 공전 주기가 길어진다는 점을 도출하지도 않았다.

③ 지구와 행성이 태양 주위를 공전한다는 코페르니쿠스의 우주론은 이전의 지구 중심설보다 단순할 뿐 아니라 ~~아리스토텔레스와 형이상학과 양립이 가능한~~ 것이었다.

코페르니쿠스의 우주론은 기존의 지구 중심인 '프톨레마이오스의 우주론'보다 훨씬 적은 수의 원으로 행성들의 가시적인 운동을 설명할 수 있었기 때문에 단순성을 충족한 것이었다. 그러나 이는 아리스토텔레스의 형이상학과 상충되는 것이었기 때문에, 아리스토텔레스의 형이상학을 고수하는 다수 지식인과 종교 지도자들은 코페르니쿠스의 우주론을 받아들이려 하지 않았다.(2문단)

⑤ 태양 주위를 공전하는 행성의 운동 법칙들을 관측치로부터 수립한 케플러의 우주론은 ~~진플라톤주의에서 경험주의적 근거를 찾은~~ 것이었다.

케플러의 우주론은 브라헤의 천체 관측치를 활용하여 태양 주위를 공전하는 행성의 운동 법칙들을 수립한 것인데, 이는 케플러가 경험주의자였다는 점과 관련이 있다. 한편 '신플라톤주의'는 우주의 수적 질서를 신봉하는 형이상학으로, 케플러는 이 형이상학에 매료되어 코페르니쿠스의 우주론을 받아들였다. 그러므로 케플러의 우주론은 경험주의와 신플라톤주의라는 형이상학 모두를 근거로 한 것일 뿐, 신플라톤주의라는 형이상학에서 경험주의적 근거를 찾았다고 볼 수는 없다.

4 답 ⑤

정답 해설

⑤ 성리학적 기론을 긍정한 학자들은 ~~중국 고대 문헌의 우주론을 근거로~~ 서양 우주론을 받아들여 새 이론을 창안하였다.

성리학적 기론을 긍정한 학자들인 웅명우와 방이지 등은 실증적인 서양 과학을 재해석하여 독창적 이론인 '광학 이론'을 제시하였지만, 중국 고대 문헌에 수록된 우주론에 대해서는 부정적 태도를 견지하였다. 즉, 중국 고대 문헌의 우주론을 근거로 광학 이론을 창안한 것은 아니다.(6문단)

오답 해설

① 중국에서 서양 과학을 수용한 학자들은 자국의 지적 유산에 서양 과학을 접목하려 하였다. (○)

중국에서 서양 과학에 매료된 학자들은 서양 과학이 중국의 지적 유산에 적절히 연결될 수 있도록 하였다.(5문단)

② 서양 천문학과 관련된 내용이 중국의 역대 지식 성과를 집대성한 『사고전서』에 수록되었다. (○)

중국 천문학을 중심으로 서양 천문학을 회통하려는 매문정의 입장이 중국의 역대 지식 성과물을 총망라한 『사고전서』에 반영되었다. 즉, 『사고전서』에도 서양 천문학과 관련된 내용이 수록된 것이다.(8문단)

③ 방이지는 서양 우주론의 영향을 받았지만 서양의 이론과 구별되는 새 이론의 수립을 시도하였다. (○)

방이지는 수성과 금성이 태양 주위를 회전한다는 태양계 학설을 내세웠는데, 이는 서양 우주론 중 브라헤의 영향을 받은 것이었다. 그러면서도 성리학적 기(氣)와 빛을 결부하여 광학 이론이라는 독창적 이론을 제시하였다. 광학 이론은 실증적인 서양 과학을 재해석한 결과이므로, 서양의 이론과 구별되는 새 이론의 수립을 시도한 것이라고 할 수 있다.(6문단)

④ 매문정은 중국 고대 문헌에 나타나는 천문학적 전통과 서양 과학의 수학적 방법론을 모두 활용하였다. (○)

매문정은 서양 과학의 영향을 받아 경험적 추론과 수학적 계산을 통해 우주의 원리를 파악하고자 하였으면서도, 중국 고대 문헌에 언급된 내용을 서양 이론과 연결하여 서양 과학의 중국 기원론을 뒷받침하였다. 즉, 매문정은 중국 고대 문헌에 나타나는 천문학적 전통과 서양 과학의 수학적 방법론을 모두 활용하였다고 할 수 있다.(7문단)

5 답 ②

〈보기〉에 의하면, 부피 요소들이 빈틈없이 배열되어 한 겹의 구 껍질을 이루며, 구 껍질들은 하나의 구를 이룬다. 이때 '부피 요소=질점'이고, '부피 요소의 질량=부피×밀도'이다.

한편 〈보기〉를 독해할 때, 지문의 [A]에서처럼 내용이 '합의 연산'으로 제시되고 있다는 것을 파악해야 한다.

즉, ['한 구 껍질의 부피 요소들'이 '질점 P를 당기는 만유인력들의 총합'='한 구 껍질의 전체 질량과 동일하며 중심에 위치한 질점'이 '질점 P를 당기는 만유인력],

['한 구의 구 껍질들'이 '질점 P를 당기는 만유인력들의 총합'='한 구의 전체 질량과 동일하며 중심에 위치한 질점'이 '질점 P를 당기는 만유인력]이므로

결국, ['한 구의 부피 요소들'이 '질점 P를 당기는 만유인력들의 총합'='한 구의 전체 질량과 동일하며 중심에 위치한 질점'이 '질점 P를 당기는 만유인력]이 된다.

정답 해설

② 태양의 중심에 있는 질량이 m인 질점이 지구 전체를 당기는 만유인력은, 지구의 중심에 있는 질량이 m인 질점이 태양 전체를 당기는 만유인력과 ~~크기가 같겠군.~~

〈보기〉에 의하면 태양의 중심에 있는 질량이 m인 질점이 지구 전체를 당기는 만유인력은, '태양의 중심에 있는 질량이 m인 질점'이 '지구의 전체 질량과 동일한 질량을 가지며 지구의 중심에 있는 질점'을 당기는 만유인력이라고 할 수 있다. 또한 지구의 중심에 있는 질량이 m인 질점이 태양 전체를 당기는 만유인력은, '지구의 중심에 있는 질량이 m인 질점'이 '태양의 전체 질량과 동일한 질량을 가지며 태양의 중심에 있는 질점'을 당기는 만유인력이라고 할 수 있다. [A]에 의하면 만유인력의 크기는 두 질점의 질량의 곱에 비례하고 거리의 제곱에 반비례하는데, 선택지에 제시된 두 경우는 질점 사이의 거리가 '태양과 지구 사이의 거리'로 동일하기 때문에 사실상 '두 질점의 질량의 곱'으로 만유인력의 크기를 비교해야 할 것이다. 이때 두 경우 모두 하나의 질점의 질량이 m으로 동일하므로, 결국 '지구의 전체 질량과 동일한 질량을 가지며 지구의 중심에 있는 질점'의 질량과, '태양의 전체 질량과 동일한 질량을 가지며 태양의 중심에 있는 질점'의 질량의 크기를 비교하면 된다. [A]에 제시되기도 하였고 상식적으로도 알 수 있듯, 지구의 질량이 태양의 질량보다 당연히 더 작다. 따라서 태양의 중심에 있는 질량이 m인 질점이 지구 전체를 당기는 만유인력은, 지구의 중심에 있는 질량이 m인 질점이 태양 전체를 당기는 만유인력보다 그 크기가 더 작을 것이다.

ⓒ '지니다'는 '바탕으로 갖추고 있다.'라는 뜻이고, 선택지의 '소지하다'는 '물건을 지니고 있다.'라는 뜻이므로 바꾸어 쓰기에 적절하지 않다. 추상적 개념인 '신의 형상'을 '소지'한다고 표현할 수는 없다.

④ ⓓ : 설정(設定)했다 (×)

ⓓ '여기다'는 '마음속으로 그러하다고 인정하거나 생각하다.'라는 뜻이고, '설정하다'는 '새로 만들어 정해 두다.'라는 뜻이므로 바꾸어 쓰기에 적절하지 않다.

⑤ ⓔ : 시사(示唆)되어 (×)

ⓔ '갖추다'는 '있어야 할 것을 가지거나 차리다.'라는 뜻이고, '시사되다'는 '어떤 것이 미리 간접적으로 표현되다.'라는 뜻이므로 바꾸어 쓰기에 적절하지 않다.

본문 32~33쪽

10 무어의 반자연주의 논변에 대한 비판

1 ② **2** ④ **3** ④

지문 구조도

① 자연주의의 정의와 스펜서의 이론

② 자연주의를 비판하는 무어의 논변

③ 무어에 대한 자연주의자들의 비판

④ 스펜서가 주장한 이론의 오류

⑤ 자연적 사실을 도덕적 가치로 대체할 때 고려해야 할 점

1 답 ②

정답 해설

② 무어의 비판은 도덕적 가치를 특정 자연적 사실로 정의하려는 자연주의에 대해서는 성립한다. (○)

자연주의자 스펜서는 '더욱 진화됨'이라는 자연적 사실이 '좋음'이라는 가치와 동일하다고 보았다. 이에 대해 무어는 '자연주의적 오류'를 저지른다고 비판하며 '더욱 진화됨'과 '좋음'이 같지 않다고 결론지었는데, 이러한 무어의 비판은 자연주의자들의 의도를 잘못 이해하고 있다고 지적받는다. 그럼에도 무어의 비판은 자연주의인 스펜서가 '좋음'의 정의를 찾고 있다고 해석할 때는 성립한다. '더욱 진화됨'과 '좋음'이 외연이 같은 것이 아니라 정의 관계일 경우, 즉 도덕적 가치를 특정 자연적 사실로 정의하려는 자연주의에 대해서는 무어의 비판이 성립하는 것이다.

오답 해설

① 무어는 스펜서와 달리 ~~진화론 이전의 전통적인 도덕을 지지하기 위해 진화론에 반대했다.~~

무어는 스펜서를 비롯한 자연주의자들이 '자연주의적 오류'를 저지른다고 비판했을 뿐이다. 무어가 진화론 이전의 전통적인 도덕을 지지했는지, 진화론에 반대했는지는 지문에서 확인하기 어렵다.

③ 스펜서는 ~~치열한 경쟁이 있는 사회는 더 진화된 사회라는 다윈의 주장을 과학적으로 검증하려 했다.~~

다윈이 '치열한 경쟁이 있는 사회는 더 진화된 사회'라고 본 것은 아니다. 다윈의 이론에서 진화는 특정한 목적을 향하는 것이 아니므로 '더욱 높은' 진화의 단계는 존재하지 않는다.(1, 4문단) 이러한 다윈의 이론을

오답 해설

① 밀도가 균질한 하나의 행성을 구성하는 동심의 구 껍질들이 같은 두께일 때, 하나의 구 껍질이 태양을 당기는 만유인력은 그 구 껍질의 반지름이 클수록 커지겠군. (○)

밀도가 균질한 하나의 행성을 구성하는 동심의 구 껍질들이 같은 두께일 때, 〈보기〉에 의하면 반지름이 큰 구 껍질은 반지름이 작은 구 껍질에 비해 더 많은 부피 요소(=질점)들로 이루어져 있을 것이고, 그에 따라 질량은 더 클 것이다. 이때 [A]에 의하면 만유인력의 크기는 두 질점의 질량의 곱에 비례한다. 따라서 반지름이 큰 구 껍질이 태양을 당기는 만유인력은, 반지름이 작은 구 껍질이 태양을 당기는 만유인력에 비해 더 클 것이다.

③ 질량이 M인 지구와 질량이 m인 달은, 둘의 중심 사이의 거리만큼 떨어져 있으면서 질량이 M, m인 두 질점 사이의 만유인력과 동일한 크기의 힘으로 서로 당기겠군. (○)

〈보기〉에 의하면 질량이 M인 지구는 '지구의 중심에 위치한 질량이 M인 질점'으로 표현할 수 있고, 질량이 m인 달은 '달의 중심에 위치한 질량이 m인 질점'으로 표현할 수 있다. 따라서 지구와 달 사이에 작용하는 만유인력은 그 둘의 중심 사이의 거리만큼 떨어져 있으면서 '질량이 M, m인 두 질점이 서로 당기는 힘'이라고 말할 수 있다.

④ 태양을 구성하는 하나의 부피 요소와 지구 사이에 작용하는 만유인력은, 지구를 구성하는 모든 부피 요소들과 태양의 그 부피 요소 사이에 작용하는 만유인력들을 모두 더하면 구해지겠군. (○)

[A]에 의하면 한 천체가 그 천체 밖 어떤 질점을 당기는 만유인력은, 그 천체를 잘게 나눈 부피 요소들 각각이 그 천체 밖 어떤 질점을 당기는 만유인력을 모두 더하여 구할 수 있으며, 〈보기〉에도 해당 내용이 자세히 설명되어 있다. 이를 고려하면, 태양을 구성하는 하나의 부피 요소(=질점)와 지구 사이에 작용하는 만유인력은, '지구를 구성하는 모든 부피 요소들' 각각이 '태양을 구성하는 하나의 부피 요소'를 당기는 만유인력을 모두 더하여 구할 수 있을 것이다.

⑤ 반지름이 R, 질량이 M인 지구와 지구 표면에서 높이 h에 중심이 있는 질량이 m인 구슬 사이의 만유인력은, $R+h$의 거리만큼 떨어져 있으면서 질량이 M, m인 두 질점 사이의 만유인력과 크기가 같겠군. (○)

〈보기〉에 의하면 반지름이 R, 질량이 M인 지구는 '지구의 중심에 위치한 질량이 M인 질점'으로 표현할 수 있고, 지구 표면에서 높이 h에 중심이 있는 질량이 m인 구슬은 '구슬의 중심에 위치한 질량이 m인 질점'으로 표현할 수 있다. 따라서 지구와 구슬 사이에 작용하는 만유인력은 그 둘의 중심 사이의 거리, 즉 $R+h$만큼 떨어져 있으면서 '질량이 M, m인 두 질점이 서로 당기는 힘'이라고 말할 수 있다.

6 답 ②

정답 해설

② ⓑ : 고안(考案)했다 (○)

ⓑ '만들다'는 '노력이나 기술 따위를 들여 목적하는 사물을 이루다.'라는 뜻이고, 선택지의 '고안하다'는 '연구하여 새로운 안을 생각해 내다.'라는 뜻이므로 바꾸어 쓰기에 적절하다.

오답 해설

① ⓐ : 진작(振作)할 (×)

ⓐ '일으키다'는 '어떤 사태나 일을 벌이거나 터뜨리다.'라는 뜻이고 선택지의 '진작하다'는 '떨쳐 일어나다. 또는 떨쳐 일으키다.'라는 뜻이므로 바꾸어 쓰기에 적절하지 않다. '진작하다'는 '사기가 진작하다.', '분위기를 진작하다.'와 같이 쓰인다.

스펜서가 잘못 해석하여 '더욱 진화됨'을 '좋음'으로 환원한 것이다. 또한 스펜서는 다윈의 진화론을 자기 나름으로 해석하여 주장을 펼친 것일 뿐(1문단) 다윈의 주장을 과학적으로 검증하려 한 것도 아니다.

④ 무어는 어떤 두 개념이 정의 관계이기 때문에 동일한 경우와, 외연이 같기 때문에 동일한 경우의 ~~차이를 잘 알고 있었다.~~

무어는 '더욱 진화됨'과 '좋음'이 같지 않다며 스펜서를 비판했는데(2문단), 이러한 무어의 비판은 자연주의자들의 의도를 잘못 이해하고 있다고 비판받는다.(3문단) 즉, 스펜서가 '좋음'의 정의를 찾은 것이었다면 무어의 비판이 성립하지만, 스펜서는 '좋음'의 정의를 찾은 것이 아니라 실제로 무엇이 좋은 것인지를 찾은 것이기 때문에 '더욱 진화됨'과 '좋음'의 외연이 같을 수 있는 것이다. 이를 고려할 때, 무어는 어떤 두 개념이 정의 관계이기 때문에 동일한 경우와, 외연이 같기 때문에 동일한 경우의 차이를 모르고 있었음을 알 수 있다.

⑤ 스펜서가 '더욱 진화됨' 대신에 과학적으로 검증된 다른 사실을 '좋음'과 동일시한다면 ~~자연주의적 오류의 혐의를 벗을 수 있다.~~

무어의 의하면 사실에서 가치를 끌어내려는 '모든' 시도는 자연주의적 오류를 저지른다.(2문단) 따라서 스펜서가 '더욱 진화됨' 대신에 과학적으로 검증된 다른 사실을 '좋음'과 동일시하더라도 자연주의적 오류의 혐의를 벗을 수는 없다.

2 답 ④

정답 해설

④ '춘원이 이광수냐'고 묻는 것은 의미가 있으므로 '춘원'과 '이광수'는 다른 사람이 되고 만다. (○)

무어는 스펜서가 '더욱 진화됨'과 '좋음'이 같다고 본 것에 대해, "더욱 진화된 것은 좋은 것인가?"라는 물음이 하나 마나 한 물음이 아니라 "정말 그런가?"라고 되물을 수 있는 의미 있는 물음이므로 '더욱 진화됨'과 '좋음'이 같지 않다고 본다. 이러한 무어의 논변에 '춘원'과 '이광수'의 예시를 그대로 적용해 보자. 무어는 "춘원은 이광수인가?"라는 물음이 하나 마나 한 물음이 아니라 "정말 그런가?"라고 되물을 수 있는 의미 있는 물음이므로 '춘원'과 '이광수'가 같지 않다고 볼 것이다. 하지만 '춘원'과 '이광수'는 외연이 같으므로, 즉 가리키는 대상이 같으므로 동일한 대상이라고 할 수 있다. 따라서 무어의 논변은 잘못되었다고 볼 수 있다.

오답 해설

① '춘원이 이광수냐'고 묻는 것은 ~~하나 마나 한 질문이므로~~ '춘원'과 '이광수'가 같은지 과학적 검증을 할 필요가 없다.

② '춘원'과 '이광수'는 정의 관계가 아니므로 '춘원이 이광수냐'고 묻는 것은 ~~하나 마나 한 질문이다.~~

⑤ '춘원이 이광수냐'고 묻는 것은 ~~의미가 없는 질문이므로~~ '춘원'과 '이광수'는 같은 사람이 된다.

무어는 "더욱 진화된 것은 좋은 것인가?"라는 물음에 대해 하나 마나 한 의미 없는 물음이 아니라, "정말 그런가?"라고 되물을 수 있는 의미 있는 물음이라고 본다. 이를 '춘원'과 '이광수'의 예시로 적용하면, 무어는 "춘원은 이광수인가?"라는 물음에 대해 하나 마나 한 의미 없는 물음이 아니라 "정말 그런가?"라고 되물을 수 있는 의미 있는 물음이라고 볼 것이다.

③ '춘원'과 '이광수'는 ~~외연이 같으므로~~ '춘원이 이광수냐'고 묻는 것은 의미가 있는 질문이 된다.

1번 문제 ④번 선택지 해설에서도 밝혔듯, 무어는 어떤 두 개념이 정의 관계이기 때문에 동일한 경우와, 외연이 같기 때문에 동일한 경우의 차이를 모르고 있었다. 즉, 무어는 두 대상의 외연이 같은지의 여부는 고

려하지 않은 것이다. 따라서 무어의 논변 방식을 따를 경우 '춘원'과 '이광수'의 외연이 같다고 볼 수 없게 된다. 물론 무어의 논변에 따르면 '춘원이 이광수냐'고 묻는 것은 의미가 있는 질문이 되며, 이에 따를 때 '춘원'과 '이광수'가 가리키는 대상이 다른 사람이 되어 버리므로 무어의 논변이 잘못되었다고 보아야 한다.

3 답 ④

정답 해설

④ 사람과 동물의 차이가 차별을 정당화하는 데 이용될 수 있다고 생각하여, 그 차이가 실제로 존재하는지 과학적으로 확인해 보고 도덕적으로 관련이 있는지 증명한다.

[가]에 의하면 자연적 사실이 도덕적 가치와 동일할 수 있는 가능성이 있으나 도덕 판단을 위해 자연적 사실을 참조할 때에는 그 자연적 사실이 과학적으로 옳은지 검증되어야 하고 또 도덕적 가치와 관련이 있다는 것이 증명되어야 한다. 이를 고려할 때, 사람과 동물은 차이가 있다는 자연적 사실에 근거하여 사람과 동물을 차별 대우해도 괜찮다는 도덕 판단에 대해, 사람과 동물의 차이가 실제로 존재하는지 과학적으로 확인해 보고 도덕적으로 관련이 있는지 증명해야 할 것이다.

오답 해설

① 사람과 동물을 차별 대우해도 괜찮다는 것은 ~~과학적으로 검증이 불가능하므로~~ 사람이 언어와 도구 등을 사용할 줄 알고 합리적이라는 주장은 ~~도덕적으로 정당화되지 않음을 지적한다.~~

제시된 주장에서, '사람은 언어와 도구 등을 사용할 줄 알고 합리적이지만 동물은 그렇지 않다.'는 '자연적 사실'에 해당하고, '사람과 동물을 차별 대우해도 괜찮다.'는 '도덕적 가치'에 해당한다. 그런데 해당 선택지는 '도덕적 가치'에 대해 과학적 검증이 불가능하다고 진술하고, '자연적 사실'에 대해서는 도덕적으로 정당화되지 않는다고 진술하고 있다. 즉, 과학적 검증의 대상과 도덕적 정당화가 필요한 대상이 뒤바뀐 것이다.

② 사람과 동물 사이의 차이를 과학적으로 검증하기 위해 '언어와 도구 등을 사용할 줄 알고 합리적임'이 '차별 대우해도 괜찮음'으로 환원되고 ~~둘 사이의 외연이 같은지 조사한다.~~

'외연의 같고 다름'에 대한 언급은 [가]와 무관하다.

③ 사람과 동물의 차이는 사실에 관한 영역이고 차별은 도덕적 가치에 속하는 영역이므로, ~~그 차이가 과학적으로 검증되더라도 사람과 동물의 차별을 정당화할 수 없음을 강조한다.~~

사람과 동물의 차이와 같은 '자연적 사실'이 과학적으로 검증되더라도 사람과 동물의 차별이라는 '도덕적 가치'를 정당화할 수 없다고 보는 것은, 오히려 [가]의 논지에 정면으로 맞선다고 할 수 있다.

⑤ 사람과 동물의 차이가 과학적으로 검증된다면 그 차별은 정당할 수 있다고 생각하지만, 이 생각으로부터 ~~자연주의적 오류가 발생하지 않는지 검사한다.~~

'자연주의적 오류의 발생 여부를 검사하는 것은 [가]와 무관하다.

11 공공선택론

1 ⑤   2 ②   3 ③   4 ③

지문 구조도

① 공공선택론의 정의

② 공공선택론의 첫 번째 가정 - 방법론적 개인주의 │ ③ 공공선택론의 두 번째 가정 - 경제 인간 │ ④ 공공선택론의 세 번째 가정 - 교환 행위

⑤ 공공선택론의 중위투표자 정리 모형 │ ⑥ 공공선택론의 합리적 무지 모형

⑦ 공공선택론자인 뷰캐넌의 헌법정치경제학

1 답 ⑤

정답 해설

⑤ 공공선택론이 사회적 문제를 해결하기 위해 ~~정치인의 공약을 강조한 이유는~~ 무엇인가?

지문에서는 중위투표자 정리 모형과 합리적 무지 모형을 통해 정치인과 유권자가 유발하는 사회적 문제를 설명하고, 그 해결책으로 뷰캐넌의 헌법정치경제학을 소개하고 있다. 하지만 공공선택론이 사회적 문제를 해결하기 위해 정치인의 공약을 강조하였다는 내용은 확인할 수 없다.

오답 해설

① 공공선택론이 기존의 정치학과 다른 점은 무엇인가? (○)

공공선택론은 방법론적 개인주의, 인간을 경제 인간으로 본다는 가정, 정치적 활동을 경제시장에서와 같이 교환 행위로 본다는 가정 등을 통해 정치 현상을 설명한다는 점에서 기존의 정치학과 차이가 있다.

② 공공선택론에서는 사회 현상을 분석하는 단위를 무엇으로 보는가? (○)

공공선택론의 첫 번째 가정인 방법론적 개인주의를 통해, 공공선택론에서는 '개인'을 사회 현상을 분석하는 단위로 삼는다는 것을 알 수 있다.

③ 공공선택론에서는 경제시장과 정치시장이 어떤 차이가 있다고 보는가? (○)

경제시장은 거래의 결과가 거래 당사자들에게만 영향을 미치지만, 정치시장에서는 거래 당사자들뿐만 아니라 거래에 참여하지 않은 사람들에게도 영향을 준다는 점에서 차이가 있다.

④ 공공선택론은 정치인과 유권자가 유발하는 사회적 문제를 어떤 이론으로 분석하는가? (○)

공공선택론에서는 중위투표자 정리 모형을 통해 민주주의 의사결정이 다수가 아닌 소수인 중위투표자에 의해 이루어짐으로써 반민주적인 결과를 초래할 수 있음을 지적하고 있다.(5문단) 또한 합리적 무지 모형을 통해 공공재와 행정서비스가 특정 문제에 이해관계를 가지고 정치인과 결탁한 이익집단에만 집중되는 비효율성을 지적하고 있다.(6문단)

2 답 ②

정답 해설

② 정치시장에서 정책적 목적을 달성하기 위해 의사결정을 하는 주체는 ~~국가~~이다.

공공선택론의 첫 번째 가정은 방법론적 개인주의로, 공공선택론에서는 모든 사회 현상의 분석 단위를 '개인'으로 삼는다. 즉, 국가를 의사결정

의 주체인 개인들의 집합체로 보며, 의사결정을 할 수 있는 유기체적 주체로 보지 않는다. 따라서 의사결정을 하는 주체는 '국가'가 아닌 '개인'이다.

오답 해설

① 정치인들이 생각하는 효용은 정치인 각자의 주관적 판단에 따라 다르다. (○)

공공선택론은 인간을 '경제 인간'으로 보며, 이익을 추구하는 과정에서 발생하는 비용, 편익, 효용은 사람마다 다르다고 설명한다. 정치인도 사람이기 때문에 각자의 주관적 판단에 따라 효용이 다를 것이다.

③ 의사결정의 주체들은 자신의 경제적 이해에 따라 효율적인 것을 선택하는 능력을 지니고 있다. (○)

공공선택론은 인간을 자신의 이익을 추구하는 합리적인 인간으로 가정한다. 따라서 공공선택론에서는 의사결정의 주체, 즉 개인들을 자신의 경제적 이해에 따라 효율적인 것을 선택하는 능력을 지니고 있는 주체로 볼 것이다.

④ 정치인은 선거에 무관심한 유권자보다 특정 문제에 이해관계를 가지고 편익을 제공하는 이익집단에 유리한 정치적 의사결정을 한다. (○)

공공선택론의 합리적 무지 모형에서 편익보다 비용이 커서 유권자가 정보를 습득하지 않는 합리적 무지가 발생하면, 공공재와 행정서비스는 특정 문제에 이해관계를 가지고 정치인과 결탁한, 즉 정치인에게 편익을 제공하는 이익집단에 집중될 것이다.

⑤ 유권자는 정치인의 정책 공약에 대한 정보를 습득하기 위한 비용이 이에 대한 이익보다 크면 정책 공약에 대한 정보를 습득하지 않는다. (○)

공공선택론은 합리적 무지 모형을 통해 유권자는 정보를 습득하는 비용이 정보로부터 얻을 편익보다 클 경우, 정보를 습득하지 않고 무지한 상태를 유지한다고 설명한다.

3 답 ③

정답 해설

③ 정치 성향이 A인 유권자들은 자신의 정치적 선호에 따라 ~~R 성향의 정책을 제시한 을~~에게 투표할 것이다.

중위투표자 정리 모형은 유권자가 자신의 선호 체계에 가장 가까운 공약을 제시하는 정치인에게 투표한다는 것을 가정한다. 따라서 정치 성향이 A인 유권자들은 자신의 정치적 선호에 더 가까운 M 성향의 정책을 제시한 갑에게 투표할 것이다.

오답 해설

① 정치 성향이 M의 왼쪽에 있는 L 성향의 유권자들은 모두 갑에게 투표할 것이다. (○)

중위투표자 정리 모형은 유권자가 자신의 선호 체계에 가장 가까운 공약을 제시하는 정치인에게 투표한다는 것을 가정한다. 따라서 L 성향의 유권자들은 본인들의 선호에 가까운 정책을 제시한 갑에게 투표할 것이다.

② 정치 성향이 중간인 M의 입장에서 정책을 제시한 갑이 을보다 당선 가능성이 높을 것이다. (○)

〈보기〉의 그래프에서 M 성향을 기준으로 왼쪽 모두와, M 성향과 B 성향의 중간 지점까지 모두 갑에게 투표할 것이다. 따라서 M의 입장에서 정책을 제시한 갑이 당선될 가능성이 높다.

④ 정치 성향이 B의 오른쪽에 있는 R 성향의 유권자들은 자신의 효용을 극대화하기 위해 을에게 투표할 것이다. (○)

중위투표자 정리 모형은 유권자가 자신의 선호 체계에 가장 가까운 공약을 제시하는 정치인에게 투표한다는 것을 가정한다. 따라서 정치 성향

이 B의 오른쪽에 있는 R 성향의 유권자들은 자신의 효용을 극대화하기 위해 본인들의 성향과 더 가까운 정책을 제시한 '을'에게 투표할 것이다.

⑤ 을이 당선 가능성을 높이기 위해 공약을 수정한다면 을은 갑이 제시한 정책과 유사한 정치 성향을 띤 공약을 내세우려 할 것이다. (○)
중위투표자 정리 모형에 따르면, 선거의 승리를 목적으로 하는 정치인의 경우, 그의 정치적 이념과 관계없이, 중위투표자의 선호를 반영하는 방향으로 수렴하는 경향이 생긴다. 따라서 을은 M의 입장에 가까운 쪽으로 공약을 수정할 것이다.

4 답 ③

정답 해설

③ 헌법적 정치는 특정 개인의 이익을 정확히 산정하기 어려우므로 규칙의 공정성이 확보되어 개인의 자유를 최대한 보장할 수 있기 때문에 (○)
뷰캐넌은 헌법적 정치를 통해 집합적 의사결정이 공정하게 이루어지는 규칙을 만들고 헌법 안에서 자신의 이익 추구를 위해 일상적 정치를 하는 개인의 자유를 최대한 보장하는 것을 목표로 삼았다. 이를 위해 헌법 체계의 개혁을 주장했는데, 헌법을 만드는 과정에서는 의사결정 참여자 누구도 자신의 이익을 정확하게 산정하기 어려우므로 헌법 자체에 대해 합의하는 것이 모든 이에게 편익, 즉 개인의 자유를 최대한 보장할 수 있다고 여겼기 때문이다.

오답 해설

① 합의로 만들어진 헌법이 일상적 정치를 하는 개인의 활동을 규정하고 제한할 수 ~~없기~~ 때문에
뷰캐넌은 헌법정치경제학에서 의사결정 구조를 두 가지 수준으로 구별하며, 그중 헌법적 정치는 일상적 정치에 제약을 부과하는 헌법을 확립하는 정치 활동이라고 하였다. 즉, 뷰캐넌은 헌법을 통해 일상적 정치를 하는 개인의 활동을 규정하고 제한할 수 있다고 보았다.

② 의사결정 참여자들이 ~~헌법적 정치~~를 통해 입법적 수준에서 헌법의 규칙에 합의할 수 있기 때문에
뷰캐넌은 의사결정 구조를 두 가지 수준으로 구별하는데, 하나는 의사결정이 입법적 수준에서 결정되는 '일상적 정치'이고, 다른 하나는 일상적 정치에 대한 규칙을 결정하는 '헌법적 정치'이다. 즉, 입법적 수준에서 헌법의 규칙에 합의할 수 있는 정치는 '헌법적 정치'가 아니라 '일상적 정치'이다.

④ 의사결정 참여자들은 ~~일상적 정치를 하는 과정보다 헌법적 정치를 하는 과정~~에서 누구나 자신의 효용 극대화를 추구하기 쉽기 때문에
뷰캐넌은 헌법적 정치를 하는 과정보다 일상적 정치를 하는 과정에서 개인이 자신의 이익 추구를 한다고 보았다.

⑤ ~~일상적 정치보다 헌법적 정치~~를 통해 특정 목적을 위한 정책의 대안에 합의하는 것이 의사결정 참여자들의 이해관계에 부합하기 때문에
뷰캐넌은 헌법의 규칙 내에서 특정 목적을 위한 정책의 대안에 합의하는 것은 헌법적 정치가 아닌 일상적 정치에서 이루어진다고 보았다.

12 가격제의 유형

1 ② 2 ⑤ 3 ④ 4 ③

지문 구조도

① 시장의 종류 – 경쟁시장과 비경쟁시장

② 독과점시장에서의 최고 가격제

③ 최고 가격제의 실시 목적

④ 최고 가격제를 실시할 때의 수요와 공급 변화 양상

⑤ 최저 가격제의 실시 목적

1 답 ②

정답 해설

② 최고 가격과 최저 가격을 ~~결정하는~~ 기준은 ~~균형 가격~~이다.
독점 시장에서 기업이 정한 상품의 가격이 적정 가격보다 높거나 낮을 때 정부가 나서서 최고 가격과 최저 가격을 설정해 거래를 조율한다. 그런데 지문에서 무엇을 기준으로 두 가격을 결정하는지는 언급하고 있지 않다.

오답 해설

① 최고 가격제는 공평성을 증대하기 위해서도 사용된다.
최고 가격제는 서민이나 사회적 약자가 수요자인 상품에 적용되며 공평성을 추구하는 데 쓰이기도 한다. 3문단에 의하면 핸드폰에 최고 가격제를 도입하면 더 많은 사람들이 저렴한 가격에 핸드폰을 살 수 있어 공평성이 증가된다.

③ 과점시장에서는 공급자들끼리 가격을 담합할 가능성이 존재한다.
독점시장에서는 하나의 공급자가, 과점시장에서는 몇몇 공급자가 가격을 결정할 수 있다.(1문단) 이처럼 과점시장에서는 공급자가 제한되어 있기 때문에 그들끼리 결탁하여 가격을 결정하는 담합이 일어날 가능성이 존재한다.

④ 정부는 독과점의 폐해를 막기 위한 법적, 제도적 장치를 마련하고 있다.
정부는 독과점금지법으로 독과점시장에서 발생하는 시장 질서의 왜곡, 소비자들의 피해, 기업 경쟁력 약화 등의 병폐를 견제한다.(1문단) 또한 최고 가격제, 최저 가격제 등의 제도적 장치를 통해 독과점시장에서 기업을 견제한다.

⑤ 가격 정책에 의한 정부의 시장 개입은 부정적 효과를 동반할 가능성도 있다.
정부가 시장에 개입해 최고 가격제를 실시하면 공급자가 이전보다 수익이 감소하여 공급을 줄인다. 반면 낮아진 가격으로 인해 수요는 늘어나 시장에서는 수요와 공급 간의 불균형이 발생한다. 이 경우 정부가 공급을 늘리지 않으면 공급의 부족으로 인해 재화를 구입하지 못한 사람들이 생기게 되고, 암시장이 생겨 정부가 제한하기 전보다 더 높은 가격으로 재화를 구입해야 하는 부정적 상황이 발생할 수 있다.(4문단)

2 답 ⑤

정답 해설

⑤ 최고 가격제가 실시되면 정부는 C에서 B를 뺀 분량만큼 공급량을 늘려야 한다.
최고 가격제가 실시되면 공급자는 B에서 A로 공급량을 줄인다. 그런데

낮아진 가격으로 인해 수요량은 C가 되므로 정부는 C에서 B를 뺀 분량만큼이 아니라 C에서 A를 뺀 분량만큼 공급량을 늘려야 수요와 공급 간의 불균형을 해결할 수 있다.

오답 해설

① A는 최고 가격제에 의해 가격이 제한되었을 때의 공급량이다. (O)
최고 가격제가 실시되면 공급자는 이전보다 수익이 감소하여 공급을 줄인다. 최고 가격이 300으로 결정되면 공급자는 최고 가격과 공급 그래프가 만나는 A로 공급량을 줄인다.
② B는 최고 가격제를 실시하기 전에 시장에서 형성된 공급량이다. (O)
B는 수요와 공급이 만나는 지점으로 균형 가격에 대응하는 공급량이다.
③ C는 최고 가격제로 인해 늘어난 수요를 충족시킬 수 있는 공급량이다. (O)
최고 가격제로 인해 상품의 가격이 낮아지고, 그로 인해 수요는 늘어난다. 최고 가격을 300으로 정했을 때 늘어난 수요를 충족시킬 수 있는 공급량은 최고 가격과 수요 그래프가 만나는 C 지점이다.
④ 최고 가격제가 실시되면 B에서 A를 뺀 분량만큼 공급량이 감소된다. (O)
최고 가격제가 실시되면 공급자는 이전보다 수익이 감소하여 공급량을 줄인다. 최고 가격제로 인해 가격이 300원으로 떨어졌기 때문에 공급자는 최고 가격과 공급 그래프가 만나는 A까지 공급량을 줄일 것이다.

3 답 ④

정답 해설

④ 공공재가 자유 경쟁에 맡겨졌을 때 위험이 발생할 수 있음을 강조한다. (O)
〈보기〉의 자료는 공공재였던 전기 공급 사업을 민영화, 즉 경쟁시장에 맡겼을 때 발생하는 병폐에 대해 설명하고 있으므로, 공공재가 자유 경쟁에 맡겨졌을 때 위험이 발생할 수 있음을 강조하는 자료로 적절하다.

오답 해설

① 정부의 가격 정책은 최소화할 경우로 제한되어야 함을 주장한다.
〈보기〉의 자료는 공공재를 민영화했을 때 발생하는 병폐, 즉 정부가 시장에 개입을 하지 않아 발생한 병폐를 설명하고 있다. 따라서 정부의 가격 정책이 최소한의 경우로 제한되어야 함을 뒷받침하는 자료로 적절하지 않다.
② 비경쟁시장이 경쟁시장보다 사회 전체의 이익에 부합함을 입증한다.
〈보기〉의 자료는 공공재를 생산하는 부문이 자유 경쟁에 맡겨졌을 때 위험이 발생할 수 있음을 설명하는 자료이지, 비경쟁시장이 경쟁시장보다 사회 전체의 이익에 부합하는 것을 입증하는 자료가 아니다.
③ 정부의 시장 개입이 경제의 비효율성을 증가시킬 수 있음을 경고한다.
〈보기〉의 자료는 정부가 시장에 개입하지 않았을 때 발생한 병폐에 대해 설명하고 있다. 따라서 정부의 시장 개입이 경제의 비효율성을 증가시킬 수 있음을 경고하는 자료가 아니라, 오히려 정부가 공공재의 영역에 개입하지 않았을 때 발생하는 문제를 경고하는 자료로 적절하다.
⑤ 규모의 경제를 위해서는 독과점이 부분적으로 허용되어야 함을 제안한다.
지문을 참고할 때 정부가 독과점을 허용하는 경우는 (1) 공공재를 생산하는 공적 기업, (2) 고부가가치를 창출하기 위해 규모의 경제가 필요한 조선, 자동차 등의 대형 기업 부문이다. 〈보기〉의 자료는 공공재를 생산하는 부문을 자유 경쟁에 맡겼을 때의 병폐에 대해서 설명하고 있을 뿐, 규모의 경제를 위해 독과점이 부분적으로 허용되어야 함을 제안하기에 적절하지 않다.

4 답 ③

정답 해설

③ 대중교통 사업자에게 발생하는 손실을 보전해 준다. (O)
최고 가격제를 실시하면 공급자들은 이전보다 수익이 감소하여 공급량을 줄인다. 하지만 정부가 공급자의 손실을 보전해 줄 경우, 공급자의 이익이 감소하지 않아 공급량을 줄이지 않아도 되므로, 수요와 공급의 불균형 문제를 해결할 수 있을 것이다.

오답 해설

① 노인 복지 요양 시설의 설립 기준을 강화한다.
㉠은 정부의 시장 개입으로 발생한 수요와 공급의 불균형 문제를 해결하기 위해 정부가 공급량을 늘리는 것을 의미한다. 노인 복지 요양 시설의 설립 기준을 강화하면 오히려 노인 복지 요양 시설의 설립이 더 어려워지므로 공급량은 줄어들 것이다.
② 장애인에게 차량 구입 비용의 일부를 지원해 준다.
장애인에게 차량 구입 비용의 일부를 지원해 주는 것은 차량에 대한 장애인들의 수요를 증가시킨다. ㉠은 늘어난 수요를 충족시키기 위해 공급량을 늘리는 것이 주된 내용이므로, 수요가 증가하는 상황은 ㉠의 사례로 적절하지 않다.
④ 저소득층의 생계유지를 위한 대출 이자율을 고정시킨다.
저소득층의 생계유지를 위해 대출 이자율을 고정시키면 대출에 대한 저소득층의 수요가 증가한다. 하지만 대출 이자율을 고정한다고 해서 대출에 대한 공급량이 늘어나는 것은 아니다.
⑤ 서민용 아파트 구입 자금의 일부를 싼 이자로 대출해 준다.
서민용 아파트 구입 자금의 일부를 싼 이자로 대출해 준다고 해서 아파트 공급량이 늘어나는 것은 아니다.

본문 38~39쪽

13 고프먼의 연극론적 분석

1 ④   2 ①   3 ②

지문 구조도

1 사회 질서에 대한 사회학의 논의들과 그에 대한 비판

2 상징적 상호 작용론

3 고프먼의 연극론적 분석 ① - 인상 관리

4 고프먼의 연극론적 분석 ② - 호혜적 인정의 주고받음

5 연극론적 분석에 대한 비판과 이에 대한 고프먼의 반박

1 답 ④

정답 해설

④ 상징적 상호 작용론은 사회 질서의 유연성을 강조하고 연극론적 분석은 인상 관리 전략의 유연성을 강조한다.
상징적 상호 작용론에서 행위자는 규범의 압력에 따라 수동적으로 행위하지 않고, 규범을 해석하고 그 해석에 준거하여 행위함으로써 규범 자체를 협상이 가능한 것으로 만든다. 따라서 사회 질서는 행위자들 사이의 유연한 상호 작용을 통해 출현하는 것이므로 상징적 상호 작용론이 사회 질서의 유연성을 강조함을 알 수 있다. (2문단) 한편 고프먼의 연극

론적 분석에서 행위자는 자신이 연출하는 인상을 관리하기 위하여 타자에게 제공하는 자신에 대한 정보를 체계적으로 통제한다. 또 연극론적 분석에서는 규범을 구현하기 위해 구사하는 온갖 전략에 관심을 갖는다. 이를 고려할 때, 연극론적 분석은 인상 관리 전략의 유연성을 강조함을 알 수 있다.(3문단)

[오답 해설]

① 기능주의가 그리는 행위자는 사회의 이상적 가치를 ~~형식적으로 수용하여~~ 규범의 압력을 받아 행동한다.

기능주의는 내면화된 가치를 실현하기 위해 분투하는 인간형을 행위자의 모델로 삼았다.(5문단) 따라서 기능주의가 그리는 행위자는 사회의 이상적 가치를 '형식적으로' 수용하는 존재가 아니며, 무대 전면이든 일상생활에서든 내면화된 가치를 실현하기 위해 노력할 것이다.

② 자연 과학을 모델로 한 사회학은 ~~행위자들의 상호 작용을 통해 사회 질서가 재구성~~되는 것으로 파악하였다.

자연 과학을 모델로 한 사회학은 사회 질서에 대한 보편적인 인과 법칙을 확립하는 데 주력하였다.(1문단) 사회 질서를 행위자들의 상호 작용을 통해 나타나는 것으로 본 것은 상징적 상호 작용론이다.

③ 기존의 사회학은 변수의 엄밀한 측정과 명제의 검증을 통해 ~~일상생활의 행위자의 상호 작용~~을 탐구하였다.

기존의 사회학은 경험 과학이라는 이름으로 객관적인 사회 질서를 드러내는 변수들을 엄밀하게 측정하고 이 변수들의 관계인 명제를 검증하는 방법에 치중하였다. 그 과정에서 사회 질서를 행위자로부터 독립하여 사물처럼 객관적으로 존재하는 것으로 간주하였다. 이에 따라 사회 질서를 만들고 행하는 행위자의 모습에는 관심을 두지 않았다.(1문단) 일상생활 행위자의 상호 작용을 탐구한 것은 상징적 상호 작용론이다.

⑤ 상징적 상호 작용론의 입장에서 볼 때, 거시적인 사회 질서는 ~~일상생활의 행위자와 행위로부터 유리되어 객관적으로 존재~~한다.

상징적 상호 작용론의 입장에서는 사회 질서가 행위자들 사이의 상호 작용을 통해 출현하는 것이라고 본다. 거시적인 사회 질서가 일상생활의 행위자의 행위로부터 벗어나 객관적으로 존재한다고 보는 입장은 기존의 사회학이다.

2 답 ①

[정답 해설]

① 인상 관리를 통해 무대 전면의 사회 질서를 유지한다. (○)

㉠ '일상생활의 무대 전면에 있는 행위자들'에 해당하는 '도덕의 상인'은 관리된 인상을 상대방에게 제출하여 인정받으려 하는 공연자이면서, 상대방의 관리된 인상을 인정해 주는 관객이기도 하다. 그 과정에서 무대 전면의 사회 질서가 궁극적으로 유지된다.

[오답 해설]

② 각 상황에 따라 자신들에게 기대되는 적절한 역할을 ~~모른다.~~

㉠ '일상생활의 무대 전면에 있는 행위자들'은 자신들에게 기대되는 적절한 역할을 알기 때문에 상황 자체가 요구하는 규범을 인지하고, 자신의 상황 정의를 통제할 수 있는 것이다.

③ ~~내면화된 가치를 실현~~하기 위하여 공통의 상황 정의를 유지한다.

㉠ '일상생활의 무대 전면에 있는 행위자들'은 자신이 정의한 주관적인 상황 정의를 공통의 상황 정의로 만들려고 하기보다는, 상황 자체가 요구하는 규범을 인지하고 이를 더 고려하여 자신의 상황 정의를 의식적으로 통제한다. 그런데 그 목적이 내면화된 가치의 실현은 아니다. 내면화된 가치를 실현하려고 노력하는 인간을 설정한 것은 연극론적 분석이 아니라 기능주의이다.

④ 성공적인 공연을 위해 무대 설정, 소품, 의상, 연기력 등을 ~~임의로 조합한다.~~

4문단에 의하면 성공적인 공연을 위해서는 무대 설정, 소품, 의상, 연기력 등이 정합적으로 갖춰져 관객의 일체감을 끌어내야 한다. 이들을 임의로, 즉 마음대로 조합하게 되면 연기자는 인상 관리에 어려움을 겪을 것이다.

⑤ 자신의 상황 정의를 상대방의 그것보다 ~~지배적인 것으로 만들기 위해 노력한다.~~

연극론적 분석에서 행위자들은 자신의 상황 정의를 상대방의 상황 정의보다 지배적인 것으로 만들기 위해 노력하지 않는다. 오히려 자신의 상황 정의를 의식적으로 통제함으로써 무대 전면의 사회 질서를 유지하기 위해 노력한다.

3 답 ②

[정답 해설]

② ⓑ : 여성은 기존의 상황과 결별하지 않고 전화 속의 인물과 함께 새로운 상황에 들어감으로써, ~~'나'를 외부자로 간주하였다.~~

서울로 가는 KTX에서 여성은 '나'와 한마디 말도 주고받지 않다가, 자신에게 전화가 오자 주위를 의식한 듯 소리를 낮추어 통화했다. 이를 고프먼의 관점에서 보면, 익명성의 규범을 구현하고 있는 기존의 상황과 결별하지 않은 채로 전화 속의 인물과 함께 새로운 상황에 들어갔다고 볼 수 있다. 그런데 여성은 '나'를 포함한 주위를 의식하고 있으므로, '나'를 경계 밖에 있는 '외부자'로 간주한 것은 아님을 알 수 있다.

[오답 해설]

① ⓐ : 공공장소인 KTX는 익명성의 규범이 요구되는 무대 전면이고, '나'와 여성은 이를 구현하기 위해 서로 공동의 노력을 하고 있었다. (○)

'나'와 여성은 KTX에서 질서를 유지하기 위해 각자의 인상을 관리하며 익명성의 규범을 공동으로 실천하기 위해 노력하고 있다.

③ ⓒ : '나'는 무대 후면에서나 들을 수 있는 이야기를 듣게 되었지만, 그것이 드러나지 않도록 인상을 관리하였다. (○)

연극론적 분석에 의하면 무대 후면에서 은밀하고 사적인 말과 행동이 가능하다. 〈보기〉의 '나'는 여성의 사적인 이야기를 듣고도 당혹감을 감춘 채, 안 듣는 척하고 있으므로 인상을 관리하고 있다.

④ ⓓ : 사내아이는 원래 '나'와 여성 사이에 일어나는 공연의 외부자로 간주되었지만, 공연 안으로 예고 없이 침입하였다. (○)

⑤ ⓔ : '나'는 공통의 상황 정의에 따른 인상 관리를 계속 유지할 수 없게 될까 봐 당혹스러웠다. (○)

연극론적 분석에 의하면 외부자가 공연에 갑자기 침입하면, 공연자와 관객 모두 인상 관리에 어려움을 겪게 된다. 〈보기〉에서 공연의 외부자로 간주되었던 사내아이가 질문한 순간 '나'는 태연한 척하려 했지만, 절로 얼굴이 화끈거리게 된다. 이는 외부자의 침입으로 인해 '나'가 인상 관리에 어려움을 겪는 것이라고 할 수 있다.(④, ⑤)

14 부동산 거래 절차

1 ① 2 ② 3 ⑤ 4 ①

지문 구조도

1 물권의 종류와 부동산 매매 계약의 절차

2 부동산 등기의 개념과 등기부의 편성

3 등기의 종류

4 등기 신청의 방법

5 등기의 효력을 정하는 두 가지 원칙

1 답 ①

정답 해설

① 소유권과 같은 물권은 물건에 대해 지배력을 갖는 권리이다. (○)

물권이란 물건에 대해 지배력을 갖는 권리로, 그 종류에는 점유권, 소유권, 전세권, 저당권 등이 있다.(1문단)

오답 해설

② 부동산에 관한 점유권, 소유권과 같은 사항은 등기부의 ~~을구에 기재된다~~.

등기부의 갑구에는 그 부동산에 대한 소유권의 성립이나 변동 상황이 기재되고, 을구에는 전세권, 저당권과 같이 소유권이 아닌 물권들이 기재된다.(2문단) 소유권은 갑구에 기재되므로 소유권이 등기부의 을구에 기재된다는 말은 적절하지 않다. 점유권의 기재 여부에 대해선 지문을 통해 알 수 없다.

③ 등기부의 편성은 진정한 권리관계를 반영할 수 있도록 ~~권리자를 중점으로 한다~~.

등기상의 공시를 신뢰하여 거래가 안정적으로 이루어지는 것이기 때문에 등기는 진정한 권리관계를 반영할 수 있도록 해야 하며(3문단), 등기부의 편성은 소유자가 아니라 부동산을 중심으로 한다.(2문단)

④ 등기부는 관련된 ~~당사자만 신청하여 확인할 수 있도록 하여~~ 부동산 정보를 보호한다.

부동산 물권에 관한 사항은 등기로 사회 일반에 공개하여 게시한다.(2문단)

⑤ 하나의 물건에 성립한 여러 물권을 표시하기 위하여 그 물건에 대한 ~~복수의 표제부~~가 붙을 수 있다.

2문단에 의하면 표제부에는 아파트의 주소와 건물 상태와 같은 표시 사항이, 갑구에는 소유권의 성립이나 변동 상황이 기재된다. 을구에는 소유권이 아닌 물권들이 기재된다. 따라서 물권과 표제부는 관련이 없고, 하나의 물건에 복수의 표제부가 붙을 수 있다는 말도 적절하지 않다.

2 답 ②

정답 해설

② ~~매수인은 등기 의무자이기 때문에~~ 매도인과 공동으로 등기를 신청하여야 한다.

아파트 매매에서 매수인은 아파트를 사는 사람이다. 집을 사는 행위는 그 집에 대한 새로운 권리자가 되는 것을 뜻하므로, 매수인은 등기 권리자가 된다. 반면 매도인은 아파트를 파는 사람으로 원래 권리자로 기록되었던 등기 의무자에 해당한다.

오답 해설

① 매수인은 매도인의 등기 신청을 위임받을 수 있다. (○)

흔히 매수인이 등기를 신청한다는 것으로 아는 사람들이 많지만 사실 매수인이 매도인의 등기 신청을 위임받아 함께 처리하는 것이다.(4문단) 이를 통해 매수인이 매도인의 등기 신청을 위임받을 수 있다는 점을 알 수 있다.

③ 매수인이 매매를 원인으로 등기명의인 변경을 위해 신청하려는 등기는 기입등기이다. (○)

매매를 통해 소유권자가 바뀌는 것과 같이 새롭게 발생한 등기 원인에 의한 등기를 기입등기라 한다.(3문단) 매매를 원인으로 등기명의인 변경을 하는 것은 소유권자가 바뀌는 경우이므로 기입등기에 해당한다. 경정등기의 예시로 등기명의인 변경이 나오지만, 이 예시의 등기명의인 변경은 매매가 아니라 신청상의 착오로 말미암아 등기와 실체적 법률관계가 불일치할 때 이를 바로잡기 위한 것이다.

④ 매수인이 매매 대금을 완납하면 매도인은 등기에 필요한 관련 서류를 건네주어야 한다. (○)

아파트 매매를 할 때 매수인은 매도인에게 계약금을 지급하고, 중도금을 지급한 후, 남은 대금인 잔금을 건네면 매매 대금의 지급이 마무리된다. 매매 대금의 지급이 마무리되면 동시에 매수인은 매도인으로부터 등기필증을 비롯한 관련 서류를 건네받을 수 있으므로 매도인은 매수인에게 등기에 필요한 관련 서류를 건네주어야 한다.(1문단)

⑤ 매수인은 중도금을 지급하기 전에 매도인의 동의를 얻지 않더라도 계약을 해제할 수 있다. (○)

아파트 매매를 할 때 매수인은 매도인에게 매매 대금의 10% 정도를 계약금으로 지급한다. 이때의 계약금은 위약금의 역할도 하기 때문에 매수인은 지급한 계약금을 포기하고 계약을 일방적으로 해제할 수 있다.(1문단)

3 답 ⑤

정답 해설

⑤ (성립요건주의를 채택한) 우리 법제에서는 ~~계약의 완료로 소유권을 취득하지만~~ 등기 절차는 필수적이다.

성립요건주의란 공시를 갖추지 않은 경우에는 제3자와의 관계에서는 물론 당사자 사이에도 물권 변동의 효력이 생기지 않는다는 원칙이다.(5문단) 우리 법제는 등기부에 명의가 기재되었을 때 그 부동산의 명의자가 소유권을 취득하는 것으로 되어 있으므로, 성립요건주의를 채택한 것이지만(5문단), 이는 계약의 완료로 소유권이 취득되는 것이 아니라 등기 이후에 소유권을 취득하는 것을 뜻한다.

오답 해설

① 대항요건주의는 등기가 소유권의 변동을 일으키는 요건이 되지 않는 원칙이다. (○)

대항요건주의는 계약이 완료되면, 당사자 사이에 물권 변동은 유효하게 성립하고, 다만 공시를 갖추지 않았을 때는 제3자에게 물권 변동의 효력을 주장하지 못한다는 원칙이다.(5문단) 따라서 대항요건주의에서는 공시를 갖추지 않았더라도 소유권, 즉 물권 변동은 유효하게 성립이 되므로 등기가 소유권 변동을 일으키는 요건이 되지 않는다.

② 등기는 물건에 관한 거래의 안전을 확보하기 위해 물권에 관한 사항을 공시한다. (○)

등기상의 공시를 신뢰하여 거래가 안정적으로 이루어지는 것이기 때문에 등기는 진정한 권리관계를 반영할 수 있어야 한다.(3문단) 따라서 물권에 관한 사항을 등기부의 갑구, 을구에 기재해야 한다.

③ 새롭게 발생한 등기 원인에 의해 저당권설정등기를 신청하는 것은
기입등기에 해당한다. (○)

기입등기란 새롭게 발생한 등기 원인에 의한 등기이고 소유권이전등기,
저당권설정등기 등이 이에 해당한다. (3문단)

④ 신청상의 착오로 일치하지 않는 등기의 기재가 있으면 경정등기를
신청하여 바로잡을 수 있다. (○)

경정등기란 등기가 신청상의 착오로 말미암아 실체적 법률관계와 불일
치한다는 것이 확인되었을 때 그것을 바로잡기 위한 등기이다. (3문단)

4 답 ①

정답 해설

① 합의가 원만히 <u>이루어진다면</u> 이전의 관계를 회복할 수 있다. (○)

ⓐ '이루어지다'와 선택지의 '이루어지다' 모두 '어떤 대상에 의하여 일정
한 상태나 결과가 생기거나 만들어지다.'라는 뜻으로 쓰였다.

오답 해설

② 우리 교향악단은 최정상급의 연주자들로 <u>이루어질</u> 것이다. (×)

③ 이곳은 백삼십여 호로 <u>이루어진</u> 마을입니다. (×)

선택지 ②, ③의 '이루어지다'는 '몇 가지 부분이나 요소가 모여 일정한
성질이나 모양을 가진 존재가 되다.'라는 뜻으로 쓰였다.

④ 민희는 기호와의 사랑이 <u>이루어져</u> 행복했다. (×)

⑤ 나의 소원이 <u>이루어지니</u> 기분이 좋다. (×)

선택지 ④, ⑤의 '이루어지다'는 '뜻한 대로 되다.'라는 뜻으로 쓰였다.

 배경지식!

● '물건'의 종류

물건의 종류는 크게 부동산과 동산으로 나뉜다. 부동산(不動産)이란 말 그
대로 '움직일 수 없는 재산'을 의미하며, 우리나라 민법에서는 부동산을 '토
지 및 그 정착물'로 정의하고 있다. 토지는 쉽게 말해 땅이고, 정착물은 건물
또는 수목(나무나 식물 같은 것) 등이 해당한다. '토지'와 '건물'을 따로 취급
하고 있기 때문에 토지와 건물을 독립된 별개의 부동산으로 본다. 부동산이
아닌 것들은 모두 동산인데 선박이나 항공기, 자동차, 가방 등이 동산에 해
당한다.

본문 42~44쪽

15 특허법

1 ⑤ 2 ⑤ 3 ③ 4 ③ 5 ③ 6 ①

(가) 지문 구조도

① 특허 제도의 목적과 출원 요건
② 특허 출원 명세서의 특허 청구 범위
③ 특허 청구 범위의 예시와 특징
④ 특허의 성립 요건인 신규성과 진보성
⑤ 신규성을 인정받기 위한 조건
⑥ 진보성을 인정받기 위한 조건

(나) 지문 구조도

① 특허권 침해의 종류 – 직접 침해와 간접 침해
② 직접 침해의 개념과 특허권자 권리 범위 해석의 필요성
③ 구성 요소 완비의 원칙
④ 균등론의 원칙
⑤ 간접 침해의 개념과 종류

1 답 ⑤

정답 해설

⑤ (가)는 특허 출원 시 특허권을 인정받기 위한 요건을, (나)는 특허권
침해 여부를 판단할 때 적용하는 원칙을 설명하고 있다. (○)

(가)에서는 특허 출원 시 특허권을 인정받기 위한 요건들인 신규성, 진
보성에 대해 설명하고 있고, (나)에서는 특허권 침해 여부를 판단할 때
적용하는 원칙들인 구성 요소 완비의 원칙과 균등론의 원칙에 대해 설
명하고 있다.

오답 해설

① (가)는 특허 출원에 따른 혜택을, (나)는 특허권 침해에 따른 ~~제재 조~~
~~치를~~ 설명하고 있다.

(가)에서는 특허 제도를 통해 특허 출원인에게 일정 기간 해당 발명에
대한 독점적 권리를 가질 수 있는 혜택을 보장함을 설명하고 있다. 하지
만 (나)에서는 특허권이 침해되는 사례를 직접 침해, 간접 침해로 나누
고 특허권자의 권리 범위를 해석할 때 적용되는 구성 요소 완비의 원칙
과 균등론의 원칙에 대해서 설명하고 있을 뿐, 특허권이 침해되었을 때
어떤 제재 조치를 취하는지에 대해서는 언급하고 있지 않다.

② (가)는 ~~특허 출원인의 자격을~~, (나)는 특허권 침해 여부를 판단하는
~~심사자의 의무를~~ 밝히고 있다.

(가)에서는 특허권을 받기 위한 일정한 요건인 신규성과 진보성에 대해
설명하고 있을 뿐 '특허 출원인의 자격'에 대해 설명하고 있지 않다. 또
한 (나)에서도 특허권 침해 여부를 판단하는 심사자의 의무에 대해 언급
하고 있지 않다.

③ (가)는 특허 출원된 발명을 심사하는 과정을, (나)는 특허권 ~~침해를~~
~~예방하기 위한 방법을~~ 제시하고 있다.

(가)에서 특허 심사는 특허 출원된 발명의 신규성을 먼저 판단하고 그
후 진보성을 갖추었는지 심사함을 알 수 있다. 하지만 (나)에서는 특허
권 침해를 예방하기 위한 방법을 제시하고 있지 않다.

④ (가)는 ~~특허 출원 과정에서 나타나는 문제점을~~, (나)는 특허 제도에서
특허권 침해와 관련된 원칙의 한계를 설명하고 있다.

(가)에서 특허 출원 과정에서 나타나는 문제점을 설명하고 있지는 않다.
반면 (나)에서는 구성 요소 완비의 원칙의 한계로 기존 특허 발명의 본
질적 기능은 유지한 채 부차적인 요소만 변형하거나 삭제할 경우에 특
허권 침해가 인정되지 않는 문제점이 있음을 밝히고 있다.

2 답 ⑤

정답 해설

⑤ 특허 제도에서는 선행 발명과 구성 요소가 완전히 일치하고 발명의
효과가 다르다면 ~~실질적 동일성이 있다고~~ 간주한다.

(가)에서 신규성을 인정받기 위한 요건으로 발명의 구성 요소가 선행 발
명의 구성 요소에 포함되어 완전히 일치하는 물리적 동일성뿐만 아니라
발명의 효과 면에서 선행 발명과 유사함을 의미하는 실질적 동일성도

부정되어야 함을 설명하고 있다.(5문단) 선행 발명과 구성 요소가 완전히 일치하고 발명의 효과가 다르다면 물리적 동일성이 있고 실질적 동일성은 없다고 간주할 것이다.

오답 해설

① 특허 제도에서 특허 출원 명세서는 특허권 심사의 대상이 된다. (O)
특허권을 심사할 때 대상이 되는 문서가 특허 출원 명세서이다. (1문단)

② 특허 제도는 발명을 보호하고 장려함으로써 국가 산업의 발전을 도모하는 기능을 한다. (O)
특허 제도는 특허 출원인에게 일정 기간 발명에 대한 독점적 권리를 가질 수 있도록 보장하는 제도이다. 이를 통해 발명을 보호, 장려함으로써 국가 산업의 발전을 도모한다. (1문단)

③ 특허 제도를 통해 특허권자는 자신의 특허 발명에 대한 독점적 권리를 일정 기간 보장받는다. (O)
특허 제도는 특허 출원인에게 일정 기간 해당 발명에 대한 독점적 권리를 가질 수 있도록 보장하는 제도이다.(1문단)

④ 특허 제도에서는 특허권이 모방과 도용이 용이하기 때문에 침해가 예상되는 행위도 특허권 침해로 보고 있다. (O)
(나)에서는 특허권을 침해하는 행위를 직접 침해와 간접 침해로 나누어 설명하고 있다. 특허권은 모방과 도용이 쉬운 반면 침해 사실을 발견하기 어렵기 때문에 직접 침해가 예상되는 행위도 특허권 침해로 본다.(1문단).

3 답 ③

정답 해설

③ ⓐ에서 '갑'이 발명한 연필에 대한 보호 범위는 [청구항 1]보다 [청구항 3]이 ~~더 넓다~~.
청구항은 발명의 범위를 단독으로 나타내는 독립항과, 다른 항을 인용한 종속항으로 나뉜다. 종속항은 다른 항을 인용하며 여러 가지 기술적 특징과 한정 사항 등의 구성 요소를 제시하기 때문에 독립항보다 좁은 보호 범위를 갖는다는 특징이 있다.((가)의 3문단) ⓐ의 [청구항 1]은 독립항이고 [청구항 3]은 [청구항 2]를 인용한 종속항이기 때문에, 보호 범위는 [청구항 3]이 [청구항 1]보다 더 좁다.

오답 해설

① ⓐ는 '갑'이 발명한 연필에 대한 권리 범위를 명확히 하는 기능을 한다. (O)
(가)의 2문단에 의하면 특허 출원 명세서에 기재된 특허 청구 범위는 특허 출원인이 특허권으로 보호받고자 하는 사항인 권리 범위를 명확히 하는 항목이다.

② ⓐ는 특허 심사를 할 때 '갑'이 발명한 연필이 신규성과 진보성을 갖추었는지 판단하는 기준이 된다. (O)
(가)의 4문단에 의하면 특허 심사를 할 때 특허 청구 범위는 특허 심사를 위한 발명을 널리 알려진 선행 발명과 비교하여 특허의 성립 요건인 신규성과 진보성을 판단하는 기준이 된다.

④ ⓐ에서 [청구항 2]는 [청구항 1]을 인용하면서 '갑'이 발명한 연필의 몸체의 특징을 한정하는 종속항이다. (O)
(가)의 3문단을 참고하면, ⓐ의 [청구항 2]는 [청구항 1]을 인용하며 상기 몸체의 형상을 육각형으로 한정하는 종속항이다.

⑤ ⓐ에서 [청구항 3]은 [청구항 2]를 인용하면서 '갑'이 발명한 연필을 설명하는 데 필요한 결합 관계를 서술하고 있다. (O)
(가)의 3문단을 참고하면, ⓐ의 [청구항 3]은 [청구항 2]를 인용하며 상기

몸체의 형상이 육각형인 연필의 한쪽 끝에 지우개를 부착한다는 내용을 추가적으로 서술하고 있다.

4 답 ③

정답 해설

③ '병'이 자신의 발명을 특허 출원하였을 때, 일부 구성 요소가 '갑'의 발명의 해당 요소보다 상위 개념에 속하므로 ~~진규성을 인정받을 수 있겠군~~.
(가)의 5문단에 의하면 특허 심사를 위한 발명과 널리 알려진 선행 발명을 비교했을 때, 특허 심사를 위한 발명의 구성 요소가 상위 개념이고 선행 발명의 구성 요소가 하위 개념인 경우에는 동일성이 있는 것으로 판단하여 신규성이 부정된다. '병'의 발명 구성 요소 중 '다각형 형상의 몸체'는 '갑'의 발명 구성 요소인 '육각형 형상의 몸체'보다 상위 개념에 속하므로 '병'의 발명은 신규성이 부정될 것이다.

오답 해설

① '을'이 자신의 발명을 특허 출원하였을 때, '갑'의 발명과 비교하여 구성 요소의 동일성이 있으므로 신규성을 인정받지 못하겠군. (O)
(가)의 5문단에 따르면, 신규성을 인정받기 위해서는 발명의 구성 요소가 선행 발명의 구성 요소에 포함되어 완전히 일치하는 물리적 동일성뿐만 아니라, 발명의 효과 면에서 선행 발명과 유사함을 의미하는 실질적 동일성도 부정되어야 한다. '을'의 발명은 구성 요소가 '갑'의 구성 요소에 포함된다는 점에서 물리적 동일성이 부정되지 않으므로 신규성을 인정받지 못할 것이다.

② '을'이 자신의 발명을 '갑'의 허가 없이 제품으로 생산하였을 때, 구성 요소 완비의 원칙에 따르면 '갑'의 권리 범위에 속하지 않으므로 침해라고 할 수 없겠군. (O)
(나)의 3문단에 제시된 구성 요소 완비의 원칙에 따르면, 확인 대상 발명이 기존 특허 발명의 본질적 기능은 유지한 채 부차적인 요소만 변형하거나 삭제할 경우, 특허권 침해가 인정되지 않는다는 문제가 발생한다. '을'의 발명은 '갑'의 발명과 '목재로 만들어진 연필'이라는 본질적 기능은 유지한 채, '갑'의 특허 청구 범위 중 [청구항 3]인 몸체의 한쪽 끝에 부착된 지우개만 제거한 경우이므로 구성 요소 완비의 원칙에 따라 특허권 침해가 인정되지 않을 것이다.

④ '병'이 자신의 발명을 '갑'의 허가 없이 제품으로 생산하였을 때, 균등론의 원칙에 따르면 '갑'의 발명과 비교하여 원리나 효과가 동일할 경우에는 침해라고 할 수 있겠군. (O)
(나)의 4문단에 제시된 균등론의 원칙에 따르면, 확인 대상 발명이 기존 특허 발명의 구성 요소와 완전히 일치하지는 않더라도 원리나 효과가 동일하다면 확인 대상 발명이 기존 특허 발명을 침해하고 있음을 인정한다. '병'의 발명은 '육각형'이 아니라 '다각형 형상의 몸체'라는 점에서만 차이가 존재하는데, '갑'의 발명과 원리와 효과가 동일하다면, '병'의 발명은 '갑'의 특허권을 침해한다고 볼 수 있을 것이다.

⑤ '정'이 자신의 발명을 특허 출원하였을 때, 특허 심사 과정에서 신규성을 인정받더라도, '갑'의 발명에 다른 요소를 단순히 결합시킨 것으로 판단된다면 진보성을 인정받을 수 없겠군. (O)
(가)의 6문단에 따르면, 선행 발명에 다른 요소를 단순히 결합시키는 경우에는 진보성을 인정받지 못한다. '정'의 발명은 '갑'의 발명 요소에 단순히 '반대쪽에 뚜껑을 포함'한다는 점만 결합된 것인데, '갑'의 발명에 뚜껑이라는 다른 요소를 단순히 결합시킨 것으로 판단된다면 진보성을 인정받을 수 없을 것이다.

5 답 ③

정답 해설

③ [사례 2]에서 C가 해당 농약을 생산은 하고 판매는 하지 못했다면 간접 침해에 ~~해당하지 않는다.~~

(나)의 5문단에 의하면 특허 발명이 방법인 경우, 그 방법을 실시하는 데에만 사용하는 물건을 상업적으로 실시하는 행위는 간접 침해에 해당한다. '실시'란 물건을 생산하거나 판매하거나 사용하는 행위인데, 선택지의 C의 행위는 농약을 상업적으로 '생산'한 것이므로 실시에 해당한다. 따라서 C의 행위는 간접 침해에 해당한다.

오답 해설

① [사례 1]에서 A가 자전거의 완성품을 판매한 것은 아니므로 직접 침해에 해당하지 않는다. (O)

② [사례 1]에서 A의 행위는 최종적으로 특허 발명의 실시를 유도할 수 있기 때문에 간접 침해에 해당할 수 있다. (O)

(나)의 5문단에 의하면 특허권을 지닌 완성품이 아닌 해당 물건의 구성품 일체를 판매하는 행위는, 최종적으로 해당 물건의 조립을 가능하게 하여 특허 발명의 실시를 유도할 수 있기 때문에 직접 침해가 아니라 간접 침해에 해당한다.

④ [사례 2]에서 C의 행위는 그대로 방치할 경우 특허권 침해가 예상되는 행위이므로 간접 침해에 해당한다. (O)

⑤ [사례 2]에서 C의 행위는 해당 농약으로 B가 획득한 발명을 실시한 것이 아니므로 직접 침해에 해당하지 않는다. (O)

[사례 2]에서 C의 행위는 그 방법을 실시하는 데에만 사용하는 물건을 상업적으로 실시했기 때문에 간접 침해에 해당한다. 간접 침해란 직접 침해는 아니지만 그대로 방치할 경우 특허권의 침해가 예상되는 행위이다.((나)의 1문단)

6 답 ①

정답 해설

① 그의 행동은 실수로 보고 감싸 주어야 한다. (O)

㉠과 선택지의 '보다'는 모두 '대상을 평가하다.'라는 뜻으로 사용되었다.

오답 해설

② 그녀가 처한 사정을 보니 딱한 생각이 든다. (×)

선택지의 '보다'는 '상대편의 형편 따위를 헤아리다.'라는 뜻으로 사용되었다.

③ 기회를 보고 천천히 부모님께 말씀드려야겠다. (×)

선택지의 '보다'는 '기회, 때, 시기 따위를 살피다.'라는 뜻으로 사용되었다.

④ 그 마을의 풍경은 사진으로 보니 실제만 못하다. (×)

선택지의 '보다'는 '눈으로 대상의 존재나 형태적 특징을 알다.'라는 뜻으로 사용되었다.

⑤ 아무리 급해도 손해를 보고 물건을 팔기는 어렵다. (×)

선택지의 '보다'는 '어떤 일을 당하거나 겪거나 얻어 가지다.'라는 뜻으로 사용되었다.

 배경지식!

● **특허 실시권**

특허 실시권은 특허권을 가진 자 이외의 사람이 해당 특허를 실시할 수 있는 권리이다. 쉽게 말해서, 특허 발명을 한 사람은 '특허권'이 보장되고, 특허 발명자가 아닌 제3자는 특허권자의 허락을 통해 '특허권'이 아니라 '특허 실시권'을 얻을 수 있는 것이다.

---

16 금전소비대차 계약

1 ② 2 ⑤ 3 ⑤ 4 ② 5 ① 6 ①

지문 구조도

1 금융 거래 시 유의해야 할 점 – 금리와 금전소비대차 계약

2 예금자가 알아야 할 금리 ① – 단리와 복리

3 예금자가 알아야 할 금리 ② – 명목 금리, 실질 금리

4 대출자가 알아야 할 금리 – 고정 금리, 변동 금리

5 금전소비대차 계약의 개념과 필요성

6 금전소비대차 계약 시 유의점

7 채무자를 위한 개인 회생 제도와 개인 파산 제도

1 답 ②

정답 해설

② 금리의 개념과 방식을 언급하고 금전소비대차 계약과 채무자를 위한 법률 제도에 대해 설명하고 있다.

지문에서는 금리의 개념, 금리의 종류인 단리와 복리, 명목 금리와 실질 금리 등에 대해 설명하고 있다. 또 개인 간의 금융 거래 시 발생할 수 있는 갈등을 예방하기 위한 금전소비대차 계약, 채무자를 위한 개인 회생 제도와 개인 파산 제도에 대해 설명하고 있다.

오답 해설

① 금전소비대차 계약의 문제점을 지적하고 채권자의 경제적 손해를 예방하는 방법을 소개하고 있다.

채권자의 경제적 손해를 예방하는 방법으로 금전소비대차 계약 시 담보 명시에 대한 내용을 소개하고 있으나(6문단), 금전소비대차 계약의 문제점을 지적하고 있지는 않다.

③ 금리를 결정하는 방식의 문제점을 제시하고 금리를 대체할 수 있는 경제학적 개념의 효용성을 살펴보고 있다.

금리를 결정하는 방식의 문제점을 제시하고 있지 않으며, 금리를 대체할 수 있는 경제학적 개념 또한 제시하고 있지 않다.

④ 금리 변화의 원인에 대해 분석하고 금융 기관과의 금융 거래 시 발생할 수 있는 문제를 법적 측면에서 살피고 있다.

한국은행의 금융통화위원회가 시중의 통화량을 조절하기 위해 매달 인위적으로 기준 금리를 결정하고 대부분의 금융 기관은 기준 금리를 반영하여 금리를 책정한다.(4문단) 따라서 금리 변화의 원인에 대해 분석한다는 말은 적절하다. 하지만 금융 기관과의 금융 거래 시 발생할 수 있는 문제를 법적 측면에서 살피고 있지는 않다.

⑤ 금리 결정에 내재된 경제학적 원리를 소개하고 법률에 근거하여 금융 기관 간의 금융 거래 방법을 제시하고 있다.

금리는 금융 기관이 자체적으로 산출해 결정하거나 한국은행이 발표한 기준 금리를 반영해 책정한다고 설명하고 있다.(4문단) 하지만 금융 기관 간의 금융 거래 방법에 대해서 제시하고 있지는 않다.

2 답 ⑤

정답 해설

⑤ 금융 기관에서 산출한 금리가 지속적으로 상승한다면 변동 금리로 대출을 받은 사람의 이자 부담은 커진다. (O)

4문단에 의하면 일반적으로 금리가 오르면 대출 이자가 오르는 것을 알 수 있다. 또한 기준 금리가 변하면 금융 기관의 금리에 영향을 미쳐 변동 금리가 변한다. 따라서 금융 기관에서 산출한 금리가 지속적으로 상승하게 되면 변동 금리도 상승하게 될 것이며, 변동 금리로 대출을 받은 사람의 이자 부담은 커질 것이다.

[오답 해설]

① 대출 기간에 기준 금리가 변하면 ~~고정 금리와 금리도 변한다.~~
고정 금리는 대출 기간에 금리가 고정된다. 기준 금리가 변할 때 변하는 금리는 변동 금리이다.

② 물가 상승률이 명목 금리보다 낮으면 ~~예금으로 자산을 증대할 수 없다.~~
3문단에 따르면 '실질 금리＝명목 금리－물가 상승률'이므로 물가 상승률이 명목 금리보다 낮으면 실질 금리가 0보다 크기 때문에 예금으로 자산을 증대할 수 있다.

③ 금융통화위원회에서 금리 인상을 결정하면 통화량이 조절되어 ~~경기가 활성화된다.~~
4문단에 의하면 경기가 과열되었을 때 이를 안정시키기 위해 금리를 인상한다. 따라서 금리가 인상되면 경기가 안정된다.

④ 공탁을 하면 금전소비대차 계약은 만료되지만 ~~상환 시기에 대한 분쟁을 피할 수 없다.~~
금전소비대차 계약은 돈을 빌린 사람이 갚기로 한 날 돈을 갚았을 때 만료된다. 공탁은 그날 돈을 갚는 것과 같은 효과를 가지므로 공탁을 하면 계약이 만료된다.(6문단) 이처럼 공탁을 하면 상환 시기에 대한 분쟁을 피할 수 있다.

3 답 ⑤

[정답 해설]

⑤ 물가 상승률을 고려한다면 예금 후 1년이 되는 날에 적용되는 ~~단리 상품과 복리 상품의 실질 금리가 같겠군.~~
3문단에 따르면 '실질 금리＝명목 금리－물가 상승률'이다. 단리 상품의 실질 금리는 8%에서 3%를 뺀 5%이고 복리 상품의 실질 금리는 5%에 3%를 뺀 2%이므로 같지 않다.

[오답 해설]

① A가 단리 상품에 예금하면 매년 80만 원의 이자를 받게 되겠군. (○)
단리는 원금에 대해서만 이자가 붙는다. 따라서 원금인 1,000만 원의 8%, 즉 80만 원의 이자를 받게 된다.

② 예금 후 1년이 되는 날의 원리금 합계는 복리 상품보다 단리 상품이 더 많겠군. (○)
예금 후 1년이 되는 날의 원리금 합계는 연 8% 단리 상품의 경우 1,080만 원, 연 5% 복리 상품의 경우 1,050만 원으로 단리 상품이 더 많다.

③ A가 단리 상품에 예금하면 1년이 되는 날의 실질 금리는 5%라고 할 수 있겠군. (○)
단리 상품에서의 실질 금리는 명목 금리인 8%에서 물가 상승률 3%를 뺀 5%이다.

④ 예금 후 2년이 되는 날, 그 해에 발생한 복리 상품의 이자는 1,050만 원의 5%에 해당하는 금액이겠군. (○)
복리는 원금과 이자를 모두 합친 금액에 이자가 붙는다. 복리 상품의 경우 예금 후 1년이 되는 날 원리금 합계는 1,050만 원이 되고, 예금 후 2년이 되는 날 1,050만 원의 5%가 이자가 된다.

4 답 ②

[정답 해설]

② A가 지정 날짜까지 상환하지 않으면 B는 채무 내용에 대한 강제 집행을 할 수 있다. (○)
채무자가 지정 날짜까지 돈을 상환하지 않으면 채권자는 금전소비대차 계약에 따라 채무 내용을 법적으로 강제 집행할 수 있다.(7문단)

[오답 해설]

① A와 B가 인적 담보에 합의했더라도 B는 보증인을 ~~요구할 수 없다.~~
인적 담보에 합의했다는 것은 계약서에 인적 담보에 관한 사항을 명시했다는 뜻이므로, 채권자는 이 경우 인적 담보인 보증인을 요구할 수 있다.

③ A의 소유가 아니면 B는 처분에 대한 약속을 받은 물건이라도 ~~물적 담보로 설정할 수 없다.~~
채무자의 소유가 아니더라도 소유자로부터 처분에 대한 약속을 받는다면 채권자는 물건을 물적 담보로 설정할 수 있다.

④ A와 B가 이자율을 정하지 않았으므로 무이자 원칙에 따라 ~~A는 이자를 지급하지 않아도 된다.~~
이자 지급에는 합의를 하고, 이자율을 정하지 않은 경우에는 연 5%의 법정 이자율이 적용된다.(6문단) 무이자가 원칙인 경우는 이자 지급에 대한 합의가 이루어지지 않았을 때이다.

⑤ 원금 상환 날짜에 B가 나타나지 않아도 A와 B 사이에 ~~사전 합의가 없으면 A는 공탁 제도를 활용할 수 없다.~~
채권자가 고의로 나타나지 않거나, 돈 받기를 거부하여 채무자가 돈을 갚지 못한다면 사전에 합의가 없더라도 공탁 제도를 활용할 수 있다.(6문단)

5 답 ①

[정답 해설]

① ㉠은 ㉡과 달리 채무자가 일정 금액을 5년간 갚아야 빚이 면제된다. (○)
㉠ '개인 회생 제도'는 채무자가 지속적인 수입이 있을 때, 법원이 정해 준 금액을 5년간 갚아야 나머지 빚이 면제된다. 반면, ㉡ '개인 파산 제도'는 지속적인 수입이 없을 때 채무자가 법원에 파산 신청을 하고 일정 절차를 밟으면 채무자 면책이 선고되어 빚이 면제된다.(7문단)

[오답 해설]

② ㉠은 ㉡과 ~~달리~~ 채무자가 자산보다 빚이 많은 경우에 신청할 수 있다.
㉠과 ㉡ 모두 채무자가 자산보다 빚이 많은 경우에 신청할 수 있는 제도이다.

③ ㉠은 ㉡과 ~~달리~~ 채무자가 빚을 갚을 능력이 없다는 것을 법원으로부터 확인받아야 한다.
㉠과 ㉡ 모두 채무자가 빚을 갚을 능력이 없다는 것을 법원으로부터 확인받아야 한다.

④ ~~㉡은 ㉠과 달리~~ 채무자의 수입에서 최저 생계비를 보장해 준다.
㉠은 수입에서 최저 생계비를 제외하고 법원이 정한 금액을 갚는 반면, ㉡은 지속적인 수입이 없을 때 면책 선고를 통해 빚이 면제되는 것일 뿐, 최저 생계비를 보장해 주지 않는다.

⑤ ~~㉡은 ㉠과 달리~~ 채무자가 지속적인 수입이 있어야 신청할 수 있다.
채무자의 지속적인 수입이 있어야 신청할 수 있는 제도는 ㉡이 아니라 ㉠이다.

6 답 ①

정답 해설

① ⓐ : 조선은 유교가 기간이 되는 도덕을 정치 이념으로 삼았다. (×)
ⓐ는 '어느 일정한 시기부터 다른 일정한 시기까지의 사이'라는 뜻이다. 그런데 선택지에서의 '기간'은 '어떤 분야나 부문에서 가장 으뜸이 되거나 중심이 되는 부분'이라는 뜻이므로, ⓐ를 사용하여 만든 문장의 예로 적절하지 않다.

오답 해설

② ⓑ : 체중 관리를 위해 식사량 조절이 필요하다. (○)
ⓑ와 선택지의 '조절' 모두 '균형이 맞게 바로잡음. 또는 적당하게 맞추어 나감'이라는 뜻이다.

③ ⓒ : 회의를 개최하는 이유를 신청서에 명시해야 한다. (○)
ⓒ와 선택지의 '명시' 모두 '분명하게 드러내 보임'이라는 뜻이다.

④ ⓓ : 장마 때에는 농작물 관리에 유의해야 한다. (○)
ⓓ와 선택지의 '유의' 모두 '마음에 새겨 두어 조심하며 관심을 가짐'이라는 뜻이다.

⑤ ⓔ : 그 나라는 외채를 상환할 능력이 없다. (○)
ⓔ와 선택지의 '상환' 모두 '갚거나 돌려줌'이라는 뜻이다.

본문 48~49쪽

17 '카르네아데스의 널'을 통해 본 범죄 성립 요건

1 ① 2 ④ 3 ③

지문 구조도

① 카르네아데스의 널을 바탕으로 재구성한 사례

② 범죄 성립의 세 요건 중 (1) 구성요건 판단

③ 범죄 성립의 세 요건 중 (2) 위법성 판단 예외의 경우

④ 범죄 성립의 세 요건 중 (2) 위법성 판단

⑤, ⑥ 범죄 성립의 세 요건 중 (3) 유책한 행위 판단

1 답 ①

정답 해설

① 선원 A나 선원 B의 행위는 모두 위난을 벗어나고자 한 것이라 할 수 있다. (○)
'카르네아데스의 널'을 재구성한 사례에서, 바다에 빠진 선원 A와 선원 B가 동시에 '한 사람을 겨우 지탱할 만한' 널판을 붙잡은 행위는 바다에 빠져 죽을 수도 있는 위난을 벗어나기 위한 행위이다.

오답 해설

② 선원 B가 만약 선원 A를 밀어 빠져 죽게 하였다면 그 행위는 ~~범죄가 된다.~~
지문에 따르면, 선원 A가 선원 B를 밀어 빠져 죽게 한 것은, 사람을 살해했다는 구성요건에 해당하고 위법하다는 점에서 범죄의 세 요소 중 두 요소를 만족시킨다. 그런데 선원 A가 처한 상황은 선원 B를 밀어 빠져 죽게 한 행위 말고 다른 적법한 행위를 할 수 있는 것이 아니었으므로, 선원 A의 행위는 '유책한 행위'로 볼 수 없다. 즉, 범죄의 세 요소 중 한 요소가 성립하지 않는 것이다. 따라서 선원 A가 선원 B를 죽게 한 것

을 범죄로 볼 수 없으며, 이는 선원 B가 선원 A를 죽게 했더라도 마찬가지일 것이다.

③ ~~선원 A와 선원 B의 행위는 형법상 살인죄의 구성요건에 해당하지 않는다.~~
②번 선택지 해설에서도 밝혔듯, 선원 A가 선원 B를 밀어 빠져 죽게 한 것은, 사람을 살해했다는 점에서 형법상 살인죄의 구성요건에 해당한다. 한편 선원 A가 붙잡은 널판을 동시에 붙잡은 선원 B의 행위는 형법상 살인죄의 구성요건에 해당하지 않는다.

④ 선원 B에 대한 선원 A의 행위는 ~~윤리적으로 타당~~하기 때문에 형법상 비난받지 않는 것이다.

⑤ 선원 A가 선원 B를 살리는 선택을 하였더라도 그것을 ~~윤리적으로 드높은 덕행이라 할 수 없다.~~
6문단에 따르면 선원 A가 자신의 목숨을 희생하지 않고 선원 B를 밀어 빠져 죽게 한 것은, 윤리적인 비판을 받을 수 있는 문제이다. 또한 선원 B에 대한 선원 A의 행위가 윤리적으로 타당하기 때문에 형법상 비난받지 않는 것이 아니라, 선원 A가 그 행위 말고 다른 행위를 할 수 없었기 때문에 형법상 비난받지 않는 것이다(④). 한편 선원 A가 만약 선원 B를 밀어 빠져 죽게 하지 않고 자신의 목숨을 희생했다면, 이는 숭고한 선행, 즉 윤리적으로 드높은 덕행이라 할 수 있을 것이다(⑤).

2 답 ④

정답 해설

④ ⓛ은 선원 A의 행위에 대한 범죄 성립 여부는 ~~그의 책임에 대한 문제까지 따져야 결정될 것~~이라고 볼 것이다.
범죄는 '(1) 구성요건에 해당하고, (2) 위법하며, (3) 유책한 행위'라고 정의된다.(2문단) 일반적으로 구체적 사실이 구성요건에 해당할 때에는 위법하다고 보지만, '정당방위'와 '긴급피난'은 구성요건에 해당하더라도 위법하다고 볼 수 없다고 보는 경우에 해당한다.(3문단) 따라서 선원 A의 행위에 대해 ⓛ '긴급피난이 성립하여 위법성이 없다고 파악하는 이'는, 선원 A의 행위가 위법하지 않으므로 범죄가 성립하지 않는다고 볼 것이다. 즉, '책임에 대한 문제'까지 따질 필요가 없다고 볼 것이다.

오답 해설

① ㉠은 선원 B의 행위가 위법한 침해라고 주장할 것이다. (○)

② ㉠은 선원 A의 행위가 현재 자기에게 닥친 침해를 해결하려 한 것이라고 주장할 것이다. (○)
정당방위는 자기 또는 타인의 법익을 현재의 위법한 침해로부터 방위하기 위하여 상당한 이유가 있는 행위를 하는 것을 말한다.(3문단) 따라서 선원 A가 자신과 동일한 널판을 붙잡은 선원 B를 밀어내어 죽게 한 행위에 대해 ㉠ '정당방위가 인정된다고 생각하는 이'는, 선원 B가 선원 A와 동일한 널판을 붙잡은 행위를 위법한 침해라고 주장할 것이다(①). 또한 선원 A가 선원 B를 밀어낸 행위에 대해 현재 자기에게 닥친 침해를 해결하려 한 것이라고 주장할 것이다(②).

③ ⓛ은 선원 B의 행위가 위법한 침해라고 주장하지 않아도 된다. (○)
긴급피난은 자기 또는 타인의 법익에 대한 현재의 위난을 피하기 위하여 상당한 이유가 있는 행위를 하는 것으로, 이때 '위난'은 꼭 위법한 침해 행위로 일어난 위난이 아니어도 된다.(3문단) 따라서 선원 A가 자신과 동일한 널판을 붙잡은 선원 B를 밀어내어 죽게 한 행위에 대해 ⓛ은 긴급피난이 성립한다고 파악하므로 선원 B가 선원 A와 동일한 널판을 붙잡은 행위를 위법한 침해라고 주장할 필요가 없다.

⑤ ㉠과 ⓛ은 모두 선원 A의 행위가 현재 직면한 위난을 해결하는 데 상당한 이유가 있는 것이었다고 볼 것이다. (○)

정당방위는 자기 또는 타인의 법익을 현재의 위법한 침해로부터 방위하기 위하여 상당한 이유가 있는 행위를 하는 것이고, 긴급피난은 자기 또는 타인의 법익에 대한 현재의 위난을 피하기 위하여 상당한 이유가 있는 행위를 하는 것이다.(3문단) 따라서 선원 A가 자신의 위난을 피하려고 선원 B를 밀어내어 죽게 한 행위에 대해 정당방위나 긴급피난이 성립한다고 파악하는 ㉠과 ㉡ 모두, 상당한 이유가 있는 것이었다고 볼 것이다.

3 답 ③

정답 해설

③ 선원 A의 책임 유무를 따지는 것은, 자신의 생명에 대한 위난을 피하기 위해 남의 생명을 침해한 행위가 위법하다고 인정되기 때문이다. (○)
선원 A가 선원 B를 밀어 빠져 죽게 한 것은 사람을 살해했다는 점에서 형법상 살인죄의 구성요건에 해당하며 위법하다고 볼 수 있다. 이때 선원 A의 행위가 책임을 물을 수 있는 행위인지까지 따져야 '범죄 성립 여부'를 결정할 수 있다. 결국 선원 A의 책임 유무를 따지는 것은, 선원 A의 행위가 위법하다고 인정되기 때문인 것이다.

오답 해설

① ~~구성요건에 해당하지 않는 행위는 책임을 따질 필요가 없기 때문에,~~ 선원 A의 책임은 인정되지 않는다.
선원 A가 선원 B를 밀어 빠져 죽게 한 것은 사람을 살해했다는 점에서 형법상 살인죄의 구성요건에 해당한다. 그러므로 선원 A의 행위가 위법한 것인지, 유책한 것인지 따져 보아야 한다.

② 형법상 책임이 있다는 것은 적법한 다른 행위를 할 수 있는 상황임을 전제하기 때문에, ~~선원 A는 책임이 있다.~~
형법상 책임이 있다는 것은 행위자에 대한 법적 비난 가능성의 문제, 즉 구체적 상황에서 행위자가 위법한 행위 말고 다른 행위를 할 수 있었겠는가 하는 기대 가능성의 문제로 볼 수 있다. 그리고 적법한 행위를 할 수 있었는데도 위법한 행위를 했다면, 이에 대해 법적인 비난이 이루어져야 하므로 형법상 책임이 있다고 본다. 그런데 첫 번째 문제 해설에서도 밝혔듯, 선원 A는 선원 B를 밀어 빠져 죽게 한 그 행위 말고 다른 행위를 할 수 없었기 때문에 형법상 비난받지 않는다. 결국 선원 A는 책임이 없는 것이다.

④ ~~유책하지 않은 행위에 대하여는 정당방위가 성립할 수 없기 때문에,~~ 선원 A의 행위에 대하여는 ~~정당방위를 따지지 않고 책임의 문제를 검토하는 것이다.~~
지문에 따르면 범죄 여부는 (1) 구성요건, (2) 위법성, (3) 유책 유무 순서로 판단한다. 따라서 정당방위, 즉 위법성 여부를 따지지 않고 책임의 문제를 검토한다는 말은 적절하지 않다. 또한 지문에서 정당방위가 아니더라도 유책하지 않은 행위인 사례를 설명하고 있으므로, 유책하지 않은 행위에 대해서 정당방위가 성립할 수 없다고 보기는 어렵다.

⑤ ~~선원 A의 행위가 위법한지는 따져 보지 않아도 되는 것은,~~ 위법성은 행위에 대한 법규범적 판단인 데 반하여 책임은 행위자에 대한 ~~윤리적인 비난 가능성을 검토하는 것이기~~ 때문이다.
지문에서는 선원 A의 행위가 정당방위나 긴급피난에 해당하는지를 검토함으로써 위법한지를 따져 본 후(3, 4문단), 책임에 대해 검토하고 있다.(5, 6문단) 즉 선원 A의 행위가 위법한지 따져 보지 않아도 되는 것이 아니다. 또한 책임은 행위자에 대한 법적인 비난 가능성의 문제이지 윤리적인 비난 가능성을 검토하는 것이 아니다.

18 독점기업의 이윤 추구 과정과 공정 거래법

1 ④ 2 ⑤ 3 ② 4 ① 5 ④ 6 ①

(가) 지문 구조도

1 완전경쟁시장과 독점시장의 개념

2 완전경쟁시장과 독점시장에서의 기업의 역할 및 위상

3 독점기업이 가격과 생산량을 결정하는 방법

(나) 지문 구조도

1 공정거래법의 목적 – 폐해규제주의

2 공정거래법 규제 대상 ① – 시장 지배적 지위 남용

3 공정거래법 규제 대상 ② – 부당한 공동행위

4 공정거래법 위반 시 조치와 그 의의

1 답 ④

정답 해설

④ (가)는 독점기업의 이윤 추구 방법을 설명하고 있고, (나)는 공정한 거래를 저해하는 행위들을 유형별로 제시하고 있다.
(가)에 의하면 독점기업은 한계수입과 한계비용이 일치하는 지점에서 최적 생산량을 결정하며, 수요자들의 최대 지불 용의를 고려하여 최고 가격을 찾아낸다. 이와 같이 (가)는 독점기업의 이윤 추구 방법을 설명하고 있다. (나)에서는 공정한 거래를 저해하는 행위들을 시장 지배적 지위 남용과 부당한 공동행위로 나누고, 전자는 다시 착취 남용과 방해 남용으로 나누어 설명하고 있다. 따라서 (나)는 공정한 거래를 저해하는 행위들을 유형별로 제시하고 있다고 할 수 있다.

오답 해설

① (가)는 ~~시장구조를 바라보는 다양한 관점을 제시하고 있고,~~ (나)는 ~~공정거래법에 대한 상반된 관점을 제시하고 있다.~~
(가)에서는 시장의 종류를 완전경쟁시장과 독점시장으로 나누어 설명하고 있을 뿐 시장구조를 바라보는 다양한 관점을 제시하고 있지는 않다. 또한 (나)에서는 공정거래법에 대한 상반된 관점을 제시하고 있지 않다.

② (가)는 시장에서 ~~독점이 필요한 이유를~~ 밝히고 있고, (나)는 ~~부당한 독점 행위를 해결하기 위한 사례를~~ 서술하고 있다.
(가)에서는 시장에서 독점이 필요한 이유가 아니라 독점시장이 시장의 비효율성을 초래할 수 있음을 지적하고 있다. 또한 (나)에서는 부당한 독점 행위를 해결하기 위한 사례를 언급하고 있지 않다.

③ (가)는 ~~균등한 소득 분배를 위한 경제학적 대책을~~ 제안하고 있고, (나)는 ~~경쟁을 제한하기 위한 대책을~~ 제시하고 있다.
(가)에서는 균등한 소득 분배를 위한 경제학적 대책을 언급하고 있지 않다. 또한 (나)에서는 경쟁을 제한하기 위한 대책을 제시하고 있지 않다.

⑤ (가)는 독점이 시장에 끼치는 부정적 영향을 언급하고 있고, (나)는 ~~독점 행위를 규제하는 제도의 문제점을~~ 서술하고 있다.
(가)에서는 독점이 시장의 비효율성을 초래한다는 점을 지적하고 있다. 하지만 (나)에서 독점 행위를 규제하는 제도인 공정거래법의 문제점을 서술하고 있지 않다.

2 답 ⑤

정답 해설

⑤ ㉠에는 많은 수의 공급자와 수요자가 존재하므로, ㉡보다 기업이 시장을 지배하는 힘이 크다.

㉠ '완전경쟁시장'은 경쟁자가 다수이기 때문에 기업은 가격수용자로서 시장에서 결정된 가격을 그대로 받아들일 수밖에 없다. 반면에 ㉡ '독점시장'에서 기업은 가격결정자로서 시장 가격을 조정할 힘을 가진다.(2문단) 따라서 ㉠에서보다 ㉡에서 기업이 시장을 지배하는 힘이 크다.

오답 해설

① ㉠에서 개별 기업은 가격수용자로서 시장에서 결정된 가격에 따라 제품을 판매한다. (O)

㉠에서는 기업이 가격수용자로서 시장에서 결정된 가격을 그대로 받아들일 수밖에 없다.(2문단)

② ㉡에서 기업이 제품의 생산량을 늘려 나가는 과정에서 얻게 되는 한계수입은 가격보다 낮아진다. (O)

③ ㉡에서 독점기업은 시장의 유일한 공급자로서 독점기업이 판매량을 늘리려면 가격을 낮춰야 한다. (O)

한계수입은 제품을 한 단위 더 판매함으로써 추가로 얻게 되는 수입이다. 지문에 의하면 독점기업이 제품 생산량을 늘리면 종전 판매 가격도 함께 낮춰야 제품을 다 팔 수 있기 때문에(③) 독점기업의 한계수입은 가격보다 항상 낮다.(②)

④ ㉠에는 진입장벽이 존재하지 않으므로, ㉡에 비해 개별 기업들의 시장 진입이 자유롭다. (O)

㉠은 진입장벽이 없어 누구나 들어와 경쟁할 수 있다. 반면 ㉡은 진입장벽이 존재한다.(1문단)

3 답 ②

정답 해설

② '갑'이 생산량을 Q_1에서 Q_2로 늘리면서 제품의 가격을 P_2에서 P_1으로 낮춰 공급하더라도, 독점으로 얻고 있던 이윤은 유지될 것이다.

독점시장에서 기업은 이윤 극대화를 위해 한계수입과 한계비용이 일치하는 지점에서 생산량을 정하고, 수요자의 최대 지불 용의를 고려하여 가격을 결정한다. '갑'이 생산량을 Q_1에서 더 늘리게 되면 한계비용이 한계수입보다 커지게 되므로 제품을 추가적으로 한 단위 생산할 때, 수입보다 비용이 더 커지게 된다. 그리고 그 상황에서 가격을 P_2에서 P_1으로 낮추면 독점으로 얻고 있던 이윤은 떨어질 것이다.

오답 해설

① '갑'은 이윤을 최대로 높이기 위한 최적 생산량 수준을, 한계수입곡선과 한계비용곡선이 교차하는 Q_1 지점으로 결정할 것이다.

독점시장에서 기업은 이윤 극대화를 위해 한계수입과 한계비용이 일치하는 지점에서 최적 생산량을 결정한다. 따라서 '갑'은 최적 생산량 수준을 Q_1으로 결정할 것이다.

③ '갑'의 생산량이 Q_1보다 적으면 한계수입이 한계비용보다 높으므로, 이윤을 높이려면 생산량을 Q_1 수준까지 증가시켜야 할 것이다.

〈보기〉에 의하면 생산량이 [0~Q_1] 구간에서는 한계수입이 한계비용보다 높다. 따라서 생산량이 Q_1보다 적다면 한계수입과 한계비용이 일치하는 Q_1까지 생산량을 증가시켜야 이윤이 극대화될 것이다.

④ '갑'의 생산량이 Q_1이고 공급할 제품의 가격이 P_2라면, 해당 기업이 제품을 판매할 때 얻게 되는 단위당 이윤은 P_2-P_1이 될 것이다.

한계비용은 제품을 한 단위 더 생산할 때 추가로 발생하는 비용을 나타

낸다. Q_1만큼 생산할 때 추가로 드는 비용은 P_1이므로 기업이 얻게 되는 이윤은 가격 P_2에서 P_1을 뺀 값이다.

⑤ '갑'은 이윤 극대화를 위해 수요자의 최대 지불 용의 수준을 고려하여 공급할 제품의 최종 시장가격을 P_1이 아닌 P_2로 결정할 것이다.

〈보기〉에 의하면 한계수입과 한계비용이 일치하는 지점 Q_1에 대한 수요자의 최대 지불 용의에 해당하는 가격은 P_2이므로 기업은 생산량은 Q_1, 가격은 P_2로 결정할 것이다.

4 답 ①

정답 해설

	Ⓐ	Ⓑ	Ⓒ
①	높게	소비 감소	촉진

독점기업은 이윤 극대화를 위해 제품의 시장가격을 한계비용보다 높게(Ⓐ) 설정한다. 하지만 상승된 시장가격이 수요자들의 최대 지불 용의를 초과하면 수요자들은 소비를 포기하게 된다. 즉, 소비 감소(Ⓑ)가 일어나는 것이다. 따라서 상호 이득이 될 수 있었던 거래의 기회는 줄게 되고, 시장의 비효율성을 유발할 수 있다. 이를 방지하기 위해 공정거래법에서는 개별 기업의 시장 진입 제한을 막아 시장에 진입할 수 있게 하고 기업 간 공정한 경쟁을 촉진(Ⓒ)한다.

5 답 ④

정답 해설

④ [사례 2]에서 C사가 만약 D사와의 입찰 담합을 약속하고도 실제 입찰 과정에서 이를 실행하지 않았다면, 부당한 공동행위는 없었던 것이 되겠군.

공정거래법에서는 부당한 공동행위를 위한 사업자 간의 합의만 있으면, 비록 그것이 실행되지 않더라도 부당한 공동행위가 성립한 것으로 본다.((나)의 3문단) 따라서 부당한 공동행위가 없었던 것이 된다는 진술은 적절하지 않다.

오답 해설

① [사례 1]에서 공정거래위원회는 A사가 시장 지배적 지위 남용을 통해 경쟁사업자인 B사의 사업 활동을 부당하게 배제하였다고 보았겠군. (O)

② [사례 1]에서 공정거래위원회는 A사와 국내 PC 제조업체들의 상호 합의에 의해 방해 남용인 배타조건부 거래가 발생했다고 판단했겠군. (O)

배타조건부 거래는 시장 지배적 사업자의 일방적, 강제적 요구뿐만 아니라 거래 상대방과 합의하여 결정한 경우도 모두 포함된다. 따라서 B사와 거래하지 않는 조건으로 A사가 국내 PC 제조업체들과 합의한 것은 배타조건부 거래에 해당한다.(②) 공정거래위원회는 A사가 자신의 시장 지배적 지위를 남용하여 경쟁사업자인 B사의 사업 활동을 부당하게 배제하고 있다고 판단했기 때문에 A사에 과징금을 부과했을 것이다.(①)

③ [사례 2]에서 C사와 D사의 합의가 명시적인 형태가 아니라 묵시적인 형태로 이루어졌다고 할지라도, 경쟁 제한 행위의 위법성은 인정될 수 있겠군. (O)

공정거래법에서는 [사례 2]와 같은 부당한 공동행위에 대하여 명시적 합의와 묵시적 합의 모두 경쟁 제한 행위가 될 수 있다고 본다.((나)의 3문단)

⑤ 사업자의 독과점 추구 자체는 금지되어 있지 않지만, [사례 1]과 [사례 2]에서 확인되는 A사와 C사의 행위는 경쟁 제한의 폐해를 초래했기 때문에 규제 대상이 되었겠군. (O)

공정거래법에서는 독과점 자체를 금지하지는 않으나, 이로 인해 일정한 폐해가 초래되는 경우 이를 규제하는 폐해규제주의를 취하고 있다.((나)의 1문단)

6 답 ①

정답 해설

① ⓐ : 그 문제에 대해 강경한 태도를 취했다. (○)

ⓐ와 선택지 ①의 '취하다'는 모두 '어떤 일에 대한 방책으로 어떤 행동을 하거나 일정한 태도를 가지다.'라는 뜻으로 사용되었다.

오답 해설

② ⓑ : 나는 그녀와 슬픔을 나누는 친근한 사이이다. (×)

ⓑ '나누다'는 '여러 가지가 섞인 것을 구분하여 분류하다.'라는 뜻으로 사용되었으나, 선택지의 '나누다'는 '즐거움이나 고통, 고생 따위를 함께 하다.'라는 뜻으로 사용되었다.

③ ⓒ : 그를 나쁘게 말하는 사람은 별로 없다. (×)

ⓒ '말하다'는 '어떤 사정이나 사실, 현상 따위를 나타내 보이다.'라는 뜻으로 사용되었으나, 선택지의 '말하다'는 '평하거나 논하다.'라는 뜻으로 사용되었다.

④ ⓓ : 반 아이들의 이름이 하나하나 불렸다. (×)

ⓓ '불리다'는 '무엇이라고 가리켜 말해지거나 이름이 붙여지다.'라는 뜻으로 사용되었으나, 선택지의 '불리다'는 '이름이나 명단이 소리 내어 읽히며 대상이 확인되다.'라는 뜻으로 사용되었다.

⑤ ⓔ : 교향악단은 최정상급의 연주자들로 이루어졌다. (×)

ⓔ '이루어지다'는 '어떤 대상에 의하여 일정한 상태나 결과가 생기거나 만들어지다.'라는 뜻으로 사용되었으나, 선택지의 '이루어지다'는 '몇 가지 부분이나 요소가 모여 일정한 성질이나 모양을 가진 존재가 되다.'라는 뜻으로 사용되었다.

본문 53~55쪽

19	헌법의 특질 및 헌법을 바라보는 관점

1 ③ 2 ③ 3 ⑤ 4 ② 5 ③ 6 ①

(가) 지문 구조도

1 헌법의 특질 ① – 최고규범성

2 헌법의 특질 ② – 자기보장성

3 헌법의 특질 ③ – 권력제한성

(나) 지문 구조도

1 헌법해석학에 영향을 미친 헌법관 소개

2 법실증주의적 헌법관과 그에 대한 비판 3 결단주의적 헌법관과 그에 대한 비판 4 통합론적 헌법관과 그에 대한 비판

5 세 헌법관에 대한 종합적 고찰의 필요성

1 답 ③

정답 해설

	ⓐ	ⓑ	ⓒ
③	적절	부적절	적절

[공통점] ⓐ : 헌법의 다양한 특성을 드러내기 위해 정보를 병렬적으로 제시하고 있다. (○)

(가)는 헌법의 특질인 '최고규범성', '자기보장성', '권력제한성'을 대등하게 병렬적으로 제시하고 있고, (나)는 헌법해석학에 영향을 미친 '법실증주의적 헌법관', '결단주의적 헌법관', '통합론적 헌법관'을 병렬적으로 제시하고 있다.

[차이점] ⓑ : ~~(가)는 (나)와 달리~~ 헌법에 대한 서로 다른 견해를 통해 종합적인 절충안을 도출하고 있다.

(가)는 헌법의 특질 세 가지를 설명하고 있을 뿐, 종합적인 절충안을 제시하고 있지 않다. 한편 (나)는 각각의 헌법관들은 장단점이 있기 때문에 헌법의 해석이 문제되는 경우에 세 가지 헌법관을 함께 생각할 수 있는 자세가 필요하다는 점을 제시하고 있지만, 이는 세 가지 헌법관의 쟁점을 제시하고 서로 보완할 수 있는 점을 분석하여 새롭게 더 나은 관점을 제시한 것은 아니기 때문에 절충안을 도출한 것이라고 보기는 어렵다.

[차이점] ⓒ : (나)는 (가)와 달리 헌법과 관련한 여러 입장의 긍정적 측면과 부정적 측면을 함께 밝히고 있다. (○)

(가)는 헌법의 특질 세 가지를 설명하고 있을 뿐 헌법과 관련한 여러 입장의 긍정적 측면과 부정적 측면을 밝히고 있지 않다. 하지만 (나)는 2~4문단에서 세 헌법관 각각의 의의와 한계점을 밝히고 있다.

2 답 ③

정답 해설

③ 헌법은 효력을 보장하기 위한 장치를 헌법 내에 마련한다. (○)

헌법은 헌법재판제도와 같은 보장 장치를 스스로 마련하여 지니고 있으며 이러한 특징을 헌법의 '자기보장성'이라 한다.

오답 해설

① 헌법은 국가 기관의 행위를 ~~일반 소송을 통해~~ 제한한다.

헌법은 일반 소송이 아닌 헌법재판을 통해 국가 권력이 헌법의 효력을 부정하거나 침해할 수 없도록 하고 있다.

② 헌법은 주권자인 국민의 합의에 의해 규범성이 인정된다. (×)

헌법은 국민적 합의에 의해 제정되었기 때문에 최고의 기본법으로 인정받는데, 이를 헌법의 '최고규범성'이라고 한다. 이는 헌법의 '자기보장성'과는 관련이 없다.

④ 헌법은 규범 체계상 ~~하위의 법규범에 의해~~ 효력이 보장된다.

헌법이 하위의 법규범에 의해 효력이 보장되는 것이 아니라, 하위의 법규범이 헌법으로부터 효력을 부여받는 것이다. 헌법은 헌법재판제도 같은 보장 장치를 스스로 마련하여 지니고 있으며, 이러한 특징을 헌법의 '자기보장성'이라 한다.

⑤ 헌법은 헌법에 의한 권력 남용의 가능성을 스스로 제한한다. (×)

헌법은 국가 작용을 담당하는 기관이 그 권한을 남용하여 국가가 추구하는 목적인 공통의 가치를 위험에 빠뜨리지 않도록 하고 있는데, 이를 헌법의 '권력제한성'이라 한다. 이는 헌법의 '자기보장성'과는 관련이 없다.

3 답 ⑤

정답 해설

⑤ 헌법의 내용을 실현하고자 하는 모든 구성원들의 적극적 의지

헌법재판소의 결정은 국가 권력을 포함한 헌법의 적용을 받는 모든 대상들이 이를 존중하는 조건하에 실현된다. (가)에서 예로 든 바와 같이 헌법재판소가 헌법 불합치 결정을 내리며 입법자에게 개선 입법을 촉구하여도, 입법부가 따르지 않으면 이를 강제로 지키게 할 수 있는 수단은 없다. 따라서 헌법의 최고 규범으로서의 효력은 강제적 수단에 의해 실현되는 것이 아니라, '헌법의 내용을 실현하고자 하는 모든 구성원들의 적극적 의지'에 좌우된다는 것을 추론할 수 있다.

① 헌법재판소의 결정 이행을 위한 ~~강제 수단 마련~~

헌법재판의 경우에는 어떠한 법률 조항에 대하여 헌법에 합치하지 아니하다며 입법자에게 개선 입법을 촉구하여도 입법부가 따르지 않을 경우 강제할 수 있는 수단이 없다. 따라서 헌법의 최고 규범으로서의 효력은 강제 수단 마련과 관련이 없다.

② 헌법에 의해 권한을 부여받은 ~~입법부의 독자성 보장~~

헌법의 최고 규범으로서의 효력은 '입법부의 독자성'을 보장하고 있기 때문에 입법부의 의지에 따라 좌우되는 것이다. 따라서 '입법부의 독자성'은 이미 보장되어 있고, 헌법이 효력을 발휘하기 위해서는 입법부가 헌법에 대한 존중을 가지고 개선 입법에 적극적으로 임해야 한다.

③ 최고 규범을 판단하는 기관인 ~~헌법재판소의 법적 권위~~

헌법의 효력은 헌법재판소가 입법자에게 개선 입법을 촉구하였을 때 이에 입법자가 반응하여 적극적으로 개선 입법을 해야 발생한다. 따라서 헌법재판소의 법적 권위에 좌우되는 것이 아니다.

④ 헌법의 실효성을 높이기 위한 ~~국가 권력의 법적 제재 수단~~

헌법의 실효성을 높이기 위해서는 헌법재판소가 입법자에게 개선 입법을 촉구할 때 입법자가 반응하여 개선 입법을 해야 한다. 입법부가 개선 입법에 임하지 않을 때 국가 권력이 이를 법적으로 제재할 수 있는 수단은 없다. 따라서 국가 권력의 법적 제재 수단에 따라 헌법의 효력이 좌우되는 것이 아니다.

4 답 ②

② 정해진 법규범을 지나치게 강조하는 것으로는 지속적으로 변화하는 사회와 헌법을 설명할 수 없다. (○)

법실증주의는 정해진 법규범을 지나치게 강조하여 실정법 만능주의라는 비판을 받았으며, 산업화, 다원화에 따라 변화하는 사회와 그에 따라 변화하는 헌법을 이론적으로 설명하기 어려웠다는 한계가 있다.((나)의 2문단) 통합론적 헌법학자는 헌법을 완성물이 아닌 하나의 과정으로 인식하며 다원적 산업 사회의 현실을 효과적으로 설명하였다.((나)의 4문단) 따라서 법실증주의 헌법학자에 대해 통합론적 헌법학자가 '정해진 법규범을 지나치게 강조하는 것으로는 지속적으로 변화하는 사회와 헌법을 설명할 수 없다.'라고 비판할 수 있다.

① 헌법을 통해 자의적 통치를 배제하고자 하는 것으로는 ~~헌법의 규범성을 설명할 수 없다.~~

법실증주의적 헌법관은 헌법을 국가의 조직과 작용에 관한 근본 규범으로 보았으므로, 법실증주의적 헌법학자가 헌법의 규범성을 설명할 수 없다는 말은 적절하지 않다. 통합의 중요성을 지나치게 강조한 나머지 헌법의 규범성을 소홀히 했다는 비판을 받은 것은 오히려 통합론적 헌법학자들이다.

③ ~~존재적 요소를 헌법학의 연구 대상으로 규정하는 것~~으로는 다원적 산업 사회의 현실을 설명할 수 없다.

법실증주의 헌법학자는 존재적 요소인 도덕·자연법 등을 배제하고 당위를 헌법학의 연구 대상으로 규정하였으므로, 법실증주의 헌법학자를 비판한 내용으로 적절하지 않다. 다만 다원적 산업 사회의 현실을 설명할 수 없다는 비판은 적절하다.

④ 국민을 법질서에 복종하는 존재로 인식하는 것으로는 ~~헌법제정권력자로서의 국민의 의지를 설명할 수 없다.~~

법실증주의적 헌법관에서 국민을 법질서에 복종하는 존재로 인식하였

다는 내용은 적절하다. 하지만 '헌법제정권력자로서의 국민의 의지'에 주목하는 것은 통합론적 헌법학자들이 아니라 결단주의적 헌법학자들이다. 즉, '통합론적 헌법학자' 관점에서의 비판으로 적절하지 않다.

⑤ ~~국가를 권력 투쟁의 장으로 보는 것~~으로는 분열된 국가를 새로운 통일체로 형성하는 도구로서의 헌법을 설명할 수 없다.

국가를 권력 투쟁의 장이 되게 한다는 비판을 받은 것은 결단주의적 헌법관이다. 따라서 법실증주의적 헌법관에서 국가를 권력 투쟁의 장으로 보았다는 진술은 적절하지 않다.

5 답 ③

③ 법실증주의적 헌법관에 따르면, ⓐ에는 '경제에 관한 규제와 조정'이라는 ~~권력자의 통치 이념이 반영된 것~~으로 볼 수 있겠군.

법실증주의적 헌법관에서는 권력자의 자의적 통치를 배제하고 법규범에 의한 통치를 지향한다. 따라서 헌법재판소에 의해 헌법에 위배되지 아니함을 인정받은 ⓐ에 대해 권력자의 통치 이념이 반영되었다고 보지는 않을 것이다.

① 헌법의 최고규범성을 고려하면, ⓐ를 '경제주체 간의 조화'라는 헌법적 가치를 실현하기 위한 것으로 볼 수 있겠군. (○)

〈보기〉에 따르면 헌법재판소는 ⓐ의 입법 목적의 정당성을 인정하며 헌법에 위배되지 아니한다고 결정하였다. 헌법의 최고규범성에 의하면 헌법의 하위에 있는 법규범들은 헌법에 모순되어서는 안 될 뿐만 아니라 적극적으로 헌법적 가치를 실현하여야 한다.((가)의 1문단) 이를 고려하면 ⓐ를 '경제주체 간의 조화(헌법 제119조 제2항)'라는 헌법적 가치를 실현하기 위한 것으로 볼 수 있다.

② 헌법의 권력제한성을 고려하면, ⓑ와 관련된 '입법자의 권한'은 국가 공통의 가치를 실현하는 범위 내로 한정되어야 한다고 볼 수 있겠군. (○)

〈보기〉에 따르면 헌법재판소는 ⓑ의 적용 대상 범위 등을 정할 때에도 헌법에 어긋나서는 안 됨을 지적하며 ⓑ가 근로자의 권리를 침해하므로 헌법에 위배된다고 결정하였다. 헌법의 권력제한성에 의하면 헌법은 국가 작용을 담당하는 기관이 그 권한을 남용하여 국가가 추구하는 목적인 공통의 가치를 훼손하지 않도록 한다.((가)의 3문단) 이를 고려하면 ⓑ와 관련한 '입법자의 권한' 역시 국가 공통의 가치를 실현하는 범위 내로 한정되어야 한다고 볼 수 있다.

④ 결단주의적 헌법관에 따르면, ⓑ에는 '인간의 존엄성을 보장'하여야 한다는 주권자의 의사가 반영되지 못한 것으로 볼 수 있겠군. (○)

결단주의적 헌법관에서는 주권자의 의지를 강조하고, 정치 결단적 요소를 인정한다.((나)의 3문단) 〈보기〉의 ⓑ는 헌법재판소에 의해 헌법에 위배됨을 인정받았는데, 이는 결단주의적 헌법관에 따르면 주권자의 의사가 반영되지 못한 것으로 볼 수 있다.

⑤ 통합론적 헌법관에 따르면, ⓐ에는 '경제의 민주화'라는 가치를 바탕으로 국가의 통합을 실현하려는 노력이 반영된 것으로 볼 수 있겠군. (○)

통합론적 헌법관에서는 헌법을 '공감대적인 가치를 바탕으로 국가의 통합을 실현하고 촉진하기 위한 것'으로 보았다.((나)의 4문단) 〈보기〉의 ⓐ는 헌법재판소로부터 대형 마트와 중소 유통업의 상생 발전을 도모하기 위한 규제라는 것을 인정받았는데, 이는 통합론적 헌법관에 따르면 ⓐ에 국가의 통합을 실현하려는 노력이 반영된 것으로 볼 수 있다.

6 답 ①

정답 해설

① 우리는 명령을 <u>따르며</u> 급히 움직였다. (○)

㉠ '따르다'와 선택지의 '따르다' 모두 '관례, 유행이나 명령, 의견 따위를 그대로 실행하다.'라는 뜻으로 사용되었다.

오답 해설

② 어머니를 <u>따라</u> 풍물 시장 구경을 갔다. (×)

선택지의 '따르다'는 '다른 사람이나 동물의 뒤에서, 그가 가는 대로 같이 가다.'라는 뜻으로 사용되었다.

③ 나는 아버지의 음식 솜씨를 <u>따를</u> 수 없다. (×)

선택지의 '따르다'는 '앞선 것을 좇아 같은 수준에 이르다.'라는 뜻으로 사용되었다.

④ 최근 개발에 <u>따른</u> 공해 문제가 불거지고 있다. (×)

선택지의 '따르다'는 '어떤 일이 다른 일과 더불어 일어나다.'라는 뜻으로 사용되었다.

⑤ 의원들이 모두 의장을 <u>따라</u> 자리에서 일어섰다. (×)

선택지의 '따르다'는 '남이 하는 대로 같이 하다.'라는 뜻으로 사용되었다.

본문 56~57쪽

20	법의 정의와 종류

1 ⑤   2 ③   3 ④   4 ②   5 ④

지문 구조도

① 법의 개념과 특징

② 민법의 개념과 원칙

③ 형법의 개념과 죄형법정주의

④ 형법 위반 범죄의 수사 과정

⑤ 위법 행동에 대한 동물의 책임 여부

1 답 ⑤

정답 해설

⑤ <s>목적이 공익과 무관하더라도</s> 사회 구성원의 동의가 있다면 강제성이 발휘될 수 있다.

법의 강제성은 공공의 이익을 실현하기 위해 사회 구성원들이 동의할 때만 발휘될 수 있다.(1문단) 따라서 공익과 무관하다면 강제성이 발휘될 수 없다.

오답 해설

① 문제가 발생하는 것을 예방하기 위해 사회 구성원의 의사를 반영하여 만든다. (○)

'법'이란 문제가 발생하는 것을 예방하거나 문제를 원만히 해결하기 위해 만든 규칙으로, 사회 구성원들의 합의에 따라 만들어지고 강제성을 가진다.(1문단)

② 권력자의 권력 행사를 제한하여 국민들의 자유와 권리를 지키는 역할을 한다. (○)

법이 없다면 권력자나 국가 기관이 멋대로 권력을 휘두를 수 있을 것이다.(1문단) 따라서 법을 통해 권력자의 권력 행사를 제한하여 국민들의

자유와 권리를 지킨다.

③ 법의 간섭이 지나치게 커지게 되면 개인이 삶을 평온하게 유지하기 힘들 것이다. (○)

법은 최소한의 간섭만 한다. 만약 법이 개인이 처리해도 되는 일까지 간섭한다면 사람들은 숨이 막혀 평온하게 살기 힘들 것이다.(1문단)

④ 다른 사람들이 행동을 평가하고 그 변화를 확인할 수 있어야 하므로 결과를 중시한다. (○)

다른 사람이 행동을 평가할 수 있고 그 변화도 확인할 수 있어야 하기 때문에 법은 행동의 결과를 중시한다.(1문단)

2 답 ③

정답 해설

③ 위법한 행위가 발생했을 때 <s>의도적으로 잘못을 한 경우에만</s> 책임을 물을 수 있다.

㉠'민법'에는, 다른 사람에게 끼친 손해는 그 행위가 위법이고 동시에 고의나 과실에 의한 경우에만 책임을 진다는 원칙이 있다.(2문단) 따라서 고의로 잘못을 한 경우가 아니어도 과실이 있으면 책임을 물을 수 있다. 법률적으로 '과실'이란 부주의로 인하여, 어떤 결과의 발생을 미리 내다보지 못한 일을 의미한다.

오답 해설

① 경제적 강자로부터 경제적 약자를 보호하기 위해 원칙이 수정되었다. (○)

㉠'민법'에는 개인의 사유 재산 행사에 간섭하지 못한다는 원칙과, 다른 사람에게 손해를 끼친 경우 그 행위가 위법이고 동시에 고의나 과실에 의한 경우에만 책임을 진다는 원칙이 있다. 하지만 이 원칙들은 경제적 강자가 경제적 약자를 지배하는 수단으로 악용되기도 하였기에 20세기에 제한이 생겼다. 그 결과 개인의 사유 재산에 대한 지배는 여전히 보장되지만 공공복리에 적합하도록 행사해야 한다는 수정된 원칙들이 적용되고 있다.(2문단)

② 국가 기관이 아닌 사람들 간의 권리관계에 문제가 생겼을 경우 적용한다. (○)

㉠'민법'은 국가 기관이 아닌, 사람들 간의 권리관계를 다루는 법률이다.(2문단)

④ 20세기에 들면서, 공공복리에 적합하지 않을 경우 개인의 재산권 행사를 제한할 수 있게 되었다. (○)

20세기 이전에 ㉠'민법'의 원칙들이 경제적 강자가 경제적 약자를 지배하는 수단으로 악용되기도 하였는데, 이로 인해 개인의 사유 재산에 대한 지배는 여전히 보장되지만 공공복리에 적합하도록 행사해야 한다는 것과 같은 수정된 원칙들이 적용되고 있다.(2문단)

⑤ 개인이 재산을 사용하는 것에 대해 국가나 타인이 간섭하지 못한다는 원칙이 근대 사회에서 형성되었다. (○)

근대 사회에서 형성된 ㉠'민법'의 원칙은 오늘날까지도 중요하게 여겨지고 있는데, 그 중요 원칙 중 하나는 국가를 비롯한 단체나 개인은 다른 사람의 사유 재산 행사에 간섭하지 못한다는 것이다.(2문단)

3 답 ④

정답 해설

④ 법률이 없으면 범죄도 없고 형벌도 없다. (○)

㉡'죄형법정주의'는 범죄의 행위와 그 범죄에 대한 처벌을 미리 법률로 정해 두어야 한다는 것이므로, 법률로 정해 둔 범죄만 법률에서 정해 둔 대로 처벌한다는 것이다. 즉, 법률이 없으면 처벌을 할 수가 없다. 따라

서 '법률이 없으면 범죄도 없고 형벌도 없다.'가 죄형법정주의와 관련이 있다고 볼 수 있다.

4 답 ②

[정답 해설]
② 명예훼손죄, 폭행죄는 Ⓐ가 없어도 수사를 진행할 수 있다. (○)
[A]를 참고할 때, Ⓐ는 고소, Ⓑ는 체포, Ⓒ는 기소에 해당한다. 일반적으로 범죄는 수사 기관이 인지하는 것만으로도 수사를 시작할 수 있다. 따라서 명예훼손죄와 폭행죄는 피해자의 Ⓐ '고소'가 없어도 사건을 수사하고 기소할 수 있다. 다만 명예훼손죄, 폭행죄 등은 피해자가 처벌을 원하지 않으면 처벌하지 않는다.

[오답 해설]
① Ⓐ는 범죄의 피해자와 연관이 있는 ~~제3자가 한다.~~
Ⓐ '고소'는 피해자가 하는 반면 고발은 제3자가 한다. 따라서 Ⓐ는 제3자가 아니라 피해자가 직접 해야 한다.

③ 범죄를 실행 중인 범인을 Ⓑ하였을 경우 48시간 이내에 구속 영장을 ~~발부받아야 한다.~~
범죄를 실행 중인 범인을 Ⓑ '체포'하였을 경우 검사는 48시간 이내에 구속 영장을 신청해야 한다. 검사가 구속 영장을 신청하면 법원은 신청서가 접수된 시간으로부터 48시간 이내에 구속 영장의 발부 여부를 결정해야 한다. 즉, 48시간 이내에 구속 영장을 발부받아야 하는 것은 아니다.

④ 범죄 혐의가 인정될 경우 ~~반드시~~ Ⓒ를 해야 한다.
[A]에 의하면 Ⓒ '기소'를 할 때 검사는 피의자의 나이, 환경, 동기 등을 참작하여 기소를 하지 않을 수 있다.

⑤ ~~재판에서 심리를 담당하는 주체가~~ Ⓒ의 여부를 결정한다.
재판에서 심리를 담당하는 주체는 법원인 반면, 범인의 Ⓒ '기소' 여부는 검사가 결정한다.

5 답 ④

[정답 해설]
④ 형법 제257조 ①을 ~~유추하여 적용한다면~~ C는 징역이나 벌금에 처해질 수 있다.
형법의 경우 민법과 달리 어떤 사항을 직접 규정한 법규가 없을 때, 그와 비슷한 사항을 규정한 법규를 유추하여 적용할 수 없다.(3문단)

[오답 해설]
① 민법 제759조 ①에 따르면 B는 동물과 같이 물건이므로 법적 책임이 없다. (○)
법에서는 인간 이외의 것들은 생명의 유무와 상관없이 물건으로 보고 있기 때문에, 법적 책임이 없다.(5문단) 동물과 B는 모두 물건이기 때문에 법적 책임이 없다.

② 민법 제759조 ①을 유추하여 적용한다면 B의 점유자인 C에게 손해 배상 책임을 물을 수 있다. (○)
민법 제759조 ①을 유추하여 적용한다면 C는 B를 사실상 지배하고 있는 점유자이므로 손해를 배상할 책임이 있다고 할 수 있다.

③ 형법 제257조 ①에 따르면 A는 '사람의 신체를 상해한 자'에 해당하므로 형법에 따른 책임을 져야 한다. (○)
A는 법적 권리를 가지고 있고 사람의 신체를 상해한 자에 해당하므로 형법에 따른 책임을 져야 한다.

⑤ 형법 제257조에 향후 B가 사람을 다치게 한 행위에 관한 조항이 추가되더라도 이번 사건에 대해서는 B를 처벌할 수 없다. (○)

형법은 죄형법정주의에 따라 범죄 당시에는 없었던 법이 나중에 생겨도 그것을 소급해서 적용할 수 없다.(3문단)

21 계약의 개념과 법률 효과

1 ③ 2 ⑤ 3 ① 4 ③ 5 ①

지문 구조도
1 계약의 개념
2 법률 행위의 개념
3 갑과 을의 매매 계약
4 채권이 실현되도록 하는 제도 – 절차법과 법원의 강제 집행
5 채무 불이행의 결과
6 채무 불이행의 결과로 발생하는 계약 해제권
7 계약 해제로 인해 발생하는 원상회복 청구권

1 답 ③

[정답 해설]
③ 법률 행위가 없으면 법률 효과가 ~~발생하지 않는다.~~
법률 행위란 의사 표시를 필수적 요소로 하여 법률 효과를 발생시키는 행위들을 일컫는다.(2문단) 그런데 두 당사자의 의사 표시가 작용한 것이 아니라 채무자의 과실로 인한 채무 불이행이 나타났을 경우, 곧 법률 행위가 없는 경우에도 '채권자에게 계약 해제권을 갖게 한다'는 법률 효과가 발생한다.(6문단) 따라서 법률 행위가 없으면 법률 효과가 발생하지 않는다고 할 수 없다.

[오답 해설]
① 실체법에는 청구권에 관한 규정이 있다. (○)
민법과 같은 실체법에서 채권의 내용을 규정하고 있는데(4문단), 채권이란 청구권을 내용으로 하는 권리를 말한다.(2문단)

② 절차법에 강제 집행 제도가 마련되어 있다. (○)
민사 소송법, 민사 집행법 같은 절차법에 채권을 강제적으로 실현할 수 있는 강제 집행 제도가 마련되어 있다.(4문단)

④ 법원을 통하여 물리력으로 채권을 실현할 수 있다. (○)
어떤 채무자가 채무를 이행하지 않을 때, 채권자는 법원에 강제 집행을 신청할 수 있다. 이에 따라 국가가 물리적 실력을 행사하여 채무의 내용을 실행시킴으로써 채권이 실현될 수 있다.(4문단)

⑤ 실현 불가능한 것을 내용으로 하는 계약은 무효이다. (○)
계약이 실현 불가능한 내용을 담고 있다면, 체결할 때부터 계약은 그 자체가 무효이다.(5문단)

2 답 ⑤

[정답 해설]
⑤ ㉠에는 물건을 인도할 의무가 있고, ㉡에는 금전의 지급을 청구할 권리가 있다.
갑과 을은 을이 소유한 그림 A를 갑에게 매도하는 것을 내용으로 하는 매매 계약을 체결하였는데, 이때 매도인인 ㉠ '을의 채무'는 그림 A의 소유권을 갑에게 이전하는 것, 즉 그림 A를 인도하는 것이다. 한편 을의

채무 불이행으로 갑이 계약 해제권을 갖게 된 상황에서 갑이 계약 해제권을 행사하면, 그때까지 유효했던 계약은 처음부터 효력이 없는 것이 되고, 이미 이행된 것이 있다면 갑은 원상회복 청구권, 즉 새로운 채권인 ⓛ '갑의 채권'을 행사할 수 있다. 갑은 을에게 매매 대금 전액을 금전으로 지급했기 때문에, 원상회복 청구권인 ⓛ을 행사한다는 것은 결국 금전의 지급을 청구한다는 뜻이 된다.

오답 해설

① ⓘ은 <u>매도인의 청구와 매수인의 이행으로 소멸한다.</u>
갑과 을은 을이 소유한 그림 A를 갑에게 매도하는 것을 내용으로 하는 매매 계약을 체결하였는데, 여기서 '을'은 '매도인', '갑'은 '매수인'이 된다. 이때 매도인에 해당하는 ⓘ '을의 채무'는 그림 A의 소유권을 갑에게 이전하는 것이며, 을이 채무를 이행하면 그에 대응하는 갑의 채권이 소멸하여 을의 채무가 변제된다. 즉, ⓘ은 매수인의 청구와 매도인의 이행으로 소멸하는 것이다.

② ⓛ은 채권자와 채무자의 <u>의사 표시가 작용하여 성립할 것이다.</u>
을의 채무 불이행으로 갑이 계약 해제권을 갖게 된 상황에서 갑이 계약 해제권을 행사하면, 그때까지 유효했던 계약은 처음부터 효력이 없는 것이 되고, 이미 이행된 것이 있다면 갑은 원상회복 청구권을 행사할 수 있다. 이때 갑의 계약 해제는 일방의 의사 표시만으로 성립한다. 따라서 원상회복 청구권에 해당하는 ⓛ '갑의 채권'은 채권자 갑과 채무자 을의 의사 표시가 작용하여 성립한 것이 아니다.

③ ⓘ과 ⓛ은 <u>ⓘ이 이행되면 그 결과로 ⓛ이 소멸하는 관계이다.</u>

④ ⓘ과 ⓛ은 <u>동일한 계약의 효과를 서로 다른 측면에서 바라본 것이다.</u>
ⓛ에서 말하는 갑의 채권은, ⓘ에 대응되는 '그림 A의 소유권 이전 청구권'이 아니라 '원상회복 청구권'을 말한다. 따라서 ⓘ과 ⓛ에 대해 'ⓘ이 이행되면 그 결과로 ⓛ이 소멸하는 관계'로 볼 수 없으며(③), 동일한 계약의 효과를 서로 다른 측면에서 바라본 것도 아니다(④).

3 답 ①

정답 해설

① '을'의 과실로 이행 불능이 되어 '갑'의 계약 해제권이 발생한다. (○)
채무자인 '을'의 과실로 인해 그림 A를 넘겨주는 채무가 이행 불능이 되었을 때 '을'은 채무 불이행에 대한 책임을 져야 하며(5문단), 이는 '갑'으로 하여금 계약 해제권을 갖게 한다.(6문단)

오답 해설

② '갑'은 소를 제기하여야 매매의 목적이 된 <u>재산권을 이전받을 수 있다.</u>
'을'의 과실로 그림 A가 타 없어져 채무가 이행 불능이 되었을 때에는, 소송을 하더라도 불능의 내용이 이행될 수 없다. 즉, ㉮의 상황에서는 '갑'이 소를 제기하더라도 그림 A를 이전받을 수 없는 것이다.

③ '갑'은 원상회복 청구권을 행사하여야 <u>'그림 A'의 소유권을 회복할 수 있다.</u>
'갑'이 원상회복 청구권을 행사하면 결국 자신이 지급한 금전을 반환받게 될 것이다. 한편 그림 A에 대한 소유권은 원래 '을'에게 있었으며, 그 소유권이 '갑'에게 넘어간 적이 없으므로, '갑'이 그림 A의 소유권을 회복할 수도 없다.

④ '갑'과 '을'은 <u>애초부터 실현 불가능한 내용의 계약을 체결하였기 때문에</u> 이행 불능이 되었다.
'갑'과 '을'이 그림 A에 대한 매매 계약을 맺은 후 그림 A가 소실되었기 때문에, 애초부터 실현 불가능한 내용의 계약을 체결한 것은 아님을 알 수 있다. 만약 '갑'과 '을'이 계약을 맺기 전에 그림 A가 소실되었다면, 애초부터 실현 불가능한 내용의 계약을 체결한 것이 된다.

⑤ '을'이 '갑'에게 '그림 A'를 인도하는 것은 불가능해졌지만 '을'은 <u>채무 불이행에 대한 책임을 지지 않는다.</u>
정답 해설에서도 밝혔듯, 채무자인 '을'의 과실로 인해 그림 A를 넘겨주는 채무가 이행 불능이 되었을 때 '을'은 채무 불이행에 대한 책임을 져야 한다.

4 답 ③

정답 해설

③ 증여는 <u>변제의 의무를 발생시키지 않는다는</u> 점에서 매매와 차이가 있다.
'변제'란 채무자가 채무의 내용대로 이행하여 채권을 소멸시키는 것을 말한다.(2문단) 매매 계약의 경우 양 당사자 모두 변제의 의무를 지니고 있다. 한편 증여 계약은 증여자만 이행 의무를 지닌다. 즉, 증여자는 피증여자에게 '재산을 무상으로 이전하여야 할 의무'를 지니며, 피증여자는 증여자에게 '재산의 무상 이전을 청구할 권리'를 지닌다. 따라서 증여자가 피증여자에게 재산을 무상으로 이전하면, 피증여자의 '재산 무상 이전 청구권'은 소멸된다. 이렇듯 증여는 증여자만 변제의 의무를 지닌 것이지, 변제의 의무가 발생하지 않는 것은 아니다.

오답 해설

① 증여, 유언, 매매는 모두 법률 행위로서 의사 표시를 요소로 한다. (○)
의사 표시를 필수적 요소로 하여 법률 효과를 발생시키는 행위들을 법률 행위라 하며, '계약은 법률 행위의 일종이다.(2문단) 우선 〈보기〉의 증여는 증여자의 '의사 표시'와 피증여자의 '승낙'으로 성립하는 '계약'이므로, 법률 행위에 속함을 알 수 있다. 또한 〈보기〉의 유언은 유언자의 '의사 표시'만으로 유효하게 성립하며 유언자의 사망과 동시에 일정한 법률 효과가 발생되므로, 역시 법률 행위에 속함을 알 수 있다. 마지막으로 지문의 매매는 매도인과 매수인의 '의사 표시' 합치로 성립하는 '계약'이므로, 역시 법률 행위에 속함을 알 수 있다.

② 증여와 유언은 법률 효과를 발생시키려는 목적이 있다는 점이 공통된다. (○)
증여는 계약의 일종이며, 계약은 법률 행위의 일종인데, 법률 행위는 의사 표시를 필수적 요소로 하여 법률 효과를 발생시키는 행위이므로, 증여 또한 법률 효과를 발생시키려는 목적이 있을 것이다. 유언은 유언자의 사망과 동시에 일정한 법률 효과를 발생시키려는 것을 목적으로 한다.

④ 증여는 당사자 일방만이 이행한다는 점에서 양 당사자가 서로 이행하는 관계를 갖는 매매와 차이가 있다. (○)
정답 해설에서도 밝혔듯, 매매의 경우 매도인과 매수인 양 당사자가 모두 변제의 의무를 지니고 있어 서로 채무를 이행해야 하지만, 증여는 증여자 일방만 채무를 이행하면 된다.

⑤ 증여는 양 당사자의 의사 표시가 서로 합치하여 성립한다는 점에서 의사 표시의 합치가 필요 없는 유언과 차이가 있다. (○)
증여는 증여자의 '의사 표시'와 피증여자의 '승낙'으로 성립하는 '계약'이므로, 양 당사자의 의사 표시가 서로 합치하여 성립한다. 이와 달리 유언은 유언자의 '의사 표시'만으로 유효하게 성립하므로, 양 당사자의 의사 표시의 합치가 필요 없다.

5 답 ①

정답 해설

① 오랜 연구 끝에 만족할 만한 실험 결과가 나왔다. (○)
지문의 '판결은 나올 수 없다.'와 선택지의 '실험 결과가 나왔다.'는 문장 구조가 동일하며 주어인 '판결'과 '실험 결과'도 맥락상 같은 범주에 속한

다. 두 문맥에서 '나오다'는 모두 '처리나 결과로 이루어지거나 생기다.'라는 뜻이다.

오답 해설

② 그 사람이 부드럽게 나오니 내 마음이 누그러졌다. (×)
선택지의 '나오다'는 '어떠한 태도를 취하여 겉으로 드러내다.'라는 뜻이다.

③ 우리 마을은 라디오가 잘 안 나오는 산간 지역이다. (×)
선택지의 '나오다'는 '방송을 듣거나 볼 수 있다.'라는 뜻이다.

④ 이 책에 나오는 옛날이야기 한 편을 함께 읽어 보자. (×)
선택지의 '나오다'는 '책, 신문 따위에 글, 그림 따위가 실리다.'라는 뜻이다.

⑤ 그동안 우리 지역에서는 걸출한 인물들이 많이 나왔다. (×)
선택지의 '나오다'는 '상품이나 인물 따위가 산출되다.'라는 뜻이다.

본문 60~61쪽

22 합의제 민주주의를 중심으로 본 헌정 설계 과정

1 ⑤   2 ⑤   3 ⑤

지문 구조도

① 민주주의 체제 – 합의제 민주주의와 다수제 민주주의

② 합의제 민주주의에 대한 레이파트의 연구

③ 합의제 민주주의와 다수제 민주주의에서의 정책 성과 차이

④ 대통령의 권한 정도에 따른 상이한 정치 제도의 설계

⑤ 목적의 일치성과 분리성 정도에 따른 민주주의의 양상

⑥ 정치적 환경에 따라 달라지는 제도 결합의 효과

1 답 ⑤

정답 해설

⑤ 거부권자의 수가 늘어나서 정치적 교착 상태가 빈번해질 수 있다. (○)
㉠ '합의제 민주주의'는 권력이 과도하게 분산되어 거부권자의 수가 늘어나 교착이 증가할 위험이 있다.(5문단)

오답 해설

① 다당제 국가보다 양당제 국가에서 더 많이 발견된다.
정당 수가 상대적으로 많은 국가는 합의제적 경향을 더 많이 띤다.(2문단) 다당제는 당이 여러 개이고, 양당제는 당이 2개이기 때문에 ㉠ '합의제 민주주의'는 양당제 국가보다 다당제 국가에서 더 많이 발견될 것이다.

② 선진 국가보다 신생 독립 국가에서 더 많이 주목받고 있다.
㉠ '합의제 민주주의'가 민주주의 본연의 가치에 더 충실하다는 경험적 발견이 관심을 끌게 되자, 사회 분열이 심한 신생 독립 국가나 심지어 다수제 민주주의로 분류되던 선진 국가에도 합의제 정치 제도의 채택 시도가 다양하게 나타났다.(3문단) 따라서 선진 국가와 신생 독립 국가에서 합의제 민주주의가 주목받았음을 알 수 있지만, 이 두 국가 중 어느 국가에서 더 많이 주목받았는지는 알 수 없다.

③ 사회 평등 면에서는 유리하나 경제 성장 면에서는 불리하다.
㉠ '합의제 민주주의'는 ㉡ '다수제 민주주의'와 비교했을 때 경제 성장에서는 의미 있는 차이를 보이지 않았지만 사회·경제적 평등, 정치 참여, 부패 감소 등에서 우월하다는 평을 받고 있다.(3문단) 따라서 경제 성장

면에서 불리하다는 말은 적절하지 않다.

④ 권력을 위임하는 유권자의 수를 가능한 한 최대화할 수 있다.
㉠ '합의제 민주주의'는 권력을 공유하는 정치 주체를 늘려 다수를 최대화하는 제도이다.(1문단) 권력을 위임하는 유권자는 투표하는 국민인데, 합의제 민주주의를 한다고 해서 ㉡ '다수제 민주주의'보다 유권자의 수를 더 늘릴 수 있는 것은 아니다.

2 답 ⑤

정답 해설

⑤ 의회와 대통령이 지명했던 위헌 심판 재판관을 사법부에서 직선제로 선출한다. (○)
위헌 심판 재판관을 사법부에서 직선제로 선출하게 되면 사법부의 독립적 위헌 심판 권한이 강해진다. 사법부의 독립적 위헌 심판 권한이 약하면 다수제적 경향을 띤다고 하였으므로(2문단), 이와 같은 개혁을 하면 합의제 민주주의가 촉진될 것이다.

오답 해설

① 의회가 지닌 법안 발의권을 대통령에게도 부여한다.
의회가 지닌 법안 발의권을 대통령에게도 부여하면 대통령의 권한이 더 늘어나 권력이 집중된다. 이로 인해 소수당은 권력 공유를 통해 정책 영향력을 확보하기 어렵게 되므로(4문단) 합의제 민주주의를 촉진하지 않는다.

② 의회 선거 제도를 비례대표제에서 단순 다수 소선거구제로 변경한다.
단순 다수 소선구제는 목적의 일치성을 높이는 경향을 지니며 정부 권력에 다수제적 구심력을 강화한다. 반면 비례대표제는 목적의 분리성을 증가시켜 정부 권력의 원심력을 강화한다.(5문단) 따라서 비례대표제에서 단순 다수 소선구제로 선거 제도를 바꾸면 합의제 민주주의가 아니라 다수제 민주주의를 촉진할 것이다.

③ 이익집단 대표 체계의 방식을 중앙 집중에서 지방 분산으로 전환한다.
지방의 이익집단들의 대표 체계가 중앙으로 집약된 국가가 합의제적 경향을 더 많이 띤다고 평가된다.(2문단) 따라서 이익집단 대표 체계의 방식을 중앙 집중에서 지방 분산으로 전환하면 합의제 민주주의를 촉진할 수 없다.

④ 헌법 개정안의 통과 기준을 의회 재적의원 2/3에서 과반으로 변경한다.
헌법 개정의 난이도가 일반 법률 개정과 유사한 국가들은 다수제적 경향을 띤다.(2문단) 헌법 개정안의 통과 기준을 2/3에서 과반으로 변경하면 헌법 개정의 난이도가 더 떨어지므로 합의제 민주주의가 아니라 다수제 민주주의를 촉진할 것이다.

3 답 ⑤

정답 해설

⑤ 비례대표제를 폐지하고 부족의 거주 지역에 따라 단순 다수 소선거구제로 의회를 구성하면, 목적의 일치성이 증가해 정책 결정이 신속하게 이루어질 수 있겠군.
현재 A국은 부족 간의 갈등으로 인해 자신의 부족을 대표하는 정당만을 압도적으로 지지하고 있다. 이 상황에서 비례대표제를 폐지하고 부족의 거주 지역에 따라 단순 다수 소선구제를 실시하게 되면 여전히 부족들은 자신의 부족을 대표하는 정당을 압도적으로 지지할 것이므로 A국이 겪고 있는 문제를 근본적으로 해결할 수 없을 것이다.

오답 해설

① 의회의 과반 동의로 선출한 총리에게 내치를 담당하게 하면, 의회 내 정당 연합을 유도해 교착 상태를 완화할 수 있겠군. (○)

〈보기〉의 A국은 현재 대통령에게 내각 구성권이 있어 총리를 대통령이 지명했다. 총리의 선출권을 의회로 넘긴다면 의회 내의 정당들은 정치적 선호에 부합한 총리를 선출하기 위해 정당끼리 연합할 것이다. 이를 통해 의회 내 정당 간, 행정부와 의회 간의 교착 상태를 완화할 수 있다.

② 대통령령에 법률과 동등한 효력을 부여하면, 의회와의 교착에도 불구하고 대통령이 국가 차원에서 책임정치를 효율적으로 실현할 수 있겠군. (○)

대통령령에 법률과 동등한 효력을 부여하면, 대통령의 권한이 강화된다. 따라서 의회에서 거부권자들로 인한 교착 상태가 발생하더라도 대통령이 최후의 정책 결정권자로서 배타적인 권력을 행사하는 책임정치를 효율적으로 실현할 수 있다.

③ 의회 선거를 대통령 선거와 동시에 실시하면, 대통령 당선자의 인기가 영향을 끼쳐 여당의 의석이 증가해 정책 결정과 집행에 있어 효율성이 증가하겠군. (○)

동시선거를 할 때 목적의 일치성이 올라가 정부 권력에 다수제적 구심력이 강화된다.(5문단) 즉, 대통령의 인기가 영향을 끼쳐 여당의 의석이 증가하면 의회 내에서 여당의 권력이 더 강해지고, 대통령과 여당이 협력함으로써 정책 결정과 집행에 있어 효율성이 증가할 것이다.

④ 상위 두 후보를 대상으로 한 대통령 결선투표제를 도입하면, 결선투표 과정에서 정당 연합을 통해 연립정부가 구성되어 정치적 갈등을 완화할 수 있겠군. (○)

대통령 결선투표제를 도입하면 목적의 일치성이 올라가 정부 권력에 다수제적 구심력이 강화된다.(5문단) 이를 〈보기〉의 상황에 적용하면 다음과 같다. A국은 4개의 부족으로 구성되어 있는데, 여기서 상위 두 후보를 대상으로 한 대통령 결선투표제를 도입하면 상위 후보를 포함하지 않는 진영에서는 둘 다 싫더라도 그중에 하나를 선택해야 한다. 따라서 상위 두 후보를 포함하는 진영과 정당 연합을 진행할 것이고 그렇게 되면 정치적 갈등을 완화할 수 있을 것이다.

본문 62~63쪽

23 공화주의와 헌법 간의 관계

1 ⑤   2 ③   3 ①

지문 구조도

1 공화주의의 딜레마와 연방 공화국

2 공화주의 정부 유지를 위한 헌정주의의 요소 가미

3 오늘날의 헌법의 의미와 공화주의자들이 생각한 헌법의 의미

4 법적인 의미에서의 헌정주의적 수단들의 문제

5 현대 민주정치 상황에서의 시민의 정치 참여에 대한 이해

1 답 ⑤

정답 해설

⑤ 로마의 혼합정체는 공화국의 대내적 균형을 확보해 주는 장치였다.

통치자의 선출과 정치적 지분의 할당을 통해 경쟁적 사회 집단 사이에 이해관계의 균형을 도모하는 것은 로마의 혼합정체 이래 지속 가능한 공화국의 골자를 이루게 되었다고 할 수 있다.(3문단) 통치자를 선출하고, 정치적 지분의 할당을 통해 경쟁적 사회 집단 사이의 이해관계의 균

형을 도모하는 것은 나라의 내부적인 요소와 관련되는 것으로, 로마의 혼합정체가 공화국의 대내적 균형을 확보해 주는 장치였음을 알 수 있다.

오답 해설

① 공화국의 광대한 영토는 대외적 방어에 불리하다.

외세의 침략 위험에 맞서 충분한 안전을 시민에게 제공하기 위해서는 공화국의 크기가 커야 한다.(1문단) 따라서 공화국의 광대한 영토는 대외적 방어에 유리하다.

② 공화주의자는 시민으로서의 삶보다 개인으로서의 삶을 중시한다.

공화주의란 '공동선을 추구'하는 시민의 정치 참여에 기초하여 '공동체적 삶에서' 자치를 실현하고자 하는 사상이다.(1문단) 따라서 개인으로서의 삶보다 시민으로서의 삶을 중시할 것이다.

③ 『페더럴리스트 페이퍼』의 저자들은 안전보다 연대를 추구하였다.

이 저자들은 외세의 침략 위험에 맞서 충분한 안전을 시민에게 제공하기 위해 연방 공화국의 형태를 제시했으며(1문단), '우정과 연대의 공적 정신을 유지'하기 위해 강력한 조치가 필요하다고 보았다.(2문단) 따라서 안전과 연대 모두 다 중시하였다고 할 수 있다.

④ 연방주의자는 공화주의의 딜레마가 지닌 정치적 함의를 간과하였다.

공화주의는 '공동선을 추구하는 시민의 정치 참여에 기초'한 것으로, 여기에는 딜레마가 생긴다. 연방주의자들은 연방 공화국의 형태가 공동체 내부의 부패와 대외적 취약성을 둘러싼 공화주의의 딜레마를 해결해 줄 수 있다고 보았다.(1문단) 즉, 연방주의자는 연방 공화국을 공화주의 딜레마 해결의 요소로 제시하고 있으므로 그 딜레마가 지닌 정치적 함의를 간과한 것이 아님을 알 수 있다.

2 답 ③

정답 해설

③ 공화국에 대한 내부 위협은 소규모의 파벌이 광대한 영역 기반의 대규모 파벌로 커질 때 오히려 줄어들게 된다.

파벌은 공동체 내부의 부패를 만드는 것으로서 파벌이 통제되기 위해서는 공화국의 크기가 작아야 한다.(1문단) 소규모의 파벌이 광대한 영역 기반의 대규모 파벌로 커진다면 내부 위협은 오히려 증가한다고 볼 것이다.

오답 해설

① 연방 공화국의 정부 형태를 출범시키기 위해서 헌법의 개념이 변해야 하는 것은 아니다. (○)

공화주의자들이 생각하고 있던 헌법이란 정치적인 의미의 것이었으며, 법적 의미의 헌법은 18세기 후반에 등장했다.(3문단) 즉, 연방주의자들은 연방 공화국의 정부 형태를 출범시키기 위해 정치적인 의미의 헌법이 필요하다고 여겼던 것이므로, 헌법의 개념이 변해야 하는 것은 아니라고 볼 것이다.

② 선출된 대표가 파벌 지도자로 변질되는 것을 연방이라는 헌정 체제를 통해 견제할 수 있다. (○)

연방주의자들은 파벌의 통제와 외세의 침략 위험에 맞서 충분한 안전을 제공하기 위해 연방 공화국의 형태를 제시하였고(1문단), 이를 실현하기 위해 보다 강력한 조치로서 헌정주의의 요소를 가미했으므로(2문단) 연방이라는 헌정 체제를 통해 파벌을 방지할 수 있다고 볼 것이다.

④ 규모가 커진 공화국은 구성원들의 사회적 다양성도 커져서 정치적 분열이 초래되어 전제적 다수가 형성되기 어렵다. (○)

공동체에 대한 시민들의 이해관계가 복잡해지는 문제가 생기는 경우, 가까이 있어서 서로를 잘 아는 사람들보다 불가피하게 소원한 거리에 놓인 사람들이 우정과 연대의 공적 정신을 유지하기 어려울 수 있다.(2문단) 따라서 규모가 커진 공화국은 이해관계가 복잡해지고 사회적 다양

성도 커진다고 할 수 있다. 또한 지문에 따르면 파벌이 통제되기 위해서는 공화국의 크기가 작아야 하는데, 이는 거꾸로 말하면 공화국의 크기가 큰 경우 다양한 파벌이 존재할 수 있다는 뜻이다. 따라서 규모가 커진 공화국은 구성원들의 사회적 다양성도 커지며, 정치적 분열인 파벌이 초래되어 전제적 다수는 형성되기 어려울 것이다.

⑤ 인간 본성에 자리하고 있는 파벌의 싹은 근절될 수 없으므로 그것의 발호를 통제하는 제도적 장치를 갖추어 대응해야 한다. (○)
연방주의자들은 광대한 영토 위에서 공화주의 정부가 유지되기 위해서는 시민들로 하여금 사익의 추구를 자제하고 공동선을 지향하도록 하는 보다 강력한 조치가 필요하다고 보았다. 이를 위해 헌정주의적 요소를 가미함으로써 이성과 법의 지배를 통해 파벌과 전제적 다수의 출현을 방지하고자 하였다.(2문단) 즉, 파벌 형성이 인간 본성에 자리하고 있으므로, 법이라는 제도적인 장치가 없으면 파벌을 막을 수 없다고 생각했을 것이다.

3 답 ①

정답 해설

① 공적인 토론의 과정을 ~~정치적 대표를 선출하는 투표 과정으로 대체~~한다.
대의제는 헌정주의적 요소에 해당하므로 정치적 대표를 선출하는 투표를 ㉠ '헌정주의적 수단들'로 볼 수 있으며, 공화주의의 정의에 입각할 때 토론은 공화주의의 예로 볼 수 있다. 하지만 마지막 문단에 따르면 시민의 정치 참여는 투표 과정만이 아니라 토론의 과정을 중심으로 이루어질 수도 있기 때문에 토론의 과정을 투표 과정으로 대체한다는 진술은 적절하지 않다.

오답 해설

② 헌법적 가치의 선언을 통해 의회의 결정 권한에 대한 제한을 공식화한다. (○)
지문에서 대의제와 권력분립을 헌정주의의 요소로 설명하였다.(2문단) 헌법적 가치의 선언을 통해 의회의 결정 권한에 대한 제한을 공식화한다는 것은 권력분립에 관한 서술이므로, ㉠ '헌정주의적 수단들'에 대한 진술로 적절하다.

③ 성문화된 헌법은 최고법적 효력으로 인해 민주주의와 긴장 관계에 놓일 수 있다. (○)
성문화된 헌법이 최고법적 효력을 가진다는 것은 법률의 헌법 기속 개념과 관련되며, 이는 곧 권력분립(헌정주의적 요소)과 연관된다. 따라서 성문화된 헌법이 민주주의와 긴장 관계에 놓일 수 있다는 것은 ㉠ '헌정주의적 수단들'에 대한 진술로 적절하다.

④ 대통령의 법률안 거부권을 인정하여 상호 견제를 통한 권력의 제한을 꾀한다. (○)
대통령의 법률안 거부권을 인정해 권력의 제한을 꾀한다는 것은 권력분립과 연관된다. 따라서 이는 ㉠ '헌정주의적 수단들'에 해당한다.

⑤ 법의 지배는 그 누구의 지배도 아니라는 점에서는 자의적 권력의 지배를 거부하는 공화주의 이념과 연결된다. (○)
㉠ '헌정주의적 수단'은 공화주의의 핵심적 목적과 충돌하게 되는 면도 있다. 그러나 소수의 현자들에 의한 사법 심사의 과정으로 뒷받침되는 헌법을 불신한다는 점에서, 즉 법의 지배는 그 누구의 지배도 아니라고 본다는 점에서, 자의적 권력에 의한 지배를 배제하는 공화주의의 이념과 연결된다고 볼 수 있다.

● 권력분립과 삼권분립
권력분립이란 권력이 집중되는 것을 방지할 목적으로 권력을 분할·배치하여 상호 견제와 균형을 이루려는 제도적 원리로, 삼권분립과 관계가 깊다.
삼권분립은 민주 정치의 원리 중 하나로 국가의 권력을 나누는 것이다. 우리나라에서는 입법부, 사법부, 행정부로 국가의 권력이 나뉜다. 삼권분립은 국가 권력이 어느 한곳에 집중되어 생기는 문제를 막기 위한 것이다.
입법부는 국회로, 주로 법을 만드는 일을 하며 대통령과 정부가 하는 일을 감시하고, 대법원장 임명에 동의하거나 반대하는 방식으로 행정부와 사법부를 견제한다.
사법부는 대법원, 고등법원, 지방법원을 비롯한 여러 법원 조직을 일컫는 말이다. 법을 바탕으로 사회의 갈등을 심판하며, 그 밖에 입법부가 만든 법률과 행정부의 명령, 규칙 등을 위반하고 있지는 않은지를 판단하고 심판한다.
행정부는 정부를 말한다. 대통령과 국무총리, 그리고 행정 각부의 장관 등으로 구성되어 있으며 나라의 살림을 맡는다. 입법부의 법률을 거부하거나 대법원장을 임명하는 권한을 통해 입법부와 사법부를 견제한다.

24	조세 부담에서의 공평한 희생

1 ⑤　2 ③　3 ④　4 ①　5 ⑤　6 ⑤

지문 구조도

1 과세 표준과 세율을 기반으로 한 세액의 산출 방법

2 세율의 적용 방식과 세율 구조

3 누진 세율 구조 적용의 이유와 균등 희생 원리

4 소득의 한계 효용 곡선과 절대 희생 균등의 원칙

5 비례 희생 균등의 원칙

6 한계 희생 균등의 원칙

1 답 ⑤

정답 해설

⑤ 조세 관련 용어들의 개념을 제시하고 조세 부담에서의 균등한 희생이란 무엇인가와 관련된 원칙들을 설명하고 있다.
과세 표준, 한계 세율, 평균 세율, 실효 세율 등 조세와 관련된 용어들의 개념을 제시하고 있으며, 절대 희생 균등의 원칙, 비례 희생 균등의 원칙, 한계 희생 균등의 원칙을 통해 균등의 의미를 제시하고 있다.

오답 해설

① ~~조세의 본질과 기본 원칙을 제시하며 조세의 경제적 효과에 대해 설명~~하고 있다.
조세의 본질 및 경제적 효과에 대해 설명하고 있지 않다. 다만 조세를 부과할 때의 기본 원칙과 관련된 과세 표준에 대해서는 언급하고 있다.

② ~~조세 부과의 효율성에 대한 고찰을 통해 누진적 조세 부담의 변천 과정을~~ 설명하고 있다.
조세 부과의 효율성이나 누진적 조세 부담의 변천 과정은 설명하고 있지 않다.

③ ~~조세 부담의 공평성에 대한 견해를 비교하며 조세 행정의 목적을 효율적 자원 배분의 관점에서~~ 설명하고 있다.
3문단에 따르면 효용의 손실이 균등한 것이 공평한 것인데, 이 균등의

의미를 절대 희생 균등의 원칙, 비례 희생 균등의 원칙, 한계 희생 균등의 원칙으로 구분하여 논의하였다. 따라서 조세 부담의 공평성에 대한 견해를 비교했다고 할 수 있다. 하지만 조세 행정의 목적을 효율적 자원 배분의 관점에서 설명하고 있지는 않다.

④ 조세를 강제 징수하는 이유를 제시하고 여러 나라의 사례를 들어 세율 구조를 결정하는 방법에 대해 설명하고 있다.

조세를 강제 징수하는 이유는 설명하고 있지 않다. 또한 여러 나라의 사례를 들어 세율 구조를 결정하는 방법도 설명하고 있지 않다.

2 답 ③

정답 해설

③ 대다수 국가가 소득세에 비례 세율 구조를 적용하고 있다.

대다수 국가에서 소득세는 누진 세율 구조를 적용하고 있다.(3문단)

오답 해설

① 일반적으로 평균 세율보다 실효 세율이 더 낮다. (○)

1문단에 따르면 세액을 과세 표준으로 나눈 값이 평균 세율, 세액을 과세 이전 총소득으로 나눈 값이 실효 세율이다. 개인의 총소득에서 공제를 한 뒤 세율이 적용되는 소득이 과세 표준이므로 과세 표준보다 과세 이전 총소득이 더 큰 값일 것이다. 따라서 더 큰 값으로 나눈 실효 세율이 더 작은 값을 가진다. 즉, 평균 세율보다 실효 세율이 더 낮은 값을 가진다고 할 수 있다.

② 납세 부담액은 과세 표준에 세율을 곱한 값이다. (○)

1문단에 따르면 납세 부담액, 즉 세액은 과세 표준에 세율을 곱함으로써 산출된다.

④ 세액 산출 시 과세 표준을 몇 개의 구간으로 나누어 세율을 적용할 수 있다. (○)

2문단에 따르면 과세 표준을 몇 개의 구간으로 나누어 세율을 산출하고 있다.

⑤ 누진 세율 구조인지의 여부는 과세 표준이 증가할 때 평균 세율이 증가하느냐로 판단할 수 있다. (○)

2문단에 따르면 과세 표준이 증가할 때 평균 세율이 함께 증가하면 누진 세율이다.

3 답 ④

정답 해설

④ 비례 희생 균등의 원칙에 의하면, 갑이 내야 할 세액이 GH이고 을이 내야 할 세액이 AB일 경우 GH를 GO로 나눈 값과 AB를 AO로 나눈 값이 모든 개인에게 동일해야 한다.

5문단에 따르면 비례 희생 균등 원칙에서는 〈그림〉에서 면적 β를 면적 $\alpha+\beta$로 나눈 값인 효용의 희생 비율이 모두 같아야 한다. 따라서 단순히 세액을 소득으로 나눈 값이 모든 개인에게 동일해야 한다고 말하지 않을 것이다.

오답 해설

① 절대 희생 균등의 원칙에 의하면, 만약 한계 효용 곡선이 체감하지 않고 기울기가 0이라면 갑과 을은 동일한 세액을 부담해야 한다. (○)

한계 효용 곡선이 체감하지 않고 기울기가 0이라면 절대 희생 균등 원칙 아래에서는 모든 개인이 동일한 세액을 부담해야 한다.(4문단)

② 절대 희생 균등의 원칙에 의하면, 갑과 을이 내야 할 세액이 각각 GH와 AB라면 GHIJ의 면적과 ABCD의 면적이 같아지도록 GH와 AB의 크기를 결정해야 한다. (○)

4문단에 따르면 희생된 효용의 절대량은 면적 β로 나타낼 수 있으며, 절대 희생 균등 원칙에서는 각 개인들이 조세를 부담함으로써 떠안게 되는 희생의 절대적 크기가 균등해야 한다고 본다. 따라서 GHIJ와 ABCD의 면적이 같아지도록 GH와 AB의 크기를 결정할 것이다.

③ 비례 희생 균등의 원칙에 의하면, 을의 효용의 희생 비율이 AEFD / AOKD일 때에 갑의 효용의 희생 비율과 동일해진다면 을에게 AE만큼의 세액을 부담하게 해야 한다. (○)

비례 희생 균등 원칙에서는 과세 이전 총소득으로부터 얻는 총효용에서 납세로 인한 효용의 상실, 즉 희생이 차지하는 비율이 모든 개인에게 동일해야 한다고 본다.(5문단) 따라서 을의 효용 희생 비율과 갑의 효용 희생 비율이 동일해지도록 을에게 AE만큼의 세액을 부담하게 할 것이다.

⑤ 한계 희생 균등의 원칙에 의하면, 갑의 세액이 GH라면 을의 조세 부담의 마지막 단위에서 발생하는 한계 효용이 HI가 되도록 을에게 AH만큼의 세액을 부담하게 해야 한다. (○)

한계 희생 균등의 원칙에 따르면 과세 이후에 얻는 한계 효용의 크기가 모든 개인에게 동일해야 한다. 따라서 〈보기〉의 갑의 세액이 GH인 경우 조세 부담의 마지막 단위에서 발생하는 한계 효용은 HI이므로, 을에게는 AH만큼의 세액을 부담하게 하여 한계 효용이 HI가 되도록 할 것이다.

4 답 ①

정답 해설

① 부양가족이 있는 사람은 그렇지 않은 사람에 비해 동일한 소득으로부터 얻는 만족감이 낮은 점을 고려하기 위해서 (○)

1문단에 따르면 과세 대상 소득으로부터 얻는 만족감이 동일한 자에게, 동일한 조세 부담을 요구하는 것이 공평하다. 만약 소득이 동일하다면 부양가족이 있는 사람은 부양가족이 없는 사람에 비해 필수적으로 소비해야 하는 돈이 상대적으로 많을 것이고, 이에 따라 소득이 동일해도 만족감은 낮을 것이다. 이와 같은 이유로 총소득에 부양가족의 변수를 반영한 후 세율을 적용하는 것이다.

오답 해설

② 부양가족의 유무에 상관없이 동일한 소득에 대해 동일한 세율을 적용하는 것이 공평하다는 점을 고려하기 위해서

㉠에서는 부양가족의 유무를 고려해 세율을 적용하고 있다. 따라서 부양가족의 유무에 상관없이 세율을 적용하는 것은 ㉠의 이유로 적절하지 않다.

③ 가족의 모든 소득을 합산해야만 경제적 능력을 객관적으로 측정하여 탈세를 막을 수 있다는 점을 고려하기 위해서

㉠에서는 가족의 모든 소득을 합산한다는 내용을 찾아볼 수 없다. 또한 ㉠은 탈세와도 전혀 관련이 없다.

④ 동일한 소득이라면 개인의 사정을 고려하지 않고 동일한 조세를 부담하게 하는 것이 공평하다는 점을 고려하기 위해서

㉠은 개인의 사정인 부양가족의 유무를 고려해 과세 표준을 적용하는 경우이므로 ㉠의 이유로 적절하지 않다.

⑤ 부양가족이 많은 사람에게 더 큰 조세 부담을 요구하는 것이 조세 징수의 효율성을 높일 수 있다는 점을 고려하기 위해서

㉠은 부양가족이 있는 사람에게 더 작은 조세 부담을 요구하는 것이므로 ㉠의 이유로 적절하지 않다. 또한 해당 내용은 조세 징수의 효율성과는 관련이 없다.

5 답 ⑤

⑤ (가), (나)와 달리 (다)는 고소득자보다 저소득자의 세율을 낮게 책정하고 있는 세율 구조이다. (○)

(가)는 세율 10%를 적용한 비례 세율 구조이고, (나)는 세율 30%를 적용한 비례 세율 구조이며, (다)는 과세 표준 100만 원의 세율은 10%, 200만 원의 세율은 15%, 300만 원의 세율은 20%를 적용하는 누진 세율 구조이다. 따라서 (가), (나)는 소득에 관계없이 세율이 일정하지만, (다)는 소득이 높으면 세율이 올라간다.

오답 해설

① (나)는 ~~과세 표준이 클수록 높은 세율~~을 부과하는 세율 구조이다.
(나)는 과세 표준이 증가해도 동일한 세율이 유지된다.

② (다)는 ~~소득이 높을수록 더 많은 세액~~을 부담하는 ~~역진 세율 구조~~이다.
(다)는 소득이 높을수록 더 많은 세액을 부담하는 누진 세율 구조이다. 역진 세율 구조는 과세 표준이 증가할 때 평균 세율이 감소하는 것이다.

③ (가)는 ~~(다)와 달리~~ 모든 과세 표준에 동일한 세율을 부과하는 세율 구조이다.
(가)와 (나) 모두 모든 과세 표준에 동일한 세율을 부과하는 비례 세율 구조이다.

④ ~~(나),~~ (다)와 달리 (가)는 과세 표준이 증가할 때 평균 세율이 유지되는 세율 구조이다.
(가), (나)는 과세 표준이 증가할 때 평균 세율이 유지되는 비례 세율 구조이다.

6 답 ⑤

정답 해설

⑤ ⓔ : 정도나 수준이 나아지거나 높아짐. (×)
ⓔ '성립'은 '일이나 관계 따위가 제대로 이루어짐'이라는 뜻이다. '정도나 수준이 나아지거나 높아짐'이라는 뜻을 가진 단어는 '진보'이다.

본문 68~69쪽

25 연륜 연대학의 유용성

1 ①   2 ③   3 ③

지문 구조도

| 1 연륜 연대학에 기초한 과학적 증거의 활용에 대한 관심 |
| 2 연륜 연대학의 개념 |
| 3 연륜 연대학에서 나무의 생육 연대를 추산하는 방법 |
| 4 법률적 사안의 해결에 도움을 주는 연륜 연대학 |
| 5 환경 소송 분야에서 사용되는 연륜 연대학 |
| 6 연륜 연대학이 법정에서 유의미하게 활용되기 위한 조건 |

1 답 ①

정답 해설

① 나이테 분석이 이미 생성된 나이테만을 대상으로 할 수밖에 없다면, 아직 발생하지 않은 변동을 예측하는 데는 ~~사용되지 못할 것이다.~~

과학자들은 나이테에 담긴 환경 정보의 종단 연구를 통해 기후 변동의 역사를 고증하고 미래의 기후 변화를 예측하는 데 주로 관심을 기울인다.(5문단) 따라서 아직 발생하지 않은 변동을 예측하는 데 나이테 분석이 사용될 수 있을 것이다.

오답 해설

② 특정 수목이 소유지 경계 확정 시 성목(成木)으로 심은 것이라면, 그 나이테의 개수가 경계 확정 시기까지 소급한 햇수보다 적지 않을 것이다. (○)
성목이란 다 자란 나무를 뜻한다. 특정 수목을 소유지 경계 확정 시 성목으로 심었다면 그 성목은 이미 나이테를 가지고 있는 상태로 경계 확정에 사용되었을 것이다. 예를 들어 20년 된 성목을 경계 확정을 위해 심었다고 가정해 보자. 경계 확정 이후 20년이 지나면 이 나무의 나이테는 40개일 것이다. 하지만 경계 확정 시기까지만 소급하면 나이테의 개수가 20개일 것이므로 경계 확정 시기까지 소급한 햇수보다 많을 것이다.

③ 발생 연도가 확실한 사건에 대한 지식이 추가되면, 비교할 다른 나무가 없어도 특정 수목의 생육 연대를 비교적 정확하게 추산하는 것이 가능하다. (○)
나이테에 담긴 환경 정보에는 강수량이나 수목 질병만이 아니라 중금속이나 방사성 오염 물질, 기타 유해 화학 물질에 대한 노출 여부도 포함된다. 따라서 이를 분석하면 특정 유해 물질이 어느 지역에 언제부터 배출되었는지를 확인할 수 있다.(5문단) 그러므로 화학 물질 노출이 발생한 연도를 정확히 알고 있다면, 비교할 다른 나무가 없어도 특정 수목의 생육 연대를 비교적 정확하게 추산하는 것이 가능하다.

④ 배후지의 나무와 달리 차로변의 가로수만 특정 나이테 층에서 납 성분이 발견되었다면 그 시기에는 납을 함유한 자동차 연료가 사용되었다고 추정하는 것이 가능하다. (○)
③번 선택지 해설에서 밝혔듯 나이테에 담긴 정보에는 화학 물질에 대한 노출 여부도 포함된다. 그러므로 차로변의 가로수에서만 특정 나이테 층에서 납 성분이 발견될 경우 그 시기에 납을 함유한 자동차 연료가 사용되었다고 추정하는 것이 가능하다.

⑤ 가장자리 나이테 층뿐 아니라 심부로도 수분과 양분이 공급되는 종류의 나무라면, 나이테 분석을 통해 유해 화학 물질의 배출 시기를 추산할 때 오차가 발생할 것이다. (○)
가장자리 나이테 층뿐 아니라 심부로도 수분과 양분이 공급되는 종류의 나무라면, 유해 화학 물질의 배출을 겪지 않은 시기에 만들어진 나이테에도 이후 유해 화학 물질 배출로 인해 화학 물질 성분이 포함될 수 있다. 따라서 배출 시기를 추산할 때 오차가 발생할 것이다.

2 답 ③

정답 해설

③ 대들보로 사용된 목재의 가장자리에서 20번째 나이테는 ~~폭이 좁을 것이다.~~

대들보로 사용된 목재는 가장자리 나이테에서 7개째부터 1643~1628년까지의 수목 패턴이 나타난다. 즉 7개째부터 넓은 나이테 5개, 좁은 나이테 5개, 넓은 나이테 6개의 패턴이 나타날 것이다. 따라서 20번째 나이테는 다음과 같이 폭이 넓을 것임을 알 수 있다.

  (1) 7~11번째 나이테 : 넓은 나이테
  (2) 12~16번째 나이테 : 좁은 나이테
  (3) 17~22번째 나이테 : 넓은 나이테

오답 해설

① 2005년에 베어 낸 수목은 1605년경부터 자랐을 것이다. (○)
수목은 나이테를 매년 1개씩 만들어 내므로, 2005년에 베어 낸 수목의

나이테가 400개라면 그 수목은 400년 전, 즉 1605년경부터 자랐을 것이다.

② 대들보로 사용된 목재의 가장자리에서 10번째 나이테는 폭이 넓을 것이다. (○)

정답 해설에서 밝혔듯 대들보로 사용된 목재의 10번째 나이테는 폭이 넓을 것이다.

④ 대들보로 사용된 목재의 가장자리에서 15번째 나이테는 1635년경에 생겼을 것이다. (○)

대들보로 사용된 목재는 1650년경에 베어졌을 것이라 추정한다. 따라서 15번째 나이테는 1635년경에 생겼을 것이다.

⑤ 대들보로 사용된 목재와 기둥 목재의 나이테 패턴 비교 구간은 1318년경에서 1650년경 사이에 있을 것이다. (○)

대들보로 사용된 목재는 1318년부터 자랐고, 1650년경에 베어졌을 것이라고 추정한다. 따라서 이 목재와 기둥 목재의 패턴을 비교할 때, 비교 구간은 대들보 목재를 통해 이미 나이테 기록을 알고 있는 1318년경에서 1650년경 사이임을 알 수 있다.

3 답 ③

정답 해설

③ B를 따르는 법원이 방사능 피해 보상 문제에서 해당 연구 결과를 유의미하게 활용한다면, ~~그 연구의 수행자가 피해 당사자의 입장을 적극 대변하는 인물~~이라고 추정할 수 있군.

연구의 수행자가 피해 당사자의 입장을 적극 대변하는 인물이라면 연구 결과에 전문가의 편견이 개입할 가능성이 있다. 따라서 B를 따르는 법원은 그 결과를 활용하지 않았을 것이다.

오답 해설

① A를 따르는 법원이 수목의 병충해 피해 보상을 판단할 때 해당 연구 결과를 유의미하게 활용한다면, 나이테를 통한 비교 연대 측정 방법은 대체로 인정된다고 추정할 수 있군. (○)

나이테를 통한 비교 연대 측정 방법을 대체로 인정하기 때문에 A를 따르는 법원이 해당 연구 결과를 유의미하게 활용했을 것이다.

② A를 따르는 법원이 공장의 유해 물질 배출로 인한 피해의 배상을 판단할 때 해당 연구 결과를 유의미하게 활용한다면, 연륜 화학의 방법은 대체로 인정된다고 추정할 수 있군. (○)

연륜 화학의 방법을 대체로 인정하기 때문에 A를 따르는 법원이 해당 연구 결과를 유의미하게 활용했을 것이다.

④ C를 따르는 법원이 장기간의 가뭄으로 인한 농가 피해의 보상을 판단할 때 해당 연구 결과를 유의미하게 활용한다면, 나이테 분석은 사이비 과학이 아니라고 추정할 수 있군. (○)

나이테 분석을 사이비 과학이 아니라고 추정했기 때문에 C를 따르는 법원이 해당 연구 결과를 유의미하게 활용했을 것이다.

⑤ C를 따르는 법원이 홍수로 인한 농가 피해의 보상을 판단할 때 해당 연구 결과를 유의미하게 활용하지 않는다면, 연륜 연대학의 방법이 일정한 신뢰성의 요건을 충족하지 못한다고 추정할 수 있군. (○)

연륜 연대학의 방법이 일정한 신뢰성의 요건을 충족하지 못했다고 생각했기 때문에 C를 따르는 법원이 해당 연구 결과를 유의미하게 활용하지 않았을 것이다.

 배경지식!

● 탄소 연대 측정법

탄소-14는 붕괴하는 방사성 원소 중 하나이다. 살아 있는 생물의 경우 탄소-14 비율이 일정하게 유지된다. 하지만 생물이 죽으면 더 이상 대기 중의 이산화 탄소를 흡수하지 못하기 때문에 죽은 동물, 식물, 박테리아 안의 탄소-14는 일정한 속도로 붕괴되어 그 양이 점점 줄어든다. 탄소 연대 측정법은 이러한 탄소-14의 특성을 바탕으로, 생물체 안에 남아 있는 탄소-14의 줄어든 비율을 측정하여 죽은 시기를 추정하는 방법이다. 이 방법은 지문에서 언급한 것처럼 매우 오래된 유물의 대략적인 연대 측정에 적합하지만, 오래되지 않은 목재의 정밀한 연대 측정에는 한계가 있다.

본문 70~71쪽

26 개체군의 성장 과정

1 ⑤ **2** ④ **3** ③

지문 구조도

① 개체군의 정의와 개체군의 성장 과정에 대한 연구 모델

② 기하급수적 성장 모델

③, ④ 로지스틱 성장 모델

1 답 ⑤

정답 해설

⑤ ⓒ에 따르면 개체군 ~~성장 초기의 개체수가 적을수록~~ 개체군의 성장 속도는 빨라지게 된다.

ⓒ '로지스틱 성장 모델' 역시 성장 초기에는 ⑤ '기하급수적 모델'을 따른다. ⑤에서는 개체군이 성장하여 개체수가 증가할수록 개체군이 기하급수적으로 다시 성장한다고 설명하고 있으므로, 성장 초기의 개체수가 적으면 오히려 성장 속도가 느려지게 될 것이다.

오답 해설

① ⑤에 따르면 개체군의 세대기간이 거듭될수록 개체군의 성장률은 커지게 된다. (○)

② ⑤에 따르면 개체군이 성장하여 개체수가 증가할수록 개체군은 기하급수적으로 성장하게 된다. (○)

⑤ '기하급수적 모델'에 따른 개체군의 성장 공식은 '개체군의 성장률(G) = 내재성 증가율(r) × 개체수(N)'이다. 내재성 증가율(r)은 상수 값으로 일정한 반면, 개체수(N)는 세대기간이 거듭될수록, 즉 시간이 지날수록 늘어나기 때문에 개체군의 성장률(G)도 시간이 지날수록 커지게 된다.

③ ⓒ에 따르면 개체군의 개체수가 환경수용력의 1/2을 넘으면 개체군의 성장률은 감소하기 시작한다. (○)

④ ⓒ에 따르면 개체군의 개체수와 환경수용력이 같아지면 개체군은 안정 상태에 이르게 된다. (○)

ⓒ '로지스틱 성장 모델'에 따르면 어떤 개체군의 개체수가 환경수용력의 1/2일 때 성장률은 최대가 된다. 시간이 지나 개체수와 환경수용력이 같아지면 개체군의 성장률이 0이 되고, 개체군의 개체수에 큰 변동이 없는 안정 상태에 이르게 된다.

2 답 ④

정답 해설

④ 자연계에서는 제한 요인이 개체군의 성장에 영향을 주기 때문에

2문단의 기하급수적 성장 모델은 아무런 환경적인 제한 요인이 없는 환경을 가정하는 것이다. 그러나 실제 자연계에서는 환경적 제한 요인들의 영향을 고려해야 하므로 (가)에서처럼 개체군이 기하급수적으로 성장할 수 없다.

오답 해설

① 자연계에서는 개체군의 성장률이 일정하기 때문에

개체군의 성장률은 (가)의 기하급수적 성장 모델에서도 (나)의 로지스틱 성장 모델에서도 일정하지 않다. 성장률이 일정해지는 것은 (나)에서 성장률이 0이 되어 안정 상태에 도달했을 때에만 해당한다.

② 자연계에서는 개체군의 환경수용력이 더 커지기 때문에

만약 (가)의 환경에서보다 자연계에서 환경수용력이 더 커진다면 자연계에서도 개체군이 계속 성장할 수 있을 것이다. 하지만 자연계에서는 제한 요인들의 영향에 따라 환경수용력이 제한된 수준으로 정해져 있기 때문에 이상적 환경인 (가)에서처럼 개체군이 성장할 수 없다.

③ 자연계에서는 개체군의 선천적 번식 능력이 더 커지기 때문에

선천적 번식 능력을 의미하는 값은 '내재성 증가율'이다. 선천적이라는 것은 태어날 때부터 지니고 있는 것을 뜻하므로, 자연계에서 선천적 번식 능력이 더 커진다는 말은 적절하지 않다.

⑤ 자연계에서는 이상적인 환경보다 개체수가 더 빨리 증가하기 때문에

자연계에서는 초기에 개체군의 성장률이 기하급수적 성장 모델에 가깝게 나타나다가 이후 개체군의 성장이 둔화된다. 따라서 이상적인 환경보다 개체수가 더 빨리 증가하지 않는다.

3 답 ③

정답 해설

③ ㉮는 1935년경에 성장률이 0에 가까웠겠군

㉮ '물개의 개체군'의 개체수는 1935년에 한계에 이르렀다. 따라서 1935년부터는 성장률이 0에 가까워져 개체군의 개체수에 큰 변동이 없는 안정 상태에 이르렀다고 할 수 있다.

오답 해설

① ㉮는 1925년에 최대의 개체군을 형성했겠군.

㉮ '물개의 개체군'의 개체수는 1935년에 한계에 이르렀으므로 이때 최대의 개체군이 형성되었을 것이다.

② ㉮는 1926년경에 환경수용력이 작아졌겠군.

환경수용력은 먹이, 번식지, 포식자 등 제한 요인들의 영향에 따라 개체군이 최대로 성장할 수 있는 개체수를 의미하는데, 1925년에 물개 사냥 규제가 시작되었으므로 그 다음 해인 1926년경에 환경수용력은 작아지지 않았을 것이다. 인간을 포식자로 본다고 할 때 이 시기의 환경수용력은 오히려 커졌다고 볼 수 있다.

④ ㉮의 내재성 증가율은 0이라고 할 수 있겠군.

㉮ '물개의 개체군'의 개체수는 1925년부터 1935년까지 계속 증가하였다. 내재성 증가율이 0이라는 것은 선천적 번식 능력이 없다는 뜻이므로 만약 내재성 증가율이 0이라면 개체군이 성장하지 못했을 것이다.

⑤ ㉮의 개체군의 최대 개체수는 1만 마리라고 할 수 있겠군.

㉮ '물개의 개체군'은 수컷 한 마리당 암컷 30~50마리로 구성된다. 〈보기〉에 의하면 1935년 개체수가 한계에 이르렀을 때의 수컷 물개의 수가 약 1만 마리였기 때문에 ㉮의 개체군에는 수컷 물개와 암컷 물개를 더한 수만큼의 개체수가 있을 것이다. 따라서 최대 개체수는 1만 마리보다 훨씬 많은 31만~51만 마리 정도일 것이다.

27 유체의 특성과 운동 원리

1 ④ **2** ⑤ **3** ④ **4** ① **5** ②

지문 구조도

1 유체의 개념과 특성

2 유체의 특성 – ① 응력 ② 점성

3 유체에서 나타나는 전단 응력과 전단 변형률

4 뉴턴 유체에서의 전단 응력과 전단 변형률

5 비뉴턴 유체에서의 전단 응력과 전단 변형률

1 답 ④

정답 해설

④ 전단 응력은 물질의 표면에 평행하게 외부에서 작용하는 힘이다.

응력이란 어떤 물질에 외부에서 힘이 가해졌을 때 물질의 내부에서 이에 대항하여 외부의 힘과 반대 방향으로 작용하는 힘이다. 전단 응력 역시 응력의 한 종류이므로 외부에서 작용하는 힘이 아니라 물질의 내부에서 외부의 힘과 반대 방향으로 작용하는 힘에 해당한다. (2문단)

오답 해설

① 전단 응력이 작용하면 유체의 형태는 변형된다.

전단 응력은 물질의 표면과 평행하게 작용하는 응력이다. 이러한 전단 응력이 작용할 때 유체의 형태가 연속적으로 변형된다. (2문단)

② 응력과 점성의 개념으로 유체의 특성을 설명할 수 있다.

유체에 작용하는 힘과 유체의 운동 원리를 다루는 유체 역학에서는 응력과 점성이라는 개념을 사용하여 유체의 특성을 설명한다. (1문단)

③ 점성은 유체를 구성하는 입자들의 상호 작용 때문에 나타난다.

점성이란 유체를 구성하는 입자들의 상호 작용으로 인해 나타나는, 유체가 운동에 저항하는 성질을 말한다. (2문단)

⑤ 액체와 기체는 입자 간의 상대적인 위치를 쉽게 변화시킬 수 있다.

유체란 액체나 기체처럼 물질을 구성하고 있는 입자가 쉽게 움직이거나 입자 간의 상대적인 위치를 쉽게 변화시킬 수 있는 물질을 뜻한다. (1문단)

2 답 ⑤

3문단에서 전단 응력과 전단 변형률의 관계를 '전단 응력=점성계수×전단 변형률'의 수식으로 나타낼 수 있다고 하였다. 이를 〈보기〉에 적용하여 A의 점성계수를 a, B의 점성계수를 b, C의 점성계수를 c라 가정하면 A의 전단 응력은 a×10, B의 전단 응력은 b×20, C의 전단 응력은 c×10이 된다.

정답 해설

⑤ B와 C에서 사용된 각각의 유체의 점성계수가 같다면, C에서 사용된 유체에 작용한 전단 응력이 더 크겠군.

B에 작용한 전단 응력은 b×20이고 C에 작용한 전단 응력은 c×10이다. 이때 b와 c가 같다면 C보다 B에 작용한 전단 응력이 더 크다.

오답 해설

① A에서 사용된 유체의 경우, 전단 응력이 증가한다면 전단 변형률은 증가하겠군. (○)

② B에서 사용된 유체의 경우, 전단 응력이 증가하더라도 점성계수는 변하지 않겠군. (○)

〈보기〉의 A, B, C 모두 뉴턴 유체이다. 뉴턴 유체는 점성계수가 일정하기 때문에 전단 응력이 증가하면 전단 변형률도 일정하게 증가한다.(4문단)

③ A와 B에서 사용된 각각의 유체에 작용한 전단 응력이 같다면 점성계수는 A에서 사용된 유체가 크겠군. (O)

A의 전단 응력은 a×10, B의 전단 응력은 b×20이다. A와 B의 전단 응력이 같다면 a×10=b×20이므로 a가 b보다 2배 더 크다.

④ A에서 사용된 유체의 점성계수가 C에서 사용된 유체의 점성계수보다 크다면, 유체에 작용한 전단 응력은 A에서 사용된 유체가 더 크겠군. (O)

a보다 c가 크면 a×10〉c×10이므로 전단 응력은 A에서 사용된 유체가 C에서 사용된 유체보다 크다.

3 답 ④

〈보기〉는 전단 변형률과 전단 응력의 관계를 나타낸 그래프이다. ⓐ는 기울기가 변하는 곡선의 형태이므로 점성계수가 변하는 비뉴턴 유체이고, ⓑ는 기울기가 변하지 않는 직선의 형태이므로 점성계수가 전단 응력이나 전단 변형률의 크기에 관계없이 일정한 뉴턴 유체임을 알 수 있다.

정답 해설

④ ⓑ는 전단 응력에 따라 유체가 운동에 저항하는 성질이 달라지겠군.

점성이란 유체가 운동에 저항하는 성질로, 점성계수는 유체가 지닌 점성을 수치화하여 표현한 값이다. 〈보기〉의 ⓑ는 뉴턴 유체이므로 점성계수가 항상 일정하다. 따라서 전단 응력에 따라 운동에 저항하는 성질이 달라진다는 설명은 적절하지 않다.

오답 해설

① ⓐ는 점성계수가 변하는 유체라고 할 수 있겠군. (O)

② ⓐ는 전단 응력에 따라 그래프의 기울기가 달라지는 유체겠군. (O)

ⓐ는 비뉴턴 유체이므로 전단 응력의 크기에 따라 점성계수가 변하고, 전단 응력에 따라 그래프의 기울기가 달라진다.

③ ⓑ는 온도가 변화하면 그래프의 기울기가 달라질 수 있겠군. (O)

유체의 점성계수는 온도의 변화에 따라 달라질 수 있으므로(3문단) ⓐ, ⓑ 모두 온도의 변화에 따라 점성계수가 달라질 수 있다.

⑤ ⓑ는 전단 응력 값이 증가함에 따라 전단 변형률이 일정하게 증가하는 유체겠군. (O)

ⓑ의 경우 점성계수의 값이 일정하기 때문에 전단 응력 값이 증가하면 전단 변형률이 이에 비례하여 증가한다.

4 답 ①

정답 해설

㉮	㉯	㉰
① 항복 응력	커져야	빙햄

〈보기〉의 마요네즈는 일정한 힘 이상으로 눌러야만 나오기 시작한다. 5문단에 따르면 빙햄 유체는 전단 응력이 항복 응력을 초과하기 전까지 변형이 일어나지 않는 유체이다. 마요네즈는 일정한 힘 이상으로 눌러야 나온다는 점에서 전단 응력이 항복 응력을 초과할 때 변형이 일어나는 빙햄 유체에 해당한다.

5 답 ②

정답 해설

② ㉡ : 회의에서 물가 안정을 주제로 다루었다. (O)

㉡ '다루다'와 선택지의 '다루다' 모두 '어떤 것을 소재나 대상으로 삼다.'라는 뜻으로 사용되었으므로 적절하다.

오답 해설

① ㉠ : 그 가게에서는 값을 비싸게 불렀다. (×)

㉠ '부르다'는 '무엇이라고 가리켜 말하거나 이름을 붙이다.'라는 뜻이고, 선택지의 '부르다'는 '값이나 액수 따위를 얼마라고 말하다.'라는 뜻이므로 적절하지 않다.

③ ㉢ : 우리는 모두 각자의 소원을 이루었다. (×)

㉢ '이루다'는 '몇 가지 부분이나 요소들을 모아 일정한 성질이나 모양을 가진 존재가 되게 하다.'라는 뜻이고, 선택지의 '이루다'는 '뜻한 대로 되게 하다.'라는 뜻이므로 적절하지 않다.

④ ㉣ : 사건의 목격자가 우리 앞에 나타났다. (×)

㉣ '나타나다'는 '어떤 새로운 현상이나 사물이 발생하거나 생겨나다.'라는 뜻이고 선택지의 '나타나다'는 '보이지 아니하던 어떤 대상의 모습이 드러나다.'라는 뜻이므로 적절하지 않다.

⑤ ㉤ : 경기가 시작되자 사람들이 자리에서 일어났다. (×)

㉤ '일어나다'는 '자연이나 인간 따위에게 어떤 현상이 발생하다.'라는 뜻이고, 선택지의 '일어나다'는 '누웠다가 앉거나 앉았다가 서다.'라는 뜻이므로 적절하지 않다.

본문 74~75쪽

28 컴퓨터에서 음수의 표현 방식

1 ①   2 ⑤   3 ⑤   4 ②

지문 구조도

① 컴퓨터에서 데이터를 표시하는 방법 – 비트와 워드

② 부호화 절댓값의 개념과 한계점	③ 1의 보수법의 개념과 한계점	④ 2의 보수법의 개념

1 답 ①

정답 해설

① 컴퓨터에서 양의 정수인 경우 최상위 비트를 0으로 표시하도록 정한 이유는 무엇일까?

1문단에서 양의 정수인 경우 최상위 비트를 0으로 표시한다고 하였지만, 그 이유에 대한 정보는 제시되어 있지 않다.

오답 해설

② 부호화 절댓값에서 저장 공간의 효율성이 떨어지는 이유는 무엇일까? (O)

부호화 절댓값에서는 0이 0000과 1000 두 가지로 표현되는 문제가 발생한다. 이로 인해 표현의 일관성과 저장 공간의 효율성이 떨어짐을 알 수 있다.(2문단)

③ 컴퓨터에서 음의 정수를 표현하는 방식에는 어떤 것이 있을까? (O)

컴퓨터에서 음의 정수를 표현하는 방식으로는 부호화 절댓값, 1의 보수법, 2의 보수법이 있다. (2~4문단)

④ 컴퓨터 내부에서 데이터를 표시하는 최소 단위는 무엇일까? (O)

컴퓨터는 0 또는 1로 표시되는 비트를 최소 단위로 삼아 데이터를 표시한다. 따라서 컴퓨터 내부에서 데이터를 표시하는 최소 단위는 0 또는 1로 표시되는 '비트'이다. (1문단)

⑤ 부호화 절댓값의 연산이 부정확한 이유는 무엇일까? (O)

부호화 절댓값에서는 오버플로를 처리하는 별도의 규칙이 없기 때문에 계산값이 부정확함을 알 수 있다. (2문단)

2 답 ⑤

정답 해설

⑤ ㉠으로 표현한 음의 정수를 ㉡으로 표현하면 서로 다른 데이터 비트가 나올 것이다. (○)

음의 정수인 -3을 '부호화 절댓값'을 이용해 표현하면 1011이 된다. 반면 ㉡ '1의 보수법'으로 이를 표현하면 1100이 된다. 따라서 ㉠으로 표현한 음의 정수를 ㉡으로 표현하면 서로 다른 데이터 비트가 나오게 된다.

★ 쌤 Tip!!!

● 지문에 어휘 풀이가 있다면?

지문을 이해하는 데 필요한 0~7까지의 수를 직접 이진수로 바꾸지 않아도 어휘 풀이에서 모두 알려 주고 있다. 이처럼 출제자가 특별히 어휘 풀이를 통해 어떤 정보를 제공해 주었다는 것은 그 자체로 지문 독해의 커다란 힌트를 주고 있는 것이다. '이걸 모르면 제대로 지문을 이해할 수 없어!', '이걸 모르면 문제를 풀기 어려울 거야'라는 뜻이기 때문이다.

오답 해설

① ㉠과 달리 ㉡에서는 ~~오버플로가 발생하지 않을 것이다.~~

㉠ '부호화 절댓값', ㉡ '1의 보수법' 모두 오버플로가 발생할 수 있다. 다만 ㉠의 경우 오버플로가 발생했을 때 이를 처리하는 별도의 규칙이 없어서 계산값이 부정확하고, ㉡의 경우 별도의 처리 규칙이 있기 때문에 계산값을 정확하게 할 수 있는 것이다.

② ㉠에 비해 ㉡에서 정수의 절댓값을 나타내는 ~~비트의 개수가 많다.~~

4비트를 1워드로 처리하는 컴퓨터의 경우 ㉠ '부호화 절댓값'과 ㉡ '1의 보수법' 모두 정수의 절댓값을 나타내는 데이터 비트는 3개이다.

③ ~~㉡과 달리~~ ㉠에서는 음의 정수를 표현할 때 최상위 비트가 1이다.

㉠ '부호화 절댓값'과 ㉡ '1의 보수법' 모두 음의 정수를 표현할 때 최상위 비트는 1이다.

④ ㉡에 비해 ㉠에서의 ~~계산값이 더 정확할 것이다.~~

㉠ '부호화 절댓값'의 경우 오버플로가 발생했을 때 이를 처리하는 별도의 규칙이 없어 계산값이 부정확하다. 반면, ㉡ '1의 보수법'은 오버플로를 처리하는 별도의 처리 규칙이 있어 계산값이 정확하다.

3 답 ⑤

정답 해설

⑤ (나)의 경우 -4의 절댓값을 이진수로 나타낸 ~~100에 1을 더하면~~ -4에 대한 2의 보수가 되겠군.

(나)에서는 2의 보수법을 이용하므로, -4의 절댓값인 4의 이진수 100에 대한 1의 보수 011에 1을 더한 후 음수를 나타내는 최상위 비트 1을 덧붙여야 한다. 즉, 100에 1을 더하는 것이 아니라 100의 보수인 011에 1을 더하는 것이다.

오답 해설

① (가)의 경우 0100에 1000을 더하면 1100이 되어 오버플로가 발생하지 않겠군. (○)

(가)의 경우 '0100+1000'은 1100이 되어 오버플로가 발생하지 않는다.

② (가)의 경우와 (나)의 경우 모두 계산 과정에서 1의 보수가 활용되겠군. (○)

(가)의 경우 1의 보수법을 이용하여 계산하기 때문에 계산 과정에서 1의 보수가 활용된다. (나) 또한 1의 보수를 구한 다음, 다시 1을 더하는 2의 보수법으로 계산한다. 따라서 (가)와 (나) 모두 1의 보수가 활용된다.

③ (가)의 경우 4의 데이터 비트는 100, (나)의 경우 -4의 데이터 비트는 100으로 같게 나타나겠군. (○)

(가)의 경우 4는 양의 정수이므로 데이터 비트는 이진수 100으로 표시된다. (나)의 경우 -4는 절댓값 4를 이진수로 표현하면 100이고, 100에 대한 1의 보수 011에 1을 더하면 100이 된다.

④ (나)의 경우 오버플로가 발생하기 때문에 초과된 비트는 버려야 하겠군. (○)

5문단에 따르면, 7-3을 2의 보수법으로 계산할 때 0111+1101이기 때문에 10100이 되어 오버플로가 발생한다. 이때 초과된 비트는 버린다고 하였다. -3-4를 2의 보수법으로 계산하면 1101+1100이므로 계산값이 11001이 되어 오버플로가 발생한다. 오버플로가 발생하면 초과된 비트를 버린다고 하였으므로 1001이 된다.

4 답 ②

정답 해설

	ⓐ	ⓑ	ⓒ
②	1의 보수법	1111	0000

4비트를 1워드로 처리하는 컴퓨터에서 1의 보수법(ⓐ)으로 0은 +0인 0000, -0인 1111 두 가지 방식으로 표현된다.(3문단) 이때 1의 보수법으로 나타낸 1111(ⓑ)의 데이터 비트에 1을 더하여 2의 보수를 구하면 10000이 되고, 초과된 비트를 버리면 0000(ⓒ)이 되어 2의 보수법에서는 0이 0000으로만 표현된다.

한편, 부호화 절댓값(ⓐ) 또한 0이 0000, 1000 두 가지 방식으로 표현된다.(2문단) 이때 1000(ⓑ)을 1의 보수로 나타낸 1111에 1을 더하여 2의 보수를 구하면 10000이 되고 초과된 비트를 버리면 0000이 되어 2의 보수법에서는 0이 0000으로만 표현된다. 따라서 선택지에는 없지만 ⓐ에 부호화 절댓값, ⓑ에 1000, ⓒ에 0000이 들어가는 경우도 적절함을 알 수 있다.

29 아스피린의 작용 메커니즘 및 부작용

1 ⑤   2 ④   3 ①

지문 구조도

① 아스피린의 작용 메커니즘과 효소 COX의 특성

② 아스피린의 임상적인 작용 - 진통, 해열 효과와 혈액의 응고 억제

③ 아스피린의 부작용과 이를 줄이기 위해 개발된 다른 진통제들

④ 현재 아스피린의 활용 양상과 전망

1 답 ⑤

1문단에 제시된 COX, 즉 아스피린이 억제하는 효소들에 대한 내용을 정리하면 다음과 같다. 참고로, COX-1은 거의 모든 세포에 늘 존재하는데, 1문단에 제시된 세포들 중 COX-2, COX-3이 작용하는 세포들을 제외하면 COX-1이 작용하는 세포를 위 점막 세포와 혈소판 세포로 한정하여 정리할 수 있다.

적용 효소	작용하는 세포	생성 물질	기능
COX-1	위 점막 세포	프로스타글란딘 E2	점막 보호
	혈소판	트롬복산 A2	혈액 응고 유도

COX-2	면역 세포	프로스타글란딘 E2	통증
	혈관 내피 세포	프로스타글란딘 I2	혈액 응고 억제
COX-3	중추 신경의 시상 하부 세포	프로스타글란딘 E2	발열

정답 해설

⑤ 위 점막 세포의 COX-1 억제 ⇨ 프로스타글란딘의 생성 억제 ⇨ 위 점막 보호 작용 약화 (○)

위 점막 세포의 COX-1이 활성화되면, 위 점막 세포는 점막 보호에 중요한 역할을 하는 프로스타글란딘 E2를 주로 생성한다. 아스피린은 COX가 프로스타글란딘을 생성하는 것을 억제하는 해열 진통제로, 아스피린이 위 점막 세포에 작용하면 COX-1이 억제되면서 프로스타글란딘 E2의 생성이 억제될 것이고, 이에 따라 위 점막 보호 작용이 약화될 것이다.

오답 해설

① 혈소판의 COX-1 억제 ⇨ 트롬복산의 생성 억제 ⇨ ~~통증 완화~~

'통증 완화'는 아스피린이 면역 세포의 COX-2에 작용할 때 일어난다. 따라서 혈소판의 COX-1이 억제되어 트롬복산의 생성이 억제되는 것은 통증 완화와 관련이 없다.

② 면역 세포의 COX-2 억제 ⇨ ~~트롬복산의 생성 억제~~ ⇨ 염증 완화

아스피린이 면역 세포에 작용하면 COX-2가 억제되면서 프로스타글란딘 E2의 생성이 억제된다. 트롬복산의 생성과 관련 있는 것은 COX-1이지 COX-2가 아니다.

③ ~~중주 신경계의 COX-2 억제~~ ⇨ 프로스타글란딘의 생성 억제 ⇨ 발열 감소

아스피린이 중추 신경의 시상 하부 세포에 작용하면 COX-3이 억제될 것이다. 중추 신경계의 COX-2를 억제한다는 것은 적절하지 않다.

④ 혈관 내피 세포의 COX-2 억제 ⇨ 프로스타글란딘의 생성 억제 ⇨ ~~통증 완화~~

아스피린이 혈관 내피 세포에 작용하면 COX-2가 억제되면서 프로스타글란딘 I2의 생성이 억제될 것이고, 이에 따라 '혈액 응고 촉진' 작용이 일어날 것이다. '통증 완화'는 혈관 내피 세포가 아니라 면역 세포의 COX-2에 작용할 때 일어난다.

2 답 ④

정답 해설

④ 아스피린은 저용량에서는 진통 작용과 혈액 응고 억제 작용을 보이지만 고용량에서는 ~~혈액 응고 억제 작용만 보인다.~~

아스피린은 세포 내 효소인 COX를 비가역적으로 억제하기 때문에, DNA를 보유하고 있지 않아 억제된 COX-1을 새로 생성하지 못하는 혈소판에서는 혈액 응고 유도에 문제가 생겨 지혈 장애가 지속될 수 있다. 하지만 저용량을 투여하면 가벼운 출혈 시에는 지혈에 큰 영향을 끼치지 않는다. (2문단) 즉, 아스피린을 투여하면 저용량이든 고용량이든 혈액 응고 억제 작용이 나타나기는 할 것이다. 또한 아스피린은 기본적으로 '해열 진통제'이므로 그 용량에 관계없이 '진통 작용'도 나타날 것이다.

오답 해설

① 셀레콕시브는 아스피린과 통증 억제 메커니즘은 같지만, 작용 범위는 제한적이다. (○)

아스피린과 셀레콕시브는 통증 억제 메커니즘이 동일하지만, 아스피린은 COX-1, COX-2, COX-3 모두에 결합하고 셀레콕시브는 COX-2에만 결합한다. (3문단) 따라서 거의 모든 세포에 작용하는 아스피린과 달

리 셀레콕시브는 면역 세포와 혈관 내피 세포에만 작용할 것이다.

② 이브프로펜의 임상 작용은 아스피린의 경우와 같이 세포의 종류에 따라 다르게 나타난다. (○)

③ 이브프로펜은 가역적으로 작용하기 때문에 아스피린보다 위 점막 손상과 혈액 응고 억제 작용이 작다. (○)

아스피린과 이브프로펜은 통증 억제 메커니즘이 동일하지만, 아스피린은 비가역적이고 이브프로펜은 가역적이라는 점에서 차이가 있다. 여기서 '가역적'이란 COX에 결합하여 COX의 기능을 억제하지만 COX와의 결합이 영구적이지 않다는 뜻을 나타낸다. 이렇게 볼 때, 이브프로펜은 아스피린과 달리 COX에 가역적으로 결합하기 때문에 부작용인 위 점막 손상과 혈액 응고 억제 작용이 작지만(③), 그 임상 작용은 아스피린과 같아서 세포의 종류에 따라 각각 다르게 나타날 것이다.(②)

⑤ 로페콕시브는 트롬복산에 의한 혈액 응고 작용에는 영향이 없고, 프로스타글란딘에 의한 혈액 응고 억제 작용만을 차단하여 혈액 응고를 촉진한다. (○)

아스피린의 부작용을 줄이기 위하여 개발된 진통제인 로페콕시브는, 아스피린과 달리 COX-2에만 선택적으로 결합한다. 즉, 로페콕시브는 아스피린과 마찬가지로 혈관 내피 세포의 COX-2를 억제하여 프로스타글란딘 I2의 혈액 응고 억제 작용을 차단할 것이고, 이에 따라 '혈액 응고 촉진' 작용이 일어날 것이다. 하지만 아스피린과 달리 COX-1에는 결합하지 않으므로, 로페콕시브가 트롬복산 A2의 혈액 응고 유도 작용을 억제하는 일은 일어나지 않을 것이다.

3 답 ①

정답 해설

① COX 억제제가 중복 처방되었으니 수술 후 처방에서 ~~젤레콕시브를 뺀다.~~

'진료 기록부'를 보면, 환자는 5년째 아스피린을, 2년째 셀레콕시브를 복용하고 있다. 즉, COX 억제제가 중복으로 처방된 것이다. 환자는 2년 전에 류머티즘성 관절염을 진단받았는데, 류머티즘 환자처럼 약을 장기간 지속적으로 복용해야 하는 경우 아스피린의 부작용이 문제가 될 수 있다.(3문단) 그러므로 아스피린과 통증 억제 메커니즘은 동일하면서도 아스피린의 부작용은 줄인 셀레콕시브를 해당 환자에게 계속 처방하는 것이 더 적절하다.

오답 해설

② 동맥 경화의 합병증을 예방하기 위하여 수술 후 아스피린을 다시 처방 한다.

'진료 기록부'를 보면, 환자는 5년 전에 동맥 경화를 진단받았고, 5년째 아스피린을 복용 중이다. 아스피린은 동맥 경화 같은 심혈관 계통 관련 환자에게 혈전에 의한 위험을 예방하기 위해 적은 용량으로 장기간 투여하게끔 사용되고 있으므로(2문단), 동맥 경화의 합병증을 예방하기 위해 해당 환자에게 종양 적출 수술 후 아스피린을 다시 처방하는 것은 적절한 조치라고 할 수 있다.

③ 오랜 기간 아스피린을 복용하였으니 위장 계통 검사의 필요성을 알려 준다.

'진료 기록부'를 보면, 환자는 5년째 아스피린을 복용 중인데 아스피린은 위 점막을 보호하는 기능을 줄이는 부작용을 가지고 있다.(3문단) 그러므로 해당 환자에게 위장 계통 검사의 필요성을 알려 주는 것은 적절한 조치라고 할 수 있다.

④ 혈액 검사 결과, 지혈 작용이 회복되지 않으면 수술 전 혈소판 수혈 도 고려한다.

'진료 기록부'를 보면, 환자는 5년째 아스피린을 복용 중이다. 그런데 아스피린은 비가역적으로 COX-1을 억제하기 때문에, DNA를 보유하고 있지 않아 억제된 COX-1을 새로 생성하지 못하는 혈소판에서는 지혈 장애, 즉 혈액 응고 장애가 지속된다.(2문단) 만약 해당 환자에게 혈액 검사를 실시한 결과 지혈 작용이 회복되지 않는다면, 종양 적출 수술 전에 'COX-1의 활성화로 혈액 응고 유도 작용을 보이는 트롬복산 A2를 정상적으로 생성하는' 혈소판을 수혈하는 것도 고려할 수 있다.

⑤ 수술 시 출혈에 의한 합병증을 줄이기 위해 수술 전 아스피린 복용을 중지시킨다.

'진료 기록부'를 보면, 환자는 5년째 아스피린을 복용 중인데 아스피린의 혈액 응고 억제 작용이 수술을 받는 환자에게는 오히려 부작용이 될 수 있다.(3문단) 그러므로 수술 시 출혈에 의한 합병증을 줄이기 위하여, 해당 환자에게 종양 적출 수술 전에 아스피린 복용을 중지시키는 것은 적절한 조치라고 할 수 있다.

본문 78~79쪽

30 통증 지각의 원리와 통증의 역할

1 ⑤   2 ①   3 ④   4 ①   5 ②

지문 구조도

1 통증의 개념과 통각 수용기의 특징

2 통각 수용 신경 섬유의 종류와 특징

3 통증 신호의 전달 과정 ①

4 통증 신호의 전달 과정 ②

5 통증 억제 시스템의 원리와 역할

1 답 ⑤

정답 해설

⑤ 통각 수용기는 수용기의 반응이 감소되는 감각 적응 현상을 일으켜 지속적인 자극에 의한 통증을 완화시킨다.

감각 적응 현상은 지속적인 자극에 대해 수용기의 반응이 감소되는 현상이다. 후각과 촉각 수용기에는 감각 적응 현상이 일어나지만, 통각 수용기에는 감각 적응 현상이 거의 일어나지 않는다고 하였다.(1문단)

오답 해설

① Aδ 섬유는 C 섬유보다 직경이 크고 전도 속도가 빠르다.
Aδ 섬유는 직경이 크고 전도 속도가 빠르며, C 섬유는 직경이 작고 전도 속도가 느리다고 하였다.(2문단)

② 통각 수용기가 많은 부위일수록 통증 위치를 확인하기 쉽다.
통각 수용기는 피부에 가장 많아 피부에서 발생한 통증은 위치를 확인하기 쉽지만, 통각 수용기가 많지 않은 내장 부위에서 발생한 통증은 위치를 정확히 확인하기 어렵다고 하였으므로(1문단), 통각 수용기가 많은 부위일수록 통증 위치를 확인하기 쉬울 것이다.

③ 망상체에는 1차 신경 섬유의 말단으로 뻗어 있는 신경 섬유가 있다.
망상체에서 1차 신경 섬유의 말단으로 뻗어 있는 신경 섬유 말단에서 엔도르핀, 엔케팔린, 다이노르핀 같은 진통 신경 전달 물질을 분비한다고 하였다.(5문단)

④ 기계적 자극이나 높은 온도에 반응하는 통각 수용기가 Aδ 섬유와 C 섬유에 모두 분포되어 있다.
Aδ 섬유에는 기계적 자극이나 높은 온도 자극에 반응하는 통각 수용기가 분포되어 있으며, C 섬유에도 기계적 자극이나 높은 온도 자극에 반응하는 통각 수용기가 분포되어 있다고 하였다.(2문단)

2 답 ①

정답 해설

① C 섬유를 따라 전도된 통증 신호는 대뇌 피질로 전달되지 않는다.
C 섬유를 따라 전도된 통증 신호가 대뇌 피질로 전달되면, 대뇌 피질에서는 욱신거리고 둔한 지연 통증을 느낀다고 하였다.(2문단)

오답 해설

② 1차 신경 섬유와 2차 신경 섬유가 시냅스를 이루는 부위는 척수이다. (○)
1차 신경 섬유와 2차 신경 섬유는 척수에서 서로 시냅스를 이루고 있다고 하였다.(3문단)

③ Aδ 섬유를 통해 초기 통증을 느끼고, C 섬유를 통해 지연 통증을 느낀다. (○)
Aδ 섬유를 따라 전도된 통증 신호가 대뇌 피질로 전달되면, 대뇌 피질에서는 날카롭고 쑤시는 듯한 짧은 초기 통증을 느끼고, C 섬유를 따라 전도된 통증 신호가 대뇌 피질로 전달되면, 대뇌 피질에서는 욱신거리고 둔한 지연 통증을 느낀다고 하였다.(2문단)

④ 대뇌변연계에 통증 신호가 전달되면 통증에 의한 행동이나 감정 반응이 일어난다. (○)
통증 신호가 대뇌변연계로 전달되면 자율 신경과 내분비계를 자극하여 통증으로 인한 행동이나 감정 반응을 일으킨다고 하였다.(4문단)

⑤ 글루탐산과 서브스턴스 P는 모두 1차 신경 섬유에서 분비되는 신경 전달 물질이다. (○)
신경 전달 물질인 글루탐산과 서브스턴스 P는 모두 1차 신경 섬유 말단에서 분비된다고 하였다.(3, 4문단)

3 답 ④

정답 해설

④ ㉡에 의해 칼슘 이온이 유입되면 통증 신호가 대뇌 피질까지 전달된다.
㉡ 'NMDA 수용체'가 활성화되어 칼슘 이온이 유입되면, 칼슘 이온으로 인해 대뇌 피질로의 통증 신호 전달은 일어나지 않는다고 하였다.(3문단)

오답 해설

① ㉠과 ㉡은 모두 2차 신경 섬유에 있는 수용체이다. (○)
㉠ 'AMPA 수용체'와 ㉡ 'NMDA 수용체'는 모두 2차 신경 섬유에 있다고 하였다.(3문단)

② ㉠은 1차 신경 섬유에서 분비된 글루탐산과 결합하여 활성화된다. (○)
글루탐산은 1차 신경 섬유 말단에서 분비되어 ㉠ 'AMPA 수용체'와 결합하여 수용체를 활성화시킨다고 하였다.(3문단)

③ ㉡은 마그네슘 이온에 의해 억제되어 있다. (○)
㉡ 'NMDA 수용체'는 마그네슘 이온에 의해 억제되어 있어 ㉠ 'AMPA 수용체'만 먼저 활성화된다고 하였다.(3문단)

⑤ ㉠이 활성화되어 나트륨 이온이 유입되면 ㉡이 활성화된다. (○)
㉠ 'AMPA 수용체'가 글루탐산과 결합하여 활성화되면 2차 신경 섬유로 나트륨 이온이 유입되며, 뒤이어 ㉡ 'NMDA 수용체'도 활성화된다고 하였다.(3문단)

4 답 ①

정답 해설

① 아스피린은 통각 수용기의 활성화를 어렵게 하여 자극을 잘 받아들이지 못하게 하고, 모르핀은 아편 수용체와 결합하여 통증 신호의 전달을 억제하겠군.

통각 수용기는 자극을 받아들이는 감각 신경 말단이다. 〈보기〉의 아스피린은 통각 수용기가 활성화되는 데 필요한 역치를 낮추는 프로스타글란딘의 생성을 억제한다고 하였으므로, 아스피린이 통각 수용기의 활성화를 어렵게 하여 자극을 잘 받아들이지 못하게 한다는 설명은 적절하다. 또한 5문단에 의하면 엔도르핀은 1차 신경 섬유의 말단에 있는 아편 수용체와 결합함으로써 통증 신호가 2차 신경 섬유로 전달되지 못하도록 한다. 〈보기〉의 모르핀은 엔도르핀의 분자 구조와 유사하여 아편 수용체와 잘 결합하여 강력한 진통 효과를 가지고 있다고 하였으므로, 모르핀이 아편 수용체와 결합하여 통증 신호의 전달을 억제한다는 설명은 적절하다.

오답 해설

② 아스피린은 손상되었던 세포에서 프로스타글란딘의 생성을 활성화시키고, 모르핀은 망상체 및 시상 하부에 전달되어 엔도르핀의 분비를 활성화시키겠군.

아스피린은 프로스타글란딘의 생성을 활성화시키는 것이 아니라 억제한다. 또한 모르핀이 엔도르핀의 분비를 활성화시킨다는 내용은 지문과 〈보기〉에서 확인할 수 없다.

③ 아스피린은 통증 자극의 세기를 줄여 통각 수용기의 반응을 감소시키고, 모르핀은 엔도르핀과 반응하여 2차 신경 섬유로 전달되는 통증 신호를 차단하겠군.

아스피린은 통증 자극의 세기를 줄여 통각 수용기의 반응을 감소시키는 것이 아니라, 프로스타글란딘의 생성을 억제하여 통증을 느끼는 역치를 낮추지 못하게 함으로써 통각 수용기의 반응을 감소시키는 것이다. 또한 모르핀은 엔도르핀과 분자 구조가 유사한 것일 뿐이지 엔도르핀과 반응한다는 내용은 지문과 〈보기〉에서 확인할 수 없다.

④ 아스피린은 통각 수용기를 둔감하게 하여 자극을 전기적 신호로 변환하지 못하게 하고, 모르핀은 서브스턴스 P와 반응하여 서브스턴스 P의 기능을 강화시키겠군.

아스피린이 프로스타글란딘의 생성을 억제하여 통증을 느끼는 역치를 낮추지 못하게 한다는 점에서 통각 수용기를 둔감하게 한다는 설명은 적절하다. 이는 자극 자체를 잘 느끼지 못하게 한다는 것이지, 자극을 전기적 신호로 변환하지 못하게 한다는 것이 아니다. 자극을 전기적 신호로 변환하지 못한다는 말은 이미 자극을 받았지만, 이를 전기적 신호로 바꾸지 못한다는 뜻이기 때문이다. 또한 모르핀은 아편 수용체와 잘 결합하여 진통 효과를 한다는 점에서 서브스턴스 P의 기능을 억제시키는 것이다.

⑤ 아스피린은 손상된 세포를 회복시켜 프로스타글란딘의 생성을 억제하고, 모르핀은 진통 신경 전달 물질의 분비를 억제하여 서브스턴스 P의 생성을 촉진하겠군.

아스피린이 손상된 세포를 회복시킨다는 내용은 지문과 〈보기〉에서 확인할 수 없다. 또한 모르핀의 경우 엔도르핀이라는 진통 신경 전달 물질과 구조가 유사하다는 점에서 마치 진통 신경 전달 물질처럼 작용하는 것이지, 진통 신경 전달 물질의 분비를 억제하는 것이 아니다. 그리고 모르핀은 아편 수용체와 잘 결합하므로 엔도르핀처럼 오히려 서브스턴스 P의 분비를 억제하여 통증 신호가 전달되지 못하도록 할 것이다.

5 답 ②

정답 해설

② 감기로 오한과 두통이 일어났다. (○)

ⓐ '일어나다'와 선택지의 '일어나다' 모두 '자연이나 인간 따위에게 어떤 현상이 발생하다.'라는 뜻이다.

오답 해설

① 나는 평소보다 일찍 일어났다. (×)

선택지의 '일어나다'는 '잠에서 깨어나다.'라는 뜻이다.

③ 겨울 외투 속의 솜털이 일어났다. (×)

선택지의 '일어나다'는 '위로 솟거나 부풀어 오르다.'라는 뜻이다.

④ 망해 가던 회사가 일어나 안정을 찾았다. (×)

선택지의 '일어나다'는 '약하거나 희미하던 것이 성하여지다.'라는 뜻이다.

⑤ 그는 갑자기 자리에서 일어나 앞으로 나왔다. (×)

선택지의 '일어나다'는 '누웠다가 앉거나 앉았다가 서다.'라는 뜻이다.

31 비행의 과학적 원리와 비행기 조종 방법

1 ③ **2** ⑤ **3** ⑤

지문 구조도

1 비행기가 비행을 할 때 작용하는 네 가지 힘

2 베르누이의 원리에 따른 양력 발생 원인

3 비행기의 조종을 위한 장치들

4 비행기의 조종 장치 조작에 따른 방향과 위치 변화

1 답 ③

정답 해설

③ 비행의 과학적 원리와 비행기 조종 방법에 대해 설명한다.

1, 2문단에서는 비행기에 작용하는 네 가지 힘과, 베르누이의 원리에 의한 양력 발생 원인을 통해 비행의 과학적 원리를 설명하고 있다. 또한 3, 4문단에서는 조종사가 비행기를 조종하는 방법에 대해 서술하고 있다.

오답 해설

① 비행기에 작용하는 힘을 유사한 사례에 빗대어 설명한다.

1문단에서 비행기에 작용하는 힘으로 중력, 양력, 항력, 추력을 제시하였으나 이를 유사한 사례에 빗대어 설명하지는 않았다.

② 조종 방식을 중심으로 비행기의 장점과 단점을 분석한다.

비행기의 조종 방식에 대한 내용은 전반적으로 드러나 있으나 이를 중심으로 비행기의 장점과 단점을 분석하지는 않았다.

④ 현재 사용 중인 비행기의 종류를 구조에 따라 나누어 설명한다.

비행기 주요 부분의 명칭을 그림으로 나타내었으므로 구조를 설명하였다고 볼 수는 있으나, 비행기의 종류를 구조에 따라 나누어 설명하지는 않았다.

⑤ 새로운 조종 기술의 적용 가능성을 비행 역학 이론을 바탕으로 진단한다.

새로운 조종 기술에 대해서는 언급하지 않았다.

2 답 ⑤

⑤ ⓐ와 ⓑ는 ~~비행기 자체에서~~ 발생하고, ⓒ와 ⓓ는 자연적 조건에 의해 발생한다.

ⓐ는 양력, ⓑ는 중력, ⓒ는 추력, ⓓ는 항력에 해당한다. 아래로 향하는 중력과 압력 차이에 의해 생기는 양력, 공기 저항에 의해 생기는 항력은 자연적 조건에서 발생한다고 할 수 있다. 추력은 엔진에서 발생한다고 하였으므로 비행기 자체에서 발생함을 알 수 있다. 따라서 ⓐ, ⓑ, ⓓ는 자연적 조건에서, ⓒ는 비행기 자체에서 발생한다고 할 수 있다.(1, 2문단)

오답 해설

① ⓐ는 양력, ⓑ는 중력, ⓒ는 추력, ⓓ는 항력에 해당한다. (○)

비행기에는 아래로 향하는 중력과, 위로 향하는 양력이 작용하며, 공기의 저항에 의해 항력이 발생하고 이 힘을 이기고 비행기를 전진하게 하는 힘인 추력이 엔진에서 발생한다. 따라서 위로 화살표가 있는 ⓐ는 양력, 아래로 화살표가 있는 ⓑ는 중력, 앞으로 화살표가 있는 ⓒ는 비행기를 전진시키는 힘인 추력, 뒤로 화살표가 있는 ⓓ는 비행기를 나아가지 못하게 저지시키는 힘인 항력이라고 할 수 있다.(1문단)

② ⓐ>ⓑ, ⓒ>ⓓ의 조건을 모두 충족할 때 비행기가 앞으로 날 수 있다. (○)

중력(ⓑ)과 양력(ⓐ)은 반대 방향으로 작용하는 힘으로, '중력을 이기고 하늘로 날아오르기 위해서는 양력이 반드시 필요'하다고 하였으므로, 비행기가 하늘로 날아오르기 위해서는 중력(ⓑ)보다 양력(ⓐ)이 커야 함을 알 수 있다. 또한 공기의 저항에 의해 항력(ⓓ)이 발생하는데 이 힘을 이기고 비행기를 전진하게 하는 힘이 추력(ⓒ)이므로 항력(ⓓ)보다 추력(ⓒ)이 커야 비행기가 앞으로 나아가게 될 것이다.(1, 2문단)

③ ⓐ~ⓓ의 균형이 깨질 때 비행기는 상하로 움직이거나 속도가 변화한다. (○)

네 가지 힘인 양력(ⓐ), 중력(ⓑ), 추력(ⓒ), 항력(ⓓ)의 힘의 균형이 깨질 때 비행기는 상승 또는 하강하거나 가속 또는 감속한다.(1문단)

④ ⓐ가 발생하기 위해서는 날개 아랫면의 공기압이 윗면보다 높아야 한다. (○)

양력(ⓐ)은 날개 아랫면의 높아진 압력과 윗면의 낮아진 압력 사이의 차이만큼 생긴다. 따라서 날개 아랫면의 공기압이 윗면의 낮아진 압력보다 높아야 양력(ⓐ)이 생김을 알 수 있다.(2문단)

3 답 ⑤

	좌측 도움날개	우측 도움날개	승강키	방향키
⑤	⇧	⇩	⇧	⇦

• 〈보기〉에서 비행기가 왼쪽으로 기울어졌다는 것은 비행기 오른쪽 날개는 올라가고 왼쪽 날개는 내려갔다는 의미이다. 지문에 따르면 도움날개가 내려간 쪽의 양력이 증가하는데, 양력은 위로 향하게 하는 힘이므로, 우측 도움날개가 아래쪽으로 향하면 우측 날개의 양력이 증가하고, 우측 날개 자체가 올라간다. 따라서 우측 도움날개는 아래쪽으로 향해야 한다.

• 비행기의 왼쪽 날개를 내리기 위해서는 양력을 감소시켜야 하고, 이에 따라 좌측 도움날개는 위쪽으로 향해야 한다.

• 비행기를 위로 상승시키기 위해서는 승강키를 위로 꺾어야 한다.

• 4문단에 따르면 오른쪽 페달을 밀어 방향키를 오른쪽으로 회전시키면 기수가 오른쪽으로 회전한다고 하였다. 따라서 비행기를 왼쪽으로 회전시키기 위해서는 왼쪽 페달을 밀어 방향키를 왼쪽으로 회전시켜야 한다.

<table>
<tr><td>32</td><td>클러스터링의 두 방법</td><td>본문 82~83쪽</td></tr>
</table>

1 ④ 2 ④ 3 ②

지문 구조도

① 대규모 데이터 분석에 사용되는 기계 학습 기법과 데이터 세트의 구성
② 클러스터링의 개념과 종류
③~④ 분할법의 알고리즘
⑤ 품질 지표를 활용한 클러스터링 결과 평가
⑥ 계층법의 알고리즘

1 답 ④

④ 계층법으로 계통도를 산출할 때 클러스터 개수는 미리 정하지 않는다.

계층법은 상향식으로 알고리즘을 진행하여 계통도를 산출하는 클러스터링 기법으로, 클러스터 개수를 사전에 정하지 않아도 되는 장점이 있다.(6문단)

오답 해설

① 클러스터링은 개체들을 묶어서 ~~한 개의 클러스터로 생성하~~는 기법이다.

클러스터링은 데이터의 특성에 따라 유사한 개체들을 묶는 기법으로 분할법과 계층법으로 나뉘는데, 이들이 모두 '한 개의 클러스터를 생성하는 것은 아니다. 분할법의 경우 사전에 클러스터를 여러 개로 설정할 수 있으며, 계층법의 경우 추상화 수준을 낮춰 클러스터의 개수를 늘릴 수 있다.

② 분할법에서는 클러스터링 수행자가 ~~정확한 계산을 통해~~ 초기 중심점을 찾아낸다.

고전적인 분할법에 속하는 K-민즈 클러스터링의 맨 처음 단계에서는, 사전에 K개로 정한 클러스터 중심점을 임의의 위치에 배치하여 초기화한다. 초기 중심점을 정확한 계산을 통해 찾아내는 것은 아니다.

③ 분할법은 ~~하향식 클러스터링 기법이므로 한 개체가 여러 클러스터에 속할 수 있다.~~

분할법에 따라 전체 데이터 개체를 클러스터링하면, 모든 개체는 생성된 클러스터 가운데 어느 하나에 속한다.(3문단) 한 개체가 여러 클러스터에 속할 수는 없는 것이다. 한편 6문단을 통해 '계층법'이 상향식 클러스터링 기법이라는 것은 알 수 있지만, '분할법'이 하향식 클러스터링 기법에 해당한다고 볼 수는 없다.

⑤ 계층법의 계통도에서 수평선을 ~~아래로 내릴 경우~~ 추상화 수준이 높아진다.

계층법은 '모든 개체가 하나로 묶일 때까지' 추상화 수준을 높여 가는 상향식으로 알고리즘을 진행하여 계통도를 산출하는 클러스터링 기법이다.(6문단) 이를 고려하여 〈그림 2〉의 '(b) 계통도'를 보면, 수평선을 위로 올릴 경우 추상화 수준이 높아짐을 알 수 있다.

2 답 ④

정답 해설

④ 초기화를 다르게 하면서 알고리즘을 여러 번 수행하면 전체 최적해가 ~~결정된다.~~

K-민즈 클러스터링에서 '전체 최적해'는 확정적으로 보장되지 않는다. 따라서 서로 다른 초기화를 시작으로 클러스터링 알고리즘을 여러 번 수행하여 전체 최적해를 얻을 확률을 높이는 것이다.(5문단)

오답 해설

① 특성이 유사한 두 개체가 서로 다른 클러스터에 배치될 수 있다. (○)

K-민즈 클러스터링은 고전적인 분할법에 속하는데, 이러한 분할법에서는 인접해 있는 두 개체, 곧 특성이 유사한 두 개체라 하더라도 가장 가까운 중심점이 다르다면 서로 다른 클러스터에 배치될 수 있다.(4문단)

② 초기 중심점의 배치 위치에 따라 클러스터링의 품질이 달라질 수 있다. (○)

K-민즈 클러스터링의 품질 지표는 개체와 그 개체가 해당하는 클러스터의 중심점 간 거리의 평균이다. 이때 '초기화'를 어떻게 하느냐, 곧 K개의 클러스터 중심점을 어떤 임의의 위치에 배치하느냐에 따라서 클러스터링의 품질이 달라질 수 있다.(5문단)

③ 클러스터 개수를 감소시키면 클러스터링 결과의 품질 지표 값은 증가한다. (○)

클러스터의 개수이자 중심점의 개수인 K가 커질수록 각 개체와 해당 중심점 간 거리의 평균은 감소하므로 클러스터링 결과의 품질 지표 값은 감소한다.(5문단) 따라서 K가 작을수록 각 개체와 해당 중심점 간 거리의 평균은 증가하고 클러스터링 결과의 품질 지표 값은 증가할 것이다.(5문단)

⑤ K를 정하여 알고리즘을 진행하면 각 클러스터의 중심점은 결국 고정된 점에 도달한다. (○)

K-민즈 클러스터링은 1) 사전에 K개로 정한 클러스터 중심점을 임의의 위치에 배치하여 초기화한 다음, 2) 각 개체에 대해 K개의 중심점과의 거리를 계산하고 가장 가까운 중심점에 해당 개체를 배정하여 클러스터를 구성하며, 3) 클러스터별로 그에 속한 개체들의 좌표 평균을 계산하여 클러스터의 중심점을 다시 구한다. 이때 2)와 3)의 과정을 반복해서 수행하여 더 이상 변화가 없는 상태에 도달하면, 곧 각 클러스터의 중심점이 고정된 점에 도달하면 알고리즘이 종료된다.(3문단)

3 답 ②

정답 해설

② 고객 특성은 ~~세분화 과정을 통해~~ 계통도로 표현 가능하므로 ~~계층법이 효과적이다.~~

클러스터링 기법 중 '계층법'은 개체들 간에 위계 관계가 있는 경우에 효과적으로 적용될 수 있다.(6문단) 〈보기〉에서 ○○기업은 시장 세분화를 위해 특성이 유사한 고객을 묶으려고 하는데, 이때 '고객 특성' 간에 위계 관계가 존재한다고 보기는 어려우므로 계층법을 적용하는 것이 효과적이라고 할 수는 없다. 또한 계층법은 특성이 유사한 고객들을 상향식으로 묶어 가는 과정을 통해 계통도를 산출하는 것이지, 고객 특성을 세분화하는 과정을 통해 계통도를 산출하는 것이 아니다.

오답 해설

① 고객 정보에는 수치형이 아닌 것도 있어 특성의 유형 변환이 요구된다. (○)

클러스터링에서 범주형 특성에 거리 개념을 적용하기 위해서는 이를 수치형 특성으로 변환해야 한다. 〈보기〉에 제시된 고객 정보 중 '거주지',

---

'성별', '라이프 스타일에 관한 정보'는 수치형이 아닌 범주형 특성이므로, 이를 수치형 특성으로 변환하는 것이 필요하다.

③ K-민즈 클러스터링 알고리즘을 실행하려면 세분화할 시장의 개수를 먼저 정해야 한다. (○)

K-민즈 클러스터링에서는 클러스터 중심점, 곧 클러스터의 개수를 미리 정해야 한다. 그러므로 〈보기〉의 ○○기업이 K-민즈 클러스터링 알고리즘으로 시장 세분화를 수행하기 위해서는 세분화할 시장의 개수를 먼저 정해야 할 것이다.

④ 나이와 소득 수준과 같이 단위가 다른 특성을 기준으로 시장을 세분화할 경우 정규화가 필요하다. (○)

클러스터링에서 개체의 특성들의 단위가 서로 다른 경우에는 특성 값을 0과 1 사이의 값으로 정규화할 필요가 있다.(2문단) 〈보기〉에 제시된 고객 정보 중 '나이'와 '소득 수준'은 그 단위가 서로 다르므로, 이를 기준으로 시장을 세분화하기 위해서는 정규화가 필요할 것이다.

⑤ 모든 고객을 별도의 세분화된 시장들로 구분하여 1:1 마케팅을 할 경우 K-민즈 클러스터링의 품질 지표 값은 0이다. (○)

K-민즈 클러스터링에서는 개체와 그 개체가 해당하는 클러스터의 중심점 간 거리의 평균을 품질 지표로 삼는데, 만약 모든 개체를 클러스터로 구분할 경우 개체가 곧 중심점이므로 이들 사이의 거리의 평균값은 0이 되며 품질 지표 값도 0이 될 것이다.(5문단) 이를 고려할 때, 〈보기〉의 ○○기업이 K-민즈 클러스터링을 적용하여 모든 고객을 별도의 세분화된 시장들로 구분하여 1 : 1 마케팅을 한다면, K-민즈 클러스터링의 품질 지표 값은 0일 것이다.

> **● 기계 학습**
> 머신 러닝(machine learning)이라고도 하며, 컴퓨터가 방대한 데이터를 분석해서 미래를 예측할 수 있도록 하는 기술이다. 인공 지능 분야의 연구 과제 중 하나로, 컴퓨터가 데이터를 분석하고 학습해 패턴을 인식할 수 있는 능력을 갖춘 후 입력하지 않은 정보에 대해 판단하고 결정하게 되는 것을 말한다.

본문 84~85쪽

33 암세포 치료

1 ②   2 ④   3 ⑤   4 ②   5 ④

지문 구조도

| 1 유전자 변이와 암세포의 발생 |
| 2 면역 세포를 통한 암세포의 억제 |
| 3 면역 관문 활성화와 악성 종양으로의 발전 |
| 4 종양 제거의 세 방법 – 외과 수술, 방사선 치료, 항암제 투약 |
| 5 항암제의 종류와 특징 – 세포 독성 항암제, 표적 항암제, 면역 항암제 |

1 답 ②

정답 해설

② 암세포에서는 정상 세포에서보다 유전자 변이 속도가 빠르다. (○)

유전자 변이는 세포 분열 과정에서 일어나고(1문단) 암세포는 비정상적으로 빠르게 증식하므로(3, 5문단), 암세포에서는 정상 세포에서보다 유전자 변이 속도가 빠르다고 할 수 있다.

① 자가 면역 질환이 심해질수록 암이 발병할 확률이 ~~높아진다.~~

자가 면역 질환이란 면역 세포가 정상 세포를 비정상 세포로 오인하여 공격하는 것이다. 이를 막기 위해 면역 관문이 있는데, 면역 관문을 활성화하는 경우 암세포가 악성 종양으로 발전한다.(3문단) 따라서 자가 면역 질환이 심해진다고 해서 암이 발병할 확률이 높아지는 것은 아니며, 면역 관문이 활성화되는 경우 암이 발병할 확률이 높아질 것이다.

③ 세포의 분열 과정이 반복될수록 암세포가 발생할 확률이 ~~낮아진다.~~

반복되는 세포의 분열 과정에서 유전자 복제 오류가 발생하며, 이러한 유전자 변이가 축적되면 암세포가 발생한다.(1문단) 따라서 세포의 분열 과정이 반복될수록 암세포의 발생 확률은 높아질 것이다.

④ 다른 장기로 전이되기 전에 종양을 제거하면 암이 ~~재발하지 않는다.~~

종양을 제거하더라도 암세포가 혈액에 퍼진 경우 이에 의해 암이 재발할 수 있다.(4문단) 따라서 다른 장기로 전이되기 전에 종양을 제거한다고 해도 암이 재발할 수 있다.

⑤ 악성 종양이 발생하면 주변 조직에 공급되는 양분과 산소가 ~~증가한다.~~

악성 종양은 암세포가 발전한 것으로, 암세포는 자신이 얻을 수 있는 양분과 산소에 비해 항상 과도하게 증식하므로 암 조직 내부는 보통 괴사한다.(2문단) 즉, 암세포에 공급되는 양분과 산소는 일정할 것이며, '주변' 조직에 공급되는 양분과 산소가 증가하는지는 알 수 없다.

2 답 ④

④ T 세포의 PD-1 수용체에 PD-L1 단백질이 결합하면 ~~면역 관문이 억제된다.~~

면역 관문은 면역 반응을 억제하는 장치이며, 이 예시로 PD-1 수용체에 PD-L1 단백질이 결합하면 T 세포가 해당 세포를 공격하지 않는 것을 들고 있다.(3문단) 따라서 이것은 면역 관문이 억제되는 것이 아니라 활성화되는 것이다.

① 암세포에서 방출된 항원은 수지상 세포에 의해 항원 조각으로 분해된다. (○)

암세포가 사멸하면서 방출되는 암 항원이 수지상 세포에 의해 포식되는데, 수지상 세포는 포식한 암 항원을 항원 조각으로 분해한다.(2문단)

② T 세포는 수지상 세포의 표면에 부착된 항원 조각을 인식해 활성화된다. (○)

수지상 세포는 항원을 조각으로 분해해 표면에 부착한 뒤 T 세포와 만난다. T 세포는 T 수용체 TCR을 통해 수지상 세포에 부착된 항원 조각을 인식하여 활성화된다.(2문단)

③ T 세포는 TCR을 통해 암 항원을 지니고 있는 세포를 암세포로 인식한다. (○)

T 세포는 TCR을 통해 암 항원을 인식하여 암세포를 찾아낸다.(2문단)

⑤ 암세포 표면의 PD-L1 단백질로 인해 T 세포는 암세포를 정상 세포로 오인한다. (○)

T 세포 수용체 PD-1이 PD-L1이라는 단백질과 결합하면 T 세포가 항원을 인식하더라도 해당 항원을 지닌 세포를 정상 세포로 판단해서 공격하지 않는다.(3문단) 따라서 암세포 표면에 PD-L1이 있으면 T 세포는 암세포를 정상 세포로 오인해 공격을 하지 않을 것이다.

3 답 ⑤

⑤ ⓒ~ⓜ은 암세포의 특성을 이용해 암세포를 직접 공격한다.

ⓒ '세포 독성 항암제'는 암세포처럼 비정상적으로 빠르게 증식하는 세포를 공격하는 약제이고, ⓓ '표적 항암제'는 암세포를 공격하는 약제이다. 하지만 ⓜ '면역 항암제'는 PD-1 수용체나 PD-L1 단백질을 억제하여 T 세포에 의한 암세포 공격을 유도하는 약제이다. 따라서 ⓜ은 암세포를 직접 공격하는 것이 아니라 암세포 공격을 유도하는 항암제라고 할 수 있다.

① ⊙과 ⓛ은 위치가 확인된 종양에 대해 적용 가능하다. (○)

종양이 관찰된 경우 ⊙ '외과 수술'이나 ⓛ '방사선 치료'가 가능하므로 ⊙과 ⓛ은 위치가 확인된 종양에 대해 적용 가능한 방법일 것이다.

② ⊙과 달리 ⓛ은 절개 없이 인체 내부의 종양을 제거할 수 있다. (○)

⊙은 절개 과정이 있으나 ⓛ은 방사선을 인체에 관통시켜 암세포를 사멸시키는 것이므로 절개 없이 인체 내부의 종양을 제거할 수 있을 것이다.

③ ⓛ과 달리 ⓒ은 작용 범위가 특정 부위에 국한되지 않는다. (○)

ⓛ의 경우 종양이 관찰된 경우에 사용하며, 방사선을 인체에 관통시켜 암세포를 사멸시킨다. 하지만 이 방법은 종양이 주변 장기로 전이되거나 암세포가 혈액에 퍼진 경우 적용이 어렵다.(4문단) 따라서 ⓛ은 작용 범위가 종양이 있는 부위에 국한된다. 항암제는 인체 곳곳의 미세한 암세포를 사멸시키기 위해 사용하므로(4문단), ⓒ '세포 독성 항암제'는 작용 범위가 특정 부위에 국한된다고 할 수 없다. 따라서 ⓛ과 달리 ⓒ은 작용 범위가 특정 부위에 국한되지 않을 것이다.

④ ⓓ에 비해 ⓜ은 적용되는 암 종류에 대한 제한이 적다. (○)

ⓓ '표적 항암제'는 적용 가능한 암 종류가 제한적이다. 하지만 ⓜ '면역 항암제'는 적용되는 암 종류에 대한 제한이 적다.(5문단)

4 답 ②

② 암세포의 총량이 감소할 뿐 아니라 암세포의 사멸로 암 항원이 방출되기 때문이다. (○)

방사선 치료, 세포 독성 항암제를 투약하면 암세포가 사멸한다.(4문단) 암세포가 사멸하면 암 항원이 방출되는데 이것이 면역 세포인 수지상 세포에 의해 포식되면 T 세포가 암 항원을 인식하여 암세포에 독성 물질을 주입하여 사멸시킨다.(2단원) 따라서 T 세포의 공격을 유도하는 면역 항암제의 치료 효과가 높아질 수 있을 것이다.

① 종양이 제거되는 과정에서 암세포의 일부가 ~~정상 세포로 회귀~~하기 때문이다.

종양이 제거되는 과정 중 암세포의 일부가 정상 세포로 회귀한다는 내용은 지문에서 확인할 수 없다.

③ ~~면역 세포를 공격하는~~ 암세포의 수가 감소하여 인체의 면역력이 강해지기 때문이다.

암세포가 면역 세포를 공격한다는 내용은 지문에서 확인할 수 없다.

④ ~~정상 세포의 증식 속도가 감소~~하여 암세포와 정상 세포가 더욱 잘 구분되기 때문이다.

정상 세포의 증식 속도가 감소한다는 내용은 지문에서 확인할 수 없다.

⑤ 일부 정상 세포가 사멸하여 ~~면역 세포가 정상 세포를 공격하는 비율이 감소~~하기 때문이다.

세포 독성 항암제를 투약하면 정상 세포가 사멸하기도 한다.(5문단) 하지만 면역 세포가 정상 세포를 공격하는 비율이 감소한다는 내용은 지문에서 확인할 수 없다.

5 답 ④

정답 해설
④ ⓑ가 높은 경우, 암세포만의 독특한 분자가 존재할 가능성이 높으므로 표적 항암제의 치료 효과가 오래 지속될 수 있다.

ⓑ '암세포의 유전자 변이 정도'가 높으면 암세포만의 독특한 분자가 많이 만들어질 것이다.(〈보기〉) 표적 항암제는 암세포만의 독특한 분자를 표적으로 삼아 암세포를 공격하는데, 이는 쉽게 내성이 생기는 문제가 있다.(5문단) 따라서 표적 항암제의 치료 효과가 높을 수 있으나 오래 지속되는지는 〈보기〉만으로는 알 수 없다.

오답 해설
① ⓐ가 낮은 경우, 암세포에 유전자 변이가 많을 가능성이 낮으므로 면역 항암제의 치료 효과가 작을 수 있다. (○)

〈보기〉에 따르면 유전자 복제 오류를 교정하는 유전자(MMR)에 변이가 생기는 경우 암세포가 발생할 가능성이 높다. ⓐ 'MMR에 나타난 유전자 변이의 정도'가 낮은 경우 암세포에 유전자 변이가 많을 가능성이 낮으며, 또한 암세포 표면에 발현되는 PD-L1 단백질의 양이 작아진다.(〈보기〉) 따라서 이 경우 PD-L1 단백질을 억제하는 면역 항암제를 사용한다면 치료 효과가 작을 수 있다.

② ⓐ가 높은 경우, 암세포의 분열 속도가 빠를 가능성이 높으므로 세포 독성 항암제를 투약하면 치료 효과는 클 수 있지만 탈모나 소화 불량 등의 부작용이 발생할 수 있다. (○)

〈보기〉에 따르면 MMR에 변이가 발생하는 경우 암세포의 분열 속도가 빨라질 수 있다. 세포 독성 항암제는 암세포처럼 비정상적으로 빠르게 증식하는 세포를 공격하는 약제이므로, 이 경우에 투약하면 치료 효과가 클 것이다. 하지만 세포 독성 항암제는 머리카락을 만들어 내는 모낭 세포, 위장 안에서 음식물을 소화하는 점막 세포와 같은 정상 세포까지 공격하는 부작용이 있으므로(5문단), 탈모나 소화 불량 등의 부작용이 발생할 수 있다.

③ ⓑ가 낮은 경우, 암세포에서 암 항원이 만들어질 가능성이 낮으므로 면역 항암제의 치료 효과가 작을 수 있다. (○)

〈보기〉에 따르면 유전자 변이의 양이 많은 암세포가 발생할 경우 암 항원이 많이 만들어진다. 따라서 ⓑ '암세포의 유전자 변이 정도'가 낮은 경우 암세포에서 암 항원이 만들어질 가능성이 낮다. 면역 항암제는 T 세포에 의한 암세포 공격을 유도하는 약제인데, 이 T 세포는 암 항원을 인식하여 암세포를 찾아낸다.(5문단) 따라서 암 항원이 만들어질 가능성이 낮으면 T 세포가 암 항원을 인식하기 어려우므로 면역 항암제의 치료 효과가 작을 수 있다.

⑤ ⓒ가 높은 경우, 암세포가 면역 반응을 회피할 가능성이 높으므로 면역 항암제의 치료 효과가 높을 수 있다. (○)

암세포에 PD-L1 단백질이 발현되어 있다면 T 세포는 해당 세포를 정상 세포로 판단해서 공격하지 않는다.(3문단) 따라서 ⓒ '암세포에 PD-L1 단백질이 발현된 정도'가 높으면, 암세포가 면역 반응을 회피할 가능성이 높으며 암세포가 사멸되지 않을 것이다. 그런데 면역 항암제는 PD-1 수용체나 PD-L1 단백질을 억제하므로, 면역 항암제를 투여하면 T 세포는 암세포를 공격하게 될 것이다. 따라서 치료 효과가 높을 수 있다.

34 양자 역학의 성립

1 ⑤ 2 ① 3 ⑤ 4 ⑤ 5 ④

지문 구조도

1	고전 역학의 한계를 뛰어넘은 상대성 이론과 양자 역학
2	빛의 입자설(뉴턴)을 반박한 빛의 파동성 실험
3~4	빛의 광량자설(아인슈타인)
5	빛의 이중적인 본질
6	물질의 이중성과 양자 역학의 탄생
7	양자 역학의 의의

1 답 ⑤

정답 해설
⑤ 데이비슨과 거머의 실험은 고전 역학의 한계를 극복한 새로운 이론의 탄생을 낳았다. (○)

데이비슨과 거머의 실험은 고전 역학의 물리학적 상식을 흔들어 놓았고, 이것을 설명하기 위해 양자 역학이 탄생했다.(6문단) 따라서 이들의 실험은 고전 역학의 한계를 극복한 새로운 이론인 양자 역학의 탄생을 낳았다고 할 수 있다.

오답 해설
① 뉴턴의 빛의 실체에 대한 주장은 실험적 검증을 통해 정설로 확립되었다.

뉴턴은 빛이 눈에 보이지 않는 작은 입자라고 주장하였고, 이것은 그의 '권위'에 의지하여 정설로 여겨졌으므로(2문단), 실험적 검증을 통해 정설로 확립된 것이 아니다.

② 토머스 영의 실험은 빛의 실체가 파동이라는 기존 학설에 의문을 제기하였다.

토머스 영이 의문을 제기한 기존 학설은 빛이 입자라는 뉴턴의 주장이다. 토머스 영은 실험을 통해 빛의 파동성을 증명한 것이다.(2문단)

③ 아인슈타인은 뉴턴의 학설을 뒷받침하기 위해 광량자설을 주장하였다.

아인슈타인의 광량자설은 입자설의 부활을 의미하는 것이 아니라 빛이 파동이면서 동시에 입자인 이중적인 본질을 가지고 있다는 것을 의미하는 것이다.(5문단) 따라서 입자설을 주장한 뉴턴의 학설을 뒷받침하기 위해 아인슈타인이 광량자설을 주장한 것이 아님을 알 수 있다.

④ 드 브로이의 주장은 빛의 이중성에 대한 연구를 유발하는 계기가 되었다.

빛이 이중적인 본질을 가지고 있다는 사실이 밝혀지자, 드 브로이는 전자나 양성자도 이중성을 가질 수 있을 것이라고 주장했다.(6문단) 따라서 빛의 이중성에 대한 연구가 오히려 드 브로이의 전자와 양성자에 대한 주장을 유발하게 되는 계기가 되었을 것이다.

2 답 ①

정답 해설
토머스 영의 겹실틈 실험에서는 스크린에 보강 간섭이 일어난 곳은 밝아지고 상쇄 간섭이 일어난 곳은 어두워지는 간섭무늬가 연속적으로 나타났다고 하였다.(2문단) 즉, 밝아졌다 어두워졌다 하는 무늬가 반복되었다는 것이다. 이를 충족하는 것은 ①뿐이다.

3 답 ⑤

〈보기〉에 따르면 하이젠베르크는 불확정성 원리를 통해 전자의 입자성과 파동성의 '공존'을 주장하였다. 이는 지문에 제시된 물질의 이중성과 연결 지을 수 있다.

[정답 해설]

⑤ 불확정성 원리는 정밀한 측정을 요구하는 전자 기술의 발전에 ~~장애가 되겠군.~~

양자 역학과 불확정성 원리 모두 물질의 이중성을 바탕으로 한 이론으로, 양자 역학이 현대 전자 기술의 기반을 형성한 것처럼(7문단) 불확정성 원리 역시 전자 기술 발전에 도움이 될 것이라고 예측할 수 있다.

[오답 해설]

① 하이젠베르크의 이론은 물질의 이중성에 대한 설명과 관련이 있겠군. (○)

〈보기〉의 하이젠베르크가 주장한 전자의 입자성과 파동성의 공존은 6문단에 제시된 물질의 이중성에 대한 설명과 관련이 있을 것이다.

② 고전 역학과 불확정성 원리는 전자의 존재 형태에 대한 견해가 다르겠군. (○)

고전 역학의 물리학적 상식에서는 입자와 파동을 서로 반대의 성질로 규정해 양립할 수 없는 것으로 여겼다. 반면 불확정성 원리는 입자성과 파동성의 공존, 즉 양립 가능성을 주장하므로 이 둘은 전자의 존재 형태에 대한 견해가 다르다고 할 수 있다.

③ 고전 역학은 전자의 물리량을 측정할 수 있는 기술 개발에 관심이 많았겠군. (○)

〈보기〉에 따르면 고전 역학에서는 전자의 물리량 측정값이 불확정한 이유를 측정 기술이 불충분하기 때문인 것으로 여겼다. 따라서 고전 역학은 이를 측정할 수 있는 기술 개발에 관심이 많았을 것이라고 짐작할 수 있다.

④ 불확정성 원리는 고전 역학과 달리 미시적 세계에 대한 설명으로 적합하겠군. (○)

양자 역학은 고전 역학으로는 설명할 수 없는 전자 같은 미시적 세계를 올바로 기술하기 위해 탄생한 것이며, 물질의 이중성을 바탕으로 한다. 따라서 물질의 이중성을 다루고 있는 불확정성 원리 역시 미시적 세계에 대한 설명으로 적합할 것이다.

4 답 ⑤

[정답 해설]

⑤ ㉮ : 금속 ㉯ : 한계 진동수 ㉰ : 광전자

[A]에 따르면, 금속에 진동수가 한계 진동수보다 큰 자외선을 쪼이면 광전자가 방출된다. 〈보기〉에 따르면, ㉮ '땅'에 박힌 ㉯ '바위'가 ㉰ '같은 크기'보다 큰 바위에 맞으면 튀어나온다. 따라서 ㉮는 금속, ㉯는 한계 진동수, ㉰는 광전자에 해당한다.

5 답 ④

[정답 해설]

④ 그는 준비 과정을 통하여 자격을 얻었다. (○)

ⓐ와 선택지의 '통하다'는 '어떤 과정이나 경험을 거치다.'라는 뜻으로 사용되었다.

[오답 해설]

① 그는 망원경을 통해 밖을 내다보았다. (×)

선택지의 '통하다'는 '어떤 사람이나 물체를 매개로 하거나 중개하게 하

다.'라는 뜻으로 사용되었다.

② 그는 옆집 사람과 서로 통하고 지낸다. (×)

선택지의 '통하다'는 '인사나 말을 건네다.'라는 뜻으로 사용되었다.

③ 그는 정보 과학에 환히 통한 권위자이다. (×)

선택지의 '통하다'는 '어떤 방면에 능하고 잘 알다.'라는 뜻으로 사용되었다.

⑤ 그는 바람이 잘 통하는 곳에 빨래를 널었다. (×)

선택지의 '통하다'는 '막힘이 없이 들고 나다.'라는 뜻으로 사용되었다.

본문 88~89쪽

35 공유 결합과 분자 기계의 작동 원리

1 ③ **2** ⑤ **3** ④ **4** ②

[지문 구조도]

1 원자의 결합을 통해 형성되는 분자의 독립성

2 분자 집합체인 카테네인과 로탁세인의 특성 및 구조

3 분자 셔틀의 작동 원리

4 분자 모터의 작동 원리

1 답 ③

[정답 해설]

③ 카테네인과 로탁세인은 모두 ~~물리적 자극을 받아 연속적 운동을 할 수 있다.~~

3문단에 따르면 물리적 자극은 빛이나 열 등을 말하며, 화학적 자극은 산이나 염기와 같은 것이다. 카테네인은 금속의 산화-환원에 따라 회전 운동을 하는 분자 기계이다. 로탁세인 역시 산과 염기를 넣어 움직임을 만들어 내는 것을 보았을 때 화학적 자극을 통해 연속적 운동을 한다고 볼 수 있다. 따라서 두 분자 집합체는 물리적 자극이 아니라 화학적 자극을 받아 연속적 운동을 함을 알 수 있다.

[오답 해설]

① 카테네인에는 공유 결합과 기계적 결합이 존재한다. (○)

카테네인은 분자들이 위상학적 상관관계를 통해 기계적 결합을 이룬 분자 집합체이다.(2문단) 따라서 각 분자를 이루는 원자들의 공유 결합(1문단)과 분자 간의 기계적 결합이 존재한다.

② 분자 셔틀은 로탁세인의 구조를 기반으로 하여 좌우 직선 운동을 한다. (○)

로탁세인은 좌우로 직선 운동을 하는 분자 기계인 분자 셔틀의 기본 구조를 이룬다.(3문단)

④ 분자 엘리베이터와 인공 근육의 작동은 분자의 위치 이동을 통해 가능해진다. (○)

분자 엘리베이터와 인공 근육의 작동은 모두 로탁세인을 이용한 것으로, 로탁세인은 좌우로 직선 운동을 하는 분자 기계인 분자 셔틀의 기본 구조를 이룬다.(3문단) 따라서 분자 엘리베이터와 인공 근육의 작동은 분자의 위치 이동을 통해 가능함을 알 수 있다.

⑤ 카테네인과 로탁세인은 모두 위상학적 상관관계를 이용하여 결합을 유지한다. (○)

2문단에서 분자 집합체 중 위상학적 상관관계를 이용한 기계적 결합을 통해 만들어지는 것의 예시로 카테네인과 로탁세인을 제시하고 있다.

2 답 ⑤

정답 해설

⑤ 개별 분자 간의 결합을 끊는 데에는 공유 결합을 끊는 만큼의 에너지가 필요하기 때문이다. (○)

1문단에 따르면 결합을 해체하는 데 필요한 에너지는 결합에 필요한 에너지와 같으며, ㉠과 같은 분자 집합체의 경우 분자 간의 위치나 연결 방식의 특성으로 인해 기계적 결합을 해체하기 어렵다. 이 기계적 결합을 해체하기 위해서는 개별 분자의 공유 결합을 해체해야 하기 때문이다. 따라서 기계적 결합을 깨는 것보다 더 큰 에너지가 필요하기에 분자 수준의 독립성을 지닌다고 할 수 있다.

오답 해설

① 개별 분자 내의 ~~기계적 결합~~의 세기가 매우 크기 때문이다.

1문단에 따르면 개별 분자들은 기계적 결합이 아니라 공유 결합을 통해 형성된다.

② 개별 분자 내 결합이 ~~위상학적 상관관계로 인한 것~~이기 때문이다.

위상학적 상관관계를 이용한 기계적 결합을 통해 만들어지는 것은 분자 집합체이지 개별 분자가 아니다. 개별 분자들은 공유 결합을 통해 형성되는 것이다.(1문단)

③ 물리적 연결만으로는 ~~개별 분자 간의 결합을 유도할 수 없기~~ 때문이다.

물리적 연결만으로 개별 분자 간의 결합을 유도할 수 없는지는 지문을 통해 알 수 없다.

④ 개별 분자들이 ~~공유 결합을 제외한 화학적 결합을 통해~~ 분자 집합체를 만들었기 때문이다.

㉠에서의 분자 집합체는 개별 분자들의 기계적 결합을 통해 만들어진 것이다.

3 답 ④

정답 해설

④ 고리와 결합 자리 I 사이에 ~~정전기적 반발력이 생기면 양성자의 이동이 발생한다.~~

결합 자리 I을 양성자화하면 결합 자리 I과 고리 사이에 정전기적 반발력이 생긴다. 따라서 산을 넣어 양성자의 이동이 발생하는 양성자화가 일어나야 정전기적 반발력이 생긴다고 할 수 있다.

오답 해설

① 〈그림 2〉의 ⓐ와 ⓑ는 서로 '짝산-짝염기' 관계에 있는 물질들이다. (○)

ⓐ에 산을 넣으면 양성자화가 되어 ⓑ가 된다. 즉, ⓐ에서 양성자가 이동하고 난 후의 물질이 ⓑ이기 때문에 ⓐ와 ⓑ는 서로 '짝산-짝염기' 관계에 있는 물질들이다.

② 결합 자리 I이 양성자화된다는 것은 수소 이온을 얻게 된다는 의미이다. (○)

〈보기〉에 따르면 산은 양성자인 수소 이온(H^+)을 주는 물질이다. 결합 자리 I을 양성자화하려면 산을 넣는다고 하였으므로 결합 자리 I은 수소 이온(H^+)을 얻게 될 것이다.

③ 〈그림 2〉에서 양성자를 받은 ⓑ는 염기를 넣으면 다시 ⓐ로 되돌아간다. (○)

ⓐ를 양성자화하면 ⓑ와 같은 상태가 되며, ⓑ에 염기를 넣어 중화하면 고리는 다시 ⓐ와 같은 상태로 돌아간다.(3문단)

⑤ 양성자가 유입됨으로써 로탁세인의 고리 분자가 결합 자리 I에서 결합 자리 II로 이동한다. (○)

결합 자리 I이 양성자화되면 결합 자리 I과 고리 사이에 정전기적 반발력이 생기면서 고리가 결합 자리 II로 이동한다.(3문단)

4 답 ②

ⓑ '분자 모터'는 한 분자의 작용기가 다른 분자의 메틸기와 마주하면서 조금씩 겹치도록 배열되어 있다. 〈보기〉의 ㉮가 특정 자외선 파장에 노출되면 분자 하나가 180° 회전한 ㉯의 상태가 된다. 적절한 열 에너지가 제공되면 작용기의 겹친 부분이 교차되어 ㉰의 상태가 되며, 이후 자외선에 의해 다시 분자가 180° 회전하면서 배열 순서는 ㉱와 같이 원래대로 돌아온다. 여기에 열 에너지가 가해지면 회전하던 분자는 결과적으로 한 바퀴를 돌게 되어 다시 ㉮의 상태가 된다.

정답 해설

② ㉯로 바뀌어 발생한 장애는 ~~자외선~~을 받음으로써 해소된다.

㉯로 바뀌어 발생한 장애는 열 에너지를 받음으로써 ㉰의 상태가 된다. 따라서 자외선을 받음으로써 해소된다고 할 수 없다.

오답 해설

① ㉮의 작용기가 180° 회전하면 메틸기는 메틸기끼리, 작용기는 작용기끼리 마주하도록 배열된다. (○)

㉮의 작용기가 180° 회전하면 ㉯의 상태가 되는데, 여기에서는 메틸기는 메틸기끼리, 작용기는 작용기끼리 마주하도록 배열되어 있다.

③ ㉯와 ㉰ 사이에서 작용기가 교차하지 않는다면 분자 기계는 한 방향으로 회전할 수 없다. (○)

분자 모터는 ㉮, ㉯, ㉰, ㉱와 같은 과정을 거쳐 연속적으로 같은 방향으로 회전하는 움직임이 구현된다. 따라서 ㉯와 ㉰ 사이에서 작용기가 교차하지 않는다면 한 바퀴를 돌 수 없게 될 것이다.

④ ㉮를 ㉯로 바뀌게 하는 자극과 ㉰를 ㉱로 바뀌게 하는 자극은 같다. (○)

㉮를 ㉯로 바뀌게 하는 자극은 자외선이며, ㉰를 ㉱로 바뀌게 하는 자극 역시 자외선으로 둘의 자극은 동일하다.

⑤ ㉱가 다시 ㉮로 돌아오기 위해서는 적절한 열 에너지가 요구된다. (○)

㉱의 상태는 열 에너지에 의해 다시 해소되면서 ㉮의 상태로 돌아온다.

★ 배경지식!

● 물리적 변화와 화학적 변화

물리적 변화란 물질의 형태 및 상태가 바뀌는 현상을 말한다. 즉, 원자나 분자 조성의 변화가 없으며 고유한 성질을 그대로 유지한다. 물리적 변화의 예로 물 분자의 고체, 액체, 기체의 상태 변화와 같은 것이 있다.

화학적 변화란 어떤 물질이 화학 반응을 통해 본래 성질과는 다른 새로운 물질로 변하는 것을 말한다. 화학적 변화의 예로 못이 녹스는 것, 베이킹파우더를 넣어 빵을 부풀리는 것 등이 있다.

본문 90~92쪽

36 토머스 쿤의 패러다임과 연소 이론

1 ④ 2 ④ 3 ② 4 ⑤ 5 ③ 6 ⑤

지문 구조도

1 토머스 쿤의 패러다임 개념과 과학혁명 가설

2 연소 현상과 관련된 18세기 초 베허와 슈탈의 플로지스톤 이론

3 18세기 중반 캐번디시의 플로지스톤 추출 실험

1 답 ④

정답 해설

④ 라부아지에는 금속을 산에 녹일 때 나온 기체가 ~~가연성을 띤다는 캐~~ ~~번디시의 실험 결과를 반박~~하였다.

라부아지에는 금속이 녹슬 때 질량이 변화한다는 사실에 주목했으며, 연소는 플로지스톤을 잃는 것이 아니라 공기 중의 산소와 결합하는 현상이라고 주장하였다.(5문단) 따라서 금속을 산에 녹일 때 나온 기체가 가연성을 띤다는 사실에 대해 반박을 한 것이 아니다.

오답 해설

① 라부아지에는 연소 실험 전후에 물질의 질량을 정밀하게 측정하였다. (○)

라부아지에는 연소 현상에서도 물질에 질량 변화가 있을 것이라고 보고 정밀하게 질량을 측정할 수 있는 기구를 동원하여 실험을 시행하였다. 즉, 밀폐된 유리병 안에서 인과 황을 가열한 후에 가열 전과 비교하여 질량을 측정하였다.(5문단)

② 베허와 슈탈은 종이가 플로지스톤을 많이 포함하고 있기 때문에 잘 타는 것이라고 보았다. (○)

베허와 슈탈은 종이처럼 잘 타는 물질에 플로지스톤이 많이 포함되어 있으며, 연소는 물질에 포함되어 있던 플로지스톤이 방출되는 과정이라고 주장하였다.(2문단)

③ 플로지스톤 패러다임에서는 음식이 소화되는 과정을 플로지스톤이 빠져나가는 것으로 이해하였다. (○)

플로지스톤 패러다임에서는 음식이 소화되는 생화학 작용 등 다양한 현상을 플로지스톤 이론을 통해 이해하였다. 플로지스톤을 잃은 물질은 쉽게 부스러진다고 보았으므로(2문단), 음식이 소화되는 과정도 플로지스톤을 잃어 가는 과정이라고 이해했을 것이다.

⑤ 쿤의 과학혁명 가설은 기존의 이론적 틀 안에서 문제를 해결하려 하는 태도를 반성적으로 바라볼 수 있게 하였다. (○)

쿤의 과학혁명 가설은 고정된 틀 속에서 문제를 해결하려 한 정상 과학을 반성적으로 바라볼 수 있게 하였다.(8문단)

2 답 ④

정답 해설

④ 이 기체는 잘 타는 성질을 갖고 있고 녹슬지 않은 금속에서만 나온 것이기 때문에 (○)

플로지스톤 이론에서는 금속에 잘 타는 물질인 플로지스톤이 포함되어 있으며, 금속이 녹스는 현상은 금속에서 플로지스톤이 빠져나가는 것이라고 이해하였다.(2문단) 그런데 금속을 산에 녹일 때 발생하는 기체는 매우 잘 타는 성질을 가지고 있었는데, 녹슨 금속, 즉 이미 플로지스톤이 빠져나간 금속에서는 이 기체가 발생하지 않았다. 이러한 이유로 캐번디시는 녹슬지 않아서 플로지스톤이 들어 있는 금속에서만 나오고 잘 타는 성질을 가진 이 기체를 플로지스톤이라고 판단했을 것임을 알 수 있다.

오답 해설

① 이 기체는 잘 타는 성질을 갖고 있고 ~~타면서 물이 형성되었기 때문에~~

이 기체를 태울 때 물이 형성되는 현상을 관찰한 것은 ㉠과 같이 생각한 이후의 일이며, ㉠과 같은 판단과는 관계가 없다.

② 이 기체는 ~~금속에 많이 포함되어 있고 금속이 녹슬면서 나온 것~~이기 때문에

캐번디시의 실험만으로는 금속에 이 기체가 얼마나 포함되어 있는지 알 수 없으며, 금속이 녹슬면서 나온 것인지도 확인할 수 없다. 다만 캐번디시는 플로지스톤 이론을 바탕으로 이 기체가 금속이 녹슬면서 나오는 것이라고 생각했을 뿐이다.

③ 이 기체는 ~~산에 많이 포함되어 있고~~ 금속을 산에 녹일 때 나온 것이기 때문에

플로지스톤 이론에서 이 기체, 즉 캐번디시가 플로지스톤이라고 생각했던 것은 산이 아니라 금속에 포함된 것이다.

⑤ 이 기체는 녹슨 금속을 산에 녹일 때는 나오지 않고 ~~가열할 때만 나~~ ~~온 것이기 때문에~~

녹슨 금속을 산에 녹일 때 이 기체가 나오지 않았기 때문에 캐번디시가 ㉠과 같은 결론을 내린 것은 적절하다. 그러나 캐번디시의 실험에서 이 기체는 녹슬지 않은 금속을 산에 녹일 때 발생한 것이다.

3 답 ②

정답 해설

② 금속이 플로지스톤을 잃어 녹슨 것이라면 녹슬기 전보다 질량이 줄어들어야 하지 않을까? (○)

라부아지에는 금속이 녹슬 때 질량이 변화한다는 사실에 주목했으며(5문단), 연소가 플로지스톤을 잃는 현상이 맞는지 확인하고 싶어 했다. 따라서 플로지스톤을 잃어 녹슨 것이라면 녹슬기 전보다 질량이 줄어들어야 한다는 가설을 세우고, 이를 증명하기 위해 연소 전후의 질량을 측정한 것이다.

오답 해설

① 금속이 플로지스톤을 잃어 녹슨 것이라면 녹슬기 전보다 질량이 ~~늘어나야~~ 하지 않을까?

③ 금속이 플로지스톤을 잃어 녹슨 것이라도 녹슬기 전후의 질량은 ~~동일하여야~~ 하지 않을까?

금속이 플로지스톤을 '잃은' 것이라면 질량이 늘어나는 것이 아니라 줄어들 것이다.

④ 금속이 플로지스톤을 ~~얻어~~ 녹슨 것이라면 녹슬기 전보다 질량이 ~~늘어나야~~ 하지 않을까?

⑤ 금속이 플로지스톤을 ~~얻어~~ 녹슨 것이라도 녹슬기 전후의 질량은 ~~동일하여야~~ 하지 않을까?

라부아지에는 연소란 플로지스톤을 잃는 것이라는 패러다임에 의문을 가진 것이다. 따라서 금속이 플로지스톤을 '얻어' 녹슨 것이라는 가정을 하지 않을 것이다.

4 답 ⑤

정답 해설

⑤ 라부아지에는 수은 위에서 실험을 시행하면 ~~물 위에서 실험했을 때~~ ~~와는 달리 새로운 물~~이 형성될 것이라고 보았다.

프리스틀리의 기존 실험은 물 위에서 시행되었기 때문에 새롭게 형성된 물을 관찰하기 어려웠으나, 같은 실험을 수은 위에서 다시 시행하자 수은 위에 물이 형성되었다.(6문단) 즉, 라부아지에가 수은 위에서 실험을

한 것은 정확한 관찰을 위한 것이지, 물 위 실험에서 물이 형성되지 않는다고 여겼기 때문은 아니다.

오답 해설

① 프리스틀리는 가열 전의 금속회는 플로지스톤이 결핍된 상태라고 보았다. (O)
프리스틀리는 금속회가 플로지스톤을 흡수하면 금속이 될 것이라고 예측하였다.(4문단) 즉, 금속회는 녹슨 금속이므로 플로지스톤이 결핍된 상태라고 보았던 것이다.

② 프리스틀리는 실험 과정 중 가연성 공기가 소모되어 수위가 상승한다고 이해하였다. (O)
프리스틀리는 실험 과정에서 수위가 상승하는 것이 플로지스톤이 소모되는 증거라고 보았다.(4문단) 따라서 가연성 공기가 소모되었기 때문에 수위가 상승한다고 보았을 것이다.

③ 프리스틀리는 가연성 공기를 활용하여 금속회를 금속으로 변화시킬 수 있다고 생각하였다. (O)
프리스틀리는 금속회가 플로지스톤을 흡수하여 금속이 될 것이라고 예측하였으므로(4문단) 가연성 공기, 즉 플로지스톤을 활용해 금속회를 금속으로 변화시킬 수 있다고 생각하였을 것이다.

④ 라부아지에는 금속회를 가열하면 가연성 공기와는 다른 기체인 산소가 방출된다고 보았다. (O)
라부아지에는 프리스틀리의 실험에 대해 금속회에 있던 산소가 유리그릇으로 방출된 것이라고 설명하였다.(6문단) 따라서 금속회를 가열하면 가연성 공기와는 다른 기체인 산소가 방출된다고 보았을 것이다.

5 답 ③

'쿤'은 과학적 진보는 누적적인 것이 아니라 패러다임의 변화처럼 혁명적으로 바뀐다는 입장이며, 〈보기〉는 지식이 누적되어 과학적 진보가 가능하다는 입장이다.

정답 해설

③ 플로지스톤 패러다임에서는 미해결 상태로 남았던 변칙 사례가 라부아지에의 이론으로 해명되었다는 점에서 패러다임 간의 우월성은 존재한다고 볼 수 있다. (O)
〈보기〉에서는 뉴턴 역학으로 설명할 수 없는 부분을 아인슈타인의 상대성 이론으로 해명할 수 있으므로 상대성 이론이 더 진보된 지식이라고 하며 패러다임 간의 우월성이 존재한다고 주장한다. 따라서 질량 측정을 기반으로 한 라부아지에의 핵심적인 문제 제기에 대해 플로지스톤 패러다임은 이를 설명하지 못하므로, 라부아지에의 연소 이론이 보다 진보된 지식이고 우월하다고 볼 것이다.

오답 해설

① 라부아지에는 변칙 사례를 발견하고 이를 정상 과학으로 해명하려 노력하였다는 점에서 정상 과학은 새로운 과학 지식을 만들어 낸다고 볼 수 있다.
라부아지에는 변칙 사례를 발견했지만 이를 정상 과학인 플로지스톤 패러다임으로 해명하려 노력하지 않았으므로 정상 과학이 새로운 과학 지식을 만들어 낸다는 주장의 근거가 적절하지 않다.

② 가연성 공기와 관련한 캐번디시의 실험은 정상 과학의 범주에서 이루어졌다는 점에서 새로운 패러다임은 기존의 패러다임보다 더 진보되었다고 볼 수 있다.
캐번디시의 실험은 기존의 패러다임 속에서 진행된 것이므로 정상 과학의 범주에서 이루어졌다고 볼 수 있다. 그러나 이러한 사실을 바탕으로 새로운 패러다임이 기존의 패러다임보다 더 진보되었다는 결론을 도출

하기는 어렵다.

④ 플로지스톤 패러다임은 상태 변화의 원인에, 라부아지에의 이론은 물질의 질량 변화에 각각 주목한 것일 뿐이므로 과학적 진보는 혁명적이라고 볼 수 없다.
쿤은 과학적 진보를 혁명적인 것으로 보는 반면, 〈보기〉는 과학적 진보를 지식의 누적으로 본다. 따라서 〈보기〉의 관점에서 과학적 진보를 혁명적이라고 볼 수 없다는 비판을 할 수는 있다. 하지만 라부아지에의 이론은 플로지스톤 패러다임이 설명하지 못하는 부분까지 설명한 것이므로, 각각 다른 부분에 주목한 것일 뿐이라고 서술하는 것은 적절하지 않다.

⑤ 라부아지에 역시 프리스틀리의 실험 결과를 활용하여 자신의 이론을 설명하였다는 점에서 하나의 이론 체계를 받아들인다는 것은 패러다임 전체를 믿는 행위라 볼 수 없다.
라부아지에는 프리스틀리의 실험 결과를 자신의 이론에 근거하여 재해석한 것이지, 그 실험 결과를 활용하여 자신의 이론을 설명한 것이 아니므로 주장의 근거가 적절하지 않다.

6 답 ⑤

정답 해설

⑤ ⓔ : 수용(受容)한다는 (O)
ⓔ '받아들이다'는 '어떤 사실 따위를 인정하고 용납하거나 이해하고 수용하다.'라는 뜻으로 사용되었으므로 '어떠한 것을 받아들이다.'라는 뜻의 '수용하다'와 바꾸어 쓸 수 있다.

오답 해설

① ⓐ : 조망(眺望)하였다 (×)
'조망하다'는 '먼 곳을 바라보다.'라는 뜻인데, ⓐ '보다'는 '대상을 평가하다.'라는 뜻이므로 바꾸어 쓸 수 없다.

② ⓑ : 소유(所有)하고 (×)
'소유하다'는 '(사람이 사물을) 자기 것으로 가지다.'라는 뜻인데, ⓑ '띠다'는 '어떤 성질을 가지다.'라는 뜻이므로 바꾸어 쓸 수 없다.

③ ⓒ : 생략(省略)되고 (×)
'생략되다'는 '전체에서 일부가 줄거나 빠지다.'라는 뜻인데, ⓒ '사라지다'는 '현상이나 물체의 자취 따위가 없어지다.'라는 뜻이므로 바꾸어 쓸 수 없다.

④ ⓓ : 전도(顚倒)되었다 (×)
'전도되다'는 '차례, 위치, 이치, 가치관 따위가 뒤바뀌어 원래와 달리 거꾸로 되다.'라는 뜻인데, ⓓ '바뀌다'는 '원래 있던 것이 없어지고 다른 것으로 채워지거나 대신하게 되다.'라는 뜻으로 '거꾸로' 된 것이 아니므로 바꾸어 쓸 수 없다.

본문 94~95쪽

01 속박 개념의 분석에 따른 자유의 이해

1 ③　2 ⑤　3 ④　4 ④

지문 구조도

1 적극적 자유를 제외한 소극적 자유만을 속박 개념으로 설명하는 것의 문제

2 속박의 구분 방식

3 적극적 속박과 소극적 속박의 구분　4 내적 속박과 외적 속박의 구분

5 '소극적 / 적극적 속박'과 '소극적 / 적극적 자유'의 관계

6 적극적 자유와 소극적 자유 모두를 속박 개념으로 설명할 수 있는 이유

1 답 ③

정답 해설

③ 적극적 자유이든 소극적 자유이든 속박의 부재로 설명된다.

지문에서는 적극적 자유를 속박 개념으로 설명하지 않고 소극적 자유만을 속박 개념으로 설명하는 견해를 비판하며, 적극적 속박과 소극적 속박, 외적 속박과 내적 속박의 개념을 통해 적극적 자유와 소극적 자유를 모두 속박에서 벗어나는 것, 곧 속박의 부재로 설명할 수 있다고 본다.

오답 해설

① 적극적 속박이 없는 사람에게는 소극적 속박도 없다.

적극적 속박이 없는 사람에게 소극적 속박도 없다고 볼 수는 없다. 협박이나 방해를 받지 않는 사람에게 돈, 힘, 기술, 지식 등이 부족할 수 있다.

② 소극적 속박으로부터의 자유를 소극적 자유라고 한다.

소극적 속박으로부터의 자유는 무언가가 없어서 하고 싶은 것을 하지 못하는 상태로부터의 자유로, 이는 하지 못하던 것을 '할 수 있음'을 의미하므로 소극적 자유가 아니라 '적극적 자유'라고 할 수 있다.

④ 속박이 없는 상태에서도 자유가 보장되지 못하는 경우가 있다.

지문에 의하면 속박이 없을 경우 자유가 있다고 할 수 있다. 속박이 없는 상태에서도 자유가 보장되지 못하는 경우가 있다고 보지는 않을 것이다.

⑤ 소극적 자유는 기회로, 적극적 자유는 능력으로 이해되어야 한다.

지문에 의하면 소극적 자유는 무언가가 있어서 하고 싶은 것을 하지 못하는 상태로부터의 자유이므로 '적극적 속박으로부터의 자유'인 것이지, 외적 요인에 의한 조건의 현존인 '기회'라고 할 수는 없다. 또한 적극적 자유는 무언가가 없어서 하고 싶은 것을 하지 못하는 상태로부터의 자유이므로 '소극적 속박으로부터의 자유'인 것이지, 내적 요인에 의한 조건의 현존인 '능력'이라고 할 수는 없다.

2 답 ⑤

정답 해설

지문에서 다룬 네 가지 속박의 관계를 표로 나타내면 아래와 같다.

	적극적 속박 (있어서 장애, 협박/방해)	소극적 속박 (없어서 장애, 돈/기술)
내적 속박(심신 안)	내적인 적극적 속박	내적인 소극적 속박(㉠)
외적 속박(심신 밖)	외적인 적극적 속박	외적인 소극적 속박

⑤ 스키를 타고 싶은데 스키 타는 방법을 몰라서 타지 못하는 경우 (○)

스키 타는 방법을 몰라서, 곧 '스키 타는 기술'이 '없어서' 스키를 타지 못하는 것은 심신 안과 관련되며 무언가가 없어서 장애가 되는 것이므로 '내적인 소극적 속박'에 해당한다.

오답 해설

① 스키를 타고 싶은데 고소 공포증이 있어서 타지 못하는 경우 (×)

'고소 공포증'이 '있어서' 스키를 타지 못하는 것은 심신 안과 관련되며 무언가가 있어서 장애가 되는 것이므로 '내적인 적극적 속박'에 해당한다.

② 스키를 타고 싶은데 스키를 타러 갈 돈이 없어 타지 못하는 경우 (×)

'돈'이 '없어서' 스키를 타지 못하는 것은 심신 밖과 관련되며 무언가가 없어서 장애가 되는 것이므로 '외적인 소극적 속박'에 해당한다.

③ 스키를 타고 싶은데 갑자기 심한 두통이 생겨 타지 못하는 경우 (×)

'두통'이 '있어서' 스키를 타지 못하는 것은 심신 안과 관련되며 무언가가 있어서 장애가 되는 것이므로 '내적인 적극적 속박'에 해당한다.

④ 스키를 타고 싶은데 부모님이 허락하지 않아서 타지 못하는 경우 (×)

부모님이 허락하지 않아서, 곧 '부모님의 방해'가 '있어서' 스키를 타지 못하는 것은 심신 밖과 관련되며 무언가가 있어서 장애가 되는 것이므로 '외적인 적극적 속박'에 해당한다.

3 답 ④

정답 해설

④ 사람의 심신을 경계로 속박을 구분하면 외적 속박보다 내적 속박의 요인이 더 많을 수밖에 없다.

단순하게 공간을 기준으로, 즉 사람의 심신을 경계로 내적 속박과 외적 속박을 구분할 수 있다.(4문단) 그런데 사람의 심신 밖에서 오는 속박의 요인보다 사람의 심신 안에서 오는 속박의 요인이 더 많을 수밖에 없다고 볼 근거는 전혀 없다.

 쌤 Tip!!!

4문단의 '이 경우 외적 속박은 사람의 심신 밖에서 오는 것이고, 그 밖의 모든 속박들은, 근육통이든 두통이든 저급한 욕망이든 그 자신에게는 다 내적인 것이 된다.'라는 문장에서 내적 속박을 '그 밖의 모든 속박들'이라고 표현하고 있는데, 이것을 외적 속박보다 내적 속박의 요인이 더 많다고 오해해서는 안 된다.

오답 해설

① 어떤 것이 존재하지 않음으로써 속박이 발생할 수 있다. (○)

어떤 것의 존재로 내가 원하는 것을 하는 데에 장애가 되는 경우를 적극적 속박이라고 하며, 어떤 것의 부재로 내가 원하는 것을 하는 데에 장애가 되는 경우를 소극적 속박이라고 한다. 즉, 어떤 것이 존재하지 않음으로써 속박이 발생할 수 있는 것이다.

② 자아를 양심으로 국한할 경우 내적 속박의 개념을 설정하기가 쉽지 않다. (○)

자아를 양심이나 이성으로 좁게 한정하면, 대부분의 속박들이 외적 속박이 되어 버리는 문제점이 있다.(4문단) 즉, 내적 속박의 개념을 설정하기가 쉽지 않은 것이다.

③ 지식이 없다는 것만으로는 어떤 주체가 소극적 속박을 경험한다고

볼 수 없다. (○)

어떤 주체가 지식이 부족하여 원하는 어떤 것을 하는 데에 장애를 받는 것을 소극적 속박이라고 한다. 그런데 지식이 없다고 해서 모두 소극적 속박인 것은 아니며, 지식의 부재가 그 주체에게 중요한 고려 대상이 되어야 소극적 속박을 경험한다고 할 수 있다.

⑤ 어떤 사람에게 공부를 할 수 있는 자유가 있다면 다른 사람이 그 사람에게 공부를 하지 못하도록 방해할 수는 없다. (○)

지문의 속박 개념 분석에 따르면, 어떤 사람에게 X를 할 자유가 있을 경우 아무것도 그 사람으로 하여금 X를 하지 못하게 할 수 없다. 즉, 어떤 사람에게 X를 할 자유가 있다면 아무것도 그 사람으로 하여금 X를 하지 못하도록 속박할 수는 없는 것이다. 이에 따라 어떤 사람에게 공부를 할 수 있는 자유가 있다면, 다른 사람이 그 사람에게 공부를 하지 못하도록 방해할 수는 없을 것이다.

4 답 ④

정답 해설

④ 인간은 자기가 하고 싶은 것보다 훨씬 더 많은 것을 할 수 있을 때 자유롭다고 보아야 한다. (×)

'독수리처럼 날 수 없고 고래처럼 헤엄칠 수 없는 것은 자유가 없기 때문이 아니다.'라는 〈보기〉의 진술은, '자유'를 자연의 법칙이나 신체적 구조에 따라 실현이 가능한 범위로 한정한 것이다. '인간은 자기가 하고 싶은 것보다 훨씬 더 많은 것을 할 수 있을 때 자유롭다고 보아야 한다.'는 '하고 싶은 것'보다 '할 수 있는 것'이 더 많은 상태를 자유로 본 것으로, 이는 자유의 범위를 한정한 지문 및 〈보기〉의 진술과 어긋난다.

오답 해설

① 자유롭지 못해서 생기는 무능력과 자연적인 무능력을 구분해야 한다. (○)

지문에 의하면 자유롭지 못해서 생기는 무능력, 곧 속박은 자연적인 무능력과 구분되어야 한다. 사람이 독수리처럼 날 수 없고 고래처럼 헤엄칠 수 없는 것은 자유롭지 못해서 생기는 무능력이 아니라, 신체적 구조로 말미암은 자연적인 무능력이므로 이와 관련된 부재는 속박으로 볼 수 없는 것이다.

② 자유를 현실적이고 실현 가능한 욕구들에 관련된 것으로 생각해야 한다. (○)

③ 인간 이외의 다른 존재가 아닌 데서 오는 욕구의 좌절은 속박의 문제가 아니다. (○)

지문에 의하면 신체적 구조로 말미암아 실현이 불가능한 비현실적 욕구와 관련된 부재는 속박으로 볼 수 없다. 사람이 독수리처럼 날고 싶어 하는 것, 고래처럼 헤엄치고 싶어 하는 것은 '신체적 구조로 말미암아 실현이 불가능한 비현실적 욕구', '인간 이외의 다른 존재가 아닌 데서 오는 욕구'이며, 이러한 욕구의 좌절은 속박으로 볼 수 없는 것이다(③). 이는 속박으로부터 벗어나는 '자유'를 현실적이고 실현 가능한 욕구들에 관련된 것으로 생각해야 한다는 뜻이다(②).

⑤ 인간이 할 수 있는 것과 원하는 것을 구분해야 하며, 자유는 할 수 있는 것의 범위 내에서 논의되어야 한다. (○)

사람이 독수리처럼 날고 싶어 하는 것, 고래처럼 헤엄치고 싶어 하는 것은 '신체적 구조로 말미암아 실현이 불가능한 비현실적 욕구'로, '인간이 할 수 없는 것'이 아니며 단지 '인간이 원하는 것'에 불과하다. 속박으로부터 벗어나는 '자유'는 현실적이고 실현 가능한 욕구, 곧 '인간이 할 수 있는 것'의 범위 내에서 논의되어야 하는 것이다.

02 음악의 재현 가능성에 관한 예술 철학적 담론

1 ⑤   2 ③   3 ⑤   4 ⑤

지문 구조도

1 재현적 회화가 존재하듯 음악이 대상을 재현할 수 있는지의 문제

2 재현적 음악이 존재할 수 없다는 주장과 그에 대한 반론 ①

3 재현적 음악이 존재할 수 없다는 주장과 그에 대한 반론 ②

4 작품의 제목과 더불어 음악의 재현 가능성을 인정할 수 있다는 입장

5 재현의 의도를 몰라도 음악을 충분히 이해할 수 있다는 입장

6 작품의 제목에 대한 고려가 없으면 음악을 완전히 이해하기 어렵다는 입장

1 답 ⑤

정답 해설

⑤ 〈환상 교향곡〉에 '단두대로의 행진'이 등장하는 이유를 밝힐 수 있는 ~~순수하게 음악적인 근거~~는 무엇인가?

지문에 의하면 작품의 표제적 제목과 주제를 알지 못하는 감상자는 〈환상 교향곡〉의 말미에 '단두대로의 행진'이 왜 등장하는지 이해할 수 없을 것이며, 이 작품에서 '단두대로의 행진'의 출현을 설명해 줄 순수하게 음악적인 근거란 없다.(6문단)

오답 해설

① 어떤 회화를 재현적 회화로 볼 수 있는 핵심적인 조건은 무엇인가? (○)

회화적 재현의 핵심적 조건은 '그림의 지각 경험과 그림에 재현된 대상을 실제로 지각할 때의 경험 사이에 닮음이 존재해야 한다는 것'이다.

② 재현적 회화를 비재현적 회화로 느낄 수 있는 경우가 존재하는가? (○)

모래 해안의 일부를 극사실주의적으로 묘사한 그림은 재현적 회화라고 하더라도 그 회화의 제목을 모르면 비재현적으로 보일 수 있다.

③ 재현적 음악을 이해하는 데 있어 재현된 대상에 대한 인식이 필요하지 않을 수도 있는가? (○)

재현적 그림의 특징 중 하나는 재현된 대상에 대한 인식이 작품의 이해를 위해 필수적이라는 점이지만, 재현적이라 일컬어지는 음악 작품은 이러한 특징을 가지지 않는다고 주장하는 학자들도 있다. 이들은 재현적 음악을 이해하는 데 있어 재현된 대상에 대한 인식이 반드시 필요하다고 보지 않는 것이다.

④ 제목을 몰라도 작품의 내용이 인식되어야 재현이라고 할 수 있다는 주장이 지나친 까닭은 무엇인가? (○)

제목이 작품의 일부인 한, 예술 작품의 재현성은 제목을 포함하는 전체로서의 작품을 대상으로 판단해야 하므로, 작품의 내용이 제목의 도움 없이도 인식 가능해야만 재현이라는 것은 지나친 주장이라고 할 수 있다.

2 답 ③

정답 해설

③ 〈전원 교향곡〉에서 자연의 소리를 닮은 부분은 ~~제목과 함께 고려해야만 재현으로 볼 수 있다.~~

지문에 의하면, 베토벤의 〈전원 교향곡〉에서 자연의 소리를 닮은 부분이라고 할 수 있는 새소리는 제목에 대한 참조 없이도 명백히 재현으로 지각되는 사례이다.

① 〈바다〉는 표제적 제목 없이는 재현으로 볼 수 없다. (○)

지문에 의하면, 바다를 재현했다고 하는 드뷔시의 〈바다〉의 경우라도 표제적 제목을 참조하지 않는다면 감상자는 이 곡을 바다의 재현으로 듣지 못한다. 이때 글쓴이가 이 주장이 일반화되기 어렵다고 보기는 했지만, 〈바다〉를 표제적 제목 없이는 재현으로 볼 수 없다는 점을 부정하지는 않았다.

② 〈브로드웨이 부기우기〉는 제목과 함께 고려할 때 재현으로 볼 수 있다. (○)

지문에 의하면, 몬드리안의 〈브로드웨이 부기우기〉의 경우, 그 제목을 알 때 감상자는 그림의 선과 면을 '뉴욕 거리를 내려다본 평면도'로 볼 수 있지만 제목을 모를 때는 추상화로 보게 된다. 이렇듯 〈브로드웨이 부기우기〉는 제목과 함께 고려할 때 뉴욕 거리를 재현한 것으로 볼 수 있다.

④ 〈물레질하는 그레첸〉의 주기적으로 반복되는 반주 음형은 제목과 함께 고려할 때 재현으로 볼 수 있다. (○)

지문에 의하면, 슈베르트의 〈물레질하는 그레첸〉의 주기적으로 반복되는 단순한 반주 음형은 제목과 더불어 감상될 때 물레의 반복적 움직임을 효과적으로 묘사한 것으로 들린다. 즉, 제목과 함께 고려할 때 음악을 재현으로 볼 수 있다.

⑤ 〈1812년 서곡〉에 포함된 '프랑스 국가'는 순수하게 음악적인 관점에서는 그 등장을 이해할 수 없는 부분이다. (○)

지문에 의하면, 차이콥스키의 〈1812년 서곡〉을 듣는 감상자가 그 제목과 주제를 알지 못한다면 왜 '프랑스 국가'가 갑작스럽게 출현하는지 이해할 수 없으며, 그것의 출현을 설명해 줄 순수하게 음악적인 근거란 없다.

3 답 ⑤

⑤ 재현에 대한 지각적 경험과 재현 대상에 대한 지각적 경험 사이에 닮음이 존재해야 한다는 조건을 만족시키는 음악 작품이 존재한다. (○)

지문의 글쓴이는 재현적 회화가 존재하는 것처럼 재현적 음악도 인정할 수 있다고 보았다. 재현적 회화의 핵심적 조건은 그림의 지각 경험과 그림에 재현된 대상을 실제로 지각할 때의 경험 사이에 닮음이 존재해야 한다는 것인데, 글쓴이는 드물지만 음악도 이 요건을 만족시킨다고 보는 것이다. 예를 들어 베토벤의 〈전원 교향곡〉 속 새소리 같은 경우를 제목에 대한 참조 없이도 명백히 재현으로 지각되는 사례로 보았다.

① 순수한 음악적 측면만으로 재현 대상에 대한 인식을 불러일으킬 수 있는 음악 작품이 흔히 존재한다.

지문의 글쓴이는 음악에서 제목에 대한 참조 없이도 명백히 재현으로 지각되는 사례, 다시 말해 순수한 음악적 측면만으로 재현 대상에 대한 인식을 불러일으킬 수 있는 사례가 베토벤의 〈전원 교향곡〉과 같이 드물게 존재한다고 보았다.

② 음악의 재현 가능성을 옹호하려면 회화적 재현을 판단하는 기준을 대신할 별도의 기준이 마련되어야 한다.

지문의 글쓴이는 음악의 재현 가능성을 옹호했지만, 회화적 재현을 판단하는 기준을 대신할 별도의 기준이 마련되어야 한다고 주장하지는 않았다.

③ 제목의 도움 없이는 재현 여부를 알 수 없다는 점이 음악과 전형적인 회화에서 공통적으로 발견되는 특성이다.

지문에 의하면 음악의 경우 제목의 도움 없이는 재현 여부를 알 수 없는

작품이 존재하지만, 전형적인 회화에서 그러한 특성이 발견되는 것은 아니다.

④ 음악적 재현이 가능하기 위해서는 음악 작품의 의도를 전혀 모르는 감상자가 작품을 충분히 이해하는 경우가 전형적이라야 한다.

지문의 글쓴이는 제목을 포함하는 전체로서의 작품을 대상으로 예술 작품의 재현성을 판단해야 하므로 작품에서 제목이 담당하는 역할을 고려하여 음악의 재현 가능성을 인정할 수 있다고 보았다. 이때 음악 작품의 의도를 전혀 모르는 감상자가 작품을 충분히 이해하는 경우가 전형적이라야 음악적 재현이 가능하다고 보지는 않았다. 참고로, 작품이 재현하고자 하는 것이 무엇인지 몰라도 그 음악을 충분히 이해할 수 있다는 것은 음악이 재현의 조건을 만족시키지 못한다고 생각하는 학자들의 입장에 해당한다. (5문단)

4 답 ⑤

⑤ ⓒ은 이탈리아 풍경과는 이질적인 5음 음계로 인해 슈만이 자신이 듣고 있는 곡의 음악적 구조 파악에 실패했다고 할 것이다.

〈보기〉에 의하면, 슈만은 멘델스존의 교향곡 〈스코틀랜드〉를 들으면서 멘델스존의 다른 교향곡 〈이탈리아〉를 듣고 있다고 착각했으며, 그 곡의 2악장에 다섯 음만이 사용되었음을 파악은 했으나, 그 의도까지 이해하지는 못했다. ⓒ은 작품의 제목을 모르면 작품의 완전한 이해가 불가능하다고 보는 입장이므로, 슈만이 5음 음계라는 곡의 음악적 구조는 파악했으나 작품의 제목을 잘못 알아서 작품의 의도를 완전히 이해하는 데는 실패했다고 할 것이다.

① ㉠은 이것을 예술 작품의 일부로서 제목이 갖는 중요성을 입증하는 사례로 이용할 수 있다고 할 것이다. (○)

〈보기〉에 의하면, 슈만은 멘델스존의 교향곡 〈스코틀랜드〉를 들으면서 멘델스존의 다른 교향곡 〈이탈리아〉를 듣고 있다고 착각하여[=제목을 착각하여] 작품에 등장하는 음악적 요소를 이해하지 못하였다. ㉠은 음악 작품의 가사는 물론 작품의 제목이나 작품의 모티브가 되는 표제까지도 작품의 일부로 본다는 입장이므로, 〈보기〉의 사례를 '예술 작품의 일부로서 제목이 갖는 중요성'을 입증하는 사례로 이용할 수 있다고 할 것이다.

② ㉡은 슈만이 자신이 듣고 있는 곡의 재현 대상을 몰랐더라도 곡의 전체적인 조합만큼은 이해할 수 있었다고 할 것이다. (○)

〈보기〉에 의하면, 슈만은 멘델스존의 교향곡 〈스코틀랜드〉를 들으면서 멘델스존의 다른 교향곡 〈이탈리아〉를 듣고 있다고 착각하여 멘델스존이 의도한 바를 이해할 수 없었다. 그런데 ㉡은 작품이 재현하고자 하는 것이 무엇인지 몰라도 감상자가 그 음악을 충분히 이해할 수 있다고 보는 입장이므로, 〈보기〉의 슈만에 대해 '곡의 재현 대상을 몰랐더라도 곡의 전체적인 조합만큼은 이해할 수 있었다'고 할 것이다.

③ ㉡은 5음 음계가 사용된 이유에 대한 정보가 그 곡이 교향곡으로서 지니는 순수한 음악적 구조를 이해하는 데에 꼭 필요한 것은 아니라고 할 것이다. (○)

〈보기〉에 의하면, 슈만은 멘델스존의 교향곡 〈스코틀랜드〉를 들으면서 멘델스존의 다른 교향곡 〈이탈리아〉를 듣고 있다고 착각하여 멘델스존이 이 작품에 스코틀랜드 전통 음악의 5음 음계를 제시한 의도를 이해할 수 없었다. 그런데 ㉡은 감상자가 작품의 재현 의도를 몰라도 음의 조합과 구조를 파악할 수 있다고 보는 입장이므로, 〈보기〉의 사례에 대해 '5음 음계가 사용된 이유에 대한 정보가 그 곡이 교향곡으로서 지니는 순수

한 음악적 구조를 이해하는 데에 꼭 필요한 것은 아니'라고 할 것이다.

④ ⓒ은 슈만이 자신이 듣고 있는 곡의 제목을 잘못 알았기 때문에 그 음악을 완전히 이해하지는 못했다고 할 것이다. (○)

〈보기〉에 의하면, 슈만은 멘델스존의 교향곡 〈스코틀랜드〉를 들으면서 제목을 착각하여 작품에 등장하는 음악적 요소를 이해하지 못하였다. ⓒ은 작품의 제목이나 표제가 무시된 채 순수한 음악적 측면만이 고려된다면 작품의 완전한 이해가 불가능한 경우가 있다고 보는 입장이므로, 〈보기〉의 슈만에 대해 '곡의 제목을 잘못 알았기 때문에 그 음악을 완전히 이해하지는 못했다'고 할 것이다.

본문 98~99쪽

03 **경험적 증거의 고려에 대한 세 입장**

1 ① 2 ⑤ 3 ② 4 ⑤

지문 구조도

| 1 경험적 증거의 고려에 대한 '제거법'의 입장 및 장점 |
| 2 경험적 증거의 고려에 대한 '제거법'의 단점 |
| 3 경험적 증거의 고려에 대한 '고전적 귀납주의'의 입장 및 장점 |
| 4 경험적 증거의 고려에 대한 '고전적 귀납주의'의 단점 및 '베이즈주의'의 입장 |
| 5 '베이즈주의'의 적용 사례 및 '베이즈주의'의 장점 |
| 6 경험적 증거의 고려에 대한 '베이즈주의'의 단점 |

1 답 ①

정답 해설

① 베이즈주의에 따르면, ~~사후 확률이 사전 확률과 같을 수 없다.~~

베이즈주의에 의하면 사후 확률에서 사전 확률을 뺀 값을 '증거의 힘'이라고 부르며, 주어진 가설의 신뢰도에 변화를 주지 않는 경험적 증거의 힘은 0이 된다. 즉, 사후 확률과 사전 확률이 같은 경우는 존재한다.

오답 해설

② 베이즈주의는 증거의 힘에 따라 증거를 순서대로 열거할 수 있다. (○)

베이즈주의에서는 사전 확률이 새로운 경험적 증거에 의해 어떻게 사후 확률로 바뀌는지를 말해 주는 '베이즈 정리'라는 명확한 계산 방식을 활용한다. 즉, 사후 확률에서 사전 확률을 뺀 값인 '증거의 힘'을 통해 새로운 경험적 증거가 가설에 대해 얼마나 강력한 증거인지를 판별하므로, 베이즈주의는 증거의 힘에 따라 증거를 순서대로 열거할 수 있을 것이다.

③ 베이즈주의에서는 가설의 사전 확률이 높을수록 가설의 사후 확률이 상승할 수 있는 폭이 줄어든다. (○)

베이즈주의에서는 새로운 경험적 증거가 입수되기 전에 가설에 대해 우리가 가지고 있던 신뢰도를 0부터 1까지의 값으로 나타내고 이를 '사전 확률'이라고 한다. 가설의 사전 확률이 높을수록 신뢰도가 1에 가까우므로, 이때 가설의 사후 확률이 상승할 수 있는 폭은 줄어들 것이다.

④ 베이즈주의가 규범적 이론이라면, 과학자들이 베이즈 정리를 사용하지 않는다는 사실에 의해 그 정당성이 위협받지 않는다. (○)

과학자들이 베이즈 정리와 같은 확률 계산을 하지 않고 다른 증거 평가 방식을 사용하는 경우가 많다는 비판에 대하여, 일부 베이즈주의자들은 '베이즈주의는 과학자들이 실제로 가설을 평가하는 방식을 기술한 이론이 아니라 과학자들이 마땅히 따라야 할 규범을 제시한 이론'이라고 대

응한다. 이에 따라 만약 베이즈주의가 규범적 이론이라면, 과학자들이 베이즈 정리를 사용하지 않는다는 사실에 의해 그 정당성이 위협받지는 않을 것이다.

⑤ 베이즈주의에 따르면, 참이라고 확신하지 못하는 가설의 사후 확률은 가설에 부합하는 새로운 증거가 발견될 때마다 높아진다. (○)

베이즈주의에서는 사전 확률이 새로운 경험적 증거에 의해 어떻게 사후 확률로 바뀌는지를 말해 주는 '베이즈 정리'라는 명확한 계산 방식을 활용한다. 이에 따르면, 참이라고 확신하지 못하는 가설의 사후 확률은 [=신뢰도가 1이 아닌 가설의 사후 확률은] 가설에 부합하는 새로운 증거가 발견될 때마다 높아질 것이다.

2 답 ⑤

정답 해설

⑤ 경험적 증거가 가설에 부합하지 않을 때, ~~제거법과 고전적 귀납주의는 가설 선택에 대해 다른 답을~~ 내놓는다.

비슷한 효능이 기대되는 두 신약[=가설] 중 어느 것을 건강보험 대상 약품으로 지정할 것인지를 결정하는 상황에서, 임상 시험 결과[=경험적 증거]가 부정적 효과를 보인 신약이라면, 다시 말해 경험적 증거가 가설에 부합하지 않는 경우라면 제거법과 고전적 귀납주의는 '해당 신약을 선택하면 안 된다.[=이 가설을 제거해야 한다.]'라는 동일한 결론을 제시할 것이다.(3문단)

오답 해설

① 제거법은 둘 이상의 가설이 제기될 때 유용할 수 있다. (○)

제거법이란 둘 이상의 가설을 세우고 경험적 증거로 경쟁하는 가설들을 하나씩 제거해 감으로써 남는 가설을 선택하는 방법이다. 이때 여러 가설 중 참임이 확실한 가설이 분명히 있고, 경험적 증거가 나머지 가설을 분명하게 제외시킨다면 제거법은 유용할 수 있다.(1문단)

② 둘 이상의 가설이 이미 확인된 경험적 증거와 부합할 때, 제거법은 가설 선택을 확정 짓지 못한다. (○)

제거법은 경험적 증거가 둘 이상의 가설에 부합하는 경우에는, 가설 선택의 근거를 제공하지 못한다는 단점이 있다.(2문단)

③ 가설에 부합하는 증거가 계속 등장할 때, 고전적 귀납주의는 가설의 신뢰도가 높아진다고 말한다. (○)

고전적 귀납주의는 특정 가설에 부합하는 경험적 증거가 많을수록 그 가설의 신뢰도가 높아진다고 주장한다.(3문단)

④ 고전적 귀납주의는 경험적 증거를 통해 경쟁하는 가설들에 대한 상대적 평가가 가능하다고 말한다. (○)

고전적 귀납주의는 특정 가설에 부합하는 경험적 증거가 많을수록 그 가설이 더욱 믿을 만하게 된다고 보며, 관련된 경험적 증거 전체를 고려하여 가설을 선택한다.(3문단) 즉, 고전적 귀납주의는 경험적 증거를 통해 경쟁하는 가설들에 대한 상대적 평가가 가능하다고 보는 것이다.

3 답 ②

정답 해설

② (가)와 (나)와 (다)가 A에 대해 갖는 증거의 힘을 합하면 0보다 크다.

철수가 범인이 왼손잡이라는 증거인 (가)와 범인이 오른손잡이라는 증거인 (나)를 함께 고려한 결과 "범인이 왼손잡이다."라는 가설 A에 대해 더 확신하게 되었다는 것은, (가)와 (나)가 A에 대해 갖는 증거의 힘을 합하면 0보다 크다는 것을 의미한다. 이때 지문 흔적에 대한 분석 증거인 (다)는 아무런 도움이 되지 않았으므로, 즉 증거의 힘이 0이므로, (가)와 (나)와 (다)가 A에 대해 갖는 증거의 힘을 합하면 0보다 큼을 알 수 있다.

오답 해설

① (가)와 (나) 중에서 A에 대해 갖는 증거의 힘은 ~~(다)가 더 크다.~~

철수는 "범인이 왼손잡이다."라는 가설 A에 대해 증거를 보기 전부터 이미 참이라고 거의 확신하고 있었는데, 이는 사전 확률이 1에 가까울 정도로 매우 높다는 뜻으로 이해할 수 있다. 이후 철수는 범인이 왼손잡이라는 증거인 (가)와 범인이 오른손잡이라는 증거인 (나)를 함께 고려하여 가설 A에 대해 더 확신하게 되었는데, 이는 증거 (가)가 가설 A에 강력한 증거로 작용하여 사전 확률이 더 높은 사후 확률로 바뀐 것으로 볼 수 있다. 따라서 (가)와 (나) 중 A에 대해 갖는 증거의 힘은 (가)가 더 큼을 알 수 있다.

③ (나)가 A에 대해 갖는 증거의 힘은 ~~0보다 크다.~~

범인이 오른손잡이라는 증거인 (나)가 "범인이 왼손잡이다."라는 가설 A에 대해 갖는 증거의 힘은 0보다 작다.

④ (나)와 (다)만 고려하면 ~~A의 신뢰도는 변함이 없다.~~

범인이 오른손잡이라는 증거인 (나)가 "범인이 왼손잡이다."라는 가설 A에 대해 갖는 증거의 힘은 0보다 작으며, 지문 흔적에 대한 분석 증거인 (다)가 가설 A에 대해 갖는 증거의 힘은 0이다. 그러므로 (나)와 (다)만 고려하면 A의 신뢰도는 낮아질 것이다.

⑤ (다)가 A에 대해 갖는 증거의 힘은 ~~0보다 크다.~~

지문 흔적에 대한 분석 증거인 (다)가 "범인이 왼손잡이다."라는 가설 A에 대해 갖는 증거의 힘은 0이다.

4 답 ⑤

정답 해설

⑤ ㉤ : 실내 온도가 화초의 특성에 맞지 않으면 안 된다. (O)

지문의 '현실에 맞지 않는 이론'과 선택지의 '화초의 특성에 맞지 않으면'의 '맞다'는 부사어를 요구한다는 점에서 문장 구조가 동일하며, 둘 다 '어떤 행위나 내용이 일정한 기준이나 정도에 어긋나거나 벗어나지 아니하다.'라는 뜻이다.

오답 해설

① ㉠ : 그는 주변을 살피며 낮은 목소리로 말했다. (×)

㉠ '살피다'는 '자세히 따지거나 헤아려 보다.'라는 뜻이고, 선택지의 '살피다'는 '두루두루 주의하여 자세히 보다.'라는 뜻이다.

② ㉡ : 그 사람은 결국 법정에 모습을 나타내지 않았다. (×)

㉡ '나타내다'는 '생각이나 느낌 따위를 글, 그림, 음악 따위로 드러내다.'라는 뜻이고, 선택지의 '나타내다'는 '보이지 아니하던 어떤 대상이 모습을 드러내다.'라는 뜻이다.

③ ㉢ : 한 나라가 너무 부강해지면 전쟁을 부르게 된다. (×)

㉢ '부르다'는 '무엇이라고 가리켜 말하거나 이름을 붙이다.'라는 뜻이고, 선택지의 '부르다'는 '어떤 행동이나 말이 관련된 다른 일이나 상황을 초래하다.'라는 뜻이다.

④ ㉣ : 우리는 그 의견에 대해 비판의 목소리를 높였다. (×)

㉣ '높이다'는 '값이나 비율 등을 더 높게 하다.'라는 뜻이고, 선택지의 '높이다'는 '어떤 의견을 다른 의견보다 더 강하게 내다.'라는 뜻이다.

04 윤리와 인공 감정의 대응 문제

1 ② 2 ② 3 ⑤ 4 ③

지문 구조도

① 인공 지능을 도덕적 고려의 대상으로 인정해야 하는지에 대한 문제

② 감정을 가진 로봇을 도덕 공동체에 받아들여야 하는지에 대한 문제

③ 인간에게 있어 감정의 핵심적인 역할

④ 인공 감정을 인간의 감정으로 볼 수 없는 이유

⑤ 로봇이 감정을 가지기 위한 전제 조건과 연구 현황

1 답 ②

정답 해설

② 인공 지능에서 행동이 하는 역할은 ~~인공 감정에서 내적인 감정 경험~~이 맡는다.

인공 지능에서 '행동'은 입력 자극에 대한 적절한 출력에 해당한다. 이를 인공 감정에 적용할 때, '행동'에 대응하는 것은 내적인 감정 경험이 아니라, 역시 입력 자극에 대한 적절한 출력일 것이다. 인공 감정에서의 내적인 감정 경험은 인공 지능에서의 '의미 이해'와 대응된다고 볼 수 있다.

오답 해설

① 인공 지능과 인공 감정을 연구하면 인간의 지능과 감정까지 더 잘 알게 된다. (O)

인공 지능과 인공 감정의 연구는 인간의 지능과 감정을 더 깊이 이해하는 과정이기도 하다. (2문단)

③ 인공 지능에 회의적인 철학자는 의미의 이해가 지능의 본질적 요소라고 생각한다. (O)

철학자들은 인공 지능이 인간과 똑같은 인지적 과제를 수행했다고 하더라도 '의미를 이해하지 못하기 때문에' 진정한 지능이 아니라고 본다. 즉, 인공 지능에 회의적인 철학자는 '의미의 이해'를 지능의 본질적 요소로 생각하는 것이다.

④ 인간성의 핵심이 로봇에게도 있다면 로봇을 도덕적 고려의 대상으로 인정해야 한다. (O)

지문에서는 인간성의 핵심이라고 할 수 있는 '감정'이 로봇에게 없으므로 로봇을 도덕적 고려의 대상으로 인정할 수 없다고 본다. 이는 인간성의 핵심인 '감정'이 로봇에게도 있다면 로봇을 도덕적 고려의 대상으로 인정해야 함을 전제로 한 논의이다.

⑤ 인공 감정은 현실적으로 만들기가 어렵고 만들어도 인간과 같은지 판단하기가 어렵다. (O)

로봇이 인간과 같은 감정 경험을 하는지 판단하기는 쉽지 않으며, 내적인 감정을 생성할 수 있는 로봇을 만들기 위해서는 현실적으로 상당히 어려운 두 가지 전제 조건이 만족되어야 한다. 이를 고려할 때, 인공 감정은 현실적으로 만들기가 어렵고, 만들어도 인간과 같은지 판단하기 어려움을 알 수 있다.

2 답 ②

정답 해설

② A의 기쁨이 적절한 입력 자극과 출력에 의한 것이라면 ~~A와 커쁨은 진정한 감정~~이라고 말할 수 있겠군.

지문에서는 진정한 감정을 '입력 자극에 대한 적절한 출력을 내놓는 행

동들의 패턴'이 아니라 '내적인 감정 경험'으로 이해한다. 이에 따라 로봇이 감정을 가지기 위해서는 단순히 감정을 인식하고 표현하는 데 그쳐서는 안 되고 내적인 감정을 생성할 수 있어야 한다고 본다. 그러므로 〈보기〉의 로봇 A의 기쁨이 적절한 입력 자극과 출력에 의한 것이라면, A의 기쁨은 진정한 감정이라고 말할 수 없을 것이다.

〔오답 해설〕

① A에게 누군가를 이기려는 본능이 있다면 A의 기쁨이 진정한 감정일 가능성이 있겠군. (○)

지문에 의하면 감정을 가진 개체는 목마름, 배고픔, 피로감 등의 본능이나 성취욕, 탐구욕 등의 욕구를 가진다고 전제된다. 〈보기〉의 로봇 A는 바둑에서 최고수를 꺾고 우승한 뒤 기뻐하는 모습을 보이는데, 이때 로봇 A에게 누군가를 이기려는 본능이 있다면 A의 기쁨은 진정한 감정일 가능성이 있을 것이다.

③ A가 바둑 이외의 다양한 영역에서도 인간처럼 업무를 잘 수행한다면 A의 기쁨이 진정한 감정일 가능성이 있겠군. (○)

지문에 따를 때, 인간이 가지는 것과 같은 감정을 로봇이 가지려면 최소한 고등 동물 이상의 일반 지능을 가지고, 생명체들처럼 복잡하고 예측 불가능한 환경에 적응할 수 있어야 한다. 〈보기〉의 로봇 A는 바둑에서 최고수를 꺾고 우승한 뒤 기뻐하는 모습을 보이는데, 이때 로봇 A가 바둑 이외의 다양한 영역에서도 인간처럼 업무를 잘 수행한다면, 곧 복잡하고 예측 불가능한 환경에 적응을 잘 해 간다면, A의 기쁨은 진정한 감정일 가능성이 있을 것이다.

④ A나 B 모두 기쁘지 않으면서도 겉으로는 기뻐하는 행동을 보일 수 있겠군. (○)

지문에 의하면, 인간의 경우 행동의 동등성이 심성 상태의 동등성을 함축하지 않으며, 로봇의 경우에는 행동의 동등성이 곧 심성 상태의 존재성조차도 함축하지 않는다. 〈보기〉의 인간 B는 바둑에서 최고수를 꺾고 우승한 로봇 A에게 기쁨을 표현하고 있는데, 그렇다고 인간 B의 심성 상태도 기쁨인지는 단정할 수 없다. 그리고 로봇 A는 우승 후 기뻐하는 모습을 보이고 있는데, 그렇다고 해서 로봇 A에게 기쁨이라는 심성 상태가 존재한다고 볼 수는 없다. 따라서 A나 B 모두 기쁘지 않으면서도 겉으로는 기뻐하는 행동을 보일 수 있을 것이다.

⑤ B가 A의 기쁨을 알게 된 것은 A의 신체 반응이나 표정 때문이겠군. (○)

지문에 의하면, 인간은 사회적 상호작용에서 서로의 신체 반응이나 표정을 통해 미묘한 감정을 읽어 내고 그에 적절히 반응한다. 이를 고려할 때, 〈보기〉에서 인간 B가 로봇 A의 기쁨을 알게 된 것은 로봇 A가 보인 신체 반응이나 표정 때문일 것이다.

3 답 ⑤

〔정답 해설〕

⑤ 비행기와 새의 비행 방식이 다르듯, 로봇은 인간과 다른 방식으로 감정의 핵심 역할을 수행할 수 있지 않을까? (○)

지문의 글쓴이는 로봇이 '인간'처럼 내적인 감정을 생성할 수 없으므로 진정한 감정이 없는 로봇을 도덕 공동체에 받아들일 필요가 없다고 주장한다. 이는 인간의 내적인 감정 경험이 '감정의 핵심 역할'을 수행한다고 본 것이다. 그런데 비행기와 새의 비행 방식이 다르듯, 로봇도 인간과 다른 방식으로 감정의 핵심 역할을 수행할 수 있다고 본다면, 로봇 또한 진정한 감정을 가진다고 볼 여지가 있을 것이다. 따라서 해당 선택지는 글쓴이의 견해에 대해 문제를 제기한 것으로 적절하다.

〔오답 해설〕

① 로봇이 감정에 휩싸인다면 복잡하고 예측 불가능한 환경에 잘 적응할 수 없지 않을까? (×)

지문에서는 로봇에게 진정한 감정이 없으며, 로봇이 진정한 감정을 가지려면 복잡하고 예측 불가능한 환경에 적응할 수 있어야 한다고 본다. 이때 지문의 글쓴이에게 선택지와 같이 물음을 던지면, '로봇은 복잡하고 예측 불가능한 환경에 적응할 수 있는 존재가 아니므로 진정한 감정을 가질 수 없다.'라고 답변할 것이다. 즉, 해당 선택지는 글쓴이의 견해에 문제를 제기하는 것이 아니다.

② 인간처럼 감정을 인식하고 표현하는 인공 감정 연구는 이미 상당한 수준에 올라 있지 않을까? (×)

인공 감정 연구가 이미 상당한 수준에 올라 있다는 사실만으로 글쓴이에게 문제를 제기할 수는 없다. '인공 감정' 또한 '진정한 감정'으로 볼 수 있다는 근거를 들어야 글쓴이에게 문제를 제기할 수 있다.

③ 인공 지능도 인간의 감정을 이해하고 배려한다면 인공 지능이 도덕적 고려를 할 수 있지 않을까? (×)

지문에서는 로봇[=인공 지능]이 도덕적 고려의 대상이 되는지에 대해서 논하였지, 로봇[=인공 지능]이 도덕적 고려를 할 수 있는지에 대해서는 직접적으로 논하지 않았다.

④ 도덕 공동체에 있으면 내적 감정을 갖겠지만, 내적 감정을 갖는다고 해서 꼭 도덕 공동체에 포함해야 할까? (×)

지문에서는 사람들이 인간과 정서적 교감을 하는 로봇을 점점 가족 구성원처럼 여기게 될지도 모른다고 하면서 로봇을 도덕 공동체에 받아들여야 하는지 질문을 던졌고, 진정한 감정이 없는 로봇을 도덕 공동체에 받아들일 이유가 없다는 결론을 내렸다. 이를 고려할 때, 도덕 공동체에 있으면 내적 감정을 가질 수 있을 것이라는 것은 글쓴이의 주장을 잘못 이해한 것이다.

4 답 ③

〔정답 해설〕

③ ⓒ : 오랜 공사를 벌인 끝에 마침내 터널을 만들었다. (○)

ⓒ '만들다'와 선택지의 '만들다'는 둘 다 '노력이나 기술 따위를 들여 목적하는 사물을 이루다.'라는 뜻이다.

〔오답 해설〕

① ⓐ : 그는 결국 자신의 고집을 꺾어야 했다. (×)

ⓐ '꺾다'는 '경기나 싸움 따위에서 상대를 이기다.'라는 뜻이고, 선택지의 '꺾다'는 '생각이나 기운 등을 제대로 펴지 못하게 억누르다.'라는 뜻이다.

② ⓑ : 나는 시를 읽으면서 마음의 평정을 찾았다. (×)

ⓑ '찾다'는 '모르는 것을 알아내고 밝혀내려고 애쓰다. 또는 그것을 알아내고 밝혀내다.'라는 뜻이고, 선택지의 '찾다'는 '원상태를 회복하다.'라는 뜻이다.

④ ⓓ : 그녀는 해마다 학계에 획기적인 이론을 내놓았다. (×)

ⓓ '내놓다'는 '안의 생성물을 밖으로 내보내다.'라는 뜻이고, 선택지의 '내놓다'는 '생각이나 의견을 제시하다.'라는 뜻이다.

⑤ ⓔ : 오늘따라 제일 친한 친구조차도 멀게만 느껴진다. (×)

ⓔ '멀다'는 '어떤 기준점에 모자라다.'라는 뜻이고, 선택지의 '멀다'는 '서로의 사이가 다정하지 않고 서먹서먹하다.'라는 뜻이다.

05 이성중심주의의 역사적 변천 과정

1 ④ 2 ① 3 ① 4 ④

지문 구조도

1 철학적 근대를 이성지상주의의 단선적 질주로 일반화하기 어려운 이유

2 「독일 관념론의 가장 오래된 체계 강령」에서 보이는 이성지상주의와 다른 입장

3 실러의 정치 미학에 대한 이해

4 실러의 정치 미학을 발전시킨 「강령」의 '새로운 신화학'

5 ~ 6 훨씬 강화된 이성지상주의로 전환된 독일 관념론

1 답 ④

정답 해설

④ 이성지상주의에 대해 그 반대 노선이 도전했지만, 도전의 근거로 제시된 현상에 대한 재해석을 통해 더 강화된 이성지상주의가 등장하였다.

철학적 근대에서 이성지상주의는 감성에 적극적인 의미와 가치를 부여하고자 한 반대 노선의 도전에 직면하였다. 이때 그 반대 노선이라 할 수 있는 실러의 정치 미학과 「강령」은 당대의 국가적 삶의 양식을 부정적으로 보고, 과거의 신화적 세계를 긍정적으로 보는 입장을 취하였다. 하지만 「강령」 이후의 독일 관념론은 과거의 신화적 세계와 당대의 국가적 삶의 양식을 재해석하였으며, 이에 따라 철학적 근대는 오히려 근대 초기보다도 훨씬 강화된 이성지상주의로 전환되었다.

오답 해설

① 이성지상주의가 반대 노선의 도전에 직면했지만, 이를 물리치고 처음의 입장을 그대로 고수하는 확고한 노선이 유지되었다.

철학적 근대에서 이성지상주의는 감성에 적극적인 의미와 가치를 부여하고자 한 반대 노선의 도전에 직면하기는 하였다. 하지만 이를 물리치고 처음의 입장을 그대로 고수하는 확고한 노선이 유지된 것이 아니라, 오히려 근대 초기보다도 훨씬 강화된 이성지상주의로 전환되었다.

② 이성지상주의와 그 반대 노선이 충돌하자, 두 입장 모두의 불완전함을 인식하고 양자의 매개를 추구하는 중립적 이론이 형성되었다.

철학적 근대에서 이성지상주의는 감성에 적극적인 의미와 가치를 부여하고자 한 반대 노선의 도전에 직면하였으므로, 이성지상주의와 그 반대 노선이 충돌하였다고 볼 수는 있다. 하지만 이성지상주의의 불완전함을 인식하였다고 볼 수는 없으며, 대립적인 두 입장의 매개를 추구하는 중립적 이론이 형성된 것도 아니다.

③ 이성지상주의의 부적절성이 반대 노선에 의해 입증되자, 애초의 전제에 내재한 오류의 인식을 통해 사상의 방향이 근본적으로 전환되었다.

철학적 근대에서 이성지상주의는 감성에 적극적인 의미와 가치를 부여하고자 한 반대 노선의 도전에 직면하기는 하였다. 하지만 이성지상주의의 부적절성이 그 반대 노선에 의해 입증되었다고 보기는 어려우며, 이성중심주의의 방향이 근본적으로 전환된 것도 아니다.

⑤ 이성지상주의와 그 반대 노선이 충돌하자, 양자가 각각 부분적 타당성을 지닌다는 인식을 통해 다수 이론의 공존을 용인하는 합리적 사상이 강화되었다.

철학적 근대에서 이성지상주의는 감성에 적극적인 의미와 가치를 부여하고자 한 반대 노선의 도전에 직면하였으므로, 이성지상주의와 그 반대 노선이 충돌하였다고 볼 수는 있다. 하지만 대립적인 두 입장이 각각 부분적 타당성을 지닌다는 것을 인식하였다고 볼 수는 없으며, 다수 이론의 공존을 용인하는 합리적 사상이 강화된 것도 아니다.

2 답 ①

정답 해설

① ㉠은 현실 정치를 위한 미적 교육을, ㉡은 무정부주의적 신화학을 모색한다.

㉠ '실러'는 현실 정치 영역에서 참된 인륜적 공동체를 구현하기 위해서는 인간 심성 자체의 미적 교육이 필요하다고 보았다. 한편 ㉡ '강령'의 저자는 신화학이라는 미적 차원의 문화를 무정부주의적 방향으로까지 극단화하여 미적 차원의 문화가 국가의 종식을 통해 이르러야 할 궁극적인 목표 지점이라고 보았다.

오답 해설

② ㉠은 독일 관념론을 위한, ㉡은 계몽주의를 위한 철학적 기초를 마련한다.

독일 관념론의 출발점에 위치한다고 볼 수 있는 「독일 관념론의 가장 오래된 체계 강령」이라는 텍스트에서 ㉠ '실러'의 정치 미학이 강하게 감지되므로, ㉠은 독일 관념론을 위한 철학적 기초를 마련한다고 볼 여지가 있다. 하지만 ㉡ '강령'의 저자는 신화학을 바탕으로 한 '계몽의 미적 고양'을 중시한 것이지, 계몽주의를 위한 철학적 기초를 마련한 것은 아니다.

③ ㉠은 계몽주의의 지속적 완성을, ㉡은 계몽주의의 근본적 청산을 지향한다.

㉠ '실러'는 계몽주의가 추상적 지성의 계몽에만 치우쳤으며, 이에 따라 인간의 소중한 정신 능력들의 조화가 파괴되었다고 본다. 그러므로 ㉠이 계몽주의의 지속적 완성을 지향하는 것은 아니다. 한편 ㉡ '강령'의 저자는 새로운 신화학이라는 모델을 제안하였는데, 이때 계몽을 원천 무효화하는 신화학을 지향하지는 않았다.

④ ㉠과 ㉡은 모두 미적 차원의 문화 건설을 노선의 궁극적 목표로 설정한다.

㉠ '실러'는 미적 차원의 문화 건설을, 현실 정치 영역에서 참된 인륜적 공동체를 구현하기 위한 '선행 조건'이라고 보았지, 이를 '궁극적 목표'로 설정하지는 않았다. 한편 ㉡ '강령'의 저자는 미적 차원의 문화 건설을, 국가의 종식을 통해 이르러야 할 '궁극적인 목표 지점'으로 구상하였다.

⑤ ㉠과 ㉡은 모두 미적 절대주의를 통해 참된 인륜적 공동체의 건설을 추구한다.

㉠ '실러'는 미적 차원의 문화 건설을 바탕으로 현실 정치 영역에서 참된 인륜적 공동체를 구현하는 것을 추구하였다. 이때 ㉠이 '미적 절대주의'의 입장을 취하였다고 보기는 어렵다. 한편 ㉡ '강령'의 저자는 '계몽의 미적 고양'을 무정부주의적 방향으로까지 극단화하였으므로, 미적 절대주의의 입장을 취하였다고 볼 여지가 있다. 하지만 ㉡이 참된 인륜적 공동체의 건설을 추구한 것은 아니다.

3 답 ①

정답 해설

① 당대의 참된 가치를 제대로 인식하지 못하고 오히려 이미 극복된 과거를 모범으로 삼는 것은 퇴행적 발상이다. (○)

독일 관념론의 최종판, 곧 훨씬 강화된 이성지상주의의 입장에서는, 신화와 같이 미적 차원에 속하는 것을 추구하는 '새로운 신화학'을 비판적으로 바라볼 것이다. 구체적으로는, 이성의 전진을 통해 다다른 시대에 '새로운 신화학'이 다시 미적 이상향을 꿈꾸므로 당대의 참된 가치를 제대로 인식하지 못한다고 볼 것이며, 정신사의 미발전된 초기라고 볼 수

있는 과거를 모범으로 삼는다고 보아 이를 이성의 실현이라는 거대한 흐름에 역행한다고 볼 것이다.

오답 해설

② 신화학을 통해 변용된 계몽의 모델을 과거에서 찾는 것은 감성주의적 이상 실현을 위해 바람직한 길이 아니다. (×)

독일 관념론의 최종판, 곧 훨씬 강화된 이성지상주의의 입장에서는 '감성주의적 이상 실현'을 중시하지 않는다.

③ 삶의 근대적 양상을 정치적 차원에서만 고찰하는 것은 그 양상이 이성의 전횡에서 비롯된 결과임을 간과할 위험이 있다. (×)

독일 관념론의 최종판, 곧 훨씬 강화된 이성지상주의의 입장에서는 '이성'을 부정적으로 보지 않으므로, 미적 차원을 중시하는 '새로운 신화학'의 고찰에 대해 '이성의 전횡에서 비롯된 결과'라고 보지는 않을 것이다.

④ 역사가 진행될수록 위축되어 온 인간의 자유를 이성에 의거하여 복원하려는 것은 역사의 대세를 거스르는 부질없는 노력이다. (×)

독일 관념론의 최종판, 곧 훨씬 강화된 이성주의에서는 고대에 오히려 '절대 소수의 이익을 위한 절대 다수의 억압'이 자행되었고 근대의 입헌적 질서에서 '만인의 보편적 자유'가 구현되었다고 본다. 역사가 진행될수록 인간의 자유가 위축되어 왔다고 보지 않았으며, '새로운 신화학'에서 인간의 자유를 '이성에 의거'하여 복원하려는 시도를 한 것도 아니다.

⑤ 현실 정치에 등을 돌리고 미적 차원을 지향하는 것은 실질적으로는 근대 사회가 초래한 만인에 대한 억압을 용인하는 것이다. (×)

독일 관념론의 최종판, 곧 훨씬 강화된 이성주의에서는 고대에 오히려 억압이 자행되었고 근대의 입헌적 질서에서 만인의 보편적 자유가 구현되었다고 본다. 근대 사회가 '만인에 대한 억압'을 초래했다고 보지는 않았다. 한편 '새로운 신화학'에서는 계몽의 미적 고양을 무정부주의적 방향으로까지 극단화하여, 신화학이라는 미적 차원의 문화를 국가의 종식을 통해 이르러야 할 궁극적인 목표 지점으로 구상하였다. 따라서 '새로운 신화학'에 대해, 현실 정치에 등을 돌리고 미적 차원을 지향했다고 비판할 수는 있을 것이다.

4 답 ④

정답 해설

④ ⓓ : 봉착(逢着)해야 (×)

'봉착하다'는 '어떤 처지나 상태에 부닥치다.'라는 뜻인데, 이때 '부닥치다'는 '세게 부딪치다.', '어려운 문제나 반대에 직면하다.'라는 뜻이므로, ⓓ '이르다'와 바꾸어 쓰기에 적절하지 않다. ⓓ는 '도달(到達)해야'로 바꿔 쓸 수 있다.

오답 해설

① ⓐ : 대항(對抗)하여 (○)

'대항하다'는 '굽히거나 지지 않으려고 맞서서 버티거나 항거하다.'라는 뜻이므로, ⓐ '맞서다'와 바꾸어 쓰기에 적절하다.

② ⓑ : 개진(開陳)하고 (○)

'개진하다'는 '주장이나 사실 등을 밝히기 위하여 의견이나 내용을 드러내어 말하거나 글로 쓰다.'라는 뜻이므로, ⓑ '펼치다'와 바꾸어 쓰기에 적절하다.

③ ⓒ : 경도(傾倒)되어 (○)

'경도되다'는 '온 마음을 기울여 사모하거나 열중하게 되다.'라는 뜻이므로, ⓒ '치우치다'와 바꾸어 쓰기에 적절하다.

⑤ ⓔ : 역행(逆行)하는 (○)

'역행하다'는 '보통의 방향과 반대 방향으로 거슬러 나아가다.'라는 뜻이므로, ⓔ '거스르다'와 바꾸어 쓰기에 적절하다.

06 감각과 인지 과정에 대한 두 이론

1② 2③ 3④ 4⑤

지문 구조도

1 감각 경험이 판단·추론에 선행한다는 비개념주의의 입장

2 비개념주의의 주장을 지지하는 사례인 '변화맹'

3 감각 경험과 판단·추론이 별개의 절차가 아니라는 개념주의의 입장

4 개념주의의 입장에서 본 〈엘베 강 오른편 둑에서 본 드레스덴〉

5 개념주의의 입장에서 본 '변화맹'

6 개념주의의 입장에서 본 비개념주의, 비개념주의의 입장에서 본 개념주의

1 답 ②

정답 해설

② 판단 과정에 개념적 내용이 들어간다.

비개념주의는 감각 경험이 먼저 주어진 후 판단과 추론이 이어지는 것으로 보는데, 감각 경험에 대한 판단과 추론을 고차원의 인지 과정이며 개념적 절차라고 보므로, 판단 과정에 개념적 내용이 들어간다고 주장할 것이다. 또한 개념주의는 우리가 무엇인가를 볼 때 배경지식이나 판단 및 추론 같은 고차원의 인지적 요소들이 이미 개입하고 있다고 보므로, 판단 과정에 개념적 내용이 들어간다고 주장할 것이다.

오답 해설

① 알아채지 못하는 감각은 불가능하다. (×)

비개념주의는 우리가 알아채는 것보다 실제로 더 많은 것을 본다는 점에 주목하므로, 알아채지 못하는 감각도 있다고 주장할 것이다. 반면 개념주의는 나의 감각에 대해서는 나 자신이 특권을 가지므로 내가 나의 감각에 대해 오류를 범할 수 없어야 한다고 본다. 그러므로 알아채지 못하는 감각은 불가능하다고 주장할 것이다.

③ 무엇인가를 본 뒤에야 믿는 것이 가능하다. (×)

비개념주의는 비개념적인 감각 경험이 먼저 주어진 후에 판단과 추론이 이어진다고 보므로, 무엇인가를 본 뒤에야 믿는 것이 가능하다고 주장할 것이다. 반면 개념주의는 시각 경험과 판단·추론이 별개의 절차가 아니라고 보므로, 무엇인가를 보는 것과 믿는 것이 동시에 일어난다고 주장할 것이다.

④ 판단 및 추론에 대해 오류를 범하지 않는다. (×)

비개념주의는 비개념적인 감각 경험이 먼저 주어진 후에 판단과 추론이 이어진다고 보는데, 이때 판단 및 추론에서의 오류 발생 여부에 대해서는 지문에서 설명하지 않았다. 비개념주의에서는 현저한 변화를 알아보지 못하는 현상인 '변화맹'을 '새로운 시각 경험을 인지하지 못해 판단과 추론으로 이어지지 못한 것'이라고 설명하는데, 이는 판단 및 추론의 오류 발생 여부와는 관련이 없는 내용이다. 한편 개념주의는 판단이나 추론과 달리 나의 감각에 대해서는 나 자신이 특권을 가지므로 내가 나의 감각에 대해 오류를 범할 수 없어야 한다고 본다. 그러므로 판단 및 추론에 대해서는 오류를 범할 수 있다고 주장할 것이다.

⑤ 감각 경험이 판단 작용으로 전환될 때 정보의 손실이 발생한다. (×)

비개념주의는 우리가 알아채는 것보다 실제로 더 많은 것을 본다는 점에 주목하므로, 감각 경험이 판단 작용으로 전환될 때 정보의 손실이 발생한다고 주장할 것이다. 반면 개념주의는 시각 경험과 판단·추론이

별개의 절차가 아니라고 보므로, 감각 경험이 판단 작용으로 전환될 때 정보의 손실이 발생하지 않는다고 주장할 것이다.

2 답 ③

정답 해설

③ 해석이 되지 않은 감각 경험이 다리 위 무엇인가를 사람으로 인지하는 데 필요하다.

비개념주의는 비개념적인 감각 경험이 먼저 주어진 후에 판단과 추론이 이어지는 것을 정상적인 과정으로 보는 견해이다. 따라서 비개념주의는 〈엘베 강 오른편 둑에서 본 드레스덴〉에 대해, 비개념적인[=해석이 되지 않은] 감각 경험이 원경으로 그려진 다리 위 무엇인가를 사람으로 인지하는 데 필요하다고 볼 것이다.

오답 해설

① 사람임을 알고서 확대경으로 들여다보면 여전히 사람으로 보인다. (×)

비개념주의는 비개념적인 감각 경험이 먼저 주어진 후에 판단과 추론이 이어진다고 주장한다. 〈엘베 강 오른편 둑에서 본 드레스덴〉의 다리 위 무엇인가가 사람임을 알고서 확대경으로 들여다보는 것은 비개념적인 감각 경험이 후행하게 되는 것이므로 비개념주의의 입장과 배치된다.

② 다리 위의 사람과 달리 물감 방울과 얼룩은 비개념적으로 인지해야 한다. (×)

비개념주의는 비개념적인 감각 경험이 먼저 주어진 후에 판단과 추론이 이어진다고 주장한다. 〈엘베 강 오른편 둑에서 본 드레스덴〉의 다리 위 무엇인가가 사람이든 물감 방울과 얼룩이든, 비개념주의는 해당 부분을 바라볼 때 비개념적인 시각 경험이 먼저 주어지고 나서 이 경험을 인지한다고 주장할 것이다.

④ 가까이서 본 것과 멀리서 본 것의 차이를 통해 다리 위의 사람들을 사람으로 알아차린다. (×)

비개념주의는 비개념적인 감각 경험이 먼저 주어진 후에 판단과 추론이 이어져 대상을 알아차릴 수 있다고 본 것이지, '차이'를 통해 대상을 알아차릴 수 있다고 본 것은 아니다. 따라서 비개념주의는 〈엘베 강 오른편 둑에서 본 드레스덴〉의 다리 위 무엇인가에 대해, 가까이서 본 것과 멀리서 본 것의 차이를 통해 그것을 사람으로 알아차린다고 보지는 않을 것이다.

⑤ 다리 위 무엇인가를 사람으로 인지하기 위해서는 그것이 물감 방울과 얼룩으로 이루어진 것임을 알아차려야 한다. (×)

비개념주의는 비개념적인 감각 경험이 먼저 주어진 후에 판단과 추론이 이어져 대상을 알아차릴 수 있다고 보았다. 따라서 비개념주의의 입장에서 〈엘베 강 오른편 둑에서 본 드레스덴〉의 다리 위 무엇인가를 사람으로 인지하려면, 그림의 다리 위 부분을 보는 비개념적 감각 경험과 더불어 그와 관련된 판단과 추론이 이어져야 한다고 볼 것이다. 그림의 해당 부분이 물감 방울과 얼룩으로 이루어진 것임을 알아차려야 한다는 것은 이와 별개의 판단 및 추론 과정에 의한 것이다.

3 답 ④

정답 해설

④ 비개념주의는 (다)를 추론 및 판단에서 독립된 감각 경험이 존재한다는 주장을 지지하는 근거로 삼을 것이다.

비개념주의는 비개념적인 감각 경험이 먼저 주어진 후에 판단과 추론이 이어지는 것을 정상적인 과정으로 보고, 판단 및 추론에서 독립된 감각 경험이 존재한다고 주장한다. 그 근거로 현저한 변화를 알아보지 못하는 '변화맹'을 드는데, 〈보기〉의 (다)는 '변화맹'의 사례가 아니라 개념

주의에서 지지하는 '채워 넣기'의 사례이다. 따라서 비개념주의가 (다)를 자신들의 주장을 지지하는 근거로 삼지는 않을 것이다.

오답 해설

① 개념주의는 (가)에서 관객이 조수가 바뀌는 것을 보지 못했다고 말할 것이다. (○)

개념주의는 나의 감각의 변화를 내가 알아보지 못한다고 주장하는 것은 말이 되지 않으며, 변화를 알아볼 수 있을 때에야 감각한다고 본다. 〈보기〉의 (가)는 관객이 마술사의 화려한 손동작에 집중하느라 조수가 바뀐 것을 알아차리지 못한 사례인데, 이에 대해 개념주의는 관객이 조수가 바뀌는 것을 보지[=감각하지] 못해 변화를 알아채지 못했다고 말할 것이다.

② 개념주의는 (다)에서 제대로 읽은 까닭을 채워 넣기가 있었기 때문이라고 설명할 것이다. (○)

개념주의는 우리의 시각 경험에 이미 판단 작용이 들어와 있기 때문에 시각 경험과 판단 작용은 구분되지 않는다고 보며, 그 근거로 '채워 넣기'를 든다. 〈보기〉의 (다)는 오타가 있는 단어를 볼 때 무엇이 잘못되었는지 알아채지 못하고 제대로 읽는 사례인데, 이에 대해 개념주의는 채워 넣기가 있었기 때문에 오타가 있는 단어를 제대로 읽었을 것이라고 설명할 것이다.

③ 비개념주의는 (나)가 감각 경험에 비개념적 내용이 존재함을 보여주는 사례라고 말할 것이다. (○)

비개념주의는 비개념적인 감각 경험이 먼저 주어진 후에 판단과 추론이 이어지는 것을 정상적인 과정으로 본다. 〈보기〉의 (나)는 개념적 일반화나 언어적 조작을 하지 못하는 갓난아이나 동물도 감각 경험을 한다는 내용인데, 이에 대해 비개념주의는 감각 경험에 비개념적 내용이 존재함을 보여 주는 사례라고 말할 것이다.

⑤ 비개념주의는 (라)를 사람들이 실제로는 더 많은 것을 본다는 사례로 활용할 것이다. (○)

비개념주의는 우리가 알아차리는 것보다 실제로 더 많은 것을 본다는 점에 주목하면서, '변화맹'에 대해 변화를 알아차리지 못했을 뿐 보지 못했다고 말할 수는 없다고 본다. 〈보기〉의 (라)는 같은 상황에서 변화를 알아차린 사람[=변화맹을 겪지 못한 사람]과 알아차리지 못한 사람[=변화맹을 겪은 사람]의 뇌를 비교했을 때 뇌의 '시각 영역'이 유사한 정도로 활성화되었다는 내용인데, 이는 변화를 알아차리지 못할 때에도 사실은 보고 있다는 것을 뒷받침한다고 할 수 있다. 따라서 비개념주의는 (라)를 사람들이 실제로는 더 많은 것을 본다는 사례로 활용할 것이다.

4 답 ⑤

정답 해설

⑤ ⓔ : 찾을 (×)

ⓔ '범하다'는 '잘못을 저지르다.'라는 뜻이므로 '찾다'로 바꾸어 쓰기에 적절하지 않다.

오답 해설

① ⓐ : 끼어들기 (○)

ⓐ '개입하다'는 '자신과 직접적인 관계가 없는 일에 끼어들다.'라는 뜻이므로, '끼어들다'로 바꾸어 쓸 수 있다.

② ⓑ : 뚜렷한 (○)

ⓑ '현저하다'는 '뚜렷이 드러나 있다.'라는 뜻이므로, '뚜렷하다'로 바꾸어 쓸 수 있다.

③ ⓒ : 흩어져 (○)

ⓒ '분산되다'는 '갈라져 흩어지다.'라는 뜻이므로, '흩어지다'로 바꾸어 쓸 수 있다.

④ ⓓ : 나뉘지 (○)

ⓓ '구분되다'는 '일정한 기준에 따라 전체가 몇 개로 갈리어 나뉘다.'라는 뜻이므로 '나뉘다'로 바꾸어 쓸 수 있다.

07 당위 명제, 존재 명제에 대한 흄의 주장을 둘러싼 논쟁

1 ③ **2** ⑤ **3** ④ **4** ①

지문 구조도

① 당위 명제는 존재 명제에서 도출될 수 없다는 흄의 주장에 대한 논쟁

② 흄의 주장에 대한 매킨타이어의 해석 ①

③ 흄의 주장에 대한 매킨타이어의 해석 ② – '연결 개념'

④ 흄의 주장에 대한 헌터의 해석 ①

⑤ 흄의 주장에 대한 헌터의 해석 ②

⑥ 흄의 주장에 대한 플류와 허드슨의 해석

1 답 ③

정답 해설

③ 특정 주장과 관련된 다양한 이견을 구체적으로 설명하고 있다.

지문에서는 당위 명제가 존재 명제에서 도출될 수 없다는 흄의 주장과 관련된 여러 학자들의 견해를[=다양한 이견을] 구체적으로 설명하였다.

오답 해설

① 특정 주장에 대한 비판들을 통시적으로 조명하고 있다.

지문에서 흄의 주장에 대한 비판들을 통시적으로 조명하지는 않았다. 당위 명제가 존재 명제에서 도출될 수 없다는 흄의 주장이 진정으로 의미하는 바가 무엇인지에 대한 여러 학자들의 견해를 제시했을 뿐이다.

② 특정 주장에 대해 학자들이 합의한 결과를 서술하고 있다.

지문에서 흄의 주장에 대해 학자들이 합의한 결과를 서술하지는 않았다.

④ 특정 주장에 대해 상반된 입장을 제시하고 절충안을 모색하고 있다.

지문에서 흄의 주장에 대한 여러 학자들의 견해를 설명하였으므로, 특정 주장에 대해 상반된 입장을 제시했다고 볼 여지는 있다. 하지만 절충안을 모색하지는 않았다.

⑤ 특정 주장과 관련된 이론의 문제점을 언급하고 대안적 이론을 소개하고 있다.

지문에서 흄의 주장과 관련된 이론의 문제점을 언급하지는 않았으며, 대안적 이론도 소개하지 않았다.

2 답 ⑤

정답 해설

⑤ 정서주의는 인간 정서가 솔직하게 표현된다면 이를 근거로 존재 명제에서 당위 명제를 이끌어 낼 수 있다고 본다.

정서주의는 도덕 판단이 정서의 표현이라면 그 판단은 솔직하거나 솔직하지 않은 것일 뿐이기 때문에, 도덕적 논증의 타당성이나 도덕적 지식이 존재할 수 없다고 주장한다. 이에 따라 플류와 허드슨은 흄을 '도덕적 지식의 불가능성을 주장하는 정서주의자'로 해석하며, 흄이 존재 명제

에서의 당위 명제 도출을 부정했다고 본다. 정서주의에서는 존재 명제에서 당위 명제를 이끌어 낼 수 있다고 보지 않는 것이다.

오답 해설

① 도덕 철학에서 흄의 주장은 도덕적 지식의 불가능성을 주장하는 철학자들에게 주된 근거로 활용되고 있다. (○)

'당위 명제는 존재 명제에서 도출될 수 없다'는 흄의 주장은, 도덕적 지식이 존재할 수 없다고 주장하는 도덕 철학자들에게 성서처럼 주된 근거로 활용되고 있다.

② 매킨타이어는 흄이 영원한 합목적성이나 신의 의지에 대한 신학적 명제를 존재 명제로 보았다고 해석한다. (○)

매킨타이어는 '당위 명제는 존재 명제에서 도출될 수 없다'는 흄의 주장에 대해, 도덕 판단이[=당위 명제가] 영원한 합목적성이나 신의 의지에 대한 신학적 명제에서[=존재 명제에서] 도출되는 것에 대해서만 그 불가능성을 인정한 것이라고 본다. 즉, 매킨타이어는 흄이 신학적 명제를 존재 명제로 보았다고 해석한 것이다.

③ 헌터는 흄이 존재 명제와 당위 명제를 모두 사실적 주장으로 보았다고 이해한다. (○)

헌터는 '당위 명제는 존재 명제에서 도출될 수 없다'는 흄의 주장에 대해, 흄이 도덕 판단을[=당위 명제를] 사실적 주장으로 인식했으며 이것이 다른 사실적 주장에서[=존재 명제에서] 도출될 수 있는 것으로 해석하였다. 즉, 헌터는 흄이 존재 명제와 당위 명제를 모두 사실적 주장으로 보았다고 이해한 것이다.

④ 플류와 허드슨은 흄이 인간 정서를 사실적 진술의 대상이 아니라고 보았다고 해석한다. (○)

플류와 허드슨은 흄이 도덕 판단을 인간 정서에 관한 사실적 진술이 아니라 정서의 표현으로 보았다고 주장하였다.

3 답 ④

정답 해설

④ ㄱ, ㄷ

ㄱ. 매킨타이어에 따르면, 공익을 증진하는 사회적 규칙은 우리에게 쾌락을 유발한다면 도덕성을 지닌다는 것이 흄의 생각이다.

매킨타이어는 흄이 정서에 관해 논의할 때, '사회적 규칙이 어떻게 공공의 이익을 증진하는가'의 문제와 관련해서 수많은 인류학적, 사회학적 사실을 인용했던 점에 주목하였다. 또한 '쾌락'과 같은 연결 개념이 사실적인 것인 동시에 도덕적 개념과 밀접하게 연결된 인간 본성의 여러 측면과도 관련된다고 보았다. 이러한 사실들을 고려할 때, 매킨타이어에 따를 경우 공익을 증진하는 사회적 규칙이 우리에게 쾌락을 유발한다면 도덕성을 지닌다는 것이 흄의 생각일 것이다.

ㄷ. 플류와 허드슨에 따르면, 도덕 판단은 정서의 표현이기 때문에 도덕적 지식이 될 수 없다는 것이 흄의 생각이다.

플류와 허드슨은 흄이 도덕 판단을 정서의 표현으로 보았다고 주장하였으며, 흄을 도덕적 지식의 불가능성을 주장하는 정서주의자로 해석하였다.

오답 해설

ㄴ. 헌터에 따르면, 인간 정서는 주관적이기 때문에 인간 정서에 대한 사실적 진술에서 도출된 도덕 판단은 도덕적 지식이 될 수 없다는 것이 흄의 생각이다.

헌터에 따르면 흄의 당위 명제, 곧 도덕 판단은 인간 정서와 관련된 사실적 진술로서의 존재 명제에서 도출될 수 있으며 이를 통해 도덕적 지식을 산출할 수 있다고 보았다.

4 답 ①

정답 해설

① 헌터는 '고의적 살인'에 대한 도덕 판단이 사람들에게 불러일으킨 부정적 정서의 진술에서 도출된 것이라고 생각하겠군.

헌터는 인간 정서와 관련된 사실적 진술로서의 존재 명제에서 당위 명제, 곧 도덕 판단이 도출될 수 있다고 보았다. 그러므로 〈보기〉에 대하여 헌터는 '고의적 살인'에 대한 도덕 판단이, 사람들에게 불러일으킨 부정적 정서의 진술에서 도출된 것이라고 생각할 것이다.

오답 해설

② '악덕'이라는 도덕 판단의 근거를 매킨타이어는 인간의 타고난 성질에서 찾겠지만, 헌터는 시인과 부인의 표현에서 찾겠군.

매킨타이어는 욕구, 필요, 쾌락 등의 '연결 개념'이 사실적인 것인 동시에 도덕적 개념과 밀접하게 연결된 인간 본성의 여러 측면과도 관련된다고 보았다. 이를 고려할 때, 〈보기〉에 대하여 매킨타이어가 '악덕'이라는 도덕 판단의 근거를 인간의 타고난 성질에서 찾을 것이라고 볼 여지는 있다(인간의 타고난 성질을 '본성'으로 본다면). 하지만 헌터는 '악덕'이라는 도덕 판단의 근거를 사람들에게 거부의 감정을 일으키는 진술에서 찾을 것이다. '악덕'이라는 도덕 판단의 근거를 '시인과 부인의 표현'에서 찾는 것은 헌터가 아니라 정서주의자이다.

③ 플류와 허드슨은 '악덕'에 대해 '고의적 살인'이 어떤 사람에게 유발한 불쾌감을 기술한 것으로 간주하겠군.

플류와 허드슨은 도덕 판단이 사실의 기술에서 도출될 수 없으며, 정서적 의미를 지닌 것일 뿐이고 단지 발화자의 태도를 시인과 부인으로 표현한 것에 불과하다고 본다. 그러므로 〈보기〉에 대하여 플류와 허드슨은, '악덕'이라는 도덕 판단에 대해 '고의적 살인'이 유발한 불쾌감을 발화자가 시인한 표현으로 간주할 것이다. 불쾌감이라는 사실을 기술한 것으로 간주하지는 않을 것이다.

④ 매킨타이어와 달리 헌터는 '거부의 감정'이 사실적 측면과 도덕적 요구를 연결하는 개념이라고 생각하겠군.

매킨타이어는 욕구, 필요, 쾌락 등의 '연결 개념'이 사실적인 것인 동시에 도덕적 개념과 밀접하게 연결된 인간 본성의 여러 측면과도 관련된다고 보았다. 그러므로 〈보기〉에 대하여 '거부의 감정'이 사실적 측면과 도덕적 요구를 연결하는 개념이라고 생각하는 것은, 헌터보다는 매킨타이어에 가까울 것이다.

⑤ 매킨타이어는 '당신 자신 안에 있는 것'을, 플류와 허드슨은 '대상에 있는 것'을 도덕 판단으로 간주하겠군.

매킨타이어는 흄이 도덕성을 '인간에게 정념이나 정서를 불러일으키는 필요나 이익과 관련된 자연적 현상'이라고 확신했다는 점에 주목하며, 욕구, 필요, 쾌락 등의 '연결 개념'이 사실적인 것인 동시에 도덕적 개념과 밀접하게 연결된 인간 본성의 여러 측면과도 관련된다고 보았다. 이를 고려할 때, 〈보기〉에 대하여 매킨타이어가 '당신 자신 안에 있는 것'을 도덕 판단으로 간주한다고 보기는 어렵다. 한편 플류와 허드슨은 도덕 판단이 발화자의 태도를 표현하는 것에 불과하다고 보았다. 그러므로 〈보기〉에 대하여 플류와 허드슨이 '대상에 있는 것'을 도덕 판단으로 간주하지는 않을 것이다.

---

08 헤겔의 예술 철학

1 ③ 2 ③ 3 ③ 4 ⑤

지문 구조도

1 헤겔의 입장에서 본 예술사와 예술사의 세 단계

2 헤겔이 본 '상징적' 단계의 특징

3 헤겔이 본 '고전적' 단계의 특징

4 헤겔이 본 '낭만적' 단계의 특징

5 헤겔의 예술론의 의의

---

1 답 ③

정답 해설

③ 문명의 모든 단계적 이행은 인간 정신의 발전 논리에 따라 이루어지므로, 예술의 역사는 다른 영역의 역사와 연계되어 기술되어야 한다.

헤겔은 예술사를 '상징적', '고전적', '낭만적'이라고 불리는 세 단계로 구분했다. 이때 이 세 용어는 지역 개념을 수반하는 문명사적 개념인데, 이를 토대로 헤겔은 예술사가 거시적 차원의 보편적 정신사 및 그 발전 법칙에 의거한다고 보았다. 그래서 헤겔은 예술사를 문명사, 종교사 등과 연계하여 기술한 것이다. (1문단)

오답 해설

① 예술 양식 변화의 근원은 인간 내면의 보편적인 정신적 욕구에 있으므로, 모든 시대의 작품들은 동등한 가치를 지닌다.

헤겔은 예술사의 단계 중 '상징적' 단계에서는 인간 정신이 절대적인 '무엇'을 향한 막연한 욕구만 지녔다고 보았고, '고전적' 단계에서는 인간 정신이 신들을 인간적 특질을 지닌 존재로 분명하게 의식했다고 보았으며, '낭만적' 단계에서는 인간 정신이 신을 순수한 정신적 실체로 여긴다고 보았다. 이를 고려할 때, 헤겔은 예술 양식 변화의 근원이 인간 내면의 보편적인 정신적 욕구에 있다고 보았을 것이다. 하지만 헤겔은 예술사의 세 단계가 순수 미학적 차원에서 '출발 – 완성 – 하강'의 순서로 진행되는 이행 모델을 따른다고 보았으므로, 모든 시대의 작품들이 동등한 가치를 지닌다고 보지는 않을 것이다.

② 예술은 인간 정신의 심층적 차원을 표출한 것이므로, 예술미의 성취 여부는 형식이 아니라 내용에 의해 판단되어야 한다.

헤겔은 예술사의 세 단계인 '상징적', '고전적', '낭만적' 단계가 좀 더 심층적인 차원에서는 각각 '자연 종교', '예술 종교', '계시 종교'라는 종교의 유형적 단계에 대응한다고 보았다. 또한 헤겔은 예술사가 순수한 개념적 사유를 향해 점증적으로 발전하는 지성 일반의 발전 법칙에 의거한다고 보았다. 이를 고려할 때, 헤겔은 예술이 인간 정신의 심층적 차원을 표출한 것이라고 보았을 것이다. 그런데 헤겔은 예술미의 성취 여부를 판단할 때 신이라는 '내용'과 신의 외적 구현인 '형식'의 일치 정도에 의거하였다. 즉, 예술미의 성취 여부를 판단할 때 당연히 형식도 고려한 것이다.

④ 예술의 단계적 변천은 인간 정신의 보편적 발전에 의해 추동되므로, 작품들의 미적 수준의 차이는 그것들의 장르적 상이성과 무관하다.

①, ②번 선택지 해설에서도 밝혔듯, 헤겔은 예술의 단계적 변천이 인간 정신의 보편적 발전에 의해 추동된다고[=추진된다고] 보았을 것이다. 한편 헤겔은 예술사를 '상징적', '고전적', '낭만적' 세 단계로 구분하였는데, 이때 각 세 단계가 장르들에도 적용되어 '상징적' 단계에는 건축, '고전적' 단계에는 조각, '낭만적' 단계에는 회화·음악·시문학이 대응된

다고 보았다. 이를 바탕으로 헤겔은 내용과 형식의 완전한 일치를 이룬 '고전적' 단계의 조각이 미의 극치로 평가된다고 보았다. 즉, 헤겔은 작품들의 미적 수준의 차이가 작품들의 장르적 상이성과 관련이 있다고 본 것이다.

⑤ 예술은 내용과 형식의 합일이라는 구체적 방식으로 구현되므로, 작품의 해석에서 가장 중요한 것은 ~~일반 개념에 앞선 개별 작품의 파악~~이다.

헤겔은 신이라는 '내용'과 신의 외적 구현인 '형식'의 일치 정도에 의거하여 예술미를 판단했을 뿐, 예술이 내용과 형식의 합일이라는 구체적 방식으로 구현된다고 단정하지는 않았다. 또한 헤겔은 예술사를 양식의 특수하고 자족적인 역사로 보지 않았으므로, 작품의 해석에서 가장 중요한 것을 '개별 작품의 파악'으로 보지는 않았을 것이다.

2 답 ③

정답 해설

③ 중세의 기독교 회화는 낭만적 단계의 전형적인 예술이 아니다. (×)

예술사의 단계 중 '낭만적 단계'는 '중세부터의 유럽'에 대응하며, 예술 장르 중에서는 '회화 · 음악 · 시문학'이 전형적 장르에 대응한다. 따라서 중세의 '기독교 회화'는 낭만적 단계의 전형적인 예술일 것이다.

오답 해설

① 태고 오리엔트의 조각은 상징적 단계의 전형적인 예술이 아니다. (O)

예술사의 단계 중 '상징적 단계'는 '태고의 오리엔트'에 대응하며, 예술 장르 중에서는 '건축'이 전형적 장르에 대응한다. 따라서 태고 오리엔트의 '조각'은 상징적 단계의 전형적인 예술이 아닐 것이다.

② 고대 그리스의 서사시는 고전적 단계의 전형적인 예술이 아니다. (O)

예술사의 단계 중 '고전적 단계'는 '고대 그리스'에 대응하며, 예술 장르 중에서는 '조각'이 전형적 장르에 대응한다. 따라서 고대 그리스의 시문학 중 '서사시'는 고전적 단계의 전형적인 예술이 아닐 것이다.

④ 근대의 고전주의 음악은 낭만적 단계의 전형적인 예술이다. (O)

예술사의 단계 중 '낭만적 단계'는 '중세부터의 유럽'에 대응하며, 예술 장르 중에서는 '회화 · 음악 · 시문학'이 전형적 장르에 대응한다. 따라서 근대의 '고전주의 음악'은 낭만적 단계의 전형적인 예술일 것이다.

> ★ 쌤 Tip!!!
>
> '근대의 고전주의 음악'이라는 말에서 '고전주의'라는 용어에 방점을 찍어, 해당 예술이 '고전적' 단계에 속한다고 착각하면 안 된다. 헤겔의 '상징적', '고전적', '낭만적' 단계는 시대를 기준으로 나눈 것이므로, 선택지의 '근대의 고전주의 음악'이라는 말을 보고는 '근대'라는 용어에 훨씬 주목했어야 한다.

⑤ 현대의 건축은 낭만적 단계의 전형적인 예술이 아니다. (O)

예술사의 단계 중 '낭만적 단계'는 '중세부터의 유럽'에 대응하며, 예술 장르 중에서는 '회화 · 음악 · 시문학'이 전형적 장르에 대응한다. 따라서 중세 이후인 현대의 '건축'은 낭만적 단계의 전형적인 예술이 아닐 것이다.

3 답 ③

정답 해설

③ 가장 아름다우면서도 가장 지성적인 예술은 없다. (O)

헤겔은 예술사의 '상징적', '고전적', '낭만적' 세 단계 중 두 번째 단계인 '고전적' 단계에서 예술미의 정점이 이루어졌다고 보았으며, 세 번째 단계인 '낭만적' 단계에서 지성의 정점이 이루어졌다고 보았다. 이를 고려할 때, 가장 아름다우면서도 가장 지성적인 예술은 없다고 볼 수 있다.

오답 해설

① 가장 앞 단계의 예술이 가장 아름다운 예술이다. (×)

② 가장 뒷단계의 예술이 가장 아름다운 예술이다. (×)

헤겔은 예술사의 '상징적', '고전적', '낭만적' 세 단계 중 두 번째 단계인 '고전적' 단계에서 예술미의 정점이 이루어졌다고 보았다. 가장 앞 단계인 '상징적' 단계의 예술이나 가장 뒷단계인 '낭만적' 단계의 예술이 가장 아름다운 예술인 것은 아니다.

④ 가장 비지성적인 예술이 가장 아름다운 예술이다. (×)

헤겔은 예술사의 '상징적', '고전적', '낭만적' 세 단계 중 첫 번째 단계인 '상징적' 단계가 가장 비지성적이라고 보았으며, 두 번째 단계인 '고전적' 단계에서 예술미의 정점이 이루어졌다고 보았다. 가장 비지성적인 '상징적' 단계의 예술이 가장 아름다운 예술이라고 볼 수는 없다.

⑤ 가장 추한 예술이 오히려 가장 아름다운 예술이다. (×)

지문에 의하면 정신사적 차원에서의 정점인 '낭만적 단계'에서 '추(醜)'도 새로운 미적 가치로 인정되기 시작했을 뿐, 가장 추한 예술이 오히려 가장 아름다운 예술이라고 제시한 적은 없다.

4 답 ⑤

정답 해설

⑤ 당대 유럽 이외의 문화를 상대적으로 미성숙한 지성적 단계에 위치시킴으로써 이론적으로 근대 서구의 자기 우월적 태도를 드러내고 있다.

헤겔은 예술사의 '상징적', '고전적', '낭만적' 세 단계 중 세 번째 단계인 '낭만적' 단계에서 지성의 정점이 이루어졌다고 보았다. 이때 '낭만적' 단계가 문명사적으로 '중세부터의 유럽'에 대응한다는 것을 고려할 때, 헤겔은 자신이 속해 있는 근대 서구 유럽의 문화가 아닌 '태고 오리엔트', '고대 그리스' 문화를 상대적으로 미성숙한 지성적 단계에 위치시켰다고 볼 수 있다. 또한 이를 통해 근대 서구 유럽의 자기 우월적 태도를 드러내고 있다고 비판적으로 평가할 수 있다.

오답 해설

① 개념에 주로 의존하는 전형적인 철학적 미학이기 때문에 논증적 수준은 높지만 ~~실질적 사례를 언급한 경우는 많지 않다.~~

지문에 의하면 헤겔의 예술론은 전형적인 철학적 미학에 속하지만, 구체적 작품들에 대한 풍부하고 수준 높은 진술도 포함하고 있다. 실질적 사례를 언급한 경우가 많지 않다고 볼 수는 없다.(1문단)

② 당대까지의 예술 현상에 대한 제한된 경험에 기초하기 때문에 ~~이후 시대의 예술적 상황에 대해서는 설명력을 결여하고 있다.~~

지문에 의하면 헤겔의 예술론은 '추(醜)', 즉 추함도 새로운 미적 가치로 인정되기 시작한 당시의 상황은 물론, 예술의 지성화가 진행된 오늘날의 상황까지 예견하여 설명할 수 있는 포섭력이 있다. 헤겔 이후 시대의 예술적 상황에 대한 설명력도 가지고 있는 것이다.(5문단)

③ ~~정신사적 차원에서의 설명과 종교사적 차원에서의 설명을 분리함~~으로써 양자 간에 발생한 결론상의 모순을 해결하지 못하였다.

헤겔은 예술사의 '상징적', '고전적', '낭만적' 세 단계가 각각 '자연 종교', '예술 종교', '계시 종교'라는 종교의 유형적 단계에 대응한다고 보았으며, 가장 근본적으로는 순수한 개념적 사유를 향해 점증적으로 발전하는 지성 일반의 발전 법칙에 의거한다고 보았다. 정신사적 차원에서의 설명과 종교사적 차원에서의 설명이 근본적으로는 동일한 근거에 의거한다는 점을 고려하면, 헤겔이 두 차원의 설명을 분리했다고 보기는 어렵다. 설사 헤겔이 두 차원의 설명을 분리했다고 하더라도, 양자 간에 결론상의 모순이 발생했다고 볼 수도 없다.

④ 예술사의 시대 구분과 각 예술 장르에 대한 설명이 ~~서로 무관한 논리와 개념에 의거하기~~ 때문에 이론의 전체적 정합성이 떨어진다.

헤겔은 예술사의 '상징적', '고전적', '낭만적' 세 단계 범주가 각 예술 장르들에도 적용된다고 보았으며, 이에 따라 '건축', '조각', '회화·음악·시문학'이 차례로 각 단계에 대응한다고 보았다. 그런데 이는 서로 무관한 논리와 개념에 의거한 것이 아니다. 신이라는 '내용'과 신의 외적 구현인 '형식'의 일치 정도에 의거한 것이다.(1문단)

09　계층 측정 방식과 중산층 위기

1 ④　2 ⑤　3 ④　4 ④

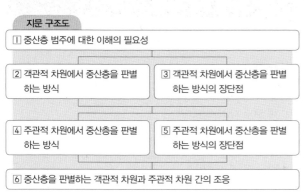

지문 구조도

1 중산층 범주에 대한 이해의 필요성

2 객관적 차원에서 중산층을 판별하는 방식　3 객관적 차원에서 중산층을 판별하는 방식의 장단점

4 주관적 차원에서 중산층을 판별하는 방식　5 주관적 차원에서 중산층을 판별하는 방식의 장단점

6 중산층을 판별하는 객관적 차원과 주관적 차원 간의 조응

1 답 ④

측정 지표	판별 기준	점수
직업·종사상의 지위	고용주 및 상층 사무직 노동자	2
	소규모 자영업자 및 하층 사무직 노동자	1
가구 소득	도시 근로자 월평균 가구 소득의 90% 이상	1
자산	국민 주택 규모 소유 이상	1
교육 연수	2년제 대학 졸업 이상	1

정답 해설

④ 주택을 소유하지 않아도 핵심적 중산층이 될 수 있다.

어떤 사람이 주택을 소유하지 않아도(0점), 소규모 자영업자이고(1점), 가구 소득이 도시 근로자 월평균 가구 소득의 90% 이상이며(1점), 2년제 대학을 졸업했다면(1점), 점수의 합이 '3점'으로 '핵심적 중산층'으로 분류될 수 있다.

오답 해설

① 중산층으로 판별된 사람의 가구 소득은 도시 근로자 월평균 가구 소득의 90% 이상이다.

어떤 사람이 중산층으로 판별되었다고 해서, 가구 소득의 판별 기준인 '도시 근로자 월평균 가구 소득의 90% 이상'을 반드시 만족할 필요는 없다. 즉, 어떤 사람의 가구 소득이 도시 근로자 월평균 가구 소득의 90% 이상이 아니더라도(0점), 소규모 자영업자이고(1점), 국민 주택 규모를 소유하고 있으며(1점), 2년제 대학을 졸업했다면(1점), 점수의 합이 '3점'으로 '핵심적 중산층'으로 분류될 수 있다.

② 고졸 학력이면서 상층 사무직 노동자인 사람은 핵심적 중산층으로 분류될 수 없다.

어떤 사람이 고졸 학력이면서(0점) 상층 사무직 노동자라면(2점) 측정 지표 중 '교육 연수(年數)'에 해당하는 점수는 없지만, 가구 소득이 도시 근로자 월평균 가구 소득의 90% 이상이라면(1점), 점수의 합이 '3점'으로 '핵심적 중산층'으로 분류될 수 있다.

③ 직업·종사상의 지위와 자산은 중산층 판별에 동일한 영향을 미친다.

직업·종사상의 지위는 판별 기준에 따라 1점 또는 2점을 받을 수 있지만, 자산은 1점을 받을 수 있으므로, 중산층 판별에 동일한 영향을 미치지 않는다.

⑤ 중산층 판별 점수의 합의 최댓값은 6점이다.

중산층 판별 점수의 합의 최댓값은 5점이다. 직업·종사상의 지위는 2점 또는 1점을 부여받을 수 있는 것이지, 2점과 1점을 동시에 받을 수는 없다. 만약 표에 있는 점수를 바로 다 합쳤다면, 출제자의 함정에 제대로 빠진 것이다.

2 답 ⑤

정답 해설

⑤ ㉠에서는 다수의 지표를 결합하여 단일한 방식으로 측정하지만, ㉡에서는 단일한 지표를 사용하여 두 가지 방식으로 측정한다.

㉠에서는 '직업·종사상의 지위', '가구 소득', '자산', '교육 연수(年數)' 등 '다수의 지표'를 결합하여 '점수의 합산 결과'라는 '단일한 방식'으로 계층을 측정한다. ㉡에서는 '계층 귀속 의식'이라는 '단일한 지표'를 사용하여 '중산층 귀속 의식', '중간층 귀속 의식'의 두 가지 방식으로 계층을 측정한다.

오답 해설

① ㉠과 ㉡은 모두 계층 구조상의 상층을 판별할 수 없다.

㉠은 '핵심적 중산층', '주변적 중산층', '하층'의 단계로 계층을 측정하므로 계층 구조상의 '상층'을 판별할 수 없다고 볼 수 있지만, ㉡ 중 '중간층 귀속 의식'을 이용한 계층 측정 방식은 하층에서부터 상층에 이르는 계층의 단계를 선택지로 제시하므로, 계층 구조상의 상층을 판별할 수 있을 것이다.

② 계층 판별의 단위가 ㉠에서는 가구이지만 ㉡에서는 개인이다.

㉠은 '가구'가 아니라 '개인'의 계층적 위치를 측정한다. 〈중산층 판별 점수표〉의 판별 기준 중 '가구 소득'이라는 단어를 보고, ㉠의 계층 판별 단위가 '가구'라고 오해하면 안 된다. 개인의 계층적 위치를 측정할 때, '가구 소득'을 하나의 판별 기준으로 삼을 뿐이다. 물론 ㉡에서는 '중산층 귀속 의식'이나 '중간층 귀속 의식' 모두 계층 판별의 단위가 '개인'이다.

③ ㉠은 계층 양극화를 측정하고 ㉡은 계층의 불일치를 측정한다.

'사회적 양극화'로 표현되는 중산층 위기의 본질을 살피기 위해, 객관적 차원의 계층을 판별하는 ㉠의 방식과 주관적 차원의 계층 의식을 측정하는 ㉡의 방식이 활용된다. 즉, ㉠과 ㉡ 모두 계층 양극화를 측정한다고 보는 것이 적절할 것이다. 한편 '계층의 불일치'는 ㉠과 ㉡의 측정을 결합함으로써 알아차릴 수 있는 것이지, ㉡만으로 계층의 불일치를 측정할 수 있는 것은 아니다.

④ ㉠에서는 지표의 판별 기준이 측정 시점에 따라 달라질 수 있지만, ㉡에서는 계층을 인식하는 잣대가 모두에게 동일하다.

㉠에서는 측정 지표로 선정된 판별 기준이 측정 시점에 따라 달라질 수 있다는 단점이 있다. 한편 ㉡에서는 개인에 따라 계층을 인식하는 잣대가 다를 수 있다는 문제가 있다.

3 답 ④

〈보기〉 독해를 통해, (1) 객관적 차원의 중산층 비율은 이전보다 다소 증가하고, 주관적 차원의 중산층 비율은 이전보다 감소한 것 (2) 중간층 귀속 의식보다 중산층 귀속 의식의 비율이 훨씬 낮은 것 (3) 객관적으로는 중산층에 속하면서도 주관적으로는 중산층과 동일시하지 않는 집단이 많다는 것을 확인해야 한다.

정답 해설

④ 객관적 차원의 중산층의 과반수가 자신을 중산층과 동일시하지 않는 것으로 보아, 중산층의 상대적 박탈감이 크다는 것을 알 수 있다.

〈보기〉에 의하면 핵심적 중산층의 약 35%, 주변적 중산층의 약 12%만이 자신을 중산층과 동일시하고 있다. 즉, 핵심적 중산층의 약 65%, 주변적 중산층의 약 88%가 자신을 중산층과 동일시하고 있지 않은 것이다. 이처럼 중산층의 과반수가 객관적으로는 중산층에 속하면서도 주관적으로는 중산층과 동일시하지 않고 있는데, 이를 통해 중산층의 상대적 박탈감이 크다는 것을 알 수 있다.

오답 해설

① 객관적 차원의 중산층이 증가한 것은 도시 근로자 월평균 가구 소득이 증가했기 때문이다.

〈보기〉에 의하면 객관적 차원의 중산층이 증가하기는 하였으나, 그렇다고 해서 도시 근로자 월평균 가구 소득이 증가했다고 단정할 수는 없다. 도시 근로자 월평균 가구 소득은 객관적 차원의 중산층을 판별하는 하나의 기준일 뿐이다.

② 중간층 귀속 의식에 비해 중산층 귀속 의식이 낮은 것은 객관적 차원의 중산층 판별 기준이 높기 때문이다.

〈보기〉에 의하면 중간층 귀속 의식에 비해 중산층 귀속 의식이 많이 낮은데, 이는 중산층을 판단하는 데에 사용되는 '주관적' 기준이 높기 때문이다. 객관적 차원의 기준이 높기 때문인 것은 아니다.

③ 중간층 귀속 의식과 중산층 귀속 의식이 이전에 비해 모두 떨어진 것으로 보아, 중산층의 붕괴가 진행되고 있다.

〈보기〉에 의하면 중간층 귀속 의식과 중산층 귀속 의식이 이전에 비해 모두 떨어진 것은 맞지만, 객관적 차원의 중산층 비율이 이전에 비해 다소 증가한 것으로 보아 '중산층의 붕괴'가 진행되고 있다고 볼 수는 없다.

⑤ 객관적 차원과 주관적 차원 간의 괴리 정도가 중산층보다 하층에서 더 큰 것으로 보아, 중산층보다 하층에서 계층의 불일치가 더 크게 나타날 것이다.

〈보기〉에 의하면 하층의 약 6%만이 자신을 중산층과 동일시하고 있다. 즉, 이들은 객관적으로 하층에 속하지만 주관적으로는 자신을 하층과 동일시하고 있지 않으므로, 객관적 차원과 주관적 차원 간의 괴리를 느끼고 있다고 볼 수 있다. 다시 말해, 하층에서 계층의 불일치는 6%인 것이다. 이때 최대 94%의 하층이 자신을 주관적으로 하층과 동일시할 수 있다. 따라서 객관적 차원과 주관적 차원 간의 괴리 정도가 중산층보다 하층에서 더 크다고 단정할 수 없으며, 이에 따라 중산층보다 하층에서 계층의 불일치가 더 크게 나타날 것이라고 단정할 수도 없다.

4 답 ④

정답 해설

④ ⓓ : 귀결(歸結)되는 (×)

'귀결되다'는 '어떤 결말이나 결과에 이르게 되다.'라는 뜻이므로, '어떤 정도나 범위에 미치다.'라는 뜻의 ⓓ '이르다'와 바꾸어 쓰기에 적절하지 않다. 하층에서 상층으로 이르는 것이 결말이나 결과에 이르는 것은 아니다.

오답 해설

① ⓐ : 고찰(考察)하려면 (○)

'고찰하다'는 '어떤 것을 깊이 생각하고 연구하다.'라는 뜻이므로, '자세히 따지거나 헤아려 보다.'라는 뜻의 ⓐ '살피다'와 바꾸어 쓰기에 적절하다.

② ⓑ : 수립(樹立)해야 (○)

'수립하다'는 '국가나 정부, 제도, 계획 등을 이룩하여 세우다.'라는 뜻이

므로, ⓑ '세우다'와 바꾸어 쓰기에 적절하다.

③ ⓒ : 변동(變動)될 (○)

'변동되다'는 '바뀌어 달라지게 되다.'라는 뜻이므로, ⓒ '달라지다'와 바꾸어 쓰기에 적절하다.

⑤ ⓔ : 포착(捕捉)할 (○)

'포착하다'는 '어떤 기회나 정세를 알아차리다.'라는 뜻이므로, ⓔ '알아차리다'와 바꾸어 쓰기에 적절하다.

본문 112~113쪽

10 조선조 전율 제도의 성립 과정

1 ④ 2 ② 3 ① 4 ②

지문 구조도

1 조선 시대의 실정법 체계와 전율 체제의 형성

2 〈대명률〉의 다양한 수용 양태

3 조선 후기까지 이어진 법전 편찬 과정

4 조선 시대에서 〈대명률〉과 국전의 관계

1 답 ④

정답 해설

④ 〈경국대전〉에 수록되지 않은 수교가 '등록'에 수록되어 있기도 하였다.

〈경국대전〉은 전대의 국전인 〈경제육전〉, 〈속육전〉, '등록'을 모아서 수정하고 삭제하여 만든 법전인데, 이때 '등록'은 일시 시행되는 수교를 따로 수록한 '국전'이다. 이를 고려할 때, '등록'에 수록되어 있는 수교가 〈경국대전〉에서는 삭제되어 수록되지 않기도 했을 것이다.(3문단)

오답 해설

① 〈경제육전〉과 〈속육전〉은 〈경국대전〉을 보완하였다.

〈경제육전〉, 〈속육전〉, '등록'을 모아서 수정하고 삭제하여 이들을 대체하는 법전을 편찬한 것이 〈경국대전〉이다. 〈경제육전〉과 〈속육전〉이 〈경국대전〉을 보완한 것은 아니다.(3문단)

② '등록'에 수록된 수교는 〈경국대전〉에 포함되지 않았다.

〈경국대전〉은 전대의 국전들을 모아서 수정하고 삭제하여 만든 법전이다. '등록'은 일시 시행되는 수교를 따로 수록한 '국전'이므로, 이 또한 〈경국대전〉에 포함되어 있었을 것이다.(3문단)

③ 〈경국대전〉의 편찬 이후에 수교는 법전 편찬에 사용되지 않았다.

조선 시대 제정법의 원천은 왕명, 곧 '수교(受敎)'였는데, 수교가 계속하여 쌓여 가면서 전후의 수교 간에 그리고 서로 다른 관청에 내려진 수교 간에 충돌이 일어나자 이를 해결하기 위해 법전 편찬이 필수적으로 요청되었다. 이에 따라 〈경제육전〉, 〈속육전〉, '등록', 〈경국대전〉 등의 국전이 편찬되었으며, 이러한 법전 편찬 과정은 조선 후기까지 이어졌으므로 〈경국대전〉의 편찬 이후에도 수교는 법전 편찬에 사용되었을 것이다.(3문단)

⑤ 〈경제육전〉에 수록된 수교는 〈속육전〉에 수록된 수교와 입법 시기가 겹치기도 하였다.

〈속육전〉은 〈경제육전〉이 편찬된 이후 새로운 수교가 쌓이자 이 수교들을 모아서 편찬한 국전이다. 그러므로 〈경제육전〉에 수록된 수교는 〈속육전〉에 수록된 수교와 입법 시기가 겹치지 않았을 것이다.(3문단)

2 답 ②

정답 해설

② 국전들 간의 충돌 문제로 <u>전율 체제의 출현이 지연</u>되었다.

조선의 실정법 체계는 〈대명률〉과 〈경국대전〉, 〈속대전〉 등 국전의 양대 지주로 편성된 '전율 체제'였다. 이러한 조선의 전율 체제는 〈대명률〉을 수용하여 사용하는 중에 최초의 국전인 〈경제육전〉이 편찬됨으로써 출현하게 되었다고 할 수 있다. 〈경제육전〉과 그 이후에 편찬된 국전인 〈속육전〉의 충돌 문제가 발생하기는 하였지만, 이로 인해 '전율 체제'의 출현이 지연된 것은 아님을 알 수 있다.

오답 해설

① 중앙집권화를 위한 한 방편으로 <u>외국 형법의 도입</u>이 이루어졌다.

조선의 건국자들은 조선을 성문법에 의하여 통일되게 통치하고자 국전 편찬을 시작하려 했다. 그런데 그 완비까지는 시일이 걸리므로 가장 시급한 과제인 '형사 사법 체계의 혼란'을 극복하기 위해 명나라에서 만든 형사법인 〈대명률〉을 수용하였다. 이를 고려할 때, 조선 시대에는 중앙집권화를 위한 한 방편으로 외국 형법을 도입하였음을 알 수 있다.(1문단)

③ 법 적용 기간을 고려해 <u>법전 종류를 달리하여 편찬</u>하였다.

국전 중 〈경제육전〉은 계속하여 적용할 수교를 선택하고 수정하여 편찬한 것이고, '등록'은 일시 시행되는 수교를 따로 수록한 것이다. 이를 고려할 때, 조선 시대에는 법 적용 기간을 고려해 법전 종류를 달리하여 편찬하였음을 알 수 있다.(3문단)

④ 성문법주의를 취하였으나 <u>관습이 고려</u>되기도 하였다.

조선의 건국자들은 조선을 성문법에 의하여 통일되게 통치하고자 하였다. 즉, 조선 시대에는 성문법주의를 취한 것이다. 한편으로는 외국의 형법인 〈대명률〉을 수용하면서, 〈대명률〉의 규정이 조선의 실정에 맞추어 적용되는 경우도 있었다. 즉, 조선 시대에는 관습이 고려되기도 한 것이다.(1, 2문단)

⑤ 법전을 편찬할 때 <u>이전의 법이 존중</u>되고 있었다.

〈속육전〉의 내용이 최초의 국전인 〈경제육전〉과 충돌하는 문제가 발생하자, 조선에서는 〈경제육전〉과 모순되는 〈속육전〉의 내용을 삭제하는 방식을 택하였다. 즉, 법전을 편찬할 때 이전의 법을 존중한 것이다.

3 답 ①

지문에 의하면, 조선 시대에는 〈경국대전〉에 의하여 〈대명률〉을 쓰되, 국전인 〈경국대전〉 및 〈속대전〉에 해당하는 규정이 있다면 국전의 규정을 따랐다.(4문단)

정답 해설

① ㄱ, ㄴ

ㄱ. 백성이 일으킨 살인 사건에서 관찰사는 〈대명률〉과 국전의 관련 규정 중 <u>후자를 적용하였지만 직접 사형 판결을 내리지 못하였다.</u>

백성이 살인 사건을 일으킨 상황에서 관련 규정이 국전에 있는 경우, 관찰사는 〈대명률〉[전자]이 아니라 국전[후자]의 규정을 적용하였을 것이다. 한편 조선 시대의 국전에는 지방의 관찰사가 사형 판결을 직접 내릴 수 없게 한 규정도 있었으므로, 관찰사가 살인 사건을 일으킨 백성에 대해 직접 사형 판결을 내리지는 못하였을 것이다.

ㄴ. 자식이 아버지를 폭행으로 고발한 사건에서 〈대명률〉과 〈경국대전〉의 관련 규정 중 <u>후자를 적용</u>하였다.

자식이 아버지를 폭행으로 고발한 사건에서 관련 규정이 〈경국대전〉에 있는 경우, 〈대명률〉[전자]이 아니라 〈경국대전〉[후자]의 규정을 적용하였을 것이다.

오답 해설

ㄷ. 아내가 남편의 원수를 살해한 사건에서 〈대명률〉과 〈속대전〉의 관련 규정 중 ~~전자를 적용~~하였다.

아내가 남편의 원수를 살해한 사건에서 관련 규정이 〈속대전〉에 있는 경우, 〈대명률〉[전자]이 아니라 〈속대전〉[후자]의 규정을 적용하였을 것이다.

ㄹ. 양반의 절도 사건에서 〈대명률〉에 관련 규정이 있으나 국전에는 없어 ~~처벌하지 못하였다.~~

조선 시대에는 일반적인 범죄의 처벌은 〈대명률〉에 따르고, 조선의 특별한 사정에 관련된 규정은 국전인 〈경국대전〉 형전에 수록하였다. 이를 고려할 때, 양반의 절도 사건에서 〈대명률〉에 관련 규정이 있는데 국전에는 없을 경우, 〈대명률〉에 따라 절도 사건을 일으킨 양반을 처벌할 수 있을 것이다.

4 답 ②

정답 해설

② ㉡ : 이 두 가지 쟁점은 항상 맞물려 다니는 문제입니다. (○)

㉡ '맞물리다'와 선택지의 '맞물리다' 모두 '무엇이 서로 밀접한 관련을 맺으며 어우러지다.'라는 뜻이다. 해당 선택지를 판단할 때 '문장 구조'가 달라서 당황했을 수도 있는데, 사전에 아래와 같이 수록되어 있다.

> **맞물리다** 동사
> Ⅱ. 「(…과)」 (…과가 나타나지 않을 때는 여럿임을 뜻하는 말이 주어로 온다)
> 1. 다른 물체에 마주 물리다.
> 2. 무엇이 서로 밀접한 관련을 맺으며 어우러지다.

오답 해설

① ㉠ : 갑작스러운 상황 때문에 회사에 비상이 걸렸다. (×)

㉠ '걸리다'는 '시간이 들다.'라는 뜻이고, 선택지의 '걸리다'는 '긴급하게 명령이 내려지거나 요청되다.'라는 뜻으로 '걸다'의 피동사이다.

③ ㉢ : 우리들은 게시판에서 욕설이 들어 있는 글을 내렸다. (×)

㉢ '내리다'는 '판단, 결정을 하거나 결말을 짓다.'라는 뜻이고, 선택지의 '내리다'는 '컴퓨터 통신망이나 인터넷 신문에 올린 파일이나 글, 기사 등을 삭제하다.'라는 뜻이다.

④ ㉣ : 어제 일어난 사건은 세간의 관심을 모을 화젯거리였다. (×)

㉣ '모으다'는 '한데 합치다.'라는 뜻이고, 선택지의 '모으다'는 '다른 이들의 관심이나 흥미를 끌다.'라는 뜻이다.

⑤ ㉤ : 그 사람은 부하들을 명령에 무조건 복종하도록 만들었다. (×)

㉤ '만들다'는 '규칙이나 법, 제도 등을 정하다.'라는 뜻이고, 선택지의 '만들다'는 '그렇게 되게 하다.'라는 뜻이다.

본문 114~115쪽

11 '이상 현상'에 대한 경제학의 해석

1 ⑤   2 ⑤   3 ③   4 ②

지문 구조도

지문 구조도
① 전통적 경제학의 가정을 문제 삼는 행동 경제학
② 저축과 소비와 관련된 이상 현상을 해명하는 전통적 경제학
③ 저축과 소비와 관련된 이상 현상을 설명하는 행동 경제학 ①
④ 저축과 소비와 관련된 이상 현상을 설명하는 행동 경제학 ②

1 답 ⑤

⑤ 특정 현상을 설명하는 기존의 견해를 소개한 후 그 견해에 비판적으로 접근하는 다른 견해를 제시하고 있다.

지문은 현실에서 사람들의 행동이 이론에서의 예측과 다르게 나타나는 '이상 현상'에 대하여, 이를 설명하는 기존의 견해인 '전통적 경제학'의 관점을 소개한 후 그 견해의 가정을 문제 삼아 비판적으로 접근하는 '행동 경제학'의 견해를 제시하고 있다.

① 특정 현상을 비판하는 연구들을 검토하고 남겨진 연구 과제를 밝히고 있다.

지문은 현실에서 사람들의 행동이 이론에서의 예측과 다르게 나타나는 '이상 현상'에 대하여, 이를 논의하는 '전통적 경제학'과 '행동 경제학'의 연구를 소개하였을 뿐 '이상 현상'을 비판하는 연구들을 검토하지는 않았다. 또한 남겨진 연구 과제를 밝히지도 않았다.

② 특정 현상을 논의하는 이론들을 소개하고 각 이론의 장단점을 비교하고 있다.

지문은 현실에서 사람들의 행동이 이론에서의 예측과 다르게 나타나는 '이상 현상'에 대하여, 이를 분석하는 '전통적 경제학'과 '행동 경제학'의 이론을 소개하였을 뿐 각 이론의 장단점을 비교하지는 않았다.

③ 특정 현상을 분석하는 한 이론에서 분화된 다양한 이론을 범주적으로 유형화하고 있다.

지문은 현실에서 사람들의 행동이 이론에서의 예측과 다르게 나타나는 '이상 현상'에 대하여 '전통적 경제학'과 '행동 경제학'의 대비되는 주장을 제시하였을 뿐, '이상 현상'을 분석하는 한 경제학 이론에서 분화된 다양한 이론을 제시하지 않았으며, 이론들을 범주적으로 유형화하지도 않았다.

④ 특정 현상을 평가하는 상반된 주장을 제시한 후 두 주장을 절충하는 방안을 모색하고 있다.

지문은 현실에서 사람들의 행동이 이론에서의 예측과 다르게 나타나는 '이상 현상'에 대하여, '전통적 경제학'과 '행동 경제학'의 대비되는 주장을 제시하였을 뿐 이 두 주장을 절충하는 방안을 모색하지는 않았다.

2 답 ⑤

⑤ 자산 피라미드의 하층부에 있는 자산일수록 인출을 하지 않으려는 계정에 배치된다.

자산 피라미드를 구성하는 자산인 현금, 보통 예금, 저축 예금, 주택 중 지출이 가장 용이한 '현금'이 맨 아래층에 있으므로, 자산 피라미드의 하층부에 있는 자산일수록 인출을 하기 쉬운 계정에 배치된다고 볼 수 있다.(3문단)

① 이상 현상에 대한 분석은 경제학을 발전시키는 자양분으로 작용했다.

경제학은 '이상 현상'을 분석하고 토론하는 과정에서 발전했으므로, 이상 현상에 대한 분석은 경제학을 발전시키는 자양분으로 작용했음을 알 수 있다.(1문단)

② 퇴직 연금 제도는 개인의 심적 회계가 사회적 차원으로 확장된 것이다.

심적 회계가 저축을 스스로 강제하는 기제라면, 퇴직 연금이나 국민 연금 제도는 이러한 기제가 사회적 차원에서 구현된 것이므로 퇴직 연금 제도는 개인의 심적 회계가 사회적 차원으로 확장된 것임을 알 수 있다.(4문단)

③ 저축은 현재의 소비를 미룸으로써 미래의 지출 능력을 높이려는 행위이다.

저축은 당장의 유혹을 억누르고 현재의 지출을 미래로 미루는 행위를 말한다. 다시 말해, 저축은 현재의 소비를 미룸으로써 미래의 지출 능력을 높이려는 행위인 것이다.(4문단)

④ 심적 회계는 미래보다 현재를 중시하는 본능을 억제하려는 자기 통제 기제이다.

심적 회계란 미래보다 현재를 더 선호하고 유혹에 빠지기 쉬운 상황에서, 자신과 가족의 장기적 안전을 지키기 위해 행동을 제약하기 위한 속박 장치를 마음속에 만들어 내는 것을 말한다. 다시 말해, 심적 회계는 미래보다 현재를 중시하는 본능을 억제하려는 자기 통제 기제인 것이다.(4문단)

3 답 ③

③ ㉠에서는 유동성 제약의 원인을 금융 시장의 불완전성에서 찾고, ㉡에서는 그 원인을 개인의 심리적 요인에서 찾을 것이다.

㉠ '전통적 경제학'에서는 사람들의 연령에 따른 실제 소비 패턴이 연령에 따른 소득 패턴과 유사하게 나타나는 이상 현상에 대하여, 금융 시장이 완전치 않아 유동성에 제약이 존재하기 때문이라고 본다.(2문단) 이를 고려할 때, ㉠에서는 유동성 제약의 원인을 금융 시장의 불완전성에서 찾음을 알 수 있다. 반면 ㉡ '행동 경제학'에서는 ㉠이 주목했던 유동성 제약에 대해, 장기적으로 자신에게 불리한 지출 행위를 사전에 차단하기 위한 자발적 선택의 결과로 본다.(4문단) 즉, ㉡에서는 유동성 제약의 원인을 개인의 심리적 요인에서 찾는 것이다.

① ㉠과 ㉡에서는 사람들이 유혹에 취약한 존재라고 여긴다는 점에서 의견을 같이할 것이다.

㉠ '전통적 경제학'에서는 사람들이 자신에게 무엇이 최선인지를 잘 알면서 전 생애 차원에서 최적의 소비 계획을 세우고 불굴의 의지로 실행한다고 가정하지, 사람들이 유혹에 취약한 존재라고 여기지는 않는다. 반면 ㉡ '행동 경제학'에서는 사람들이 미래보다 현재를 더 선호하고 유혹에 빠지기 쉽다고 본다.

② ㉠에서는 연령대별 소비의 특성을 자발적 선택으로 이해하고, ㉡에서는 그 특성을 외부적 제약 요인에서 찾을 것이다.

㉠ '전통적 경제학'에서는 사람들의 연령에 따른 실제 소비 패턴이 연령에 따른 소득 패턴과 유사하게 나타나는 이상 현상에 대하여, 금융 시장이 완전치 않아 유동성에 제약이 존재하기 때문이라고 본다. 즉, 연령대별 소비의 특성을 외부적 제약 요인에서 찾는 것이다. 반면 ㉡ '행동 경제학'에서는 청년 시절과 노년 시절의 소비가 예측보다 적은 현상에 대하여, 외부 환경의 제약이 아니라 자발적 선택의 결과물이라고 본다.

④ ㉠에서는 ㉡에서와 달리 유동성 제약이 심화되면 소비가 자유롭고 원활하게 행해진다고 볼 것이다.

유동성 제약이란 소비할 수 있는 돈의 유동성에 제약이 있는 것을 말한다. 따라서 ㉠ '전통적 경제학'에서나 ㉡ '행동 경제학'에서나 유동성 제약이 심화되면 소비가 원활하게 행해지지 않는다고 볼 것이다.

⑤ ㉠과 ㉡에서는 모두 급전이 필요한 상황에서 신용카드 현금 대출 서비스를 받는 대신 저축 예금을 인출하는 선택이 금융적으로 바람직한 방법이라는 것을 부정적으로 판단할 것이다.

㉠ '전통적 경제학'에서는 돈의 사용 범위가 제한되어 있지 않다고 보므로, 급전이 필요한 상황에서 저축 예금을 인출하는 선택이 금융적으로

바람직한 방법이라는 것을 긍정적으로 판단할 것이다. 한편 ⓒ '행동 경제학'에서는 급전이 필요한 상황에서 저축 예금이 있는데도 연리 20%가 넘는 신용카드 현금 대출 서비스를 받아 해결하는 것을 비합리적 행동이라고 본다. 즉, ⓒ에서도 저축 예금을 인출하는 선택이 금융적으로 바람직한 방법이라는 것을 긍정적으로 판단할 것이다.

4 답 ②

〈보기〉의 내용을 정리하면, '세법 개정으로 주택 소유의 확대 유도 → 은행들이 2차 대출 상품을 내놓음 → 주택 가격 상승 → 주택을 최후의 보루로 삼던 사회적 규범 붕괴 → 경제 불안정성 심화 → 금융 위기 → 경기 침체'라고 할 수 있다.

정답 해설

② 정부 정책과 금융 관행의 변화가 야기한 위기로 볼 때, 금융 위기 이후의 A 국가는 주택 소유자들이 '유동성 제약'을 완화하게끔 '심적 회계'의 작동 방식을 바꾸도록 유도하는 정책을 필요로 했겠군.

〈보기〉에 의하면, A 국가가 세법 개정으로 주택 소유의 확대를 유도하자 은행들은 2차 대출 상품을 내놓는 방식으로 이에 대응하였는데, 그로 인해 주택 가격이 상승하여 주택에 대한 사회적 규범이 붕괴됨으로써 결국 금융 위기 사태가 일어났다. 이 문제는 주택 자산이 유동성이 있는 자산이라는 인식을 갖도록 만든 것이 그 원인이라고 할 수 있다. 즉, 유동성 제약을 완화시킴으로써 개인의 심적 회계를 붕괴시킨 것이다. 따라서 금융 위기 이후의 A 국가는 주택 소유자들이 '유동성 제약'을 강화하게끔 '심적 회계'의 작동 방식을 바꾸도록 유도하는 정책을 필요로 했을 것이다.

오답 해설

① 1980년대 후반의 새로운 조세 정책이 촉진한 새로운 대출 상품에 대한 A 국가 국민들의 대응으로 볼 때, 주택 자산이 전통적으로 지니던 '마음속 가장 신성한 계정'으로서의 성격이 약화되었겠군.

지문에 의하면 '마음속 가장 신성한 계정'에는 퇴직 연금이나 주택과 같이 노후 대비용 자산들이 놓여 있으며, 이들은 최악의 사태가 발생하지 않는 한 마지막까지 인출이 유보되는 자산들이다. (3문단) 그런데 〈보기〉에 의하면, A 국가에서는 1980년대 후반의 세법 개정 정책으로 노인 가구들도 2차 주택 담보 대출을 받는 상황이 초래되었다. 이는 주택 자산이 전통적으로 지니던 '마음속 가장 신성한 계정'으로서의 성격이 약화된 것이다.

③ '자산의 전용 가능성' 제고가 경제의 불안정성 심화로 이어졌던 것으로 볼 때, A 국가에서 '자발적 선택 가능성'의 확대는 장기적으로 경제 활동을 위축시키는 부정적 결과를 낳았다고 평가할 수 있겠군.

지문에 의하면 '자산의 전용 가능성'은 돈에 사용 범위가 제한되어 있지 않다는 것으로, 전통적 경제학에서는 이러한 '전용 가능성'이 자유롭고 유연한 선택을 촉진함으로써 후생을 높여 준다고 믿는다. (2문단) 한편 퇴직 연금이나 주택과 같은 노후 대비용 자산들은 마지막까지 인출이 유보되는 자산들로, '자산의 전용 가능성'이 현저히 떨어지는 것이라고 할 수 있다. (3문단) 그런데 〈보기〉에 의하면, A 국가는 주택 자산의 전용 가능성이 확대되어 경제의 불안정성이 심화되는 문제가 발생했다. 주택 자산의 전용 가능성이 확대되었다는 것은 '자발적 선택 가능성'이 확대되었다는 것이며, 이로 인해 A 국가에 장기적으로 경제 활동이 위축되는 부정적 결과가 생겨났다고 평가할 수 있다.

④ 부동산 거품 현상으로 초래된 '사회적 규범'의 변화로 볼 때, 금융 위기 이전의 은행들은 주택을 저축이 아닌 소비 확대의 수단으로 바꾸도록 유도함으로써 A 국가 국민들이 장래를 대비할 여력을 약화시켰겠군.

지문에 의하면 퇴직 연금이나 주택과 같은 노후 대비용 자산들은 마지막까지 인출이 유보되는 자산들이다. 〈보기〉에 의하면, A 국가가 세법 개정으로 주택 소유의 확대를 유도하자 은행들이 2차 대출 상품을 내놓는 방식으로 대응하였으며, 그 결과 주택 가격 거품이 부풀어 올라 주택을 최후의 보루로 삼던 '사회적 규범'이 붕괴됨으로써 결국 금융 위기 사태가 일어났다. 이는 금융 위기 이전의 은행들이 주택을 저축이 아닌 소비 확대의 수단으로 바꾸도록 유도한 것으로, A 국가 국민들이 장래를 대비할 여력을 약화시킨 것으로 볼 수 있다.

⑤ 현재 소득이 없는 경제 주체들도 2차 주택 담보 대출 상품을 통해 추가적인 지출을 했던 것으로 볼 때, 전통적 경제학에서는 '소비 패턴은 연령에 따른 소득 패턴과 독립적으로 유지'되리라는 예측이 실현되었다고 여겼겠군.

지문에 의하면 전통적 경제학에서는 사람들이 일생 동안 소비 수준을 비교적 고르게 유지할 것이며, 연령에 따른 소득은 나이가 들면서 점점 증가하다가 퇴직 후 급속히 감소하는 패턴을 보인다고 본다. 즉, 연령에 따른 소비 패턴이 연령에 따른 소득 패턴과 독립적으로 유지될 것이라고 예측한 것이다. (2문단) 〈보기〉에 의하면, A 국가에서는 주택 가격 상승으로 현재 소득이 없다고 볼 수 있는 노인 가구들도 2차 주택 담보 대출을 받는 상황이 초래되었으며, 주택 가격 상승에 따른 미실현 이익을 향유하며 지출을 늘리는 가구가 늘어났다. 이는 소비 패턴이 소득 패턴과 독립적으로 유지될 것이라고 본 전통적 경제학에서의 예측이 실현된 것으로 볼 수 있다.

본문 116~117쪽

12 상전이의 이력 특성과 범죄율의 변화

1 ④ 2 ③ 3 ④ 4 ②

지문 구조도

1 상전이 현상의 개념과 특성

2 상전이 현상과 이력 특성

3 상전이 이론으로 사회 현상을 설명하는 캠벨과 오머로드 모형

4 상전이 이론을 적용하여 살펴본 범죄율의 변화 ①

5 상전이 이론을 적용하여 살펴본 범죄율의 변화 ②

6 캠벨과 오머로드 모형의 의의

1 답 ④

정답 해설

④ 한 계의 상태가 어떤 조건에서 급격한 변화를 나타낼 것인지는 계를 구성하는 요소의 종류와 무관하게 결정된다.

지문의 글쓴이는 특정 조건에서 한 계의 상태가 급격하게 변하는 현상인 상전이를 소개하였다. 이때 불순물이 전혀 없는 순수한 물은, 1기압에서 온도가 0℃ 아래로 내려가도 얼지 않고 계속 액체 상태에 머무르는, 즉 상전이가 나타나지 않는 경우가 있음을 설명하였다. 이 점을 고려할 때, 한 계의 상태가 어떤 조건에서 급격한 변화를 나타낼 것인지는 계를 구성하는 요소의 종류와 관련 있음을 알 수 있다.

오답 해설

① 한 사회의 특성은 특정 조건에서는 다른 조건에서와 달리 급격하게 변화한다.

지문의 글쓴이는 물리학 이론인 상전이 이론을 범죄율의 변화 같은 사회 현상에 적용하여 설명한 캠벨-오머로드 모형을 소개하면서, 이 모형이 의미 있는 결론을 낳을 만한 시도라고 평가하였다. 캠벨-오머로드 모형에 의하면 어떤 사회의 범죄율은 궁핍도의 특정 지점에서 급격히 상승하거나 하강하는데, 이는 특정 조건에서 계의 상태가 급격하게 변하는 현상인 상전이의 특성을 보여 주는 것이다.

② 물리적 현상을 설명하는 이론을 <u>응용하여 사회 현상을 설명</u>하는 것이 가능하다.

지문의 글쓴이는 물리학 이론인 상전이 이론을 범죄율의 변화 같은 사회 현상에 적용하여 설명한 캠벨-오머로드 모형을 소개하였다. 이는 물리적 현상을 설명하는 이론을 응용하여 사회 현상을 설명하는 것이 가능하다고 본 것이다.

③ 유비적 사고의 타당성은 유비를 통해 연결되는 <u>두 대상의 구조가 서로 유사할 때 강화</u>된다.

지문의 글쓴이는 캠벨-오머로드 모형이 일종의 유비적 사고를 보여 주며, 사회가 물질계와 유사한 구조를 지닌 계라는 점에서 임의적인 유비가 아니라 의미 있는 결론을 낳을 만한 시도라고 평가하였다. 즉, 유비적 사고의 타당성은 유비를 통해 연결되는 두 대상의 구조가 서로 유사할 때 강화된다고 본 것이다.

⑤ 하나의 계가 드러내는 특성은 현재 그것을 제약하는 변수들만으로 결정되지 않고 <u>그것이 지나온 역사적 경로에 의해서 좌우</u>될 때가 많다.

지문의 글쓴이는 우무 같은 물질이 '이력 특성', 즉 직전에 어떤 상태에 있었는가 하는 '이력'이 현재 상태에 영향을 주는 특성을 지녔으며, 범죄율의 변화 같은 사회 현상도 이러한 이력 특성을 보여 준다고 설명하였다. 즉, 글쓴이는 하나의 계가 드러내는 특성은 현재 그것을 제약하는 변수들만으로 결정되지 않고 그것이 지나온 역사적 경로인 '이력'에 의해서 좌우될 때가 많다고 본 것이다.

2 답 ③

정답 해설

③ ㄱ, ㄴ

ㄱ. 상전이에서 이력 특성이 나타나지 않는 물질이 <u>과냉각 상태의 액체로 존재할 수 있다.</u>

어는점과 녹는점이 사실상 똑같이 0℃인 물은 어는점과 녹는점이 뚜렷이 다른 우무와 달리 이력 특성이 나타나지 않는다. 만약 그 물이 불순물이 전혀 없는 순수한 물이라면 어는점 아래에서도 어느 온도까지는 얼지 않는 이른바 과냉각 상태로 존재할 수 있다.(1문단)

ㄴ. 이력 특성을 갖는 물질은 온도와 압력을 알아도 <u>그 물질의 상태를 알 수 없는 경우</u>가 있다.

'이력 특성'이란 직전에 어떤 상태에 있었는가 하는 '이력'이 현재 상태에 영향을 준다는 것으로, 이력 특성을 갖는 대표적 물질로 우무가 있다. 우무는 1기압에서 온도가 대략 40℃ 이하로 내려가면 응고하기 시작하는 반면, 고체 상태의 우무는 80℃가 되어야 녹는 특징이 있는데, 이를 고려하면 '1기압'이라는 압력과 '50℃'라는 온도만으로는 우무가 현재 액체 상태에 있는지 고체 상태에 있는지 단정할 수 없다. 즉, 우무가 현재 어떤 상태인지 알기 위해서는 우무가 직전에 어떤 상태에 있었는지에 대한 '이력'을 알아야 하는 것이다.(2문단)

오답 해설

ㄷ. 불순물이 전혀 포함되지 않은 순수한 물에서는 온도 변화에 따른 <u>상전이 현상이 일어나지 않는다.</u>

응결핵 구실을 할 불순물이 없는 물의 경우, 어는점 아래에서도 어느 온도까지는 얼지 않고 이른바 과냉각 상태로 존재할 수 있다.(1문단) 이는 '어는점 아래 어느 온도'보다 온도가 더 떨어지면, 물이 어는 상전이가 일어난다는 뜻이다. 그러므로 불순물이 전혀 포함되지 않은 순수한 물에서 상전이 현상이 일어나지 않는다고 할 수 없다. 한편 불순물이 전혀 포함되지 않은 물이 온도가 100℃ 위로 올라가도 기화되지 않고 계속 액체 상태에 머무르는지의 여부도 지문에서 확인할 수 없다.

3 답 ④

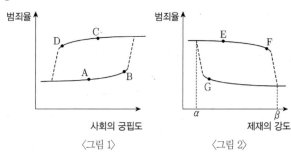

〈그림 1〉 사회의 궁핍도   〈그림 2〉 제재의 강도

정답 해설

④ α는 <u>높은 범죄율 사회를 낮은 범죄율 사회로 변화</u>시킬 수 있는 제재의 강도에 해당한다.

〈그림 2〉의 α는 범죄 제재의 강도가 매우 약한 수준이라고 할 수 있다. 그러므로 α는 높은 범죄율 사회를 낮은 범죄율 사회로 변화시킬 수 있는 제재의 강도라고 할 수 없다. 〈그림 2〉에 의하면, 높은 범죄율 사회를 낮은 범죄율 사회로 변화시킬 수 있는 제재의 강도는 오히려 'β'라고 할 수 있다.

오답 해설

① E 상태에서 범죄에 대한 제재가 어느 정도 강화되더라도 <u>범죄율의 변화는 미미</u>할 것이다.

〈그림 2〉의 점 E 상태에서 가로축의 오른쪽으로 가더라도, 즉 범죄에 대한 제재가 어느 정도 강화되더라도, 범죄율은 아주 조금만 떨어진다.

② F 상태에서 범죄에 대한 제재를 조금 더 강화하면 <u>범죄율은 급감</u>할 것이다.

〈그림 2〉의 점 F 상태에서 가로축의 오른쪽으로 조금 더 가면, 즉 범죄에 대한 제재를 조금 더 강화하면 범죄율이 급격히 떨어진다.

③ G 상태에서 범죄에 대한 제재가 조금 더 약해질 경우 <u>범죄율이 급증할 소지</u>가 있다.

〈그림 2〉의 G 상태에서 가로축의 왼쪽으로 조금 더 가면, 즉 범죄에 대한 제재를 조금 더 약화하면 범죄율이 급격히 올라간다.

⑤ 범죄에 β보다 더 강한 제재가 가해지는 사회에서 <u>범죄율은 낮은 상태를 유지</u>할 것이다.

〈그림 2〉의 β에서 가로축의 오른쪽으로 조금 더 가면, 즉 범죄에 대한 제재를 조금 더 강화하면 범죄율은 계속 낮은 상태를 유지할 것이다.

4 답 ②

〈보기〉에서 'B'는 '출산율의 변화'도 캠벨-오머로드 모형으로 설명할 수 있다고 본다. 이에 따라 경제적 유인은 출산율을 증가시키는 반면 경제적 압박의 심화는 출산율을 감소시킨다고 보았으며, 이러한 출산율의 변화에서 '이력 특성'이 나타난다고 보았다. '이력 특성'이란 직전에 어떤 상태에 있었는가 하는 '이력'이 현재 상태에 영향을 준다는 것으로, 어는점과 녹는점이 뚜렷이 다른 '우무'는 이력 특성을 지니지만, 어는점과 녹는점이 사실상 같은 '물'은 이력 특성을 지니지 않는다. 따라서 출산율의 변화에서 이력 특성이 나타나지 않는다는 진술을 찾아내려면, 어는점과 녹는점이 같다는 지문의 내용을 적극 활용하면 된다.

정답 해설

② 저출산율 사회를 탈피하게 하는 육아 지원의 규모가 고출산율 사회에서 저출산율 사회로 이행하는 시점의 육아 지원 규모와 일치하였다.

저출산율 사회를 탈피하게 하는 육아 지원의 규모가, 고출산율 사회에서 저출산율 사회로 이행하는 시점의 육아 지원 규모와 일치한다면, 육아 지원의 규모만으로도 그 사회의 출산율을 추정할 수 있을 것이다. 즉, 직전에 높은 출산율 상태였는지 낮은 출산율 상태였는지에 대한 정보가 필요하지 않은 것이다. 따라서 이는 '출산율의 변화에서 이력 특성이 나타난다.'라는 주장 ⓐ를 반박하기 위한 근거 자료로 쓰일 수 있다.

오답 해설

① 실제로 어느 고출산율 사회에서 정부가 육아 지원을 30%나 축소했음에도 불구하고 출산율의 변화는 미미하였다. (×)

지문의 '이력 특성을 지닌 범죄율의 변화'를 생각해 보자. 〈그림 1〉에서, 높은 범죄율 상태에 있을 경우 사회의 궁핍도가 완화되어도 범죄율은 완만하게 감소한다. 이를 고려하면, 고출산율 사회에서 정부가 육아 지원을 30%나 축소했음에도 불구하고 출산율의 변화가 미미했다는 것은 오히려 출산율의 변화에서 이력 특성이 나타난다는 뜻이다. 이는 오히려 ⓐ를 지지하는 진술로 볼 수 있다.

③ 정부의 육아 보조금 같은 긍정적 요인보다 양육비와 교육비의 증가 같은 부담 요인이 출산율에 훨씬 더 뚜렷한 영향을 미치는 것으로 드러났다. (×)

정부의 육아 보조금 같은 긍정적 요인(=경제적 유인)보다 양육비와 교육비의 증가 같은 부담 요인(=경제적 압박)이 출산율에 훨씬 더 뚜렷한 영향을 미친다는 것은, '출산율의 변화에서 이력 특성이 나타나지 않는다.'라는 것과는 관련이 없다.

④ 자녀 양육 수당의 증액은 출산율 변화에 눈에 띄는 영향을 미쳤던 데 반하여 다자녀 세금 감면 혜택의 강화는 출산율에 거의 영향을 미치지 않았다. (×)

자녀 양육 수당의 증액은 출산율 변화에 큰 영향을 미치는 반면 다자녀 세금 감면 혜택의 강화는 출산율 변화에 거의 영향을 미치지 않았다는 것은, '출산율의 변화에서 이력 특성이 나타나지 않는다.'라는 것과는 관련이 없다.

⑤ 자녀 교육에 드는 비용의 증대가 출산율의 급격한 변화를 야기한 것으로 나타났지만 그러한 변화를 야기한 교육비 수준은 명확한 금액으로 제시하기 어려웠다. (×)

자녀 교육에 드는 비용의 증대가 출산율의 급격한 변화를 야기한 것으로 나타났지만 그러한 변화를 야기한 교육비 수준은 명확한 금액으로 제시하기 어려웠다는 것은, 상전이 현상이 일어나기 위한 특정 조건, 즉 전이점을 파악하기 쉽지 않았다는 뜻일 뿐 '출산율의 변화에서 이력 특성이 나타나지 않는다.'라는 것과는 관련이 없다. 오히려 교육비 증대가 출산율의 급격한 변화를 야기한다는 것을 인정한 진술이므로, ⓐ를 반박하는 근거 자료가 될 수 없는 것이다.

---

13 **자녀에 대한 위법한 국제적 이동의 문제와 국제 협약**

1 ② 2 ② 3 ④ 4 ②

지문 구조도

1 부부가 이혼하는 상황에서 미성년 자녀에 대한 양육권의 결정 방식

2 자녀에 대한 위법한 국제적 이동이 발생한 경우에 대처하기 위한 국제 협약

3 국제 협약의 목적 및 한계

4 국제 협약에 따른 전담기관의 역할

5 국제 협약에 따른 자녀의 반환 결정 여부

6 국제 협약 제정 당시에 예상하지 못했던 문제의 발생

1 답 ②

정답 해설

② 양육친이 반환재판에서 승소하더라도 그것만으로는 자녀의 반환이 실현되지 않는다.

자녀의 위법한 국제적 이동이 발생한 경우, 양육친이 자녀를 반환시키기 위해서는 반환재판에서 승소하여 강제집행 절차까지 마쳐야 한다.(4문단) 즉, 반환재판에서 승소하는 것만으로는 자녀의 반환이 실현되지 않는 것이다.

오답 해설

① 전담기관 제도는 반환재판 제도와는 달리 효과적으로 작동하고 있다.

지문에 의하면 전담기관 제도와 반환재판 제도 모두 효과적으로 작동하며 국제 협약이 성공적으로 운영되고 있다고 평가된다.(3문단)

③ 법원의 재판으로 양육권자가 정해지면 그 나라의 재판으로는 이를 번복할 수 없다.

자녀가 원래 살던 나라에서의 법원의 재판으로 양육권자가 정해진 상황에서, 비양육친이 자녀를 데리고 다른 나라에 갔을 때 그것이 위법함이 인정되면 법원은 자녀를 돌려보내도록 결정한다. 이후 부모 중 누가 양육권자로서 더 적합한지를 정하는 재판이 자녀가 원래 살던 나라에서 일어날 수 있으므로(5문단), 이를 고려하면 법원의 재판으로 양육권자가 정해질 경우 그 나라의 재판으로 이를 번복할 상황이 발생할 수도 있을 것이다.

④ 양육친과 비양육친의 합의로 반환 방법이 정해지면 전담기관은 더 이상 상황에 개입할 수 없다.

전담기관은 양육친과 비양육친이 합의로 자녀의 반환 방법을 결정하도록 주선하며, 합의가 이루어지면 자녀의 반환을 지원한다.(4문단) 양육친과 비양육친의 합의로 반환 방법이 정해졌을 때 전담기관이 더 이상 상황에 개입할 수 없는 것은 아니다.

⑤ 양육친과 비양육친의 국적이 서로 다르면 전담기관은 타국 국민에 대해서는 지원을 제공하지 않아도 된다.

양육친과 비양육친의 국적이 서로 다르다고 하더라도, 양육친은 자국 전담기관을 매개로 비양육친과 자녀가 머무는 외국의 전담기관의 지원을 받거나 외국 전담기관에 직접 지원을 신청할 수 있다.(4문단) 그러면 '외국의 전담기관'은 타국 국민이라고 할 수 있는 '양육친'에 지원을 제공할 것이다.

2 답 ②

② 협약 제정 당시의 예상과 달리, 신속한 반환이 자녀의 복리에 부합한다고 보기 어려운 사례가 늘고 있다.

협약 제정 당시의 예상과 달리, 비양육친이 양육친의 가정폭력으로 인해 양육친 몰래 자녀를 데리고 외국으로 도피하는 사례가 많아졌다.(6문단) 이는 자녀를 신속하게 반환시켜 자녀가 원래 살던 나라에서 살 수 있게 해 주는 협약의 목적에 부합하기 어려운 사례라고 할 수 있다.

① 협약의 목적은 양육권자 결정에 관한 재판이 자녀가 현재 머무는 나라에서 진행되게 하는 것이다.

협약의 목적은 자녀에 대한 위법한 국제적 이동이 발생했을 경우 자녀를 신속하게 반환시키는 것을 목적으로 하는 것이지, 양육권자 결정에 관한 재판이 자녀가 현재 머무는 나라에서 진행되게 하는 것은 아니다.(3문단)

③ 양육친과 비양육친의 국적이 같으면 비양육친이 위법하게 자녀를 국제적으로 이동시켜도 협약이 적용되지 않는다.

자녀에 대한 위법한 국제적 이동이 발생한 상황에서 적용하는 국제 협약은, 양육친과 비양육친의 국적이 같은 경우에도 적용할 수 있다.(2문단)

④ 비양육친의 본국만 협약에 가입한 경우에도 양육친은 비양육친의 본국에서 협약상의 지원 신청과 반환재판 청구를 할 수 있다.

자녀에 대한 위법한 국제적 이동이 발생한 상황에서 적용하는 국제 협약은, 양육친과 비양육친의 본국이 모두 협약 가입국이어야만 적용할 수 있다.(3문단) 비양육친의 본국만 협약에 가입했다면 양육친은 비양육친의 본국에서 협약상의 지원 신청, 반환재판 청구를 할 수 없을 것이다.

⑤ 비양육친이 양육친의 동의하에 자녀를 외국으로 데려간 경우라면 이후의 상황 변화와 상관없이 적법한 국제적 이동으로 인정된다.

비양육친이 양육친의 동의하에 귀국을 전제로 자녀를 국제적으로 이동시킨 경우, 비양육친이 자녀를 반환하기를 거부한다면 위법성이 인정된다.(3문단)

3 답 ④

④ 을이 방학을 맞은 병을 Y국으로 데려가려 했으나 갑이 병의 소재를 알려 주지 않는 경우, 을은 면접 교섭권 행사에 대해 Y국에서 전담기관의 지원을 받을 수 없다.

'국제 협약'의 경우, 비양육친의 면접 교섭권이 침해될 때에 그 구제를 위한 재판 제도를 두지는 않았지만 전담기관의 지원을 받을 수는 있다. 그러므로 비양육친인 을이 방학을 맞은 자녀 병을 자신의 본국인 Y국으로 데려가려 한 상황에서 양육친인 갑이 병의 소재를 알려 주지 않아 을의 면접 교섭권이 침해되었다면, 을은 Y국에서 전담기관의 지원을 받을 수 있을 것이다.

① 을이 갑의 동의 없이 병을 협약 가입국인 Z국으로 데려간 직후 갑이 Z국에서 반환재판을 청구하는 경우, Z국 법원은 병을 X국으로 돌려보낼 수 있다.

양육친의 의사에 반해 비양육친이 자녀를 다른 나라로 이동시키면 위법한 행위가 되는데, 이때 양육친은 외국의 법원에 직접 반환재판을 청구할 수 있으며 국제 협약에 따라 법원은 양육친에게 자녀를 돌려보내도록 결정한다. 그러므로 비양육친인 을이 양육친인 갑의 동의 없이 자녀 병을 다른 나라[자녀 병이 살고 있지 않은 나라]인 Z국으로 데려간 상황

에서 갑이 Z국에서 반환재판을 청구하면, Z국 법원은 병을 X국으로 돌려보낼 수 있을 것이다.

② 을이 갑의 동의 없이 병을 Y국으로 데려간 직후 갑이 Y국에서 반환재판을 청구하는 경우, 을이 양육권자 변경을 주장하더라도 Y국 법원은 을의 주장을 판단할 권한이 없다.

양육친의 의사에 반해 비양육친이 자녀를 다른 나라로 이동시키면 위법한 행위가 되는데, 이때 양육친은 외국의 법원에 직접 반환재판을 청구할 수 있으며 국제 협약에 따라 법원은 양육친에게 자녀를 돌려보내도록 결정한다. 이때 법원은 부모 중 누가 양육권자로서 더 적합한지는 판단하지 못하도록 하고 있다. 이를 고려할 때, 비양육친인 을이 양육친인 갑의 동의 없이 자녀 병을 자신의 본국[자녀 병이 살고 있지 않은 나라]인 Y국으로 데려간 상황에서 갑이 Y국에서 반환재판을 청구하는 경우, 을이 양육권자 변경을 주장하더라도 Y국 법원은 을의 주장을 판단할 권한이 없을 것이다.

③ 을이 갑의 동의 없이 병을 Y국으로 데려간 후 3년이 지나도 병이 생활 적응에 실패한 상황에서 갑이 곧바로 Y국 법원에 반환청구를 하는 경우, Y국 법원은 갑의 반환청구를 받아들일 수 있다.

양육친의 의사에 반해 비양육친이 자녀를 다른 나라로 이동시키면 위법한 행위가 되는데, 이때 양육친은 외국의 법원에 직접 반환재판을 청구할 수 있으며 국제 협약에 따라 법원은 양육친에게 자녀를 돌려보내도록 결정한다. 이때 자녀가 1년 이상 체류 중인 나라에서의 생활에 적응한 경우라면 법원은 양육친의 반환청구를 받아들이지 않을 수 있지만, 그렇지 않은 경우라면 법원은 양육친의 반환청구를 받아들일 수 있을 것이다. 비양육친인 을이 양육친인 갑의 동의 없이 자녀 병을 자신의 본국[자녀 병이 살고 있지 않은 나라]인 Y국으로 데려간 상황에서 병이 3년이 지나도 생활 적응에 실패했다면[=1년 이상 체류 중인 나라에서의 생활에 적응하지 못했다면], 갑이 곧바로 Y국 법원에 반환청구를 할 경우 Y국 법원은 갑의 반환청구를 받아들일 수 있을 것이다.

⑤ 갑의 폭력 성향 때문에 을이 병을 Y국으로 데려간 직후 갑이 Y국에서 반환재판을 청구하는 경우, 병에 대한 위해가 발생할 중대한 위험이 인정되어도 Y국 법원은 갑의 반환청구를 받아들일 수 있다.

양육친의 의사에 반해 비양육친이 자녀를 다른 나라로 이동시키면 위법한 행위가 되는데, 이때 양육친은 외국의 법원에 직접 반환재판을 청구할 수 있으며 국제 협약에 따라 법원은 양육친에게 자녀를 돌려보내도록 결정한다. 이때 자녀에게 위해가 발생할 중대한 위험이 있는 경우라면 법원은 양육친의 반환청구를 받아들이지 않을 수 있지만, 자녀 보호에 필요한 조치를 명하면서 반환청구를 인용할 수도 있다. 이를 고려할 때, 양육친인 갑의 폭력 성향 때문에 비양육친인 을이 자녀 병을 자신의 본국인 Y국으로 데려간 직후 갑이 Y국에서 반환재판을 청구했다면, 병에 대한 위해가 발생할 중대한 위험이 인정되더라도 Y국 법원은 갑의 반환청구를 받아들일 수도 있을 것이다.

4 답 ②

② ㉡ : 제기(提起)하기 (×)

㉡ '가져오다'는 '무엇을 한 지점에서 다른 지점으로 옮겨 오다.'라는 뜻이고, '제기하다'는 '의견이나 문제를 내어놓다.' 또는 '소송을 일으키다.'라는 뜻이므로 바꾸어 쓰기에 적절하지 않다.

① ㉠ : 부합(符合)하기 (○)

'부합하다'는 '사물이나 현상이 서로 꼭 들어맞다.'라는 뜻이므로, ㉠ '맞

다와 바꾸어 쓸 수 있다.

③ ⓒ : 성립(成立)하면 (○)

'성립하다'는 '일이나 관계 등이 제대로 이루어지다.'라는 뜻이므로, ⓒ '이루어지다'와 바꾸어 쓸 수 있다.

④ ② : 의거(依據)하면 (○)

'의거하다'는 '어떤 사실이나 원리 등에 근거하다.'라는 뜻이므로, ② '따르다'와 바꾸어 쓸 수 있다.

⑤ ⑩ : 축적(蓄積)되면서 (○)

'축적되다'는 '지식, 경험, 자금 따위가 모여서 쌓이다.'라는 뜻이므로, ⑩ '쌓이다'와 바꾸어 쓸 수 있다.

본문 120~121쪽

14 토지가치세론이 지니고 있는 경제적, 정책적 함의

1 ④ 2 ① 3 ⑤ 4 ④

지문 구조도

① 좋은 세금의 기준인 공정성과 효율성

② 좋은 세금의 기준에 부합하는 헨리 조지의 토지가치세

③ 토지가치세가 공정성과 효율성에 부합하는 세금인 이유

④ 토지가치세가 일부 국가를 제외하고 현실화되지 못한 이유

⑤ 외부 효과로 인한 피해를 보상할 수 있는 방안으로 주목받는 토지가치세

1 답 ④

정답 해설

④ 토지가치세 도입과 관련된 G7 대상의 연구는 어떤 한계점을 지니는가?

3문단에서 토지가치세 도입에 따른 여타 세금의 축소가 초과 부담을 줄여 경제를 활성화한다는 G7 대상 연구를 소개하면서, 이러한 세제 개편으로 인한 초과 부담의 감소가 GDP의 14~50%에 이른다고 하였다. 하지만 그 연구의 한계점을 제시하지는 않았다.

오답 해설

① 조지가 토지가치세를 시행하려 한 목적은 무엇인가?

헨리 조지는 토지에 대한 소유권 중 토지 개량의 수익을 제외한 나머지 수익을 정부가 환수하여 사회 전체를 위해 사용하자는 토지가치세의 기본 취지를 밝혔다. 이에 따라 조지는 토지가치세 도입을 통해 빈곤과 불평등 문제를 해소하고자 하였다.

② 토지가치세를 토지단일세로 명명할 수 있는 이유는 무엇인가?

토지가치세가 시행되면 다른 세금들을 없애도 될 정도로 충분한 세수를 올려 줄 수 있을 것이기 때문에 토지가치세는 토지단일세로 지칭되기도 하였다.

③ 부동산에 세금을 부과하면 어떤 비효율이 추가로 발생하는가?

부동산에 세금을 부과하면 지역 개발과 건축업이 위축되어 그 세금 외에 추가로 부담해야 하는 각종 손실, 즉 초과 부담이라는 비효율이 발생하는 문제가 생긴다.

⑤ 오늘날 토지가치세를 통해 소득 불평등을 해소하기 어려운 까닭은 무엇인가?

헨리 조지가 19세기 말에 토지가치세를 제안했을 때와 달리, 오늘날에는 전체 부에서 토지가 차지하는 비중이 크게 감소했으며 토지 소유의 집중도 또한 낮기에 토지가치세가 소득 불평등 문제를 해소하는 데 적절한 해법이 되지 못한다는 비판이 제기되고 있다.

2 답 ①

정답 해설

① 개량되지 않은 토지에서 나오는 임대료 수입은 불로소득으로 여겼다.

㉠ '헨리 조지'는 토지 소유자의 임대 소득 중에 자신의 노력이나 기여와는 무관한 불로소득이 많다면, 토지가치세를 통해 이를 환수하는 것이 바람직하다고 주장했다. 이에 따라 토지 개량의 수익을 제외한 나머지 수익을 정부가 환수하여 사회 전체를 위해 사용하자고 하였다. 이를 고려할 때, 헨리 조지는 개량되지 않은 토지에서 나오는 수입은 토지 소유자의 노력이나 기여와는 무관한 불로소득으로 여겼음을 알 수 있다.(2문단)

오답 해설

② 토지가치세로는 재정에 필요한 조세 수입을 확보할 수 없다고 보았다.

㉠ '헨리 조지'는 토지가치세가 시행되면 다른 세금들을 없애도 될 정도로 충분한 세수를 올려 줄 것이라고 기대했다. 즉, 그는 토지가치세만으로도 재정에 필요한 조세 수입을 충분히 확보할 수 있다고 본 것이다.(2문단)

③ 토지의 처분권은 보장하되 사용권과 수익권에는 제약을 두자고 주장하였다.

토지에 대한 소유권은 사용권과 처분권, 그리고 수익권으로 구성된다. ㉠ '헨리 조지'는 토지의 사용권과 처분권은 개인의 자유로운 의사에 맡기고, 토지의 수익권 중 토지 개량의 수익을 제외하고 나머지 수익에 대해서는 제약을 두자고 주장하였다.(2문단)

④ 토지가치세는 경제적 효율성 제고를 통하여 공정성을 높이는 방안이라고 보았다.

글쓴이에 의하면, 토지가치세는 좋은 세금의 기준인 '공정성'과 '효율성'을 모두 충족한다. 하지만 ㉠ '헨리 조지'가 토지가치세에 대해, 경제적 효율성 제고를 통하여 공정성을 높일 수 있는 방안이라고 주장하지는 않았다. 경제적 효율성과 공정성은, 어느 한쪽이 높아진다고 해서 다른 한쪽에 영향을 주는 관계가 아니다.(3문단)

⑤ 모든 경제 영역에서 시장 원리를 사회적 가치에 부합하게 규제해야 한다고 주장하였다.

토지가치세는 토지를 제외한 나머지 경제 영역에서는 자유 시장을 옹호했던 ㉠ '헨리 조지'의 신념에 잘 부합하는 세금이다. 이를 고려할 때, 헨리 조지는 토지 영역에서만 규제가 필요하다고 보았을 뿐, 모든 경제 영역에서 시장 원리를 사회적 가치에 부합하게 규제해야 한다고 주장하지는 않았음을 알 수 있다.(2문단)

3 답 ⑤

정답 해설

⑤ 부동산에 대해 토지와 건물을 구분하여 과세할 수 있다면, 토지가치세의 도입으로 토지의 공급 감소와 가격 상승 문제가 해소되어 조세 저항이 줄어들 것이다.

지문에 의하면, 토지가치세는 토지 공급을 줄이지 않아 초과 부담을 발생시키지 않는다. 그러므로 부동산에 대해 토지와 건물을 구분하여 과세할 수 있다고 하더라도, 토지가치세의 도입으로 토지의 공급 감소 문제가 해소된다고 추론할 수는 없다. 한편 토지가치세를 도입할 경우 재산권 침해라는 비판이 거세지면 그 세율을 낮게 유지할 수밖에 없는 조

세 저항이 발생하게 된다. 따라서 토지가치세의 도입으로 조세 저항을 줄일 수도 없을 것이다.

오답 해설

① 정부가 높은 세율의 토지가치세를 도입한다면, 외부 효과로 발생한 이익의 사유화를 완화할 수 있을 것이다.

지문에서는 높은 세율의 토지가치세가 본격적으로 실행에 옮겨질 수 있다면 불로소득에 대한 과세를 통해 외부 효과로 인한 피해를 보상할 수 있다고 보았다.(5문단) 따라서 대기업들이 자리를 잡은 지역에 정부가 높은 세율의 토지가치세를 도입한다면, 부동산 소유자들이 외부 효과로 획득한 불로소득[=사유화된 이익]에 대해 많은 세금을 내게 될 것이고, 지역민 전체에게 전가된 임대료 상승, 혼잡비용 같은 손실이 완화될 수 있을 것이다.

② 자동차세의 인상이 자동차 소비자들의 의사 결정에 영향을 미치지 않는다면, 자동차세는 세수 증대에 효과적일 것이다.

통상 어떤 재화나 생산요소에 대한 과세는 거래량 감소, 가격 상승과 함께 초과 부담을 유발한다. 그래서 자동차에 과세를 할 경우 자동차 거래가 감소하고, 부동산에 과세하면 지역 개발과 건축업을 위축시켜, 초과 부담이 발생하게 된다.(3문단) 그런데 자동차세의 인상이 자동차 소비자들의 의사 결정에 영향을 미치지 않는다면, 즉 자동차세가 인상되더라도 자동차 거래량이 줄어들지 않는다면, 자동차세는 세수 증대에 효과적일 것임을 추론할 수 있다. 세금이 인상되었는데도 거래가 줄지 않으면 세수는 증대될 것이다.

③ 토지가치세가 단일세가 되어 누진적 세금인 근로소득세가 폐지된다면, 고임금 근로자가 저임금 근로자보다 더 많은 혜택을 얻게 될 것이다.

근로소득세가 누진적 세금이라는 것은 소득이 높을수록 더 많은 세금을 부담하게 된다는 것으로, 소득 재분배의 효과가 있다. 따라서 토지가치세가 단일세가 되어 근로소득세가 폐지된다면, 고임금 근로자는 자신의 근로 수입에 비례하는 세금을 내지 않아도 되므로 저임금 근로자보다 더 많은 혜택을 얻게 될 것이다.

④ 조지의 이론을 계승하는 학자라면, 부가가치 생산에 기여한 부분에 대해서는 세금을 부과하지 않는 것이 바람직하다고 보았을 것이다.

헨리 조지는 토지 소유자의 임대 소득 중에 자신의 노력이나 기여와는 무관한 불로소득이 많다면 토지가치세를 통해 이를 환수하는 것이 바람직하다고 주장했으며, 이에 따라 토지 개량의 수익을 제외한 나머지 수익은 정부가 환수하여 사회 전체를 위해 사용하자고 하였다. 이는 토지 개량과 같이 토지 소유자의 노력이나 기여로 생긴 수익에 대해서는 세금을 부과하지 않는다는 의미이다. 따라서 조지의 이론을 계승하는 학자라면, 토지 개량의 수익과 같이 부가가치 생산에 기여한 부분에 대해서는 세금을 부과하지 않는 것이 바람직하다고 보았을 것이다.

4 답 ④

정답 해설

④ 탄력도가 낮은 쪽에서 납세 부담을 지게 만들 수 있는 토지가치세와 달리, X국의 '사치세' 및 Y국의 '담배세'는 탄력도가 높은 쪽에서 납세 부담을 지게 하는군.

지문에 의하면 토지가치세는 탄력도가 낮은 토지 소유자, 즉 불로소득을 올리는 토지 공급자에게 부과되는 세금이다. 〈보기〉의 X국은 부유층인 요트 소비자에게 사치세를 부과하였는데, 이때 부자들은 요트 구매를 줄이고 지출의 대상을 바꾸는 '탄력도가 높은' 모습을 보였으며, 이에 따라 사치세를 부담하지 않았다. 또한 Y국은 담배 소비자를 대상으로 담배세를 인상하였는데, 이때 담배 소비자들은 담배 소비를 거의 줄

이지 않는 '탄력도가 낮은' 모습을 보였으며, 결국에는 인상된 세금을 부담하였다. 정리하면, 토지가치세와 달리 X국의 '사치세'는 탄력도가 높은 쪽에서 납세 부담을 지지 않고 있으며, Y국의 '담배세'는 토지가치세와 같이 탄력도가 낮은 쪽에서 납세 부담을 지고 있다.

오답 해설

① 공급자에게 부과되는 토지가치세와 달리, X국의 '사치세' 및 Y국의 '담배세'는 소비자에게 부과되고 있군.

지문의 토지가치세는 탄력도가 낮은 토지 소유자, 즉 불로소득을 올리는 토지 공급자에게 부과되는 세금이다. 〈보기〉의 X국에서 사치세는 요트 소비자에게 부과되고 있고, Y국에서 담배세는 담배 소비자에게 부과되고 있다. 따라서 토지가치세와 달리, X국의 '사치세' 및 Y국의 '담배세'는 소비자에게 부과되고 있음을 알 수 있다.

② 초과 부담을 발생시키는 X국의 '사치세'와는 달리, Y국의 '담배세' 및 토지가치세는 초과 부담을 거의 발생시키지 않는군.

〈보기〉의 X국에서는 사치세 도입으로 요트 구매가 줄어들었으며 그 결과 요트 공장에서 일하던 근로자들이 대량 해고되었다. 이는 조세 외에 추가로 부담해야 하는 각종 손실인 '초과 부담'이 발생한 것으로 볼 수 있다. 한편 〈보기〉의 Y국에서는 담배세를 인상해도 담배 소비가 거의 감소하지 않았으며, 지문의 토지가치세의 경우 토지 공급을 줄이지 않아 초과 부담을 발생시키지 않는다. 따라서 X국의 '사치세'와 달리, Y국의 '담배세' 및 토지가치세는 초과 부담을 거의 발생시키지 않음을 알 수 있다.

③ 과세 대상자 이외의 타인에게 납세 부담이 추가되는 X국의 '사치세'와 달리, Y국의 '담배세'와 토지가치세에서는 납세 부담이 과세 대상자에게 집중되는군.

〈보기〉의 X국에서는 사치세 도입으로 요트 구매가 줄어들었으며 그 결과 요트 공장에서 일하던 근로자들이 대량 해고되었다. 이에 X국은 근로소득세를 인상해서 부족한 세수를 보충하였는데, 이는 과세 대상자 이외의 타인에게 납세 부담이 추가된 것으로 볼 수 있다. 한편 〈보기〉의 Y국에서는 담배 소비자에게만 담배세가 부과되며, 지문의 토지가치세의 납세 부담은 임차인에게 전가되지 않고 고스란히 토지 소유자가 떠안게 된다. 따라서 X국의 '사치세'와 달리, Y국의 '담배세'와 토지가치세에서는 납세 부담이 과세 대상자에게 집중됨을 알 수 있다.

⑤ 조세 개편의 정책 목표를 달성하지 못한 X국의 '사치세' 및 Y국의 '담배세'와 달리, 토지가치세는 도입할 때 거둘 수 있는 경제 활성화 효과가 최근 연구에서 확인되고 있군.

〈보기〉의 X국은 사치세 도입을 통해 부유층의 납세 부담을 늘리려고 했으나 부유층이 요트 구매를 줄이고 지출의 대상을 바꾸는 모습을 보였으며, Y국은 담배세 인상을 통해 담배 소비를 줄이려고 했으나 담배 소비는 거의 감소하지 않았다. 즉, X국의 '사치세' 및 Y국의 '담배세'는 조세 개편의 정책 목표를 달성하지 못한 것이다. 그런데 지문의 G7 대상 연구에 따르면, 토지가치세의 경우 그것의 도입으로 인한 초과 부담의 감소 정도가 GDP의 14~50%에 이른다. 이는 토지가치세의 도입을 통해 거둘 수 있는 경제 활성화 효과가 최근 연구에서 확인되고 있는 것이라 할 수 있다.

15 호펠드의 권리 분석 논의

1 ③ 2 ② 3 ③ 4 ④

지문 구조도

① 법철학이 실무에서 쓸모가 없다는 통념을 깨뜨린 호펠드의 이론

② 호펠드가 확정한 권리에 대한 네 쌍의 근본 개념

③ 청구권, 자유권, 형성권, 면제권의 개념

④ 청구권, 자유권, 형성권, 면제권의 관계

⑤ 호펠드가 지적한 퀸 대 리덤 사건 판결문의 오류와 호펠드 이론의 의의

1 답 ③

정답 해설

③ 권리 문장의 분석을 통하여 권리들 간에 우선순위가 발생하는 근거를 해명함.

호펠드는 "누가 무언가에 관한 권리를 가진다."라는 권리 문장을 분석하여 권리자와 그 상대방의 지위를 나타내는 네 쌍의 근본 개념을 확정하였다. 이때 그 개념들 간에 우선순위가 있다고 보지는 않았다.(1, 2문단)

오답 해설

① 권리 문장에 사용되는 권리 개념의 다의성 문제를 해소할 수 있는 방안을 제시함.

호펠드는 권리 개념이 다의적으로 사용됨으로써 법률가들이 잘못된 논증을 하게 된다고 보았으며, 이에 권리자와 그 상대방의 지위를 나타내는 네 쌍의 근본 개념을 확정하여 권리 개념의 다의성 문제를 해소하였다.(1문단)

② 권리에 대한 법률가들의 통념적 구별이 가질 수 있는 개념적 오류를 비판함.

호펠드는 법률가들이 '물건에 대한 권리'를 '사람에 대한 권리'와 구별해서 이해하고 있는 것에 대해, '물건에 대한 권리'도 어디까지나 모든 사람을 상대로 주장할 수 있는 권리라는 점에서 '사람에 대한 권리'와 마찬가지로 상대방의 관점에서 재구성될 수 있다고 보았다. 즉, 권리에 대한 법률가들의 통념적 구별이 가질 수 있는 개념적 오류를 비판한 것이다.(2문단)

④ 권리 문장을 사용한 법률가들의 추론에 논리의 비약이 내재해 있음을 규명함.

호펠드는 '퀸 대(對) 리덤' 사건의 판결문에서, 판사가 원고에게 자유권이 있다는 전제로부터 곧바로 피고에게는 원고의 자유권 행사를 방해하지 않을 의무가 있다는 결론을 도출하는 우를 범하였다고 지적하였다. 즉, 권리 문장을 사용한 판사의 추론에 논리의 비약이 내재해 있음을 규명한 것이다.(5문단)

⑤ 권리 개념들 간의 관계적 특성을 반영한 권리의 일반 이론을 모색함.

호펠드는 "누가 무언가에 관한 권리를 가진다."라는 권리 문장을 분석하여 권리자와 그 상대방의 지위를 나타내는 네 쌍의 근본 개념을 확정하였으며, 그 근본 개념들 간의 관계적 특성을 분명히 함으로써 권리 문장이 지켜야 할 가장 기초적인 문법을 완성하였다.(1, 4문단)

2 답 ②

정답 해설

② 누가 어떤 권리를 가지면 동시에 그는 일정한 의무를 가진다는 판단

을 내릴 경우가 있다.

'누군가'가 '청구권'을 가져 상대방에게 특정한 행위를 요구할 수 있으면, 상대방이 그 특정 행위를 할 의무를 가지는 것이지, '누군가'가 동시에 의무를 가지는 것은 아니다. 즉, '누군가'가 '자유권'을 가지든, '형성권'을 가지든, '면제권'을 가지든 동시에 의무를 부담하는 것은 아니다.

오답 해설

① 누가 어떤 권리를 가지면 상대방이 일정한 의무를 가진다는 판단을 내릴 경우가 있다.

누군가가 '청구권'을 가져 상대방에게 특정한 행위를 요구할 수 있으면, 상대방은 그 특정 행위를 할 '의무'를 가지게 된다.

③ 누가 어떤 권리를 가지면 상대방이 일정한 권리를 갖지 않는다는 판단을 내릴 경우가 있다.

누군가가 '청구권'을 가지면 상대방은 동시에 '자유권'을 가질 수 없고, 누군가가 '자유권'을 가지면 상대방은 동시에 '청구권'을 가질 수 없다. 또한 누군가가 '형성권'을 가지면 상대방은 동시에 '면제권'을 가질 수 없고, 누군가가 '면제권'을 가지면 상대방은 동시에 '형성권'을 가질 수 없다.

④ 누가 어떤 권리를 갖지 않으면 동시에 그는 일정한 의무를 가진다는 판단을 내릴 경우가 있다.

누군가가 '청구권'을 가져 상대방에게 특정한 행위를 요구할 수 있으면, 상대방은 그 특정 행위를 할 '의무'를 가지게 되어 동시에 '자유권'을 가질 수 없게 된다. 즉, '상대방'이 '자유권'을 갖지 않으면 동시에 그는 누군가가 요구한 특정 행위를 할 '의무'를 가지는 것이다.

⑤ 누가 어떤 권리를 갖지 않으면 상대방이 일정한 의무를 갖지 않는다는 판단을 내릴 경우가 있다.

누군가가 '청구권'을 가져 상대방에게 특정한 행위를 요구할 수 있으면, 상대방은 그 특정 행위를 할 '의무'를 가지게 된다. 이를 고려할 때, 누군가가 '청구권'을 갖지 않으면 상대방은 일정한 '의무'를 갖지 않을 것이다.

3 답 ③

정답 해설

③ 형성권을 가지고 있는 사람은 면제권을 동시에 가지고 있을 수 없다.

어떤 사람이 형성권을 가지고 있다고 해서, 면제권을 동시에 가지고 있을 수 없는 것은 아니다. 즉, 상대방의 법적 지위를 변동시킬 수 있는 사람은, 상대방의 처분에 따라 자신의 지위 변동을 겪지 않을 수도 있는 것이다.

오답 해설

① 법철학 이론은 실생활에서의 법률 문제 해결에 이바지할 수 있다.

호펠드는 권리 개념을 명확히 하여 '퀸 대(對) 리덤' 사건 판결문의 오류를 지적함으로써 법철학 이론도 법률 실무에 충분히 기여할 수 있음을 보여 주었다. 이렇듯 호펠드는 법철학 이론이 실생활에서의 법률 문제 해결에 이바지할 수 있다고 보았다.

② 물건에 대한 권리를 다룬 문장도 상대방의 관점에서 살펴볼 수 있다.

호펠드는 모든 권리 문장이 상대방의 관점에서 재구성될 수 있다고 보아, '사람에 대한 권리'뿐만 아니라 '물건에 대한 권리'도 어디까지나 '모든 사람'을 상대로 주장할 수 있는 권리라고 보았다.

④ 청구권과 형성권은 모두 상대방의 행동에 제약을 가할 수 있는 권리이다.

상대방에게 특정한 행위를 요구할 수 있는 권리인 청구권은 상대방의 행위를 직접적으로 통제하는 것이며, 상대방의 법적 지위를 변동시킬 수 있는 권리인 형성권은 상대방과의 법률 관계를 통제함으로써 그의 행위도 통제하는 것이다. 즉, 청구권과 형성권은 모두 상대방의 행동에

제약을 가할 수 있는 권리이다.

⑤ 자유권자의 상대방은 자유권자가 그 권리를 행사하지 못하도록 방해할 수 있다.

퀸 대(對) 리덤 사건 판결문에 대해, 호펠드는 '원고에게 자유권이 있다는 전제로부터 곧바로 피고에게는 원고의 자유권 행사를 방해하지 않을 의무가 있다는 결론을 도출하는 우를 범'하였다고 지적하였다. 호펠드에 의하면, 원고에게 고용의 자유권이 있을 경우 그 상대방인 피고에게는 고용의 청구권이 없다. 이는 피고에게 고용과 관련된 특정 행위를 요구할 권리가 없다는 것이지, 원고가 자유권을 행사하지 못하도록 방해할 권리가 없다는 것은 아니다. 그런데 담당 판사는, 피고에게 원고가 자유권을 행사하지 못하도록 방해하지 않을 의무가 있다며 오류를 저지른 것이다. 이를 고려할 때, 호펠드는 자유권자의 상대방에게 자유권자가 그 권리를 행사하지 못하도록 방해할 권리가 있다고 볼 것이다.

4 답 ④

정답 해설

④ C는 D에 의해 판정의 자율성을 침해 받지 않을 면제권을 가지고 있다.

누군가가 '면제권'을 가지면 상대방의 처분에 따라 자신의 지위 변동을 겪지 않아도 된다. 〈보기〉의 상황에서 심판 C는 판정 과정에서 어떠한 영향도 받지 않아야 하는 지위에 있다. 즉, 감독 D로부터 판정의 자율성을 침해 받지 않을 면제권을 가지고 있는 것이다.

오답 해설

① A는 B에게 몸싸움을 걸지 말라고 요구할 청구권을 가지고 있다.

누군가가 '청구권'을 가져 상대방에게 특정한 행위를 요구할 수 있으면, 상대방은 그 특정 행위를 할 '의무'를 가지게 된다. 그런데 〈보기〉의 상황에서 A가 B에게 몸싸움을 걸지 말라고 요구할 청구권을 가짐에 따라 B가 몸싸움을 하지 않을 의무를 가지게 되는 것은 아니다. B가 A와 정당하게 몸싸움을 벌였다는 점을 고려할 때, B에게는 몸싸움을 할 수 있는 자유권이 있다고 할 수 있으며, 그에 따라 A에게는 몸싸움을 걸지 말라고 요구할 청구권이 없을 것이다.

② A는 C에게 그의 판정이 잘못되었는지 여부를 알려 줄 의무를 위반하고 있다.

심판 C는 경기 중인 선수들에게 퇴장을 요구할 수 있는 '청구권'이 있으며, 경기 중인 선수들은 그에 따라 퇴장해야 하는 '의무'를 가지게 된다. 심판 C가 경기 중인 선수 A에게 판정의 잘잘못 여부를 알려 달라고 요구할 수 있는 청구권을 지니는 것은 아니며, 그에 따라 경기 중인 선수 A가 '심판의 판정이 잘못되었는지 여부를 알려 줄 의무'를 가지지도 않는다.

③ B는 C의 판정만으로 퇴장당하게 되는 피형성적 지위에 있지 않다.

누군가가 '형성권'을 가져 상대방의 법적 지위를 변동시킬 수 있으면, 상대방은 곧 지위 변동을 겪게 되는 '피형성적 지위'에 있다. 〈보기〉의 상황에서 심판 C는 경기 중인 선수들을 퇴장시킬 수 있는, 즉 선수들의 지위를 변동시킬 수 있는 '형성권'이 있으며, 이에 따라 경기 중인 선수 B는 퇴장을 당하게 되는 피형성적 지위를 지닌다.

⑤ D는 E가 시합에 나가지 않을 자유권을 침해하고 있다.

누군가가 '자유권'을 가지면 특정한 행위에 대한 상대방의 요구를 따르지 않아도 된다. 〈보기〉의 상황에서 감독 D는 선수 E에게 '경기 참여'를 요구할 수 있는 청구권이 있을 것이며, 이에 따라 선수 E는 경기에 참여해야 하는 의무를 가지게 된다. 즉, 선수 E가 시합에 나가지 않을 자유권을 갖고 있다고 볼 수는 없는 것이다.

16 대공황의 원인

1 ⑤ 2 ① 3 ③ 4 ②

지문 구조도

1 1930년대의 경제 대공황과 그 진원지였던 미국

2 대공황의 원인 ① - 주식 투기

3 대공황의 원인 ② - 부적절한 통화 정책

4 대공황의 원인 ③ - 국제 신용 체계의 불안정

1 답 ⑤

정답 해설

⑤ 미국은 국제 신용 체계의 최종 대부자가 아니었기 때문에 국내 물가 안정에 전념할 수 있었다.

1930년대에 미국은 국제 신용 체계에서 가장 중요한 국가로, 최대 채권국이자 강력한 최종 대부자였다. 그럼에도 최종 대부자의 역할을 수행하기보다는, 국내 물가 안정에만 매달린 탓에 대공황의 전 세계적 확산을 최소화하지 못한 것이다.(4문단)

오답 해설

① 미국의 주택 실수요 시장은 거의 포화 상태에 이르렀다.

1930년대에 미국은 민간 부문의 주택 건설에 대하여 추가 투자가 필요치 않은 지점에 다다랐는데, 이는 미국의 주택 실수요 시장이 거의 포화 상태에 이르렀기 때문이다.(2문단)

② 다른 많은 국가들이 미국에 대한 전쟁 채무 상환에 어려움을 겪고 있었다.

1930년대에 국제 신용 체계에서 최대 채권국이었던 미국은 자본 수출에 대한 이자와 전쟁 채무 원리금, 전통적인 보호 무역 정책으로 국제 수지 흑자를 보이고 있었다. 반면 채무국들은 미국의 무역 정책으로 인해 무역 흑자로 전쟁 채무를 상환하는 것이 거의 불가능했다. 즉, 다른 많은 국가들이 미국에 대한 전쟁 채무 상환에 어려움을 겪고 있었던 것이다. (4문단)

③ 미국은 1차 대전 이후 금 유입으로 인해 통화 공급 증대의 압력을 받고 있었다.

1차 대전 이후 당시의 국제 신용 체계인 '금 본위제'에서 가장 중요한 국가는 최대 채권국인 미국이었다. 채무국들이 무역 흑자를 통해 채무를 상환한다는 것은 거의 불가능했기에, 점점 더 많은 금이 미국으로 유입되었다. 국제 금 본위제는 강력한 최종 대부자인 미국이 유동성과 안정성을 보증해야 작동하는 제도였는데, 이때 미국은 국제 신용망의 유지가 아니라 국내 물가 안정에만 매달렸다. 즉, 원래라면 금 유입이 통화 공급 증대와 물가 상승으로 이어지도록 해야 했음에도[=금 유입이 통화 공급 증대로 이어지게 해야 하는 압력이 있었음에도], 금을 불태화함으로써 금 본위제의 국제 규칙을 사실상 지키지 않은 것이다.(4문단)

④ 미국 주식 시장의 거품이 꺼지면서 실질 부가 감소하고 그로 인해 소비도 급감하였다.

당시에 미국 사람들은 이미 구매한 주식을 담보로 은행으로부터 대출을 받았으며, 이것으로 다시 주식 투기에 참여했다. 그런데 주식 시장이 붕괴하여 주식 거품이 꺼지자 신용 구조가 한꺼번에 무너져 버렸고, 그 결과 사람들은 결국 파산을 하고 말았다. 이는 실질 부가 감소한 것이며 그로 인해 소비도 급감한 것이다.(3문단)

2 답 ①

정답 해설

① 주식 시장이 붕괴했을 때에도 여전히 금융 긴축 정책을 취하여 물가 하락을 가속시켰다.

주식 시장이 붕괴했을 때 FRB는 할인율을 인하하여 통화량을 늘리는 금융 팽창 정책을 취했어야 한다. 그런데 FRB는 오히려 통화량을 줄이는 금융 긴축 정책을 택하여 심각한 물가 하락을 일으켰다. 이로 인해 실질 이자율이 상승하면서 기업의 투자 심리가 형편없이 냉각되었고, 이는 결국 대공황으로 이어지게 되었다.(3문단)

오답 해설

② 은행이 고객에게 충분한 담보 없이 주식 매입 자금을 대출해 주는 것을 규제하지 않았다.

은행이 고객의 주식 일부를 담보로 하여 대출을 해 주었다는 사실은 확인할 수 있지만(3문단), FRB가 담보의 불충분함을 근거로 은행에게 주식 매입 자금 대출 규제를 할 수 있었는지, 실제로 규제를 하였는지는 지문에서 확인할 수 없다.

③ 주식 시장이 과열되었을 때 할인율을 인상함으로써 은행의 대출 활동을 제약하였다.

주식 시장이 과열되었을 때 FRB는 은행에 대한 할인율을 인상함으로써 은행이 고객에게 주식 매입 자금을 빌려 주는 업무에 영향을 주었다. 이는 오히려 적절한 통화 정책이었지만, 그럼에도 주식 투자에서 높은 차익을 기대하던 투기꾼들의 기세가 꺾이지 않았던 것이다.(3문단) 이 선택지는 FRB의 통화 정책에 문제가 있었다는 것과 관련이 없다.

④ 주가 폭락으로 인해 자산 가치가 폭락한 기업에 대해 신용을 제공하지 않았다.

지문에서 주가 폭락으로 인해 자산 가치가 폭락한 기업에 대해 FRB가 신용을 제공하지 않았는지는 전혀 확인할 수 없다.

⑤ 어음 평가나 하였을 뿐 호황기에 할인율을 인상하여 통화량을 줄이지 않았다.

당시 FRB 산하 12개 지역별 중앙은행 이사들은 어음 평가나 할 줄 알았지 통화 정책에는 지식이 거의 없는 사람들이었다. FRB의 통화 정책에 문제가 있었던 이유로 그 이사들이 '어음 평가'나 하였기 때문이라고 볼 수는 없다. 한편 주식 시장이 붕괴했을 때, 즉 불황기 때 FRB는 할인율을 인하하여 통화량을 늘리는 정책을 취하여야 했음에도, 오히려 통화량을 줄이는 정책을 택하여 심각한 물가 하락을 일으켰다. 당시에 FRB가 호황기에 할인율을 인상하여 통화량을 줄이지 않은 것은 아니다.(3문단)

3 답 ③

정답 해설

③ FRB의 금융 긴축이 문제였다고 하지만, 긴축 정책의 강도가 주가 폭락 이전과 이후에 서로 달랐다.

지문에서는 주식 시장 붕괴 이후 FRB의 금융 긴축이 문제가 되어 대공황이 일어나게 되었다는 점을 지적하였다. 이때 긴축 정책의 강도가 주가 폭락 이전과 이후에 서로 달랐다는 점으로는 지문의 입장을 약화시킬 수 없다. 결국에는 근본적인 원인인 긴축 정책으로 인해 대공황이 일어났다고 볼 수 있기 때문이다. 긴축 정책 자체가 문제가 되지 않았다는 점을 지적해야 지문의 입장을 약화시킬 수 있을 것이다.

오답 해설

① 전체 소비 감소 규모에서 소득 불균등으로 인한 감소가 차지하는 비중은 미미하였다.

지문에서는 대공황이 일어난 원인 중 하나로, 소득과 부의 불균등이 심화되면서 소비 지출 수요가 줄어들고 있었다는 점을 지적하였다. 그런데 전체 소비 감소 규모에서 소득 불균등으로 인한 감소가 차지하는 비중이 미미하였다는 것이 옳다면, 이는 지문의 입장을 약화시킬 수 있을 것이다.

② 주가 폭락 이후의 금융 긴축으로 인해 투자 심리가 위축된 것은 공황 발생 시점 이후였다.

지문에서는 주식 시장이 붕괴했을 때 FRB가 통화 팽창 정책을 쓰지 않고 긴축 정책을 택한 결과 기업의 투자 심리가 형편없이 냉각되어 대공황으로 이어지게 되었다는 점을 지적하였다. 그런데 지문의 주장과 달리, 주가 폭락 이후의 금융 긴축으로 인해 투자 심리가 위축된 것이 공황 발생 시점 이후라면, 이는 지문의 입장을 약화시킬 수 있을 것이다.

④ 자동차와 같은 내구재의 소비가 포화 상태였지만, 그것이 전체 소비에서 차지하는 비중은 크지 않았다.

지문에서는 대공황이 일어난 원인 중 하나로, 자동차와 같은 내구재의 소비가 포화 상태여서[=대부분 갖고 있어서] 소비 지출 수요가 줄어들고 있었다는 점을 지적하였다. 그런데 자동차와 같은 내구재의 소비가 전체 소비에서 차지하는 비중이 크지 않았다는 것이 옳다면, 이는 지문의 입장을 약화시킬 수 있을 것이다.

⑤ 국제 신용 체계의 불안정은 어느 한 나라의 책임이 아니라, 국가 간에 신뢰와 협조가 부족했기 때문이었다.

지문에서는 미국의 FRB가 국제 신용 체계인 금 본위제의 국제 규칙을 사실상 지키지 않아서 대공황이 길어졌다고 보았다. 그런데 이러한 국제 신용 체계의 불안정이 어느 한 나라의 책임이 아니라, 국가 간에 신뢰와 협조가 부족했기 때문이라는 것이 옳다면, 이는 지문의 입장을 약화시킬 수 있을 것이다.

4 답 ②

정답 해설

② ⓑ : 개입(介入)하였다 (×)

ⓑ '뛰어들다'는 '어떤 일이나 사건에 적극적으로 관련을 맺다.'라는 뜻이고, '개입하다'는 '자신과 직접적인 관계가 없는 일에 끼어들다.'라는 뜻이므로, 바꾸어 쓰기에 적절하지 않다.

오답 해설

① ⓐ : 도달(到達)하였다 (○)

ⓐ '다다르다'는 '목적에 곳에 이르다' 또는 '어떤 수준이나 한계에 미치다.'라는 뜻이고, '도달하다'는 '목적한 곳이나 수준에 다다르다.'라는 뜻이므로, 바꾸어 쓰기에 적절하다.

③ ⓒ : 초래(招來)하였다 (○)

ⓒ '일으키다'는 어떤 사태나 일을 벌이거나 터뜨리다.'라는 뜻이고, '초래하다'는 '일의 결과로서 어떤 현상을 생겨나게 하다.'라는 뜻이므로, 바꾸어 쓰기에 적절하다.

④ ⓓ : 고수(固守)하였다 (○)

ⓓ '지키다'는 '어떠한 상태나 태도 따위를 그대로 유지하다.'라는 뜻이고, '고수하다'는 '차지한 물건이나 형세 따위를 굳게 지키다.'라는 뜻이므로, 바꾸어 쓰기에 적절하다.

⑤ ⓔ : 전념(專念)하였다 (○)

ⓔ '매달리다'는 '어떤 일에 관계하여 거기에만 몸과 마음이 쏠려 있다.'라는 뜻이고, '전념하다'는 '오직 한 가지 일에만 마음을 쓰다.'라는 뜻이므로, 바꾸어 쓰기에 적절하다.

배경지식!

● **할인율**

지문에 '불황기에 할인율을 인하하여 통화량을 늘리거나 호황기에 할인율 인상으로 통화량을 줄여야 하는 통화 정책'이라는 말이 나오는데, '할인율'의 개념을 정의해 주지 않아 이해가 되지 않았을 수 있다.

'할인율'은 미래 가치를 현재 가치로 환산하는 비율로, 오래 전이지만 2008학년도 수능 국어 지문으로 제시된 적이 있다. 그때 제시된 문장은 아래와 같다.

> 할인율은 이자율과 유사하지만 역으로 적용되는 개념이라고 생각하면 된다. 현재의 이자율이 연 10%라면 올해의 10억 원은 내년에는 (1+0.1)을 곱한 11억 원이 되듯이, 할인율이 연 10%라면 내년의 11억 원의 현재 가치는 (1+0.1)로 나눈 10억 원이 된다.

위 문장을 통해, 할인율과 이자율은 '시점'만 다를 뿐 거의 동일한 개념임을 알 수 있다. 할인율이 연 10%일 경우 미래 가치 '11억 원'이 현재 가치 '10억 원'으로 환산되므로, 할인율이 클수록 환산되는 현재 가치가 작아질 것이며, 할인율이 작을수록 환산되는 현재 가치가 커질 것이다.

본문 126~127쪽

17 항생 물질과 세균의 내성

1 ④ 2 ⑤ 3 ② 4 ⑤

지문 구조도

① 세균 내 단백질의 생성과 단백질 합성 기관인 리보솜

② 항생 물질의 개발과 내성 세균의 비율 증가

③ 내성이 발현되는 방법 ①－세포막의 수송계 활용

④ 내성이 발현되는 방법 ②－항생 물질 변형 및 파괴 효소 생성

⑤ 내성이 발현되는 방법 ③－세균 자신의 효소, 세포의 여러 부위 변화

⑥ 세균들 사이에서의 내성 전파 과정

⑦ 내성이 전파되기 쉬운 환경

1 답 ④

정답 해설

④ 특정 항생 물질에 선택적으로 작용하는 효소를 만드는 세균에는 유인 물질을 활용하여 그 효소의 활성을 저해시킨다.

특정 항생 물질에 선택적으로 작용하는 효소를 만드는 세균의 내성은 '유인 물질'을 동시에 사용함으로써 무력화시킬 수 있다.(4문단) 이는 내성 세균의 효소가 유인 물질을 항생 물질로 오인하여 유인 물질을 주로 상대하도록 하는 방식이다. 유인 물질을 통해 그 효소의 활성을 저해시키는 것이 아니다.

오답 해설

① 세균 내 단백질들은 상황에 따라 급속도로 많은 양이 합성될 수도 있다.

세균 내 단백질들은 긴급 상황에 대처하기 위해 신속하게 다량으로 합성되기도 한다.(1문단)

② 세균은 염색체가 아닌 다른 DNA에 자신의 유전 정보를 보관하기도 한다.

세균은 자신의 유전 정보를 대부분 염색체에 보관하지만, 염색체와는 별도로 플라스미드라는 작은 고리형 DNA에 유전자를 추가로 가지기도 한다.(6문단)

③ 페니실린과 세팔로스포린은 모두 세균을 죽이거나 세균의 발육을 저지하는 치료약에 속한다.

세균을 죽이거나 세균의 발육을 저지하는 치료약인 항생 물질들이 널리 사용되면서 항생 물질에 내성을 가진 세균들이 나타나기 시작했다는 것과, 6문단의 '페니실린 내성 세균', '세팔로스포린 내성 세균'이라는 용어를 통해 '페니실린'과 '세팔로스포린'이 항생 물질에 해당함을 알 수 있다.

⑤ 실험실에서는 세균들 간에 내성과 관련된 유전자의 교환이 잘 일어나는 편이므로 내성 세균의 비율이 증대될 수 있다.

실험실 환경에서는 세균들 간에 플라스미드 교환이 잘 일어나는 편이므로, 이 플라스미드에 내성과 관련된 유전자가 포함되어 있다면 결국 내성 세균의 비율이 증대될 수 있다.(7문단)

2 답 ⑤

정답 해설

⑤ 항생 물질이 결합되는 리보솜을 변형하여 그 항생 물질을 분해한다.

세균이 항생 물질에 저항하는 방법 중 하나는, 세균이 항생 물질의 표적이 되는 리보솜의 일부 구조를 변형함으로써 단백질 생산 능력은 그대로 유지하면서도 항생 물질과 결합하는 부위만 없애는 것이다.(5문단) 그 항생 물질 자체를 분해하는 것은 아니다.

오답 해설

① 항생 물질이 작용하는 세포 부위의 구조를 변경한다.

세균이 항생 물질에 저항하는 방법 중 하나는, 세균이 항생 물질의 표적이 되는 세포의 여러 부위를 변화시켜 항생 물질의 작용을 무력화하는 것이다.(5문단)

② 항생 물질의 화학 구조에 변화를 가져오는 효소를 발현한다.

세균이 항생 물질에 저항하는 방법 중 하나는, 항생 물질을 화학적으로 변형하는 효소를 생성하여 내성을 보이는 것이다.(4문단)

③ 항생 물질이 결합되는 효소 단백질의 일부 구조를 변화시킨다.

세균이 항생 물질에 저항하는 방법 중 하나는, 세균이 항생 물질의 표적이 되는 효소 단백질을 변화시켜 항생 물질의 작용을 무력화하는 것이다.(5문단)

④ 항생 물질의 유입량보다 배출량이 더 큰 세포막 수송계를 이용한다.

항생 물질은 세균의 세포막에 있는 특정 수송계를 이용해 세균 내부로 침투하여 작용하는데, 내성 세균 중에는 이러한 항생 물질을 에너지를 사용하여 세포 밖으로 빠르게 배출하는 세균도 있다.(3문단) 즉, 세균이 항생 물질에 저항하는 방법 중 하나는, 항생 물질의 유입량보다 배출량이 더 큰 세포막 수송계를 이용하는 것이다.

3 답 ②

정답 해설

② ㉡

'발문'에 의하면 어떤 항생 물질이 '리보솜'의 기능을 억제한다고 하였다. 리보솜은 세포 내 유일한 단백질 합성 기관이므로, 이 항생 물질은 세균이 단백질을 합성해 내는 것을 차단할 것이다. 이를 고려할 때, 복합 내성을 지닌 플라스미드의 형성 과정 중에서 해당 항생 물질은 세균이 ㉡'선모를 구성하는 단백질을 다량 합성'하는 단계에 직접 작용할 것이다.

4 답 ⑤

- A1 ┌ X에서 분리된 E1을 A1과 혼합하면 서로 강하게 결합함.
  └ X는 에너지를 사용하여 A1을 세포 밖으로 빠르게 배출함.

- A2 ┌ X에서 분리된 E2와 A2를 혼합하면 서로 강하게 결합함.
  └ X는 E2와 유사한 구조의 단백질 P를 다량 생성하며 A2와 P는 서로 강하게 결합함.

- A3 ┌ X의 세포 내부에 A3을 주입하면 리보솜과 A3은 서로 강하게 결합함.
  └ X는 A3이 자신의 세포막을 통해서 쉽게 흡수되지 않도록 함.

정답 해설

⑤ 일반 용량의 A2와 고용량의 A3을 함께 사용

- 항생 물질 A1과 관련하여, 세균 X는 에너지를 사용하여 A1을 세포 밖으로 빠르게 배출하였다. 이때 A1은 세균 X의 세포막에 있는 특정 수송계를 이용하여 침투하였을 것이며, 세균 X는 이에 대항하여 에너지를 사용함으로써 A1을 세포 밖으로 빠르게 배출하였을 것이다. 이러한 상황에서 세균 X는 고용량의 A1에 노출되어도 살아남을 수 있으므로, A1은 그 용량에 상관없이 세균 X의 증식을 억제하기 어려울 것이다.

- 항생 물질 A2와 관련하여, 세균 X는 효소 E2와 유사한 구조의 단백질 P를 다량으로 생성하는데 이때 A2는 단백질 P와 서로 강하게 결합하였다. 세균이 항생 물질의 표적이 되는 효소와 유사한 단백질을 다량으로 만들어 내어 항생 물질과 대신 결합하게 하면 고용량의 항생 물질에 노출되어도 생존에 중요한 효소들을 보호할 수 있다.(5문단) 이를 고려할 때, A2는 일반 용량을 사용하든 고용량을 사용하든 세균 X의 증식을 억제하는 데 영향을 끼치기는 하겠으나, 세균 X의 생존에 중요한 효소들에게까지 영향을 끼치지는 않을 것이다.

- 항생 물질 A3과 관련하여, 세균 X는 A3이 자신의 세포막을 통해서 쉽게 흡수되지 않도록 한다. 즉, 세균 X는 자신의 세포막에 있는 특정 수송계의 작동을 부분적으로 방해하여 A3이 쉽게 흡수되지 못하도록 하는 것이다. 그런데 이는 고용량의 항생 물질을 사용하면 무력화시킬 수 있다. 그러므로 고용량의 A3을 사용하면 세균 X의 증식을 억제할 수 있을 것이다.

정리하면, 고용량의 A3을 사용하는 것이 반드시 필요하며, 이것이 포함된 선택지는 ⑤번밖에 없다.

본문 128~129쪽

18 자기 냉각 기술

1 ⑤   2 ①   3 ③   4 ③

지문 구조도

1 일반 냉장고의 작동 원리와 문제점 및 자기 냉장고의 개발

2 자기 물질의 특성 및 종류

3 자기 냉장고의 열역학적 순환 과정

4 효율이 좋은 자기 냉장고 개발에 필요한 조건

1 답 ⑤

정답 해설

⑤ 자기 열량 효과에 기반한 자기 냉각 기술을 소개하고 이를 활용한 자기 냉장고의 작동 원리를 설명하고 있다.

지문에서는 19세기 후반에 발견된 자기 열량 효과와 20세기 전반에 이르러 확인된 자기 냉각 기술을 소개하고, 자기 냉각 기술을 활용한 자기 냉장고의 작동 원리를 구체적으로 설명하고 있다.

오답 해설

① 자기 냉장고의 제작 방법을 소개하고 제작 시 유의점을 나열하고 있다.

자기 냉장고에 쓰이는 자기 물질을 소개하기는 하였지만 자기 냉장고의 제작 방법을 소개하지는 않았으며, 제작 시 유의점을 나열하지도 않았다.

② 자기 열량 효과의 개념을 정의하고 자기 냉장고의 장단점을 분석하고 있다.

3문단에서 자기 열량 효과가 자기 물질에 외부에서 자기장을 가했을 때 그 물질이 열을 발산하는 현상에서 비롯된다고 언급했을 뿐 자기 열량 효과 그 자체의 개념을 정의하지는 않았다. 또한 자기 냉장고의 장단점을 분석하지도 않았다.

③ 자기 냉각 기술의 종류를 분류하고 그 분류에 따라서 자기 냉장고들의 차이점을 비교하고 있다.

2문단에서 자기 냉각 기술에 쓰이는 자기 물질의 종류를 구분하여 설명했을 뿐 자기 냉각 기술의 종류를 분류하지는 않았으며, 자기 냉장고들 간의 차이점을 비교하지도 않았다.

④ 자기 냉장고의 유형을 구분하는 기준을 밝히고 자기 냉장고의 작동 방식을 단계별로 설명하고 있다.

3문단에서 자기 냉장고의 작동 방식을 Ⅰ, Ⅱ, Ⅲ, Ⅳ의 네 과정으로 나누어 단계별로 설명하고 있다. 하지만 자기 냉장고의 유형을 구분하는 기준을 밝히지는 않았다.

2 답 ①

정답 해설

① ㉠에서 작용물질의 부피 변화는 ㉡에서 작용물질의 온도 변화와 같은 작용을 한다.

㉠ '일반냉장고'는 가스 냉매가 압축될 때 열을 방출하고 팽창될 때 열을 흡수하는 열역학적 순환 과정을 이용하여 냉장고 내부의 열을 외부로 방출시킨다. 즉, 작용물질인 냉매의 부피 변화를 통해 온도를 변화시키는 것이다. 한편 ㉡ '자기냉장고'는 외부에서 가하는 자기장의 변화에 따라 작용물질인 자기 물질이 자화되어 온도가 변화한다. 따라서 ㉠에서 작용물질의 부피 변화는 ㉡에서 작용물질의 자화와 같은 작용을 한다고 볼 수 있다. '작용물질의 온도 변화'는 ㉠과 ㉡이 추구하는 효과이지만, '작용물질의 부피 변화'는 이를 위한 수단인 것이다.

오답 해설

② ㉠에서 압력의 변화는 ㉡에서 자기장의 변화에 대응한다. (O)

㉠ '일반냉장고'는 압력의 변화가 부피의 변화로 이어져 온도를 변화시키고, ㉡ '자기냉장고'는 자기장의 변화가 엔트로피의 변화로 이어져 온도를 변화시킨다.

③ ㉠에서 냉매가 하는 역할을 ㉡에서는 자기 물질이 한다. (O)

㉠ '일반냉장고'의 냉매와 ㉡ '자기냉장고'의 자기 물질은 모두 '작용물질'로, 작용물질은 냉장고 내부의 열을 외부로 방출시키는 역할을 한다.

④ ㉠과 ㉡은 모두 열역학적 순환 과정을 이용한다. (O)

㉠ '일반냉장고'는 가스 냉매가 압축될 때 열을 방출하고 팽창될 때 열을

흡수하는 열역학적 순환 과정을, ⓒ '자기냉장고'는 자기 열량 효과를 이용한 열역학적 순환 과정을 통해 냉장고 내부의 열을 외부로 방출한다.
⑤ ㉠과 ⓒ에는 모두 열펌프의 기능이 있다. (O)
'열펌프'란 냉장고의 내부에서 외부로 열을 퍼내는 것으로(3문단), ㉠ '일반냉장고'에서는 가스 냉매가, ⓒ '자기냉장고'에서는 자기 물질이 이 역할을 한다고 볼 수 있다.

3 답 ③

정답 해설

③ 과정Ⅲ에서는 작용물질의 엔트로피가 증가한다.
자기 냉장고의 열역학적 순환 과정은 열 출입이 없는 두 과정과 자기장이 일정한 두 과정으로 구성되며, 열 출입이 없는 열역학적 과정에서는 엔트로피 변화가 없다.(3문단) 과정Ⅲ은 작용물질과 외부와의 열 출입을 차단한 단계이므로, 이 과정에서는 엔트로피 변화가 없을 것이다.

오답 해설

① 과정Ⅰ에서 작용물질의 자화는 증가한다.
과정Ⅰ에서는 외부와의 열 출입이 차단된 상태에서 작용물질에 자기장이 가해짐으로써 작용물질의 쌍극자들이 자기장의 방향으로 정렬된다. 즉, 작용물질의 자화가 증가하는 것이다.
② 과정Ⅱ에서는 작용물질의 온도가 내려간다.
과정Ⅱ에서는 외부 자기장을 그대로 유지한 상태로 작용물질과 외부와의 열 출입을 허용함으로써 작용물질이 열을 방출하고 차가워지는 일이 일어난다. 즉, 작용물질의 온도가 내려가는 것이다.
④ 과정Ⅳ에서는 작용물질을 냉장고 내부와 접촉시킨다.
과정Ⅳ에서는 작용물질과 외부와의 열 출입을 허용함으로써 작용물질이 열을 흡수하고 온도가 상승하는 일이 일어난다. 열을 흡수할 때는 작용물질을 냉장고 내부와 접촉시킨다.
⑤ 과정Ⅰ~Ⅳ의 1회 순환에서 자기장의 변화 폭이 클수록 방출되는 열량은 크다.
과정Ⅰ~Ⅳ의 1회 순환에서, 자기장의 변화 폭이 클수록 과정Ⅰ에서 더 많은 열이 작용물질에서 발생할 것이며, 이에 따라 과정Ⅱ에서 방출되는 열량은 커질 것이다.

4 답 ③

자기 물질	임계온도(℃)	걸어 준 자기장(T)	엔트로피 감소량(J/kgK)
A	−5	5	2.75
B	10	1	1.52
C	18	1	2.61
D	21	5	2.60
E	42	5	1.80

정답 해설

③ C
실온 자기 냉장고에 사용될 자기 물질은, 임계온도가 실온에 가깝고 외부 자기장의 변화에 따른 엔트로피 변화량이 클수록 적합할 것이다. 우선 A의 임계온도 −5℃와 E의 임계온도 42℃는 실온으로 보기 어려우며, B~D 중 걸어 준 자기장에 따른 엔트로피 감소량은 C가 가장 크다. 따라서 실온 자기 냉장고에 사용될 자기 물질로 가장 적합한 것은 C라고 할 수 있다.

19 세포의 품질 관리 체계

1 ④ 2 ③ 3 ④ 4 ①

지문 구조도

① 단백질의 3차원 구조
② 단백질 생산에 관여하는 리보솜과 샤페론
③ 단백질의 3차원 구조에 이상이 발생하는 경우
④ 세포의 품질 관리 체계
⑤ 소포체 스트레스의 해소 방법

1 답 ④

정답 해설

④ 응집체를 형성한 세포 내 폴리펩티드는 자발적으로 리폴딩한다.
비정상적인 3차원 구조로 변하는 미스폴딩 현상이나 3차원 구조가 완전히 붕괴되어 풀리는 언폴딩 현상이 일어나서 구조가 변한 단백질을 변성 단백질이라고 하며, 변성 단백질들이 모이면 물에 녹지 않는 응집체가 형성된다. 응집체를 형성하기 전에, 응집체 형성을 저해하는 샤페론에 의해 변성 단백질이 원래 구조로 회복되는 것을 리폴딩이라 하는데, 응집체 현상은 비가역적이어서 일단 형성된 응집체는 쉽게 응집 상태를 벗어나지 못한다.(3문단) 이를 고려할 때 응집체를 형성한 세포 내 폴리펩티드가 자발적으로 리폴딩하는 것은 아님을 알 수 있다.

오답 해설

① 단백질의 구조 변성은 세포의 생존을 위협한다.
구조에 이상이 발생한 단백질이 분해되는 작용, 또는 정상 단백질로 재생되는 작용이 제대로 이루어지지 않으면 세포가 스스로 사멸할 수도 있다.(5문단)
② 리보솜은 유전자 서열 정보를 받아 단백질 생산에 관여한다.
단백질 생산에는 리보솜과 샤페론 등이 관여하며, 리보솜은 세포핵이 제공하는 유전자의 서열 정보에 따라 세포 내에서 만들어진 개개의 아미노산을 연결해 폴리펩티드를 만든다.(2문단)
③ 세포 내 단백질들의 폴딩은 세포에 가해진 열에 영향을 받는다.
세포에 열, 중금속, 화학 물질 등과 같은 스트레스가 가해지면, 폴딩 중이거나 이미 형성된 단백질의 구조에 이상이 발생할 수 있다.(3문단)
⑤ 단백질이 정상 기능을 발휘하는 것은 단백질의 입체 구조에 의존한다.
여러 아미노산이 연속적으로 연결된 끈 모양의 폴리펩티드는 3차원적인 입체 구조를 만들게 되는데 이 과정을 폴딩이라고 하며, 각각의 단백질은 특정한 3차원 구조를 제대로 갖추어야 제 기능을 발휘할 수 있다.(1문단) 이를 고려할 때, 단백질이 정상 기능을 발휘하는 것은 단백질의 입체 구조에 의존함을 알 수 있다.

2 답 ③

정답 해설

③ ㄴ, ㄷ

ㄴ. 유비퀴틴-프로테아좀계의 손실 (O)
세포질에 존재하는 유비퀴틴-프로테아좀계가 손실되면 재생이 되지 못하는 변성 단백질이 분해되지 못할 것이고, 이로 인해 소포체에 변성 단백질이 축적될 것이므로 ㉠ '소포체 스트레스의 해소'가 정상적으로 진행되지 못할 것이다.

ㄷ. 소포체 내의 샤페론의 농도 감소 (○)

소포체 내의 샤페론의 농도가 감소되면 변성 단백질이 리폴딩을 통해 정상 단백질로 재생되는 정도가 줄어들 것이고, 이로 인해 소포체에 변성 단백질이 축적될 것이므로 ㉠ '소포체 스트레스의 해소'가 정상적으로 진행되지 못할 것이다.

오답 해설

ㄱ. 소포체의 XBP-1의 활성화 (×)

소포체의 XBP-1이 활성화되면 재생이 되지 못하는 변성 단백질이 분해될 것이고, 이로 인해 소포체에 변성 단백질이 축적되지 않을 것이므로 ㉠ '소포체 스트레스의 해소'가 정상적으로 진행될 것이다.

ㄹ. 단백질 합성 개시 인자의 불활성화 (×)

단백질 합성 개시 인자인 eIF2α가 불활성화되면 리보솜의 단백질 합성이 더 이상 진행되지 못해 변성 단백질의 생산량 자체가 줄어들 것이고, 이로 인해 소포체에 변성 단백질이 축적되지 않을 것이므로 ㉠ '소포체 스트레스의 해소'가 정상적으로 진행될 것이다.

3 답 ④

정답 해설

④ 세제는 A 변성 단백질 간의 소수성 상호 작용을 차단한다.

변성 단백질은 입체 구조가 흐트러져서 소수성 아미노산이 분자 표면에 노출된 형태로 바뀐 것이 많고, 변성 단백질 분자 표면에 노출된 소수성 아미노산들은 서로 당기는 상호 작용을 하며, 그 결과로 변성 단백질들이 모여 물에 녹지 않는 응집체가 형성된다.(3문단) 〈보기〉의 ㄹ을 보면, ㄱ 실험의 결과(A 수용액을 50℃로 가열했더니 불용성 응집체가 형성된 것)로 생성된 응집체를 수거하여 세제 수용액에 녹인 후 세제를 완전히 제거한 결과 단백질 A가 물에 녹아 있었다고 나와 있다. 즉, 변성 단백질들이 모여 형성된 물에 녹지 않는 응집체가 '세제 수용액'으로 인해 물에 녹게 된 것이며, 이는 A 변성 단백질 분자 표면에 노출된 소수성 아미노산들이 서로 당기는 상호 작용을 하는 것을 세제가 차단한 결과임을 알 수 있다.

오답 해설

① A의 응집체는 소수성 아미노산들이 분자 표면에서 내부로 이동하며 형성된다.

A의 응집체는 변성 단백질들이 모여 형성된 것으로, 변성 단백질은 소수성 아미노산이 분자 표면에 노출된 형태로 바뀐 것이 많다.

② B는 70℃에서 입체 구조의 변화가 없다.

응집체는 변성 단백질들이 모여 형성된 것이며, 변성 단백질은 단백질의 구조에 이상이 발생한 것이다. 〈보기〉에 의하면 B를 70℃로 가열하자 물에 녹지 않는 '응집체'가 형성되었으므로, B는 70℃에서 입체 구조의 변화가 있었을 것이다.

③ A는 B에 대해 샤페론과 같은 역할을 한다.

샤페론은 스스로 폴딩하지 못하는 폴리펩티드를 정상적으로 폴딩하게 만들고, 응집체가 형성되기 전에 응집체 형성을 막아 변성 단백질이 원래 구조로 회복되도록 한다. 즉, 샤페론은 비정상적인 단백질을 정상적인 단백질로 재생하는 기능을 하는 것이다. 〈보기〉에 의하면 A 수용액을 50℃로 가열한 결과 불용성 응집체가 형성되었고(ㄱ), B 수용액을 50℃로 가열한 결과 아무런 변화가 없었다(ㄴ). 그런데 ㄷ을 보면, A 수용액과 B 수용액을 섞어 50℃로 가열한 결과 응집체가 형성되지 않았다. 즉, A 수용액은 단독으로 있었을 때와 달리 B 수용액과 섞인 상태에서 50℃로 가열한 결과 응집체가 형성되지 않은 것이다. 이를 고려할 때, B가 A에 대해 샤페론과 같은 역할을 한 것임을 알 수 있다.

⑤ A는 ㄹ 실험의 시험관 조건에서 리폴딩되지 않는다.

응집체 형성을 막는 샤페론에 의해 변성 단백질이 원래 구조로 회복되는 것을 리폴딩(refolding)이라고 한다. ㄹ 실험은 ㄱ 실험의 결과로 생성된 불용성 응집체, 즉 변성 단백질이 '세제 수용액'으로 인해 물에 녹게 되었으므로, 원래 구조로 회복되었음을 알 수 있다.

4 답 ①

정답 해설

① ⓐ : 겸비(兼備)하여야 (×)

ⓐ '갖추다'는 '있어야 할 것을 가지거나 차리다.'라는 뜻이고, '겸비하다'는 '두 가지 이상을 아울러 갖추다.'라는 뜻이므로 바꾸어 쓰기에 적절하지 않다.

오답 해설

② ⓑ : 상이(相異)하다 (○)

'상이하다'는 '서로 다르다.'라는 뜻이므로, ⓑ '다르다'와 바꿔 쓸 수 있다.

③ ⓒ : 저해(沮害)하는 (○)

'저해하다'는 '막아서 못 하도록 해치다.'라는 뜻이므로, ⓒ '막다'와 바꿔 쓸 수 있다.

④ ⓓ : 담당(擔當)하는 (○)

'담당하다'는 '어떤 일을 맡다.'라는 뜻이므로, ⓓ '맡다'와 바꿔 쓸 수 있다.

⑤ ⓔ : 중지(中止)하게 (○)

'중지하다'는 '하던 일을 중도에서 그만두다.'라는 뜻이므로, ⓔ '멈추다'와 바꿔 쓸 수 있다.

본문 132~133쪽

20	성운과 지구 간의 거리 측정

1 ② 2 ② 3 ③ 4 ③

지문 구조도

① 은하와 성운에 대한 천문학자들의 관심

② 성운의 정체에 대한 두 가지 가설

③ 지구와 성운 사이의 거리를 측정하는 방법과 변광성 연구

④ 허블의 연구로 그 정체가 밝혀진 성운

1 답 ②

정답 해설

② 안드로메다 성운은 별 주위에 행성이 생성되는 초기의 모습이다.

1920년대에 허블이 지구와 안드로메다 성운 사이의 거리가 우리 은하 지름의 열 배에 이른다고 밝힘으로써, 성운이 우리 은하 바깥에 존재하는 독립된 은하임이 분명해졌다.(4문단) 이는 성운이 별과 그 주위의 행성이 생성되는 초기 모습인지, 또 다른 은하인지의 가설 중에서 후자의 가설이 입증된 것에 해당하므로, 안드로메다 성운을 '별 주위에 행성이 생성되는 초기의 모습'이라고 말할 수는 없다.

오답 해설

① 성운은 우주 전체에 고루 퍼져 분포한다.

성운이 별과 그 주위의 행성이 생성되는 초기 모습인지, 또 다른 은하인지의 가설 중 후자의 가설이 입증되었다. 후자에 의하면 성운은 우주 전체에 고루 퍼져 있다. 이 가설에서는 성운이 '우주 전체에 고루 퍼져 있음에도' 우리 은하의 납작한 면 안의 수많은 별과 먼지, 기체들에 의해

약한 성운의 빛이 가려져 우리 은하의 납작한 면 안에서 거의 관찰되지 않는다고 하였다.(2문단)

③ 밤하늘을 관찰할 때 은하수 안보다 밖에서 성운이 더 많이 관찰된다.

성운은 우주 전체에 고루 퍼져 있음에도 우리 은하의 납작한 면 안의 수많은 별과 먼지, 기체들에 의해 약한 성운의 빛이 가려져 그 안에서는 거의 관찰되지 않는다. 은하수 안보다 밖에서 성운이 더 많이 관찰된다고 볼 수 있는 것이다.

④ 밤하늘에 은하수가 관찰되는 이유는 우리 은하가 원반 모양이기 때문이다.

별들은 전체적으로 납작한 원반 모양이지만 가운데가 위아래로 볼록한 형태를 이루며 모여 있는데, 이 경우 원반의 내부에 위치한 지구에서 사방을 바라본다면 원반의 납작한 면과 나란한 방향으로는 별이 많이 관찰되고 납작한 면과 수직인 방향으로는 별이 적게 관찰될 것이며, 이는 밤하늘에 보이는 '은하수'의 특징과 일치한다.(1문단) 즉, 밤하늘에 은하수가 관찰되는 이유는 우리 은하가 원반 모양이기 때문인 것으로 볼 수 있다.

⑤ 타원 모양의 성운은 성운이 독립된 은하라는 가설을 뒷받침하는 증거이다.

성운을 우리 은하와 다른 독립된 은하로 보는 입장에서는, 원반 모양의 우리 은하를 멀리서 비스듬한 보면 타원형이 되며, 많은 성운들도 타원 모양을 띠고 있다고 본다.(2문단)

2 답 ②

정답 해설

② ㄴ

ㄴ. 별의 겉보기 밝기는 거리가 멀수록 어둡다. (○)

하나의 세페이드 변광성의 거리를 알 때 다른 세페이드 변광성의 거리는 그 밝기 변화 주기로부터 고유 밝기를 밝혀내어 이를 겉보기 밝기와 비교함으로써 알 수 있으며, 이를 바탕으로 어떤 성운에 속한 세페이드 변광성을 찾아 거리를 알아내어 그 성운의 거리도 알 수 있다.(4문단) '겉보기 밝기'란 지구에서 관측되는 별의 밝기로 거리의 제곱에 비례하여 어두워지며(1문단), 지구와 성운 사이의 거리를 측정하는 데 이용된다.

오답 해설

ㄱ. 성운의 모양이 원반 형태이다. (×)

성운의 모양이 원반 형태라는 것은, 안드로메다 성운에 속한 세페이드 변광성을 찾아내어 그 거리를 계산한 결과 성운이 우리 은하 바깥에 존재하는 독립된 은하임이 분명해짐으로써 알아낸 사실이다. 이를 활용하여 어떤 성운에 속한 세페이드 변광성을 찾아 거리를 알아냄으로써 그 성운과 지구 사이의 거리를 알아낸 것은 아니다.

ㄷ. 밝기가 시간에 따라 대칭적으로 변하는 변광성이 성운 안에 존재한다. (×)

㉠은 세페이드 변광성을 활용하여 지구와 성운 사이의 거리를 측정하는 방법으로, 세페이드 변광성은 밝기가 시간에 따라 '비대칭적으로' 변하는 변광성이다.

3 답 ③

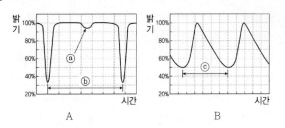

A는 시간에 따라 밝기가 대칭적으로 변화하므로 변광성 중 '쌍성'에 해당하며, B는 시간에 따라 밝기가 비대칭적으로 변화하므로 변광성 중 '세페이드 변광성'에 해당한다.

정답 해설

③ ⓐ는 밝은 별이 어두운 별을 가리고 있는 시기이다.

A는 시간에 따라 밝기가 대칭적으로 변화하는 쌍성으로, 밝기가 다른 두 별이 서로의 주위를 도는 쌍성은 지구에서 볼 때 두 별이 서로를 가리지 않는 시기, 밝은 별이 어두운 별 뒤로 가는 시기, 어두운 별이 밝은 별 뒤로 가는 시기마다 각각 관측되는 밝기에 차이가 생긴다. '두 별이 서로를 가리지 않는 시기'는 두 별의 빛이 모두 측정되므로 가장 밝기가 높을 것이다. '밝은 별이 어두운 별 뒤로 가는 시기', 즉 '어두운 별이 밝은 별을 가리고 있는 시기'는 어두운 별의 빛이 주로 측정될 것이므로 가장 밝기가 낮을 것이다. '어두운 별이 밝은 별 뒤로 가는 시기', 즉 '밝은 별이 어두운 별을 가리고 있는 시기'는 밝은 별의 빛이 주로 측정되지만 어두운 별의 빛이 가려지므로 최대 밝기에 비해 약간 낮은 밝기로 측정될 것이다. 그래프에서 ⓐ는 최대 밝기보다는 약간 낮은 밝기가 측정되는 구간으로, 이는 밝은 별이 어두운 별을 가리고 있는 시기에 해당할 것이다.

오답 해설

① A는 세페이드 변광성이다.

A는 세페이드 변광성이 아니라 쌍성에 해당한다.

② B는 크기와 밝기가 비슷한 두 별로 이루어져 있다.

B는 세페이드 변광성이므로, 크기와 밝기가 비슷한 두 별로 이루어져 있지 않다. 두 별로 이루어져 있는 것은 쌍성인데, 일반적으로 쌍성은 두 별의 밝기가 다르다.

④ ⓑ를 측정하여 A의 거리를 알 수 있다.

4문단에 의하면, 밝기 변화 주기를 통해 그 거리를 알 수 있는 것은 세페이드 변광성이다. 따라서 ⓑ를 측정하여 쌍성인 A의 거리를 알 수 있는 것이 아니라, ⓒ를 측정하여 세페이드 변광성인 B의 거리를 알 수 있을 것이다.

⑤ ⓒ를 알아야만 B의 최대 겉보기 밝기를 알 수 있다.

세페이드 변광성인 B의 밝기 변화 주기인 ⓒ로부터 고유 밝기를 밝혀낼 수는 있지만, 최대 겉보기 밝기를 알 수 있는 것은 아니다. '고유 밝기'는 그 별이 지니고 있는 고유한 밝기이며, '겉보기 밝기'는 지구에서 관측되는 별의 밝기이다.

4 답 ③

정답 해설

③ ㉣ : 확산(擴散)되어 (○)

'확산되다'는 '흩어져 널리 퍼지게 되다.'라는 뜻이므로, ㉣ '퍼지다'와 바꾸어 쓰기에 적절하다.

오답 해설

① ㉮ : 소지(所持)하게 (×)

'소지하다'는 '물건을 지니고 있다.'라는 뜻이므로, '생각, 태도, 사상 따위를 마음에 품다.'라는 뜻으로 쓰인 ㉮ '갖다'와 바꾸어 쓸 수 없다.

② ㉯ : 해명(解明)하였다 (×)

'해명하다'는 '까닭이나 내용을 풀어서 밝히다.'라는 뜻이므로, '주장이나 의견 따위를 내놓고 주장하거나 지지하다.'라는 뜻으로 쓰인 ㉯ '내세우다와 바꾸어 쓸 수 없다.

④ ㉰ : 도래(到來)한다 (×)

'도래하다'는 '어떤 시기나 기회가 닥쳐오다.'라는 뜻이므로, ㉰ '생기다'와 바꾸어 쓸 수 없다.

⑤ ㉤ : 조명(照明)하였다 (×)

'조명하다'는 '어떤 대상을 일정한 관점으로 바라보다.'라는 뜻이므로, '드러나지 않거나 알려지지 않은 사실, 내용, 생각 따위를 드러내 알리다.'라는 뜻으로 쓰인 ㉤ '밝히다'와 바꾸어 쓸 수 없다.

★ 배경지식!

● 별의 밝기

2015학년도 6월 모의평가 국어영역 B형에 '별의 밝기'를 다룬 지문이 있어, 그중 일부 내용을 수록한다. '겉보기 밝기'와 '고유 밝기'를 이해하는 데 큰 도움이 될 것이다.

> 별의 밝기는 별의 거리, 크기, 온도 등을 연구하는 데 중요한 정보를 제공한다. 별의 밝기는 등급으로 나타내며, 지구에서 관측되는 별의 밝기를 '겉보기 등급'이라고 한다. 고대의 천문학자 히파르코스는 맨눈으로 보이는 별의 밝기에 따라 가장 밝은 1등급부터 가장 어두운 6등급까지 6개의 등급으로 구분하였다. 이후 1856년에 포그슨은 1등급의 별이 6등급의 별보다 약 100배 밝고, 한 등급 간에는 밝기가 약 2.5배 차이가 나는 것을 알아내었다. 이러한 등급 체계는 망원경이나 관측 기술의 발달로 인해 개편되었다. 맨눈으로만 관측 가능했던 1~6등급 범위를 벗어나 그 값이 확장되었는데 6등급보다 더 어두운 별은 6보다 더 큰 수로, 1등급보다 더 밝은 별은 1보다 더 작은 수로 나타내었다.
>
> 별의 겉보기 밝기는 지구에 도달하는 별빛의 양에 의해 결정된다. 과학자들은 단위 시간 동안 단위 면적에 입사하는 빛 에너지의 총량을 '복사 플럭스'라고 정의하였는데 이 값이 클수록 별이 더 밝게 관측된다. 그러나 별의 복사 플럭스 값은 빛이 도달되는 거리의 제곱에 반비례하기 때문에 별과의 거리가 멀수록 그 별은 더 어둡게 보인다. 이처럼 겉보기 밝기는 거리에 따라 다르게 관측되기 때문에 별의 실제 밝기는 절대 등급으로 나타낸다.
>
> 절대 등급은 별이 지구로부터 10파섹(약 32.6광년)의 거리에 있다고 가정했을 때 그 별의 겉보기 등급으로 정의한다. 별의 실제 밝기는 별이 매초 방출하는 에너지의 총량인 광도가 클수록 밝아지게 된다. 광도는 별의 반지름의 제곱과 별의 표면 온도의 네제곱에 비례한다. 즉, 별의 실제 밝기는 별의 표면적이 클수록, 표면 온도가 높을수록 밝다.

본문 134~135쪽

21 세포 내 단백질의 수송과 신호서열 이론

1 ⑤　2 ⑤　3 ⑤　4 ③

지문 구조도

① 세포의 내부 구조 및 단백질 수송의 필요성

② 세포 내외부에서의 단백질의 역할

③ 단백질의 합성 및 수송 과정

④ 소포체 위의 리보솜에서 합성된 단백질이 다시 소포체로 되돌아오는 과정

⑤ 단백질의 수송 원리를 설명하는 신호서열 이론

⑥ 신호서열 이론을 증명하는 여러 실험에 대한 소개

1 답⑤

정답 해설

⑤ 세포 내 단백질의 수송과 관련된 이론을 설명하고 그 이론의 적절성을 검증하려 한 실험들을 소개하고 있다.

지문에서는 세포 내 단백질의 수송과 관련된 '신호서열 이론'을 설명한

후, 신호서열 이론을 증명하는 여러 실험들을 소개하였다.

오답 해설

① 세포 내 소기관들의 분화에 대한 이론적 가설이 구체적 실험을 통해 입증되는 과정을 서술하고 있다.

세포 내 소기관인 소포체, 골지체, 리소솜 등의 분화에 대한 이론적 가설을 제시하지는 않았으며, 가설이 구체적 실험을 통해 입증되는 과정을 서술하지도 않았다.

② 세포 내 소기관들을 나열하면서 각 소기관의 기능을 탐구한 실험들의 과학사적 의의를 제시하고 있다.

지문에서는 세포 내 소기관으로 소포체, 골지체, 리소솜 등을 나열하였지만, 각 소기관의 기능을 탐구한 실험들을 제시하지는 않았으며, 그 실험들의 과학사적 의의를 제시하지도 않았다.

③ 세포 내 단백질의 종류를 구분하고 그 구분에 따라 세포의 내부 구조를 관찰한 실험을 언급하고 있다.

세포 내 단백질의 종류를 구분하지는 않았으며, 세포의 내부 구조를 관찰한 실험을 언급하지도 않았다.

④ 세포 내 단백질의 이동을 다룬 이론의 문제점이 여러 차례 실험을 거치며 보완되어 온 내력을 밝히고 있다.

세포 내 단백질의 이동을 다룬 '신호서열 이론'을 설명하였을 뿐 그 이론의 문제점을 제시하지는 않았으며, 이론의 문제점이 여러 차례 실험을 거쳐 보완되어 온 내력을 밝히지도 않았다.

2 답⑤

정답 해설

⑤ 미토콘드리아로 수송되는 단백질과 세포막에 위치하는 단백질은 같은 곳에 위치한 리보솜에서 합성된 것이다.

미토콘드리아로 수송되는 단백질은 세포질에서 독립적으로 존재하는 리보솜에서 합성되며, 세포막에 위치하는 단백질은 소포체 위의 리보솜에서 합성된다.(3문단) 따라서 두 단백질은 다른 곳에 위치한 리보솜에서 합성된 것이라 할 수 있다.

오답 해설

① 세포막에서 수용체 역할을 하는 단백질은 소포체 위의 리보솜에서 합성된 것이다.

세포막에 고정되어 외부의 신호를 안테나처럼 받아들이는 수용체 역할을 하는 단백질은 소포체 위의 리보솜에서 합성이 끝난 후 세포막으로 위치하게 된 것이다.(2, 3문단)

② 세포질 안에서 사용되는 단백질은 세포질에 독립적으로 존재하는 리보솜에서 합성된 것이다.

세포질 안에서 생화학 반응을 빠르게 진행하도록 하는 단백질은 세포질에서 독립적으로 존재하는 리보솜에서 합성된 것이다.(2, 3문단)

③ 골지체에서 변형된 후 소포체로 돌아온 단백질은 소포체 위의 리보솜에서 합성된 것이다.

골지체에서 탄수화물이나 지질 분자가 붙는 추가 변형 과정을 거친 후에 소포체로 돌아온 단백질은 소포체 위의 리보솜에서 합성된 것이 되돌아온 것이다.(4문단)

④ 세포핵으로 수송되는 단백질은 세포 밖으로 분비되는 단백질과 다른 곳에 위치한 리보솜에서 합성된 것이다.

세포핵으로 수송되는 단백질은 세포질에서 독립적으로 존재하는 리보솜에서 합성되며, 세포 밖으로 분비되는 단백질은 소포체 위의 리보솜에서 합성된다. 따라서 두 단백질은 다른 곳에 위치한 리보솜에서 합성된 것이라 할 수 있다.(3문단)

3 답 ⑤

정답 해설

⑤ NLS와 NES를 모두 가졌으나 세포 외부에서 발견되는 단백질은 ~~세포질에 독립적으로 존재하는 리보솜에서 합성된 단백질과 결합하여~~ 세포 외부로 이동하였을 것이다.

NLS는 세포질에 독립적으로 존재하는 리보솜에서 합성되어 세포핵으로 들어가는 단백질이 가지고 있는 신호서열이고, NES는 세포핵 안에 존재하다가 세포질로 나오는 단백질이 가지고 있는 신호서열이다.(5문단) 그리고 세포 내 특정 장소로 가기 위한 신호서열을 가지고 있지 않은 단백질은, 특정 장소로 수송하기 위한 신호서열을 가지고 있는 단백질과의 결합을 통해 신호서열이 지정하는 특정 장소로 이동할 수 있다.(6문단) 이를 고려할 때, 만약 NLS와 NES를 모두 가진 단백질이 세포핵이나 세포질이 아니라 세포 외부에서 발견된다면, 이 단백질은 세포 외부로 수송하기 위한 신호서열을 가진 단백질과 결합했을 것이다. 이때 세포 외부로 수송되는 단백질은 세포질에 독립적으로 존재하는 리보솜이 아니라, 소포체 위의 리보솜에서 합성된다.

오답 해설

① KDEL 신호서열을 가지고 있는 단백질은 NLS가 없을 것이다. (O)
KDEL 신호서열은 소포체 위의 리보솜에서 합성된 후 골지체를 거쳐 추가 변형 과정을 거친 다음 소포체로 되돌아오는 단백질이 가지고 있는 신호서열이고, NLS는 세포질에 독립적으로 존재하는 리보솜에서 합성되어 세포핵으로 들어가는 단백질이 가지고 있는 신호서열이다.(5문단) 두 신호서열은 단백질이 합성되는 위치 및 목적지가 모두 다르므로, KDEL 신호서열을 가지고 있는 단백질은 NLS가 없을 것임을 알 수 있다.

② KDEL 신호서열을 가지고 있는 소포체로 최종 수송된 단백질은 골지체에서 변형을 거쳤을 것이다. (O)
KDEL 신호서열은 소포체 위의 리보솜에서 합성된 후 골지체를 거쳐 추가 변형 과정을 거친 다음 소포체로 되돌아오는 단백질이 가지고 있는 신호서열이다.(5문단)

③ NLS가 없는 세포핵 안에 존재하는 단백질은 NLS가 있는 다른 단백질과 결합하여 세포핵 안으로 수송되었을 것이다. (O)
세포 내 특정 장소로 가기 위한 신호서열을 가지고 있지 않은 단백질은, 특정 장소로 수송하기 위한 신호서열을 가지고 있는 단백질과의 결합을 통해 신호서열이 지정하는 특정 장소로 이동할 수 있다.(6문단) NLS는 세포질에 독립적으로 존재하는 리보솜에서 합성되어 세포핵으로 들어가는 단백질이 가지고 있는 신호서열로(5문단), 만약 NLS가 없는 세포핵 안에 존재하는 단백질이 NLS가 있는 다른 단백질과 결합한다면 세포핵 안으로 수송될 것임을 알 수 있다.

④ NLS가 있으나 NES가 없는 단백질은 합성 후 세포핵에 위치한 다음 NES가 있는 단백질과 결합하면 다시 세포핵 밖으로 나갈 수 있을 것이다. (O)
세포 내 특정 장소로 가기 위한 신호서열을 가지고 있지 않은 단백질은, 특정 장소로 수송하기 위한 신호서열을 가지고 있는 단백질과의 결합을 통해 신호서열이 지정하는 특정 장소로 이동할 수 있다.(6문단) NLS는 세포질에 독립적으로 존재하는 리보솜에서 합성되어 세포핵으로 들어가는 단백질이 가지고 있는 신호서열이고, NES는 세포핵 안에 존재하다가 세포질로 나오는 단백질이 가지고 있는 신호서열이므로(5문단), 만약 NLS가 있으나 NES가 없는 단백질이 합성 후 세포핵에 위치한 다음 NES가 있는 단백질과 결합하면 세포핵 밖으로 나가 세포질로 수송될 것임을 알 수 있다.

4 답 ③

정답 해설

③ a, c

a. KDEL 신호서열이 있는 어떤 단백질의 KDEL 신호서열을 인위적으로 제거하면 소포체로 이동하지 않는다는 실험 결과는 ㉠의 결론을 강화한다.
㉠은 KDEL이 소포체로의 단백질 수송을 결정하는 신호서열이라는 결론을 내린 실험이다. 만약 KDEL 신호서열이 있는 어떤 단백질의 KDEL 신호서열을 인위적으로 제거한 결과 소포체로 이동하지 않는다는 실험 결과가 있다면, 이는 ㉠의 결론과 일치하는 결과이므로 ㉠의 결론을 강화할 것이다.

c. MTS가 없는 어떤 단백질이 MTS가 있는 단백질과 결합하여 미토콘드리아에서 발견된다는 실험 결과는 ㉢의 결론을 강화한다.
㉢은 세포 내 특정 장소로 가기 위한 신호서열을 가지고 있지 않은 단백질은 그 장소로 수송하기 위한 신호서열을 가지고 있는 단백질과의 결합을 통해 신호서열이 지정하는 장소로 이동할 수 있다는 결론을 내린 실험이다. MTS는 세포질에 독립적으로 존재하는 리보솜에서 만들어진 단백질을 미토콘드리아로 수송하기 위한 신호서열로, 만약 MTS가 없는 어떤 단백질이 MTS가 있는 단백질과 결합하여 미토콘드리아에서 발견된다는 실험 결과가 있다면, 이는 ㉢의 결론과 일치하는 결과이므로 ㉢의 결론을 강화할 것이다.

오답 해설

b. NLS를 가진 어떤 단백질의 NLS를 인위적으로 제거하면 세포 밖으로 분비된다는 실험 결과는 ㉡의 결론을 강화한다.
㉡은 소포체에 부착한 리보솜에서 만들어진 어떤 단백질이 특정한 신호서열이 있어서 세포 밖으로 분비되는 것인지, 아니면 그 단백질이 신호서열을 전혀 가지고 있지 않아서 세포 밖으로 분비되는 것인지가 세포의 종류에 따라 각기 다르다는 결론을 내린 실험이다. NLS는 세포질에 독립적으로 존재하는 리보솜에서 합성되어 세포핵으로 들어가는 단백질이 가지고 있는 신호서열로, 만약 NLS를 가진 어떤 단백질의 NLS를 인위적으로 제거한 결과 세포 밖으로 분비된다는 실험 결과가 있다고 하더라도, 이는 소포체 위의 리보솜에서 합성된 단백질의 신호서열과 무관하므로 ㉡의 결론을 강화하지도 약화하지도 않을 것이다.

본문 136~137쪽

22 전자 현미경

1 ⑤   2 ②   3 ④   4 ②

지문 구조도

| Ⅰ 광학 현미경과 전자 현미경의 관찰 매체 및 집속 원리의 차이 |
| Ⅱ 광학 현미경과 전자 현미경의 해상도의 차이 |
| Ⅲ 광학 현미경과 전자 현미경의 배율 조정 방식의 차이 |
| Ⅳ 전자 현미경을 사용하기 위한 조건 |
| Ⅴ 광학 현미경과 전자 현미경의 상(像) 확인 방식의 차이 |

1 답 ⑤

정답 해설

⑤ 광학 현미경과 전자 현미경은 모두 시료에서 산란된 파동을 집속하여 상을 얻는다.

광학 현미경은 시료에 가시광선을 비추고 시료의 각 점에서 산란된 빛을[=가시광선을] 렌즈로 집속하여 상(像)을 만들며(2문단), 전자 현미경은 시료에서 산란된 전자의 물질파를 검출기에 집속하여 상을 얻는다.(5문단) 이때 광학 현미경에서의 가시광선이나 전자 현미경에서의 전자의 물질파 모두 '파동'처럼 행동하므로, 두 현미경 모두 시료에서 산란된 파동을 집속하여 상을 얻는다고 볼 수 있다.

 쌤Tip!!!

● ⑤번 선택지를 수정한 이유

⑤번 선택지의 원본은 원래 아래와 같았다.

> ⑤ 광학 현미경과 전자 현미경은 모두 시료에서 산란된 파동을 관찰하여 상을 얻는다.

그런데 실제로는 상을 얻은 후라야 관찰을 할 수 있으므로 기존의 선택지는 다소 문제가 있다고 판단된다. 당시에 이의 제기가 이루어지지도 않았고, 정답이 없는 문항으로 인정되지도 않았지만, 공부하는 입장에서 보다 명확하게 내용을 확인했으면 하는 바람으로 해당 선택지를 수정하였다.

오답 해설

① 광학 현미경의 해상도는 시료에 비추는 빛의 파장에 의존하지 않는다.

광학 현미경의 해상도는 사용하는 파동의 파장에 비례하므로, 시료에 비추는 빛의 파장에 의존함을 알 수 있다.(2문단)

② 전자 현미경에서 진공 장치 내부의 기압이 높을수록 선명한 상을 얻을 수 있다.

전자 현미경은 고전압으로 가속된 전자빔을 사용하므로 그 내부의 기압이 대기압의 $1/10^{10}$ 이하인 진공 상태여야 한다.(4문단) 즉, 전자 현미경은 진공 장치 내부의 기압이 낮아야 선명한 상을 얻을 수 있을 것이다.

③ 전자 현미경에서 렌즈의 중심과 가장자리를 통과한 전자는 같은 점에 도달한다.

전자 현미경은 렌즈의 중심과 가장자리를 통과하는 전자가 받는 힘을 적절히 조절하여 한 점에 모이도록 하는 것이 어렵다.(3문단) 그러므로 렌즈의 중심과 가장자리를 통과한 전자가 같은 점에 도달한다고 단정할 수는 없다.

④ 전자 현미경에서 시료의 표면에 축적되는 전자가 많을수록 상의 왜곡이 줄어든다.

전자 현미경에서 전자빔의 전자가 시료에 축적되면 전자빔을 밀어내는 역할을 하게 되므로 이미지가 왜곡될 수 있다.(4문단) 즉, 시료의 표면에 축적되는 전자가 많을수록 상의 왜곡이 늘어날 것이다.

2 답 ②

정답 해설

② ㄴ

ㄴ. 전자의 가속 전압을 증가시키면 상에서 에어리 원반의 크기를 더 작게 할 수 있다.

전자의 가속 전압을 증가시키면 전자의 속도가 커질 것이고, 그에 따라 질량과 속도의 곱인 운동량이 커지므로 전자의 물질파의 파장은 짧아질 것이다. 파장이 짧을수록 전자 현미경의 해상도는 작아지며, 그에 따라 더 또렷한 상을 얻을 수 있다. 이때 또렷한 상을 얻는다는 것은, 광원보

다 더 큰 크기를 가지는 원형의 간섭무늬인 '에어리 원반'을 서로 구분할 수 있을 만큼 작게 만들 수 있다는 것이다. 즉, 에어리 원반 중심 사이의 거리가 원반의 크기에 비해 너무 작아져서 에어리 원반이 구분되지 않는 상황은 거의 일어나지 않는다는 것이다. 정리하면, 전자의 가속 전압을 증가시키면 상에서 에어리 원반의 크기를 더 작게 할 수 있을 것이다.

지문에 등장하는 상관관계성 정보들을 끊임없이 연결하면서, 해상도와 에어리 원반의 관계를 정확히 이해해야 판단 가능하다는 점에서 매우 까다로운 선택지이다.

오답 해설

ㄱ. 전자의 물질파 파장이 길수록 전자가 전자 렌즈를 지날 때 더 큰 힘을 받는다.

전자의 물질파 파장이 길수록 질량과 속도의 곱인 운동량은 작아지며, 전자가 전자 렌즈를 지날 때 받는 힘은 속도에 비례하므로 결국 더 작은 힘을 받게 될 것이다.

ㄷ. 전자 렌즈의 코일에 흐르는 전류를 감소시키면 상의 해상도를 더 작게 할 수 있다.

전자 렌즈의 코일에 흐르는 전류를 감소시키면 전자가 받는 힘이 작아져 전자빔이 더 적게 휘어지면서 초점 거리가 늘어난다. 해상도는 초점 거리에 비례하므로 전류를 감소시키면 초점 거리가 늘어나 해상도가 커질 것이다.

3 답 ④

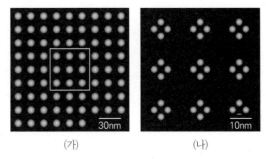

(가)   (나)

(가)의 사각형에서는 '한 점'으로 보이는 것이 (나)에서는 '서로 다른 네 개의 점'으로 보이므로, (가)의 해상도보다 (나)의 해상도가 더 작다는 것을 알 수 있다.

정답 해설

④ (나)에서 렌즈의 코일에 흐르는 전류는 (가)의 경우보다 크다.

렌즈의 코일에 흐르는 전류를 증가시키면 코일에서 발생하는 자기장의 세기가 커지고 전자가 받는 힘이 커져 전자빔이 더 많이 휘어지면서 초점 거리가 줄어드는 효과를 얻을 수 있으므로 해상도를 더 작게 할 수 있다. (나)가 (가)보다 해상도가 작으므로, (나)에서 렌즈의 코일에 흐르는 전류가 (가)의 경우보다 클 것이다.

오답 해설

① (가)의 해상도는 30nm보다 크다.

(가)에서 두 점 사이의 거리, 즉 해상도는 약 15nm 정도이다. 따라서 (가)의 해상도는 30nm보다 작다. (가)의 해상도가 30nm보다 크다면, (가)에 표시된 30nm 내의 점들이 하나로 보일 것이다.

② (가)에서 전자 현미경 내부의 기압은 대기압보다 크다.

(가)와 (나) 모두 전자 현미경으로 찍은 사진으로, 전자 현미경은 고전압으로 가속된 전자빔을 사용하므로 그 내부의 기압이 대기압의 $1/10^{10}$ 이하인 진공 상태여야 한다. 따라서 (가)에서 전자 현미경 내부의 기압은 대기압보다 작을 것이다.

③ (나)에서 사용된 전자의 물질파 파장은 20nm보다 크다.

(나)에서 두 점 사이의 거리, 즉 해상도는 10nm보다 작다. 해상도는 파장의 절반보다 작아질 수가 없으므로, (나)에 사용된 전자의 물질파 파장은 20nm보다 작을 것이다.

⑤ (나)에서 사용된 전자의 속력은 (가)에서 사용된 전자의 속력보다 ~~3배 작다.~~

(나)가 (가)보다 해상도가 작으므로, (나)에서 사용된 전자의 속력은 (가)에서 사용된 전자의 속력보다 클 것이다. 선택지에서 '3배'라고 서술한 이유는 (가)에서는 30nm, (나)에서는 10nm의 막대를 제시했기 때문일 것이다.

4 답 ②

정답 해설

② ⓒ : 벌려 (×)

ⓒ '배치하다'는 '사람이나 물자 등을 일정한 자리에 알맞게 나누어 두다.'라는 뜻이므로, '둘 사이를 넓히거나 멀게 하다.'라는 뜻의 '벌리다'와 바꾸어 쓸 수 없다.

오답 해설

① ㉠ : 지나가면서 (○)

㉠ '통과하다'는 '어떤 곳이나 때를 거쳐서 지나가다.'라는 뜻이므로, '지나가다'와 바꾸어 쓸 수 있다.

③ ⓒ : 부리기 (○)

ⓒ '제어하다'는 '기계나 설비 또는 화학 반응 따위가 목적에 알맞은 작용을 하도록 조절하다.'라는 뜻이므로, '기계나 기구 따위를 마음대로 조종하다.'라는 뜻의 '부리다'와 바꾸어 쓸 수 있다.

④ ⓔ : 쌓여 (○)

ⓔ '축적되다'는 '지식, 경험, 자금 따위가 모여서 쌓이다.'라는 뜻이므로, '쌓이다'와 바꾸어 쓸 수 있다.

⑤ ⓜ : 넓힐 (○)

ⓜ '확장하다'는 '범위, 규모, 세력 따위를 늘려서 넓히다.'라는 뜻이므로, '넓히다'와 바꾸어 쓸 수 있다.

본문 138~139쪽

23 창자의 상피세포와 성체장줄기세포의 분화 과정

1 ② 2 ④ 3 ④ 4 ②

지문 구조도

┌─────────────────────────────────────┐
│ ① 융모의 상피세포를 만드는 소낭의 성체장줄기세포 │
└─────────────────────────────────────┘
┌─────────────────────────────────────┐
│ ② 세포 내 Wnt 신호전달의 역할 및 특징 │
└─────────────────────────────────────┘
┌─────────────────────────────────────┐
│ ③ 세포 내 Wnt 신호전달의 과정 │
└─────────────────────────────────────┘
┌─────────────────────────────────────┐
│ ④ 소낭에서 일어나는 Wnt 신호전달 │
└─────────────────────────────────────┘

1 답 ②

정답 해설

② β-카테닌을 분해하는 물질과 Wnt는 모두 단백질에 해당하는가? (○)

인산화된 β-카테닌을 분해하는 물질도 '단백질'에 해당하며(3문단), Wnt도 세포에서 분비되는 '단백질'의 하나이다. (2문단) 따라서 'β-카테닌을 분해하는 물질과 Wnt는 모두 단백질에 해당하는가?'에 대해 '예'라고 답변할 수 있다.

오답 해설

① 판네스세포는 융모를 구성하고 있는 세포에 해당하는가? (×)

판네스세포는 융모가 아니라 소낭에 위치해 있는 세포이다. 따라서 '판네스세포는 융모를 구성하고 있는 세포에 해당하는가?'에 대해 '아니요'라고 답변할 수 있다.

③ 성체장줄기세포는 판네스세포가 아닌 세포로부터는 자극을 받지 않는가? (×)

소낭의 성체장줄기세포는 '판네스세포를 비롯한 주변 세포'로부터 자극을 받는다. (1문단) 따라서 '성체장줄기세포는 판네스세포가 아닌 세포로부터는 자극을 받지 않는가?'에 대해 '아니요'라고 답변할 수 있다.

④ 세포에서 일어나는 Wnt 신호전달은 배아가 발생하는 과정에 관여하지 않는가? (×)

세포 내 신호전달의 일종인 'Wnt 신호전달'은 배아 발생 과정과 성체 세포의 항상성 유지에 중요한 역할을 한다. (2문단) 따라서 '세포에서 일어나는 Wnt 신호전달은 배아가 발생하는 과정에 관여하지 않는가?'에 대해 '아니요'라고 답변할 수 있다.

⑤ 초파리의 세포와 인간의 세포가 외부로부터 전달받는 신호의 종류는 서로 다른가? (×)

세포가 외부로부터 받는 신호의 종류는 초파리에서 인간에 이르기까지 대부분 동일하다. (2문단) 따라서 '초파리의 세포와 인간의 세포가 외부로부터 전달받는 신호의 종류는 서로 다른가?'에 대해 '아니요'라고 답변할 수 있다.

2 답 ④

정답 해설

④ 융모를 이루는 세포는 소낭의 성체장줄기세포가 분화하여 만들어진다.

융모를 이루는 세포인 '상피세포'는 소낭의 성체장줄기세포가 새로운 상피세포로 분화하는 과정을 거쳐 만들어진다.

오답 해설

① 창자 내부의 표면적은 ~~융모의 개수와 반비례~~한다.

양분을 흡수하는 창자의 벽은 수많은 융모로 구성되어 있으며, 이러한 융모는 창자 내부의 표면적을 넓힌다. 따라서 창자 내부의 표면적은 융모의 개수와 비례함을 알 수 있다.

② 성체장줄기세포의 ~~위치는 소낭에서 융모로 바뀐다.~~

융모는 '성체장줄기세포'가 아니라 '상피세포'로 이루어져 있다. 소낭에 있는 성체장줄기세포가 새로운 상피세포로 분화하며, 이 상피세포가 융모의 구성 세포가 된다. 성체장줄기세포의 위치가 바뀌는 것이 아니다.

③ ~~성체장줄기세포는 Wnt를 분비~~하여 상피세포로 분화한다.

Wnt를 분비하는 세포는 성체장줄기세포가 아니라 판네스세포이다.

⑤ ~~융모에서 만들어지는 세포는 소낭 쪽으로 이동~~하여 성체장줄기세포로 전환된다.

융모에서 만들어지는 세포가 소낭 쪽으로 이동하여 성체장줄기세포로 전환되는 것이 아니라, 소낭의 성체장줄기세포가 새로운 상피세포로 분화한 후 그 상피세포가 융모로 이동하는 것이다.

3 답 ④

정답 해설

④ 성체장줄기세포에 ~~GSK3β의 활성을 억제하는 물질~~을 첨가한다.

3~4문단의 내용을 도표로 나타내면 다음과 같다.

상황	GSK3β에 의한 β−카테닌 인산화	β−카테닌의 농도 변화	결과 (생성되는 세포)
성체장줄기세포에 Wnt 자극 ×	○	분해 ○ → 낮아짐	상피세포로 분화
성체장줄기세포에 Wnt 자극 ○	×	분해 × → 높아짐	성체장 줄기세포 복제

성체장줄기세포가 새로운 상피세포로 분화하는 것은, 성체장줄기세포가 Wnt를 분비하는 판네스세포에서 멀어져 상대적으로 Wnt 자극을 덜 받아 낮은 농도의 β−카테닌을 갖게 되기 때문이다②. β−카테닌의 농도가 낮은 것은 GSK3β에 의해 활발히 인산화된 β−카테닌이 분해된 결과라 할 수 있다③. 이때 판네스세포에 돌연변이가 생겨 Wnt 분비가 중단될 때에도, 성체장줄기세포의 Wnt 수용체에 돌연변이가 생겨 Wnt와 결합하지 못할 때에도 인산화된 β−카테닌이 분해되어 β−카테닌의 농도가 낮아질 것이므로 성체장줄기세포가 새로운 상피세포로 분화될 것이다①, ⑤. 그런데 만약 성체장줄기세포에 GSK3β의 활성을 억제하는 물질을 첨가하면 β−카테닌의 인산화가 일어나지 않을 것이고, 그 결과 β−카테닌의 농도가 높아져 성체장줄기세포는 자신과 똑같은 세포를 지속적으로 복제할 것이다④.

[오답 해설]
① 판네스세포에 돌연변이가 생겨 Wnt 분비가 중단된다.
② 판네스세포와 성체장줄기세포의 물리적 거리가 멀어진다.
③ 성체장줄기세포에서 β−카테닌의 인산화가 활발하게 일어난다.
⑤ 성체장줄기세포의 Wnt 수용체에 돌연변이가 생겨 Wnt와 결합하지 못한다.

4 답 ②

[정답 해설]
② Wnt 신호전달을 조절하여 골다공증을 치료하는 약물은 β−카테닌의 양을 증가시킬 것이다.
골다공증은 Wnt 신호전달이 지나치게 불활성화될 경우 나타날 수 있는 질병이다.(2문단) 따라서 Wnt 신호전달을 조절하여 골다공증을 치료하는 약물은 Wnt 신호전달이 활성화되도록 할 것이다. 즉, GSK3β의 활성이 억제되어 β−카테닌의 인산화가 더 이상 일어나지 않아 β−카테닌이 분해되지 않을 것이다. 즉, 세포 내의 β−카테닌의 농도가 높아질 것이다.

 쌤 Tip!!!

2문단에서 Wnt 신호전달과 관련하여 '암'과 '골다공증'이 발병될 수 있는 이유를 간략히 언급하였는데, 이후 3문단에서는 '암'이 어떻게 발병되는지만 구체적으로 제시하고 '골다공증'에 대해서는 언급하지 않았다. 지문에서 서술하지 않은 부분을 선택지를 통해 구체적으로 확인하도록 하는 매우 좋은 문항이라고 할 수 있다.

[오답 해설]
① 성체장줄기세포의 수가 감소하면 창자에서 양분의 흡수가 증가하게 될 것이다.
성체장줄기세포의 수가 감소하면 새로운 상피세포를 많이 못 만들게 되고, 이로 인해 융모의 말단 부위에서 지속적으로 떨어져 나가는 상피세포를 채우지 못하게 되어 융모의 표면적이 작아질 것이다. 그 결과 창자에서 양분의 흡수가 감소하게 될 것이다.
③ GSK3β의 활성을 위해 필요한 APC 단백질은 인산화된 β−카테닌 단백질의 분해를 막을 것이다.

GSK3β가 β−카테닌에 인산기를 붙여 주는 인산화 과정은 APC 단백질이 들어 있는 단백질 복합체 안에서 일어난다. APC 단백질이 인산화된 β−카테닌 단백질의 분해를 막는 것은 아니다.

④ APC에 돌연변이가 일어난 대장암 세포에 Wnt를 처리하면 β−카테닌 단백질의 양이 줄어들 것이다.
APC 단백질을 만드는 유전자에 돌연변이가 생겨 대장암이 발병하는 것은, Wnt 신호전달이 비정상적으로 활성화된 결과 GSK3β의 활성이 억제되어 β−카테닌의 인산화가 더 이상 일어나지 않아 β−카테닌이 많아짐으로써 세포 증식이 과도하게 일어나기 때문이다.(3문단) 이때 Wnt를 처리하면 오히려 β−카테닌 단백질의 양이 더 많아질 것이며, 이로 인해 대장암은 더욱 악화될 것이다.

⑤ β−카테닌 유전자에 돌연변이가 일어나서 β−카테닌 단백질에 GSK3β에 의한 인산화가 일어나지 않으면 성체장줄기세포의 수가 감소하게 될 것이다.
β−카테닌 유전자에 돌연변이가 일어나서 β−카테닌 단백질에 GSK3β에 의한 인산화가 일어나지 않으면, β−카테닌이 분해되지 않아 세포 내의 β−카테닌 단백질의 농도가 높게 유지될 것이다. 그 결과 성체장줄기세포는 자신과 똑같은 세포를 지속적으로 복제하게 되며, 이로 인해 성체장줄기세포의 수는 증가하게 될 것이다.

본문 140~141쪽

24 원격탐사의 위성 영상 센서 시스템

1 ③   2 ⑤   3 ⑤   4 ②

[지문 구조도]

1 위성 영상 센서 시스템을 이용하는 원격탐사학

2 분광 반사율을 통해 물체의 성질을 알아내는 원격탐사

3 가시광선만을 이용했던 초기의 원격탐사

4 근적외선을 이용한 원격탐사   5 중적외선을 이용한 원격탐사   6 열적외선을 이용한 원격탐사

7 원격탐사에서 유의할 점 ① - 전자기파의 산란

8 원격탐사에서 유의할 점 ② - 전자기파의 흡수

1 답 ③

[정답 해설]
③ 광물이나 암석의 전자기파 흡수는 지표 관측 원격탐사의 방해 요소이다.
중적외선을 사용하는 원격탐사에서는, 광물이나 암석이 중적외선을 흡수하는 성질을 이용한다. 즉, 광물이나 암석의 전자기파 흡수는 지표 관측 원격탐사의 방해 요소가 아니라 오히려 지표 관측 원격탐사를 가능하게 하는 요소인 것이다.

[오답 해설]
① 원격탐사는 다양한 파장의 전자기파를 사용한다.
원격탐사는 사람의 눈으로 볼 수 있는 가시광선뿐만 아니라 사람의 눈으로 볼 수 없는 근적외선, 중적외선, 열적외선 등 다양한 파장 대역의 전자기파를 사용한다.(3문단)

② 원격탐사를 통해 식물의 분포뿐 아니라 생육 상태도 알아낼 수 있다.

근적외선을 사용하는 원격탐사를 통해 인공 잔디가 아닌 천연 잔디의 분포를 알아낼 수 있다. 또한 중적외선을 사용하는 원격탐사를 통해 작물의 생육 상태와 관련된 정보를 알아낼 수도 있다.(4, 5문단)

④ 대기에 의한 전자기파의 산란과 흡수로 인해 지표 관측 원격탐사에서 보정의 필요성이 생긴다.

전자기파는 지표에 도달하기 전과 반사된 후에 각각 대기 입자에 의해 산란·흡수되며, 이로 인해 지표를 촬영한 위성 영상의 밝기와 대비가 감쇠될 수 있다.(7문단) 그러므로 지표 관측 원격 탐사에서는 보정이 필요함을 추론할 수 있다.

⑤ 지표 관측에 사용되는 태양 복사 에너지는 대기를 두 번 통과하여 인공위성 원격탐사 센서에 도달한다.

태양 복사 에너지는 전자기파의 형태로 지구 대기를 통과하여 지표면에서 반사된 후, 다시 대기를 거쳐 위성 센서에 도달하는 방식으로 측정된다.(2문단) 이를 통해, 지표 관측에 사용되는 태양 복사 에너지는 대기를 두 번 통과하여 인공위성 원격탐사 센서에 도달함을 알 수 있다.

2 답 ⑤

정답 해설

⑤ 파장이 6μm인 열적외선은 파장이 2.5μm인 중적외선에 비해 여러 대기 물질에 의한 흡수 효과가 덜 나타난다.

파장이 6μm인 열적외선은 에너지가 매우 효율적으로 통과되는 '대기의 창'에 속하지 않으므로 여러 대기 물질에 의한 흡수 효과가 많이 나타나며, 파장이 2.5μm인 중적외선이 여러 대기 물질에 의한 흡수 효과가 그에 비해 덜 나타난다.

오답 해설

① 원격탐사는 위성 영상 센서를 이용하여 관측 대상과의 접촉 없이 정보를 얻어 낸다.

원격탐사학은 위성 영상 센서 시스템을 통하여 비접촉 방식으로, 즉 관측 대상과의 접촉 없이 대상에 대한 정보를 취득하고 분석하는 학문이다.(1문단)

② 사람의 눈으로 볼 수 있는 에너지 파장의 길이는 중적외선보다 근적외선에 더 가깝다.

사람의 눈으로 볼 수 있는 에너지 파장의 길이, 즉 가시광선의 파장의 길이는 0.4~0.7μm이며, 중적외선은 1.2~3.0μm, 근적외선은 0.7~1.2μm이다. 이를 고려할 때, 가시광선 파장의 길이는 중적외선보다 근적외선에 더 가깝다는 것을 알 수 있다.

③ 고령토의 분광 반사율은 전자기파가 대기 입자에 의해 산란되거나 흡수됨으로써 달라질 수 있다.

도자기의 원료인 고령토는 2.17, 2.21, 2.32, 2.58μm의 중적외선을 흡수하므로, 어떤 물체의 분광 반사율[파장에 따른 반사율]이 이와 같은 특성을 가진다면 이는 고령토로 볼 수 있다.(5문단) 그런데 전자기파는 지표에 도달하기 전과 반사된 후에 각각 대기 입자에 의해 산란·흡수된다.(7문단) 이를 고려할 때, 고령토의 분광 반사율은 전자기파가 대기 입자에 의해 산란되거나 흡수됨으로써 달라질 수 있음을 알 수 있다.

④ 파장이 2.6μm인 중적외선은 파장이 1.3μm인 중적외선에 비해 약 16배 더 약한 레일리 산란을 보인다.

레일리 산란의 강도는 파장의 4제곱에 반비례한다.(7문단) 이를 고려할 때, 파장이 2.6μm인 중적외선은 파장이 1.3μm인 중적외선에 비해 파장이 2배 더 크므로, 레일리 산란의 강도는 약 16배 더 약할 것임을 알 수 있다.

3 답 ⑤

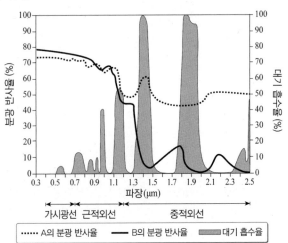

- ····· A의 분광 반사율 ── B의 분광 반사율 ▨ 대기 흡수율

정답 해설

⑤ A와 B는 1.4μm보다는 2.2μm에서 더 효과적으로 구별된다.

그래프를 보면, 파장이 1.4μm인 부분이, 파장이 2.2μm인 부분보다 A와 B의 분광 반사율의 차이가 크다. 이 사실만을 고려한다면, 분광 반사율의 차이가 큰 1.4μm에서 A와 B가 뚜렷이 구별된다고 착각할 수 있다. 그런데 중적외선 대역 중 1.4μm는 대기 수분에 의한 흡수가 강하게 일어나는 파장이며(8문단), 그래프에서도 1.4μm는 대기 흡수율이 100%에 가까움을 알 수 있다. 이에 비해 2.2μm는 대기 흡수율이 0%이다. 그러므로 A와 B는 1.4μm보다는 2.2μm에서 더 효과적으로 구별될 것이다.

오답 해설

① A는 중적외선 대역 중에서는 약 1.4μm에서 가장 밝게 보인다.

중적외선 대역 중 1.4μm는 대기 수분에 의한 흡수가 강하게 일어나는 파장이며, 그래프에서도 1.4μm는 대기 흡수율이 100%에 가까움을 알 수 있다. 따라서 반사율은 높지만 반사된 전자기파가 거의 대부분 대기에 흡수되어 버릴 것이므로, A는 중적외선 대역 중 1.4μm에서는 거의 보이지 않을 것이다.

② B는 가시광선보다 중적외선에서 밝게 보인다.

그래프에서 B는 가시광선 대역에서는 분광 반사율이 70~80%에 이르고 대기 흡수율이 낮지만, 중적외선 대역에서는 분광 반사율이 0~20%에 불과하며 대기 흡수율이 높다. 반사율이 높을수록 위성 영상이 밝게 보인다는 점을 고려할 때, B는 중적외선보다 가시광선에서 더 밝게 보일 것이다.

③ A와 B를 모두 관측할 수 있는 '대기의 창'은 1.9μm이다.

중적외선 대역 중 1.9μm는 대기 수분에 의한 흡수가 강하게 일어나는 파장이며(8문단), 그래프에서도 1.9μm는 대기 흡수율이 100%에 가까움을 알 수 있다. '대기의 창'은 에너지가 매우 효율적으로 통과되는 구간을 말하므로, A와 B를 모두 관측할 수 있는 '대기의 창'을 1.9μm라고 할 수 없다.

④ A와 B를 구별하려면 중적외선보다 가시광선 대역이 유리하다.

그래프에서 A와 B는 가시광선 대역에서는 분광 반사율의 차이가 크지 않지만, 중적외선 대역 중 파장이 1.5~1.7μm인 부분, 2.1~2.3μm인 부분에서는 대기 흡수율의 영향을 거의 받지 않고 분광 반사율의 차이가 큼을 알 수 있다. 분광 반사율의 차이가 클수록 위성 영상에서 두 물체가 뚜렷이 구별된다는 점을 고려할 때, A와 B를 구별하려면 가시광선 대역보다 중적외선이 유리함을 알 수 있다.

4 답 ②

② ㄷ

	⟨기초 정보⟩	⟨계획⟩
ㄷ	행성의 수증기량은 지구보다 적다.	대기의 창이 지구보다 더 확대될 것으로 보이므로, 보다 다양한 파장의 중적외선을 사용한다.

8문단에 의하면 수증기에 의해 전자기파의 흡수 효과가 일어날 수 있으며, 이로 인해 일부 파장 대역의 전자기파는 맑은 날에도 대기를 거의 통과하지 못할 수 있다. 이때 어떤 행성의 수증기량이 지구보다 적다면 전자기파의 흡수 효과는 덜 일어날 것이며, 이에 따라 전자기파의 에너지가 매우 효율적으로 통과되는 '대기의 창'은 지구보다 더 확대될 것이다. 그러므로 해당 행성을 인공위성의 영상 센서로 탐사할 때는 보다 다양한 파장의 중적외선을 사용할 수 있을 것이다.

	⟨기초 정보⟩	⟨계획⟩
ㄱ	행성 표면의 평균 온도는 지구보다 낮다.	행성 복사 에너지의 최대 에너지 파장이 지구보다 짧아서 열적외선 센서에 사용되는 파장을 더 짧게 한다.

6문단에 의하면 온도가 낮을수록 최대 에너지 파장은 길어진다. 그러므로 어떤 행성 표면의 평균 온도가 지구보다 낮다면 행성 복사 에너지의 최대 에너지 파장은 지구보다 길 것이므로, 열적외선 센서에 사용되는 파장을 더 길게 해야 할 것이다.

	⟨기초 정보⟩	⟨계획⟩
ㄴ	행성의 대기 밀도는 지구보다 낮다.	레일리 산란이 지구보다 더 강할 것이므로 청색 센서는 제외한다.

7문단에 의하면 대기 입자에 의해 레일리 산란이 발생하는데, 어떤 행성의 대기 밀도가 지구보다 낮다면 대기 입자의 수도 그만큼 적을 것이므로 레일리 산란은 덜 일어날 것이다. 이러한 상황에서 레일리 산란의 영향이 큰 청색 센서를 제외하는 것 역시 적절하지 않다.

본문 144~145쪽

01 풍경의 발견과 풍경 속의 불안

1 ⑤   2 ⑤   3 ③   4 ④

지문 구조도

1	풍경화의 투시도법 원리를 재해석한 가라타니 고진의 '풍경론'
2	가라타니 고진이 정의한 '풍경'
3	가라타니 고진의 '풍경의 발견'과 '전도된 시선'
4	가라타니 고진이 비판한 문단의 세태
5	풍경 안에 갇혀 있다는 사실을 자각하는 것의 의미 및 '풍경 속의 불안'
6	풍경론의 입장에서 본 동양의 산수화

1 답 ⑤

정답 해설

⑤ 구니키다 돗포는 공적 관계를 기피하고 사적 관계에 몰두하는 인물을 소설의 주인공으로 삼았다.

구니키다 돗포의 소설에는, 실제 이웃과의 관계 맺기를 기피한 채 현실적으로 아무 상관이 없는 사람들과 하나의 세계를 이루어 살고 있는 주인공이 등장한다. 이 주인공이 공적 관계를 기피한다고 보기는 어려우며, 더욱이 사적 관계에 몰두한다고 볼 수도 없다.(3문단)

오답 해설

① 브루넬레스키의 선원근법은 풍경화에 사실감을 부여했다. (○)

브루넬레스키가 제안한 선원근법, 즉 기하학적 투시도법을 통해 인간의 눈에 보이는 대로 자연을 화폭에 담을 수 있게 되었다. 즉, 브루넬레스키의 선원근법은 풍경화에 사실감을 부여한 것이다.(1문단)

② 러시아 형식주의자들은 익숙한 세계를 새롭게 인식해야 한다고 주장했다. (○)

러시아 형식주의자들은 리얼리즘의 본질을 '낯설게 하기'에서 찾았으며, 이를 통해 너무 익숙해서 실은 보고 있지 않은 것을 보게 만들어야 한다고 보았다. 즉, 익숙한 세계를 새롭게 인식해야 한다고 주장한 것이다.(4문단)

③ 산수화와 풍경화는 기하학적 투시도법의 적용 여부에 따라 대상의 재현 양상이 대비된다. (○)

서양의 풍경화는 기하학적 투시도법으로 인간의 눈에 보이는 대로 자연을 화폭에 담은 것이다. 반면 동양의 산수화는 기하학적 투시도법을 따르지 않고 자연이 있는 그대로 재현된 것처럼 보이도록 하였다. 이렇듯 산수화와 풍경화는 기하학적 투시도법의 적용 여부에 따라 대상의 재현 양상이 대비된다.(1, 6문단)

④ 나쓰메 소세키는 문학 서적을 통해서 문학을 연구하는 작업이 자기 반복이라고 보았다. (○)

나쓰메 소세키는 문학 서적을 읽고 문학이 무엇인가를 알려고 하는 것은 피로 피를 씻는 일이나 마찬가지라고 생각하였다. 즉, 문학 서적을 통해 문학을 연구하는 작업이 자기 반복이라고 본 것이다.(5문단)

2 답 ⑤

정답 해설

⑤ 주관적 시각을 통해 구성된 세계를 객관적 현실이라 믿는 것이다.

'전도된 시선'은 고정된 시점, 곧 주관에 의해 배열된 세계를 본래적인 세계[=객관적 세계]의 모습이라고 믿는 것을 가리킨다.(4문단)

오답 해설

① 세계의 미묘한 앞뒷면을 동시에 살피는 것이다.

세계의 미묘한 앞뒷면을 동시에 살피는 것은, 풍경 속의 불안을 느끼는 것, 즉 전도된 시선의 기만적 구도를 감지하여 의심하는 것을 말한다. '전도된 시선' 자체가 세계의 미묘한 앞뒷면을 동시에 살피는 것은 아니다.

② 내면의 세계를 외부자의 시선으로 발견하는 것이다.

'전도된 시선'은 외부의 세계를[=풍경을] 내면의 시선으로[=주관으로] 발견하는 것과 관련되는 것이지, 내면의 세계를 외부자의 시선으로 발견하는 것과 관련된 것이 아니다.

③ 현실을 취사선택하여 비현실적 세계를 만드는 것이다.

'전도된 시선'은 주관에 의해 배열된 세계를 본래적인 세계의 모습이라 믿는 것일 뿐, 비현실적 세계를 만드는 것은 아니다.

④ 실재로서 존재했지만 아무도 보지 못했던 풍경을 보는 것이다.

실재로서 존재했지만 아무도 보지 못했던 풍경을 보는 것은, 너무 익숙해서 실은 보고 있지 않은 것을 보게 만드는 것, 곧 '낯설게 하기'에 해당한다고 할 수 있다. '전도된 시선'이 '낯설게 하기'를 의미하는 것은 아니다.

3 답 ③

정답 해설

③ 내면성과 자아의 실험적 표현을 추구하는 작품도 리얼리즘에 속할 수 있다는 의견은, 고진에게는 풍경 안에 갇혀 있음을 자각한 것이라 해석되겠군.

〈보기〉에서 최재서가 '내면성'과 '자아'의 실험적 표현을 추구하는 이상의 소설을 사실적 묘사라는 관점에서 비평했다는 내용을 보고, '주관'과 '객관'이 얽혀 있음을 확인해야 한다. 즉, 특정 문학 사조에 얽매이지 않고 '전도된 시선'을 의심하는 '풍경 속의 불안'이 떠올랐어야 하는 것이다. 이런 점에서, 〈보기〉의 '최재서'는 지문의 '나쓰메 소세키'로 볼 수 있다. 또한 〈보기〉에서 제시한 이상의 「날개」에 등장하는 주인공이, 구니키다 돗포의 소설에 등장하는 주인공과 유사하다는 점도 확인해 두자. 한편 특정 대상의 내면까지도 '주관의 막을 제거한 카메라'를 들이대어 투명하게 조망했다고 본 것에서도, '주관'과 '객관'이 얽혀 있음을 알 수 있다.

가라타니 고진은 주관[=고정된 시점]에 의해 배열된 세계를 벗어나지 못하고 이를 본래적인 세계의 모습이라 믿는 것, 즉 풍경 안에 갇혀 있는 것을 '전도된 시선'이라 보았으며, 이를 자각하는 태도를 중시하였다. 최재서가 내면성과 자아의 실험적 표현을[=주관의 재현을] 추구하는 이상의 소설을 사실적 묘사라는[=객관의 재현이라는] 관점에서 리얼리즘의 심화라고 비평한 것에 대해, 가라타니 고진은 '주관의 재현'이나 '객관의 재현' 어느 한 사조에 고정되지 않았다는 점에서 전도된 시선을 자각한 것, 다시 말해 풍경 안에 갇혀 있는 것을 자각한 것이라고 해석할 것이다.

오답 해설

① 대상에 따라 관점이 이동할 수 있다는 의견은, 고진에게는 ~~작가의 머릿속에 있는 관념~~이 ~~서양 풍경화의 방식으로 재현~~되는 것이라 해석되겠군.

서양 풍경화의 방식은 고정된 한 시점에서 대상을 통일적으로 배치하는 '기하학적 투시도법'을 따른다. 그러므로 '대상에 따라 관점이 이동할 수 있다'는 최재서의 의견이, 고진에게 '서양 풍경화의 방식으로 재현되는 것'이라 해석될 수는 없다. 한편 '작가의 머릿속에 있는 관념'은 동양의 산수화와 관련되므로, 이것이 서양 풍경화의 방식으로 재현된다고 보기도 어렵다.

② 작품 해석에서 미리 확정된 범주란 없다는 의견은, 고진에게는 주관이 외부를 적극적으로 파악하여 ~~풍경 속의 불안을 벗어난 것~~이라 해석되겠군.

가라타니 고진은 막연한 불안, 곧 자신의 고정된 시점 자체에 질문을 던지며 회의하는 '풍경 속의 불안'이 생기는 사태를 막을 수는 없다고 보았다. 그러므로 '작품 해석에서 미리 확정된 범주란 없다'는 최재서의 의견이, 고진에게 '풍경 속의 불안을 벗어난 것'이라 해석될 수는 없다.

④ 「날개」가 대상의 내면에 '주관의 막을 제거한 카메라'를 들이댔다는 의견은, 고진에게는 ~~주관의 재현과 객관의 재현을 내세우며 대립~~하는 것이라 해석되겠군.

이상의 「날개」가 대상의 내면에 '주관의 막을 제거한 카메라'를 들이댔다는 최재서의 의견에 대해, 가라타니 고진은 '주관의 재현'이나 '객관의 재현' 어느 한 사조에 고정되지 않았다는 점에서 전도된 시선을 자각한 것이라고 해석할 것이다. 주관의 재현과 객관의 재현을 내세우며 대립하는 것이라고 보지는 않을 것이다.

⑤ 이상이 「날개」에서 자폐적으로 자기 세계에 갇혀 지내는 사내를 그렸다는 의견은, 고진에게는 ~~풍경을 지각하지 못하는 '내적 인간'~~의 전형을 그린 것이라 해석되겠군.

가라타니 고진은 '내적 인간'에 대해 전도된 시선을 통해 풍경을 발견하는 자라고 보았다. 이상이 「날개」에서 자폐적으로 자기 세계에 갇혀 지내는 사내를 그렸다는 최재서의 의견에 대해, 가라타니 고진이 풍경을 지각하지 못하는 '내적 인간'을 다루었다고 해석하지는 않을 것이다.

4 답 ④

정답 해설

④ : 탈피(脫皮)하지 (○)

'탈피하다'는 '일정한 상태나 처지에서 완전히 벗어나다.'라는 뜻이므로, ⓔ '벗어나다'와 바꾸어 쓰기에 적절하다.

오답 해설

① ㉠ : 획득(獲得)할 (×)

'획득하다'는 '얻어 내거나 얻어 가지다.'라는 뜻이므로, ㉠ '담다'와 바꾸어 쓰기에 적절하지 않다.

② ㉡ : 전제(前提)된 (×)

'전제되다'는 '어떠한 사물이나 현상이 이루어질 목적으로 먼저 내세워지다.'라는 뜻이므로, ㉡ '펼쳐지다'와 바꾸어 쓰기에 적절하지 않다.

③ ㉢ : 예견(豫見)한다 (×)

'예견하다'는 '앞으로 일어날 일을 미리 짐작하다.'라는 뜻이므로, ㉢ '읽다'와 바꾸어 쓰기에 적절하지 않다.

⑤ ㉤ : 단절(斷絶)할 (×)

'단절하다'는 '유대나 연관 관계를 끊다.'라는 뜻이므로, ㉤ '막다'와 바꾸어 쓰기에 적절하지 않다.

---

02 헤겔의 낭만 개념

1 ②   2 ②   3 ④   4 ④

지문 구조도

① 헤겔의 '낭만' 개념을 정확히 이해해야 할 필요성

② 헤겔의 관점에서 본 '낭만적인 것'과 '낭만주의'

③ 헤겔의 관점에서 본 '기독교적인 것'과 '기독교'

④ 헤겔의 관점에서 '낭만주의'가 '낭만적인 것'의 미완 단계로 평가받는 이유

1 답 ②

정답 해설

② '기독교'는 정신적 작동 방식의 측면에서 낭만적인 것에 속한다.

헤겔은 '기독교'가 자연적 대상의 숭배 또는 매개를 넘어섰다는 점에서 '기독교적인 것'에 속한다고 본 한편, '기독교적인 것'을 '낭만적인 것'과 같은 의미로 사용하였다. 이를 고려할 때, 헤겔은 '기독교'가 '낭만적인 것'에 속한다고 보았을 것이다. 다만, '기독교'를 '낭만적인 것'의 불완전한 단계로 보았을 뿐이다.

오답 해설

① '낭만주의'와 '기독교'는 서로 바꾸어 쓸 수 있는 ~~동의어~~이다.

헤겔은 '낭만적인 것'과 '기독교적인 것'을 같은 의미로 사용한 것이지, '낭만주의'와 '기독교'를 서로 바꾸어 쓸 수 있는 동의어라고 본 것은 아니다. '낭만주의'는 예술적 내지 사상적 노선으로 공인된 개념이며, '기독교'는 제도화된 신앙 및 교리 체계이다.

③ '낭만주의'와 '기독교'는 모두 ~~완전한 형태의 내면적 지성성을 획득~~한다.

헤겔은 '낭만주의'가 달성하는 정신의 내면성은 개념적 반성성에 의거한 철학적 사유의 내면성에는 아직 이르지 못한 열등한 것이라고 보았다.(4문단) 또한 '기독교'도 개념적 반성을 필요조건으로 하는 지성의 완전한 순수 내면성에는 미치지 못한다고 보았다.(3문단) 즉, '낭만주의'와 '기독교' 모두 완전한 형태의 내면적 지성성을 획득하지 못했다고 본 것이다.

④ 최고도의 '기독교적인 것'은 ~~예술 사조로서의 '낭만주의'를 통해 성취~~된다.

헤겔은 가장 완전한 의미에서 '기독교적인 것'은 순수한 개념적 반성을 통해 진리를 인식하는 철학에서 달성된다고 보았다.(3문단) 예술 사조로서의 '낭만주의'를 통해 성취된다고 본 것은 아니다. 한편 헤겔은 '기독교적인 것'을 '낭만적인 것'과 같은 의미로 사용하였으며, 낭만주의는 '낭만적인 것'의 완전한 전형이 될 수 없다고 보았다. 이를 고려할 때에도, 최고도의 '기독교적인 것'이 예술사조로서의 '낭만주의'를 통해 성취된다고 볼 수는 없을 것이다.

⑤ '낭만적인 것'과 '기독교적인 것'은 ~~모든 단계에서 순수한 개념적 반성~~을 통해 수행된다.

'낭만주의'는 '낭만적인 것'의 하나이기는 하지만, 낭만주의가 달성하는 정신의 내면성은 개념적 반성성에 의거한 철학적 사유의 내면성에는 아직 이르지 못한 열등한 것이다. 또한 '기독교'는 '기독교적인 것'이기는 하지만, 개념적 반성을 필요조건으로 하는 지성의 완전한 순수 내면성에는 미치지 못한다. 이들을 고려할 때, '낭만적인 것'과 '기독교적인 것'이 모든 단계에서 순수한 개념적 반성을 통해 수행되는 것은 아님을 알 수 있다.

2 답 ②

정답 해설

② 참된 인식의 수행 방식은 <u>인식의 궁극적 대상의 존재 구조에 대응해</u>야 한다고 생각할 것이다.

헤겔은 '신'이 어떤 인격체가 아니라 세계의 근본적 존재 구조로서의 '이성', 곧 개념의 엄밀하고도 완전한 자기 운동 체계라고 보므로 이에 호응하는 인간 지성의 형식도 개념적 사유 능력인 이성이어야 한다고 본다. 즉, 헤겔은 참된 인식의 수행 방식이 인식의 궁극적 대상의 존재 구조[이성]에 대응해야 한다고 생각할 것이다.

오답 해설

① 정신의 재귀적 작동은 <u>신앙과 예술의 영역에서 최고도로</u> 이루어진다고 생각할 것이다.

헤겔은 정신의 재귀적 작동, 즉 이성적 사유는 신앙과 예술의 영역이 아니라 '철학'에서 최고도로 이루어진다고 생각할 것이다.

③ 개념의 연쇄를 통한 논리적 추론보다는 <u>구체적 현실에 대한 체험</u>을 인식의 출처로 평가할 것이다.

헤겔은 객체에 대한 주체의 의존성이 가장 지배적인 감각적 지각의 단계를 정신의 가장 저급한 단계로 본다. 이를 고려할 때, 헤겔은 인식의 출처를 '구체적 현실에 대한 체험'으로 보지는 않을 것이다. 구체적 현실에 대한 체험은 감각적 지각의 단계에 해당한다고 볼 수 있기 때문이다.

④ 절대적 진리에 대한 최고의 인식은 <u>인격화된 절대자의 존재를 증명</u>하는 데서 이루어진다고 여길 것이다.

헤겔은 절대자, 곧 '신'을 어떤 인격체로 보지 않고 '이성'으로 보았다. 이를 고려할 때, 헤겔은 절대적 진리에 대한 최고의 인식은 이성을 통해 이루어지는 것이지, 인격화된 절대자의 존재를 증명하는 데서 이루어진다고 여기지는 않을 것이다.

⑤ 구체적 경험보다는 <u>정신 내면의 자유로운 상상력의 작동에서 최고의 지적 탁월성</u>이 달성된다고 여길 것이다.

헤겔은 무한한 상상력과 감수성이 핵심인 낭만주의를 응당 극복되어야 할 '지적 미성숙'의 상태로 보았다. 이를 고려할 때, 헤겔은 정신 내면의 자유로운 상상력의 작동에서 최고의 지적 탁월성이 달성된다고 여기지는 않을 것이다.

3 답 ④

정답 해설

④ 회화를 '낭만적' 장르로 분류하는 방식은 회화적 표현이 근본적으로 주체의 정신적 내면성에 의거한다는 점에서 건축·조각보다는 음악·시문학과 더 동질적이라는 생각을 근거로 한다. (○)

〈보기〉를 독해할 때, 헤겔이 일반적 장르 구분 관행과 달리 회화를 '낭만적' 예술 장르로 분류하였다는 점, 특히 '네덜란드 장르화'를 '낭만적인 것'으로 보았다는 점을 확인해야 한다. 헤겔에게 '네덜란드 장르화'는 '기독교적인 것, 사변적 이성, 철학, 주체의 순수하고 내면적인 재귀적 작동, 반성' 등과 관련이 있다.

〈보기〉에 의하면 일반적으로는 '회화'를 건축·조각과 함께 조형 예술 영역에 편성하지만, 헤겔은 '회화'를 음악·시문학과 동일한 장르군으로 위치 이동시켜 '낭만적' 예술 장르로 분류하였으며, 특히 '네덜란드 장르화'를 '낭만적인 것'으로 본다. 지문에 의하면 '낭만적인 것'은 주체의 내면적 작동을 중심 원리로 하며, 개념적 반성성에 의거한 철학적 사유의 내면성에 이른 완전한 단계라고 할 수 있다.

오답 해설

① 어떤 예술 장르를 '낭만적'이라고 부르는 것은 예술이 철학적 사변의

한계를 넘어섬으로써 '낭만적인 것'을 더욱 높이 추동시킨다는 생각에서 비롯된다. (×)

〈보기〉에 의하면 헤겔은 예술 장르 중 '회화'를 일반적 장르 구분 관행과 달리 '낭만적' 예술 장르로 분류한다. 그런데 지문에 의하면 헤겔은 사변적 이성과 철학을 가장 완전한 의미에서 '낭만적인 것'이라고 평가하였으며, 개념적 사유를 통한 철학을 내면적 지성성의 완전한 단계로 보았다. 이를 고려할 때 '철학적 사변'이 한계를 지닌다고 보기는 어려우며, 예술이 철학적 사변의 한계를 넘어선다고 볼 수도 없다.

② 네덜란드 장르화에서 '인간적인 것 그 자체'가 형상화된다는 진술은 인간의 본질을 세속의 미시적 현실에서 찾아야 한다는 인식의 전환을 사상적 토대로 한다. (×)

〈보기〉에 의하면 헤겔은 네덜란드 장르화에 대해 '인간적인 그 자체'가 형상화되고 있다고 보았으며, 이에 따라 네덜란드 장르화를 '낭만적인 것'으로 여겼다. 그런데 헤겔은 '낭만적인 것'이 철학적 사유에서 비로소 성취된다고 보았지, 인간의 본질을 세속의 미시적 현실에서 찾아야 한다고 보지는 않았다.

③ 양식상 사실주의로 분류되는 장르화를 '낭만적인 것'으로 부르는 것은 일상의 사실적 묘사 속에 기독교의 교리가 확고한 삶의 규범으로 함축되어 있다는 판단에서 비롯된다. (×)

〈보기〉에 의하면 헤겔은 양식적으로 사실주의 미술의 하나로 분류되는 네덜란드 장르화를 '낭만적인 것'으로 기술하였다. 이때 네덜란드 장르화 속에 기독교의 교리가 드러났는지는 알 수 없다. 한편 지문에 의하면 헤겔은 '낭만적인 것'을 '기독교적인 것'과 같은 의미로 사용하였으며, 여기서 '기독교적인 것'은 제도화된 신앙 및 교리 체계로서의 기독교를 넘어서는 정신철학적 범주이다. 그러므로 헤겔은 네덜란드 장르화에 기독교의 교리가 확고한 삶의 규범으로 함축되어 있다고 해서 그것을 '낭만적인 것'이라고 부르지는 않을 것이다.

⑤ 네덜란드 장르화를 '낭만적인 것'으로 설명하는 것은 상상력의 무제한적 발산을 추구하는 낭만주의의 미적 전략이 이 부류의 회화 작품에 가장 모범적으로 작용하고 있다는 평가에 바탕을 둔다. (×)

〈보기〉에 의하면 헤겔은 네덜란드 장르화를 '낭만적인 것'으로 설명한다. 그런데 지문에 의하면 헤겔은 감성과 상상력의 무제한적 발산을 지향하는 낭만주의가 '낭만적인 것'의 하나이기는 하지만, '낭만적인 것'의 완전한 전형이 될 수 없다고 보았다.

4 답 ④

정답 해설

④ 이국의 정취가 <u>풍기는</u> 아름다운 거리를 계속 걸어갔다. (○)

ⓐ '풍기다'와 선택지의 '풍기다'는 모두 '(비유적으로) 어떤 분위기가 나다. 또는 그런 것을 자아내다.'라는 뜻이다.

오답 해설

① 시골길로 버스가 지나가자 먼지가 <u>풍겼다</u>. (×)

선택지의 '풍기다'는 '겨, 검불, 먼지 따위가 날리다. 또는 그런 것을 날리다.'라는 뜻이다.

② 총소리가 풀숲에 숨어 있던 새들을 <u>풍겼다</u>. (×)

선택지의 '풍기다'는 '짐승이 사방으로 흩어지다. 또는 그런 것을 흩어지게 하다.'라는 뜻이다.

③ 진한 향기를 <u>풍기는</u> 장미가 내 마음을 설레게 했다. (×)

⑤ 그들에게서 산짐승의 몸에서 <u>풍기는</u> 듯한 악취가 났다. (×)

선택지 ③, ⑤의 '풍기다'는 모두 '냄새가 나다. 또는 냄새를 퍼뜨리다.'라는 뜻이다.

03 뒤집힌 감각질 사고 실험

1 ③　2 ④　3 ④　4 ①

지문 구조도

1	심신 문제에 관한 이원론, 동일론, 기능론의 입장
2	뒤집힌 감각질 사고 실험에 의거한 이원론의 기능론 논박
3	이원론의 기능론 논박 검토
4	이원론의 기능론 논박이 성공하지 못한다고 평가할 수 있는 이유

1 답 ③

정답 해설

③ 기능론에서는 인간과 로봇이 물질 상태는 달라도 정신 상태는 같을 수 있음을 설명할 수 있다.

정신 상태와 물질 상태가 동일하다고 보는 동일론은, 인간과 정신 상태는 같지만 물질 상태는 다른 로봇이 등장한다면 이를 설명할 수 없다는 문제에 직면한다. 하지만 정신을 기능적·인과적 역할로써 정의하는 기능론에서는, 정신의 인과적 역할이 뇌의 신경 세포에서든 로봇의 실리콘 칩에서든 어떤 물질에서도 구현될 수 있음을 보여 준다. 즉, 기능론에서는 인간과 로봇이 물질 상태는 달라도 정신 상태는 같을 수 있음을 설명할 수 있는 것이다.

오답 해설

① 동일론에서는 물질 상태가 같으면 정신 상태도 같다는 것을 설명할 수 ~~없다.~~

동일론은 정신 상태와 물질 상태가 동일하다고 주장하는 이론이다. 물질 상태가 같으면 정신 상태도 같다는 것을 당연히 설명할 수 있을 것이다.

② 이원론에서는 어떤 사람의 행동과 말을 통해서 그 사람의 감각질이 어떠한지 ~~확인한다.~~

이원론은 질적이고 주관적인 감각 경험, 즉 현상적 감각 경험인 '감각질'이 뒤집혔다고 가정하는 사고 실험을 제시하는데, 이때 어떤 사람의 감각질이 다른 사람의 감각질과 같은지를 확인할 수 있는 방법은 없다고 본다.

④ 뒤집힌 감각질 사고 실험은 기능론으로는 ~~정신의 인과적 측면을~~ 설명할 수 없다는 것을 보여 주려고 한다.

이원론은 '뒤집힌 감각질 사고 실험'을 통해, 기능론이 '현상적 감각 경험'은 배제하고 인과적 역할만으로 정신 상태를 설명한다고 비판한다. 즉, 정신의 현상적 측면을 설명할 수 없다는 것을 보여 주려고 하는 것이다.

⑤ 이원론과 기능론은 ~~정신 상태를 갖는 존재의 물질 상태를 인정하지 않는다~~는 점에서 일치한다.

이원론은 정신 상태와 물질 상태가 별개의 것이라고 주장했을 뿐, 정신 상태를 갖는 존재의 물질 상태를 인정하지 않는 것은 아니다. 또한 기능론은 정신이 물질에 의해 구현된다고 보아 정신 상태와 물질 상태가 별개의 것이 아니라고 주장했을 뿐, 정신 상태를 갖는 존재의 물질 상태를 인정하지 않는 것은 아니다. 즉, 이원론과 기능론 모두 정신 상태를 갖는 존재인 '인간'의 물질 상태를 부정하지는 않았다.

2 답 ④

정답 해설

④ 색 경험 공간은 비대칭적이어서, 감각질이 뒤집힌 사람이 그렇지 않은 사람과 현상적으로 다르고 기능적으로 동등할 경우는 발생할 수 없다. (○)

맥락상 '비판'은 이원론의 '뒤집힌 감각질 사고 실험'에 의한 기능론 논박이 문제점을 안고 있다는 것이다. 이원론은 뒤집힌 감각질 사고 실험을 통해, 감각질이 뒤집힌 사람과 그렇지 않은 사람 사이의 정신 상태가 현상적으로는 다르지만 기능적으로는 같을 수 있다는 것을 기능론이 설명하지 못한다고 비판한다. 이때 이 실험이 성공하려면 두 사람 사이의 색 경험 공간이 대칭적이어야 하는데, 지문에서는 색 외적인 속성들로 인해 색 경험 공간이 비대칭적이게 되므로 뒤집힌 감각질 사고 실험은 성공하지 못한다고 본다. 다시 말해, 색 경험 공간이 비대칭적이어서, 이원론이 주장하는 것처럼 감각질이 뒤집힌 사람이 그렇지 않은 사람과 현상적으로 다르고 기능적으로 동등할 경우는 발생할 수 없는 것이다.

오답 해설

① 정신 상태의 현상적 감각 경험을 배제할 수 없으므로, 기능적 역할만으로 정신 상태를 설명할 수 없다. (×)

맥락상 '비판'은 이원론의 '뒤집힌 감각질 사고 실험'에 의한 기능론 논박이 문제점을 안고 있다는 것이다. 즉, '이원론'에 대한 비판이어야 한다. 그런데 '정신 상태의 현상적 감각 경험을 배제할 수 없으므로, 기능적 역할만으로 정신 상태를 설명할 수 없다.'라는 진술은 오히려 '기능론'에 대해 이원론이 논박한 내용이다.

② 감각질이 뒤집힌 사람은 입력이 같아도 출력이 다르므로, 그의 감각질이 뒤집혔다는 사실은 탐지할 수 없다. (×)

이원론의 '뒤집힌 감각질 사고 실험'에 의한 기능론 논박이 성공하려면 감각질이 뒤집힌 사람과 그렇지 않은 사람 사이의 색 경험 공간이 대칭적이어야 한다. 그래야 기능적으로 동일하여 감각질이 뒤집혔다는 것이 탐지 불가능하다. 하지만 지문에서는 색 외적인 속성들로 인해 색 경험 공간이 비대칭적이게 된다는 점을 지적하며, 이로 인해 감각질이 뒤집힌 사람의 감각질이 뒤집혔다는 것을 탐지할 수 있다고(= 감각질이 뒤집힌 사람이 그렇지 않은 사람과 다른 행동을 보일 것이라고) 본다. 따라서 '비판'의 내용으로 '감각질이 뒤집힌 사람의 감각질이 뒤집혔다는 사실은 탐지할 수 없다.'라고 진술할 수는 없다.

③ 감각질이 뒤집히지 않은 사람은 입력이 같으면 출력도 같으므로, 그의 감각질이 뒤집히지 않았다는 사실은 탐지할 수 없다. (×)

이원론의 '뒤집힌 감각질 사고 실험'에 의한 기능론 논박에서나, 그에 대한 '비판'에서나 '감각질이 뒤집히지 않은 사람의 문제점'에 대해서는 다루지 않았다.

⑤ 색 경험 공간은 대칭적이어서, 감각질이 뒤집힌 사람이 그렇지 않은 사람과 현상적으로 동등하고 기능적으로 다를 경우는 발생할 수 없다. (×)

'비판'에서는 색 경험 공간이 비대칭적이어서, 이원론의 '뒤집힌 감각질 사고 실험'에 의한 기능론 논박이 문제점을 안고 있다고 지적하였다.

3 답 ④

정답 해설

④ ㉠이 성공한다는 측과 실패한다는 측 모두 ㉡이 빨간색 꼭지를 틀지 않을 것이라고 설명하겠군.

㉠은 '뒤집힌 감각질 사고 실험에 의한 기능론 논박', ㉡은 '빨강-초록의 감각질이 뒤집힌 사람'이다. ㉠이 성공한다는 측은, 빨강-초록의 감각질이 뒤집혀 있는 ㉡이 그렇지 않은 사람과 빨간색이 초록색으로, 초록색이 빨간색으로 보인다는 차이만 있을 뿐 그 외의 행동과 하는 말은 똑같다고 본다. 즉, 따뜻한 물로 손을 씻으려는 상황에서 따뜻한 물이 나오는 빨간색 꼭지가 ㉡에게 초록색 꼭지로 보이겠지만, 감각질이 뒤

집히지 않은 사람과 마찬가지로 그 꼭지를 튼다고 설명할 것이다. 물론 ㉠이 실패한다는 측은 ㉡이 빨간색 꼭지를 틀지 않을 것이라고 설명할 것이다.

오답 해설

① ㉠이 성공한다는 측은 ㉡에게는 빨간색 꼭지가 초록색으로 보인다고 설명하겠군. (○)

㉠이 성공한다는 측은, 빨강–초록의 감각질이 뒤집힌 ㉡에 대해 빨간색 꼭지가 당연히 초록색으로 보인다고 설명할 것이다.

② ㉠이 성공한다는 측은 ㉡이 빨간색 꼭지를 보고 "이게 빨간색이구나."라고 말한다고 설명하겠군. (○)

㉠이 성공한다는 측은, 빨강–초록의 감각질이 뒤집혀 있는 ㉡이 그렇지 않은 사람과 빨간색이 초록색으로, 초록색이 빨간색으로 보인다는 차이만 있을 뿐 그 외의 행동과 하는 말은 똑같다고 본다. 즉, 따뜻한 물로 손을 씻으려는 상황에서 따뜻한 물이 나오는 빨간색 꼭지가 ㉡에게 초록색 꼭지로 보이겠지만, 감각질이 뒤집히지 않은 사람과 마찬가지로 그 꼭지를 보고 "이게 빨간색이구나."라고 말한다고 설명할 것이다.

③ ㉠이 실패한다는 측은 ㉡이 빨간색 꼭지를 보고 따뜻함을 지각하지 못할 것이라고 설명하겠군. (○)

㉠이 실패한다는 측은, 빨강의 따뜻함, 초록의 생동감 같은 색 외적인 속성들로 인해 빨강–초록의 감각질이 뒤집힌 사람이 그렇지 않은 사람과 다른 행동을 보일 것이라고 주장한다. 즉, 따뜻한 물로 손을 씻으려는 상황에서 따뜻한 물이 나오는 빨간색 꼭지가 ㉡에게 초록색 꼭지로 보일 건데, 이때 빨강이 가지는 따뜻함을 지각하지 못하고 초록이 가지는 생동감을 지각할 것이므로 그 꼭지를 틀지 않을 것이라고 설명할 것이다.

⑤ ㉠이 성공한다는 측과 실패한다는 측 모두 ㉡이 빨간색 꼭지와 파란색 꼭지를 구별할 수 있다고 설명하겠군. (○)

①, ③번 선택지 해설에서 각각 밝혔듯 ㉠이 성공한다는 측이나 실패한다는 측이나 빨간색 꼭지가 ㉡에게 초록색 꼭지로 보인다고 주장할 것이다. 이때 그 꼭지를 파란색 꼭지와 구별하는 데는 문제가 없을 것이다. ㉡에게 '파란색'과 관련된 감각질에는 문제가 없기 때문이다.

4 답 ①

정답 해설

	ⓐ	ⓑ
①	명명(命名)한다 (○)	배제(排除)하고 (○)
②	명명(命名)한다 (○)	단절(斷切)하고 (×)
③	지시(指示)한다 (×)	배제(排除)하고 (○)
④	지시(指示)한다 (×)	박탈(剝奪)하고 (×)
⑤	지칭(指稱)한다 (○)	단절(斷切)하고 (×)

'이런 질적이고 주관적인 감각 경험, 곧 현상적인 감각 경험을 철학자들은 '감각질'이라고 ⓐ 부른다.'에서 '부르다'는 '무엇이라고 가리켜 말하거나 이름을 붙이다.'라는 뜻이다. 그러므로 '사람, 사물, 사건 따위의 대상에 이름을 지어 붙이다.'라는 뜻의 '명명하다', '어떤 대상을 가리켜 이르다.'라는 뜻의 '지칭하다'로 바꿔 쓸 수 있다. '지시하다'는 '가리켜 보게 하다.' 또는 '일러서 시키다.'라는 뜻이다.

'현상적 감각 경험은 ⓑ 빼고 기능적·인과적 역할만으로 정신 상태를 설명하는 기능론은 잘못된 이론이라는 논박이 가능하다.'에서 '빼다'는 '전체에서 일부를 제외하거나 덜어 내다.'라는 뜻이다. 그러므로 '받아들이지 아니하고 물리쳐 제외하다.'라는 뜻의 '배제하다'로 바꿔 쓸 수 있다. '단절하다'는 '유대나 연관 관계를 끊다.'라는 뜻이고, '박탈하다'는 '남의 재물이나 권리, 자격 따위를 빼앗다.'라는 뜻이다.

---

04 시간여행에 대해 제기되는 문제 상황

1 ② 2 ③ 3 ③ 4 ④

지문 구조도

1 시간의 흐름에 대한 4차원주의자와 3차원주의자의 입장

2 시간여행 가능 여부에 대한 영원주의자와 현재주의자의 입장

3 시간여행이 가능하다고 보는 일부 현재주의자의 입장과 그에 대한 비판

4 시간여행에 관한 조건부 결정론자의 입장과 그에 대한 비판

1 답 ②

정답 해설

② 모든 4차원주의자는 과거가 존재할 때 현재도 이미 존재하고 있다고 볼 것이다.

영원주의자라고도 하는 4차원주의자는 매 순간이 시간의 퍼즐을 이루는 하나의 조각처럼 이미 주어져 있다고 보며, 과거, 현재, 미래 사이에는 앞 또는 뒤라는 관계만이 존재한다고 본다. 따라서 4차원주의자는 과거가 존재할 때 현재도 이미 존재하고 있다고 볼 것이다.

오답 해설

① 모든 3차원주의자는 현재와 미래가 동일한 표상을 지닌다고 볼 것이다.

3차원주의자는 시간이 흐른다는 견해를 내세우는데, 시간이 흐른다면 과거, 현재, 미래 시제는 모두 다른 의미나 표상을 지닌다. 따라서 모든 3차원주의자가 현재와 미래가 동일한 표상을 지닌다고 보지는 않을 것이다.

③ 모든 현재주의자는 현재가 실재한다는 것이 속임수에 해당할 수 있다고 볼 것이다.

3차원주의자 중 현재주의자는 오직 현재만이 존재한다고 보는 사람이다. 따라서 모든 현재주의자는 현재가 실재한다는 것이 속임수에 해당할 수 있다고 보지 않을 것이다.

④ 시간여행을 할 수 있다고 보는 모든 학자는 현재를 과거의 뒤인 동시에 미래의 앞이라고 볼 것이다.

지문에 의하면, 영원주의자라고도 하는 4차원주의자, 그리고 현재주의자 중 일부가 시간여행을 할 수 있다고 본다. 4차원주의자는 과거, 현재, 미래 사이에 앞 또는 뒤라는 관계만이 존재한다고 보므로 현재를 과거의 뒤인 동시에 미래의 앞이라고 볼 것이다. 그런데 현재주의자는 오직 현재만이 존재한다고 보므로, 현재에 대해 과거의 뒤이자 미래의 앞이라고 보지는 않을 것이다.

⑤ 시간여행을 할 수 없다고 보는 모든 학자는 도착지 비존재의 문제와 달리 출발지 비존재의 문제가 해결 불가능하다고 볼 것이다.

지문에 의하면, 현재주의자 중 다수가 시간여행을 할 수 없다고 본다. 이들은 이미 흘러간 과거와 아직 오지 않은 미래가 실재하지 않으므로 시간여행의 도착지가 존재하지 않는다는 도착지 비존재의 문제를 제기한다. 또한 과거에 도착할 때의 그 시점을 현재로 본다고 하더라도 출발한 현재가 미래가 되어 시간여행의 출발지가 존재하지 않는다는 출발지 비존재의 문제를 제기한다. 따라서 해당 입장에서는 도착지 비존재의 문제와 출발지 비존재의 문제가 모두 해결 불가능하다고 볼 것이다.

2 답 ③

정답 해설

③ ⑦과 ⓒ은 모두 과거로 출발하는 시간여행이 가능하다고 본다.

⑦ '영원주의자'(4차원주의자)는 매 순간[=과거, 현재, 미래의 모든 순간]을 시간의 퍼즐을 이루는 하나의 조각처럼 이미 주어져 있는 것으로 인식하며, 시간여행을 시간 퍼즐의 여러 조각 중 하나를 찾아가는 것으로 본다. 즉, ⑦의 입장에서는 과거로 출발하는 시간여행이 가능하다고 보는 것이다. 한편 ⓒ '조건부 결정론자'는 출발지 미결정의 문제가 해소되어 시간여행에 걸림돌이 없다고 주장하므로, 과거로 출발하는 시간여행이 가능하다고 볼 것이다.

오답 해설

① ⑦과 ⓛ은 모두 미래가 이미 결정되어 있는 시간이라고 본다.

⑦ '영원주의자'(4차원주의자)는 매 순간[=과거, 현재, 미래의 모든 순간]을 시간의 퍼즐을 이루는 하나의 조각처럼 이미 주어져 있는 것으로 인식한다. 따라서 ⑦은 미래가 이미 결정되어 있는 시간이라고 볼 것이다. 그런데 ⓛ '현재주의자 중에 다수'는 오직 현재만이 존재한다고 보며, 이미 지나간 과거와 아직 도래하지 않은 미래는 존재하지 않는다고 본다. 따라서 ⓛ은 미래가 이미 결정되어 있는 시간이라고 보지 않을 것이다.

② ⑦과 ⓛ은 모두 시간여행에서 과거에 도착하는 순간 출발지는 더 이상 존재하지 않는다고 본다.

⑦ '영원주의자'(4차원주의자)는 매 순간을 시간의 퍼즐을 이루는 하나의 조각처럼 이미 주어져 있는 것으로 인식하며, 시간여행을 시간 퍼즐의 여러 조각 중 하나를 찾아가는 것으로 본다. 이를 고려할 때, ⑦의 입장에서 시간여행의 결과 과거에 도착하는 순간 출발지가 더 이상 존재하지 않는다고 주장하지는 않을 것이다. 한편 ⓛ '현재주의자 중에 다수'는 오직 현재만이 존재한다고 보며, 이미 지나간 과거와 아직 도래하지 않은 미래는 존재하지 않는다고 보아 시간여행이 불가능하다고 주장한다.

④ ⓛ과 달리 ⓒ은 시제가 특별한 의미를 가지지 않는다고 본다.

ⓛ '현재주의자 중에 다수'는 3차원주의자에 속하는데, 3차원주의는 시간이 흐른다는 견해를 내세우며 과거, 현재, 미래 시제는 모두 다른 의미나 표상을 지닌다고 본다. 즉, 시제가 특별한 의미를 가진다고 보는 것이다. 한편 ⓒ '조건부 결정론자'는 결국 시간여행의 가능성을 믿는 3차원주의자이므로, ⓛ과 마찬가지로 시제가 특별한 의미를 가진다고 볼 것이다.

⑤ ⓒ과 달리 ⓛ은 시간여행에 필요한 도착지가 존재한다고 본다.

ⓛ '현재주의자 중에 다수'는 오직 현재만이 존재한다고 보며, 이미 지나간 과거와 아직 도래하지 않은 미래는 존재하지 않는다고 보므로 시간여행에 필요한 도착지가 존재하지 않는다고 볼 것이다. 한편 ⓒ '조건부 결정론자'는 출발지 미결정의 문제가 해소되어 시간여행에 걸림돌이 없다고 주장하므로, 시간여행에 필요한 도착지가 존재한다고 볼 것이다.

3 답 ③

정답 해설

③ 4차원주의자는 도래하지 않은 시간으로부터 이미 지나간 시간으로 ~~시간의 흐름을 거슬러~~ 올라갈 수 있다고 생각할 것이다.

영원주의자라고도 하는 4차원주의자는 시간이 흐르지 않는다고 생각하며, 이에 따라 과거, 현재, 미래는 똑같이 존재한다고 본다. 따라서 4차원주의자는 도래하지 않은 시간인 미래로부터 이미 지나간 시간인 과거로 시간의 흐름을 거슬러 올라갈 수 없다고 생각할 것이다.

오답 해설

① 3차원주의자 중에는 과거를 거슬러 올라갈 수 없는 시간으로 여기는 사람이 있을 것이다. (O)

시간이 흐른다고 보는 3차원주의자 중 현재주의자는, 오직 현재만이 존재하며 이미 지나간 과거와 아직 도래하지 않은 미래는 존재하지 않는다고 본다. 따라서 3차원주의자 중에는 과거를 거슬러 올라갈 수 없는 시간으로 여기는 사람이 있을 것이다.

② 현재주의자는 누군가의 외모가 변한 것을 보면 이는 시간이 흘렀기 때문이라고 생각할 것이다. (O)

현재주의자는 시간이 흐른다고 보는 3차원주의자에 속하므로, 누군가의 외모가 변한 것을 보면 그 이유는 시간이 흘렀기 때문이라고 생각할 것이다.

④ 시간여행이 가능하다고 믿는 3차원주의자는 출발지 미결정의 문제가 해결되면 출발지 비존재의 문제가 해소된다고 생각할 것이다. (O)

시간여행의 가능성을 믿는 3차원주의자는, '출발지 비존재'를 '출발지 미결정'으로 보게 되면 출발지 비존재의 문제가 해소된다고 주장한다. 따라서 이들은 출발지 미결정의 문제가 해결되면 출발지 비존재의 문제도 해소된다고 볼 것이다.

⑤ 시간여행의 가능성을 부인하는 3차원주의자는 우리가 미래에 도착하는 순간 도착지가 생겨난다는 주장에 대해, 그 경우에도 출발지 비존재의 문제가 남아 있다고 비판할 것이다. (O)

시간여행의 가능성을 부인하는 3차원주의자는, 과거에 도착할 때 그 시점이 현재가 된다면 출발지인 현재가 미래가 되어 버리므로 출발지가 더 이상 존재하지 않는다고 비판한다. 이와 동일한 논리로, 우리가 미래에 도착할 때 그 시점이 현재가 된다면 출발지인 현재가 과거가 되어 버리므로 출발지 비존재의 문제가 있다고 비판할 수 있을 것이다.

4 답 ④

정답 해설

④ 미래에 도착하는 시점의 레논과 미래에 있던 레논이 동일한 외모를 가질 수 있다고 가정하면, ~~현재주의자는 ㉮에 위배되는 일이 발생하지 않았다고 주장할 수 있겠군.~~

현재주의자 중 다수는 시간여행이 불가능하다고 보므로, 이들은 존 레논이 10년 후의 미래를 방문하는 것이 불가능하기에 〈보기〉에서 제시하는 '동일한 것은 서로 구별될 수 없다.'라는 원리(㉮)에 위배되는 일이 발생하지 않는다고 볼 것이다. 그런데 현재주의자 중 일부는 시간여행이 가능하다고 본다. 만약 미래에 도착하는 시점의 존 레논과 미래에 있던 존 레논이 동일한 외모를 가질 수 있다고 가정하더라도, 이것만으로는 '동일한 것은 서로 구별될 수 없다.'라는 원리(㉮)에 위배되는 일이 발생하지 않는다고 볼 수는 없다. 여전히 '동일한 사람이 무명이면서 동시에 스타이다.'라는 논리적 모순(㉯)이 해결되지 않기 때문이다. ㉮에서 '동일한 것'이라 함은 '동일한 개체'를 의미하는 것이지, '동일한 외모를 지닌 개체'를 의미하는 것은 아니다.

오답 해설

① 시간여행의 도착지가 존재하지 않는다는 논리에 따를 경우, ㉮에 위배되는 사건은 아예 일어나지 않겠군. (O)

시간여행의 도착지가 존재하지 않는다는 논리는 시간여행이 불가능하다고 보는 입장이다. 이에 따르면 존 레논이 10년 후의 미래를 방문하는 것이 불가능하므로 〈보기〉에서 제시하는 '동일한 것은 서로 구별될 수 없다.'라는 원리(㉮)에 위배되는 사건 자체가 아예 일어나지 않을 것이다.

② 레논의 서로 다른 단계 중에 현재 단계가 뒤의 단계를 방문할 수 있다고 가정하면, 영원주의자에게 ㉯는 문제가 되지 않겠군. (○)

영원주의자에게 매 순간은 시간의 퍼즐을 이루는 하나의 조각처럼 이미 주어져 있으며, 이들은 시간여행을 '시간 퍼즐의 여러 조각 중 하나를 찾아가는 것'으로 본다. 따라서 존 레논의 서로 다른 단계 중에 현재 단계가 뒤의 단계를 방문할 수 있다고 가정하면, 영원주의자에게 '동일한 사람이 무명이면서 동시에 스타이다.'라는 논리적 모순(㉯)은 문제가 되지 않을 것이다. '무명'에 해당하는 과거와 '스타'에 해당하는 미래는 이미 주어진 것으로 똑같이 존재할 수 있는 것이다.

③ 조건부 결정론자의 논리에 따를 경우, 레논이 미래에 도착하면 자신의 10년 후 모습을 직접 보기 이전이라도 도착 순간에 이미 출발지 비존재의 문제가 해소되겠군. (○)

조건부 결정론자는, 과거에 도착하는 사건의 원인이 현재에서의 출발이라는 점을 고려하면, 과거에 도착하는 순간 미래 사건이 되는 시간여행은 도착 시점에서 이미 결정된 사건으로 여겨질 수 있다고 본다. 이에 따라 조건부 결정론자는 출발지 미결정의 문제가 해소되어 출발지 비존재의 문제가 해결됨으로써 시간여행에 걸림돌이 없다고 주장한다. 이 논리에 따를 때, 존 레논이 미래에 도착하는 순간 시간여행은 '이미 결정된 사건'이 될 수 있으므로, 자신의 10년 후 모습을 직접 보기 이전이라도 출발지 비존재의 문제가 해소된다고 볼 것이다.

⑤ 두 사람이 만나는 시간은 제3의 관찰자가 볼 때는 동시인 것처럼 보이지만 각자의 시간 흐름에서는 동시가 아니라고 가정하면, 현재주의자 중에는 ㉯가 해소될 수 있다고 보는 사람도 있겠군. (○)

3차원주의자에 속하는 현재주의자는 시간이 흐른다고 생각하며, 과거, 현재, 미래 시제가 모두 다른 의미나 표상을 지닌다고 본다. 만약 두 사람이 만나는 시간이 제3의 관찰자가 볼 때는 동시인 것처럼 보이지만 각각의 시간 흐름에서는 동시가 아니라고 가정하면, 동일한 사람이 무명이면서 동시에 스타인 것이 아니라, 하나의 시간 흐름 속의 사람은 무명이고 다른 시간 흐름 속의 사람은 스타인 것으로 볼 수 있다. 따라서 현재주의자 중 시간여행이 가능하다고 보는 사람은, '동일한 사람이 무명이면서 동시에 스타이다.'라는 논리적 모순(㉯)이 해소될 수 있다고 볼 것이다.

본문 152~153쪽

05 가난한 나라의 빈곤 해결 방향

1 ③　2 ②　3 ②　4 ①

지문 구조도

① 빈곤의 원인으로 지리적 요인을 강조한 삭스
② 삭스와 다른 관점에서 빈곤 퇴치를 바라본 이스털리
③ 빈곤의 원인으로 나쁜 제도를 꼽은 애쓰모글루
④ 제도의 중요성과 관련하여 극단적인 견해를 내놓은 로머와 콜리어
⑤ 빈곤의 원인으로 경제학 지식의 부족을 꼽은 배너지와 뒤플로

1 답 ③

정답 해설

③ 제도의 역할을 강조하는 경제학자라면 정치 제도 변화가 경제 성장을 위한 전제 조건이라고 생각한다.

지문에서 빈곤 퇴치와 경제 성장에 관해 제도의 역할을 강조하는 학자는 '이스털리', '애쓰모글루', '로머', '콜리어' 등이 있었는데, 그중 '애쓰모글루'만이 정치 제도 변화가 경제 성장을 위한 전제 조건이라고 생각하였다.(3문단) 제도의 역할을 강조하는 경제학자 모두가 그렇게 생각한 것은 아니다.

오답 해설

① 지리적 요인의 역할을 강조하는 경제학자라면 외국의 원조에 대해 긍정적이다.

지문에서 빈곤 퇴치와 경제 성장에 관해 지리적 요인의 역할을 강조하는 학자는 '삭스'뿐이었는데, 그는 빈곤을 해결하는 방법으로 외국의 원조를 긍정적으로 보았다.(1문단)

② 제도의 역할을 강조하는 경제학자라 하더라도 자유로운 시장의 역할을 중시하는 경우도 있다.

지문에서 빈곤 퇴치와 경제 성장에 관해 제도의 역할을 강조하는 학자는 '이스털리', '애쓰모글루', '로머', '콜리어' 등이 있었는데, 그중 '이스털리'는 다른 학자들과 달리 빈곤을 해결하기 위한 방법으로 자유로운 시장의 역할을 중시하였다.(2문단)

④ 제도의 역할을 강조하는 경제학자라 하더라도 외국이 성장에 미치는 역할을 중시하지 않는 경우도 있다.

지문에서 빈곤 퇴치와 경제 성장에 관해 제도의 역할을 강조하는 학자는 '이스털리', '애쓰모글루', '로머', '콜리어' 등이 있었는데, 그중 '이스털리'와 '애쓰모글루'는 외국의 원조가 경제 성장에 도움이 되지 않는다고 보았다.(2, 3문단)

⑤ 지리적 요인의 역할을 강조하는 경제학자만이 빈곤의 덫에서 빠져나오려면 초기 지원이 필요하다고 생각하는 것은 아니다.

지문에서 빈곤 퇴치와 경제 성장에 관해 지리적 요인의 역할을 강조하는 학자는 '삭스'뿐이었는데, 그는 빈곤의 덫에서 빠져나오기 위한 방법으로 외국의 원조에 기초한 초기 지원과 투자가 필요하다고 주장하였다.(1문단) 한편 빈곤 퇴치와 경제 성장에 관해 정책의 역할을 강조한 학자인 '배너지'와 '뒤플로'는 현실 세계가 'S자 모양'의 곡선에 해당한다면 '빈곤의 덫'이 있다고 보았으며, 이에 근거하여 소득 수준이 낮은 영역에 속하는 사람에 대한 지원이 필요하다고 보았다.(5문단) 이렇게 볼 때, 지리적 요인의 역할을 강조하는 경제학자만이 빈곤의 덫에서 빠져나오기 위해 초기 지원이 필요하다고 생각하는 것은 아님을 알 수 있다.

2 답 ②

정답 해설

② 가난한 사람들의 수요를 중시한다는 점에서 이스털리에 동의한다.

배너지와 뒤플로는 특정 처방 이외에는 특성들이 동일한 복수의 표본 집단을 구성함으로써 처방의 효과에 대한 엄격한 비교 분석을 수행하고, 지역과 처방을 달리하여 분석을 반복함으로써 가난한 사람들이 어떻게 살아가는지, 도움이 필요한지, '처방에 대한 이들의 수요는 어떠한지' 등을 파악해 빈곤 퇴치에 도움이 되는 지식을 얻어야 한다고 주장하였다.(5문단) 한편 이스털리는 가난한 사람들이 필요를 느끼지 않는 상태에서 정부가 교육이나 의료를 지원한다고 해서 빈곤이 해결되는 것은 아니며 개인들이 스스로 필요한 것을 선택하도록 해야 한다고 보았다. 즉, 이스털리도 '가난한 사람들의 수요'를 중시한 것이다.(2문단) 이렇게 볼 때, 배너지와 뒤플로는 가난한 사람들의 수요를 중시한다는 점에서 이스털리에 동의할 것임을 알 수 있다.

오답 해설

① 제도보다 정책을 중시한다는 점에서 애쓰모글루에 동의한다.

배너지와 뒤플로는 빈곤 문제에 대해, 구체적인 현실에 대한 올바른 이해에 기초한 '정책'을 강조하였다. 하지만 애쓰모글루는 빈곤 문제에 대해 '제도'를 더 중요하게 보았다. 애쓰모글루가 제도보다 정책을 중시하지는 않았다.

③ 거대한 문제를 우선해서는 안 된다고 보는 점에서 <del>콜리어에 동의한다.</del>

배너지와 뒤플로, 콜리어 모두 거대한 문제를 우선해서는 안 된다고 보았는지 지문에서 확인할 수 없다.

④ 정부가 부패해도 정책이 성과를 낼 수 있다고 보는 점에서 <del>삭스에 반대한다.</del>

배너지와 뒤플로는 나쁜 제도가 존재하는 상황에서도 제도와 정책을 개선할 여지는 많다고 보았다. 즉, 정부가 부패해도 정책이 성과를 낼 수 있다고 본 것이다. 한편 삭스는 정부가 부패해 있는 상황에서 가난한 나라 사람들의 소득을 지원해 빈곤의 덫에서 빠져나오도록 해야 생활 수준이 높아져 시민 사회가 강화되고 법치주의가 확립될 수 있다고 주장하였다. 즉, 삭스 또한 정부가 부패해도 정책이 성과를 낼 수 있다고 본 것이다. 다시 말해, '정부가 부패해도 정책이 성과를 낼 수 있다고 보는 점'은 배너지와 뒤플로, 삭스의 공통점에 해당한다.

⑤ 빈곤 문제를 해결하는 일반적인 해답이 있다고 보는 점에서 <del>로머예 동의한다.</del>

배너지와 뒤플로는 빈곤 문제를 해결하는 일반적인 해답을 모색하지 않았다. 오히려 구체적인 현실에 대한 올바른 이해에 기초한 정책을 강조하였다. 한편 로머가 빈곤 문제를 해결하는 일반적인 해답이 있다고 보았는지는 지문에서 확인할 수 없다.

3 답 ②

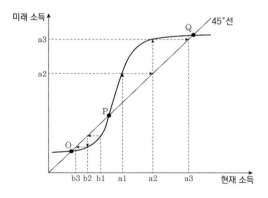

그래프의 곡선이 S자 모양이므로 '빈곤의 덫'이 있다는 것을 확인해야 한다. 즉, 현재 소득이 낮은 부분인 점 'O'와 점 'P' 사이를 주목해야 하는 것이다. 그리고 점 P를 기점으로 점 P의 오른쪽 영역만 보면, 곡선이 가파르게 올라가다가 완만해지는 '뒤집어진 L자 모양'임을 확인할 수 있다. 'S자 곡선' 안에 '뒤집어진 L자 곡선'까지 포함되어 있다는 점에서, 그래프 해석을 굉장히 치밀하게 물은 좋은 문항으로 볼 수 있다.

정답 해설

② 삭스라면 지원으로 소득을 <del>b3에서 b1으로</del> 이동하도록 해야 한다고 보겠군.

삭스는 가난한 나라의 사람들이 '빈곤의 덫'에서 빠져나오기 위해서는 외국의 원조에 기초한 초기 지원과 투자가 필요하다고 보았으며, 이에 따라 가난한 사람들의 소득이 늘 수 있다고 보았다. 그런데 〈보기〉의 S자 곡선에서 지원을 통해 소득을 b3에서 b1으로 이동한다고 하더라도, 시간이 갈수록 소득 수준은 '낮은 균형'인 점 O로 수렴한다. 삭스는 지원을 통해 소득을 점 P 이상으로 이동하도록 해야 한다고 볼 것이다.

오답 해설

① 배너지와 뒤플로는 점 O를 '낮은 균형'이라고 보겠군.

배너지와 뒤플로는 S자 곡선에서, 소득 수준이 낮은 영역에 속하는 사람은 시간이 갈수록 소득 수준이 '낮은 균형'으로 수렴한다고 보았다. 실제로 〈보기〉에 제시된 S자 곡선을 보면, 현재 소득이 'b3', 'b2', 'b1'에 속하는 사람은 시간이 갈수록 소득 수준이 점 'O'로 수렴한다. 그러므로 배너지와 뒤플로는 점 O를 '낮은 균형'이라고 볼 것이다.

③ 삭스라면 지원이 없을 경우에는 b3에서는 생산성이 향상되지 않는다고 보겠군.

삭스는 외국의 원조에 기초한 초기 지원과 투자가 이루어져야 생산성이 향상되어 가난한 나라의 사람들이 빈곤의 덫에서 벗어날 수 있다고 보았다. 이를 고려하여 〈보기〉의 S자 곡선을 보면, 소득이 b3인 부분은 점 O와 점 P 사이에 속해 있으므로 '빈곤의 덫'에 빠져 있는데, 이때 지원이 없다면 삭스는 생산성이 향상되지 않는다고 볼 것이다.

④ 이스털리라면 점 P의 왼쪽 영역이 없는 세계를 상정하므로 점 P가 원점이라고 보겠군.

이스털리는 '빈곤의 덫' 같은 것은 없다고 생각하였으므로, 그래프가 '뒤집어진 L자 모양'이라고 보았을 것이다. 그러므로 이스털리는 〈보기〉의 S자 곡선에서 빈곤의 덫에 해당하는 점 O와 점 P 사이의 영역, 곧 점 P의 왼쪽 영역은 존재하지 않는다고 볼 것이며, 점 P를 원점으로 볼 것이다.

⑤ 이스털리라면 a1에서 지원이 이루어진다 해도 균형 상태의 소득 수준은 변하지 않는다고 보겠군.

이스털리는 '빈곤의 덫' 같은 것은 없으며, 가난한 사람들에 대한 정부의 지원과 외국의 원조가 경제 성장에 도움이 되지 않는다고 보았다. 따라서 ④번 선택지에서 밝혔듯, 곡선이 뒤집어진 L자 모양이라고 생각하였을 것이다. 이를 〈보기〉의 그래프와 연결 지어 이해하면, a1에서 지원이 이루어진다고 해도 결국 '균형 상태의 소득 수준'은 Q로 동일하므로 도움이 필요하지 않다고 볼 것이다.

4 답 ①

정답 해설

① ㉠ : 다룰 (×)

㉠ '조달하다'는 '자금이나 물자 따위를 대어 주다.'라는 뜻이므로 '일거리를 처리하다.' 또는 '기계나 기구 따위를 사용하다.'라는 뜻의 '다루다'로 바꾸어 쓰기에 적절하지 않다.

오답 해설

② ㉡ : 불러온다고 (○)

㉡ '초래하다'는 '일의 결과로서 어떤 현상을 생겨나게 하다.'라는 뜻이므로, '어떤 행동이나 감정 또는 상태를 일어나게 하다.'라는 뜻의 '불러오다'와 바꾸어 쓸 수 있다.

③ ㉢ : 끊는 (○)

㉢ '단절하다'는 '유대나 연관 관계를 끊다.'라는 뜻이므로, '하던 일을 하지 않거나 멈추게 하다.'라는 뜻의 '끊다'로 바꾸어 쓸 수 있다.

④ ㉣ : 말미암은 (○)

㉣ '기초하다'는 '근거를 두다.'라는 뜻이므로, '어떤 현상이나 사물 따위가 원인이나 이유가 되다.'라는 뜻의 '말미암다'로 바꾸어 쓸 수 있다.

⑤ ㉤ : 걸리는 (○)

㉤ '소요되다'는 '필요로 되거나 요구되다.'라는 뜻이므로, '시간이 들다.'라는 뜻의 '걸리다'로 바꾸어 쓸 수 있다.

06 차선의 문제의 내용

1 ⑤ 2 ② 3 ② 4 ③

지문 구조도

① 경제학에서의 '차선의 문제'

② 차선의 문제에 대한 사례 ① - 관세동맹

③ 차선의 문제에 대한 사례 ② - 직접세와 간접세

1 답 ⑤

정답 해설

⑤ 경제 개혁을 추진할 때 비합리적인 측면들이 많이 제거될수록 ~~이에 비례하여 경제의 효율성도 제고된다.~~

차선의 문제는 하나 이상의 효율성 조건이 이미 파괴되어 있는 상태에서는 충족되는 효율성 조건의 수가 많아진다고 해서 경제 전체의 효율성이 더 향상된다는 보장이 없다는 것을 전제로 한다. 그러므로 경제 개혁을 추진할 때 비합리적인 측면들이 많이 제거될수록 이에 비례하여 경제의 효율성이 제고된다고 볼 수는 없다.

오답 해설

① 파레토 최적 조건들 중 하나가 충족되지 않을 때라면, 나머지 조건들이 충족된다고 하더라도 차선의 효율성이 보장되지 못한다.

모든 최적 조건들이 동시에 충족된 상태를 '파레토 최적' 상태라고 한다. 이때 차선의 문제는 어떤 하나의 조건이 충족되지 않고 $n-1$개의 조건이 충족되는 상황이 발생했을 때, 이 상황이 $n-2$개의 조건이 충족되는 상황보다 낫지 않을 수 있다는 것을 전제로 한다. 그러므로 파레토 최적 조건들 중 하나가 충족되지 않을 때라면, 나머지 조건들이 충족된다고 하더라도 차선의 효율성이 보장되지 못할 것이다.

② 전체 파레토 조건 중 일부가 충족되지 않은 상황에서 차선의 상황을 찾으려면 나머지 조건들의 재구성을 고려해야 한다.

차선의 문제는 파레토 최적 조건의 일부가 항상 충족되지 못함을 전제로 하여 그러한 상황에서 가장 바람직한 자원 배분을 위한 새로운 조건을 찾아야 한다는 것을 말한다. 그러므로 전체 파레토 조건 중 일부가 충족되지 않은 상황에서 차선의 상황을 찾으려면, 나머지 조건들의 재구성을 고려해야 함을 알 수 있다.

③ 주어진 전체 경제 상황을 개선하는 과정에서 기존에 최적 상태를 달성했던 부문의 효율성이 저하되기도 한다.

차선의 문제는 현실에서 최적 조건의 일부가 충족되고 나머지는 충족되지 않는 상황에서, 하나의 왜곡을 시정할 때 새로운 왜곡이 초래되는 것이 일반적이므로 현재 충족되고 있는 일부의 최적 조건들을 계속 유지하는 것이 바람직하지 않을 수 있다고 본다. 이를 고려할 때, 주어진 전체 경제 상황을 개선하는 과정에서, 기존에 최적 상태를 달성했던 부문의 효율성이 저하되는 경우가 생길 것이다.

④ 차선의 문제가 제기되는 이유는 여러 경제 부문들이 독립적이지 않고 서로 긴밀히 연결되어 있기 때문이다.

차선의 문제는 하나의 왜곡을 시정할 때 새로운 왜곡이 초래되는 것이 일반적이라는 것을 전제한다. 이는 여러 경제 부문들이 독립적이지 않고 서로 긴밀히 연결되어 있다는 것으로 볼 수 있다. 만약 여러 경제 부문들이 독립적이라면 그 부문의 문제만 해결할 경우 경제 전체의 효율성이 개선될 것이고, 차선의 문제는 일어나지 않을 것이다.

2 답 ②

정답 해설

② 관세동맹 이전 B국은 X재를 생산하고 있었고 A국은 최저비용 생산국인 C국에서 수입하고 있었다. 관세동맹 이후 A국은 B국에서 X재를 수입하게 되었다. (○)

ⓐ '바이너'는 비동맹국들과의 교역이 동맹국과의 교역으로 전환되는 '무역전환'에 대해, 공급원을 생산 비용이 낮은 국가에서 생산 비용이 높은 국가로 바꾸는 것이므로 효율이 떨어진다고 본다. 관세동맹 이전에는 A국이 X재를 최저비용 생산국인 C국에서 수입하다가 관세동맹 이후에 A국이 X재를 B국에서 수입하게 된 것은, 공급원을 생산 비용이 낮은 국가에서 생산 비용이 높은 국가로 바꾼 것이므로 '무역전환'의 사례에 해당한다고 볼 수 있다. 이는 관세동맹이 세계 경제의 효율성을 떨어뜨릴 수 있다는 ⓐ의 입장을 지지하는 사례로 활용할 수 있다.

오답 해설

① 관세동맹 이전 A, B국은 X재를 생산하지 않고 C국에서 수입하고 있었다. 관세동맹 이후에도 A, B국은 X재를 C국에서 수입하고 있다. (×)

④ 관세동맹 이전 B국이 세 국가 중 최저비용으로 X재를 생산하고 있었고 A국은 X재를 B국에서 수입하고 있었다. 관세동맹 이후에도 A국은 B국에서 X재를 수입하고 있다. (×)

해당 사례는 A와 B국 사이의 모든 관세가 폐지되는 관세동맹이 체결되었음에도 그 이전과 이후의 상황이 바뀌지 않은 경우이므로, ⓐ '바이너'의 입장을 지지하는 사례로 활용할 수 없다.

③ 관세동맹 이전 A, B국은 모두 X재를 생산하고 있었고 C국에 비해 생산비가 높았다. 관세동맹 이후 A국은 생산을 중단하고 B국에서 X재를 수입하게 되었다. (×)

관세동맹 이전에는 A, B국이 X재를 C국에 비해 높은 생산비로 생산하고 있다가 관세동맹 이후에 A국이 X재를 B국에서 수입하게 된 것은, 공급원을 생산 비용이 높은 국가에서 생산 비용이 낮은 국가로 바꾼 것이므로 '무역창출'의 사례에 해당한다고 볼 수 있다. '무역창출'은 세계 경제의 효율성을 증대시킬 수 있으므로, 이는 관세동맹이 세계 경제의 효율성을 떨어뜨릴 수 있다는 ⓐ '바이너'의 입장을 지지하는 사례로 활용할 수 없다.

⑤ 관세동맹 이전 A, B국 모두 X재를 생산하고 있었고 A국이 세 국가 중 최저비용으로 X재를 생산하는 국가이다. 관세동맹 이후 B국은 생산을 중단하고 A국에서 X재를 수입하게 되었다. (×)

관세동맹 이전에는 A, B국이 모두 X재를 생산하고 있었는데 관세동맹 이후에 B국이 X재를 최저비용으로 생산하는 A국에서 수입하게 된 것은, 공급원을 생산 비용이 높은 국가에서 생산 비용이 낮은 국가로 바꾼 것이므로 '무역창출'의 사례에 해당한다고 볼 수 있다. '무역창출'은 세계 경제의 효율성을 증대시킬 수 있으므로, 이는 관세동맹이 세계 경제의 효율성을 떨어뜨릴 수 있다는 ⓐ '바이너' 입장을 지지하는 사례로 활용할 수 없다.

3 답 ②

정답 해설

② ⓒ은 ㉮와 ㉯의 효율성 ~~차이를 보임으로써 립시와 랭커스터의 주장을 뒷받침한다.~~

〈보기〉의 ㉮는 세금이 부과되지 않은 상황으로 파레토 최적 조건이 모두 성립되었고, ㉯는 직접세가 부과된 상황으로 파레토 최적 조건 두 개가 성립하지 않았다. ⓒ '리틀'은 직접세와 간접세 중 어느 것이 더 효율적인지 판단할 수 없다고 보았으며, 여러 상품에 차등적 세율을 부과할 경우 효율성을 더 높일 수 있다고 보았다. ⓒ이 파레토 최적 상태인 ⑦와 파레토 최적 상태가 아닌 ⑭의 효율성 차이를 보이지는 않았으며, 이를 바탕으로 차선의 문제를 논한 립시와 랭커스터의 주장을 뒷받침하지도 않았다.

① ⑦은 직접세가 여가에 미치는 효과를 고려하지 않고 ⑭가 ⑮보다 효율적이라고 본다.

〈보기〉의 ⑭는 직접세가 부과된 상황이고 ⑮는 상품 X에만 간접세가 부과된 상황으로, 둘 다 파레토 최적 조건 두 개가 성립하지 않았다. ㉠ '핸더슨'은 직접세가 간접세보다 더 나을 것이라고 보았으며, ㉡ '리틀'은 ㉠의 주장이 직접세가 노동 시간과 여가에 영향을 미치지 않는다는 가정 아래서만 성립한다며 비판하였다. 이를 종합하면, ㉠은 직접세가 여가에 미치는 효과를 고려하지 않고 ⑭가 ⑮보다 효율적이라고 볼 것이다.

③ ㉡은 ⑭와 ⑮의 효율성을 비교할 수 없다는 점을 보임으로써 ㉠을 비판한다.

〈보기〉의 ⑮는 상품 X에만 간접세가 부과된 상황이고 ⑭는 직접세가 부과된 상황으로, 둘 모두 파레토 최적 조건 두 개가 성립하지 않았다. ㉡ '리틀'은 직접세가 더 효율적이라는 ㉠ '핸더슨'의 주장을 비판하며, 직접세와 간접세 중 어느 것이 더 효율적인지 판단할 수 없다고 보았다. 이를 종합하면, ㉡은 ⑭와 ⑮의 효율성을 비교할 수 없다는 점을 보임으로써 ㉠을 비판할 것이다.

④ ㉢은 ㉣가 ⑭보다 효율적일 수 있다는 것을 보임으로써 립시와 랭커스터의 주장을 뒷받침한다.

⑤ ㉢은 ㉣가 ⑭보다 효율적일 수 있다는 것을 보임으로써 이를 간접세가 직접세보다 효율적인 사례로 제시한다.

〈보기〉의 ㉣는 상품 X, Y에 차등 세율의 간접세가 부과된 상황이고 ⑭는 직접세가 부과된 상황이다. ㉢ '콜레트와 헤이그'는 직접세를 동일한 액수의 간접세로 대체하면서도 여러 상품에 차등적 세율을 부과하는 경우가 효율성을 더 높일 수 있는 방법을 제시하였다. 즉, ㉢은 ㉣가 ⑭보다 효율적일 수 있다고 보았으며, 이를 통해 간접세가 직접세보다 효율적이라는 것을 제시한 것이다(⑤). 이때 ㉣는 파레토 최적 조건이 모두 성립하지 않았고, ⑭는 파레토 최적 조건 두 개가 성립하지 않았다. 이는 n-3개의 조건이 충족되는 상황이 n-2개의 조건이 충족되는 상황보다 더 나을 수 있다는 차선의 문제와 관련된 것이다. 그러므로 ㉢은 차선의 문제를 논한 립시와 랭커스터의 주장을 뒷받침할 것이다(④).

4 답 ③

③ 이번 일의 성패는 당신께 달려 있습니다. (○)

⑦ '달리다'와 선택지의 '달리다' 모두 '어떤 일이나 상태 따위가 무엇에 의존하다.'라는 뜻이다.

① 그는 일주일 동안 그 일에 달려 있다. (×)

선택지의 '달리다'는 '어떤 일에 줄곧 매이다.'라는 뜻이다.

② 각주가 많이 달린 논문은 읽기가 어렵다. (×)

선택지의 '달리다'는 '글이나 말에 설명 따위가 덧붙거나 보태지다.'라는 뜻이다.

④ 그가 먹은 음식값이 내 이름으로 달려 있다. (×)

선택지의 '달리다'는 '장부에 적히다.'라는 뜻이다.

⑤ 이 책에 달린 제목은 책의 내용과 어울리지 않는다. (×)

선택지의 '달리다'는 '이름이나 제목 따위가 정해져 붙다.'라는 뜻이다.

07 금융위기를 설명하는 네 가지 이론적 입장

    1 ⑤   2 ⑤   3 ⑤   4 ②

지문 구조도

1 은행위기를 중심으로 본 금융위기에 관한 주요 시각

2 '자기실현적 예상'이라 불리는 현상을 강조하는 시각

3 은행의 과도한 위험 추구를 강조하는 시각

4 은행가의 은행 약탈을 강조하는 시각

5 이상 과열을 강조하는 시각

1 답 ⑤

⑤ ㉠과 ㉢은 모두 경제 주체들의 예상이 그대로 실현된 결과가 금융위기라고 본다.

금융위기에 관한 주요 시각 중 ㉠ "자기실현적 예상'이라 불리는 현상을 강조하는 시각'에서는 예금주들이 은행의 지불능력이 취약하다고 예상하면 실제로 은행의 지불능력이 취약해져 금융위기가 일어날 수 있다고 본다. 즉, 경제 주체들의 예상이 그대로 실현된 결과를 금융위기로 이해하는 것이다. 하지만 ㉣ '이상 과열을 강조하는 시각'에서는, 자산 가격이 일정 기간 상승할 때 경제 주체들은 앞으로도 자산 가격이 계속 상승할 것이라 예상하지만 이것이 부채의 증가를 낳아 다시 자산 가격의 더 큰 상승을 낳는 결과를 초래한다고 이해한다. 이에 따라 경제 주체들의 부채가 과도하게 늘어나 금융 시스템이 취약해지며, 거품이 터져 금융 시스템이 붕괴하고 금융위기가 일어날 가능성이 높아진다고 본다. 그러므로 ㉣에서 금융위기를 경제 주체들의 예상이 그대로 실현된 결과로 보지는 않을 것이다.

① ㉠은 은행 시스템의 제도적 취약성을 바탕으로 나타나는 예금주들의 행동에 주목하여 금융위기를 설명한다.

금융위기에 관한 주요 시각 중 ㉠ "자기실현적 예상'이라 불리는 현상을 강조하는 시각'에서는 은행이 예금의 일부만을 지급준비금으로 보유하는 '부분준비제도'의 취약성을 바탕으로, 예금주들이 은행의 지불능력이 취약하다고 예상하면 실제로 은행의 지불능력이 취약해져 금융위기가 일어날 수 있다고 본다.

② ㉡은 경영자들이 예금주들의 이익보다 주주들의 이익을 우선한다는 전제하에 금융위기를 설명한다.

금융위기에 관한 주요 시각 중 ㉡ '은행의 과도한 위험 추구를 강조하는 시각'에서는 부채비율이 매우 높은 은행에서 주주들이 고위험 고수익 사업을 선호하게 된 결과, 그 위험을 채권자, 곧 은행에 돈을 맡긴 예금주들에게 전가하게 된다는 것을 바탕으로 금융위기를 설명한다. 즉, 은행의 경영자들이 예금주들의 이익보다 주주들의 이익을 우선한다는 것을 전제하는 것이다.

③ ㉢은 은행의 일부 구성원들의 이익 추구가 은행을 부실하게 만들 가능성에 기초하여 금융위기를 이해한다.

금융위기에 관한 주요 시각 중 ㉢ '은행가의 은행 약탈을 강조하는 시각'에서는 지배 주주나 고위 경영자의 지위를 가진 은행가가 은행에 대한 지배력을 사적인 이익을 위해 사용하여 은행에 손실을 초래함으로써 금융위기가 일어날 수 있다고 설명한다. 즉, 은행가의 이익 추구가 은행을

부실하게 만들 가능성에 기초하여 금융위기를 이해하는 것이다.

④ ㉣은 경제 주체의 행동에 대한 경험적 접근에 기초하여 금융위기를 이해한다.

금융위기에 관한 주요 시각 중 ㉣ '이상 과열'을 강조하는 시각'에서는, 경제 주체의 행동이 항상 합리적으로 이루어지는 것은 아니라는 관찰, 곧 경험적 접근에 기초하여 금융위기를 이해한다.

2 답 ⑤

정답 해설

⑤ 주주들이 고위험 고수익 사업을 선호하는 것은, 이런 사업이 회사의 자산 가치와 부채액 사이의 차이가 줄어들 가능성을 높이기 때문이다.

회사의 주주들이 고위험 고수익 사업을 선호하는 것은 수익에 대해서는 민감하지만 위험에 대해서는 둔감하기 때문이다. 이에 따라 주주들은 회사의 자산 가치가 부채액보다 더 커지게 함으로써 주주 자신에게 돌아올 이익을 늘리려 한다. 즉, 주주들이 고위험 고수익 사업을 선호하는 것은 회사의 자산 가치와 부채액 사이의 차이가 커질 가능성을 높이는 것이라고 할 수 있다.

오답 해설

① 파산한 회사의 자산 가치가 부채액에 못 미칠 경우에 주주들이 져야 할 책임은 한정되어 있다.

회사가 파산할 경우 주주의 손실은 그 회사의 주식에 투자한 금액으로 제한된다. 즉, 유한책임을 지는 것이다. 이를 고려할 때, 파산한 회사의 자산 가치가 부채액에 못 미칠 경우에 주주들이 져야 할 책임은 '투자한 금액'으로 한정되어 있을 것이다.

② 회사의 자산 가치에서 부채액을 뺀 값이 0보다 클 경우에, 그 값은 원칙적으로 주주의 몫이 된다.

회사의 자산 가치가 부채액보다 더 커질수록 주주에게 돌아올 이익도 커진다. 회사의 자산 가치에서 부채액을 뺀 값이 0보다 클 경우, 즉 자산 가치가 부채액보다 클 경우 원칙적으로 그 자산은 주주의 이익이 될 것이다.

③ 회사가 자산을 다 팔아도 부채를 다 갚지 못할 경우에, 얼마나 많이 못 갚는지는 주주들의 이해와 무관하다.

회사가 파산할 경우 주주의 손실은 그 회사의 주식에 투자한 금액으로 제한된다. 즉, 유한책임을 지는 것이다. 이를 고려할 때, 회사가 자산을 다 팔아도 부채를 다 갚지 못할 경우에 그 부채를 얼마나 많이 못 갚는지는 주주들의 이해와 무관하다고 할 수 있다.

④ 주주들이 선호하는 고위험 고수익 사업은 성공한다면 회사가 큰 수익을 얻지만, 실패한다면 회사가 큰 손실을 입을 가능성이 높다.

회사의 주주들이 고위험 고수익 사업을 선호할 경우, 해당 사업이 성공한다면 회사가 큰 수익을 얻겠지만 실패한다면 회사가 큰 손실을 입을 가능성이 높을 것이다.

3 답 ⑤

〈보기〉에서 '저축대부조합'은 은행이며, 이 은행들이 대량 파산했다는 것은 금융위기가 일어났음을 의미한다. 우선 첫 번째 사실과 두 번째 사실을 읽고 ㉣에서 설명하고 있는 '이상 과열'이 일어났음을 떠올려야 한다. 세 번째 사실을 통해서는 정부까지 이상 과열에 동참한 상황이며, 정부의 규제 완화로 저축대부조합이 '고위험 채권'에 투자할 수 있게 되었으므로 ㉡에서 설명하고 있는 '과도한 위험 추구'와 관련이 있음을 파악해야 한다. 또한 저축대부조합들 다수가 주식회사 형태로 전환되었다는 네 번째 사실을 통해서는 '과도한 위험 추구'와 관련이 있음을, 저축

대부조합의 대주주와 경영자들에 대한 보상이 확대되었다는 다섯 번째 사실을 통해서는 ㉢에서 설명하고 있는 '은행 약탈'과 관련이 있음을 확인해야 한다.

정답 해설

⑤ ㉣은 차입을 늘린 투자자들, 고위험 채권에 투자한 저축대부조합들, 규제를 완화한 정부 모두 낙관적인 투자 상황이 지속될 것이라고 예상한 점을 들어, 그 경제 주체 모두를 비판할 것이다.

금융위기에 관한 주요 시각 중 ㉣ '이상 과열을 강조하는 시각'에서는 자산 가격이 상승할 때 경제 주체들은 앞으로도 자산 가격이 상승할 것이라 예상하며, 이것이 부채의 증가를 낳아 다시 자산 가격의 더 큰 상승을 낳는 거품을 일으키고 결국 금융위기가 일어나게 된다고 본다. 그러므로 ㉣의 시각에서는 〈보기〉의 상황에 대해 빚을 얻어 자산을 구입한 투자자들, 고위험 채권에 투자한 저축대부조합들, 그 규제를 완화한 정부 모두가 낙관적인 투자 상황이 지속될 것이라는 예상에 기초하여 이상 과열을 부추겼다고 비판할 것이다.

오답 해설

① ㉠은 위험을 감수하고 고위험 채권에 투자한 정도와 고위 경영자들에게 성과급 형태로 보상을 지급한 정도가 비례했다는 점을 들어, 은행의 고위 경영자들을 비판할 것이다.

금융위기에 관한 주요 시각 중 ㉠ "자기실현적 예상'이라 불리는 현상을 강조하는 시각'에서는 예금주들이 은행의 지불능력이 취약하다고 예상하면 실제로 은행의 지불능력이 취약해져 금융위기가 일어날 수 있다고 본다. 〈보기〉의 상황은 은행의 지불능력이 실제로 낮아지는 현상과 관련이 없으며, ㉠의 시각에서 은행의 고위 경영자들을 비판하지는 않을 것이다.

② ㉡은 부동산 가격 상승에 대한 기대 때문에 예금주들이 책임질 수 없을 정도로 빚을 늘려 은행이 위기에 빠진 점을 들어, 예금주의 과도한 위험 추구 행태를 비판할 것이다.

금융위기에 관한 주요 시각 중 ㉡ '은행의 과도한 위험 추구를 강조하는 시각'에서는 고위험 고수익 사업을 선호하는 은행의 위험 추구 행태를 비판할 것이다. ㉡의 시각에서 〈보기〉의 상황에 대해 예금주의 과도한 위험 추구 행태를 비판하지는 않을 것이다.

③ ㉢은 저축대부조합들이 주식회사로 전환한 점을 들어, 고위험 채권 투자를 감행한 결정이 궁극적으로 예금주의 이익을 더욱 증가시켰다고 은행을 옹호할 것이다.

금융위기에 관한 주요 시각 중 ㉢ '은행가의 은행 약탈을 강조하는 시각'에서는 지배 주주나 고위 경영자의 지위를 가진 은행가가 은행에 대한 지배력을 사적인 이익을 위해 사용하여 은행에 손실을 초래함으로써 금융위기가 일어날 수 있다고 설명한다. 이를 고려할 때, ㉢의 시각에서는 〈보기〉의 상황에 대해 저축대부조합들이 주식회사로 전환한 점을 언급하지는 않을 것이며, 저축대부조합의 대주주와 경영자들에 대한 보상이 대폭 확대된 것을 들어 은행을 옹호하지 않고 비판할 것이다.

④ ㉢은 저축대부조합이 정부의 규제 완화를 틈타 고위험 채권에 투자하는 공격적인 경영을 한 점을 들어, 저축대부조합들의 행태를 용인한 예금주들을 비판할 것이다.

금융위기에 관한 주요 시각 중 ㉢ '은행가의 은행 약탈을 강조하는 시각'에서는 지배 주주나 고위 경영자의 지위를 가진 은행가가 은행에 대한 지배력을 사적인 이익을 위해 사용하여 은행에 손실을 초래함으로써 금융위기가 일어날 수 있다고 설명한다. 이를 고려할 때, ㉢의 시각에서는 저축대부조합이 고위험 채권에 투자하는 공격적인 경영을 한 점을 언급하지 않을 것이며, 예금주들에 대해 비판하지도 않을 것이다.

4 답 ②

정답 해설

② 일정 금액 이상의 고액 예금은 예금 보험 제도의 보장 대상에서 제외하는 정책은 ⓒ에 따른 대책이다.

㉠ "자기실현적 예상'이라 불리는 현상을 강조하는 시각'에서는 경제 주체가 은행이 예금을 지급하지 못할 것이라고 예상하게 되면 실제로 은행의 지불능력이 취약해져 금융위기가 일어날 수 있다고 본다. 일정 금액 이상의 고액 예금을 예금 보험 제도의 보장 대상에서 제외하는 정책을 펼친다고 하더라도, 고액 예금주가 은행의 지불능력이 취약하다고 생각한다면 남보다 먼저 예금을 인출할 것이고, 이로 인해 실제로 은행의 지불능력이 취약해져 금융위기가 일어날 수 있을 것이다.

오답 해설

① 은행이 파산하는 경우에도 예금 지급을 보장하는 예금 보험 제도는 ㉠에 따른 대책이다.

㉠ "자기실현적 예상'이라 불리는 현상을 강조하는 시각'에서는 경제 주체가 은행이 예금을 지급하지 못할 것이라고 예상하게 되면 실제로 은행의 지불능력이 취약해져 금융위기가 일어날 수 있다고 본다. 따라서 은행이 파산하는 경우에도 예금 지급을 보장하는 예금 보험 제도를 펼치면, 경제 주체들의 입장에서 은행이 예금을 지급하지 못한다고 예상하지 않을 것이므로 이는 ㉠에 따른 대책이라고 할 수 있다.

③ 은행들로 하여금 자기자본비율을 일정 수준 이상으로 유지하도록 하는 건전성 규제는 ㉡에 따른 대책이다.

㉡ '은행의 과도한 위험 추구를 강조하는 시각'에서는 은행의 자기자본비율이 낮을수록 고위험 고수익 사업을 선호하게 되어 금융위기가 일어날 수 있다고 본다. 따라서 은행들로 하여금 자기자본비율을 일정 수준 이상으로 유지하도록 하는 건전성 규제는 ㉡에 따른 대책이라고 할 수 있다.

④ 금융 감독 기관이 은행 대주주의 특수 관계인들의 금융 거래에 대해 공시 의무를 강조하는 정책은 ㉢에 따른 대책이다.

㉢ '은행가의 은행 약탈을 강조하는 시각'에서는 대주주 같은 은행가가 자신에게 돌아올 이익을 추구하여 은행에 손실을 초래하는 행위를 선택함으로써 금융위기가 일어날 수 있다고 본다. 따라서 금융 감독 기관이 은행 대주주의 특수 관계인들의 금융 거래에 대해 공시 의무를 강조하는 정책을 펼치면 은행 약탈이 일어날 가능성이 적어질 것이므로 이는 ㉢에 따른 대책이라고 할 수 있다.

⑤ 주택 가격이 상승하여 서민들의 주택 구입이 어려워질 때 담보 가치 대비 대출 한도 비율을 줄이는 정책은 ㉣에 따른 대책이다.

㉣ '이상 과열을 강조하는 시각'에서는 자산 가격이 상승할 때 경제 주체들은 앞으로도 자산 가격이 상승할 것이라 예상하며, 이것이 부채의 증가를 낳아 다시 자산 가격의 더 큰 상승을 낳는 거품을 일으키고 결국 금융위기가 일어나게 된다고 본다. 주택 가격이 상승하여 서민들의 주택 구입이 어려워진 상황에서 담보 가치 대비 대출 한도 비율을 줄이는 정책을 펼치면 대출을 받는 것이 힘들어질 것이므로 이는 ㉣에 따른 대책이라고 할 수 있다.

08 사회적 가치의 개념과 사회성과를 측정하는 방법

1 ①   2 ④   3 ③   4 ⑤

지문 구조도

1 가격에 대한 객관적 가치론과 주관적 가치론

2 가격 기구에 의한 자원 배분의 한계와 사회적 가치에 대한 관심의 증대

3 사회적 가치를 이해하는 사회학적 관점과 경제학적 관점

4 사회성과의 개념과 특징

5 사회성과의 구체적인 측정 방법

6 사회성과 보상의 활성화 필요성

1 답 ①

정답 해설

① '객관적 가치론'은 가격에 의한 가치 규범의 변화에 대해 비판적 입장을 취할 것이다.

'객관적 가치론'은 노동의 존엄과 생산적 활동을 중시하는 당대의 가치 규범에 따라, 재화 생산에 들어간 노동량에 의해 가격이 결정된다고 본다.(1문단) 그러므로 가격에 의해 가치 규범이 변화하는 현상, 가령 투기적 활동이 높은 가격을 부여받음에 따라 사람들이 생산적 기여 없이 돈을 버는 행위를 꺼리지 않게 되는 것에 대해 비판적 입장을 취할 것이다.

오답 해설

② '주관적 가치론'은 소비자의 욕구를 중시한 결과 공급자의 비용을 부차적인 문제로 취급할 것이다.

'주관적 가치론'에서는 시장에 의해 수요자의 욕구 및 공급자의 비용에 관한 정보가 가격으로 표출되고, 시장 참여자들이 이를 신호등 삼아 의사결정을 하는 과정에서 각자의 욕구가 충족되고 자원이 효율적으로 배분되는 현상에 주목한다.(2문단) 이를 고려할 때, '주관적 가치론'에서 공급자의 비용을 부차적인 문제로 취급하지는 않을 것이다.

③ '사회학적 관점'은 가치의 문제를 사람들의 욕구 충족이라는 측면에서 판단할 것이다.

'사회학적 관점'은 가치를 인간의 삶에서 궁극적으로 바람직한 것으로 이해하며 규범으로서의 가치를 강조한다.(3문단) 가치의 문제를 사람들의 욕구 충족이라는 측면에서 판단하는 것은 '경제학적 관점'이다.

④ '경제학적 관점'은 가치와 가격의 괴리 현상이 존재하지 않는다고 볼 것이다.

'경제학적 관점'에서는 시장실패 현상에 주목하여, 외부성으로 인해 누군가의 욕구를 충족시켰으나 그 비용이 회수되지 못한 편익과 지불 능력 부족으로 인해 기존의 시장을 통해서는 채워지지 못했던 편익을 사회적 가치로 이해한다.(3문단) 이를 고려할 때, '경제학적 관점'에서는 시장실패에 더해 시장의 힘이 커지면서 가격이 가치 규범과 괴리를 보이는 현상이 존재한다고 볼 것이다.

⑤ 취약계층을 고용하는 기업에 제공되는 고용 지원금은 '외부성'을 강화해 '사회적 가치'를 제고할 것이다.

취약계층을 고용하는 기업에 제공되는 고용 지원금은 그 기업의 비용을 보전시켜 주는 것으로, 기업이 창출한 사회적 가치를 측정하기 위한 개념인 '사회성과' 계산에 활용된다. 이때 사회성과는 사회 문제 해결을 촉진하고 외부성 및 수요자의 지불 능력 부족으로 인한 시장실패를 바로

잡아 자원 배분의 효율성을 높이기 위한 노력에 해당한다.(4, 5문단) 그러므로 취약계층을 고용하는 기업에 제공되는 고용 지원금이 시장실패의 원인이라 할 수 있는 '외부성'을 강화한다고 볼 수는 없을 것이다.

2 답 ④

정답 해설

④ 사회성과 보상이 사회적 가치 제고라는 본연의 목적에 충실하기 위해서는 화폐화된 성과로 측정할 수 없는 편익도 평가할 수 있는 보완책이 필요할 것이다.

지문에서는 화폐화된 성과에 대한 평가를 토대로 기존 이해관계자들을 통해 회수되지 못한 부분에 대한 금전적 보상, 곧 '사회성과 보상'이 다양한 수단들로 활성화된다면, 사회적 가치를 달성하는 활동들이 가격을 본격적으로 부여받게 되고 가격과 사회의 가치 규범도 다시 정렬될 수 있다고 본다. 하지만 사회 문제 해결 활동과 관련한 편익과 비용을 실제로 측정하는 데는 한계도 적지 않다는 점 또한 밝히고 있다.(6문단) 이를 고려할 때, 사회성과 보상이 사회적 가치 제고라는 본연의 목적에 충실하기 위해서는 화폐화된 성과로 측정할 수 없는 편익도 평가할 수 있는 보완책이 필요할 것임을 추론할 수 있다.

오답 해설

① 정부 지원금은 기업의 사회적 가치 창출에 대한 보상의 성격이 있으므로 사회성과 보상에 포함되어야 할 것이다.

'사회성과 보상'은 기존 이해관계자들을 통해 회수되지 못한 부분에 대한 금전적 보상을 말한다. 어떤 기업에 제공한 정부의 지원금은 그 기업의 비용을 보전시켜 주는 것으로서 사회성과 계산에서 차감되는 대상이다.(5, 6문단)

② 영리기업은 기업 활동의 결과로 발생한 이윤을 주주에게 배당하므로 사회성과 보상의 대상이 될 수 없을 것이다.

사회성과 보상이 다양한 수단들로 활성화된다면 기업과 비영리 조직으로 더 많은 자금이 유입되고, 이들 조직이 효율적인 경영을 통해 더 높은 성과를 거두도록 동기가 부여될 수 있다.(6문단) 이를 고려할 때, 영리기업의 활동 결과로 발생한 이윤이 사회성과 보상의 대상이 될 수 없다고 판단할 수는 없다.

③ '경제학적 관점'에서는 사회성과 보상이 가격 기구에 영향을 주지 않으면서 사회 문제를 해결하려는 시도이므로 사회성과 측정에 찬성할 것이다.

사회성과는 시장의 가격 기구에 반영되지 않거나 비용이 회수되지 못한 편익에 초점을 맞추고 화폐 단위로 측정 가능한 결과와 인센티브를 강조한다는 점에서 '경제학적 관점'을 반영한다.(4문단) 한편 지문에서는 기존 이해관계자들을 통해 회수되지 못한 부분에 대한 금전적 보상인 '사회성과 보상'이 활성화된다면, 기업과 비영리 조직으로 더 많은 자금이 유입되고, 이들 조직이 효율적 경영을 통해 더 높은 성과를 거두도록 동기가 부여될 수 있으며, 가격과 사회의 가치 규범도 다시 정렬될 수 있다고 보았다.(6문단) 이는 '경제학적 관점'에서 사회성과 보상이 가격 기구에 영향을 준다고 본 것이라 할 수 있다.

⑤ '사회학적 관점'에서는 사회성과 측정이 사회구성원들이 중요시하는 가치 규범을 반영할 수 없다고 여겨 사회성과 측정에 기초한 사회적 가치 촉진 정책에 반대할 것이다.

'사회성과'는 사회 문제 해결을 촉진하고 시장실패를 바로잡아 자원 배분의 효율성을 높이기 위한 노력과 관련된다. 이때 사회성과는 사회 문제를 해결하려 한다는 점에서 '사회학적 관점'을 반영하며, 사회성과 보상이 활성화된다면 가격과 사회의 가치 규범도 다시 정렬될 수 있다고

본다.(4, 6문단) 이를 고려할 때, '사회학적 관점'에서 사회성과 측정이 사회구성원들이 중요시하는 가치 규범을 반영할 수 없다고 여기지는 않을 것이며, 사회성과 측정에 기초한 사회적 가치 촉진 정책에 반대하지도 않을 것이다.

3 답 ③

〈보기〉의 내용을 반영하여 기업 활동으로부터 편익을 제공받거나 그 활동 비용을 부담한 이해관계자별로 계정을 만든 후, 각자의 편익과 비용을 기입하고 합산해 보아야 한다.

		2021년	2022년
편익		1,000만 원(=10만 원×100회)	1,500만 원(=10만 원×150회)
비용	노인	200만 원(=2만 원×100회)	300만 원(=2만 원×150회)
	지자체	300만 원(=3만 원×100회)	450만 원(=3만 원×150회)
	주민들		150만 원(=1만 원×150회)
	기업들		450만 원(=3만 원×150회)
사회성과		500만 원	150만 원

정답 해설

③ 2021년부터 2년 동안 이해관계자 계정의 비용 총액은 1,350만 원이다.

2021년 이해관계자 계정의 비용 총액은 500만 원[노인 200만 원(2만 원×100회)+지방자치단체 300만 원(3만 원×100회)]이고, 2022년 이해관계자 계정의 비용 총액은 1,350만 원[노인 300만 원(2만 원×150회)+지방자치단체 450만 원(3만 원×150회)+주민들 150만 원(1만 원×150회)+기업들 450만 원(3만 원×150회)]이다. 그러므로 2021년부터 2년 동안 이해관계자 계정의 비용 총액은 1,850만 원임을 알 수 있다. 만약 '이해관계자 계정의 비용 총액'에 '취약계층 노인'을 포함하지 않고 계산한다면 정확히 '1,350만 원'이 나온다. 출제자는 이를 노리고 선택지를 '1,350만 원'으로 구성한 듯하다.

오답 해설

① 2022년에 취약계층 노인들이 이 병원을 통해 얻은 편익은 전년도에 비해 500만 원 증가했다.

취약계층 노인들이 A 병원을 통해 얻은 편익은 2021년에는 1,000만 원(10만 원 서비스×100회)이고, 2022년에는 1,500만 원(10만 원 서비스×150회)이다. 그러므로 2022년에 취약계층 노인들이 A 병원을 통해 얻은 편익은 전년도에 비해 500만 원 증가했음을 알 수 있다.

② 2022년에 이 병원이 취약계층 노인을 위해 창출한 편익 중 가격 기구를 통해 그 비용을 회수한 금액은 전년도에 비해 100만 원 증가했다.

A 병원이 취약계층 노인을 위해 창출한 편익 중 가격 기구를 통해 그 비용을 회수한 금액, 즉 취약계층 노인이 지불한 금액은 2021년에는 200만 원(2만 원×100회)이고, 2022년에는 300만 원(2만 원×150회)이다. 그러므로 2022년에 A 병원이 취약계층 노인을 위해 창출한 편익 중 가격 기구를 통해 그 비용을 회수한 금액은 전년도에 비해 100만 원 증가했음을 알 수 있다.

④ 2022년에 이 병원이 창출한 사회성과는 전년도에 비해 350만 원 감소했다.

A 병원이 창출한 사회성과는 2021년에는 500만 원(편익 1,000만 원－비용 500만 원)이고, 2022년에는 150만 원(편익 1,500만 원－비용 1,350만 원)이다. 그러므로 2022년에 A 병원이 창출한 사회성과는 전년도에 비해 350만 원 감소했음을 알 수 있다.

⑤ 2021년의 사회성과를 보상하기 위해서는 500만 원이 필요하다.

2021년에 A 병원이 창출한 사회성과는 500만 원(편익 1,000만 원−비용 500만 원)이다. 그러므로 2021년의 사회성과를 보상하기 위해서는 500만 원이 필요함을 알 수 있다.

4 답 ⑤

정답 해설

⑤ ⑩ : 충당(充當)하도록 (×)

⑩ '거두다'는 '좋은 결과나 성과 등을 얻다.'라는 뜻이고, '충당하다'는 '모자라는 것을 채워 메우다.'라는 뜻이므로, 바꾸어 쓰기에 적절하지 않다.

오답 해설

① ㉠ : 투입(投入)된 (○)

'투입되다'는 '사람이나 물자, 자본 등이 필요한 곳에 넣어지다.'라는 뜻이므로, '어떤 일에 돈, 노력, 물자 따위가 쓰이다.'라는 뜻의 ㉠ '들어가다'와 바꾸어 쓸 수 있다.

② ㉡ : 기피(忌避)하지 (○)

'기피하다'는 '꺼리거나 싫어하여 피하다.'라는 뜻이므로, '사물이나 일 따위가 자신에게 해가 될까 하여 피하거나 싫어하다.'라는 뜻의 ㉡ '꺼리다'와 바꾸어 쓸 수 있다.

③ ㉢ : 시정(是正)하여 (○)

'시정하다'는 '잘못된 것을 바로잡다.'라는 뜻이므로, '그릇된 일을 바르게 만들거나 잘못된 것을 올바르게 고치다.'라는 뜻의 ㉢ '바로잡다'와 바꾸어 쓸 수 있다.

④ ㉣ : 차감(差減)한다 (○)

'차감하다'는 '비교하여 덜어 내다.'라는 뜻이므로, '전체에서 일부를 제외하거나 덜어 내다.'라는 뜻의 ㉣ '빼다'와 바꾸어 쓸 수 있다.

본문 160~161쪽

09 레이저 냉각의 원리

1 ② 2 ① 3 ① 4 ②

지문 구조도

1 절대 온도의 개념과 레이저 냉각

2 원자들의 평균 운동 속도와 원자 집단 온도와의 관계

3 레이저를 이용하여 원자의 운동 속도를 감소시키는 원리

4 도플러 효과의 원리

5 원자가 빛을 선택적으로 흡수하는 이유

6 도플러 효과를 이용하여 레이저 냉각을 수행하는 원리

1 답 ②

정답 해설

② 레이저 냉각은 광자를 선택적으로 흡수하는 원자의 성질을 이용한다.

레이저로 원자의 온도를 내리기 위해, 레이저 냉각은 광자라는 입자이기도 한 빛을 원자가 선택적으로 흡수하는 성질을 이용한다.(3문단)

오답 해설

① 움직이는 원자의 속도는 도플러 효과로 인해 더 크게 감지된다.

도플러 효과를 레이저와 원자에 적용하면, 레이저 광원에 다가가는 원자에게 레이저 빛의 진동수는 원자의 진동수보다 더 높게 감지되고, 레

이저 광원에서 멀어지는 원자에게 레이저 빛의 진동수는 더 낮게 감지된다.(4문단) 움직이는 원자의 속도가 더 크게 감지되는 것은 아니다.

③ 레이저 냉각은 원자와 레이저 빛을 충돌시켜 광자를 냉각시키는 것이다.

레이저 냉각은 원자에 레이저 빛을 쏘아 충돌시켜 원자의 속도가 줄도록 함으로써 원자 집단의 온도가 내려가도록 하는 것이다. 광자라는 입자이기도 한 빛을 냉각시키는 것은 아니다.

④ 레이저 빛을 이용하여 원자 집단을 절대 온도 0K에 도달하게 할 수 있다.

레이저 빛을 이용하여 원자 집단의 온도를 낮추는 레이저 냉각은, 실제로 0K까지 온도를 낮출 수는 없지만 그에 근접한 온도를 얻을 수 있다고 하였다.(1문단)

⑤ 개별 원자의 운동 상태를 파악하여 각각의 원자마다 적절한 진동수의 레이저 빛을 쏠 수 있다.

레이저 냉각을 활용할 때, 원자를 하나하나 따로 관측할 수는 없으며 각원자의 운동 속도에 맞추어 각 원자와 충돌하는 광자의 운동량을 따로제어할 수도 없다.(3문단)

2 답 ①

정답 해설

① 다가오는 원자에 공명 진동수의 레이저 빛을 쏘면 원자 내부의 전자가 E_1에서 E_2로 이동한다.

레이저 냉각은 다가오는 원자에 공명 진동수의 레이저 빛을 쏘는 것이 아니라, 원자의 공명 진동수보다 작은 진동수의 레이저 빛을 쏘아 도플러 효과에 의해 원자 내부의 전자가 에너지 준위 E_1에서 E_2로 이동하도록 하는 것이다.

> ⭐ 쌤 Tip!!!
>
> 선택지가 굉장히 교묘하게 구성되어 있다. 지문에 따르면, '정지해 있는 특정한 원자'의 경우, 공명 진동수의 빛만을 흡수하여 원자 내부의 전자가 에너지 준위 E_1에서 E_2로 이동한다. 그런데 '다가오는 원자'의 경우, 도플러 효과의 원리를 바탕으로 공명 진동수보다 작은 진동수의 빛을 흡수하게 하여 원자 내부의 전자가 에너지 준위 E_1에서 E_2로 이동하도록 만든다는 것이다. 5~6문단에 제시된 상황을 정확히 이해하는 것이 정답 찾기의 관건이다.

오답 해설

② 원자의 공명 진동수와 일치하는 진동수를 갖는 광자는 ΔE의 에너지를 갖는다.

정지해 있는 특정한 원자는 공명 진동수의 빛, 즉 광자를 흡수하는데, 이때 흡수된 광자의 에너지는 ΔE에 해당한다.(5문단) 이를 고려할 때, 광자가 원자의 공명 진동수와 일치하는 진동수를 갖는다면, ΔE의 에너지를 가짐을 알 수 있다.

③ 원자가 흡수했다가 방출하는 광자의 에너지는 ΔE로 일정하다.

다가오는 원자에 공명 진동수보다 작은 진동수의 레이저 빛을 쏘아 도플러 효과에 의해 원자 내부의 전자가 에너지 준위 E_1에서 E_2로 이동하면, 불안정해진 원자는 잠시 후 ΔE에 해당하는 에너지를 갖는 광자를 방출한다. 따라서 원자가 '흡수했다가 방출하는 광자가 가진 에너지는 ΔE로 일정함을 알 수 있다.

④ 정지한 원자가 흡수하는 광자의 에너지는 ΔE와 일치한다.

정지해 있는 특정한 원자가 공명 진동수의 빛만을 흡수하면 원자 내부의 전자가 에너지 준위 E_1에서 E_2로 이동한다. 이때 흡수된 광자의 에너지는 두 에너지 준위의 에너지 값의 차이인 ΔE에 해당한다.

⑤ E_2에서 E_1로 전자가 이동할 때 광자가 방출된다.

다가오는 원자에 공명 진동수보다 작은 진동수의 레이저 빛을 쏘아 도플러 효과에 의해 원자 내부의 전자가 에너지 준위 E_1에서 E_2로 이동하면, 불안정해진 원자는 잠시 후 ΔE에 해당하는 에너지를 갖는 광자를 방출하면서 전자를 E_2에서 E_1으로 내려놓는다.(6문단)

3 답 ①

〈보기〉에 의하면, 마주 향한 고정된 두 스피커에서 진동수 498Hz의 음파를 발생시키고, 공명 진동수가 500Hz인 소리굽쇠를 두 스피커 사이의 중앙에서 오른쪽으로 v의 속도로 움직인 결과 소리굽쇠가 공명했다. 이는 소리굽쇠가 v의 속도로 오른쪽으로 이동할 때, 도플러 효과에 의해 파동원과 관측자가 가까워져 오른쪽 스피커의 진동수가 500Hz로 더 크게 감지되기 때문에 소리굽쇠가 공명한 것이라고 볼 수 있다.

정답 해설

① ㄱ

ㄱ. 소리굽쇠를 중앙에서 왼쪽으로 v의 속도로 움직였다.

소리굽쇠가 v의 속도로 오른쪽으로 이동할 때 소리굽쇠가 공명했듯이, 소리굽쇠가 v의 속도로 왼쪽으로 이동할 때에도 도플러 효과에 의해 파동원과 관측자가 가까워져 왼쪽 스피커의 진동수가 500Hz로 더 크게 감지되기 때문에 소리굽쇠가 공명할 것이라고 볼 수 있다.

오답 해설

ㄴ. 소리굽쇠를 중앙에서 오른쪽으로 $2v$의 속도로 움직였다.

도플러 효과에 의하면, 원래의 진동수와 감지되는 진동수의 차이는 파동원과 관측자가 서로 가까워지거나 멀어지는 속도에 비례한다.(4문단) 공명 진동수가 500Hz인 소리굽쇠가 오른쪽으로 v의 속도로 움직일 때 오른쪽 스피커의 진동수가 2Hz 더 올라가 500Hz로 감지된 점을 고려하면, 그 소리굽쇠가 오른쪽으로 $2v$의 속도로 움직일 경우에는 오른쪽 스피커의 진동수가 4Hz 더 올라간 502Hz로 감지되고 왼쪽 스피커의 진동수가 4Hz 더 내려간 494Hz로 감지되기 때문에 소리굽쇠가 공명하지 않을 것이라고 볼 수 있다.

ㄷ. 왼쪽 스피커를 끄고 소리굽쇠를 중앙에서 왼쪽으로 v의 속도로 움직였다.

왼쪽 스피커를 끄고 공명 진동수가 500Hz인 소리굽쇠를 중앙에서 왼쪽으로 v의 속도로 움직이면, 오른쪽 스피커의 진동수가 2Hz 더 내려간 496Hz로 감지되기 때문에 소리굽쇠가 공명하지 않을 것이라고 볼 수 있다.

4 답 ②

	루비듐	리튬
원자량(원자의 질량)	85.47	6.94
정지 상태의 원자가 흡수하는 빛의 파장	780nm	670nm

도표를 보면, 지문에 등장한 '루비듐' 외에 '리튬'이 추가로 제시되었음을 알 수 있다. 리튬이 루비듐보다 원자의 질량이 작으며 흡수하는 빛의 파장도 작다.

정답 해설

② 원자가 흡수하는 광자의 운동량은 리튬 원자가 루비듐 원자보다 작다.

광자는 빛의 파장에 반비례하는 운동량을 가진다.(3문단) 〈보기〉에 의하면 정지 상태의 리튬이 흡수하는 빛의 파장이 정지 상태의 루비듐이 흡수하는 빛의 파장보다 작으므로, 리튬 원자가 흡수하는 광자의 운동량이 루비듐 원자가 흡수하는 광자의 운동량보다 클 것임을 알 수 있다.

오답 해설

① 리튬의 공명 진동수는 루비듐의 공명 진동수보다 크다.

정지 상태의 원자는 공명 진동수의 빛만을 흡수하는데, 〈보기〉에 의하면 정지 상태의 리튬이 흡수하는 빛의 파장이 정지 상태의 루비듐이 흡수하는 빛의 파장보다 작다. 빛의 파장과 진동수는 반비례의 관계에 있으므로, 리튬의 공명 진동수는 루비듐의 공명 진동수보다 클 것임을 알 수 있다.

③ 같은 속도로 움직일 때 리튬 원자의 운동량이 루비듐 원자의 운동량보다 작다.

원자의 운동량은 속도와 질량의 곱에 해당한다.(3문단) 리튬 원자의 질량이 루비듐 원자의 질량보다 작으므로, 같은 속도로 움직인다면 리튬 원자의 운동량이 루비듐 원자의 운동량보다 작을 것임을 알 수 있다.

④ 루비듐 원자에 레이저 냉각을 일으키는 레이저 빛은 같은 속도의 리튬 원자에서는 냉각 효과가 없다.

지문에 의하면, 움직이는 원자가 광자를 흡수하도록 레이저 냉각을 일으킬 경우에는 공명 진동수보다 작은 진동수의 레이저 빛[광자]을 쏘며, 두 진동수의 차이는 레이저 광원과 원자가 서로 가까워지거나 멀어지는 속도에 비례한다. 이때 정지 상태의 원자가 흡수하는 빛의 파장이 달라 공명 진동수가 다른 루비듐 원자와 리튬 원자를 같은 속도로 움직이게 하면, 흡수하는 광자의 진동수와 공명 진동수의 차이가 같을 것이므로 리튬 원자에서 흡수가 일어나는 광자의 진동수와 루비듐에서 흡수가 일어나는 광자의 진동수가 동일한 차이만큼 달라질 것이며, 이에 따라 그 둘의 진동수는 결코 같아질 수 없음을 알 수 있다. 그러므로 루비듐 원자에 레이저 냉각을 일으키는 레이저 빛은, 같은 속도의 리튬 원자에서는 냉각 효과가 없을 것이다.

⑤ 리튬 원자에 레이저 냉각을 일으킬 때에는 레이저 빛의 파장을 670nm보다 더 큰 값으로 조정한다.

도플러 효과를 이용하여 레이저 냉각을 수행할 때에는, 원자의 공명 진동수보다 작은 진동수, 즉 파장이 더 큰 레이저 빛을 원자에 쏜다. 그러므로 리튬 원자에 레이저 냉각을 일으킬 때에는, 레이저 빛의 파장을 670nm보다 더 큰 값으로 조정하여 공명 진동수를 작게 할 것이다.

본문 162~163쪽

10 포유류의 수정 후 세포 분열

1 ④ 2 ⑤ 3 ⑤ 4 ②

지문 구조도

① 접합체가 세포 분열을 한 결과 만들어진 우리 몸의 세포들

② 접합체가 32−세포 상실배아가 되는 세포 분열 과정

③ 표층 세포와 내부 세포의 분화에 대한 가설 ① : 내부−외부 가설

④ 표층 세포와 내부 세포의 분화에 대한 가설 ② : 양극성 가설

⑤ 표층 세포와 내부 세포의 분화에 영향을 주는 OCT4와 CDX2의 기능

1 답 ④

정답 해설

④ 속세포덩어리가 될 세포의 수를 결정하는 물질의 종류 (×)

지문에서 속세포덩어리가 될 세포의 '수'를 결정하는 물질의 종류는 언급하지 않았다.

① 속세포덩어리로 세포가 분화되는 과정 (O)

접합체가 세포 분열을 통해 32-세포 상실배아가 되면서, 32-세포 상실배아의 내부 세포들이 속세포덩어리로 분화된다.(2문단)

② 속세포덩어리로 분화될 세포의 양극성 존재 여부 (O)

속세포덩어리로 분화될 세포인 내부 세포에는 양극성 결정 물질이 존재하지 않는다.(4문단)

③ 속세포덩어리로 분화될 세포가 최초로 형성되는 시기 (O)

속세포덩어리로 분화될 세포인 내부 세포는 8-세포 상실배아가 16-세포 상실배아로 되면서 최초로 형성된다.(2문단)

⑤ 속세포덩어리가 될 세포를 형성하기 위한 세포 분열의 방법 (O)

속세포덩어리가 될 세포인 내부 세포를 형성하기 위한 세포 분열의 방법은 분화 분열이다.(2문단)

2 답 ⑤

⑤ 16-세포 상실배아의 표층 세포에서는 CDX2를 발현시키는 물질의 기능이 억제되는 기전이 존재하지 않는다.

CDX2를 발현시키는 물질의 기능이 억제되는 현상인 '히포' 신호 전달 기전은, 16-세포 상실배아의 모든 세포에 존재한다.(5문단) 16-세포 상실배아의 내부 세포에서 이 기전이 활성화되고, 표층 세포에서 활성화되지 않는 것일 뿐이다.

① 포유동물의 태아를 구성하는 모든 세포는 속세포덩어리에서 분화된 것이다.

포유류의 속세포덩어리는 나중에 태아를 이루는 모든 세포로 분화되는 다능성을 지닌다.(1문단) 이를 고려할 때, 포유동물의 태아를 구성하는 모든 세포는 속세포덩어리에서 분화된 것임을 알 수 있다.

② 접합체가 32-세포 상실배아로 되는 과정에서 총 5번의 세포 분열이 일어난다.

접합체는 3회의 세포 분열을 통해 8-세포가 되며, 8-세포에서 밀집 과정이 일어나 8-세포 상실배아가 된다. 8-세포 상실배아는 세포의 보존 분열과 분화 분열로 16-세포 상실배아가 되며(총 4회), 16-세포 상실배아에서도 세포의 보존 분열과 분화 분열이 일어나 32-세포 상실배아가 형성된다(총 5회). 즉, 접합체는 총 5번의 세포 분열 과정을 거쳐 32-세포 상실배아가 되는 것이다.

8-세포가 8-세포 상실배아가 되는 것은 세포 분열이 아니라 형태가 변화되는 밀집 과정이라는 것과, 보존 분열과 분화 분열은 각각 일어나는 게 아니라 동시에 일어난다는 점에 주의해야 한다.

③ 32-세포 상실배아의 표층 세포로부터 나중에 태반의 일부가 되는 세포가 분화된다.

32-세포 상실배아의 표층 세포들은 이후 초기 배반포의 영양외배엽 세포들로 분화되는데(2문단), 영양외배엽 세포는 나중에 태반의 일부가 된다.(1문단) 이를 고려할 때, 32-세포 상실배아의 표층 세포로부터 나중에 태반의 일부가 되는 세포가 분화됨을 알 수 있다.

④ 8-세포에서 밀집 과정을 거쳐 만들어진 상실배아의 모든 세포는 다능성-유도 물질을 갖고 있다.

8-세포에서 밀집 과정을 거쳐 만들어진 8-세포 상실배아의 모든 세포에는 다능성-유도 물질인 OCT4가 고르게 분포되어 있다.(5문단)

3 답 ⑤

⑤ 표층 세포와 내부 세포 간에 CDX2의 분포를 결정하는 양극성 결정 물질의 양에 차이가 생긴다.

8-세포 상실배아에서는 양극성 결정 물질 중 세포의 바깥 부분에만 있는 물질이 CDX2를 세포 바깥쪽에 집중적으로 분포하게 하기 때문에, CDX2가 고르게 분포되어 있지 않다.(5문단) 이후 16-세포 상실배아의 표층 세포는 원래 가지고 있던 양극성 결정 물질의 분포를 유지하지만, 분화 분열로 만들어진 내부 세포에는 분열 이전에 바깥쪽에 쏠려 분포했던 양극성 결정 물질이 없다.(4문단) 즉, 표층 세포와 내부 세포 간에 양극성 결정 물질의 양에 차이가 생기는 것이다.

① 내부 세포에서 CDX2를 발현시키는 물질의 기능이 활성화된다.

16-세포 상실배아기의 모든 세포에는 CDX2를 발현시키는 물질의 기능을 억제하는 '히포' 신호 전달 기전이 존재한다. 이때 16-세포 상실배아기의 내부 세포는 주변 세포와의 접촉이 커짐에 따라 '히포' 신호 전달 기전이 활성화됨으로써 CDX2를 발현시키는 물질의 기능이 억제된다.

② 보존 분열에 의해 형성된 세포에서 '히포' 신호 전달 기전이 활성화된다.

16-세포 상실배아에서 보존 분열에 의해 형성된 세포는 표층 세포인데, 표층 세포는 내부 세포에 비해 주변 세포와의 접촉 정도가 크지 않으므로, '히포' 신호 전달 기전이 '활성화'된다고 보기는 어렵다. '히포' 신호 전달 기전은 주변 세포와의 접촉이 커지면 활성화되기 때문이다.

③ 표층 세포의 바깥쪽 부분에서 CDX2의 발현을 억제하는 OCT4의 영향력이 증가한다.

16-세포 상실배아의 표층 세포 바깥쪽 부분에서는 OCT4의 발현을 억제하는 CDX2의 영향력이 증가한다.

④ 분화 분열에 의해 형성된 내부 세포에서 CDX2 양에 대한 OCT4 양의 비율이 감소한다.

분화 분열에 의해 형성된 16-세포 상실배아의 내부 세포에서는 OCT4가 CDX2의 발현을 억제하여 잔류 CDX2가 점차 없어진다. 즉, CDX2 양에 대한 OCT4 양의 비율이 증가하는 것이다.

4 답 ②

② ㉠ : 영양외배엽 ㉡ : 영양외배엽 ㉢ : 속세포덩어리 (O)

32-세포 상실배아의 내부에 있는 세포를 인위적 방법을 사용하여 표층으로 옮겨 배양하거나, 16-세포 상실배아의 내부에 있는 세포를 채취하여 단독으로 배양할 때, 내부-외부 가설에 따른다면 이 세포들은 주변 세포와의 접촉 정도가 크지 않고 바깥 환경과 접촉하게 되므로 '표층 세포'와 유사한 환경이 형성될 것이다. 따라서 이 세포들이 '영양외배엽' 세포들로 분화되면 내부-외부 가설을 지지할 수 있다(㉠, ㉡).

한편 8-세포 상실배아 세포를 채취하여 바깥쪽에 쏠려 있는 양극성 결정 물질의 기능을 억제하는 물질을 주입한 후 단독으로 배양할 때, 양극성 가설에 따른다면 이 세포는 양극성이 형성되지 못하므로 '내부 세포'와 유사한 환경이 형성될 것이다. 따라서 이 세포가 '속세포덩어리' 세포들로 분화되면 양극성 가설을 지지할 수 있다(㉢).

11 디지털 워터마킹

1 ③ **2** ⑤ **3** ③ **4** ⑤

지문 구조도

1 디지털 사진에 삽입되는 워터마크가 지녀야 할 조건

2 공간 영역 방식에서 워터마크를 삽입하는 방식의 장점과 단점

3 주파수 영역 방식의 개념

4 주파수 영역 방식에서 워터마크를 삽입하는 방식의 장점과 단점

5 주파수 영역 중 중간 대역에 워터마크가 삽입되는 이유

1 답 ③

정답 해설

③ 삽입된 워터마크는 공간 영역과 주파수 영역에서 잡음 형태로 나타난다.

특정 주파수 대역에 삽입된 워터마크 데이터는 공간 영역에서 잡음의 형태로 나타나므로 사진 전반에 걸쳐 원본 사진이 흐려지거나 변형되는 등의 단점이 발생한다.(4문단) 한편 워터마크 삽입으로 인한 잡음의 양이 대역과 상관없이 동일하더라도 고주파 대역에서는 원본의 왜곡이 눈에 잘 띄지 않는다.(5문단) 이를 바탕으로 할 때, 삽입된 워터마크는 주파수 영역에서도 잡음 형태로 나타남을 알 수 있다.

오답 해설

① 삽입된 워터마크의 비가시성이 낮을수록 저작권을 보호하기 쉽다.

삽입된 워터마크는 특정 방법으로 추출하여 사진의 저작권 증명으로 사용할 수 있는데, 이때 삽입된 식별자가 쉽게 노출되지 않도록 비가시성이 유지되어야 한다.(1문단) 그러므로 삽입된 워터마크의 비가시성이 낮을수록 워터마크가 쉽게 노출되어 저작권을 보호하기 어려울 것임을 알 수 있다.

② 주파수 영역에서 공간 영역으로 변환할 때 데이터 손실이 일어난다.

공간 영역의 사진 데이터는 푸리에 변환 등 수학적 변환식에 의해 손실 없이 주파수 영역으로 변환되며 그 역과정도 성립한다.(3문단) 그러므로 주파수 영역에서 공간 영역으로 변환할 때에도 데이터 손실은 일어나지 않을 것이다.

④ 주파수 영역에서 워터마크를 삽입하면 데이터가 저장되는 형식이 바뀐다.

워터마킹은 원본을 회전, 잘라 내기, 축소 같은 편집이나 압축을 하여도, 워터마크가 원형에 가까운 형태로 추출되어야 하는 강인성이 어느 정도 유지되어야 하며, 워터마크를 삽입하더라도 원래의 데이터 저장 형식이 바뀌지 않아야 한다.(1문단) 이를 고려할 때, 주파수 영역에서 워터마크를 삽입한다고 해서 데이터가 저장되는 형식이 바뀌는 것은 아님을 알 수 있다.

⑤ 공간 영역의 워터마크 삽입에 필요한 연산량은 주파수 영역에 비해 많다.

공간 영역에서는 화솟값에 직접 식별자를 삽입할 수 있기 때문에 워터마크 삽입과 추출에 필요한 연산량이 비교적 적다.(2문단) 하지만 주파수 영역에서 워터마크를 삽입하려면, 공간 영역의 데이터를 주파수 영역으로 변환한 다음에 특정 주파수 대역에 워터마크 데이터를 삽입하고 그것을 다시 공간 영역으로 변환해야 한다.(4문단) 따라서 공간 영역과 주파수 영역 사이에 변환이 일어날 때 워터마크 삽입을 위한 연산량이 대폭 증가하므로, 주파수 영역의 워터마크 삽입에 필요한 연산량이 공간 영역에 비해 많다고 할 수 있다.

2 답 ⑤

정답 해설

⑤ 수평 방향의 단색 줄무늬가 조밀할수록 수평 방향의 공간 주파수가 높게 측정된다.

디지털 사진에서 특정 방향으로 명암 변화가 자주 일어날수록 그 방향의 공간 주파수가 높게 측정되며, 인접한 화소 사이에 밝기 변화가 급격하게 일어날 때 공간 주파수는 최대가 된다.(3문단) 수평 방향의 단색 줄무늬가 조밀해진다고[=빽빽해진다고] 해도, 수평 방향을 기준으로 삼으면 명암 변화는 드러나지 않는다. 따라서 단색 줄무늬의 조밀함과 관계없이, 수평 방향의 공간 주파수는 낮게 측정될 것이다. 참고로, 수평 방향의 단색 줄무늬가 조밀해질수록 수직 방향의 공간 주파수는 높게 측정될 수 있을 것이다.

오답 해설

① 공간 영역에서 화소의 밝기 값을 변경하면 주파수 스펙트럼이 변한다. (O)

디지털 사진의 데이터는 가로, 세로의 격자 모양으로 배열된 화소의 밝기 값으로 표현되고, 각 화소의 밝기 값을 2차원 배열 형태의 데이터로 표현하는 방식을 공간 영역 방식이라고 한다.(2문단) 한편 단위 거리당 밝기가 변화하는 정도를 공간 주파수라고 하고, 2차원 배열로 표현되는 공간 주파수의 2차원적인 분포를 공간 주파수 스펙트럼이라고 한다.(3문단) 공간 영역의 데이터는 손실 없이 주파수 영역으로 변환되므로, 공간 영역에서 화소의 밝기 값을 변경하면 공간 주파수가 변할 것이며, 이에 따라 주파수 스펙트럼도 변할 것이다.

② 인접한 화소가 흑과 백을 교대로 가지며 반복될 때 공간 주파수는 최대가 된다. (O)

디지털 사진에서 인접한 화소 사이에 밝기 변화가 급격하게 일어날 때 공간 주파수는 최대가 된다.(3문단) 이렇게 볼 때, 인접한 화소가 흑과 백을 교대로 가지며 반복될 때에는 밝기 변화가 극과 극으로 일어나므로 공간 주파수가 최대가 됨을 알 수 있다.

③ 공간 주파수가 높은 영역에 워터마크가 삽입되면 원본의 가시적 왜곡이 줄어든다. (O)

워터마크 삽입으로 인한 잡음의 양은 대역과 상관없이 동일하더라도 고주파 대역, 곧 공간 주파수가 높은 영역에서는 원본의 가시적 왜곡이 눈에 잘 띄지 않는다.(5문단)

④ 공간 주파수 스펙트럼은 화소의 밝기 값에 푸리에 변환을 적용하여 얻을 수 있다. (O)

각 화소의 밝기 값을 2차원 배열 형태의 데이터로 표현하는 방식을 공간 영역 방식이라고 한다.(2문단) 한편 단위 거리당 밝기가 변화하는 정도를 공간 주파수라고 하며, 공간 주파수의 분포를 수평과 수직 방향의 2차원 평면으로 나타낸 것을 공간 주파수 스펙트럼이라고 한다.(3문단) 이때 공간 영역의 사진 데이터는 푸리에 변환 등 수학적 변환식에 의해 손실 없이 주파수 영역으로 변환된다.(3문단) 이를 고려하면 공간 주파수 스펙트럼은 화소의 밝기 값에 푸리에 변환을 적용하여 얻을 수 있음을 알 수 있다.

3 답 ③

지문에 의하면 디지털 사진에서 특정 방향으로 명암 변화가 자주 일어날수록 그 방향의 공간 주파수가 높게 측정되며, 인접한 화소 사이에 밝기 변화가 급격하게 일어날 때 공간 주파수는 최대가 된다. 이를 고려할 때, 명암 변화가 가장 심한 B가 고주파 대역, 명암 변화가 가장 덜한 C가 저주파 대역, A는 중간 주파수 대역에 해당할 것임을 짐작할 수 있다.

정답 해설

③ 저주파 대역에 워터마크를 삽입한 다음, C가 제거된 영상을 이용하더라도 워터마크의 추출이 가능하다.

특정 주파수 대역에 삽입된 워터마크는 그 주파수를 포함하고 있는 공간 영역의 모든 화소에 분산되므로 사진 전체에 퍼져 저장되며, 이렇게 삽입된 워터마크는 사람의 시각에 쉽게 노출되지 않으면서도 잘라 내기 등과 같은 영상 편집이 가해지더라도 남은 영역에 저장된 식별자 데이터에 의해 어느 정도 복원이 가능해진다.(4문단) 이를 고려할 때, 저주파 대역에 워터마크를 삽입한 다음, 저주파 대역에 해당하는 C가 제거된 영상을 이용하더라도 워터마크의 추출은 가능할 것이다.

오답 해설

① 중간 주파수 대역에 워터마크를 삽입하면, ~~A보다는 B에서 워터마크의 비가시성이 낮다.~~

일반적인 사진에서 사람이 알아볼 수 있는 대부분의 정보는 저주파 대역에 몰려 있고, 사람이 사진의 내용을 인식할 때는 저주파 성분보다 고주파 성분에 상대적으로 둔감하게 반응한다.(5문단) 즉, 저주파 대역보다 고주파 대역이 비가시성이 더 높은 것이다. A보다는 B가 상대적으로 더 고주파 영역에 해당하므로, B가 워터마크의 비가시성이 더 높을 것이다.

② 고주파 성분을 많이 포함하는 워터마크를 C의 공간 영역 데이터에 삽입하면 ~~비가시성을 높일 수 있다.~~

C는 명암 변화가 거의 없어 상대적으로 저주파 대역에 속하므로, 사람이 사진의 내용을 인식할 때 민감하게 반응할 것이다. 이때 고주파 성분을, 곧 명암 변화가 자주 일어나는 성분을 많이 포함하는 워터마크를 C의 공간 영역 데이터에 삽입한다면, 워터마크와 C의 명암 차이가 커서 워터마크가 쉽게 노출될 것이다. 그러므로 워터마크의 비가시성은 낮아질 것이다.

④ 중간 주파수 대역에 워터마크를 삽입하면, ~~A보다는 C의 화소 밝기 값에 식별자 데이터가 많이 저장된다.~~

C는 상대적으로 저주파 대역에 해당하며, A는 그보다 주파수 대역이 높아 중간 주파수 대역에 해당한다고 볼 수 있다. 그러므로 중간 주파수 대역에 워터마크를 삽입하면, C보다는 A의 화소 밝기 값에 식별자 데이터가 많이 저장될 것이다.

⑤ 고주파 대역에 워터마크를 삽입한 다음에 손실 압축을 하면, ~~B만을 이용하더라도 워터마크의 추출이 가능하다.~~

대부분의 영상 손실 압축 기술은 고주파 성분을 제거하여 전체적인 데이터의 저장 크기를 줄이는 방법을 사용하므로, 고주파 대역에 삽입된 워터마크는 압축에 취약해진다.(5문단) B는 명암 변화가 가장 심해 상대적으로 고주파 대역에 해당하므로, 고주파 대역에 워터마크를 삽입한 다음에 손실 압축을 하면, 고주파 성분이 제거되어 B만을 이용하여 워터마크를 추출할 수는 없을 것이다.

4 답 ⑤

정답 해설

⑤ 이 그림은 거의 사실에 가까운 세밀한 묘사가 돋보인다. (○)

㉠과 선택지의 '가깝다' 모두 '성질이나 특성이 기준이 되는 것과 비슷하다.'라는 뜻이다.

오답 해설

① 시험이 가까워서 도서관에 자리가 꽉 찼다. (×)

선택지의 '가깝다'는 '어떤 시간이 날짜까지의 간격이 짧다.'라는 뜻으로 쓰였다.

② 오늘은 은행에서 가까운 곳에서 만나기로 하자. (×)

선택지의 '가깝다'는 '어느 한 곳에서 다른 곳까지의 거리가 짧다.'라는 뜻으로 쓰였다.

③ 무뚝뚝한 사람들과 가깝게 지내기란 쉽지 않다. (×)

선택지의 '가깝다'는 '서로의 사이가 다정하고 친하다.'라는 뜻으로 쓰였다.

④ 그 영화는 첫날부터 백만 명에 가까운 관객이 몰렸다. (×)

선택지의 '가깝다'는 '어떤 기준점에 다다른 상태이다.'라는 뜻으로 쓰였다.

본문 166~167쪽

12 우주선의 운동과 궤도 문제

1 ⑤   2 ④   3 ⑤   4 ④

지문 구조도

① 최초의 우주 랑데부 시도에 실패한 제미니 4호 우주선

② 우주선의 연료 분사에 작용하는 뉴턴의 제3법칙과 제2법칙

③ 우주선이 가지는 운동 에너지와 중력 위치 에너지

④ 우주선의 역학적 에너지 보존

⑤ 우주선의 연료 후방 분사와 연료 전방 분사의 차이

⑥ 우주 랑데부에 성공하기 위한 조건

1 답 ⑤

정답 해설

⑤ 원 궤도에 있는 우주선이 속력을 늦추면 ~~회전 주기가 길어진다.~~

원 궤도에 있는 우주선이 속력을 늦추면 운동 에너지가 감소하므로 작은 타원 궤도로 진입하게 되는데, 이 타원 궤도의 지름은 기존의 원 궤도에 비해 작으므로 우주선의 회전 주기는 더 짧아질 것이다.

오답 해설

① 뉴턴의 제3법칙은 우주선 추진의 원리 중 하나이다.

연료를 분사하면 우주선은 분사 방향의 반대쪽으로 추진력을 받는데, 이는 뉴턴의 제3법칙으로 설명할 수 있다.(2문단)

② 원 궤도의 지름이 클수록 우주선의 속력이 더 느려진다.

궤도 운동하는 우주선은 역학적 에너지의 크기가 일정하게 보존되는데, 이때 원 궤도의 지름이 클수록 우주선이 지구 중심에서 더 멀어지게 될 것이므로 우주선의 속력은 더 느려질 것이다.(4문단)

③ 타원 궤도 운동 중인 우주선은 역학적 에너지가 보존된다.
우주선은 지구의 중력을 받으며 원 또는 타원 궤도를 빠르게 도는데(3문단), 이렇게 궤도 운동하는 우주선의 역학적 에너지는 크기가 일정하게 보존된다.

④ 우주선이 분사하는 연료 기체는 우주선보다 가속도가 크다.
뉴턴의 제2법칙에 의하면, 같은 크기의 힘을 물체에 가했을 때 물체의 질량과 가속도는 반비례한다. 즉, 우주선과 연료 기체가 같은 힘을 받게 되면, 우주선이 분사하는 연료 기체는 우주선에 비해 질량이 작으므로 가속도가 더 클 것이다.

2 답 ④

정답 해설

④ ㄴ, ㄷ

ㄴ. 원 궤도상에서 궤도 운동하는 우주선이 후방 분사를 하게 되면, 후방 분사 이후의 궤도는 지구로부터 더 멀어질 수 있다.
원 궤도에서 궤도 운동하는 우주선이 궤도의 접선 방향으로 후방 분사를 하게 되면, 운동 에너지가 커져서 그만큼 역학적 에너지도 증가하게 되고, 이로 인해 우주선은 기존의 원 궤도보다 지구로부터 더 멀리 도달할 수 있는 큰 타원 궤도로 진입할 수 있다.(4문단)

ㄷ. 원 궤도상에서 궤도 운동하는 우주선이 지구에서 무한대 거리에 있다고 이론상으로 가정한다면, 그 우주선의 운동 에너지와 역학적 에너지는 크기가 서로 같을 것이다.
우주선의 운동 에너지와 중력 위치 에너지의 합을 역학적 에너지라고 하는데, 이때 중력 위치 에너지는 우주선이 지구에서 무한대 거리에 있다고 가정하면 0으로 정의된다.(4문단) 그러므로 원 궤도상에서 궤도 운동하는 우주선이 지구에서 무한대 거리에 있다면, 그 우주선의 중력 위치 에너지는 0일 것이므로 운동 에너지와 역학적 에너지의 크기가 서로 같다고 할 수 있다.

오답 해설

ㄱ. 타원 궤도에 있는 우주선의 운동 에너지 크기와 중력 위치 에너지 크기는 일정하게 유지된다.
운동 에너지와 중력 위치 에너지의 합을 역학적 에너지라고 하며, 타원 궤도에 있는 우주선의 역학적 에너지는 크기가 일정하게 보존된다.(4문단) 이때 역학적 에너지의 크기가 보존되는 것이지, 이를 구성하는 운동 에너지의 크기와 중력 위치 에너지의 크기가 각각 일정하게 유지되는 것은 아니다. 가령 역학적 에너지가 보존될 때, 궤도 운동하는 우주선이 지구 중심에서 멀어지면 속력이 느려져서 운동 에너지가 작아지고, 중력 위치 에너지는 커진다.

3 답 ⑤

정답 해설

⑤ 연료 분사 결과 역학적 에너지가 증가한 제미니 4호 우주선이 기존의 원 궤도에서보다 더 큰 중력 위치 에너지를 갖게 되었기 때문이다.
제미니 4호 우주선은 같은 궤도상 전방에 있는 타이탄 로켓과 랑데부하기 위해 속력을 높이려고 연료를 후방 분사하였다. 그 결과 궤도의 접선 방향으로 속력이 빨라져 역학적 에너지가 증가한 제미니 4호 우주선은 큰 타원 궤도로 진입하게 되었다. 즉, 지구에서 더 멀어져 중력 위치 에너지가 커지게 된 것이다. 그래서 제미니 4호 우주선의 우주 랑데부 시도는 실패하였다.

오답 해설

① 연료 분사 결과 궤도의 접선 방향으로 속력이 감소한 제미니 4호 우

주선이 타이탄 로켓보다 높은 위치에 놓였기 때문이다.

② 연료 분사 결과 궤도의 접선 방향으로 속력이 증가한 제미니 4호 우주선이 연료 분사가 끝난 후에도 그 속력이 유지되었기 때문이다.

③ 연료 분사 결과 제미니 4호 우주선이 우주 랑데부가 가능한 궤도에 진입하였음에도 추가적으로 속력 조절을 하지 않았기 때문이다.

④ 연료 분사 결과 역학적 에너지가 감소한 제미니 4호 우주선이 기존의 원 궤도에서보다 더 작은 운동 에너지를 갖게 되었기 때문이다.
제미니 4호 우주선은 같은 궤도상 전방에 있는 타이탄 로켓과 랑데부하기 위해 속력을 높이려고 연료를 후방 분사하였다. 그 결과 궤도의 접선 방향으로 속력이 빨라져 역학적 에너지가 증가한 제미니 4호 우주선은 큰 타원 궤도로 진입하게 되었으며(①번, ④번 선택지 앞부분 탈락), 연료 분사가 끝난 후 속력이 주기적으로 변화해 타이탄 로켓과의 거리가 더 멀어지게 되었다(②번 선택지 뒷부분 탈락). 제미니 4호 우주선이 타이탄 로켓과의 랑데부에 성공하기 위해서는 기존의 원 궤도보다 더 작은 타원 궤도로 진입해서 속력을 조절했어야 하는데, 랑데부가 가능하지 않은 더 큰 타원 궤도로 진입해 버린 것이다(③번 선택지 앞부분 탈락).

4 답 ④

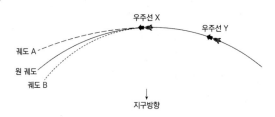

우주선 X의 뒤에 우주선 Y가 있다는 것과, 궤도 A는 '큰 타원 궤도', 궤도 B는 '작은 타원 궤도'에 대응함을 확인해야 한다.

정답 해설

④ 우주선 X가 궤도 A로 진입한 경우, 지구를 한 바퀴 도는 동안 우주선 Y와 같은 운동 에너지를 가지는 궤도상의 지점은 하나이다.
우주선 X가 궤도 A, 즉 '큰 타원 궤도'로 진입하면 우주선 X의 속력은 주기적으로 변화한다. '큰 타원 궤도'에서 우주선 X는 그 궤도로 진입할 때의 속력이 최대일 것이며, 그 이후 지구에서 더 멀어지므로 속력은 점점 감소할 것이다. 이때 계속 원 궤도로 움직이고 있는 우주선 Y와 운동 에너지가 같은 지점, 즉 속력이 같은 지점이 있는지를 확인해야 한다. 그런데 우주선 X의 최소 속력이 우주선 Y의 속력과 같은지, 우주선 Y의 속력보다 작은지, 우주선 Y의 속력보다 큰지를 확인할 수는 없다. 즉, 우주선 X가 궤도 A로 진입했을 때, 지구를 한 바퀴 도는 동안 우주선 Y와 같은 운동 에너지를 가지는 궤도상의 지점이 1개인지, 2개인지, 0개인지 단정할 수 없는 것이다.

오답 해설

① 전방 분사한 우주선 X가 진입한 궤도에서 가지는 최대 운동 에너지는 우주선 Y보다 더 크다.
우주선 X가 연료를 전방 분사한다면 운동 에너지가 감소하고 궤도 B, 즉 '작은 타원 궤도'에 진입하게 될 것인데, 이 궤도에서 궤도 운동하는 우주선 X는 기존의 원 궤도에서보다 지구에 더 가까워지므로 속력이 빨라져 운동 에너지가 커질 것이다. 이를 고려할 때, 전방 분사한 우주선 X가 진입한 궤도에서 가지는 최대 운동 에너지는, 계속 원 궤도로 움직이는 우주선 Y보다 더 클 것임을 알 수 있다.

② 우주선 X는 궤도 A에서의 최소 중력 위치 에너지가 궤도 B에서의 최소 중력 위치 에너지보다 크다.
우주선 X가 궤도 A, 즉 '큰 타원 궤도'에서 궤도 운동을 하고 있다면 지

구에서 더 멀어지므로 중력 위치 에너지는 커질 것이다. 반면 우주선 X가 궤도 B, 즉 '작은 타원 궤도'에서 궤도 운동을 하고 있다면 지구에 더 가까워지므로 중력 위치 에너지는 작아질 것이다. 이를 고려할 때, 우주선 X는 궤도 A에서의 최소 중력 위치 에너지가 궤도 B에서의 최소 중력 위치 에너지보다 더 클 것임을 알 수 있다.

③ 후방 분사한 이후의 우주선 X의 중력 위치 에너지의 최솟값은 우주선 Y의 중력 위치 에너지와 같다.

우주선 X가 연료를 후방 분사한다면 운동 에너지가 증가하고 궤도 A, 즉 '큰 타원 궤도'에 진입하게 될 것인데, 이 궤도에서 궤도 운동하는 우주선 X는 기존의 원 궤도에서보다 지구에서 더 멀어지므로 중력 위치 에너지가 커질 것이다. 이때 '큰 타원 궤도'에서 우주선 X의 중력 위치 에너지의 최솟값은 지구와의 거리가 가장 가까운 부분, 즉 '원 궤도'와 접하는 부분일 것이다. 우주선 Y가 계속 원 궤도로 움직이고 있다는 점을 고려하면, 후방 분사한 이후의 우주선 X의 중력 위치 에너지의 최솟값은 우주선 Y의 중력 위치 에너지와 같음을 알 수 있다.

⑤ 우주선 X와 우주선 Y의 가능한 거리 중 최댓값은 우주선 X가 궤도 B로 진입한 경우가 궤도 A로 진입한 경우보다 작다.

'우주선 X와 우주선 Y의 가능한 거리 중 최댓값'이란 말은 두 우주선 사이의 최대 거리를 뜻한다. 우주선 Y는 계속 원 궤도를 움직이고 있는데, 이때 우주선 X가 궤도 B로 진입했다는 것은 '작은 타원 궤도'로 진입하게 되었다는 것이고, 궤도 A로 진입했다는 것은 '큰 타원 궤도'로 진입하게 되었다는 것이다. 궤도의 지름이 더 크면 두 우주선 사이의 거리가 더 멀어질 수 있다는 것을 지문의 〈그림〉으로 확인하면, 우주선 X와 우주선 Y의 가능한 거리 중 최댓값은 우주선 X가 궤도 B로 진입한 경우가 궤도 A로 진입한 경우보다 작을 것임을 알 수 있다.

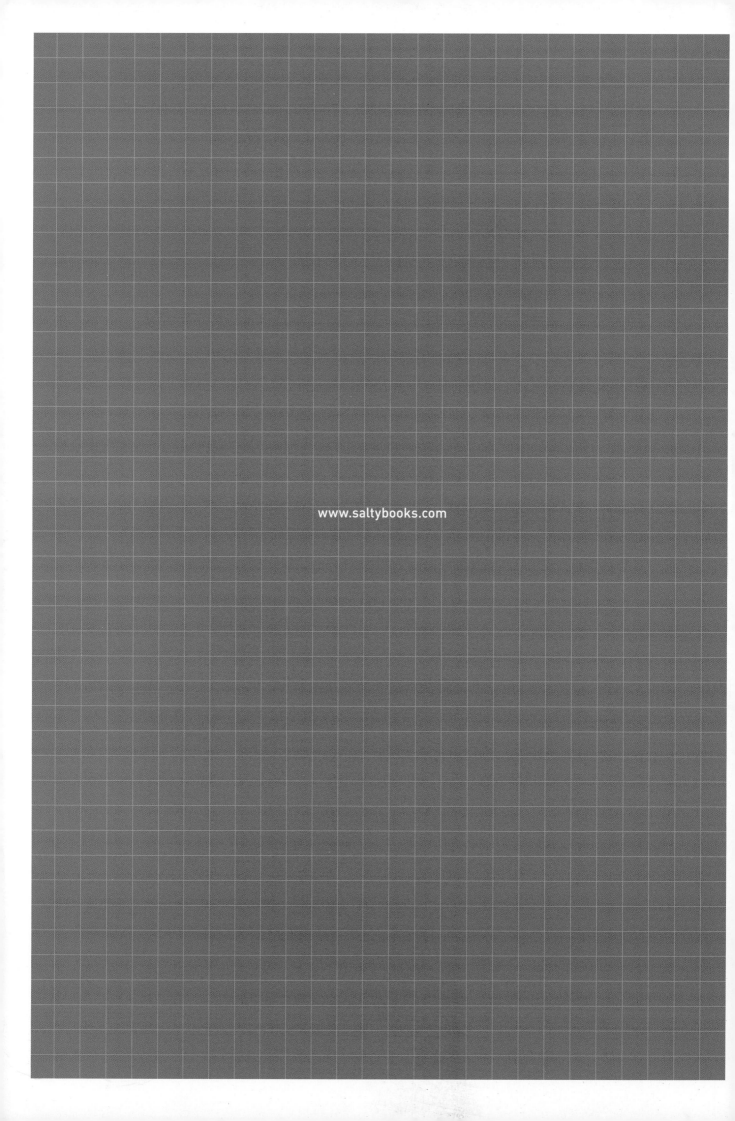

www.saltybooks.com

Believe in yourself!

Remember your dream!

공부하느라 힘드시죠?
으라차차 ^^ 소리 한번 지르세요.
언제나 여러분의 성공을 기원할게요 *^^*
- 공부책 잘 만드는 쏠티북스가 -